Ihr MANZ Buch

Dieses Buch wurde speziell für Lernende in Vorbereitungslehrgängen für die Berufsreifeprüfung entwickelt.

Die Inhalte wurden im Hinblick auf das **kompetenzbasierte Curriculum des Bundesministeriums für Unterricht, Kunst und Kultur entwickelt und sind auf von Expertinnen und Experten erarbeitete Prüfungsrichtlinien sowie auf den aktuellen Leitfaden des BMBF abgestimmt.** „Maturawissen Mathematik" bietet den Stoff in kompakter Form und gibt konkrete Orientierung für die Prüfungsvorbereitung.

Autorinnen

Mag. Sabine Karajan
Lehrerin an der AHS Wien 21, Mitarbeit bei den BIST für die 8. Schulstufe, Multiplikatorin für die sRDP, Lehrbeauftragte an der Uni Wien, der PH Wien und im Rahmen der BRP

Mag. Jutta Gut
unterrichtet nach Lehrtätigkeit an HLW und AHS seit vielen Jahren in Vorbereitungslehrgängen für die Berufsreifeprüfung.

Mag. Ulrike Blanckenstein
Lehrerin an der HLW Wien 19, Leiterin der MAM-ARGE an humanberuflichen Schulen, Mitarbeit bei der Pilotierung der Bildungsstandards an HUM

Die Autorinnen sind auch Autorinnen der Reihe „Angewandte Mathematik. Mit Kompetenz zur Reifeprüfung" für BHS.

Wien 2014

Printed in Austria, ISBN 978-3-7068-4692-9

Das vorliegende Buch wurde auf chlorfrei gebleichtem Papier gedruckt.

Satz & Umbruch: derAuer Grafik Buch Web
Umschlaggestaltung: bueroß, Wien; Druck: Druckerei Theiss GmbH, 9431 St. Stefan

MANZ

Herzlich Willkommen!

Das innovative Manz-Lernpaket

Als führender Verlag im berufsbildenden Schulwesen wissen wir, dass Sie Lernpakete benötigen, die Sie zielgerichtet zum Lernerfolg führen. Wir wollen, dass Sie nach Abschluss Ihrer Ausbildung Ihre persönlichen Chancen am Arbeitsmarkt oder bei einem Studium bestmöglich wahrnehmen können. Wir arbeiten täglich an der Produktion zeitgemäßer Lernpakete und stehen dabei im ständigen Dialog mit erfahrenen Schulbuchautorinnen und -autoren sowie Wissenschaftlerinnen und Wissenschaftlern.
Ihr Lernpaket besteht aus einem übersichtlich gegliederten Buch und abwechslungsreichen digitalen Ergänzungen inklusive des MANZ Lernraums in Ihrem SbX. Alle Teile des Lernpakets sind aufeinander abgestimmt und folgen dem MANZ 4-Schritte-Lernmodell.

Das MANZ 4-Schritte-Lernmodell

Dieses Buch ist ein speziell für Sie neu gestaltetes, modernes Lern- und Arbeitsbuch. Der Lernstoff ist in diesem Buch in Kapitel und innerhalb der Kapitel in Lerneinheiten gegliedert. Die Lerneinheiten sind nach dem MANZ 4-Schritte-Lernmodell aufgebaut und ein spezielles Leitsystem erleichtert die „Navigation" im Buch.

LERNEN (Input)
Information aufnehmen, Zusammenhänge erkennen, Theorie erfassen

ÜBEN (Anwendung)
Routine erwerben, Zusammenhänge verstehen, Erfahrung sammeln

SICHERN (Festigung)
Gelerntes zusammenfassen, Übersicht gewinnen, Inhalte wiederholen

WISSEN (Kontrolle)
Wissen testen, Kompetenz überprüfen, Können beweisen

Die folgenden Zeichen sollen Ihnen die Orientierung in Maturawissen Mathematik erleichtern:

Mit diesem Symbol werden Merksätze oder Formeln hervorgehoben. Dieses Strukturelement lenkt den Blick auf die zentralen Aussagen.

Dieses Symbol weist auf Technologieeinsatz hin. Exemplarisch wird der Einsatz des grafikfähigen Taschenrechners TI-82 STATS erläutert, zudem finden Sie Hinweise auf Software und frei zugängliche Online-Ressourcen.

Verweise auf andere Kapitel und Lerneinheiten helfen, Zusammenhänge zu verstehen, und unterstützen den selbstständigen Lernprozess.

Ü★ Kennzeichnung der Übungsbeispiele nach Schwierigkeitsgrad: ★ einfach, ★★ mittelschwer, ★★★ komplex. Zu jedem Kapitel sind die Lösungen im SbX zu finden.

Mit diesem Symbol gekennzeichnete Aufgaben im Schritt Wissen ähneln in Aufbau und Fragestellung einer Reifeprüfungsaufgabe.

Dem MANZ Verlag Schulbuch ist es ein grundlegendes Anliegen, …

… Chancengleichheit wo immer möglich zu fördern. Frauen und Männer werden in den Texten und Beispielen dieses Buches gleichberechtigt behandelt. Um den Lesefluss nicht zu stören, wird aber – wo nötig – auf das Nebeneinander weiblicher und männlicher Formen verzichtet.

Das Buch

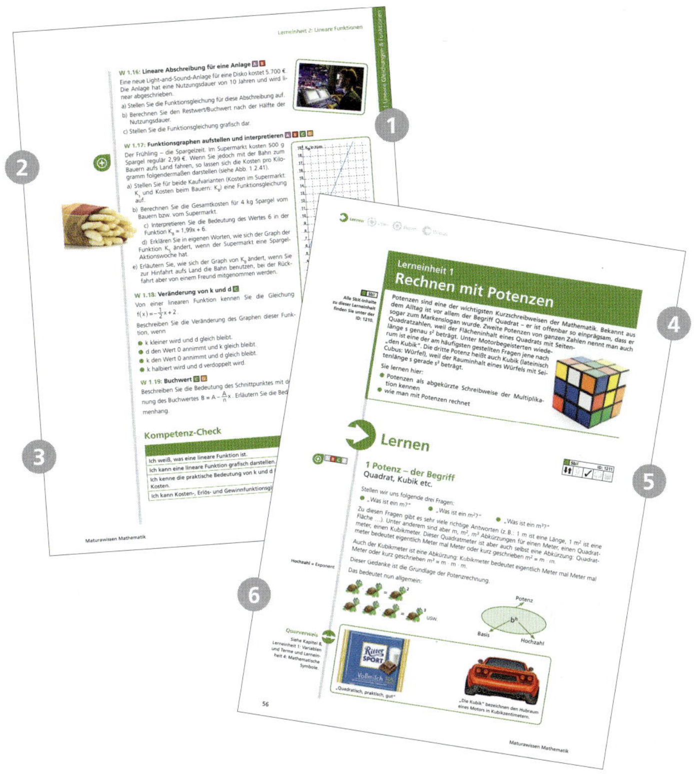

1 Handlungsdimensionen
Welche Handlungsdimensionen gefordert bzw. trainiert werden, ist bei allen Aufgabenstellungen ausgewiesen.

2 Kennzeichnung von Reifeprüfungsaufgaben
Orientierung für die Prüfungsvorbereitung

3 Kompetenz-Checks
Die selbständige Überprüfung des Lernfortschritts wird durch Kompetenz-Checks am Ende jeder Lerneinheit unterstützt.

4 Lerneinheiten
Die einzelnen Lerneinheiten führen Sie Schritt für Schritt durch den Lernstoff.

5 SbX-Verweise
Sie ermöglichen den punktgenauen Zugang zu den ergänzenden Online-Inhalten für abwechslungsreiches, medienübergreifendes Lernen.

6 Marginalienspalte
Diese Spalte enthält Zusatzinformationen und Beispiele.

SbX – Schulbuch*Extra* (Digitale Inhalte)

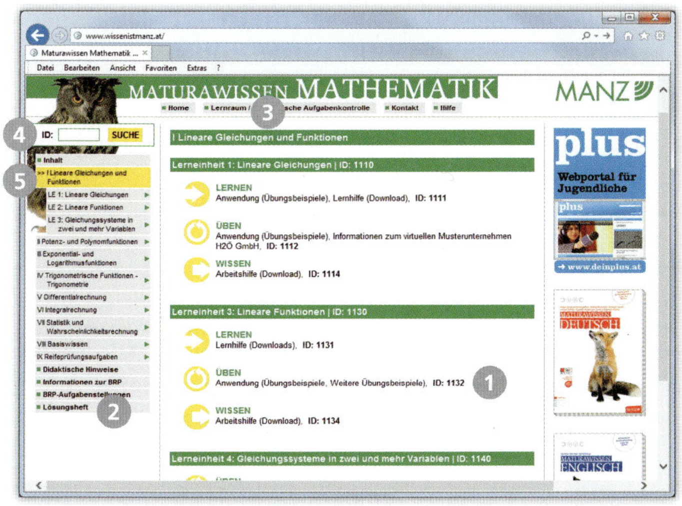

1 Vielfältiges Übungsangebot
Interaktive Übungen mit automatischer Aufgabenkontrolle sowie zahlreiche zusätzliche Übungen in unterschiedlichen Schwierigkeitsgraden unterstützen den Kompetenzerwerb.

2 Lösungen
Die Lösungen stehen zu jedem Kapitel als PDF-Download zur Verfügung.

3 MANZ Lernraum
Das integrierte Lern-Management-System ermöglicht effiziente Kommunikation in der virtuellen Klasse.

4 ID-Eingabe
Die Eingabe der im Schülerbuch abgedruckten IDs führt direkt zu den passenden Online-Inhalten.

5 Aufbau
SbX und Buch folgen demselben Aufbau.

Aktivieren Sie kostenlos Ihr SbX direkt bei MANZ:

→ **www.wissenistmanz.at**

→ **Startcode: 00251499**

Erfolgreiche Prüfungsvorbereitung mit „Maturawissen Mathematik“

Die MANZ Lehr- und Lernmaterialien für die Berufsreifeprüfung (BRP) sind auf die **kompetenzorientierten Curricula des BMUKK** (gültig seit 1. 9. 2009) und die von Expertinnen und Experten entwickelten **Prüfungsrichtlinien** sowie auf den **aktuellen Leitfaden des BMBF** abgestimmt.

Dieser Leitfaden gilt für jene Abschlussprüfungen, die vor 2016 – also vor der Einführung der standardisierten kompetenzorientierten Reifeprüfung – abgehalten werden.

Die Abschlussprüfung in Mathematik

Für die Abschlussprüfung in Mathematik wurden u. a. folgende Richtlinien verankert:

- Kompetenzorientierung auf Basis der gesetzlich verordneten BRP-Curricula
- Einbettung der mündlichen Prüfung in einen praxisorientierten Rahmen
- kompetenzorientierte Bewertungskriterien
- eine Teilung der schriftlichen Aufgabenstellung in Aufgaben zu Grundkompetenzen und zu erweiterten Grundkompetenzen

Aufgaben zu Grundkompetenzen (GK) werden im Umfang eher kurz sein, wobei innerhalb einer GK-Aufgabe durchaus verschiedene Inhalte ohne hohe Komplexität abgefragt werden können. Aufgaben zu Grundkompetenzen können auch in – für Mathematik bisher eher unüblichen – Prüfungsformaten gestellt sein: etwa Multiple Choice, Zuordnungen, Fragen nach allgemeinen Begründungen. Aufgaben zu den erweiterten Grundkompetenzen zielen zu einem bestimmten Anteil auf eigenständige Problemlösung ab: zum Beispiel zu erkennen, welches mathematisch mögliche Modell sich am besten für eine gegebene Problemstellung eignet.

Insgesamt enthält die Prüfung 4–6 Aufgaben, wovon mindestens die Hälfte aus dem Bereich der Grundkompetenzen und mindestens ein Beispiel aus den erweiterten Grundkompetenzen stammen müssen.

Bildungsstandards und Kompetenzmodell

Durch die Leitfäden wird im Unterricht und bei der Prüfung verstärkt auf das Verständnis der Grundlagen und der Zusammenhänge sowie auf die Einstellung Wert gelegt. Dieses angestrebte Verständnis um die Grundlagen und die in der Praxis anwendbaren Zusammenhänge sind in den **Bildungsstandards der 13. Schulstufe für die**

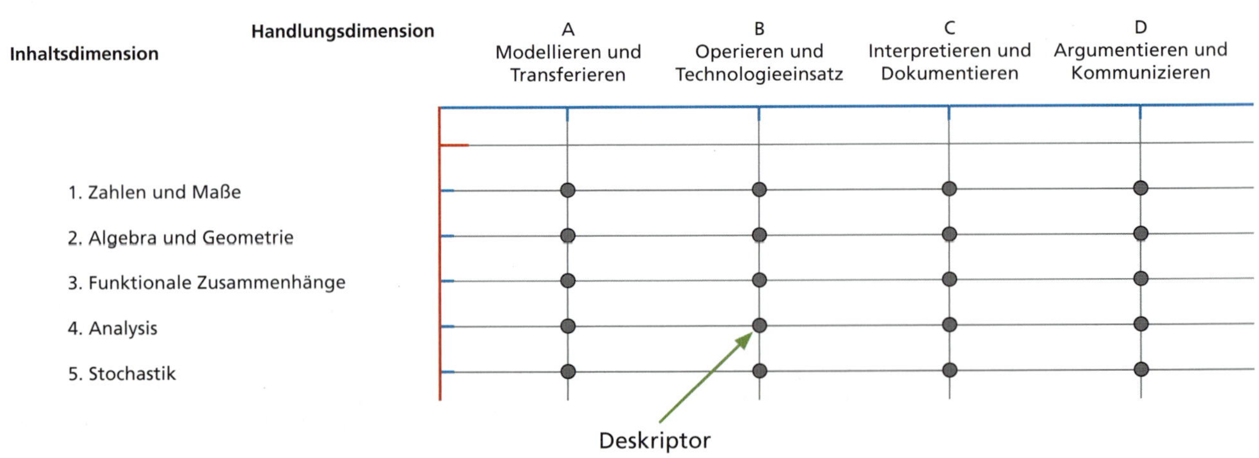

Kompetenzmodell Angewandte Mathematik BHS, Quelle: bildungsstandards.qibb.at

berufsbildenden höheren Schulen (BHS)[1] definiert. Diese geben den Rahmen für die bei der Reifeprüfung gestellten Fragen vor. Die geforderten Kompetenzen werden in Form sogenannter **Deskriptoren** beschrieben, die auch in das Mathematikcurriculum der BRP übernommen wurden. Jeder Deskriptor hat zwei „Dimensionen" – **Inhalt** und **Handlung.** Somit stehen die Deskriptoren jeweils an den Schnittstellen dieser beiden Aspekte.

Das vorliegende Lehrwerk nimmt Bezug auf die Bildungsstandards der BHS.

Die Handlungsdimensionen

A … Modellieren und Transferieren

B … Operieren und Technologieeinsatz

C … Interpretieren und Dokumentieren

D … Argumentieren und Kommunizieren

Alle vier Bereiche sollten in etwa gleichwertig sein. Somit müssen sich die Lehrenden und Lernenden mit bestimmten Aspekten des Stoffes intensiver auseinandersetzen als bisher. Mathematik ist mehr als „nur rechnen" – es soll ein Schritt „weg vom rein Operativen" vollzogen werden. Die Entwicklung dieser Fertigkeiten wird im vorliegenden Lehrwerk intensiv unterstützt und gefördert. Dies geschieht einerseits durch die schon zu Beginn jeder Lerneinheit geforderte und durch verbale Erklärungen angeregte eigenständige Auseinandersetzung mit neuen Inhalten, andererseits durch die regelmäßige Aufforderung zur Argumentation oder Interpretation von Zusammenhängen, Lösungswegen oder Ergebnissen.

Nicht alle Fähigkeiten können im Rahmen der Prüfung umfassend abgefragt werden – das gilt etwa für dynamische Fähigkeiten wie Teamfähigkeit oder Lernorganisation. Diese stellen jedoch im Unterricht und in der Vorbereitung eine wichtige Grundlage für den Erwerb von Kompetenzen wie Interpretieren, Argumentieren und Kommunizieren dar.

Die Inhaltsdimensionen

1 … Zahlen und Maße

2 … Algebra und Geometrie

3 … Funktionale Zusammenhänge

4 … Analysis

5 … Stochastik

Kompetenzorientiert lehren und lernen – wie Sie dieses Buch unterstützt

Entsprechend dem oben beschriebenen Kompetenzmodell ändern sich somit die Anforderungen bei der Berufsreifeprüfung – und damit die Anforderungen an Lehrende ebenso wie an Kandidatinnen und Kandidaten in den BRP-Kursen und bei der Prüfungsvorbereitung.

Dieses Lehrwerk unterstützt Unterrichtende, Lernende und Prüfende in diesem Prozess der Umstellung und Neuorientierung auf ideale Weise. Bereits die Erstfassung dieses Buches verfolgte einen kompetenzorientierten Ansatz in der didaktischen Aufbereitung der Inhalte und in den Fragestellungen. Die Neuauflage unterstützt die Anpassung von Unterricht und Lernprozess an die neuen Anforderungen nun verstärkt:

- Bei jedem Lehr- und Übungsbeispiel sowie bei jeder Wissensaufgabe ist gekennzeichnet, welche Handlungsdimensionen erforderlich sind bzw. trainiert werden.
  Sie finden die Handlungsdimensionen als farbige Kästchen jeweils anschließend an den Titel der Aufgabe.

> **W 1.7: Vierecksformel** B D
>
> Berechnen Sie aus der Formel des Flächeninhalts für Vierecke mit aufeinander normal stehenden Diagonalen: $A = \frac{e \cdot f}{2}$ die Diagonale e.
>
> Erklären Sie, für welche Vierecke diese Formel anwendbar ist.

[1] Kompetenzmodell Angewandte Mathematik BHS. Quelle: bildungsstandards.quibb.at

- Jene Aufgaben im Schritt Wissen, die in Aufgabenstellung, Zusammenstellung und Umfang einer Reifeprüfungsaufgabe (einer Teilaufgabe oder einer gesamten Aufgabe) ähneln, sind gesondert gekennzeichnet. Bei allen Aufgaben sind die Handlungsdimensionen ausgewiesen. Zusätzlich finden Sie im SbX eine Übersichtstabelle, in der angeführt ist, welchen Deskriptoren[2] die Aufgabenstellung entspricht.

W 5.7: Stau auf der A4 A C D

Aufgrund von Schneeverwehungen gibt es auf der A4 einen Unfall. Daher müssen die Autos auf einer einzigen Spur fahren, was einen Stau nach sich zieht, der zuerst zunimmt und sich nach einiger Zeit wieder auflöst. Als Fahrzeugstrom wird die Differenz der einfahrenden und der ausfahrenden Autos bezeichnet. Er lässt sich durch

$A(t) = 0{,}0004t^3 - 0{,}03t^2 - 0{,}8t + 15 \qquad (t \text{ in min})$

berechnen. Zu Beginn der Messung stehen aber schon 240 Autos im Stau.

a) Weisen Sie nach, dass $A(13{,}56) = 0$ gilt.

b) Interpretieren Sie die Bedeutung des Differenzenquotienten $\frac{A(10) - A(0)}{10}$ in diesem Zusammenhang.

c) Beschreiben Sie, wie Sie den Zeitpunkt ermitteln können, an dem die Anzahl der ein- und der abfahrenden Autos gleich ist.

d) Interpretieren Sie die folgende Aussage: $A'(60{,}9398) = 0$

e) Modellieren Sie eine Gleichung, mit der Sie berechnen können, wann die Anzahl der ausfahrenden Autos um 40 größer ist als die der einfahrenden.

- Welche Aufgaben (Lehr- und Übungsbeispiele sowie Wissensaufgaben) auf den Erwerb oder die Festigung von Kompetenzen der einzelnen Deskriptoren des BRP-Leitfadens abzielen, können Sie einer tabellarischen Übersicht im SbX entnehmen.
- Die Aufgabenstellungen in den Schritten Lernen, Üben und Wissen sind fast ausschließlich mit den für die Reifeprüfung erforderlichen Signalwörtern ausgestattet, sodass die Lernenden schon während der ersten Lernphase mit diesen Signalwörtern vertraut werden.
- Der selbständigen Überprüfung, ob die Ziele einer jeweiligen Lerneinheit erreicht wurden, dient der Kompetenz-Check am Ende jeder Lerneinheit.

Kompetenz-Check

	☺	😐	☹
Ich kann eine Gleichung umformen, um sie zu lösen.			
Ich kann Texte in mathematische Terme und Gleichungen umwandeln.			
Ich kann aus alltäglichen Problemstellungen ein mathematisches Modell bilden.			
Ich kenne die Bedeutung der Definitionsmenge und kann sie bilden.			
Ich kann Gleichungen mit Bruchtermen lösen.			
Ich kann Formeln nach einer gesuchten Variablen umformen.			
Ich kann Ergebnisse der Angabe entsprechend interpretieren.			

[2] Die Deskriptoren aus dem Leitfaden für die Berufsreifeprüfung wurden zu diesem Zweck von den Autorinnen nummeriert. Eine Aufstellung der Deskriptoren mit Nummerierung und gesamtem Wortlaut finden Sie im SbX.

- Das Buch beinhaltet ein **EXTRAKAPITEL REIFEPRÜFUNGSAUFGABEN,** das jedem Lernenden die Möglichkeit gibt, seine persönliche „Probe-Reifeprüfung" zusammenzustellen, da die Aufgabenstellungen in Aufbau, Schwierigkeit und Formulierung denen der zentralen schriftlichen Reife- und Diplomprüfung entsprechen.

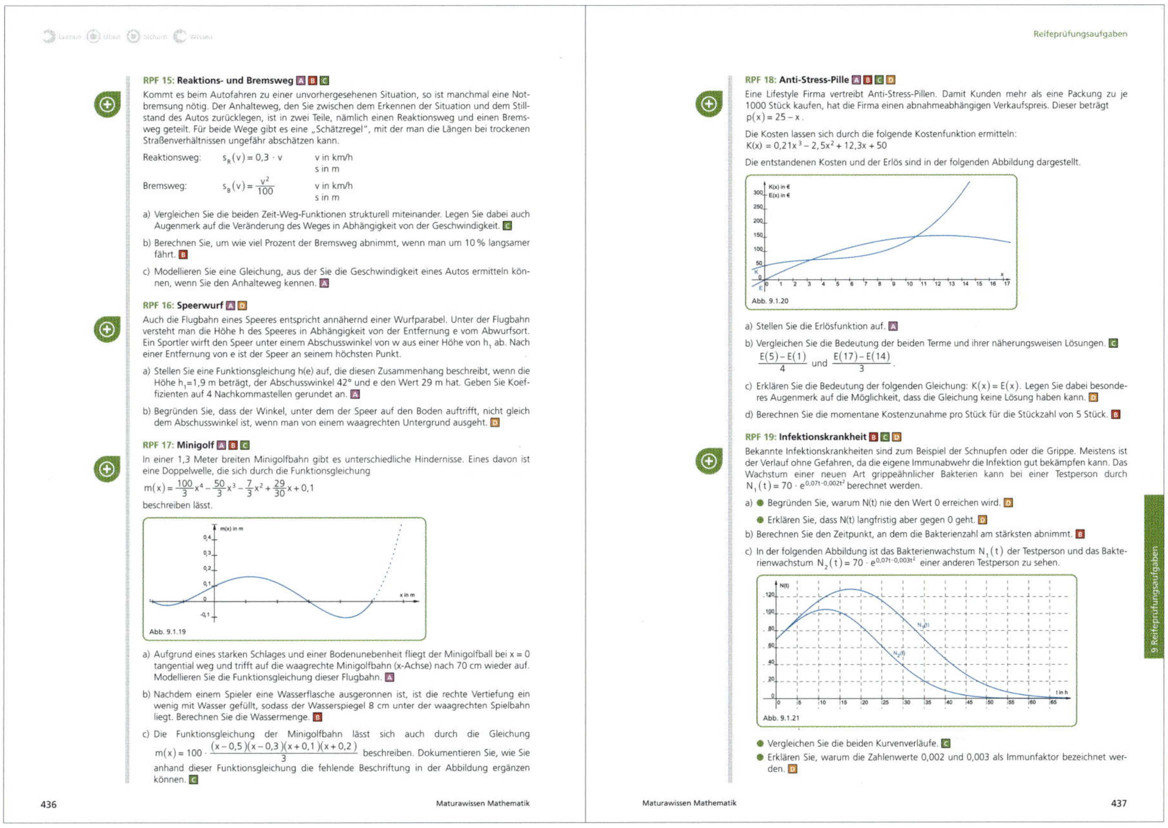

RPF 15: Reaktions- und Bremsweg A B C

Kommt es beim Autofahren zu einer unvorhergesehenen Situation, so ist manchmal eine Notbremsung nötig. Der Anhalteweg, den Sie zwischen dem Erkennen der Situation und dem Stillstand des Autos zurücklegen, ist in zwei Teile, nämlich einen Reaktionsweg und einen Bremsweg geteilt. Für beide Wege gibt es eine „Schätzregel", mit der man die Längen bei trockenen Straßenverhältnissen ungefähr abschätzen kann.

Reaktionsweg: $s_R(v) = 0{,}3 \cdot v$ v in km/h, s in m

Bremsweg: $s_B(v) = \frac{v^2}{100}$ v in km/h, s in m

a) Vergleichen Sie die beiden Zeit-Weg-Funktionen strukturell miteinander. Legen Sie dabei auch Augenmerk auf die Veränderung des Weges in Abhängigkeit von der Geschwindigkeit. C

b) Berechnen Sie, um wie viel Prozent der Bremsweg abnimmt, wenn man um 10 % langsamer fährt. B

c) Modellieren Sie eine Gleichung, aus der Sie die Geschwindigkeit eines Autos ermitteln können, wenn Sie den Anhalteweg kennen. A

RPF 16: Speerwurf A D

Auch die Flugbahn eines Speeres entspricht annähernd einer Wurfparabel. Unter der Flugbahn versteht man die Höhe h des Speeres in Abhängigkeit von der Entfernung e vom Abwurfsort. Ein Sportler wirft den Speer unter einem Abschusswinkel von w aus einer Höhe von h_1 ab. Nach einer Entfernung von e ist der Speer an seinem höchsten Punkt.

a) Stellen Sie eine Funktionsgleichung h(e) auf, die diesen Zusammenhang beschreibt, wenn die Höhe $h_1 = 1{,}9$ m beträgt, der Abschusswinkel 42° und e den Wert 29 m hat. Geben Sie Koeffizienten auf 4 Nachkommastellen gerundet an. A

b) Begründen Sie, dass der Winkel, unter dem der Speer auf den Boden auftrifft, nicht gleich dem Abschusswinkel ist, wenn man von einem waagrechten Untergrund ausgeht. D

RPF 17: Minigolf A B C

In einer 1,3 Meter breiten Minigolfbahn gibt es unterschiedliche Hindernisse. Eines davon ist eine Doppelwelle, die sich durch die Funktionsgleichung

$m(x) = \frac{100}{3}x^4 - \frac{50}{3}x^3 - \frac{7}{3}x^2 + \frac{29}{30}x + 0{,}1$

beschreiben lässt.

Abb. 9.1.19

a) Aufgrund eines starken Schlages und einer Bodenunebenheit fliegt der Minigolfball bei x = 0 tangential weg und trifft auf die waagrechte Minigolfbahn (x-Achse) nach 70 cm wieder auf. Modellieren Sie die Funktionsgleichung dieser Flugbahn. A

b) Nachdem einem Spieler eine Wasserflasche ausgeronnen ist, ist die rechte Vertiefung ein wenig mit Wasser gefüllt, sodass der Wasserspiegel 8 cm unter der waagrechten Spielbahn liegt. Berechnen Sie die Wassermenge. B

c) Die Funktionsgleichung der Minigolfbahn lässt sich auch durch die Gleichung $m(x) = 100 \cdot \frac{(x-0{,}5)(x-0{,}3)(x+0{,}1)(x+0{,}2)}{3}$ beschreiben. Dokumentieren Sie, wie Sie anhand dieser Funktionsgleichung die fehlende Beschriftung in der Abbildung ergänzen können. C

436 Maturawissen Mathematik

Reifeprüfungsaufgaben

RPF 18: Anti-Stress-Pille A B C D

Eine Lifestyle Firma vertreibt Anti-Stress-Pillen. Damit Kunden mehr als eine Packung zu je 1000 Stück kaufen, hat die Firma einen abnahmeabhängigen Verkaufspreis. Dieser beträgt $p(x) = 25 - x$.

Die Kosten lassen sich durch die folgende Kostenfunktion ermitteln:
$K(x) = 0{,}21x^3 - 2{,}5x^2 + 12{,}3x + 50$

Die entstandenen Kosten und der Erlös sind in der folgenden Abbildung dargestellt.

Abb. 9.1.20

a) Stellen Sie die Erlösfunktion auf. A

b) Vergleichen Sie die Bedeutung der beiden Terme und ihrer näherungsweisen Lösungen. C
$\frac{E(5)-E(1)}{4}$ und $\frac{E(17)-E(14)}{3}$.

c) Erklären Sie die Bedeutung der folgenden Gleichung: $K(x) = E(x)$. Legen Sie dabei besonderes Augenmerk auf die Möglichkeit, dass die Gleichung keine Lösung haben kann. D

d) Berechnen Sie die momentane Kostenzunahme pro Stück für die Stückzahl von 5 Stück. B

RPF 19: Infektionskrankheit B C D

Bekannte Infektionskrankheiten sind zum Beispiel der Schnupfen oder die Grippe. Meistens ist der Verlauf ohne Gefahren, da die eigene Immunabwehr die Infektion gut bekämpfen kann. Das Wachstum einer neuen Art grippeähnlicher Bakterien kann bei einer Testperson durch $N_1(t) = 70 \cdot e^{0{,}07t-0{,}002t^2}$ berechnet werden.

a) - Begründen Sie, warum N(t) nie den Wert 0 erreichen wird. D
- Erklären Sie, dass N(t) langfristig aber gegen 0 geht. D

b) Berechnen Sie den Zeitpunkt, an dem die Bakterienzahl am stärksten abnimmt. B

c) In der folgenden Abbildung ist das Bakterienwachstum $N_1(t)$ der Testperson und das Bakterienwachstum $N_2(t) = 70 \cdot e^{0{,}07t-0{,}003t^2}$ einer anderen Testperson zu sehen.

Abb. 9.1.21

- Vergleichen Sie die beiden Kurvenverläufe. C
- Erklären Sie, warum die Zahlenwerte 0,002 und 0,003 als Immunfaktor bezeichnet werden. D

Maturawissen Mathematik 437

9 Reifeprüfungsaufgaben

Übersicht über Deskriptoren und Zuordnung zu Aufgaben im Buch

Eine Tabelle im SbX bietet eine Übersicht über die Deskriptoren aus dem Leitfaden zur Berufsreifeprüfung[3]. Zur einfacheren Handhabung wurden die Deskriptoren nummeriert. Neben der Nummer finden Sie den Wortlaut des Deskriptors und weiters eine Aufstellung aller Lehr- und Übungsbeispiele sowie Wissensaufgaben aus diesem Buch, die auf Erwerb und Übung der im Deskriptor erfassten Kompetenzen abzielen.

3 Berufsreifeprüfung Mathematik. Leitfaden für die kompetenzorientierte Reifeprüfung bis 2016. BMBF. http://erwachsenenbildung.at/downloads/bildungsinfo/Leitfaden_BRP_Mathematik.pdf.

Maturawissen Mathematik

1 LINEARE GLEICHUNGEN UND FUNKTIONEN

Worum geht's in diesem Kapitel?

Bereits im zweiten Jahrtausend vor Christus lösten die Ägypter und Sumerer lineare Gleichungen. Sie verwendeten Mathematik vor allem für praktische Aufgaben, zum Beispiel zur Berechnung von Löhnen, Getreidemengen oder Flächen. Sie beherrschten die vier Grundrechnungsarten und das Lösen von Gleichungen mit einer Unbekannten.

Wenn Sie dieses Kapitel bearbeitet haben, können Sie:

- eine lineare Gleichung oder eine lineare Funktion als mathematisches Modell zur Lösung eines alltäglichen oder berufsfeldspezifischen Problems heranziehen
- eine Gleichung richtig umformen und lösen
- Tabellen und Grafiken interpretieren
- Werte einer Funktion berechnen
- einen grafikfähigen Taschenrechner zur Lösung der Aufgabe heranziehen
- Informationen oder mathematische Sachverhalte erkennen, diese in Form einer linearen Gleichung oder Funktion darstellen sowie die Lösungswege und Ergebnisse korrekt niederschreiben
- den Lösungsweg und die Lösung begründen und erklären

„Ich kann lineare Gleichungen in einer Variablen anwendungsbezogen aufstellen, lösen, die Lösungen interpretieren und argumentieren."

„Ich kann eine Formel nach einer der variablen Größen umformen und die gegenseitige Abhängigkeit der Größen in einer Formel interpretieren und erklären."

„Ich kann lineare Gleichungssysteme mit zwei und mehr Variablen anwendungsbezogen aufstellen, lösen und die verschiedenen möglichen Lösungsfälle argumentieren, interpretieren und grafisch veranschaulichen."

„Ich kann lineare Funktionen anwendungsbezogen modellieren, damit Berechnungen durchführen, die Ergebnisse interpretieren und damit argumentieren; den Graphen einer linearen Funktion im Koordinatensystem darstellen und die Bedeutung der Parameter für Steigung und Ordinatenabschnitt kontextbezogen interpretieren; eine lineare Gleichung in zwei Variablen als Beschreibung einer linearen Funktion interpretieren."

A B C D

In diesem Kapitel finden Sie Lehrbeispiele, Übungsaufgaben und Aufgaben zur Lernkontrolle zur Überprüfung Ihrer Kompetenzen auf den Handlungsebenen A Modellieren und Transferieren B Operieren und Technologieeinsatz C Interpretieren und Dokumentieren und D Argumentieren und Kommunizieren.

Dieses Kapitel umfasst folgende Lerneinheiten:

SbX
Alle SbX-Inhalte zu dieser Lerneinheit finden Sie unter der ID: 1110.

Lerneinheit 1
Lineare Gleichungen

Sie kennen sicher die Formel für den Umfang eines Rechtecks. Sie haben sich wahrscheinlich auch schon darüber Gedanken gemacht, welchen Tarif Sie für Ihr Handy wählen sollen, damit die Kosten möglichst gering sind. Dies sind nur zwei Beispiele für Problemstellungen aus dem Alltag, die man für jeden einzelnen Fall lösen kann oder aber allgemein mithilfe von Gleichungen. Der sichere Umgang mit Gleichungen und ihren Lösungsmöglichkeiten ist eine wichtige Grundkompetenz.

Linear bedeutet, dass die gesuchte Variable nur in erster Potenz vorkommt.

Sie lernen hier:

- lineare Gleichungen zu lösen (Äquivalenzumformungen)
- mathematische Symbole zur Darstellung eines Problems zu nutzen, d. h. eine Gleichung aufzustellen
- wesentliche Informationen aus Sachtexten herauszufiltern
- Lösungen zu interpretieren und zu überprüfen
- Gleichungen mit Bruchtermen zu lösen

Lernen

SbX ID: 1111

A B C D

1 Lösen einer Gleichung – Äquivalenzumformungen
Von links nach rechts und umgekehrt

Aus Termen kann man Gleichungen entstehen lassen, indem man zwei Terme durch ein Gleichheitszeichen verbindet.

So z. B.: Preis für 2 Becher = 3,8 €. Wenn man nun wissen will, wie viel ein Becher Limonade kostet, muss man durch 2 dividieren. Mathematisch angeschrieben:

$2b = 3{,}8 \qquad |:2$

$b = 1{,}9$

Zuerst einige wichtige mathematische Begriffe, die Sie kennen sollten, bevor Sie beginnen, Gleichungen umzuformen und zu lösen – verwenden Sie diese Begriffe auch, wenn Sie Ihre Aufgaben lösen, Ihren Lösungsweg erklären und das Ergebnis interpretieren müssen!

Wichtige Begriffe

- **Variablen** sind Platzhalter für unbekannte Werte.
- Die **Grundmenge** enthält jene Werte, die man für die Variablen einsetzen darf.
- Die **Definitionsmenge** enthält alle Zahlen der Grundmenge, die beim Einsetzen in die Gleichung einen sinnvollen Ausdruck ergeben.
- Die **Lösungsmenge** enthält alle Zahlen der Definitionsmenge, die beim Einsetzen in die Gleichung eine wahre Aussage ergeben.

Um Gleichungen lösen zu können, sind folgende Rechenoperationen wichtig:

Operationen und ihre Umkehroperationen	
Addieren	Subtrahieren
Multiplizieren	Dividieren
Potenzieren	Wurzelziehen

Äquivalenzumformungen

Um eine Gleichung zu lösen, muss man sie **nach der gesuchten Variablen umformen**, indem man auf beiden Seiten dieselbe Zahl addiert/subtrahiert oder mit derselben Zahl multipliziert/ durch dieselbe Zahl dividiert.

Multiplikation mit 0 und Division durch 0 sind keine Äquivalenzumformungen und nicht sinnvoll!

Schreiben Sie die einzelnen Umformungsschritte rechts neben die Gleichung – so wird Ihr Lösungsweg übersichtlicher.

Beim Vereinfachen von Termen gilt **„Klammer vor Punkt- vor Strich-Rechnung"** – das bedeutet also, dass die Punktrechnung eine stärkere Verbindung darstellt als die Strichrechnung. Als Eselsbrücke könnte man sich merken, dass ein Punkt Superkleber viel fester hält als ein Strich mit einem Klebestick.

Punkt hält fester als Strich.

Für das Lösen von Gleichungen gilt daher, dass zuerst aufgelöst werden muss, was weniger fest hält.

Lehrbeispiel

L 1.1: Lösen einer Gleichung B

Berechnen Sie:

$$2(4a-3)=-3(-2a+7)$$
$$8a-6=6a-21 \qquad |-6a,+6$$
$$2a=-15 \qquad |:2$$
$$a=-7{,}5$$

- zuerst die Klammern auflösen – auf die Vorzeichen achten
- Zahlen und Variablen jeweils auf eine Seite bringen

Lehrbeispiel

„Sonderfall"

L 1.2: Lösen einer Gleichung B

Berechnen Sie:

$$4a-3=4\cdot(2+a)$$
$$4a-3=8+4a \qquad |-4a,+3$$
$$0=11 \qquad \text{f. A.}$$
$$L=\{\ \}$$

Es gibt keine Lösung.

- zuerst die Klammern auflösen – auf die Vorzeichen achten
- Zahlen und Variablen jeweils auf eine Seite bringen

Es ist offensichtlich, dass 0 = 11 falsch ist – beim Lösen einer Gleichung sucht man genau jene Zahl, für die die Gleichung stimmt. Weil nun die Variable aber wegfällt und immer eine falsche Aussage übrigbleibt, kann es keine Zahl geben, für die diese Gleichung stimmt.

Lehrbeispiel

„Sonderfall"

L 1.3: Lösen einer Gleichung B

Berechnen Sie.

$$4a-8=4\cdot(-2+a)$$
$$4a-8=-8+4a \qquad |-4a,+8$$
$$0=0 \qquad \text{w. A.}$$
$$L=D$$

Alle Zahlen der Definitionsmenge sind möglich.

- zuerst die Klammern auflösen – auf die Vorzeichen achten
- Zahlen und Variablen jeweils auf eine Seite bringen

Es ist offensichtlich, dass 0 = 0 wahr ist – beim Lösen einer Gleichung sucht man genau jene Zahl, für die die Gleichung stimmt. Weil nun die Variable aber wegfällt und immer eine wahre Aussage übrigbleibt, kann es unendlich viele Zahlen geben, für die diese Gleichung stimmt.

Eine Gleichung kann auch unendlich viele Lösungen oder gar keine Lösung haben.

Sonderfälle beim Lösen von Gleichungen

- eine Gleichung, die immer wahr ist
  Diese Gleichung gilt für alle Werte der Definitionsmenge. → L = D
- eine Gleichung, die immer falsch ist
  Diese Gleichung ist für alle Werte der Definitionsmenge unlösbar. → L = { }

Beim Lösen einer Gleichung kann es auch vorkommen, dass eine gefundene Lösung nicht in der Grundmenge enthalten ist und die Lösungsmenge daher die **leere Menge** ist. Hier einige Beispiele dafür:

Die Gleichung $3x = 1$ hat über der Grundmenge $\mathbb{Z}$ keine Lösung: $L = \{\ \}$; über der Grundmenge $\mathbb{Q}$ hingegen ist die Lösungsmenge $L = \left\{\frac{1}{3}\right\}$.

Die Gleichung $x^2 = 4$ hat über der Grundmenge $\mathbb{N}$ nur eine Lösung: $L = \{2\}$; über der Grundmenge $\mathbb{Z}$ gibt es zwei Lösungen: $L = \{-2, 2\}$.

SbX
Lehrbeispiele zum Lösen linearer Gleichungen mit dem Taschenrechner sowie Übungen dazu finden Sie unter der ID: 1111.

Eine weitere Möglichkeit ist, dass in eine Gleichung nicht alle Werte der Grundmenge sinnvoll eingesetzt werden können, zum Beispiel:

Die Gleichung $\frac{1}{x} = \frac{1}{5}$ soll über der Grundmenge $\mathbb{R}$ gelöst werden. Da der Nenner eines Bruchs nie 0 sein darf, besteht die Definitionsmenge aus allen reellen Zahlen außer 0: $D = \mathbb{R} \setminus \{0\}$, $L = \{5\}$.

Lehrbeispiel

SbX
Eine Einführung zum Arbeiten mit dem TI-82 STATS finden Sie unter der ID: 1111.

L 1.4: Lösen linearer Gleichungen B

Zur Wiederholung wird eine einfache Gleichung zuerst händisch gelöst. Im zweiten Schritt wird dieselbe Gleichung mithilfe des grafikfähigen Taschenrechners TI-82 STATS gelöst. Sie können das Lösen von Gleichungen auch anderen Technologien überlassen, zum Beispiel dem Computeralgebrasystem von GeoGebra oder der Website www.wolframalpha.com.

$$3x - 7 = 11 \quad | + 7\text{, d. h.: Addieren Sie auf beiden Seiten 7.}$$
$$3x - 7 + 7 = 11 + 7$$
$$3x = 18 \quad | : 3\text{, d. h.: Dividieren Sie beide Seiten durch 3.}$$
$$x = 6$$

Bei einer Gleichung sollte man überprüfen, ob die gefundene Lösung auch richtig ist und in der Definitionsmenge enthalten ist. Dazu setzt man die Lösungszahl in beide Seiten der Angabe – am besten getrennt – ein und berechnet den jeweiligen Term. Stimmen die beiden Terme überein, so ist die gefundene Zahl wirklich Lösung der Gleichung und kann nach **Überprüfung, ob sie Element der Definitionsmenge ist**, in die Lösungsmenge geschrieben werden.

Im Folgenden wird, wenn nichts anderes angegeben ist, als Grundmenge immer $\mathbb{R}$ angenommen.

Probe: linke Seite: $3 \cdot 6 - 7 = 11$

Probe: rechte Seite: $11 = 11$

Probe: linke Seite = rechte Seite, daraus folgt: $L = \{6\}$

T

Lösen Sie nun dieselbe Gleichung mit Ihrem Taschenrechner, müssen Sie folgende Schritte beachten:

Im Menü MATH finden Sie als letzten Punkt `0:Solver`.

Abb. 1.1.1

Mit dieser Funktion ist es möglich, eine Gleichung nach jeder Variablen zu lösen. Drücken Sie nun MATH `0:Solver`. Bevor Sie die Solver-Funktion verwenden, müssen Sie die Gleichung so umformen, dass auf einer Seite 0 steht. Formen Sie $3x - 7 = 11$ zu $3x - 18 = 0$ um. Sie können als Trick auch das Gleichheitszeichen als Minus auffassen und die rechte Seite in Klammer setzen: $3x - 7 - (11) = 0$.

Tipp: Geben Sie die Gleichung sofort ein, wenn der Bildschirm `eqn:0=` anzeigt. Sollte das nicht der Fall sein, drücken Sie die Cursor-Taste mit Pfeil nach oben und überschreiben Sie die dort angegebene Gleichung. Man kann diese auch mit CLEAR löschen.

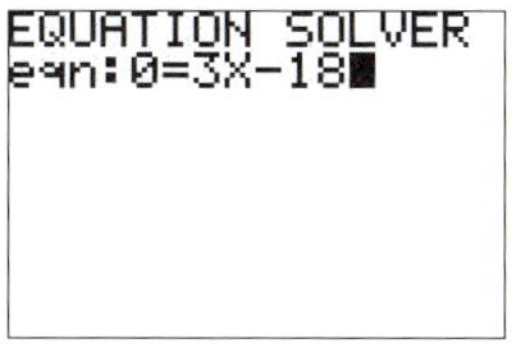

Abb. 1.1.2

Ihre Eingabe bestätigen Sie mit [ENTER]. Im nächsten Schritt lösen Sie bereits die Gleichung, indem Sie den Cursor neben `X=` stellen und die Tastenkombination [ALPHA] [SOLVE] (über der [ENTER]-Taste!) drücken. Sie erhalten die Lösung `X=6`. Der Taschenrechner speichert die errechnete Lösung 6 für die Variable X solange, bis Sie einen anderen Wert für X speichern. Die Anzeige `left-rt=0` ist eine interne Probe.

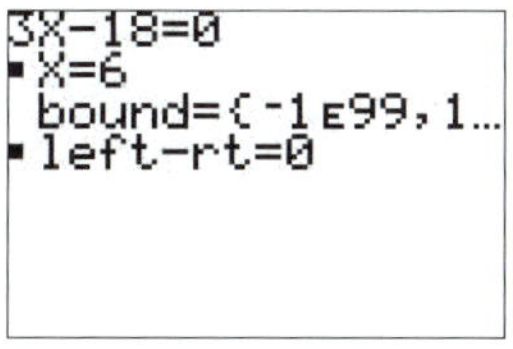

Abb. 1.1.3

Eine andere Möglichkeit ist, eine Gleichung ohne Taschenrechner zu lösen und den Taschenrechner zur Durchführung der Probe heranzuziehen.

Speichern Sie den Wert für X – in unserem Fall 6 mit der Tastenkombination `6` [STO▸] [ALPHA] [X] [ENTER] am Hauptbildschirm. Am rechten Bildschirmrand erscheint `6`. Geben Sie nun die linke Seite der Gleichung im Hauptbildschirm ein und bestätigen Sie die Eingabe mit [ENTER]. Geben Sie anschließend die rechte Seite der Gleichung ein und bestätigen Sie wieder mit [ENTER]. Der Taschenrechner hat den Wert der beiden Terme berechnet. Wenn diese gleich sind, haben Sie die Gleichung richtig gelöst.

Nun zu einem schwierigeren Beispiel, bei dem mehrere Umformungen nötig sind, bis man die Lösung ermittelt hat.

Lehrbeispiel

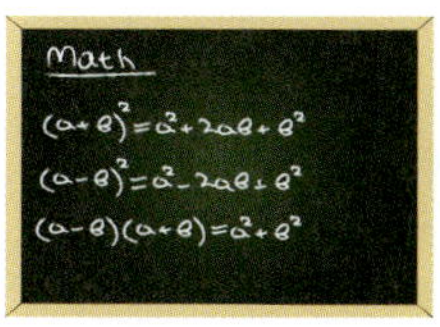

L 1.5: Komplexere Gleichung B

Lösen Sie die folgende Gleichung, führen Sie die Probe durch und geben Sie die Lösungsmenge an. Überprüfen Sie das Ergebnis auch mit der Solver-Funktion Ihres Taschenrechners.

$(3x + 4)^2 - 3 \cdot (2x + 5) = 9 \cdot (x - 4) \cdot (x + 4) - 35$	● Terme ausrechnen Achtung, Minus vor der Klammer!
$9x^2 + 24x + 16 - 6x - 15 = 9 \cdot (x^2 - 16) - 35$	● zusammenfassen
$9x^2 + 18x + 1 = 9x^2 - 144 - 35$	● Äquivalenzumformungen, um x und die Zahlen zu trennen. Subtrahieren Sie auf beiden Seiten $9x^2$ und 1. Sie sehen nun, dass die Gleichung tatsächlich linear ist, da die zweiten Potenzen von x auf beiden Seiten gleich oft auftreten.
$18x = -180$	● Dividieren Sie beide Seiten durch 18.
$x = -10$	● Lösung

Querverweis

Rechnen mit Termen und Binomen siehe Kapitel 8, Lerneinheit 1, und Kapitel 2, Lerneinheit 2.

Probe: Setzen Sie für x nun die berechnete Zahl ein und berechnen Sie die beiden Terme:

linke Seite: $(3 \cdot (-10) + 4)^2 - 3 \cdot (2 \cdot (-10) + 5) = (-26)^2 - 3 \cdot (-15) = 676 + 45 = 721$

rechte Seite: $9 \cdot ((-10) - 4) \cdot ((-10) + 4) - 35 = 9 \cdot (-14) \cdot (-6) - 35 = 756 - 35 = 721$

linke Seite = rechte Seite $\Rightarrow L = \{-10\}$

Tipp: Wenn Sie diese Gleichung mit dem Taschenrechner lösen möchten, geben Sie am besten Folgendes ein:

```
eqn:0=(3x+4)^2-3(2x+5)-(9(x-4)(x+4)-35),
```

d. h., Sie machen aus dem Gleichheitszeichen ein Minus und setzen die rechte Seite der Gleichung in Klammer. Wenn Sie die Probe mit dem Taschenrechner machen möchten, speichern Sie −10 für x.

Lehrbeispiel

Querverweis

Rechnen mit Brüchen, Vorzeichenregeln siehe Kapitel 8, Lerneinheit 1.

L 1.6: Gleichung mit Bruchzahlen B

Lösen Sie die folgende Gleichung mit Brüchen einmal ohne und einmal mit Taschenrechner.

Lösung der Gleichung ohne Taschenrechner:

$$\frac{7x-13}{6}+2=\frac{5x-11}{12}-\frac{9-3x}{8}$$

- Suchen Sie die kleinste Zahl, die durch 6, 12 und 8 teilbar ist (kleinstes gemeinsames Vielfaches).

Erweitern heißt, Zähler und Nenner mit derselben Zahl multiplizieren.

$$\frac{28x-52}{24}+\frac{48}{24}=\frac{10x-22}{24}-\frac{27-9x}{24}$$

- Erweitern Sie jeden Bruch so, dass im Nenner 24 steht. Multiplizieren Sie die ganze Gleichung mit dem Hauptnenner 24. Achtung: Vor dem letzten Bruch steht ein Minus!

$$28x-52+48=10x-22-(27-9x)$$

- Lösen Sie die Klammern auf und fassen Sie zusammen.

$$28x-4=10x-22-27+9x$$

$$28x-4=19x-49$$

- Addieren Sie auf beiden Seiten 4 und subtrahieren Sie auf beiden Seiten 19x.

$$9x=-45$$

- Dividieren Sie beide Seiten der Gleichung durch 9.

$$x=-5$$

- Sie erhalten das Ergebnis.

Testen Sie bei den vorgerechneten Beispielen Ihr Können und Wissen: Decken Sie die Lösungen ab und überprüfen Sie, ob Sie zu den gleichen Ergebnissen kommen.

Probe: Setzen Sie −5 in die Angabe statt x ein und berechnen Sie die beiden Terme. Beachten Sie dabei die Vorzeichenregeln!

linke Seite: $\frac{-35-13}{6}+2=\frac{-48}{6}+2=-8+2=-6$

rechte Seite: $\frac{-25-11}{12}-\frac{9+15}{8}=\frac{-36}{12}-\frac{24}{8}=-3-3=-6$

linke Seite = rechte Seite $\Rightarrow L=\{-5\}$

Eingabe der Gleichung in den Taschenrechner

Trennen Sie Zähler und Nenner eines Bruches sorgfältig! Der Taschenrechner braucht zum Ermitteln der exakten Lösung diese Informationen. Am besten trennt man Zähler und Nenner, indem man Klammern setzt:

```
eqn:0=(7x-13)/6+2-((5x-11)/12-(9-3x)/8)
```

2 Vom Text zur Gleichung

Der Schlüssel zur Lösung liegt im Text.

Die nächsten Seiten sollen Ihnen helfen, wichtige Informationen aus Texten zur Lösung eines Problems herauszufinden.

Beachten Sie beim Lesen eines Textes Folgendes:

- Lesen Sie den Text zuerst einmal durch und überlegen Sie, worum es geht.
- Lesen Sie den Text danach noch einmal sorgfältig durch, markieren und notieren Sie wichtige Informationen.
- Unterscheiden Sie zwischen den Informationen, die schon bekannt/gegeben sind, und jenen Größen, die zu berechnen/gesucht sind.

- Drücken Sie die unbekannte Größe mit einer passenden Variablen aus.
- Übersetzen Sie die Information aus dem Text in mathematische Schreibweise – erstellen Sie eine Gleichung.
- Lösen Sie die Gleichung.
- Tipp: Eine Skizze oder Zeichnung hilft oft bei der Lösung.

Nun einige Vorübungen, bei denen es wichtig ist, genau zu lesen, die verwendeten Begriffe zu kennen und richtig zu interpretieren.

Übungsbeispiel

SbX

Sie finden Ü 1.1 mit automatischer Aufgabenkontrolle unter der ID: 1111.

Ü 1.1 ★: Text und Term verbinden C

Vergleichen Sie die beiden Spalten. Verbinden Sie jeweils den Text der 1. Spalte mit dem richtigen mathematischen Term der 2. Spalte.

Subtrahieren Sie 7 von x.	$\frac{2-x}{2}$
Addieren Sie 7 zu einer Zahl x und multiplizieren Sie die Summe mit 2.	$(x + 2) + 7$
Subtrahieren Sie x von 7.	$(7 + x) \cdot 2$
Addieren Sie 7 zur Summe der beiden Zahlen x und 2.	$(x + 7) \cdot 2$
Subtrahieren Sie x von 2 und dividieren Sie die Differenz durch 2.	$x - 7$
Subtrahieren Sie 2 von x und dividieren Sie die Differenz durch 2.	$\frac{x-2}{2}$
Addieren Sie 7 zu einer Zahl x und verdoppeln Sie die Summe.	$7 - x$

Eine weitere Übung mit Texten:

Übungsbeispiel

SbX

Sie finden Ü 1.2 mit automatischer Aufgabenkontrolle unter der ID: 1111.

Ü 1.2 ★★: Text und Gleichung C D

Vergleichen Sie die Texte mit den Gleichungen. Verbinden Sie die passenden Teile, erklären und begründen Sie Ihre Entscheidung.

Das Vierfache einer Zahl und ihr Drittel ergeben 159.	$3 + x = 26{,}60$
Herr und Frau Pleschiutschnig geben von ihrem Geld ein Fünftel, ein Viertel und die Hälfte aus. Es bleiben ihnen noch 480 € übrig.	$3 + 4x = 26{,}60$
Bei der letzten Handyrechnung betrug Ihre Grundgebühr 3 € und Sie haben insgesamt 26,60 € bezahlt.	$4x + 3 = 159$
Eine Familie kauft 4 Konzertabonnements im Internet. Der Gesamtpreis beträgt 159 € inklusive 3 € Versandspesen.	$4x + \frac{1}{3}x = 159$
Sie haben Poster zu 4 € je Stück machen lassen. Dazu kommt eine einmalige Auftragsgebühr von 3 €. Insgesamt haben Sie 26,60 € ausgegeben.	$\frac{1}{5}x + \frac{1}{4}x + \frac{1}{2}x + 480 = x$

3 Anwendungsaufgaben
Mathematik in Beruf und Alltag

Zur Lösung von Problemstellungen ist es oft nötig, Gleichungen oder Formeln aufzustellen und diese dann nach einer gesuchten Variablen umzuformen. Wollen Sie eine Formel nach einer bestimmten Variablen umformen, so betrachten Sie alle anderen Variablen als festen Zahlenwert. Vielleicht sind Ihnen folgende Problemstellungen schon begegnet: Wie viel der Gesamtkosten entfallen auf ein einzelnes Stück? Für welches Tarifmodell soll ich mich entscheiden? Wie hoch ist die jährliche Abschreibung?

Lehrbeispiel

L 1.7: Aus dem Text eine Gleichung formen A B

Ein rechteckiger Platz mit der Fläche von 500 m^2 soll mit Draht eingezäunt werden. Die Länge einer Seite beträgt 20 m. Berechnen Sie die Länge der anderen Seite und wie viel Meter Draht man für den Zaun braucht.

Verwenden Sie zur Lösung des Beispiels die Flächenformel für das Rechteck A = ab. In der Übung formen Sie diese Flächenformel zuerst so um, dass Sie die gesuchte Größe direkt berechnen können. Natürlich können Sie auch in die Formel A = ab einsetzen und dann umformen. Sie erhalten so die Länge der zweiten Seite.

$A = ab$

$b = \frac{A}{a}$ $\quad b = \frac{500}{20}$ $\quad b = 25$

Die Länge der zweiten Seite beträgt 25 m.

Zur Berechnung des zweiten Teils der Aufgabe ist es nötig, den Umfang des Rechtecks zu ermitteln.

$u = 2 \cdot (a + b)$

$u = 2 \cdot (25 + 20)$

$u = 90$

Für den Zaun braucht man 90 m Draht.

Übungsbeispiel

Ü 1.3 ★★: Mobilfunktarife A

Stellen Sie für die Tarife „Megaklax" und „Klax Total" eine lineare Gleichung auf, mit der sich die entstehenden Kosten bei 1000 Gesprächsminuten errechnen lassen!

	Telefonieren	SMS	Surfen	Zusatzgebühr
MEGAKLAX	1000 Freiminuten in alle Netze	0,20	0,30 pro 50 kB	10,– pro Monat
KLAX TOTAL	0,09 in alle Netze	0,20	0,30 pro 50 kB	–

4 Gleichungen mit Bruchtermen

Die Sache mit dem Nenner

Eine Bruchtermgleichung ist eine Gleichung, bei der die Unbekannte auch im Nenner vorkommt.

Beim Lösen von Bruchtermgleichungen müssen Sie nun Ihr gesammeltes Können im Rechnen mit Bruchtermen anwenden. Sie müssen in Faktoren zerlegen können, auf gemeinsamen Nenner bringen, das „Nenner-Null-Problem" lösen, Definitionsmenge aufstellen … und dann die Gleichung nach den gewohnten Regeln (auf beiden Seiten der Gleichung dieselbe Zahl addieren …) lösen. Aber Achtung: Das errechnete Ergebnis muss noch geprüft werden. Ist das Ergebnis in der Definitionsmenge enthalten? Wenn ja, dann wird das Ergebnis in die Lösungsmenge übertragen, wenn nicht, dann ist die Lösungsmenge trotz eines berechneten Ergebnisses leer.

Da Sie nun aber eine Gleichung haben, können Sie den gemeinsamen Nenner durch Multiplizieren der Gleichung mit eben diesem „wegbringen" und bekommen damit eine bruchfreie Gleichung.

Im folgenden Beispiel können Sie dies in die Praxis umsetzen.

Lehrbeispiel

L 1.8: Gleichung mit Bruchtermen B

Lösen Sie die Gleichung. Geben Sie zuvor eine Definitionsmenge an. $G = \mathbb{N}$

$$\frac{a}{a^2 + 6a + 9} - \frac{3}{a^2 + 3a} = \frac{1}{a}$$

- Zerlegen der Nenner in Faktoren, Finden eines gemeinsamen Nenners und des Erweiterungsfaktors

	Erweitern mit	
$N_1 : (a + 3)^2$	a	
$N_2 : 3(a + 3)$	$(a + 3)$	
$N_3 : a$	$(a + 3)^2$	
HN: $a(a + 3)^2$		

„Nenner-Null-Problem"

$a \cdot (a+3)^2 = 0 \Rightarrow a \neq 0 \wedge a \neq -3$

$D = \mathbb{N} \setminus \{0\}$

- Weil –3 nicht in $\mathbb{N}$ ist, muss man es nicht herausnehmen.

$$\frac{a^2}{a(a+3)^2} - \frac{3(a+3)}{a(a+3)^2} = \frac{(a+3)^2}{a(a+3)^2}$$

- mit dem HN multiplizieren

$$a^2 - 3a - 9 = a^2 + 6a + 9$$
$$9a = -18$$
$$a = -2$$

- ACHTUNG: Das Ergebnis ist nicht in $D = \mathbb{N} \setminus \{0\}$ enthalten, daher ist die Lösungsmenge $L = \{\,\}$.

Wenn die Grundmenge aber $G = \mathbb{R}$ ist, dann ergibt sich als Definitionsmenge $D = \mathbb{R} \setminus \{-3; 0\}$ und die Lösungszahl –2 ist in der Definitionsmenge. Daher ergibt sich $L = \{-2\}$.

Lehrbeispiel

L 1.9: Bruchtermgleichung B C

Lösen Sie die Gleichung $\frac{1}{x} + \frac{4x}{x-2} = 4$, speichern Sie die Lösung als x ab, führen Sie die Probe mit dem Taschenrechner durch und geben Sie die Lösungsmenge an. Erklären Sie die einzelnen Umformungsschritte.

$$\frac{1}{x} + \frac{4x}{x-2} = 4 \quad | \text{ Erweitern auf Hauptnenner kgV}(x, (x-2))$$

$$\frac{x-2}{x(x-2)} + \frac{4x^2}{x(x-2)} = \frac{4x(x-2)}{x(x-2)} \quad | \cdot x \cdot (x-2)$$

$$x - 2 + 4x^2 = 4x^2 - 8x \quad | -4x^2 + 8x + 2$$

$$9x = 2 \quad | :9$$

$$x = \frac{2}{9}$$

Probe: linke Seite = rechte Seite = 4 … $L = \left\{\frac{2}{9}\right\}$

Auch das Lösen von Gleichungen mit Bruchtermen gehört zu den „Muss man üben"-Beispielen, da man ganz leicht irgendeinen Teil vergisst.

5 Formelumwandlung

Es muss nicht immer x sein.

In der Technik brauchen Sie zur Lösung von Problemen sehr häufig bekannte Formeln, welche vor ihrer Anwendung auf eine andere Variable umgeformt werden müssen. Hierzu verwenden Sie ebenfalls die Äquivalenzumformungen, welche Sie bereits kennengelernt haben.

Formeln werden so umgeformt wie Gleichungen.

Lehrbeispiel

Eine Variable explizit ausdrücken bedeutet, dass sie „alleine in 1. Potenz" auf einer Seite steht.

L 1.10: Linsengleichung A B

Mit der Linsengleichung (auch Abbildungsgleichung genannt) kann man die optische Abbildung einer idealen Linse berechnen. Formen Sie diese Gleichung so um, dass Sie die Variable g explizit ausdrücken.

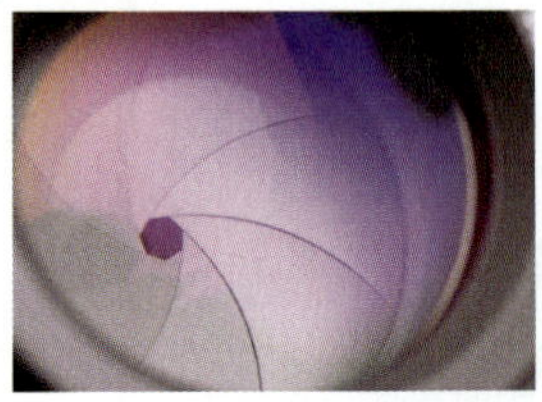
Die Linse eines Fotoapparates

g … Gegenstandsweite (Abstand des Gegenstands von der Linse)

b … Bildweite (Abstand des Bildes von der Linse)

f … Brennweite (Abstand des Brennpunkts von der Linse)

$\frac{1}{g} + \frac{1}{b} = \frac{1}{f}$

$\frac{bf}{gbf} + \frac{gf}{gbf} = \frac{gb}{gbf}$

- Der gemeinsame Nenner ist gbf – das kleinste gemeinsame Vielfache. Erweitern Sie jeden Bruch mit dem fehlenden Faktor auf den Hauptnenner.

$bf + gf = gb$

- Multiplizieren Sie die Gleichung mit dem Hauptnenner.

$bf = gb - gf$

- Sortieren Sie; d. h.: Alle Terme, die die gesuchte Variable – in diesem Fall g – beinhalten, sollen auf einer Seite stehen, die übrigen auf der anderen Seite. Verwenden Sie dazu Äquivalenzumformungen.

$bf = g \cdot (b - f)$

- Heben Sie die gesuchte Variable heraus.
- Dividieren Sie durch den Ausdruck in der Klammer.

$g = \frac{bf}{b - f}$

- Sie erhalten die Lösung.

Wichtig: Am Ende der Umformungen darf die gesuchte Variable nur auf einer/der linken Seite stehen. Im anderen/rechten Term der Gleichung darf die gesuchte Variable nicht mehr vorkommen – so wie die Variable x bei einer „normalen" Gleichung.

Übungsbeispiel

Ü 1.4 ★: Aus der Welt der Technik A B

Formen Sie folgende Formeln aus der Technik auf die jeweils gesuchte Variable um. Drücken Sie die angegebene Variable explizit aus.

		gesuchte Variable
Boyle-Mariott'sches Gesetz	$p_1 \cdot V_1 = p_2 \cdot V_2$	Volumen V_2
kinetische Energie	$E = \frac{m \cdot v^2}{2}$	Geschwindigkeit v
Weg bei gleichmäßiger Beschleunigung	$s = v_0 \cdot t + \frac{a}{2} \cdot t^2$	Beschleunigung a
Anziehungskraft zweier Massen	$F = G \cdot \frac{m_1 \cdot m_2}{r^2}$	Masse m_2
Ohm'sches Gesetz	$U = R \cdot I$	Stromstärke I
Wechselstromleistung	$P = \frac{1}{2} \cdot I_0^2 \cdot R$	Amplitude der Stromstärke I_0
Parallelschaltung von Widerständen	$\frac{1}{R} = \frac{1}{R_1} + \frac{1}{R_2}$	Ohm'scher Widerstand R_2
elektrostatische Kraft	$F = \frac{1}{4 \cdot \pi \cdot \varepsilon_0} \cdot \frac{Q_1 \cdot Q_2}{r^2}$	elektrische Ladung Q_2

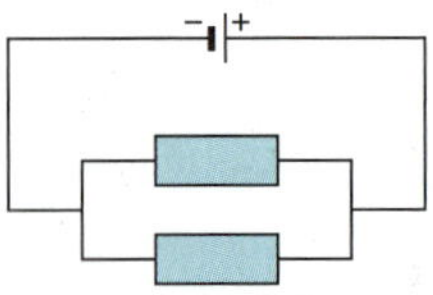

Parallele Widerstände

Üben

SbX ID: 1112

A B C D

Ü 1.5 ★: Gleichungen lösen B

Lösen Sie die folgenden Gleichungen über der Grundmenge $\mathbb{Z}$ und geben Sie die Lösungsmenge an.

a) $3x + 5 = 23$
b) $12y + 15 = 19$
c) $80 - 12t = 38$
d) $16 = 7z + 30$
e) $9y + 4 = 3y - 10$
f) $100 - 7x = 13x$
g) $0{,}9x + 5 = 1{,}2x - 3{,}4$
h) $4{,}2t - 7 = 11 - 3{,}3t$

Ü 1.6 ★★: Gleichungen mit Termumformungen B

Lösen Sie die folgenden Gleichungen über der Grundmenge $\mathbb{N}$ und machen Sie die Probe.

a) $3 \cdot (x + 7) = 4 \cdot (2x - 1)$
b) $9 \cdot (y - 5) = 4y - 10$
c) $8 \cdot (3 + 2z) - 3z = 5z - 8$
d) $5 \cdot (y - 0{,}2) = 1{,}6 \cdot (3y + 0{,}5)$
e) $2x \cdot (x - 3) = x \cdot (2x + 4) - 80$
f) $x \cdot (x + 3) = x^2 + 4 \cdot (x - 3)$
g) $(z - 2) \cdot (z + 3) = z^2 + 6$
h) $(y + 3) \cdot (y + 5) = y \cdot (y + 11)$

Ü 1.7 ★★: Gleichungen mit Brüchen B

Lösen Sie die folgenden Gleichungen über der Grundmenge $\mathbb{Q}$.

a) $\frac{x}{2} + \frac{x}{3} = 25$
b) $\frac{y}{3} + \frac{y}{4} + 15 = y$
c) $\frac{3z}{4} = \frac{2z}{3} - 5$
d) $\frac{5y}{8} = \frac{2y}{5} + 3$
e) $\frac{3y + 5}{3} = \frac{3y}{4}$
f) $\frac{x + 5}{3} = \frac{3x}{4}$
g) $\frac{4z + 1}{6} = \frac{z - 3}{2} + \frac{2}{3}$
h) $\frac{y + 2}{3} + \frac{y - 1}{15} = \frac{2y + 3}{5}$

Ü 1.8 ★★★: Gleichungen mit binomischen Formeln B

Lösen Sie die folgenden Gleichungen über der Grundmenge $\mathbb{R}$.

a) $(3z - 1)^2 = (3z + 4) \cdot (3z - 5)$
b) $(2y + 3)^2 = (5 - 2y)^2$
c) $(5z - 4)^2 = (5z + 4)^2 - 80z$
d) $2x - (2 - 7x)^2 = (1 - 7x) \cdot (1 + 7x)$

Ü 1.9 ★: Gleichungen lösen B

Lösen Sie die folgenden Gleichungen:

a) $16c + 19 = 5 \cdot (4 + 3c)$
b) $13c + 10 = 2 \cdot (6c + 7)$
c) $3 \cdot (17 + 8u) = 70u - 87$
d) $5 \cdot (2t + 17) - 7t + 112$

Ü 1.10 ★: Gleichungen lösen B

Lösen Sie die folgenden Gleichungen:

a) $26x - 5 \cdot (5x + 10) = x - 50$
b) $85x - (5 + 9x) \cdot 9 = 3x - 5$
c) $6 \cdot (5y - 4) - 3 \cdot (10y + 2) = 10$
d) $18 + 5 \cdot (3y - 2) = 2 \cdot (7y + 1)$

Ü 1.11 ★★: Ermitteln von Kosten A B C

Ein Unternehmen produziert elektronische Lesegeräte. Die fixen Kosten betragen 20.000 € monatlich. Die zusätzlichen Kosten pro erzeugtes Stück betragen 40 €, wobei das Unternehmen monatlich zwischen 100 und 1000 Stück erzeugen kann. Am Markt kann das Gerät derzeit um 90 € erworben werden.

a) Stellen Sie eine Gleichung für die durchschnittlichen Kosten pro erzeugtes Stück auf.

b) Berechnen Sie den Gewinn für die minimale und die maximale Produktionsmenge. Beschreiben Sie, welcher für den Betrieb relevante Punkt zwischen diesen Werten liegt.

Ü 1.12 ★★: Mit Formeln arbeiten B

Oft braucht man Formeln aus der Geometrie, Technik oder Physik zur Lösung von Fragestellungen in Alltag und Beruf. Formen Sie in den folgenden Beispielen die Formeln nach der gesuchten Variablen um. Fertigen Sie zuerst eine Skizze an.

a) Umfang eines Rechtecks:	$u = 2 \cdot (a + b)$	$a =$
b) Fläche eines Rechtecks:	$A = ab$	$b =$
c) Umfang eines Quadrats:	$u = 4s$	$s =$
d) Fläche eines Quadrats:	$A = s^2$	$s =$
e) Fläche eines rechtwinkeligen Dreiecks:	$A = \frac{ab}{2}$	$b =$
f) Zinsrechnung:	$K_1 = K_0 \cdot \left(1 + \frac{p}{100}\right)$	$p =$
g) Zinseszinsrechnung:	$K_1 = K_0 \cdot \left(1 + \frac{p}{100}\right)^n$	$K_0 =$
h) Oberfläche eines Zylinders:	$O = 2r^2\pi + 2r\,\pi h$	$h =$

Ü 1.13 ★★: Autoreparatur A B

Für die Reparatur seines Autos bezahlte Dietmar 1.308,95 €. Die Materialpreise können Sie der Liste entnehmen.

- Bremsbeläge links und rechts vorne: 178 €
- Zylinderkopfdichtung: 640,30 €
- Motoröl: 3,5 l à 15,90 €

a) Berechnen Sie, wie viel Dietmar pro Arbeitsstunde bezahlte, wenn die Reparatur insgesamt 7,5 Stunden dauerte.

b) Stellen Sie eine Formel auf, mit der Sie den Preis einer Arbeitsstunde ermitteln können, wenn n Stunden benötigt werden.

Ü 1.14 ★: Spezialreinigung A B

Die Reinigung einer Jacke und einer Hose kostet zusammen 42 €. Die Reinigung der Jacke kostet doppelt so viel wie die der Hose.

Stellen Sie eine Gleichung auf, mit der Sie die Reinigungskosten für Jacke und Hose ermitteln können. Berechnen Sie diese Kosten.

SbX
Sie finden Ü 1.15 mit automatischer Aufgabenkontrolle unter der ID: 1112.

Ü 1.15 ★★★: Garten C

Markieren Sie die richtigen Gleichungen.

Im Garten gibt es um 42 Birnen (b) mehr als Äpfel (a).

a) $b + 42 = a$	c) $b - 42 = a$	e) $a - 42 = b$	g) $a + 42 = b$	i) $a + b = 42$
b) $a - b = 42$	d) $b - a = 42$	f) $a - b - 42 = 0$	h) $b - a - 42 = 0$	

Ü 1.16 ★★★: Sportverein A

In einem Sportverein trainieren Mädchen (m) und Burschen (b). Übertragen Sie die Gleichungen jeweils in einen Text.

a) $2m = b$ c) $m = 3b + 5$ e) $m : b = 2 : 3$

b) $4b = m$ d) $\frac{b}{2} = m$ f) $b = 0{,}25m$

Ü 1.17 ★★: Zuckerlgeschäft B

4,5 kg teure Bonbons werden mit 6 kg einer günstigeren Sorte gemischt, die 1,40 Euro pro Kilogramm weniger kostet. Der Verkaufspreis der Mischung beträgt 4,20 Euro pro Kilogramm. Stellen Sie eine Gleichung auf, mit der Sie den Zusammenhang zwischen den einzelnen Kilopreisen und dem Kilopreis der Mischung beschreiben können. Berechnen Sie mithilfe einer Gleichung die Preise beider Sorten.

Ü 1.18 ★★: Brücke A B C

Stellen Sie eine Gleichung für den folgenden Sachverhalt auf:

Ein Brückenpfeiler einer 579 m langen Brücke aus Beton ist zu einem Siebentel im Grund des Flusses befestigt, zu 12,5 % befindet er sich im Wasser. Die verbleibenden 12,5 m ragen in die Luft. Berechnen Sie die Länge des Brückenpfeilers. Dokumentieren Sie Ihren Lösungsweg.

Ü 1.19 ★: Umfrage D

Im Rahmen einer Telefonbefragung beantworteten 75 % der Befragten die gestellte Frage mit „Nein". 40 Personen antworteten mit „Ja", es kann aber auch sein, dass einige keine Antwort gegeben haben. Begründen Sie, dass mindestens 160 Personen befragt wurden.

Ü 1.20 ★★★: Aus der Geometrie B

Formen Sie folgende Formeln nach der gesuchten Größe um!

a) Den Flächeninhalt welcher geometrischen Figur(en) berechnet man mit der Formel:

$A = \frac{c \cdot h_c}{2}$?

Formen Sie diese so um, dass Sie h_c explizit dargestellt haben, also $h_c = \ldots$

b) Für die Flächenberechnung eines Trapezes verwendet man: $A = \frac{(a + c) \cdot h}{2}$
Stellen Sie a und h explizit dar.

c) Die Oberfläche eines Kreiszylinders lässt sich mit $O = 2\pi r \cdot (r + h)$ berechnen. Schreiben Sie h explizit auf.

d) Die Oberfläche eines Kreiskegels ist mit $O = \pi \cdot r \cdot (r + s)$ zu berechnen. Stellen Sie s explizit dar.

Ü 1.21 ★★★: Bruchgleichungen B

Lösen Sie die Gleichung über der angegebenen Grundmenge:

a) $\frac{2 + 5s}{2 - 5s} = \frac{11}{9}$ $G = \mathbb{R}$ b) $\frac{4x}{3x - 1} - \frac{9}{5} = \frac{7 - 4x}{3x - 1}$ $G = \mathbb{R}^-$

Ü 1.22 ★: Dokumentieren von Lösungswegen A B C

Lösen Sie die Gleichungen aus **Ü 1.2** ohne Technologie, dokumentieren Sie dabei Ihre Arbeitsschritte. Erstellen Sie weitere mögliche Fragen zu den in der Übung angegebenen Gleichungen.

Ü 1.23 ★★: Stufen einer Treppe A

Eine Treppe besteht aus 20 gleich hohen Stufen. Wenn man jede Stufe um 2,5 cm erhöht, benötigt man 2 Stufen weniger. Modellieren Sie eine Gleichung für diesen Sachverhalt.

Ü 1.24 ★★★: Quader A D

Wenn man bei einem regelmäßigen Quader eine Seitenlänge um 2 cm vergrößert, so wächst die Kantenlänge um 2 cm und die Summe der Kantenlängen wird um 24 cm größer.

a) Übertragen Sie den Sachverhalt in eine Gleichung.

b) Begründen Sie, warum es bei dieser Angabe keine eindeutige Lösung gibt.

Ü 1.25 ★: Rechteck A

Der Umfang eines Rechtecks beträgt 60 Meter. Eine Seite ist um 10 m kürzer als die andere. Erstellen Sie eine Formel, die diesen Sachverhalt wiedergibt.

Ü 1.26 ★★: Teemischung A

Aus zwei Sorten Tee wird eine neue Mischung erzeugt. Die günstigere Teesorte kostet 14 €/kg, die andere 18 €/kg. Insgesamt erhalten Sie 300 kg einer Mischung zu 16,5 €. Stellen Sie eine Gleichung auf, die diesen Sachverhalt wiedergibt.

Ü 1.27 ★: Blutverlust B

Wenn ein Mensch viel Blut verliert, erhält er oft eine Infusion mit einer $0,\dot{6}$ %igen Kochsalzlösung. Berechnen Sie, welche Wassermenge Sie 0,539 kg einer 2 %igen Kochsalzlösung beimischen müssen, um die gewünschte Konzentration zu erhalten.

Ü 1.28 ★★: Mit oder gegen den Strom B

Wenn ein Schiff mit dem Strom fährt, dann benötigt es für eine bestimmte Entfernung 3 Stunden 15 Minuten. Fährt es dieselbe Strecke (bei gleicher Leistung) gegen den Strom, so braucht es eine Stunde 5 Minuten länger. Die Strömungsgeschwindigkeit beträgt 4 km/h. Berechnen Sie die Geschwindigkeit des Schiffes.

Ü 1.29 ★: Preisänderung A

Der Preis einer Ware wurde zuerst um 15 % erhöht, dann um 18 % gesenkt und schließlich wieder um 10 % erhöht. Der Preis betrug zum Schluss 150 €. Übertragen Sie die Preisänderungen im Zusammenhang mit dem letzten Preis in mathematische Schreibweise.

SbX ID: 1112

Weitere Übungsbeispiele finden Sie im SbX.

Sichern

Gleichung — Zwei Terme, die durch ein „ist gleich" verbunden sind, ergeben eine Gleichung.

Lösungsmenge — Die Lösungsmenge einer Gleichung besteht aus allen Zahlen, die beim Einsetzen eine **wahre Aussage** ergeben.

Äquivalenzumformungen — Um eine Gleichung zu lösen, muss man sie **nach der gesuchten Variablen umformen,** indem man auf beiden Seiten dieselbe Zahl addiert/subtrahiert oder mit derselben Zahl multipliziert/ durch dieselbe Zahl dividiert.

Bei der **Multiplikation/Division** darf nicht die Zahl 0 verwendet werden.

Lösen von Gleichungen — Das Lösen von Gleichungen können Sie häufig mit dem Taschenrechner oder einem Computeralgebrasystem durchführen.

Wesentlich ist immer, **das geeignete mathematische Modell** zu finden, den Lösungsweg zu argumentieren und die Lösung zu interpretieren.

Rechnen mit Bruchtermen

Beim Lösen einer Bruchgleichung müssen alle Bruchterme **einen gemeinsamen Hauptnenner (HN)** haben.

Achtung: Bilden Sie zu Beginn eine **Definitionsmenge** und überprüfen Sie am Schluss, ob die errechnete(n) Lösung(en) sich auch in dieser Definitionsmenge befindet (befinden).

Formeln

Formeln sind **Gleichungen mit zwei oder mehreren Variablen.** Möchte man die Gleichung nach einer dieser Variablen umformen, verwendet man ebenfalls Äquivalenzumformungen. Die anderen Variablen werden wie feste Zahlenwerte behandelt.

Wissen

SbX ID: 1114

A B C D

W 1.1: Aus dem Text die Gleichung ableiten A B C

Finden Sie Lösungen für die unten beschriebenen Situationen. Geben Sie eine lineare Gleichung als mathematisches Modell an. Lösen Sie diese Gleichung – mit oder ohne Technologieeinsatz. Interpretieren Sie das Ergebnis.

$H_2Ö$ Trink.Wasser.

a) Die H2Ö GmbH erhielt im Jahr 2005 den Österreichischen Innovationspreis für Klein- und Mittelbetriebe. Der Betrag wurde so auf die Abteilungen aufgeteilt: Die Abteilung Produktion erhielt die Hälfte, Logistik ein Fünftel, IT/Prozessmanagement ein Viertel sowie Marketing und Vertrieb die restlichen 2.000 €. Wie hoch war der Preis?

b) Für die drei besten Verbesserungsvorschläge wurde eine zusätzliche Prämie von insgesamt 3.000 € ausgeschüttet. Sie wurde auf die drei Preisträger im Verhältnis 5 : 3 : 2 aufgeteilt. Berechnen Sie die Höhe der einzelnen Prämien in Euro.

c) Im darauffolgenden Jahr wurde die Prämie von 3.000 € so auf die drei Preisträger aufgeteilt, dass jeder um 200 € weniger erhielt als der vorige. Wie hoch waren in diesem Fall die einzelnen Beträge?

d) Die H2Ö GmbH bietet einen Sprachkurs für ihre Mitarbeiter an. Die Hälfte der Interessenten will Spanisch lernen, ein Drittel Französisch, ein Achtel Italienisch, und eine Angestellte kann sich nicht zwischen Japanisch und Russisch entscheiden. Wie viele Personen wollen am Sprachkurs teilnehmen?

Wann ein Getränk als Fruchtsaft, Fruchtsaftgetränk oder Nektar bezeichnet werden darf, regelt das Lebensmittelrecht.

Masse des gelösten Stoffs = Massenanteil · Masse der Lösung

e) Berechnen Sie, wie viel Prozent Fruchtanteil in einer Mischung von 8 kg 22 %igem Apfel-Birnen-Konzentrat mit 6 kg 15 %igem Konzentrat enthalten sind!

f) Mit wie viel Liter 30 %igem Fruchtsaft müssen 5 l 15 %iger Fruchtsaft gemischt werden, damit 20 %iger Fruchtsaft entsteht?

Leistung = Arbeit : Zeit

g) Der Platz vor dem Firmensitz der H2Ö GmbH soll gereinigt werden. Zwei Arbeiter stehen zur Verfügung. Der eine könnte die Reinigungsarbeiten in 10 Minuten erledigen, der andere würde sie in 15 Minuten schaffen. Wie lange dauert die Reinigung, wenn beide zusammen arbeiten?

h) Zur Herstellung von Werbeprospekten der H2Ö GmbH sind 2 Maschinen im Einsatz: Maschine 1 benötigt für die gesamte Arbeit 4 Stunden. Beide Maschinen zusammen benötigen 2 Stunden und 24 Minuten. Wie lange braucht die 2. Maschine, wenn Maschine 1 nicht benützt werden kann?

Weg = Geschwindigkeit · Zeit

i) Herr Berger verlässt um 17 Uhr den Betrieb und fährt mit dem Fahrrad mit 10 km/h nach Hause. Zur gleichen Zeit fährt seine Frau mit dem Auto von ihrer 24 km entfernten Wohnung weg, um ihn abzuholen. Sie kommt ihm mit 50 km/h entgegen. Wann und wo treffen die beiden einander?

j) Ein Lastwagen der H2Ö GmbH fährt mit 80 km/h zu einem Kunden. Auf der Rückfahrt erreicht er wegen eines Verkehrsstaus nur eine Durchschnittsgeschwindigkeit von 40 km/h. Insgesamt braucht er für den Hin- und Rückweg 2 h 15 min. Wie lang ist eine Strecke?

W 1.2: Zusammenhänge im Tourismus A

Der Eigentümer einer griechischen Ferienanlage vermietet Elektroboote. Er bietet k kleine Boote mit a Sitzplätzen und g größere mit b Sitzplätzen an. Der Preis für ein kleines Boot beträgt x Euro, der für ein großes y Euro. Übersetzen Sie die folgenden Gleichungen in einen Text. (E = Ergebnis)

a) $E = a \cdot k$ c) $E = x \cdot 4$ e) $E = \frac{y}{b}$

b) $4k = g$ d) $a = \frac{b}{2}$ f) $E = 2y : (2 \cdot b)$

W 1.3: Telefonrechnung A B

a) Grundentgelt für zwei Monate: 19 €
Preis für 2400 Tarifeinheiten: 36 €
Rechnungsbetrag: 55 €

Geben Sie den Preis für eine Tarifeinheit an!

b) Das Grundentgelt beträgt z €. Es wurden n Tarifeinheiten verbraucht, insgesamt sind y € zu bezahlen.

Stellen Sie eine Formel zur Berechnung des Preises für eine Tarifeinheit (t) auf!

W 1.4: Teemischung A

Ein Teehändler mischt 60 kg Spezialtee aus zwei Teesorten. Die erste Sorte hat einen Preis von 32,20 €/kg exkl. MwSt., die zweite kostet 26,20 € exkl. MwSt. pro Kilogramm. Die Mischung hat einen Verkaufspreis von 28,00 €/kg. Stellen Sie eine Gleichung auf, mit deren Hilfe Sie die Anteile beider Teesorten im Spezialtee berechnen können.

W 1.5: Materialverbrauch B

Eine zylindrische Dose mit dem Inhalt von 0,33 l soll entweder einen Durchmesser von 8 cm oder von 10 cm haben. Aus Kostengründen soll der Materialverbrauch möglichst klein sein, wobei die Materialmenge der Oberfläche plus 5 % für diverse Falze entspricht. Berechnen Sie die Höhe der günstigeren Dose.

SbX
Sie finden W 1.6 mit automatischer Aufgabenkontrolle unter der ID: 1114.

W 1.6: Text und Gleichung C D

Kennzeichnen Sie den Text, der am besten zur Gleichung passt, und erklären Sie Ihre Entscheidung.

$2x + 2 \cdot (x + 3) = 30$	Addiert man zum Viertel einer Zahl das Fünftel derselben Zahl, so erhält man 35.
$(x + 3) + x + (x - 3) = 39$	Der Umfang eines Rechtecks beträgt 30 cm. Die Länge ist um 3 cm größer als die Breite. Berechnen Sie die Längen der Seiten.
$\frac{1}{4}x + \frac{x}{5} = 35$	Die Zahl 39 soll in drei Summanden zerlegt werden, wobei jeder Summand um 3 kleiner ist als der vorangegangene.
$30^2 + (x - 18)^2 = x^2$	Von einem rechtwinkeligen Dreieck kennt man die Seite a mit 30 cm und weiß, dass die Hypotenuse um 18 cm länger ist als die Seite b. Berechnen Sie die Längen der Seiten des Dreiecks.

W 1.7: Vierecksformel B D

Berechnen Sie aus der Formel des Flächeninhalts für Vierecke mit aufeinander normal stehenden Diagonalen: $A = \frac{e \cdot f}{2}$ die Diagonale e.

Erklären Sie, für welche Vierecke diese Formel anwendbar ist.

W 1.8: Eine Gleichung interpretieren C D

Der Zusammenhang zwischen zwei Variablen ist durch $c = 4d$ beschrieben. Markieren Sie, welche der nachfolgenden Aussagen richtig sind. Begründen Sie.

- c ist kleiner als d.
- Wenn $c \in \mathbb{R}^-$, dann ist auch $d \in \mathbb{R}^-$.
- Wenn $c \in \mathbb{N}$, dann ist auch $d \in \mathbb{N}$.

- Wenn c um 5 größer wird, dann wird auch d um 5 größer.
- Wenn d verdoppelt wird, dann wird auch c doppelt so groß.

W 1.9: Gleichungen lösen B

Ermitteln Sie die Lösungsmenge bei gegebener Grundmenge.

a) $\frac{5}{s-2} - \frac{3}{2+s} = \frac{2 \cdot (s+8)}{s^2-4}$ $\quad G = \mathbb{Q}$

b) $\frac{7x-60}{x-10} = 6 + \frac{x+24}{x+2}$ $\quad G = \mathbb{N}$

c) $\frac{16}{x-3} - \frac{20}{x+3} = \frac{12x-4}{x^2-9}$ $\quad G = \mathbb{Z}^+$

W 1.10: Lösen und erklären B D

Lösen Sie folgende Gleichung und erklären Sie alle Umformungen, die nötig sind, um zu einem Ergebnis zu kommen.

$$\frac{3x}{x-1} + \frac{1}{x} = 3$$

Lösen Sie die Gleichung mit dem Taschenrechner oder einem Computerprogramm.

Führen Sie die Probe sowohl mit als auch ohne Technologieeinsatz durch und erklären Sie die einzelnen Schritte.

W 1.11: Trapez und Co. B C D

Für die Flächenberechnung eines Trapezes verwendet man die Formel $A = \frac{(a+c) \cdot h}{2}$.

a) Stellen Sie h explizit dar.

b) Das Parallelogramm ist ebenso wie das Quadrat ein Spezialfall des Trapezes. Argumentieren Sie rechnerisch, wie aus der Flächenformel für das Trapez die Flächenformel für das Parallelogramm bzw. das Quadrat wird. Dokumentieren Sie schriftlich, welche Überlegungen Sie dabei angestellt haben.

W 1.12: Welche Formel ist es? B D

Die folgenden Formeln stellen mathematische Zusammenhänge dar. Erklären Sie, was mit der jeweiligen Formel berechnet werden kann. Formen Sie die Formel nach der gesuchten Variablen um.

a) $O = 2ab + 2ac + 2bc$ $\quad a = ?$

b) $b = \frac{2r\pi\alpha}{360°}$ $\quad r = ?$

c) $O = 2r^2\pi + 2r\pi h$ $\quad h = ?$

d) $B = N + 0{,}2N$ $\quad N = ?$

e) $A = \frac{(m+n) \cdot h}{2}$ $\quad m = ?$

Kompetenz-Check

	☺	😐	☹
Ich kann eine Gleichung umformen, um sie zu lösen.			
Ich kann Texte in mathematische Terme und Gleichungen umwandeln.			
Ich kann aus alltäglichen Problemstellungen ein mathematisches Modell bilden.			
Ich kenne die Bedeutung der Definitionsmenge und kann sie bilden.			
Ich kann Gleichungen mit Bruchtermen lösen.			
Ich kann Formeln nach einer gesuchten Variablen umformen.			
Ich kann Ergebnisse der Angabe entsprechend interpretieren.			

Lerneinheit 2
Lineare Funktionen

SbX
Alle SbX-Inhalte zu dieser Lerneinheit finden Sie unter der ID: 1120.

Sehr allgemein versteht man unter einer Funktion die Zuordnung einer Reihe von Elementen einer Menge zu jenen einer anderen Menge. Bereits 1800 v. Chr. stellten die Babylonier Zuordnungen in Form von Tabellen dar und berechneten damit Quadratzahlen, Flächen, Volumina u. v. m. Nikolaus von Oresme, Bischof von Lisieux und Mathematiker, stellte im 14. Jahrhundert Zusammenhänge zwischen zwei Größen grafisch dar und führte die Begriffe „longitudo" und „latitudo", vergleichbar mit Abszisse („x-Achse") und Ordinate („y-Achse") des Koordinatensystems, ein. Die Verwendung von Variablen begann im 16. Jahrhundert und Gottfried Wilhelm Leibniz (1646–1716) verwendete in einem Manuskript das erste Mal den Begriff Funktion.

Sie lernen hier:

- lineare Funktionen als Modell für Probleme aus dem Alltag, für Wirtschaft oder Naturwissenschaften heranzuziehen, diese grafisch in einem Koordinatensystem darzustellen und Werte zu berechnen
- mithilfe des Taschenrechners oder eines Computerprogramms (z. B. GeoGebra, Excel …) grafische Darstellungen zu erstellen und besondere Werte zu berechnen
- lineare Gleichungssysteme grafisch und rechnerisch zu lösen
- Aufgaben aus der Wirtschaft zu lösen (Tariffunktionen, Kosten- und Preistheorie, lineare Abschreibung)

Lernen

SbX ID: 1121

A B C D

1 Lineare Modelle
Vom Text zur Funktion

Querverweis
Hinweis: Grundlagen zu Funktionen werden in Kapitel 8 Basiswissen, Lerneinheit 5 erklärt.

Zusammenhänge von Größen spielen sowohl in der Mathematik als auch in vielen ihrer praktischen Anwendungsbereiche eine wichtige Rolle: Eine beobachtete Größe verändert sich – welcher Vorgang liegt dieser Beobachtung zugrunde? Wie ändert sich Größe B, wenn sich Größe A ändert? Solche Fragestellungen treten in den Naturwissenschaften und in der Wirtschaft häufig auf. Eine Vielzahl dieser Vorgänge und Zusammenhänge kann in der mathematischen Sprache der Funktionen beschrieben, modelliert und verstanden werden. Im Folgenden werden Beispiele für solche Zusammenhänge beschrieben und die Möglichkeit einer grafischen Darstellung vorgestellt.

In den Naturwissenschaften werden viele Zusammenhänge – zum Beispiel zwischen Temperaturanstieg und Rückgang der Gletscher – modelliert und mit Funktionen beschrieben.

Übungsbeispiel

Ü 1.30 ★: Temperaturverlauf B C D

Tageszeit in h	6	8	10	12	14	16	18
Temperatur in °C	3	7	10	13	12	10	8

a) Fassen Sie die Informationen aus dieser Tabelle zusammen.
b) Zeichnen Sie diese Werte in ein Koordinatensystem ein.
c) Versuchen Sie abzulesen, welche Temperatur es um 7 Uhr oder um 17 Uhr hatte.
d) Beurteilen Sie, ob es sinnvoll ist, die Punkte miteinander zu verbinden.

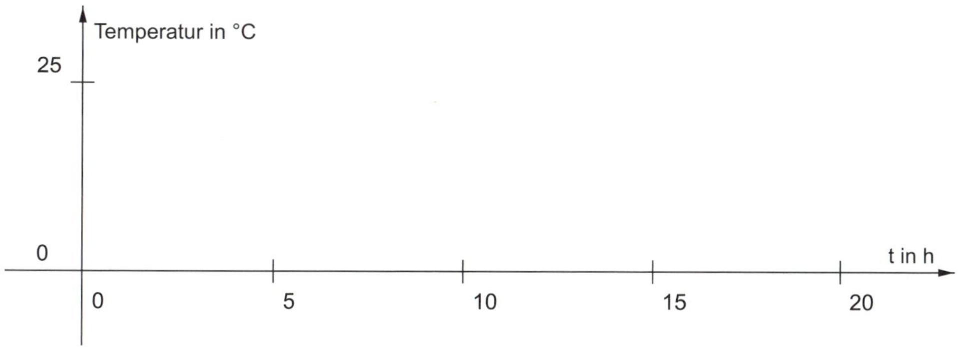

Abb. 1.2.1

SbX
Weitere Übungen zum Koordinatensystem finden Sie unter der ID: 1121.

René Descartes (1596–1650), bedeutender Philosoph, Mathematiker und Physiker

Koordinatensystem

Punkte können mithilfe eines Koordinatensystems festgelegt werden. Im 18. Jh. wurde der Begriff Koordinate – als Lageangabe – eingeführt und immer öfter verwendet. Das kartesische Koordinatensystem geht auf den Philosophen René Descartes (latinisierte Namensform: Renatus Cartesius) zurück, der bereits im 17. Jh. damit arbeitete. In dieser Form des Koordinatensystems schneiden die beiden Achsen einander im rechten Winkel.

Übungsbeispiel

Ü 1.31 ★: Temperaturvergleich C

Die durchschnittliche Temperatur kann von der geografischen Lage, dem Tag oder der Tageszeit abhängig sein. In Abbildung 1.2.2 sehen Sie eine Gegenüberstellung der Temperaturen aus den Monaten Juli und August zweier aufeinander folgender Jahre. Diese grafische Darstellung ermöglicht einen sehr anschaulichen Vergleich der Werte der beiden Jahre.

Interpretieren Sie diese Grafik. Gehen Sie dabei auf folgende Punkte ein:

- Beschreiben Sie, welche Werte auf der x-Achse, welche auf der y-Achse eingetragen sind.
- Vergleichen Sie die Temperaturverläufe hinsichtlich Unterschieden und Gemeinsamkeiten.
- Lesen Sie ab, an welchen Tagen es im Vorjahr heißer als heuer war.

Beachten Sie: Das Bild einer grafischen Darstellung ist vom gewählten Maßstab abhängig. Verschiedene Maßstäbe führen zu unterschiedlichen Bildern.

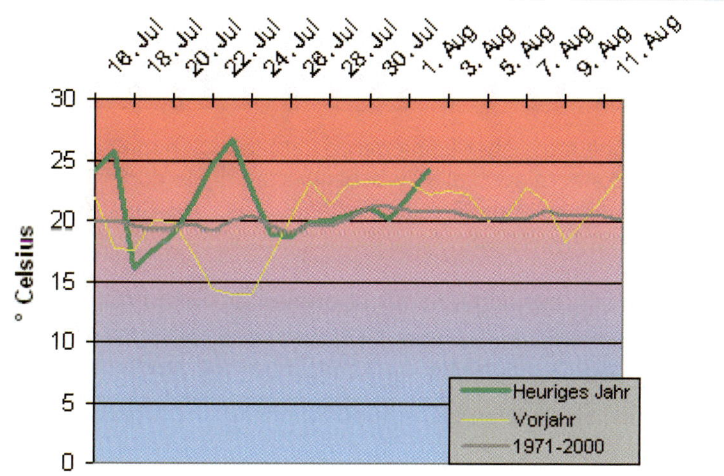

Abb. 1.2.2: Quelle: Zentralanstalt für Meteorologie und Geodynamik, www.zamg.ac.at

Lehrbeispiel

L 1.11: Volumen und Höhe A B C

Das Volumen eines Quaders ist abhängig von der Grundfläche und der Höhe. Es wird mit der Formel $V = a \cdot b \cdot h$ berechnet, wobei meist a und b die Seitenlängen der Grundfläche des Quaders sind und h die Höhe.

Zur Berechnung des Volumens benötigt man keine Funktion. Möchte man aber wissen, wie sich das Volumen bei unterschiedlicher Höhe, aber gleicher Grundfläche verändert, ist eine funktionale Darstellung sinnvoll.

a) Modellieren Sie eine Funktionsgleichung, bei der das Volumen in Abängigkeit von h dargestellt wird. Nehmen Sie für a den Wert 3 cm und für b den Wert 2 cm an.

b) Stellen Sie die Funktionsgleichung grafisch dar.

c) Erklären Sie, warum es sinnvoll ist, einzelne Volumswerte mittels einer Geraden zu verbinden.

Querverweis

Zu den mathematischen Begriffen zum Thema Funktion siehe Seite 18 und Kapitel 8, Lerneinheit 5.

a) Setzen wir a = 3 cm und b = 2 cm, dann beträgt die Grundfläche $A = 2 \cdot 3 = 6\ cm^2$.

Fasst man nun das Volumen als Funktion auf, die von der Höhe abhängig ist, erhält man: $V(h) = f(h) = 6 \cdot h$. Das ist eine Funktionsgleichung. Sie können aus dieser Gleichung verschiedene Werte für das Volumen berechnen, je nachdem, welche Zahl Sie für h einsetzen; z. B. h = 4, dann folgt daraus $V(4) = f(4) = 6 \cdot 4 = 24$. Das Volumen beträgt also 24 cm³.

Setzen Sie für die Höhe einen anderen Wert ein, so verändert sich das Volumen; es ist in diesem Beispiel abhängig von der gewählten Höhe.

b) Zur Veranschaulichung dieses Beispiels können Sie auch einen grafikfähigen Taschenrechner wie den TI-82 STATS oder ein Computerprogramm (GeoGebra, Excel …) einsetzen.

Beschriftung: waagrechte Achse: h
senkrechte Achse: V(h)

Grafische Darstellung:

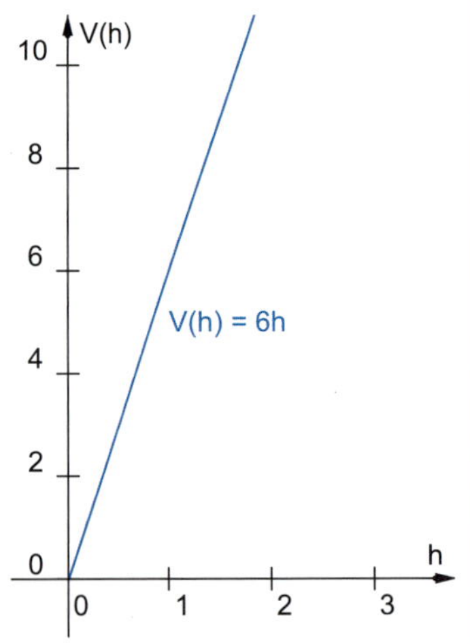

Abb. 1.2.3

Die Beziehung zwischen h und V kann man auch in einer Wertetabelle zusammenstellen:

h	V(h)
1	6
2	12
3	18
4	24
5	30

c) Die Höhe muss aber keine ganze Zahl sein. V nimmt daher nicht nur die Werte in der Tabelle, sondern auch alle Zwischenwerte an. Sie dürfen daher in der grafischen Darstellung eine durchgehende Gerade zeichnen.

Übungsbeispiel

Ü 1.32 ★: Erkennen eines funktionalen Zusammenhangs 1 B

Sie haben einmal im Sommer Ihr Taschengeld durch einen Ferialjob aufgebessert. Das Unternehmen, das Sie angestellt hat, zahlte Ihnen 8 € pro Stunde.

Berechnen Sie Ihren Verdienst für 0 Stunden, für 2 Stunden und für 3 Stunden.

Lehrbeispiel

L 1.12: Grafische Darstellung eines funktionalen Zusammenhangs 1 B C

Zeichnen Sie die Punkte aus **Ü 1.32** in ein gemeinsames Koordinatensystem und verbinden Sie diese.

a) Beschreiben Sie Ihr gezeichnetes Ergebnis.
b) Lesen Sie aus dem Graphen den Verdienst für 2,5 Stunden ab.

a) Alle drei Punkte liegen auf einer Geraden.
Die Gerade geht durch den Nullpunkt/Ursprung.
Sie ist monoton steigend.
b) Bei 2,5 („nach rechts") Stunden beträgt der Verdienst 20 („nach oben") €.

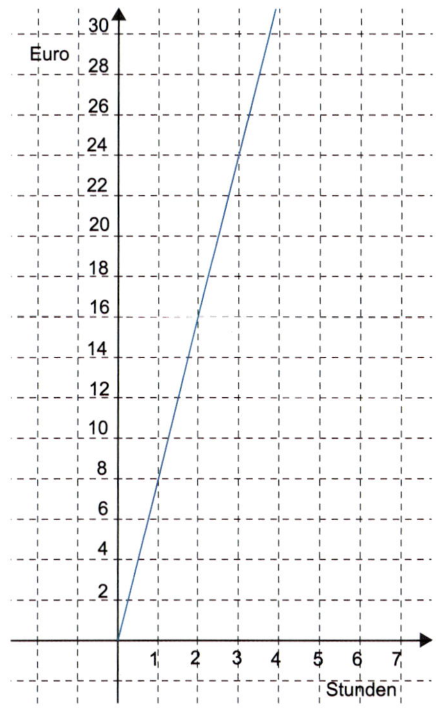

Abb. 1.2.4

Übungsbeispiel

Ü 1.33 ★: Erkennen eines funktionalen Zusammenhangs 2 B

Ein anderer Betrieb macht Ihnen das gleiche Angebot, nur dass Sie zusätzlich 10 € Fahrtgeld (pro Woche) bekommen. Berechnen Sie Ihren Verdienst für 5 Stunden und für 15 Stunden.

Lehrbeispiel

L 1.13: Grafische Darstellung eines funktionalen Zusammenhangs 2 B C

Zeichnen Sie die Punkte aus **Ü 1.33** in ein gemeinsames Koordinatensystem und verbinden Sie diese.

a) Beschreiben Sie Ihr gezeichnetes Ergebnis.
b) Lesen Sie aus dem Graphen den Verdienst für 10 Stunden ab.

a) Alle drei Punkte liegen auf einer Geraden.
Die Gerade geht nicht durch den Nullpunkt/Ursprung.
Sie ist monoton steigend.
b) Bei 10 („nach rechts") Stunden beträgt der Verdienst 90 („nach oben") €.

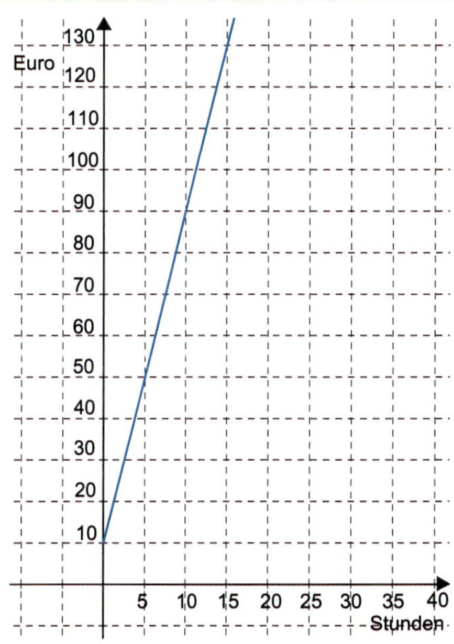

Abb. 1.2.5

Übungsbeispiel

Ü 1.34 ★: Funktionsgraphen interpretieren C D

Vergleichen Sie nun die beiden Graphen und beschreiben Sie Gemeinsamkeiten und Unterschiede.

Sie werden sicher gesehen haben, dass die beiden Graphen gleich schnell steigen, sie haben also denselben **Anstieg,** hier den Wert 8.

Der erste Graph geht allerdings durch den Ursprung, während der zweite um 10 Einheiten hinaufgeschoben ist, der **Abstand zum Ursprung** beträgt hier 10 Einheiten.

2 Funktionsgleichung, Punkte, Steigung und Achsenabschnitt

Noch mehr Zusammenhänge

Eine Möglichkeit der Darstellung wurde bereits erwähnt. **Grafisch** kann man Funktionen am besten mithilfe eines Koordinatensystems darstellen. Sie können die einzelnen Werte oder Punkte einzeichnen, bei entsprechender Angabe auch verbinden.

Arithmetisch können Sie die Werte, die Sie gegenüberstellen oder miteinander verknüpfen möchten, als Zahlenpaar, aber auch in einer Tabelle darstellen.

Manchmal dienen Werte aus dem Bereich der Statistik als Grundlage für den jeweiligen Sachverhalt.

Wird der Sachverhalt in den reellen Zahlen oder einem Teilintervall von diesen dargestellt und nicht nur für punktuelle Angaben, ist der Funktionsgraph eine Linie. Sie können die Zusammenhänge als Funktionsterm bzw. als Funktionsgleichung angeben.

Wenn, wie in **L 1.12** und **L 1.13,** 1 Stunde mit 8 € entlohnt wird, dann erhält man für 4 Stunden 32 €.

Allgemein: x Stunden bringen 8x €. 8x nennt man **Funktionsterm.**

Möchten Sie den Betrag p ermitteln, den Ihnen das Unternehmen zahlen muss, so schreiben Sie am besten eine Gleichung an – diese Gleichung heißt dann **Funktionsgleichung.** Die Funktionsgleichung für **L 1.13** beträgt $p(x) = 8x + 10$.

Eine Funktion ist eine eindeutige Zuordnung.

Wichtig bei diesen Beispielen ist, dass die Abhängigkeiten oder die Zuordnung eindeutig sind. Eine Funktion kann man mit einer Eingabe-Ausgabe-Maschine vergleichen. Zu jedem eingegebenen Wert wird genau ein Ausgabewert ermittelt.

Die Funktionsgleichung: $y = kx + d$

Gleichung und Graph einer linearen Funktion

Eine lineare Funktion ist von der Form $y = kx + d$ (k und d sind beliebige reelle Zahlen).

Der Graph einer Funktion besteht aus allen Punkten, deren Koordinaten die Funktionsgleichung erfüllen.

Der Graph einer linearen Funktion ist eine Gerade.

Das bedeutet also, dass Sie sich für die unabhängige Variable (x) Zahlen aussuchen und mittels der Funktion die dazugehörigen y-Werte ausrechnen.

Wenn die Funktion in einer anderen Form, etwa $ax + by = c$, gegeben ist, so formen Sie diese auf die Form $y = \dots$ um. Mathematisch gesprochen: Sie stellen y explizit dar.

Lehrbeispiel

L 1.14: Berechnen von Punkten eines Funktionsgraphen B D

a) Berechnen Sie vier Punkte der Funktion $y = 2x - 3$:

Setzen Sie für x eine Zahl ein und ermitteln Sie den dazu passenden y-Wert. Eine Möglichkeit, diese Berechnungen übersichtlich zu gestalten, ist das Anlegen einer Tabelle.

Wenn nichts anderes vorgegeben ist, können Sie in der Funktionsgleichung beliebige Werte für x einsetzen und den passenden y-Wert berechnen. Man kann bei einer linearen Funktion auch den Wert für die y-Koordinate vorgeben und den dazu passenden x-Wert berechnen.

x-Wert vorgegeben	0	3	5	–3
y-Wert	$2 \cdot 0 - 3 = -3$	$2 \cdot 3 - 3 = 3$	$2 \cdot 5 - 3 = 7$	$2 \cdot (-3) - 3 = -9$

Man kann diese Werte als Punkte angeben: A(0/–3); B(3/3); C(5/7); D(–3/–9).

b) Berechnen Sie die x-Koordinate des Punktes P(x/5).

Setzen Sie diesen Wert statt y ein, erhalten Sie 5 = 2x – 3. Durch Äquivalenzumformungen berechnen Sie die x-Koordinate:

$5 = 2x - 3 \quad | + 3$

$8 = 2x \quad | : 2$

$4 = x$

$x = 4$

● Der gesuchte Punkt lautet E(4/5).

c) Beurteilen Sie, wie viele Punkte unbedingt nötig sind, um eine Gerade eindeutig zu bestimmen.

Es sind nur zwei Punkte nötig.

Sie haben also gesehen, dass Sie mittels einer Wertetabelle die Funktionsgleichung einer linearen Funktion in den dazugehörigen Graphen verwandeln können. Sie haben auch bemerkt, dass nur zwei Punkte nötig waren, um die Gerade eindeutig zu bestimmen.

Übungsbeispiel

Ü 1.35 ★: Berechnen von Koordinaten B

Berechnen Sie die y-Koordinaten der beiden Punkte $A(0/y_A)$ und $B(1/y_B)$, die auf dem Graphen der Funktion y = 2x + 1,5 liegen. Zeichnen Sie anschließend die Gerade.

Sie können die grafische Darstellung einer linearen Funktion aber nicht nur mithilfe von zwei Punkten zeichnen, sondern auch durch den **Abstand vom Ursprung/Achsenabschnitt** auf der y-Achse und den **Anstieg**/die **Steigung.**

Abstand vom Ursprung entlang der y-Achse, Achsenabschnitt … d

Der Wert d einer linearen Funktion y = kx + d gibt den Abstand vom Ursprung entlang der y-Achse an. Dieser Wert lässt sich direkt aus der Gleichung ablesen oder durch Berechnung des Punktes (0/d) (Stichwort: für x den Wert 0 einsetzen) ermitteln.

Anstieg, Steigung … k

Der Wert k einer linearen Funktion gibt den Anstieg/die Steigung an. Wenn x um 1 zunimmt, nimmt f(x) um k zu. „Pro Einheit nach rechts ändert sich der y-Wert um k.“ Man nennt k daher auch die Änderungsrate.

Den Begriff Anstieg oder Steigung kennen wir sowohl im Zusammenhang mit der prozentuellen Steigung einer Straße, deren Anstiegswinkel man berechnen kann, als auch durch den Anstieg einer linearen Funktion.

Zur Erinnerung: Da der Anstieg eine Art „Maßeinheit“ ist, muss es eine einheitliche Definition geben, was der Anstieg ist.

Zeichnet man eine Gerade (lineare Funktion) mit der Angabe y = kx + d, geht man wie folgt vor:

- zuerst d hinauf oder hinunter – Stelle markieren
- dann 1 nach rechts
- dann k hinauf oder hinunter – Stelle markieren
- Durch Verbinden dieser beiden markierten Stellen entsteht die Gerade.

d > 0	d ↑
d < 0	d ↓
	1 →
k > 0	k ↑
k < 0	k ↓

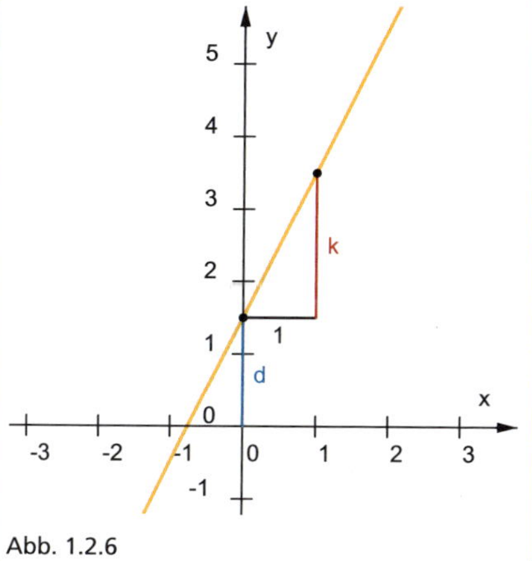

Abb. 1.2.6

Übungsbeispiel

Ü 1.36 ★★: Grafische Darstellung einer Geraden B C

Zeichnen Sie eine Gerade durch die Punkte T(1/3) und U(3/7). Lesen Sie in Ihrer Grafik die Werte d und k ab.

Übungsbeispiel

Ü 1.37 ★: Gemeinsamkeiten und Unterschiede B C

Stellen Sie die folgenden vier Funktionen grafisch dar. Vergleichen Sie die Graphen hinsichtlich Gemeinsamkeiten und Unterschieden.

$y_1 = 2x - 3$

$y_2 = 2x + 3$

$y_3 = -2x - 3$

$y_4 = -2x + 3$

Ist $k > 0$, also positiv, so verläuft die Gerade nach rechts oben – sie ist monoton steigend; ist $k < 0$, also negativ, verläuft die Gerade nach rechts unten – sie ist monoton fallend.

Wenn $k = 0$ ist, so ist die Gerade waagrecht.

Wenn k ein Bruch/eine Dezimalzahl ist, können Sie folgende Überlegung anstellen:

Statt 1 nach rechts und k hinauf/hinunter können Sie auch ein Vielfaches von 1 nach rechts und dasselbe Vielfache von k hinauf-/hinuntergehen.

Für den Anstieg müssen Sie 1 nach rechts und …	1 →	$k = \frac{Z}{N}$ ↑	… k hinaufgehen/ –k hinuntergehen.
Wenn aber der Wert von k durch den Bruch schlecht zu konstruieren ist, können Sie auch auf beiden Seiten mit dem Nenner multiplizieren:			
Sie gehen daher N nach rechts und …	N →	Z ↑	… Z hinauf/hinunter.

· N (linke Seite) · N (rechte Seite)

Angabe einer linearen Funktion

Eine lineare Funktion ist durch folgende Angaben eindeutig festgelegt:

- zwei beliebige Punkte
- den Abstand vom Ursprung entlang der y-Achse und den Anstieg
- einen Punkt und den Anstieg
- den Abstand vom Ursprung entlang der x-Achse und einen Punkt, dessen x-Koordinate $\neq 0$ ist

Lehrbeispiel

L 1.15: Eine Geradengleichung aufstellen A B

Stellen Sie die Gleichung einer Geraden auf, wenn folgende zwei Punkte gegeben sind: A(–1/–2) und B(3/8). Berechnen Sie die Koordinaten der Nullstelle dieser Funktion.

Eine Möglichkeit, die Gleichung der Geraden zu ermitteln, ist, beide Punkte in die allgemeine Geradengleichung $y = kx + d$ einzusetzen.

I: $-2 = (-1) \cdot k + d$

II: $8 = 3k + d$

Querverweis

Verschiedene Methoden zur Lösung eines linearen Gleichungssystems finden Sie in Kapitel 1, Lerneinheit 3.

Mathematisch liegt hier ein Gleichungssystem in zwei Variablen vor. Sie können ein Gleichungssystem in zwei Variablen auf drei verschiedene Arten lösen. In diesem Fall ist es am besten, das Eliminationsverfahren anzuwenden.

I: $-2 = (-1) \cdot k + d$

II: $8 = 3k + d$

$10 = 4k$

- Subtrahieren Sie die erste Gleichung von der zweiten.
- Dividieren Sie beide Seiten durch 4.

$\frac{10}{4} = k$ (handschriftlich gekürzt: $\frac{5}{2}$)

I: $-2 = (-1)\frac{5}{2} + d$

- Setzen Sie nun in eine der beiden Gleichungen den Wert für k ein.

$-2 = -\frac{5}{2} + d$ — Fassen Sie zusammen.

$\frac{1}{2} = d$

Die Gleichung der Geraden lautet $y = \frac{5}{2}x + \frac{1}{2}$.

$0 = \frac{5}{2}x + \frac{1}{2}$ — Die Nullstelle ist die Schnittstelle des Funktionsgraphen mit der y-Achse: An der Nullstelle muss y = 0 sein.

$x = -\frac{1}{5}$ — Die Funktion schneidet die x-Achse bei $x = -\frac{1}{5}$.

$N\left(-\frac{1}{5}/0\right)$

SbX **Weitere Lehrbeispiele finden Sie unter der ID: 1121.**

3 Grafische Darstellung mit technischer Unterstützung

Berechnen von besonderen Punkten mit dem TI-82 STATS

Die Funktion y = 2x – 3 eignet sich gut, um den Grafikmodus des TI-82 STATS auszuprobieren.

Es gibt natürlich auch andere Möglichkeiten (Excel, GeoGebra …), um grafische Darstellungen von Funktionen an technische Geräte oder Computerprogramme auszulagern.

Grafische Darstellung einer Funktion mit dem TI-82 STATS

- Rufen Sie mit der Taste [Y=] den Funktionseditor auf. Hier besteht die Möglichkeit, 10 verschiedene Funktionen einzugeben. Es können eine oder mehrere definierte Funktionen gleichzeitig gezeichnet werden.

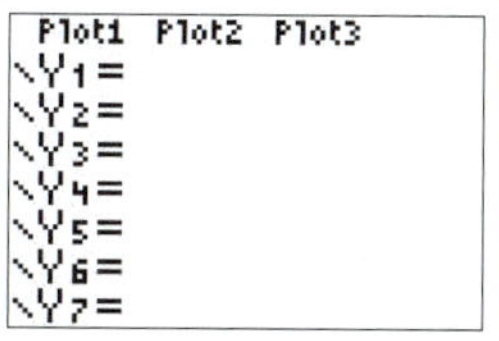

Abb. 1.2.7

- Geben Sie nun bei Y_1 = die obige Funktion ein. Die Variable x kann über die Taste [X, T, Θ, n] direkt eingegeben werden. Sobald Sie die Eingabe der Funktion abgeschlossen haben, ist das Gleichheitszeichen unterlegt. Das unterlegte Gleichheitszeichen bedeutet, dass die Funktion aktiviert ist und am Grafikbildschirm gezeichnet wird. Möchten Sie die Funktion deaktivieren oder aktivieren, setzen Sie den Cursor auf das Gleichheitszeichen und drücken Sie [ENTER].

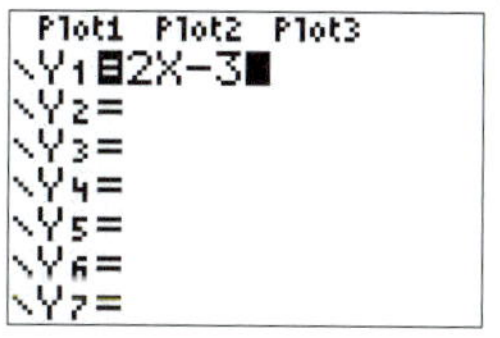

Abb. 1.2.8

- Für die Darstellung von Funktionen stehen verschiedene Grafikstile zur Verfügung. Diese werden mithilfe der Cursortasten ausgewählt. Stellen Sie den Cursor auf das Symbol links neben der Funktion und drücken Sie die [ENTER]-Taste, wenn Sie eine andere Darstellung wünschen.

Abb. 1.2.9

- Eine Funktion wird grafisch dargestellt, wenn Sie die Taste GRAPH drücken.

  Während ein Graph gezeichnet wird, kann mit ENTER der Zeichenvorgang unterbrochen oder durch nochmaliges Drücken von ENTER fortgesetzt werden. Beim Drücken der Taste GRAPH wird die letzte Funktion noch einmal gezeichnet, sofern seit der letzten Anzeige des Graphen nichts geändert wurde. Ist ein Graph eingeblendet, kann man mit den Cursortasten Punkte im Koordinatensystem bestimmen. Die Koordinaten der Punkte können Sie am unteren Bildschirmrand ablesen.

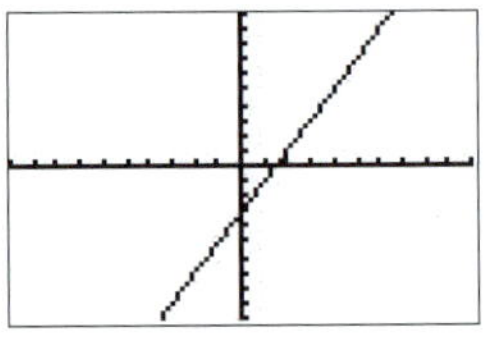
Abb. 1.2.10

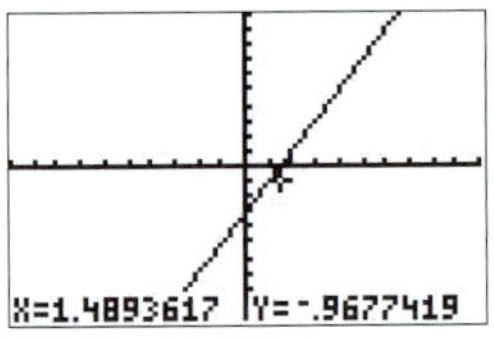

Abb. 1.2.11

Ermitteln von Punkten mithilfe des Taschenrechners

- Drücken Sie die Taste TRACE. Am oberen Bildschirmrand erscheint nun die Funktionsgleichung, am unteren Rand des Grafikfensters werden die Werte der x- und y-Koordinate angezeigt. Geben Sie über den Ziffernblock einen Wert für x ein, z. B.: x = 3, und bestätigen Sie diese Eingabe mit ENTER. Sie können dann den passenden y-Wert ablesen.

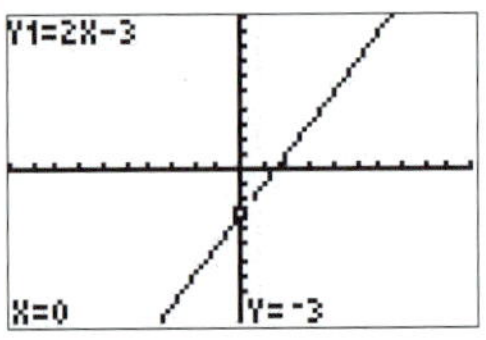

Abb. 1.2.12

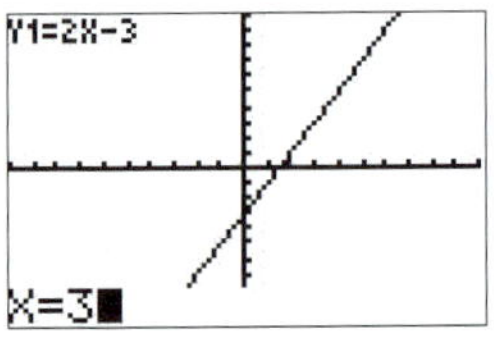

Abb. 1.2.13

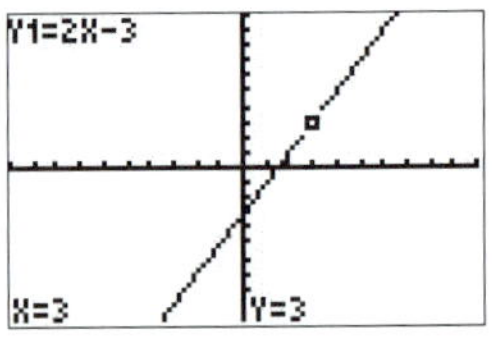

Abb. 1.2.14

Sie können nur Punkte ermitteln, wenn Sie für x eine Zahl eingeben. Möchten Sie für y eine Zahl eingeben, müssen Sie auf eine andere Möglichkeit der Berechnung (Solver) zurückgreifen.

- Der Taschenrechner gibt über die Tastenfolge 2nd [TABLE] eine Tabelle an, in der Sie mit den Cursortasten ▼▲ verschiedene Werte ablesen können. Den ersten Wert der Tabelle `TblStart` und die Abstände der x-Werte △`Tbl` verstellt man über die Tastenkombination 2nd [TBLSET]. Den Wert `TblStart` können Sie auch verändern, indem Sie mit ▲ in der x-Spalte nach oben scrollen.

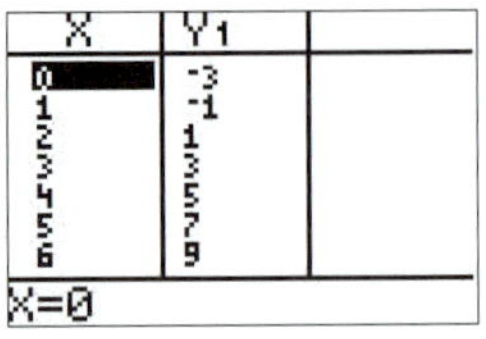

Abb. 1.2.15

Abb. 1.2.16

Das Grafikfenster ist standardmäßig so eingestellt, dass Sie die x- und die y-Achse von –10 bis +10 am Bildschirm sehen können. Wenn Sie einen Punkt ermitteln müssen oder wollen, dessen x-Wert größer als +10 oder kleiner als –10 ist, ist es erforderlich, die Achsen zu verändern.

- Beispiel: Berechnen Sie den Punkt P(20/y). Drücken Sie die Taste WINDOW und verstellen Sie den Wert `Xmax` auf eine Zahl, die größer oder gleich 20 ist, z. B. `Xmax=30`.

Schalten Sie mit GRAPH direkt ins Grafikfenster. Mit TRACE erhalten Sie x = 20 und y = 37.

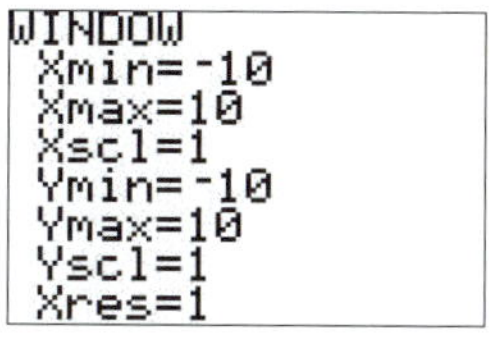

Abb. 1.2.17

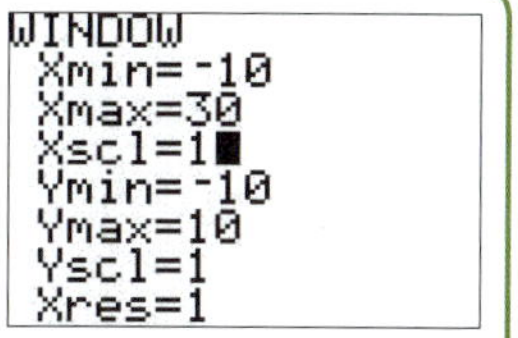

Abb. 1.2.18

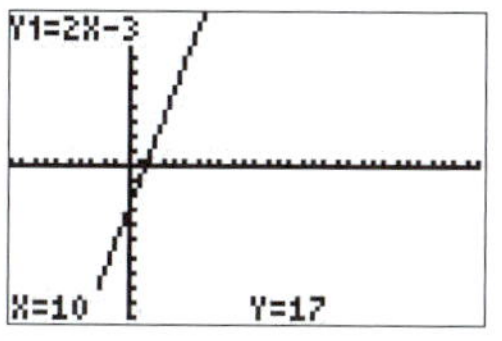

Abb. 1.2.19

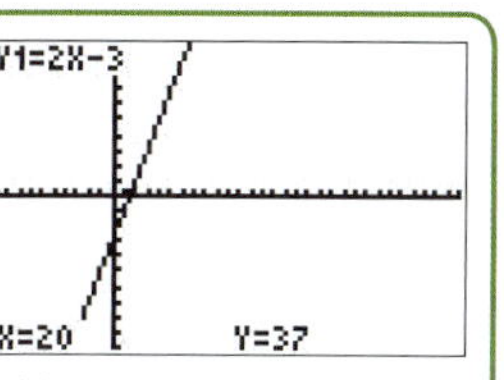

Abb. 1.2.20

Berechnen der Nullstelle einer Funktion

In **L 1.15** haben Sie bereits eine Nullstelle ermittelt, indem Sie eine lineare Gleichung gelöst haben. Diese Arbeit kann Ihnen der Taschenrechner entweder mit der Solver-Funktion oder mit dem Menü `Calculate` abnehmen. Drücken Sie die Tastenfolge 2nd [CALC] und wählen Sie aus den einzelnen Menüpunkten `2:zero` aus. Die Auswahl eines Untermenüs erfolgt entweder durch Auswahl mit den Cursortasten und Bestätigung mit ENTER oder indem Sie die gewünschte Zahl (2) im Ziffernblock eingeben.

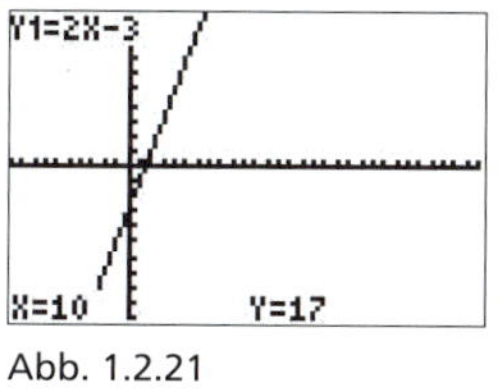

Abb. 1.2.21

Abb. 1.2.22

Achten Sie immer darauf, dass der Wert der y-Koordinate einmal negativ und einmal positiv ist. Ist die y-Koordinate bei `left bound` positiv, muss sie bei `right bound` negativ sein oder umgekehrt.

Der Taschenrechner springt automatisch in das Grafikfenster. Am oberen Bildschirmrand ist die Funktionsgleichung angegeben, am unteren sehen Sie die x- und y-Werte des Cursors. Ihre Aufgabe besteht nun darin, den Bereich, in dem sich die Nullstelle befindet, einzugrenzen. Sie werden gefragt: `Left bound?`. Bewegen Sie den Cursor so weit nach links, dass dieser eindeutig links von der Nullstelle ist, und bestätigen Sie mit ENTER. Die nächste Frage klärt die rechte Grenze – `Right bound?` – ab: Bewegen Sie den Cursor so weit nach rechts, dass dieser eindeutig nach der Nullstelle steht, und drücken Sie ENTER. Überspringen Sie die Frage `Guess?` mit ENTER (Abb. 1.2.26) und Sie erhalten am unteren Bildschirmrand die Koordinaten der Nullstelle.

$x = \frac{3}{2}, y = 0$

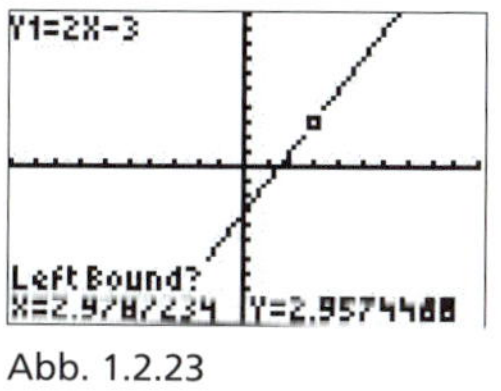

Abb. 1.2.23

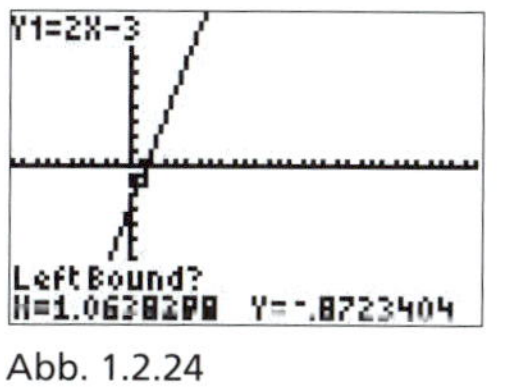

Abb. 1.2.24

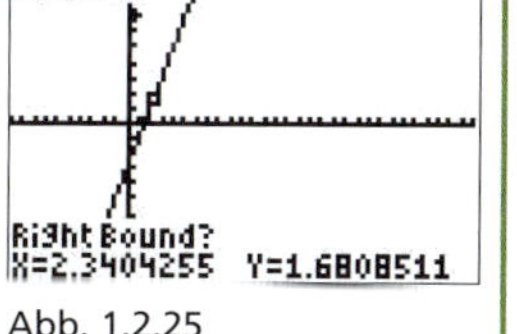

Abb. 1.2.25

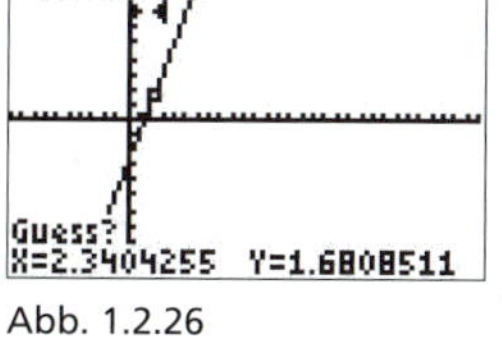

Abb. 1.2.26

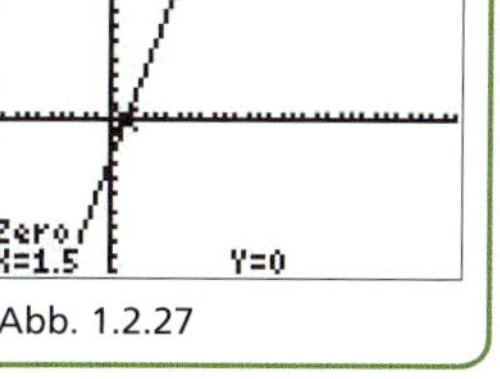

Abb. 1.2.27

4 Lineare Funktionen in Wirtschaft und Alltag

Reale Anwendungen in der Praxis

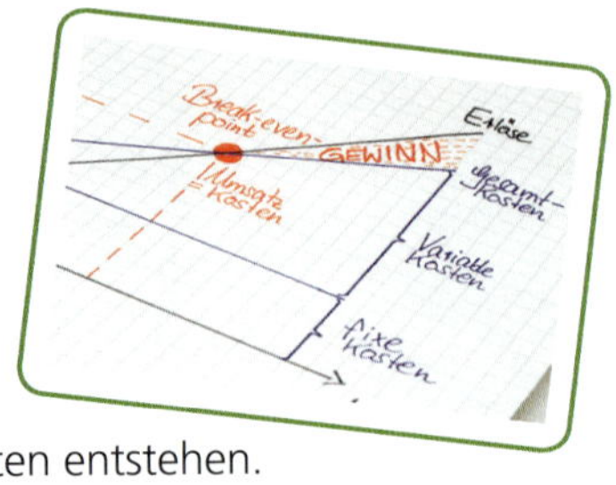

Berechnen von Kosten

Kosten sind nicht gleich Kosten! Mit den folgenden Begriffen werden Sie in Ihrer beruflichen Laufbahn noch oft zu tun haben:

- **Fixkosten** sind unabhängig von der produzierten Menge (z. B. Maschinenkosten, Miete …).
- **Variable Kosten** sind jene Kosten, die zusätzlich zu den Fixkosten entstehen.
- **Proportionale Kosten** sind die variablen Kosten pro Stück bei der linearen Kostenfunktion.
- **Gesamtkosten** bestehen aus den Fixkosten und den variablen Stückkosten.
- **(Durchschnittliche) Stückkosten** sind die Gesamtkosten auf die produzierte Stückzahl aufgeteilt.
- **Erlös** ist die Summe der Einnahmen aus dem Verkauf, entspricht also jenem Betrag, der sich durch die verkaufte Menge mal dem Stückpreis ergibt.
- **Gewinn** ist die Differenz zwischen dem Erlös und den Kosten.

Lehrbeispiel

Kaffeemaschine für die Gastronomie

L 1.16: Eine Kostenfunktion aufstellen A B

Ein Betrieb kann täglich nicht mehr als 1500 Kaffeemaschinen produzieren. Die Fixkosten betragen 80.000 €, die proportionalen Kosten liegen bei 290 €. Der Verkaufspreis beträgt 380 €.

a) Stellen Sie eine Gleichung für die Kosten für die Produktion von einem Stück auf. Berechnen Sie die Kosten pro Stück, wenn 1200 Stück erzeugt werden.

b) Stellen Sie eine Gleichung auf, mit der Sie den Gewinn ermitteln können, und berechnen Sie, bei welcher Stückzahl kein Gewinn zu machen ist (Gewinnschwelle).

c) Ermitteln Sie den maximalen täglichen Gewinn.

a) $K = 290x + 80000$
- Die Fixkosten bleiben immer gleich, während die Gesamtkosten mit der Anzahl der produzierten Stück steigen.

$\overline{K}(x) = (290x + 80000) : x$
- Dabei werden die Gesamtkosten auf die Stückanzahl aufgeteilt.

$\overline{K}(x) = 290 + \frac{80000}{x}$

$\overline{K}(1200) = 290 + \frac{80000}{1200}$
- Jedes Stück erzeugt 356,67 € an Kosten.

b) Für den Gewinn brauchen Sie eine Gleichung, die Ihnen den Erlös berechnet:

$E(x) = 380x$

Also steigt E auch mit der Anzahl der verkauften Stück.

Der Gewinn ist nun die Differenz von Erlös und Kosten:

$G(x) = 380x - (290x + 80000)$

$G(x) = 90x - 80000$

$0 = 90x - 80000$

$x = 888{,}89$

Bis zu 888 Stück erzielt der Betrieb keinen Gewinn, erst ab 889 Stück kann er Gewinn machen.

c) $G(1500) = 90 \cdot 1500 - 80000$
- Pro Tag können nur 1500 Stück produziert werden.

$G(1500) = 55000$

Der maximale Tagesgewinn beträgt 55.000 €.

Telefontarife – ein gutes Beispiel für Fixkosten und variable Kosten!

Ü 1.38 ★★: Telefontarif A

Sie informieren sich über einen neuen Mobilfunktarif. Sie interessieren sich für den Netzbetreiber, bei dem alle Ihre Freunde sind. Das Angebot: Um 9 € pro Monat erhalten Sie 1300 Freiminuten. Jede weitere Minute in dasselbe Netz kostet 29 Cent.

Erstellen Sie eine Gleichung für die anfallenden Kosten, wenn Sie länger als 1300 Minuten telefonieren. (Quelle: T-Mobile, Sept. 2010)

Mithilfe von linearen Funktionen lassen sich Fragen nach Kosten, Abschreibungen, Gebühren ebenso gut darstellen wie der Zusammenhang zwischen der Zeit und dem Weg.

Die Gleichung der linearen Kostenfunktion unterscheidet sich nicht von der allgemeinen linearen Funktion. Der Verständlichkeit halber schreibt man aber nicht y = ..., sondern K(x) = ... als Abkürzung für die Gesamtkosten.

Gesamtkostenfunktion

$K(x) = kx + d$

k ... Kosten pro Mengeneinheit (proportionale Kosten)
d ... Fixkosten
x ... Stückanzahl

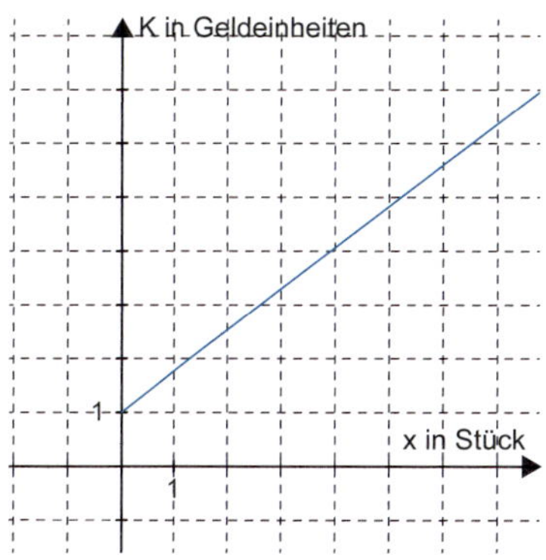

Abb. 1.2.28

Die Fixkosten sind jene Kosten, die unabhängig von der produzierten Menge anfallen.

Übungsbeispiel

Ü 1.39 ★: Welche Fixkosten kennen Sie? C

Nennen Sie einige mögliche Fixkosten, deren Höhe von der produzierten Menge unabhängig ist.

Manchmal ist es zusätzlich noch interessant, die Durchschnittskosten pro Stück (Stückkosten) zu wissen. Sie erhalten diese, indem Sie die Gesamtkosten durch die Anzahl der produzierten Stück dividieren.

Stückkostenfunktion

$$\overline{K}(x) = \frac{K(x)}{x} = k + \frac{d}{x}$$

Wenn ein Betrieb etwas produziert, so möchte er dieses Produkt natürlich auch verkaufen: Er hofft auf Nachfrage. Im einfachsten Fall hängt die Nachfragefunktion nur vom Verkaufspreis ab. Es besteht also ein Zusammenhang zwischen der verkauften Menge und dem Verkaufspreis N(x) aus Sicht der Nachfrage.

Nachfragefunktion

$N(x) = k_N x + d_N$

k_N ... Geldbetrag, um den der Verkaufspreis pro Stück verringert werden muss, damit ein Stück mehr verkauft wird ($k_N < 0$)
d_N ... jener Preis, bei dem keine Nachfrage mehr besteht
x ... Stückanzahl

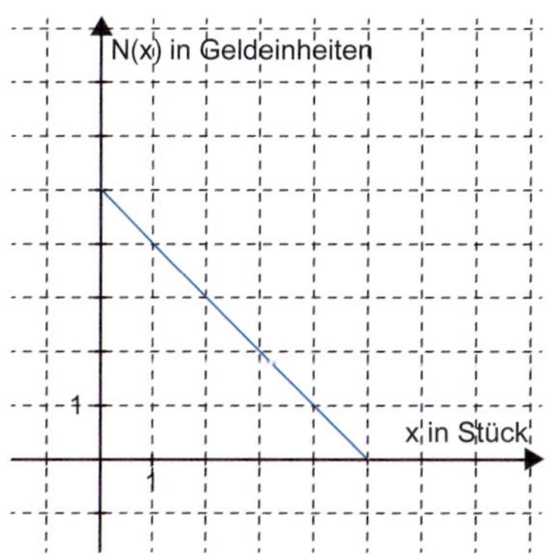

Abb. 1.2.29

Die Stückanzahl wird oft auch in Mengeneinheiten angegeben. (Eine Mengeneinheit ME kann dann aber auch mehr als ein einzelnes Stück umfassen.)

Monopol

Damit eine Nachfrage seitens der Konsumenten gestillt werden kann, muss es ein Angebot geben. Unter der Annahme, dass das Produkt nicht im Monopol erzeugt wird, richtet sich das Angebot einerseits nach der Nachfrage, aber auch nach dem Verkaufspreis, denn jeder Betrieb muss seine Kosten decken und außerdem Gewinn erzielen. Somit ergibt sich ein Verkaufspreis A(x) aus Sicht des Anbieters.

Angebotsfunktion

$A(x) = k_A x + d_A$

k_A … Geldbetrag, um den der Verkaufspreis pro Stück vergrößert werden muss, damit ein Stück mehr produziert wird ($k_A > 0$)

d_A … jener Verkaufspreis, bei dem das Produkt nicht mehr angeboten wird

x … Stückanzahl

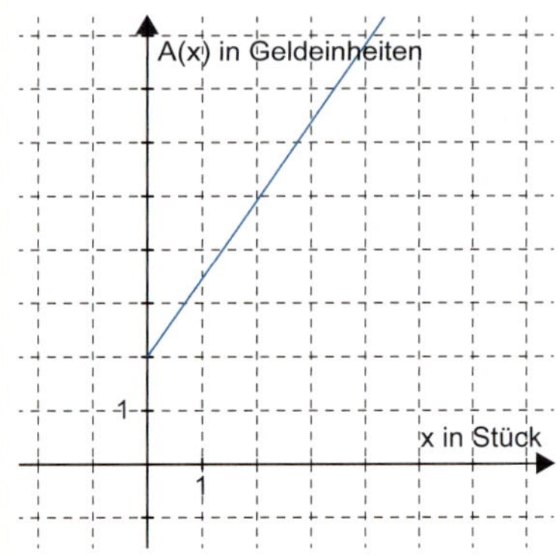

Abb. 1.2.30

Soll ein Gewinn erzielt werden, müssen die Einnahmen aus dem Verkauf – der Erlös – größer sein als die Kosten.

Erlösfunktion

$E(x) = px$

p … Verkaufspreis pro Stück

x … Stückanzahl

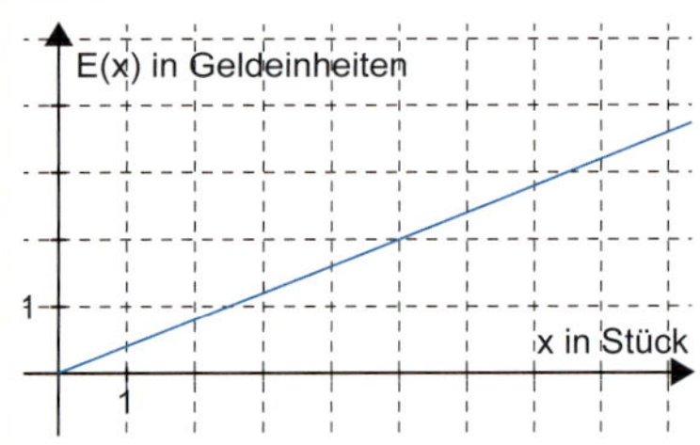

Abb. 1.2.31

Jener Betrag, um den der Erlös höher ist als die Kosten, ist der Gewinn.

Gewinnfunktion

$G(x) = E(x) - K(x)$

Gewinn = Erlös minus Kosten

Der freie Markt ist also ein Zusammenspiel von Angebot, Nachfrage und Kosten.

Lehrbeispiel

L 1.17: Wirtschaftliche Anwendung linearer Funktionen A B

Die Firma Snow-Wonder erzeugt günstige Einsteigersnowboards. Für Maschinen, Löhne, Miete und dergleichen werden monatliche Fixkosten von 40.000 € gerechnet. Die proportionalen Kosten betragen 31,50 €.

Die Snowboards kommen um 144 € in den Handel und es werden im ersten Monat 995 Stück verkauft. Die Marketingabteilung meint, dass bei einem Verkaufspreis von 189 € nur 815 Stück verkauft werden würden.

a) Stellen Sie die Funktionsgleichung der Kostenfunktion auf.
b) Stellen Sie die Funktionsgleichung der Nachfragefunktion auf.
c) Berechnen Sie, wieviele Boards Sie verkaufen müssen, damit der Betrieb Gewinn macht.
d) Ermitteln Sie, bei welchem Stückpreis der Hersteller auf seinen Boards „sitzenbleibt“.
e) Berechnen Sie die Nachfrage bei einem Verkaufspreis von 300 €.

a) Fixkosten: 40.000 €, proportionale Kosten: 31,50 €
$K(x) = 31{,}50x + 40000$

Querverweis
Lösen von Gleichungssystemen siehe Lerneinheit 3.

b) Bei 144 € werden 995 Stück verkauft (995/144), bei 189 € nur 815 Stück (815/189).
I: $144 = 995 \cdot k + d$
II: $189 = 815 \cdot k + d$
$k = -0{,}25$, $d = 392{,}75$
$N(x) = -0{,}25x + 392{,}75$

- Lösen des Gleichungssystems ergibt:

c) Gewinn = Erlös – Kosten
$E(x) = 144x$
- der Preis mal die Stückanzahl

$G(x) = 144x - (31{,}50x + 40000)$
$G(x) = 112{,}5x - 40000$
$0 = 112{,}5x - 40000$
- Gewinnfunktion = 0 errechnet jene Anzahl, bei der noch kein Gewinn gemacht wird.

$x = 355{,}56$
- Wird die Anzahl größer, so wird Gewinn erzielt.

Ab 356 Stück wird Gewinn erzielt.

d) $N(0) = -0{,}25 \cdot 0 + 392{,}75$
$N(0) = 392{,}75$
- Es wird kein Board verkauft, die Stückzahl ist gleich 0.

Bei einem Preis von 392,75 € wäre keine Nachfrage vorhanden.

e) $300 = -0{,}25x + 392{,}75$
$x = 371$
Bei einem Verkaufspreis von 300 € würde die Nachfrage ungefähr 371 Boards betragen.

Übungsbeispiel

SbX
Weitere Übungsbeispiele zu Kostenfunktionen finden Sie unter der ID: 1121.

Ü 1.40 ★★: Kosten- und Erlösfunktion schneiden B C D

Stellen Sie die Kosten-, die Gewinn- und die Erlösfunktion aus **L 1.17** grafisch dar.

a) Interpretieren Sie die Bedeutung des Schnittpunkts der Kostenfunktion mit der Erlösfunktion.
b) Begründen Sie, warum dieser Schnittpunkt dieselbe „Stück-Koordinate" (x-Koordinate) wie die Nullstelle von G(x) hat.

Wenn wir also davon ausgehen, dass es bei der derzeitigen Lage von Angebot und Nachfrage für einen Betrieb lohnend ist, zu produzieren, so wird er von Zeit zu Zeit seinen Maschinenpark erneuern. Diese Investitionsgüter können abgeschrieben werden, dabei reduziert sich ihr in der Buchführung verwendeter Wert, der Buchwert.

Abschreibungsfunktion – Buchwert

$$B(x) = -\frac{A}{n}x + A$$

B … Buchwert
A … Anschaffungswert
n … gesamte Nutzungsdauer in Jahren
x … Anzahl der schon genutzten Jahre

Lehrbeispiel

L 1.18: Eine Abschreibung berechnen A B C

Eine Produktionsanlage kostet 23.400 €. In der Buchhaltung rechnet man mit einer Nutzungsdauer von 15 Jahren.

a) Stellen Sie eine Funktionsgleichung für die lineare Abschreibung auf und berechnen Sie den Buchwert nach 5; 7; 9 Jahren. Dokumentieren Sie Ihre Vorgangsweise.
b) Zeichnen Sie den Funktionsgraphen.

a) Der Wert der Produktionsanlage sinkt jedes Jahr um den gleichen Betrag. Der jährliche Wertverlust beträgt $\frac{23400}{15}$ €, das sind 1.560 €.
Den Buchwert berechnet man mit folgender Formel:
$$B(x) = A - \frac{A}{n}x$$

Setzen Sie nun für x die drei Werte 5, 7 und 9 ein und ermitteln Sie den jeweiligen Buchwert.

$B = 23400 - 1560 \cdot 5$ $\quad$ $B(5) = 15600$

$B = 23400 - 1560 \cdot 7$ $\quad$ $B(7) = 12480$

$B = 23400 - 1560 \cdot 9$ $\quad$ $B(9) = 9360$

In diesem Fall ist der Anstieg negativ, die Funktion ist fallend.

b) Sie zeichnen ein Koordinatensystem und wählen passende Einheiten für die x- und die y-Achse. Beachten Sie, dass in diesem Fall $d = 23400$ und $k = -\frac{23400}{15} = -1560$ beträgt.

Wenn Sie den Graphen der Funktion $B = 23400 - \frac{23400}{15}x$ mit dem Taschenrechner konstruieren, geben Sie die Funktionsgleichung bei `Y1=` ein und ermitteln die verschiedenen Buchwerte. In der Mitte finden Sie eine mögliche Einstellung im Menü WINDOW.

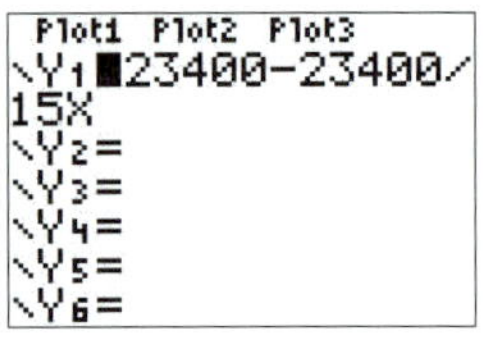

Abb. 1.2.32

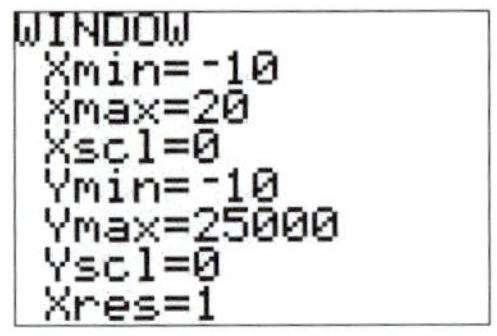

Abb. 1.2.33

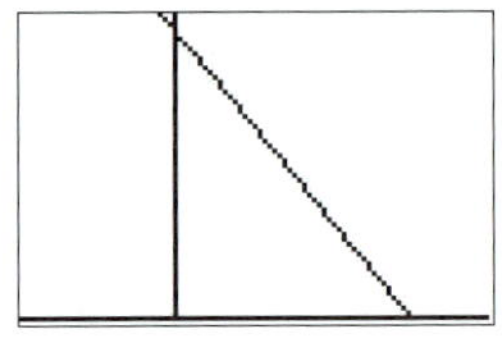
Abb. 1.2.34

Übungsbeispiel

Ü 1.41 ★★: Einen Funktionsgraphen interpretieren C D

Erklären Sie für **L 1.18** anhand der Zeichnung den Graph der Funktion. Interpretieren Sie die Bedeutung der Nullstelle in diesem Beispiel. Lesen Sie die Koordinaten der Nullstelle ab.

Stückweise lineare Funktionen

Lineare Funktionen dienen so wie viele andere Funktionen als einfaches Modell der Realität. Zum Modellbilden darf man gewisse „Ungenauigkeiten" in Kauf nehmen, wenn man um eben diese Bescheid weiß.

Übungsbeispiel

Ü 1.42 ★★: Welches ist das richtige Diagramm? D

Für einen Radausflug möchten Sie ein Tandem mieten. Für die erste Stunde bezahlen Sie 4 €, danach kostet jede angefangene Stunde 1,50 €. Begründen Sie, welches der folgenden Diagramme diesen Sachverhalt wiedergibt.

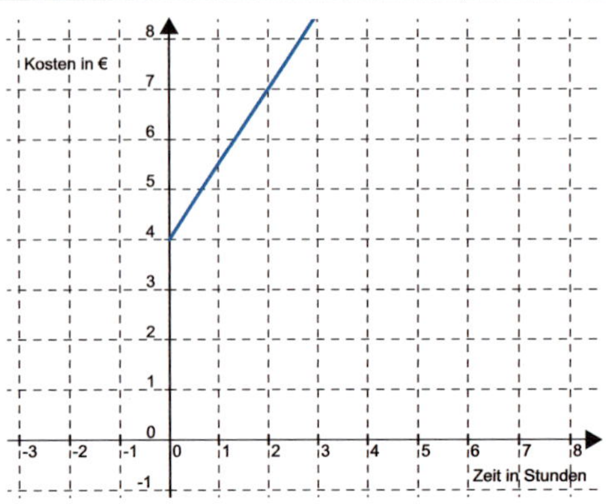

Abb. 1.2.35a

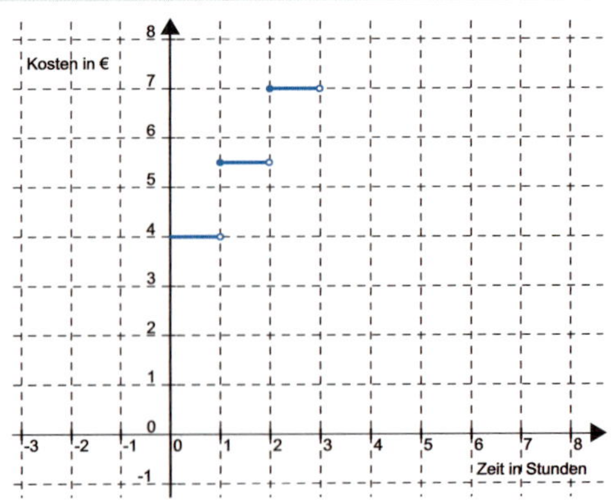

Abb. 1.2.35c

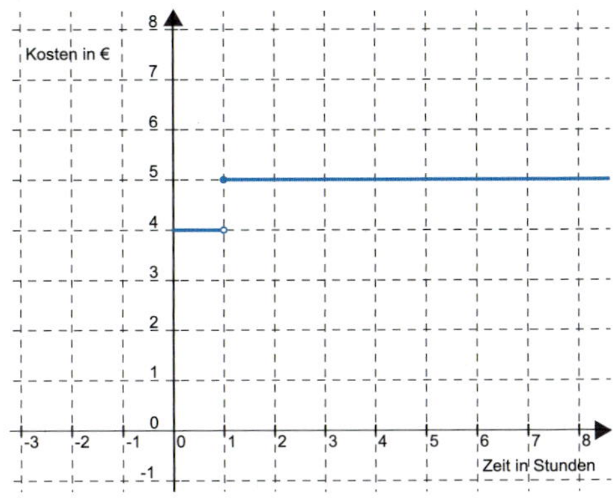

Abb. 1.2.35b

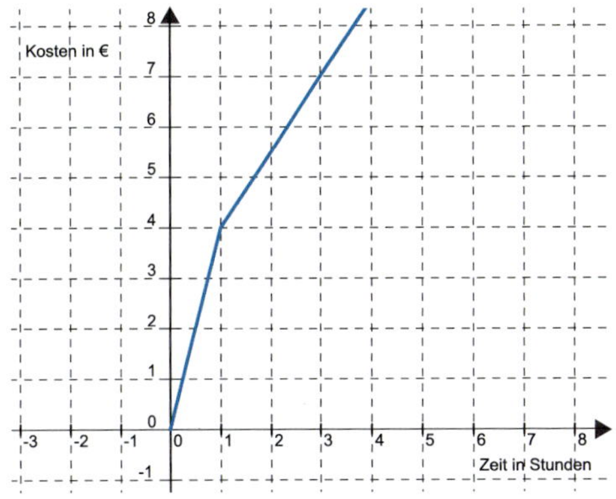

Abb. 1.2.35d

Sie waren sich vielleicht nicht sicher, ob die „Treppe" oder die lineare Funktion die richtige Entscheidung war. Ganz korrekt, es muss natürlich die Treppenfunktion sein: Denn während einer Stunde ändert sich der Preis ja nicht – er springt erst zu Beginn der nächsten Stunde auf den nächsthöheren Wert. Da aber eine lineare Funktion viel einfacher zu skizzieren ist, kann man auch diese als grafische Darstellung wählen, vorausgesetzt man liest die Kosten immer nur zu „ganzen Stunden" ab.

Übungsbeispiel

Ü 1.43 ★★: Darstellung einer linearen Abschreibung B D

Erklären Sie, warum auch die lineare Abschreibungsfunktion eigentlich die Form einer Treppenfunktion hat, und stellen Sie die Abschreibung aus **L 1.18** mit einem technischen Hilfsmittel grafisch dar.

Zeit – Weg – Geschwindigkeit

Wenn Sie in einer Stunde ungefähr eine Strecke von 5 km zurücklegen, so sind es in zwei Stunden wohl 5 · 2, also 10 km usw. Es gibt daher auch zwischen der Zeit und dem Weg einen linearen Zusammenhang:

Weg, Zeit, Geschwindigkeit

$s = v \cdot t$ Weg = Geschwindigkeit · Zeit

Bleiben wir bei unserem Beispiel, so würde die Gleichung der linearen Funktion hier lauten:

$s = 5t$,

und die grafische Darstellung dieser Funktion würde aussehen wie rechts abgebildet.

Die Variable t ist in diesem Fall die unabhängige Variable (ich kann mir aussuchen, wie lange ich gehe), der Weg s ist die von der Zeit und der Geschwindigkeit abhängige Variable.

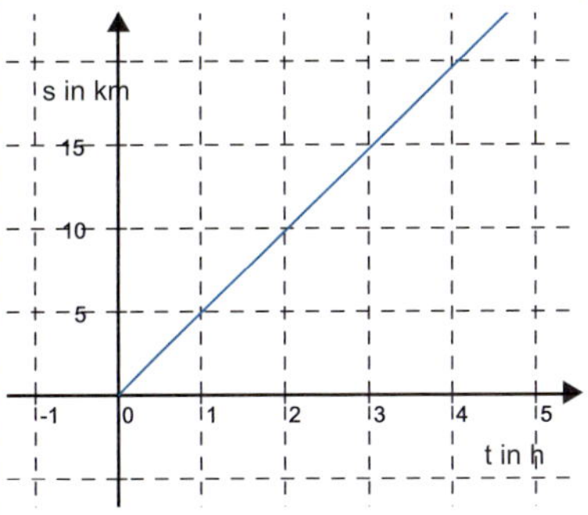

Abb. 1.2.36

Übungsbeispiel

Ü 1.44 ★★: Ein Diagramm interpretieren A B C

Lesen Sie aus der angegebenen Abbildung die verschiedenen Geschwindigkeiten ab.
Übertragen Sie die Abbildung in einen kurzen Text.
Zeichnen Sie das dazugehörige Zeit-/Geschwindigkeitsdiagramm.

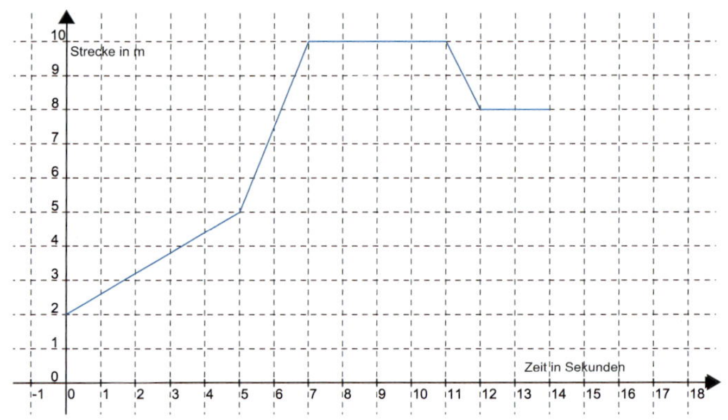

Abb. 1.2.37

Üben

SbX ID: 1122

A B C D

Tropfsteinhöhle

SbX

Sie finden Ü 1.46 mit automatischer Aufgabenkontrolle unter der ID: 1122.

Ü 1.45 ★: Aufstellen einer Funktionsgleichung A B C

Ein von der Decke hängender Tropfstein wächst im Schnitt jährlich um 3 mm. Bei einem Besuch in einer Tropfsteinhöhle lesen Sie, dass der Tropfstein vor Ihnen 106,2 cm lang ist. Stellen Sie eine Funktionsgleichung auf und zeichnen Sie den Graphen. Berechnen Sie die Länge des Tropfsteins in 20 Jahren. Ermitteln Sie, wie viele Jahre noch vergehen, bis er 1,5 m lang ist. Schätzen Sie zuerst.

Ü 1.46 ★★: Die richtige Funktionsgleichung finden C

Eine Prepaid-Karte ist mit 20 € aufgeladen. Das Senden einer SMS kostet 9 Cent. Interpretieren Sie die Funktionsgleichungen hinsichtlich des angegebenen Textes. Welche der folgenden Funktionsgleichungen beschreibt das Guthaben in Euro, wenn x der Anzahl der SMS entspricht?

$g_1(x) = 20x + 0{,}09$	$g_3(x) = 20x - 0{,}09$	$g_5(x) = 20 + 0{,}09x$
$g_2(x) = -20x + 0{,}09$	$g_4(x) = 20 - 0{,}09x$	$g_6(x) = -20 - 0{,}09x$

Ü 1.47 ★★: Berechnung mithilfe einer Funktion B

Die letzte Stromrechnung betrug 36,64 €. Die Zählergebühr betrug 6,40 €, der restliche Betrag war das Entgelt für den Verbrauch von 336 kWh. Berechnen Sie die Kosten für 1 kWh.

Ü 1.48 ★: Fehlende Koordinaten berechnen B D

Berechnen Sie für die unten angegebenen Funktionen die fehlenden Koordinaten der Punkte A(3/y); B(–4/y); C(x/4); D(x/–5). Erklären Sie, wie Sie diese Werte berechnet haben.

a) $y = 2x + 5$ b) $y = -4x + 7$ c) $y = -3x - 4$ d) $y = 5x - 2$

Ü 1.49 ★: Nullstellen berechnen B D

Berechnen Sie für folgende Funktionen die Nullstellen und geben Sie das Ergebnis als Punkt an. Erklären Sie alle Umformungen, die Sie durchführen müssen. Führen Sie zur Kontrolle die Aufgaben mit dem Taschenrechner durch und überprüfen Sie, ob Ihre Ergebnisse stimmen.

a) $y = 2x + 5$ b) $y = -4x + 7$ c) $y = -3x - 4$ d) $y = 5x - 2$

Steigungsdreieck = Einzeichnen von zwei Punkten mittels „1 nach rechts" und „k hinauf"

Ü 1.50 ★: Steigungsdreieck B C D

Zeichnen Sie die Funktionen $y_1 = 2x + 5$; $y_2 = -4x + 7$; $y_3 = -3x - 4$; $y_4 = 5x - 2$ in ein Koordinatensystem und markieren Sie das Steigungsdreieck sowie die Schnittpunkte der Funktion mit den beiden Achsen. Beschriften Sie Ihre Zeichnung. Überprüfen Sie Ihre Zeichnung mit dem Taschenrechner oder einem Computerprogramm.

Ü 1.51 ★: Wie lautet die Gleichung? B

Bestimmen Sie die Gleichung der Geraden, wenn folgende Bestimmungsstücke gegeben sind:

- ein Punkt und der Anstieg
  - a) A(3/4) $k = -3$
  - b) B(–7/–5) $k = 2{,}5$
  - c) C(–3/8) $k = \frac{3}{4}$
- zwei Punkte
  - a) A(3/7) B(4/8)
  - b) C(–3/2,5) D(4/–1)
  - c) E(–3/2) F(9/8)

Ü 1.52 ★: Ein Diagramm interpretieren C

Interpretieren Sie folgende Grafik:

In den Jahren 2003–2007 wurden unterschiedlich viele Personen in Österreich mit der Bahn (ÖBB und Privatbahnen) transportiert. Die Statistik Austria erfasste jährlich die Anzahl der Fahrgäste. Lesen Sie aus der Grafik einige wichtige Punkte ab, stellen Sie eine Tabelle auf und beurteilen Sie die Sinnhaftigkeit einer Verbindungslinie zwischen den einzelnen Messwerten.

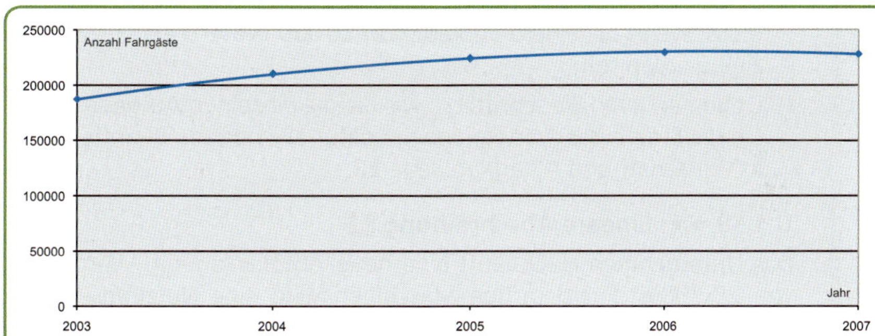

Abb. 1.2.38
Quelle: Statistik Austria, eigene Berechnung

Ü 1.53 ★★: Telefontarife als lineare Funktionen A C

H₂Ö Trink.Wasser.

Das Unternehmen H2Ö möchte den Telefonanbieter wechseln. Nach Einholung mehrerer Angebote stehen 3 Varianten zur Auswahl:

A: Der Telefonanbieter A verlangt 750 € pro Monat für alle Telefonanlagen im Unternehmen.

B: Anbieter B würde 550 € als Fixbetrag und 0,10 € für jede telefonierte Minute verrechnen.

C: Anbieter C würde 400 € als Grundgebühr und 0,25 € für jede telefonierte Minute verrechnen.

a) Veranschaulichen Sie jedes Angebot mit einer Grafik.

b) Stellen Sie für jedes Angebot eine Funktionsgleichung auf.

c) Vergleichen Sie, unter welchen Bedingungen die jeweiligen Angebote für das Unternehmen günstiger sind.

Ü 1.54 ★★: Berechnung von proportionalen Kosten B

H₂Ö Trink.Wasser.

Die H2Ö GmbH erhielt eine Abrechnung für das letzte Schulungstreffen der Mitarbeiterinnen und Mitarbeiter. Leider waren auf der Rechnung nur der Gesamtbetrag von 1.600 €, die Anzahl der Personen (25) und ein Fixbetrag von 250 €, der für Spesen verrechnet wurde, ausgewiesen.

Berechnen Sie die proportionalen Kosten pro Mitarbeiterin bzw. Mitarbeiter.

Ü 1.55 ★★: Berechnung von durchschnittlichen Kosten B

Berechnen Sie die durchschnittlichen Kosten pro Mitarbeiterin oder Mitarbeiter aus Beispiel **Ü 1.54.**

Ü 1.56 ★★: Kostenberechnungen B

In der Glasmanufaktur werden in einem Monat 45 000 Gläser produziert. Die Fixkosten betragen 75.000 €.

a) Berechnen Sie die Gesamtkosten, wenn man mit 1,50 € pro Glas rechnet.

b) Ermitteln Sie die durchschnittlichen Kosten pro Glas, wenn man von voller Auslastung der Kapazität ausgeht. Runden Sie auf zwei Stellen!

c) Berechnen Sie die durchschnittlichen Kosten, wenn man nur mit 60 % Auslastung rechnen kann. Runden Sie auf zwei Stellen!

Ü 1.57 ★★: Wirtschaftliche Anwendungen A B C D

a) Modellieren Sie die Gewinnfunktion mit den Angaben aus **Ü 1.56**. Der Verkaufspreis pro Glas beträgt 4 €.

b) Berechnen Sie den Gewinn,
- wenn alle 45 000 Gläser verkauft werden können.
- wenn bei 70 % Auslastung alle Gläser verkauft werden.

c) Ermitteln Sie, wie viel Stück der Betrieb produzieren und zum Preis von 4 € verkaufen muss, um alle Kosten zu decken (Break-even-Point).

d) Erklären Sie, was geschieht, wenn der Betrieb weniger als die erforderliche Stückzahl verkauft.

e) Berechnen Sie, zu welchem Preis das Unternehmen ein Glas verkaufen muss, wenn bei einem Verkauf von 30 000 Gläsern ein Gewinn in der Höhe von 5.000 € erzielt werden soll.

f) Dokumentieren Sie schriftlich, wie Sie die einzelnen Aufgaben berechnet haben, und erklären Sie die Ergebnisse. Verwenden Sie dafür alle nötigen Begriffe aus Input 4 (Lineare Funktionen in Wirtschaft und Alltag) ab Seite 28.

H₂Ö Trink.Wasser.

Ü 1.58 ★★: Lineare Abschreibung B

Abfüllanlage

Das Unternehmen H2Ö kauft eine neue Abfüllanlage im Wert von 25.700 €. Für derartige Maschinen wird eine Nutzungsdauer von 15 Jahren angenommen.

a) Berechnen Sie den Buchwert nach 3, 7 und 11 Jahren.

b) Berechnen Sie, ob die Firma Gewinn oder Verlust macht, wenn die Abfüllanlage nach 12 Jahren um 5.200 € verkauft wird.

c) Stellen Sie den Sachverhalt grafisch dar und überprüfen Sie somit Ihre Ergebnisse.

Ü 1.59 ★★: Lineare Abschreibung B

Eine andere Maschine hat eine Nutzungsdauer von 10 Jahren und im 5. Jahr einen Buchwert von 2.720 €. Berechnen Sie den Anschaffungswert.

Ü 1.60 ★★: Lineare Abschreibung B

Eine Maschine hat einen Anschaffungswert von 3.500 €. Im 3. Jahr beträgt der Buchwert 2.400 €. Berechnen Sie die Nutzungsdauer. Runden Sie auf ganze Jahre!

SbX
ID: 1122

Weitere Übungsbeispiele finden Sie im SbX.

Sichern

Definition

Eine Funktion heißt **lineare Funktion,** wenn der Graph der Funktion im rechtwinkeligen Koordinatensystem eine Gerade ergibt.

$y = f(x) = kx + d$

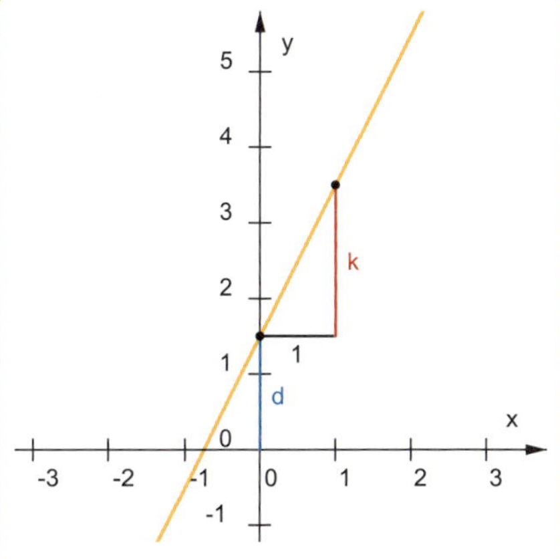

Abb. 1.2.39

grafische Darstellung

Eine lineare Funktion ist eindeutig darstellbar:

- durch 2 Punkte oder
- durch den Abstand vom Ursprung entlang der y-Achse und die Steigung oder
- durch Punkt und Anstieg oder
- durch Abstand vom Ursprung entlang der y-Achse und einen Punkt (x/y), $y \neq 0$.

Fixkosten

Fixkosten sind Kosten, deren Höhe **von der Menge der erzeugten Produkte unabhängig** ist (z. B. Miete, Grundgebühren für Strom, Telefon usw., teilweise Gehälter für Mitarbeiter).

variable Kosten

Variable Kosten sind Kosten, die **von der Menge der erzeugten Produkte abhängen** (z. B. Materialverbrauch, Akkordlöhne ...).

Stückkosten

Die (durchschnittlichen) Stückkosten sind die **Kosten pro Stück;** alle Kosten, die bei der Produktion anfallen, werden auf die produzierten Einheiten aufgeteilt.

Nachfragefunktion

Die Nachfragefunktion stellt den **Verkaufspreis aus der Sicht des Konsumenten** dar.

Angebotsfunktion

Die Angebotsfunktion stellt den **Verkaufspreis aus der Sicht des Produzenten** dar.

Erlös & Gewinn

Der Erlös ist die Gesamtsumme aller durch Verkauf erzielten Einnahmen. Der Gewinn ist die Differenz zwischen den Kosten und dem Erlös.

lineare Abschreibung

Bei der linearen Abschreibung nimmt der Buchwert jedes Jahr um denselben Betrag ab.

$B(x) = -\frac{A}{n}x + A$

B ... Buchwert
A ... Anschaffungswert
n ... Nutzungsdauer
x ... Anzahl der Jahre

Weg/Zeit

$s = v \cdot t$ Weg = Geschwindigkeit · Zeit

Wissen

SbX ID: 1124

A B C D

W 1.13: Welche Grafik passt zum Text? C D

Die Summe aus zwei natürlichen Zahlen x und y ist 10.

Markieren Sie, welche der Antworten a)–e) zum angegebenen Text passt. Begründen Sie Ihre Antwort.

a)

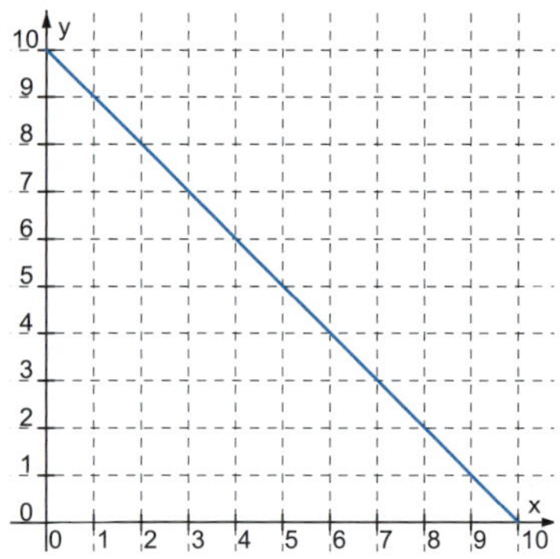

Abb. 1.2.40a

b)

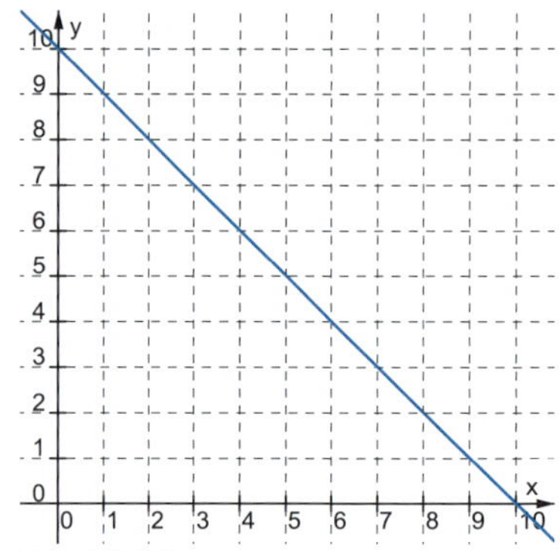

Abb. 1.2.40b

c)

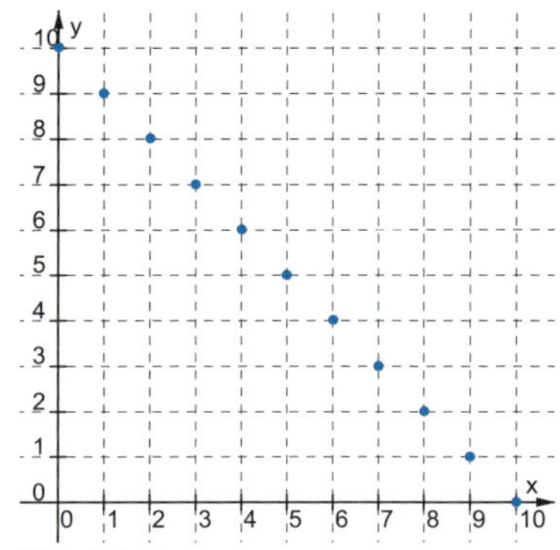

Abb. 1.2.40c

d) Kein Graph stimmt mit der Angabe überein.

e) Alle Graphen passen zur Angabe.

W 1.14: Eine Entscheidungshilfe erstellen A C

Sie werden in Ihrem Unternehmen gebeten, Unterlagen für die nächste Besprechung vorzubereiten. Sie sollen sich inhaltlich mit folgendem Problem auseinandersetzen:

Für eine ganztägige interne Schulung sollen ein Mittagessen und je ein Jausenbuffet vormittags und nachmittags vorbereitet werden. Die hausinterne Küche kann an diesem Tag den Auftrag nicht übernehmen. Sie müssen daher Angebote verschiedener Cateringfirmen einholen. Nach einigen Anrufen haben Sie 3 Angebote, die besonders interessant klingen.

Guten Appetit!

Angebot A: Fixbetrag für allgemeine Tätigkeiten 200 €; pro Person 37 €

Angebot B: Fixbetrag in der Höhe von 350 € und pro Person 39 €

Angebot C: kein Fixbetrag, aber pro Person 65 €

a) Veranschaulichen Sie jedes Angebot mittels einer Grafik.

b) Stellen Sie für jedes Angebot eine Funktionsgleichung auf.

c) Vergleichen Sie, unter welchen Bedingungen die jeweiligen Angebote für das Unternehmen günstiger sind.

SbX

Sie finden W 1.15 mit automatischer Aufgabenkontrolle unter der ID: 1124.

W 1.15: Welche Gleichung ist richtig? C

Eine Kerze, die zu Beginn 25 cm hoch ist, brennt jede halbe Stunde um 1 cm herunter. Kennzeichnen Sie, welche der Funktionsgleichungen die Situation beschreibt. (x in Stunden)

$h_1(x) = 25 - 0{,}5x$	$h_3(x) = 25 - 2x$	$h_5(x) = -25 - 2x$
$h_2(x) = 25x - 0{,}5$	$h_4(x) = 25x - 2$	$h_6(x) = 25 - 1x$

W 1.16: Lineare Abschreibung für eine Anlage A B

Eine neue Light-and-Sound-Anlage für eine Disko kostet 5.700 €. Die Anlage hat eine Nutzungsdauer von 10 Jahren und wird linear abgeschrieben.

a) Stellen Sie die Funktionsgleichung für diese Abschreibung auf.

b) Berechnen Sie den Restwert/Buchwert nach der Hälfte der Nutzungsdauer.

c) Stellen Sie die Funktionsgleichung grafisch dar.

W 1.17: Funktionsgraphen aufstellen und interpretieren A B C D

Der Frühling – die Spargelzeit. Im Supermarkt kosten 500 g Spargel regulär 2,99 €. Wenn Sie jedoch mit der Bahn zum Bauern aufs Land fahren, so lassen sich die Kosten pro Kilogramm folgendermaßen darstellen (siehe Abb. 1.2.41).

a) Stellen Sie für beide Kaufvarianten (Kosten im Supermarkt: K_S und Kosten beim Bauern: K_B) eine Funktionsgleichung auf.

b) Berechnen Sie die Gesamtkosten für 4 kg Spargel vom Bauern bzw. vom Supermarkt.

c) Interpretieren Sie die Bedeutung des Wertes 6 in der Funktion $K_B = 1{,}99x + 6$.

d) Erklären Sie in eigenen Worten, wie sich der Graph der Funktion K_S ändert, wenn der Supermarkt eine Spargel-Aktionswoche hat.

e) Erläutern Sie, wie sich der Graph von K_B ändert, wenn Sie zur Hinfahrt aufs Land die Bahn benutzen, bei der Rückfahrt aber von einem Freund mitgenommen werden.

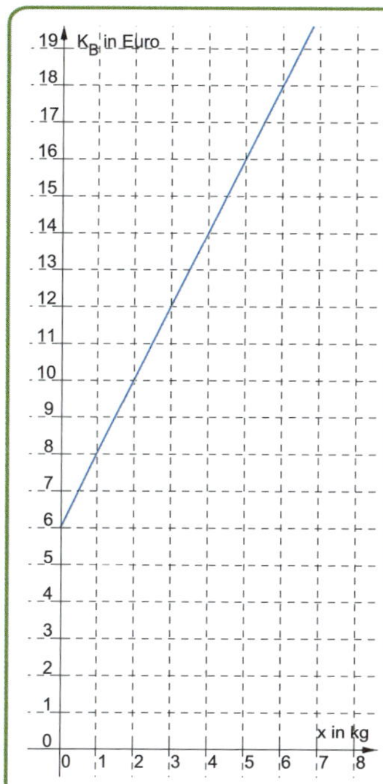

Abb. 1.2.41

W 1.18: Veränderung von k und d C

Von einer linearen Funktion kennen Sie die Gleichung $f(x) = -\frac{1}{2}x + 2$.

Beschreiben Sie die Veränderung des Graphen dieser Funktion, wenn

- k kleiner wird und d gleich bleibt.
- d den Wert 0 annimmt und k gleich bleibt.
- k den Wert 0 annimmt und d gleich bleibt.
- k halbiert wird und d verdoppelt wird.

W 1.19: Buchwert C D

Beschreiben Sie die Bedeutung des Schnittpunktes mit der x-Achse bei der Formel zur Berechnung des Buchwertes $B = A - \frac{A}{n}x$. Erläutern Sie die Bedeutung der Steigung in diesem Zusammenhang.

Kompetenz-Check

	☺	😐	☹
Ich weiß, was eine lineare Funktion ist.			
Ich kann eine lineare Funktion grafisch darstellen.			
Ich kenne die praktische Bedeutung von k und d im Zusammenhang mit Kosten.			
Ich kann Kosten-, Erlös- und Gewinnfunktionsgleichungen aufstellen.			

Lerneinheit 3

Gleichungssysteme in zwei und mehr Variablen

SbX
Alle SbX-Inhalte zu dieser Lerneinheit finden Sie unter der ID: 1130.

Lineare Gleichungen in einer Variablen kann man nach dieser auflösen und die Lösungsmenge bestimmen. Viele Fragestellungen enthalten aber zwei oder mehrere Unbekannte. Oft kann man auch mehr als eine Gleichung aufstellen. Diese Lerneinheit untersucht Systeme mit zwei Variablen und zwei Gleichungen und gibt einen Ausblick auf Gleichungssysteme mit drei Variablen und drei Gleichungen.

Sie lernen hier:

- lineare Gleichungssysteme aufzustellen
- lineare Gleichungssysteme zu lösen
- lineare Gleichungssysteme grafisch darzustellen

Lernen

SbX ID: 1131

1 Vom Text zu den Gleichungen

A B C D

Modellieren – Dokumentieren – Interpretieren

Eine bekannte historische Aufgabe dokumentiert, wie man aus der Textangabe ein Gleichungssystem mit zwei Variablen erstellen kann:

Lehrbeispiel

L 1.19: Historisches Rätsel A

In einem Käfig befinden sich Hasen und Fasane. Sie haben zusammen 35 Köpfe und 94 Beine. Wie viele Hasen und Fasane sind im Käfig? Stellen Sie dazu ein Gleichungssystem auf.

Der erste Schritt ist – wie bei den Aufgaben mit einer Variablen –, festzustellen, welche Größen gegeben sind und welche zu berechnen sind. Sie können für die Anzahl der Hasen die Variable x und für die Anzahl der Fasane die Variable y annehmen. Stellen Sie nun die erste Gleichung für die Köpfe (x Hasen + y Fasane haben 35 Köpfe) und die zweite Gleichung für die Füße (Hasen haben 4 und Fasane 2 Beine … x Hasen + y Fasane haben zusammen 94 Beine) auf. Schreiben Sie beide Gleichungen untereinander und nummerieren Sie die Gleichungen zur besseren Übersicht.

I: $x + y = 35$

II: $4x + 2y = 94$

Es gibt verschiedene Möglichkeiten, ein System von zwei linearen Gleichungen mit zwei Variablen zu lösen. Jedes Verfahren führt zu einer eindeutigen Lösung – mit Ausnahme einiger Sonderfälle, die später noch beschrieben werden. Wählen Sie das Lösungsverfahren passend zur Angabe.

2 Lösen eines Gleichungssystems in zwei Variablen

Eliminieren – Gleichsetzen – Einsetzen

Eliminationsverfahren

Angaben der Form

I: $ax + by = c$

II: $dx + ey = f$

kann man am besten mithilfe des Eliminationsverfahrens lösen. Formen Sie die Gleichungen so um, dass vor einer Variablen, die Sie beliebig wählen können, die gleiche Zahl steht. Die gleiche Zahl ist das (kleinste) gemeinsame Vielfache der beiden Zahlen. Im Fall aus **L 1.19** müssen Sie das kgV(1; 4) für die Variable x oder das kgV(1; 2) für die Variable y bestimmen.

Anschließend können Sie die beiden Gleichungen zusammenfassen, entweder addieren oder subtrahieren. (Das Verfahren wird daher auch Additionsverfahren genannt.) Addieren Sie die beiden Gleichungen, wenn die Vorzeichen vor der gewählten Variablen unterschiedlich sind. Subtrahieren Sie, wenn die Vorzeichen vor der gewählten Variablen gleich sind. Das Ziel der Umformung ist, ein Gleichungssystem in zwei Variablen zu lösen, indem man es auf eine bekannte Aufgabe, das Lösen einer Gleichung in einer Variablen, zurückführt.

L 1.19 (Fortsetzung): Historisches Rätsel B C

Lösen Sie das lineare Gleichungssystem aus **L 1.19** einmal mittels Elimination von x und einmal mittels Elimination von y. Dokumentieren Sie Ihren Lösungsweg.

- Multiplikation, um beide Gleichungen auf das gleiche Vielfache zu bringen

Elimination von x			Elimination von y		
I:	$x + y = 35$	$\mid \cdot 4$	I:	$x + y = 35$	$\mid \cdot 2$
I:	$4x + 2y = 94$		II:	$4x + 2y = 94$	

- Subtrahieren Sie eine Gleichung von der anderen. Hier ziehen wir die zweite von der ersten ab.

Elimination von x			Elimination von y		
$4 \cdot I = I'$:	$4x + 4y = 140$	$\mid - II$	$2 \cdot I = I'$:	$2x + 2y = 70$	$\mid - II$
II:	$4x + 2y = 94$		II:	$4x + 2y = 94$	
$I' - II = I''$:	$2y = 46$	$\mid : 2$	$I' - II = I''$:	$-2x = -24$	$\mid : (-2)$
II:	$4x + 2y = 94$		II:	$4x + 2y = 94$	
$\frac{1}{2} I'' = I'''$	$y = 23$		$-\frac{1}{2} I'' = I'''$	$x = 12$	
II:	$4x + 2y = 94$		II:	$4x + 2y = 94$	

- Setzen Sie nun den berechneten Wert in eine der beiden ursprünglichen Gleichungen ein, um die zweite Variable zu berechnen.

Elimination von x			Elimination von y		
I''':	$y = 23$		I''':	$x = 12$	
II:	$4x + 2 \cdot 23 = 94$		II:	$4 \cdot 12 + 2y = 94$	
II:	$4x + 46 = 94$	$\mid - 46$	II:	$48 + 2y = 94$	
	$4x = 48$			$2y = 46$	$\mid : 2$
	$x = 12$			$y = 23$	

- Die Lösungsmenge L = {(12/23)} wird als Zahlenpaar angegeben. Geometrisch kann das Ergebnis als Schnittpunkt zweier Geraden aufgefasst werden. Im Käfig sind also 12 Hasen und 23 Fasane.

Ein weiteres Beispiel:

Lehrbeispiel

L 1.20: Elimination B

Finden Sie die Lösung für folgendes Gleichungssystem mit zwei Variablen:

I: $4x - 3y = -23 \quad | \cdot 4$

II: $2x + 4y = 16 \quad | \cdot 3$

I': $16x - 12y = -92$

II': $6x + 12y = 48$

Sie sehen, dass vor der Variablen y in der ersten Gleichung +12 und in der zweiten −12 steht.

Addieren Sie nun beide:

I'+ II': $22x = -44 \quad | : 22$

$x = -2$

Setzen Sie −2 für x in eine der beiden Gleichungen der Angabe ein, erhalten Sie y = 5.

$L = \{(-2/5)\}$

Probe: Setzen Sie beide Zahlen, die Sie ermittelt haben, in die Angabe ein und überprüfen Sie, ob das Ergebnis der linken Seite der Gleichung jeweils mit der rechten Seite übereinstimmt.

I: linke Seite: $4 \cdot (-2) - 3 \cdot (5) = -8 - 15 = -23$ rechte Seite: −23

II: linke Seite: $2 \cdot (-2) + 4 \cdot (5) = -4 + 20 = 16$ rechte Seite: 16

Die Terme stimmen überein, daher ist $L = \{(-2/5)\}$.

Einsetzungsverfahren

substituieren = ersetzen

Eine andere Möglichkeit besteht darin, aus einer Gleichung eine beliebige Variable auszudrücken und in die andere Gleichung einzusetzen. Diese Methode nennt man auch **Substitutionsverfahren.**

Lehrbeispiel

L 1.21: Lösen eines Gleichungssystems mit dem Einsetzungsverfahren A B

Aus einer 50-prozentigen und einer 25-prozentigen Salzlösung sollen 10 kg 30-prozentige Salzlösung gemischt werden. Erstellen Sie ein Gleichungssystem. Berechnen Sie, wie viel von jeder Lösung gebraucht wird!

Wir bezeichnen mit x die Menge der ersten, mit y die Menge der zweiten Lösung. Beide Mengen zusammen sollen 10 kg ergeben:

I: $x + y = 10$

x kg einer 50-prozentigen Lösung enthalten $x \cdot 0{,}5$ kg Salz. y kg der 25-prozentigen Lösung enthalten $y \cdot 0{,}25$ kg Salz. Die Summe muss die Salzmenge in der Mischung, also $10 \cdot 0{,}3$ kg ergeben:

II: $x \cdot 0{,}5 + y \cdot 0{,}25 = 10 \cdot 0{,}3$

Salzlösung

Aus der ersten Gleichung können wir y ausdrücken:

I: $y = 10 - x$

Diesen Term setzen wir in die zweite Gleichung ein, um eine lineare Gleichung mit einer Unbekannten zu erhalten:

$0{,}5x + 0{,}25 \cdot (10 - x) = 3$

$0{,}5x + 2{,}5 - 0{,}25x = 3 \quad | -2{,}5$

$0{,}25x = 0{,}5 \quad | : 0{,}25$

$x = 2$

$y = 10 - 2 = 8$

$L = \{(2/8)\}$

Man braucht 2 kg 50-prozentige und 8 kg 25-prozentige Lösung.

Übungsbeispiel

Ü 1.61 ★: Lösen durch Substituieren B

Lösen Sie Beispiel **L 1.19** mit dem Einsetzungsverfahren!

Gleichsetzungsverfahren

Diese Methode ist eine Variante des Einsetzungsverfahrens: Man drückt aus beiden Gleichungen dieselbe Variable aus und setzt die beiden Terme miteinander gleich. Sie eignet sich besonders gut, wenn beide Gleichungen schon in der Form y = …, x = … oder ähnlich gegeben sind.

Lehrbeispiel

L 1.22: Lösen eines Gleichungssystems mit dem Gleichsetzungsverfahren B

Lösen Sie das Gleichungssystem:

I: $y = 3x + 11$

II: $y = -\frac{3}{2}x + 2$

- Setzen Sie die beiden Terme gleich. Sie erhalten wieder eine Gleichung in einer Variablen:

$3x + 11 = -\frac{3}{2}x + 2 \quad | \cdot 2$

- Lösen Sie nun diese Gleichung.

$6x + 22 = -3x + 4 \quad | + 3x, -22$

$9x = -18 \quad | : 9$

$x = -2$

Den zweiten Wert ermitteln Sie durch Einsetzen von –2 für x in eine der beiden Gleichungen der Angabe.

x = –2 in Gleichung I eingesetzt: $y = 3 \cdot (-2) + 11 = -6 + 11 = 5$

$L = \{(-2/5)\}$

Übungsbeispiel

Ü 1.62 ★: Lösen durch Gleichsetzen B

Lösen Sie Beispiel **L 1.19** mit dem Gleichsetzungsverfahren!

3 Grafisches Lösen von Gleichungssystemen in zwei Variablen

Zusammenhang zwischen Gleichungssystemen und Funktionsgraphen

Eine lineare Gleichung in zwei Variablen können Sie auch als lineare Funktion auffassen. Wie Sie wissen, ist der Graph einer linearen Funktion eine Gerade. Die Lösung eines Gleichungssystems entspricht daher grafisch dem Schnittpunkt zweier Geraden.

Das Lösen eines linearen Gleichungssystems entspricht dem Schneiden zweier Geraden.

Sehen wir uns das Beispiel mit den Hasen und Fasanen noch einmal an:

In diesem Beispiel kommen selbstverständlich nur natürliche Zahlen als Lösungen infrage!

L 1.19 (Fortsetzung): Historisches Rätsel A C

Einige Lösungen der ersten Gleichung: $L_I = \{(0/35), (10/25), (20/15), (30/5) \ldots\}$

Einige Lösungen der zweiten Gleichung: $L_{II} = \{(5/37), (10/27), (15/17), (20/7) \ldots\}$

Aus der Zeichnung liest man die Koordinaten des Schnittpunkts ab:

$L_I \cap L_{II} = S \{(12/23)\}$

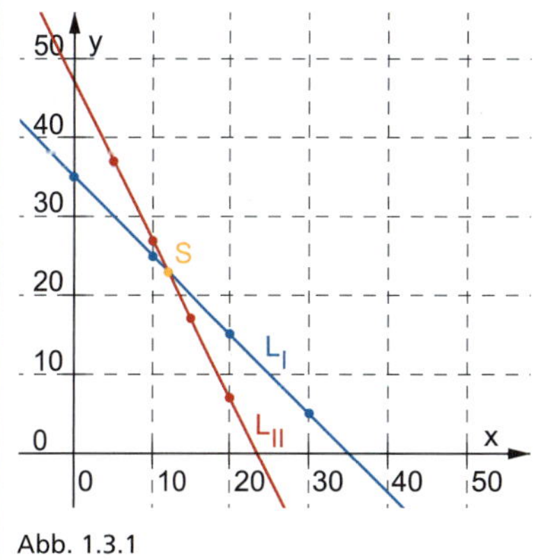

Abb. 1.3.1

Gleichungssysteme ohne eindeutige Lösung

Wenn die Gleichung von der Form „y = konstant" ist, ist die entsprechende Gerade parallel zur x-Achse. „x = konstant" ergibt eine Parallele zur y-Achse. Es gibt aber auch Gleichungssysteme, die keine eindeutige Lösung haben.

Lehrbeispiel

L 1.23: Gleichungssystem B C D

a) Lösen Sie das Gleichungssystem. Beschreiben Sie die Besonderheit des Gleichungssystems. Erklären Sie diese mittels grafischer Darstellung.

I: $2x + 3y = 6$ $\quad | \; y = -\frac{2}{3}x + 2$

II: $4x + 6y = 12$ $\quad | \; y = -\frac{2}{3}x + 2$

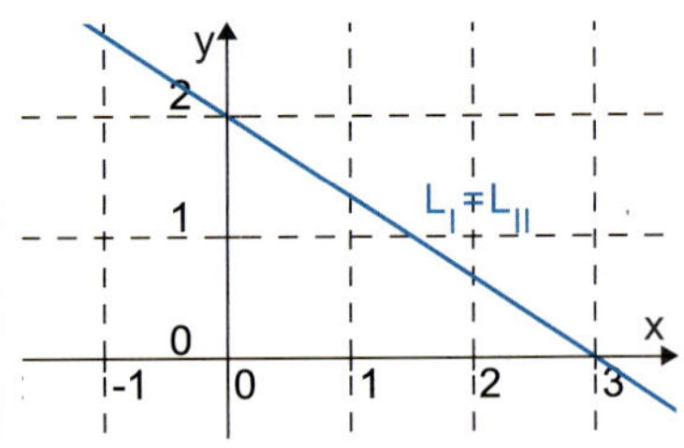

Abb. 1.3.2

Wenn Sie versuchen, dieses System mit einer der oben beschriebenen Methoden zu lösen, werden Sie eine Aussage erhalten, die immer wahr ist, z. B. 0 = 0. Die entsprechenden Geraden fallen zusammen und haben daher unendlich viele gemeinsame Punkte.

Die zweite Gleichung ist nämlich das Doppelte der ersten – eigentlich haben wir nur eine Gleichung. Es gibt also unendlich viele Lösungen; man kann z. B. schreiben:

$L = \left\{(x/y) \,\middle|\, y = \frac{6-2x}{3}\right\}$ Außerdem gilt $k_I = k_{II}$ und $d_I = d_{II}$.

b) Lösen Sie das Gleichungssystem. Beschreiben Sie die Besonderheit des Gleichungssystems. Erklären Sie diese mittels grafischer Darstellung.

I: $2x + 3y = 6$ $\quad | \; y = -\frac{2}{3}x + 2$

II: $4x + 6y = 8$ $\quad | \; y = -\frac{2}{3}x + \frac{4}{3}$

Egal welche Lösungsmethode Sie verwenden, Sie werden immer eine falsche Aussage erhalten, z. B. 0 = 4. Die entsprechenden Geraden sind parallel und haben daher keinen gemeinsamen Punkt.

Wenn Sie die erste Gleichung mit 2 multiplizieren, sehen Sie, dass die beiden Gleichungen einander widersprechen: 4x + 6y kann nicht gleichzeitig 12 und 8 sein. Das Gleichungssystem hat daher keine Lösung:

$L = \{\;\}$ Außerdem gilt $k_I = k_{II}$ und $d_I \neq d_{II}$.

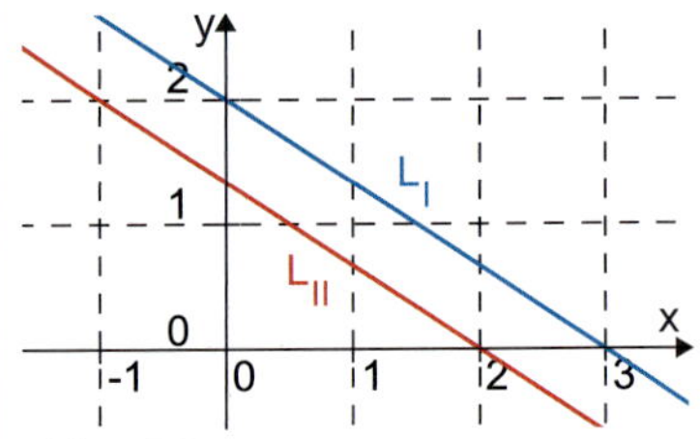

Abb. 1.3.3

Da die grafische Darstellung einer linearen Funktion das „Sichtbarmachen" einer linearen Gleichung ist, betrachten wir diese Situation noch einmal genauer.

Übungsbeispiel

Ü 1.63 ★★: Funktionen vergleichen B C D

Zeichnen Sie jeweils die Funktionen g_1 und g_2 in ein gemeinsames Koordinatensystem. Beantworten Sie danach folgende Fragen:

- Wie liegen die Funktionen zueinander?
- Wenn Sie den Anstieg vergleichen, was fällt Ihnen auf?
- Vergleichen Sie den Achsenabschnitt. Was fällt Ihnen auf?
- Wie viele Punkte haben die beiden Funktionen gemeinsam?
- Ermitteln Sie rechnerisch die Lösung des Gleichungssystems.

a) g_1: $y = 2x - 1$ $\quad g_2$: $y = -0{,}5x + 6{,}5$

b) g_1: $y = 2x - 1$ $\quad g_2$: $y = 2x + 6{,}5$

c) g_1: $y = 2x - 1$ $\quad g_2$: $4x - 2y = 2$

4 Lineare Gleichungssysteme mit drei oder mehr Unbekannten

Mehr Unbekannte – mehr Gleichungen

Auch Gleichungssysteme mit mehr als zwei Unbekannten können Sie mit denselben Methoden lösen. Für eine eindeutige Lösung brauchen Sie so viele Gleichungen, wie Unbekannte zu berechnen sind. Meistens ist das Additionsverfahren am besten geeignet.

Lehrbeispiel

L 1.24: Ein Gleichungssystem mit drei Unbekannten lösen B

Lösen Sie das Gleichungssystem mit drei Unbekannten:

$$\begin{array}{lrcl} \text{I:} & x + y - z & = & 6 \\ \text{II:} & -x + 2y + 3z & = & 7 \\ \text{III:} & 2x - 3y + 2z & = & 5 \end{array}$$

● Wir eliminieren die Variable z aus den ersten beiden Gleichungen:

$$\begin{array}{lrcll} 3 \cdot \text{I:} & 3x + 3y - 3z & = & 18 & \\ \text{II:} & -x + 2y + 3z & = & 7 & + \\ \hline \text{IV} = 3 \cdot \text{I} + \text{II:} & 2x + 5y & = & 25 & \end{array}$$

● Wir müssen noch einmal z eliminieren, zum Beispiel aus Gleichung I und III:

$$\begin{array}{lrcll} 2 \cdot \text{I:} & 2x + 2y - 2z & = & 12 & \\ \text{III:} & 2x - 3y + 2z & = & 5 & + \\ \hline \text{V} = 2 \cdot \text{I} + \text{III:} & 4x - y & = & 17 & \end{array}$$

● Jetzt haben wir ein Gleichungssystem mit zwei Unbekannten, das wir wie gewohnt lösen:

$$\begin{array}{lrcll} \text{IV:} & 2x + 5y & = & 25 & \\ 5 \cdot \text{V:} & 20x - 5y & = & 85 & + \\ \hline & 22x & = & 110 & | : 22 \\ & x & = & 5 & \end{array}$$

● y und z erhalten Sie durch Einsetzen:

$$\begin{array}{lrcl} \text{in V:} & 4 \cdot 5 - y & = & 17 \\ & y & = & 3 \\ \text{in I:} & 5 + 3 - z & = & 6 \\ & z & = & 2 \end{array}$$

Die Lösungsmenge besteht hier aus einem Zahlentripel: $L = \{(5/3/2)\}$.
Zur Probe setzen Sie die Lösung in alle drei Gleichungen ein.

SbX Eine ganz ähnliche, systematischere Lösungsmethode ist das Gauß'sche Eliminationsverfahren. Es wird unter der ID: 1131 erklärt.

Wesentlich ist, dass Sie zuerst aus allen Gleichungen dieselbe Variable eliminieren. Wenn eine Unbekannte in einer Gleichung gar nicht vorkommt, ist es am günstigsten, mit dieser Unbekannten anzufangen.

Übungsbeispiel

Ü 1.64 ★★: Gleichungssystem mit dem Eliminationsverfahren lösen B

Lösen Sie das Gleichungssystem

$$\begin{array}{lrcl} \text{I:} & 2x + 3y + z & = & 7 \\ \text{II:} & 4x + y - 2z & = & 1 \\ \text{III:} & 4y + 3z & = & 9, \end{array}$$

indem Sie zuerst x aus einer der ersten beiden Gleichungen eliminieren.

Ein Zahlentripel wie das in **L 1.24** kann auch als Koordinaten eines Punktes im Raum aufgefasst werden. Die grafische Darstellung einer Gleichung in drei Variablen entspricht dann einer Ebene, die Lösung eines Gleichungssystems dem/den gemeinsamen Punkt(en) der Ebene – bei Beispiel **L 1.24** dem Schnittpunkt von drei Ebenen. Auch hier kann es vorkommen, dass das System unendlich viele oder keine Lösungen hat.

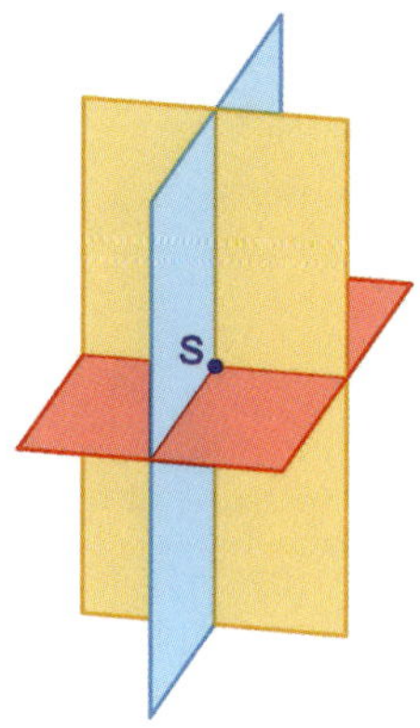

Abb. 1.3.4

Auch wenn vier oder mehr Unbekannte gesucht sind, kann man eine nach der anderen eliminieren. Die Rechnungen werden dann aber sehr langwierig. Ein solches System wird man lieber mit einer geeigneten Software oder dem Taschenrechner lösen. Auch eine grafische Darstellung ist dann nicht mehr möglich.

5 Lösen linearer Gleichungssysteme mit dem Taschenrechner

Grafische und rechnerische Methoden

Grafisches Lösen eines linearen Gleichungssystems mit dem TI-8x

- Bringen Sie, wenn notwendig, beide Gleichungen auf die Form y = …
- Drücken Sie [Y =] und geben Sie die beiden Gleichungen ein. x erhalten Sie mit der Taste [X,T,Θ,n].
- Wenn Sie auf [GRAPH] drücken, werden die beiden Geraden gezeichnet. Eventuell müssen Sie vorher im Menü [WINDOW] die Einstellungen anpassen, damit beide Graphen sichtbar sind.

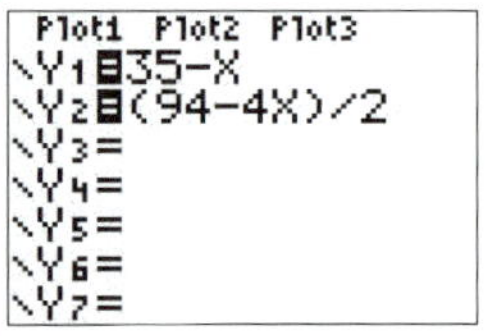

Abb. 1.3.5

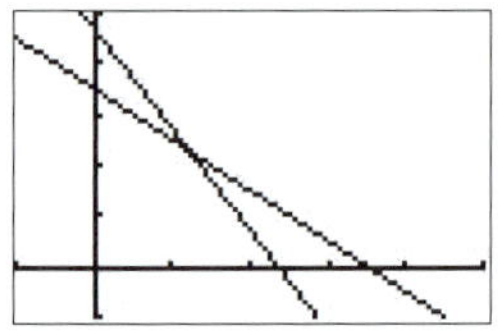
Abb. 1.3.6

- Drücken Sie [2nd] [CALC] und wählen Sie den Menüpunkt `5:intersect`. Wenn Sie nur zwei Geraden gezeichnet haben, können Sie die Abfragen `First curve?`, `Second curve?` und `Guess?` mit [ENTER] überspringen.
- Der Schnittpunkt der beiden Geraden wird angezeigt.

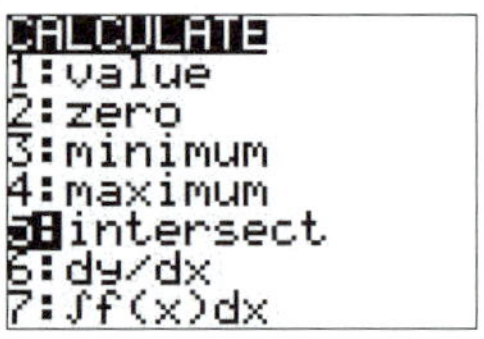

Abb. 1.3.7

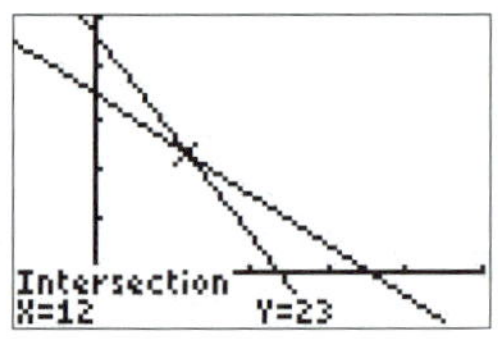

Abb. 1.3.8

Lösen eines Gleichungssystems mit Matrizenrechnung

Eine Matrix ist eine Anordnung von Zahlen in Zeilen und Spalten und kann zur Darstellung eines Gleichungssystems verwendet werden.

Eine andere Möglichkeit, Gleichungssysteme mit zwei oder mehreren Variablen zu lösen, ist die Matrizenrechnung. Diese Arbeit können Sie auch an ein Computerprogramm oder an einen Taschenrechner (hier im Beispiel an den TI-82 STATS) auslagern.

Drücken Sie die Taste [MATRX] und starten Sie den Menüpunkt `EDIT`. Hier geben Sie zuerst die Struktur der Matrix an. Bei einem Gleichungssystem in zwei Variablen besteht die Matrix aus zwei Zeilen und drei Spalten (x-Spalte, y-Spalte und die Spalte, in der nur die Zahlen stehen). Geben Sie die Gleichungen immer in der Form an, dass zuerst die x, dann die y und nach dem Gleichheitszeichen die Zahlen stehen.

	x-Spalte	y-Spalte	Zahlen
1. Gleichung	4x	−3y	= −23
2. Gleichung	2x	+4y	= 16

Geben Sie nur Zahlen in die Matrix ein. Achten Sie auf die richtige Eingabe des Vorzeichen-Minus [(−)]!

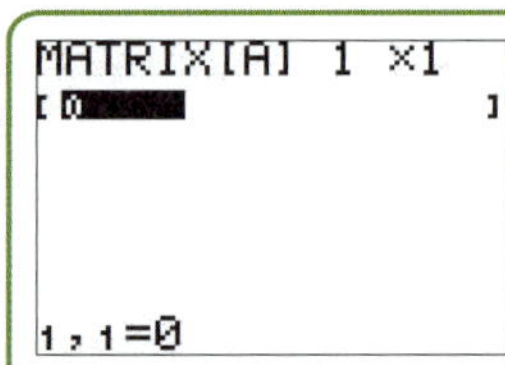

Abb. 1.3.9

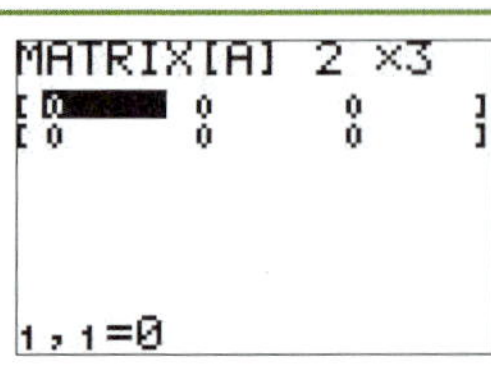

Abb. 1.3.10

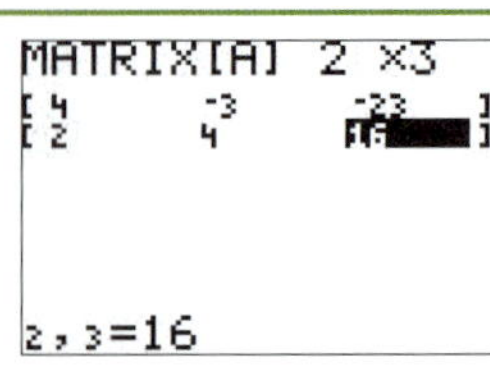

Abb. 1.3.11

Berechnen Sie nun den Wert der erweiterten Matrix, indem Sie in den Hauptbildschirm wechseln und nochmals das Programm MATRX aufrufen. Unter MATRX `:math` finden Sie `B:rref`. Bestätigen Sie mit ENTER. Sie gelangen automatisch in den Hauptbildschirm. Sie müssen nun nochmals das Programm MATRX aufrufen und die Matrix, die Sie in eine Lösung überführen, wählen.

In diesem Beispiel ist es die Matrix [A]. Am Hauptbildschirm erscheint nach dem Drücken der ENTER-Taste die Lösung.

Abb. 1.3.12

Abb. 1.3.13

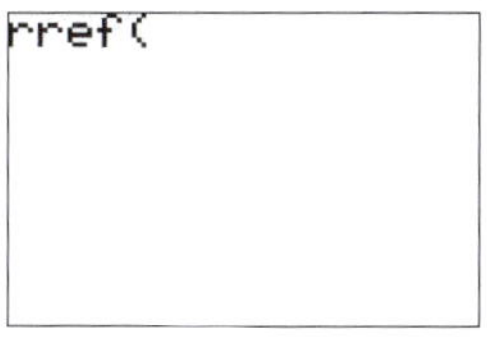

Abb. 1.3.14

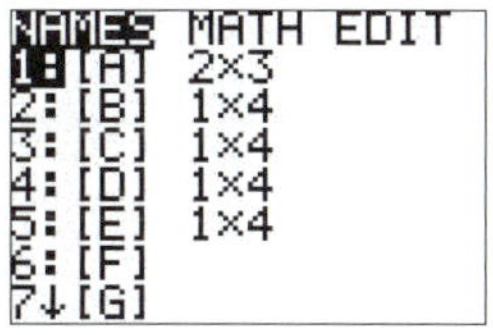

Abb. 1.3.15

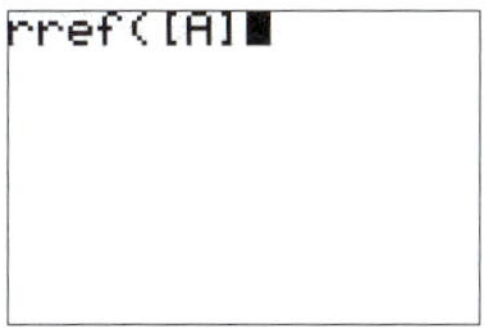

Abb. 1.3.16

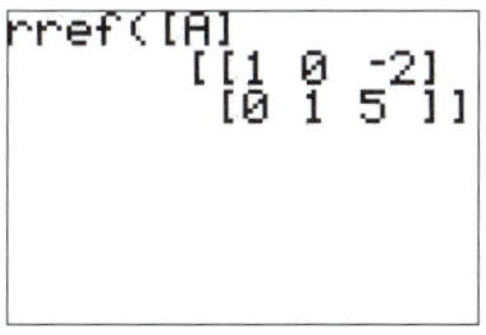

Abb. 1.3.17

Stellen Sie sich zum Ablesen der Lösung nochmals die Ausgangssituation der zwei Gleichungen vor und setzen Sie nun die entsprechenden Zahlen der Lösungsmatrix ein.

	x-Spalte	y-Spalte	Zahlen
1.Gleichung	1x	0y	= −2
2.Gleichung	0x	1y	= 5

Sie können die Lösung ablesen.

Zum Lösen eines Gleichungssystems mit drei Unbekannten verwenden Sie eine Matrix mit 3 Zeilen und 4 Spalten.

Üben

SbX ID: 1132

Ü 1.65 ★: Lösen von Gleichungen in zwei Variablen B

A B C D

Lösen Sie folgende lineare Gleichungssysteme in zwei Variablen, führen Sie die Probe durch und geben Sie die Lösungsmenge an.

a) I: $x = y - 7$
II: $x = 5y - 23$

b) I: $x = -3y - 17$
II: $x = 5y + 39$

c) I: $y = 17 + 2x$
II: $y = 3x + 24$

d) I: $y = 29 - 3x$
II: $y = 7x - 61$

Ü 1.66 ★: Lösen und erklären B D

Lösen Sie die Gleichungssysteme und geben Sie die Lösungsmenge an. Überprüfen Sie Ihre Lösungen mit einem geeigneten Computerprogramm oder mit dem Taschenrechner. Erklären Sie, welche Möglichkeiten Sie haben, um die Lösungen zu überprüfen.

a) I: $4x + 3y = 14$
II: $2x - y = 12$

b) I: $-4x - y = 40$
II: $x + 5y = 9$

c) I: $12x + 9y = 15$
II: $4x + 3y = 5$

d) I: $14x - 8y = 10$
II: $-21x + 15y = 60$

e) I: $4x - 6y = 7$
II: $6x - 9y = 10$

Ü 1.67 ★★: Lösen eines 2x2-Gleichungssystems B

Lösen Sie die Gleichungssysteme und führen Sie die Probe durch.

a) I: $2x + 3y + 5 = 5x + 6y - 1$
II: $x - 4y - 2 = 2x - 2y$

b) I: $3 \cdot (x + 5) = 2 \cdot (2y - 1)$
II: $4 \cdot (3x - 6) = 3 \cdot (y + 4)$

c) I: $2 \cdot (2x + 3y) = 3 \cdot (3x - y) + 5$
II: $4 \cdot (3x - 4y) = 2 \cdot (x + y) - 10$

H2Ö
Trink.Wasser.

Ü 1.68 ★★: Saft A B D

Stellen Sie für die beschriebenen Situationen Gleichungen auf, ermitteln Sie die Lösung mit oder ohne Technologieeinsatz und interpretieren Sie das Ergebnis.

a) Die H2Ö GmbH plant, eine neue Saftmischung herzustellen. Dazu werden zwei Mischungen getestet: Für Mischung 1 werden 2 l Apfelsaft mit 1 l Birnensaft zu einem 40 %igen Apfel-Birnensaft gemischt. Für Mischung 2 werden 4 l Apfelsaft mit 3 l Birnensaft zu einem 39 %igen Saft gemischt. Berechnen Sie den Prozentsatz beider Sorten.

b) Im Handel werden eine Kiste Apfelsaft und drei Kisten Birnensaft zu 60 € verkauft. Ein anderes Mal werden drei Kisten Apfelsaft und 2 Kisten Birnensaft für 68 € verkauft. Modellieren Sie ein Gleichungssystem, mit dem Sie die Preise der beiden Säfte errechnen können.

c) Ein Gast bestellt im Restaurant vier alkoholfreie Getränke und drei Kaffees und zahlt 19 €, an einem anderen Tisch werden für fünf Getränke und sechs Kaffees 31,40 € bezahlt. Ermitteln Sie den Preis für ein alkoholfreies Getränk und für einen Kaffee.

d) Zur Herstellung von neuen Glasgebinden sind in der Glasmanufaktur zwei Produktionslinien, P1 und P2, im Einsatz. Sie erzeugen die beiden Produkte G1 und G2. In einer Woche werden in P1 500 Stück G1 und 125 Stück G2 hergestellt. In der anderen Produktionslinie werden von G1 300 Stück und von G2 400 Stück produziert. Die gesamte Wochenarbeitszeit beträgt in P1 400 und in P2 500 Stunden. Berechnen Sie, welche Produktionszeiten für 1 Stück G1 und 1 Stück G2 nötig sind.

e) Für einen Produktionsvorgang wird Wasser mit einer bestimmten Temperatur benötigt. Mischt man 2 l kaltes Wasser mit 3 l heißem Wasser, so erhält man eine Mischung mit 60 °C. Eine Mischung von 4 l kaltem und 1 l heißem Wasser hat eine Temperatur von 30 °C. Bestimmen Sie die Temperatur des „kalten" und des „heißen" Wassers.

f) Im Handel werden eine Kiste Traubensaft und vier Kisten Zwetschgensaft um 65 € verkauft. 3 Kisten Traubensaft und 12 Kisten Zwetschgensaft kosten 195 €. Erklären Sie, welche Problematik hinsichtlich der Lösbarkeit dieser Aufgabenstellung entsteht.

Ü 1.69 ★★: Zusammenhänge A B

Veranschaulichen Sie die folgenden Sachverhalte durch eine grafische Darstellung. Modellieren Sie ein Gleichungssystem, das den Sachverhalt wiedergibt. Berechnen Sie die Lösungen.

Dürnstein, NÖ

a) Jemand fährt mit einem Boot donauaufwärts mit einer mittleren Geschwindigkeit von 17 km/h und donauabwärts mit 23 km/h. Wie groß sind die Eigengeschwindigkeit des Bootes und die Fließgeschwindigkeit der Donau?

b) Ein Autofahrer und ein Motorradfahrer wohnen 360 km voneinander entfernt und fahren einander entgegen. Wenn sie beide um 8:00 Uhr wegfahren, treffen sie einander um 10:00 Uhr. Fährt der Autofahrer erst um 9:30 Uhr weg, so begegnen sie einander um 11:00 Uhr. Berechnen Sie die mittleren Geschwindigkeiten beider Fahrzeuge!

c) Skizzieren Sie die Problemstellung aus b) in einem Koordinatensystem. Ergänzen Sie die Skizze um folgendes „Szenario“: Die beiden wohnen 360 km voneinander entfernt und fahren mit gleicher Geschwindigkeit in dieselbe Richtung.

Ü 1.70 ★★: 3x3-Gleichungssysteme lösen B

Lösen Sie die folgenden Gleichungssysteme über der Grundmenge $\mathbb{R} \times \mathbb{R} \times \mathbb{R}$:

a) I: $x + y + z = 1$
II: $17x + y - 7z = 9$
III: $4x + 2y + z = 3$

b) I: $x + 3y + 2z = 7$
II: $2x - y - 4z = -1$
III: $3x + 4y = 9$

c) I: $8x - 5y + 4z = 2$
II: $7x + 13z = 25$
III: $2x - 5z = 42$

Ü 1.71 ★★: Historische Aufgabenstellungen als Gleichung darstellen A B C

Stellen Sie für die folgenden Sachverhalte Gleichungen auf, lösen Sie die Aufgaben grafisch und rechnerisch und interpretieren Sie die Ergebnisse.

a) Wenn der Preis von 9 Äpfeln vermindert um den Preis einer Birne 13 Denare beträgt und der Preis von 19 Birnen vermindert um den Preis eines Apfels 8 Denare beträgt, so frage ich, wie teuer ein Apfel und wie teuer eine Birne ist. *(Johannes Buteo, 16. Jh.)*

b) Jemand stellt einen Arbeiter für 30 Tage an. Wenn er arbeitet, bekommt er 7 Pfennig am Tag; wenn er nicht arbeitet, muss er 5 Pfennig am Tag bezahlen. Nach 30 Tagen ist keiner dem anderen etwas schuldig. Wie viele Tage hat der Arbeiter gearbeitet und wie viele frei gehabt? *(Adam Ries, 16. Jh.)*

Adam Ries (auch Riese, 1492–1559) war ein deutscher Rechenmeister. Sein Buch „Rechenung auff der linihen und federn …“ wurde jahrhundertelang im Unterricht verwendet. Noch heute sagt man: „Das macht nach Adam Riese …“

c) Zwei Personen wollen ein Pferd fur 11 Gulden kaufen. A sagt zu B. „Gib mir ein Drittel von deinem Geld, so will ich meines dazutun und das Pferd bezahlen.“ B sagt zu A: „Gib mir von deinem Geld ein Viertel, so will ich mit meinem zusammen das Pferd bezahlen.“ Nun frage ich, wie viel Geld jeder gehabt hat. *(Adam Ries, 16. Jh.)*

d) 20 Personen, Männer und Frauen, essen in einem Wirtshaus. Ein Mann isst für 8 Groschen, eine Frau aber für 7 Groschen, und die ganze Zeche beläuft sich auf 6 Reichstaler. Nun ist die Frage, wie viele Männer und Frauen da waren. (*Leonhard Euler, 18. Jh.;* 1 Reichstaler = 24 Groschen)

Übersichtlichere Darstellung: Bei mehr Unbekannten fällt das Rechnen leichter, wenn Sie jeweils die Unbekannten untereinander schreiben.

Ü 1.72 ★★: Lösen von Gleichungssystemen mit drei Variablen B

Lösen Sie die folgenden Gleichungssysteme über der Grundmenge $\mathbb{R} \times \mathbb{R} \times \mathbb{R}$.

a) $$\begin{array}{lrcrcrl} \text{I:} & 4x & - & 2y & + & z & = 15 \\ \text{II:} & -x & + & 3y & + & 4z & = 15 \\ \text{III:} & 5x & - & y & + & 3z & = 26 \end{array}$$

b) $$\begin{array}{lrcrcrl} \text{I:} & 2x & - & 3y & + & z & = 10 \\ \text{II:} & x & + & y & - & 2z & = -6 \\ \text{III:} & 3x & - & y & - & 4z & = -5 \end{array}$$

c) $$\begin{array}{lrcrcrl} \text{I:} & & & 3y & - & z & = 7 \\ \text{II:} & 2x & - & 3y & + & 2z & = -21 \\ \text{III:} & 3x & + & y & & & = -21 \end{array}$$

d) $$\begin{array}{lrcrcrl} \text{I:} & 2x & + & 7y & - & z & = 13 \\ \text{II:} & 17x & - & 3y & + & 4z & = -9 \\ \text{III:} & 3x & - & 2y & + & z & = -5 \end{array}$$

e) $$\begin{array}{lrcrcrl} \text{I:} & 3x & - & 4y & - & 6z & = 42 \\ \text{II:} & -x & - & 2y & + & 3z & = -6 \\ \text{III:} & 7x & + & 10y & + & 6z & = 0 \end{array}$$

Ü 1.73 ★★: Geschichte – Geschichten – Gleichungssysteme A B C

Vor der Erfindung des Mähdreschers wurde das Getreide am Feld zu Garben gebunden.

Stellen Sie die folgenden Situationen als Gleichungssysteme dar und lösen Sie sie:

a) Aus 3 Garben einer guten Ernte, 2 Garben einer mittelmäßigen Ernte und 1 Garbe einer schlechten Ernte erhält man den Ertrag von 39 Körben. Aus 2 Garben einer guten Ernte, 3 Garben einer mittelmäßigen Ernte und 1 Garbe einer schlechten Ernte erhält man 34 Körbe. Aus 1 Garbe guter Ernte, 2 Garben mittelmäßiger Ernte und 3 Garben schlechter Ernte erhält man 26 Körbe. Wie viel ist der Ertrag je einer Garbe der guten, der mittelmäßigen und der schlechten Ernte? *(China, 3. Jh.)*

b) Jetzt hat man 2 Rinder und 5 Schafe verkauft und damit 13 Schweine gekauft, wobei ein Rest von 1000 Geldstücken übrig blieb. Man hat 3 Rinder und 3 Schweine verkauft und damit 9 Schafe gekauft; das Geld reichte gerade. Man hat 6 Schafe und 8 Schweine verkauft und damit 5 Rinder gekauft, aber das Geld reichte nicht um 600 Geldstücke. Wie hoch ist der Preis von jedem, vom Rind, vom Schaf und vom Schwein? *(China, 3. Jh.)*

c) Drei Männer werden nach ihrem Vermögen gefragt. Der erste und der zweite besitzen zusammen um 20 Denare mehr als der dritte; der erste und der dritte haben zusammen um 40 Denare mehr als der zweite; und der zweite und der dritte haben zusammen um 30 Denare mehr als der erste. Wie viel besitzt jeder der drei? *(nach Diophant, 3. Jh.)*

d) Drei Kaufleute sahen auf dem Weg eine Geldbörse mit 15 Goldstücken. Einer von ihnen sagte zu den anderen: „Wenn ich diese Börse behalte, so werde ich zweimal so reich sein wie ihr beide zusammen mit dem Geld, das ihr in der Hand habt!" Da sagte der zweite von ihnen: „Ich werde dreimal so reich sein!" Dann sagte der dritte: „Ich werde fünfmal so reich sein." Wie viel Geld hatte jeder Kaufmann? *(Indien, 9. Jh.)*

SbX ID: 1132

Weitere Übungsbeispiele zu dieser Lerneinheit finden Sie im SbX.

Sichern

Lösen von Gleichungssystemen in mehreren Variablen

Ein Gleichungssystem kann eindeutig gelöst werden, wenn die Anzahl der Variablen mit der Anzahl der Gleichungen übereinstimmt.

Sonderfälle

Verlaufen die Geraden parallel und haben keinen Schnittpunkt, so hat das Gleichungssystem keine Lösung. Sind die Geraden ident, so gibt es unendlich viele Lösungen.

Lösungsverfahren

Je nach Fragestellung stehen das Gleichsetzungsverfahren, die Eliminationsmethode oder das Einsetzungsverfahren (Substitution) zur Verfügung.

rechnerische Lösung – grafische Lösung

rechnerische Lösung	grafische Lösung $y = kx + d$	
I: $ax + by = c$ II: $dx + ey = f$ $x = \dots \mid y = \dots$ eine eindeutige Lösung $L = \{(x/y)\}$	Schnittpunkt zweier Geraden 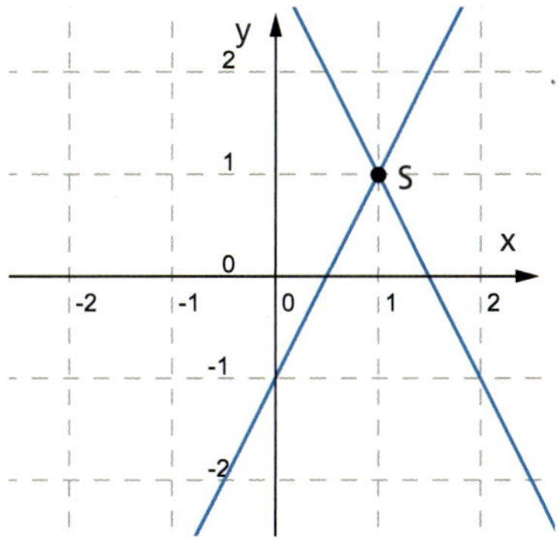 Abb. 1.3.18 ein gemeinsamer Punkt $S = (x/y)$	$k_1 \neq k_2$
I: $ax + by = c$ II: $max + mby = mc$ $m \neq 0$ I = II oder das Ergebnis lautet: $0 = 0$ Die beiden Gleichungen sind ident, eine ist ein Vielfaches der anderen: $L = \{\,I\,\}$ oder $L = \{II\}$	Die beiden Geraden fallen zusammen. 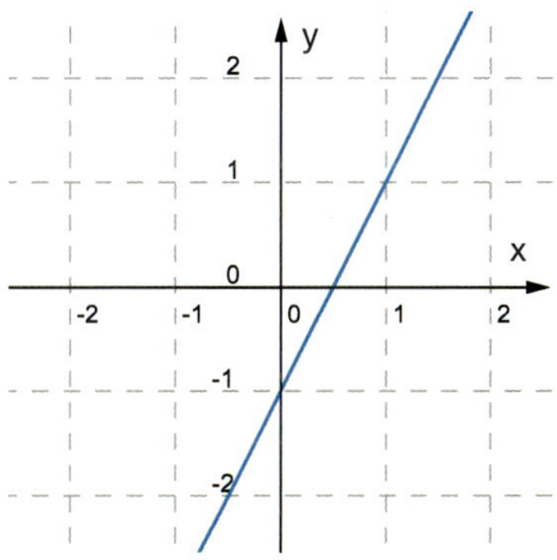 Abb. 1.3.19 unendlich viele gemeinsame Punkte	$k_1 = k_2$ $d_1 = d_2$
I: $ax + by = c$ II: $max + mby = f$ $m \neq 0,\ f \neq mc$ Das Ergebnis ist eine falsche Aussage, z. B.: $0 = 5$. Die beiden Gleichungen haben keine Lösung, die Lösungsmenge ist leer. $L = \{\ \}$	Die beiden Geraden verlaufen parallel. 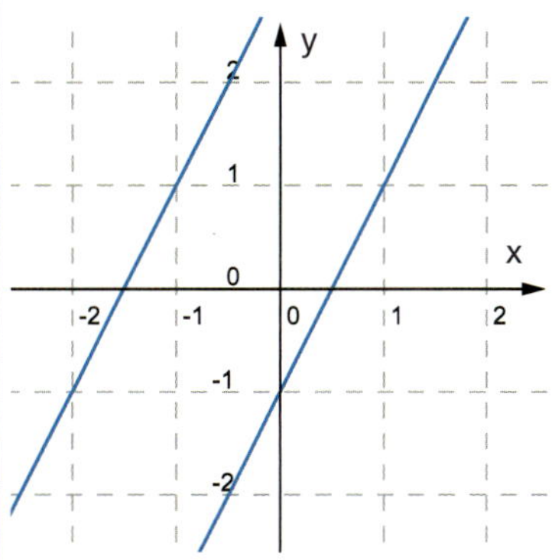 Abb. 1.3.20 kein gemeinsamer Punkt	$k_1 = k_2$ $d_1 \neq d_2$

Wissen

A B C D

W 1.20: Theorie und Praxis A B C

Wählen Sie aus Ihrem beruflichen Umfeld eine geeignete Situation aus. Übertragen Sie diese als ein System von zwei Gleichungen in zwei Variablen. Veranschaulichen Sie die Problemstellung mittels einer grafischen Darstellung und lösen Sie das Problem. Dokumentieren Sie alle Schritte, die nötig sind, um zur Lösung zu kommen, und stellen Sie die Lösung vor.

W 1.21: Lösungsverfahren sinnvoll nutzen B D

Lösen Sie die folgenden Gleichungssysteme „von Hand“. Begründen Sie, welches rechnerische Lösungsverfahren Ihnen jeweils am geeignetsten erscheint.

a) I: $3x + 4y = -9$
II: $2x - 3y = 11$

b) $y_1 = \frac{3}{4}x + 7 \qquad y_2 = \frac{3}{2}x + 16$

W 1.22: Gleichungssystem lösen B

Lösen Sie das folgende Gleichungssystem.

I: $3x + 5y = 8$
II: $6x + 10y = 16$

W 1.23: Varianten B C

Skizzieren Sie das Gleichungssystem aus **W 1.22** in einem Koordinatensystem. Beschreiben Sie, wie Sie die Graphen verändern müssen, sodass die unterschiedlichen Lösungsmöglichkeiten (genau eine Lösung, keine Lösung, unendlich viele Lösungen) zutreffen.

W 1.24: Jahresbericht der H2Ö GmbH A B

Die H2Ö GmbH verkaufte im Jahr 2008 insgesamt ca. 155 000 l Birnen- und Apfelsirup. Die Firma hatte in diesem Jahr 23 Mitarbeiterinnen und Mitarbeiter, ein Jahr später waren es schon 25. Im Jahr 2009 wurde um 6 % mehr Birnensirup verkauft als im Vorjahr, dafür gingen die Verkäufe von Apfelsirup um 12 % zurück. Insgesamt wurden in diesem Jahr ca. 149 000 l Birnen- und Apfelsirup verkauft.

a) Erstellen Sie ein Gleichungssystem, mit dem Sie berechnen können, wie viel Birnen- bzw. Apfelsirup in den beiden genannten Jahren verkauft wurde. Berechnen Sie die Verkaufsmengen der beiden Säfte.

b) Erstellen Sie einige andere mögliche Fragestellungen.

W 1.25: Gleichungssysteme C

Beschreiben Sie, welche Zahlen Sie für a und b einsetzen müssen, sodass das Gleichungssystem

- unendlich viele Lösungen hat.
- keine Lösung hat.
- eindeutig lösbar ist.

a) I: $3x + 5y = 8$
II: $6x + ay = b$

b) I: $x + y - z = 1$
II: $3x + 2y + z = 9$
III: $ax + by = 20$

W 1.26: Mathematische Verfahren beschreiben D

Erläutern Sie in eigenen Worten das Gleichsetzungs- und das Einsetzungsverfahren.

W 1.27: **Volkswirtschaft** B D

In der Volkswirtschaft unterscheidet man die Wirtschaftssektoren Landwirtschaft (x), Industrie (y) und Dienstleistungen (z). Angenommen, das Bruttoinlandsprodukt in einem Jahr hängt von den Werten im Vorjahr folgendermaßen ab:

$$x_{neu} = 0{,}88x_{alt} + 0{,}004y_{alt} + 0{,}002z_{alt}$$
$$y_{neu} = 0{,}3x_{alt} + 0{,}9y_{alt} + 0{,}04z_{alt}$$
$$z_{neu} = 0{,}6x_{alt} + 0{,}16y_{alt} + 0{,}9z_{alt}$$

Das **Bruttoinlandsprodukt** (Abkürzung: BIP) gibt den Gesamtwert aller Waren und Dienstleistungen an, die innerhalb eines Jahres in einem Land hergestellt wurden.

a) Gehen Sie von den Anfangswerten x = 10, y = 60, z = 120 aus (Angaben in Mrd. €) und berechnen Sie die Werte für die drei folgenden Jahre.

b) Eine Volkswirtschaft ist stabil, wenn $x_{neu} = x_{alt}$, $y_{neu} = y_{alt}$ und $z_{neu} = z_{alt}$. Zeigen Sie, dass das Gleichungssystem

$$x = 0{,}88x + 0{,}004y + 0{,}002z$$
$$y = 0{,}3x + 0{,}9y + 0{,}04z$$
$$z = 0{,}6x + 0{,}16y + 0{,}9z$$

unendlich viele Lösungen hat, und berechnen Sie die Lösung mit x = 5.

W 1.28: **Übersetzen einer grafischen Darstellung in ein Gleichungssystem** A B C

a) Stellen Sie das Gleichungssystem auf, das durch die Abbildung dargestellt wird.

b) Ermitteln Sie den Schnittpunkt der beiden Geraden miteinander.

c) Beschreiben Sie, wie Sie jene Gleichung, deren grafische Darstellung durch den Punkt P(4/3) geht, abändern müssen, damit das Gleichungssystem
- keine Lösung hat.
- unendlich viele Lösungen hat.

d) Ermitteln Sie die Gleichung der Geraden g, die durch den Punkt Q(–1/–1) geht und zu jener der beiden gegebenen Geraden parallel ist, deren Graph nicht durch den 4. Quadranten verläuft.

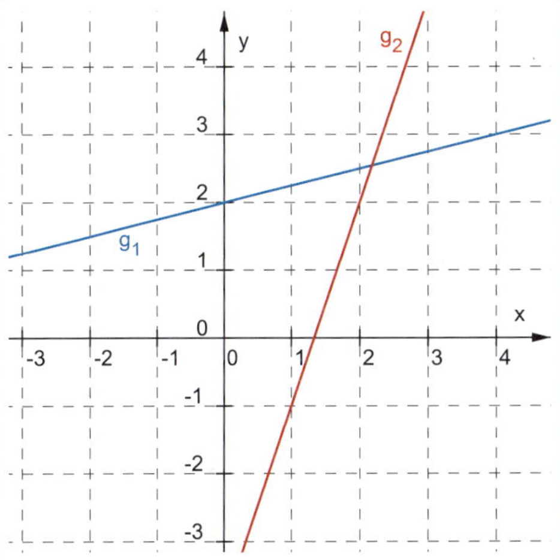

Abb. 1.3.21

Kompetenz-Check

	☺	😐	☹
Ich kann ein System von zwei linearen Gleichungen mit zwei Variablen auf verschiedene Arten lösen.			
Ich kann lineare Gleichungen aus Sachsituationen aufstellen.			
Ich kann zwei lineare Gleichungen mit dem Taschenrechner oder einem geeigneten Computerprogramm grafisch darstellen.			
Ich kann die Lösung interpretieren.			
Ich kenne den Zusammenhang zwischen der rechnerischen Lösung eines Gleichungssystems und der grafischen Darstellung.			

2 POTENZ- UND POLYNOMFUNKTIONEN

Worum geht's in diesem Kapitel?

Im 16. Jahrhundert gab es unter Mathematikern einen Wettstreit um das Lösen von Gleichungen dritten Grades, auch kubische Gleichungen genannt. Die Babylonier konnten quadratische Gleichungen immerhin rezeptartig lösen. Heute ist eine Mathematik ohne Polynomfunktionen nicht mehr vorstellbar. Ihre Anwendungsgebiete reichen weit in zahlreiche wissenschaftliche Disziplinen, in die Technik und Wirtschaft hinein.

Wenn sie dieses Kapitel bearbeitet haben, können Sie

- Gleichungen zweiten und höheren Grades richtig lösen
- eine quadratische Gleichung oder Funktion als mathematisches Modell zur Lösung eines alltäglichen oder berufsfeldspezifischen Problems heranziehen
- Grafiken interpretieren
- sich über Lösungswege Gedanken machen, die Lösung begründen und erklären

„Ich kann Rechenregeln für Potenzen mit ganzzahligen und mit rationalen Exponenten anwenden; Potenz- und Wurzelschreibweise ineinander überführen."

„Ich kann quadratische Gleichungen in einer Variablen anwendungsbezogen aufstellen, lösen und die verschiedenen möglichen Lösungsfälle interpretieren und argumentieren."

„Ich kann Potenzfunktionen ($y = c \cdot x^n$ mit $n \in \mathbb{Z}$, $c \in \mathbb{R}$ sowie $y = \sqrt{x}$) sowie Polynomfunktionen bis zum Grad 3 grafisch darstellen und ihre Eigenschaften anhand ihres Graphen interpretieren und damit argumentieren."

A B C D

In diesem Kapitel finden Sie Lehrbeispiele, Übungsaufgaben und Aufgaben zur Lernkontrolle zur Überprüfung Ihrer Kompetenzen auf den Handlungsebenen A Modellieren und Transferieren B Operieren und Technologieeinsatz C Interpretieren und Dokumentieren und D Argumentieren und Kommunizieren.

Dieses Kapitel umfasst folgende Lerneinheiten:

1 Rechnen mit Potenzen

2 Quadratische Gleichungen und Funktionen

3 Potenz- und Wurzelfunktionen

SbX
Alle SbX-Inhalte zu dieser Lerneinheit finden Sie unter der ID: 1210.

Lerneinheit 1
Rechnen mit Potenzen

Potenzen sind eine der wichtigsten Kurzschreibweisen der Mathematik. Bekannt aus dem Alltag ist vor allem der Begriff Quadrat – er ist offenbar so einprägsam, dass er sogar zum Markenslogan wurde. Zweite Potenzen von ganzen Zahlen nennt man auch Quadratzahlen, weil der Flächeninhalt eines Quadrats mit Seitenlänge s genau s^2 beträgt. Unter Motorbegeisterten wiederum ist eine der am häufigsten gestellten Fragen jene nach „den Kubik". Die dritte Potenz heißt auch Kubik (lateinisch Cubus: Würfel), weil der Rauminhalt eines Würfels mit Seitenlänge s gerade s^3 beträgt.

Sie lernen hier:

- Potenzen als abgekürzte Schreibweise der Multiplikation kennen
- wie man mit Potenzen rechnet

Lernen

SbX ID: 1211

A B C D

1 Potenz – der Begriff
Quadrat, Kubik etc.

Stellen wir uns folgende drei Fragen:

- „Was ist ein m?"
- „Was ist ein m^2?"
- „Was ist ein m^3?"

Zu diesen Fragen gibt es sehr viele richtige Antworten (z. B.: 1 m ist eine Länge, 1 m^2 ist eine Fläche …). Unter anderem sind aber m, m^2, m^3 Abkürzungen für einen Meter, einen Quadratmeter, einen Kubikmeter. Dieser Quadratmeter ist aber auch selbst eine Abkürzung: Quadratmeter bedeutet eigentlich Meter mal Meter oder kurz geschrieben $m^2 = m \cdot m$.

Auch der Kubikmeter ist eine Abkürzung: Kubikmeter bedeutet eigentlich Meter mal Meter mal Meter oder kurz geschrieben $m^3 = m \cdot m \cdot m$.

Dieser Gedanke ist die Grundlage der Potenzrechnung.

Hochzahl = Exponent

Das bedeutet nun allgemein:

usw.

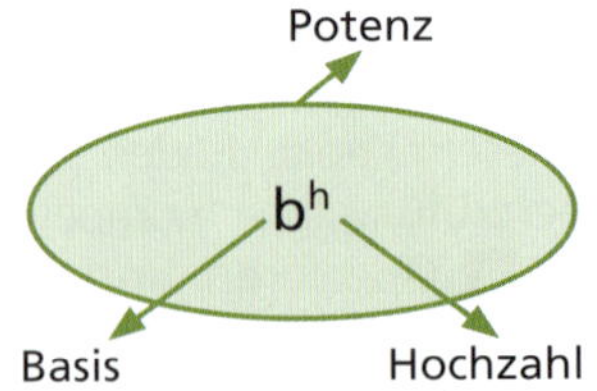

Querverweis
Siehe Kapitel 8, Lerneinheit 1: Variablen und Terme und Lerneinheit 4: Mathematische Symbole.

„Quadratisch, praktisch, gut"

„Die Kubik" bezeichnen den Hubraum eines Motors in Kubikzentimetern.

2 Rechnen mit Potenzen

Grundlegende Rechenregeln

Potenzen müssen bei unterschiedlichen Berechnungen, so etwa beim Lösen von Gleichungen, addiert, subtrahiert, multipliziert oder dividiert werden – so wie andere Terme auch. Dazu werden einige Rechenregeln benötigt.

Addieren – Subtrahieren

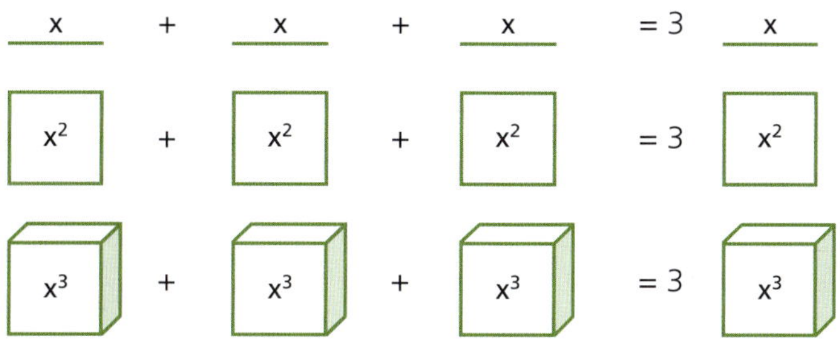

Potenzen addieren und subtrahieren

Potenzen mit **gleicher Basis** und **gleicher Hochzahl** kann man **addieren/subtrahieren.**

Schwieriger wird es schon, wenn unterschiedliche Hochzahlen auftreten:

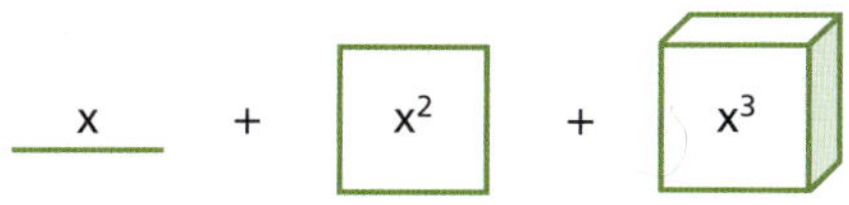

$x + x^2 + x^3$ kann man nicht durch „Zusammenrechnen" vereinfachen!

Lehrbeispiel

L 2.1: Vereinfachen eines Terms mit unterschiedlichen Hochzahlen **B**

$x^3 + 4x^2 - 8x^3 - 6x + 5x^3 + 12x - x^2 - 8x^2$

- Man sucht immer jene Potenzen, die sowohl die gleiche Basis als auch die gleiche Hochzahl haben.

$x^3 - 8x^3 + 5x^3 + 4x^2 - x^2 - 8x^2 - 6x + 12x$

- Dann ordnet man die Variablen nach fallenden Potenzen (d. h., die Variable mit der größten Hochzahl schreibt man zuerst).

$-2x^3 - 5x^2 + 6x$

- Jetzt rechnet man zusammen und erhält das Ergebnis.

Multiplizieren – Dividieren

$x^3 \cdot x^2 =$ $(x \cdot x \cdot x) \cdot (x \cdot x) =$ x^5 $x^3 \cdot x^2 = x^5$	ist die Abkürzung von ... das ist aber nichts anderes als ... zusammengefasst

$x^3 : x^2 =$ $(x \cdot x \cdot x) : (x \cdot x) =$ $\frac{x \ x \ x}{x \cdot x} =$ x $x^3 : x^2 = x$	ist die Abkürzung von ... das ist aber nichts anderes als ... wenn man nun $x \cdot x$ kürzt oder „kompliziert" geschrieben x^1 zusammengefasst

Wenn man nun diese beiden Berechnungen betrachtet und dabei besonderes Augenmerk auf die Hochzahlen legt, so stellt man Folgendes fest:

Potenzen multiplizieren und dividieren

Potenzen mit **gleicher Basis** kann man **multiplizieren/dividieren:**

- Beim **Multiplizieren** von Potenzen werden die **Hochzahlen addiert.**
- Beim **Dividieren** von Potenzen werden die **Hochzahlen subtrahiert.**

Lehrbeispiel

L 2.2: Multiplizieren und Dividieren von Potenzen B

$u^{11} \cdot u^4 \cdot t^2 \cdot t^5 : u^2 = u^{11+4-2} \cdot t^{2+5} = u^{13} \cdot t^7$

Bei Klammerausdrücken wie im folgenden Lehrbeispiel müssen Sie beachten, dass Sie „jedes mit jedem" multiplizieren/dividieren!

Lehrbeispiel

L 2.3: Multiplizieren von Termen, die Potenzen enthalten B

$(2a^2 + 4c) \cdot (5a^2 - 2c^2) =$

$2a^2 \cdot 5a^2 - 2a^2 \cdot 2c^2 + 4c \cdot 5a^2 - 4c \cdot 2c^2 =$

$2 \cdot 5a^{2+2} - 2 \cdot 2a^2c^2 + 4 \cdot 5a^2c - 4 \cdot 2c^{1+2} =$

$10a^4 - 4a^2c^2 + 20a^2c - 8c^3$

„Jedes mit jedem!"

Tipp: Ordnen Sie – soweit möglich – nach dem Alphabet und nach fallenden Potenzen!

Dividieren durch Subtrahieren der Hochzahl	Dividieren durch Kürzen
$x^3 : x^7 =$	$x^3 : x^7 =$
$x^{3-7} =$	$\frac{x^3}{x^7} =$
x^{-4}	$\frac{1}{x^4}$

Das kann man allgemein wie folgt ausdrücken:

Potenzen mit negativen Hochzahlen

$b^{-h} = \frac{1}{b^h}$ Vorzeichenwechsel im Exponenten bei Kehrwertbildung!

Man kann auch sagen, dass Potenzen mit einer negativen Hochzahl, die im Zähler stehen, in den Nenner wandern und dann eine positive Hochzahl haben, wobei die Basis niemals Null sein darf.

Dividieren durch Subtrahieren der Hochzahl	Dividieren durch Kürzen
$x^3 : x^3 =$	$x^3 : x^3 =$
$x^{3-3} =$	$\frac{x^3}{x^3} =$
x^0	1

Allgemein geschrieben:

Hochzahl 0

$b^0 = 1$

Übungsbeispiel

Ü 2.1 ★: Terme vereinfachen B

Vereinfachen Sie so weit wie möglich:

$a^3 \cdot f^4 \cdot d^7 \cdot f^{-6} \cdot d^3 \cdot f^2 \cdot a^5 =$

Ein Trick: Wenn man durch eine Potenz mit negativer Hochzahl dividiert, kann man auch mit der gleichen Potenz mit positiver Hochzahl multiplizieren, denn:

Kehrwert bilden = Zähler und Nenner vertauschen

$x : b^{-h} = x : \frac{1}{b^h} = x \cdot b^h$

durch einen Bruch dividieren = mit dem Kehrwert multiplizieren

Kehrwert bilden = Zähler und Nenner vertauschen

Potenzieren – Wurzelziehen

Jetzt fehlen nur noch das Potenzieren und das Wurzelziehen aus Potenzen.

Nehmen wir folgendes Beispiel:

$(x^2)^3 =$	ist die Abkürzung von …
$(x \cdot x) \cdot (x \cdot x) \cdot (x \cdot x) =$	ohne Klammern geschrieben …
$x \cdot x \cdot x \cdot x \cdot x \cdot x =$	
x^6	berechnet

Potenzen potenzieren

Beim **Potenzieren** von Potenzen werden die **Hochzahlen multipliziert.**

Eine weitere Überlegung:

$\sqrt{25} = 5$	fragt nach jener positiven Zahl, die „hoch zwei" genau 25 ergibt
$\sqrt[3]{8} = 2$	fragt nach jener positiven Zahl, die „hoch drei" genau 8 ergibt
$\sqrt[3]{x^6} = x^2$	fragt nach jenem Term, der „hoch drei" genau x^6 ergibt. Aus dem obigen Beispiel sieht man, dass dies x^2 ist.

Wenn man nun diese Berechnungen betrachtet und dabei besonderes Augenmerk auf die Hochzahlen legt, so stellt man Folgendes fest:

Wurzeln aus Potenzen

Beim **Wurzelziehen** aus Potenzen werden die **Hochzahlen dividiert.**

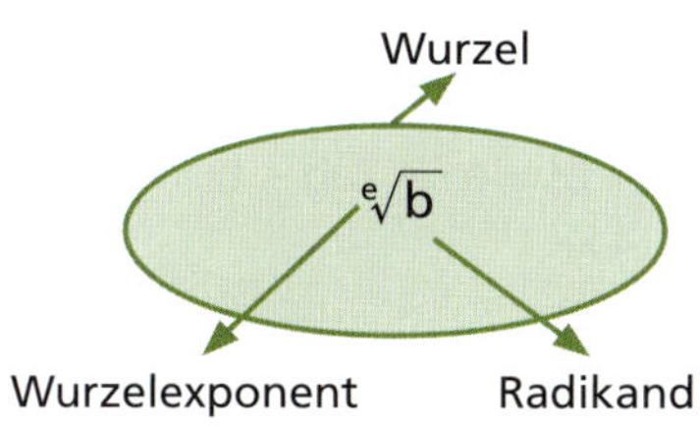

Der Radikand (oder auch Wurzelbasis genannt) darf im Bereich der reellen Zahlen niemals negativ sein.

Mathematik für Angeber:
Wurzelziehen = Radizieren
(von lat. *radix* = Wurzel)

Lehrbeispiel

L 2.4: Wurzelziehen und Potenzieren B

$$(x^4)^3 \cdot (x^2)^2 : \sqrt[4]{x^{20}} = x^{4 \cdot 3} \cdot x^{2 \cdot 2} : x^{20:4}$$
$$= x^{12} \cdot x^4 : x^5$$
$$= x^{12+4-5}$$
$$= x^{11}$$

Ein Sonderfall liegt vor, wenn die Hochzahl nicht restlos teilbar ist:

$\sqrt[4]{x^3} = x^{3:4} = x^{\frac{3}{4}}$	$\sqrt[4]{x} = x^{1:4} = x^{\frac{1}{4}}$

Allgemein geschrieben:

Potenzen mit gebrochenen Hochzahlen

$\sqrt[e]{b^h} = b^{\frac{h}{e}}$ Darstellung als Bruch im Exponenten

Lehrbeispiel

L 2.5: Wurzeln, Potenzen und Brüche B

$(3a^4b^3)^2 \cdot \sqrt[5]{8a^5b^{12}} = 3^2 \cdot (a^4)^2 \cdot (b^3)^2 \cdot 8^{1:5}a^{5:5}b^{12:5}$ $= 9 \cdot a^8 \cdot b^6 \cdot 8^{\frac{1}{5}} \cdot a \cdot b^{\frac{12}{5}}$ $= 9 \cdot 8^{\frac{1}{5}} \cdot a^9 \cdot b^{\frac{42}{5}}$	Achtung! $(3a^4b^3)^2$ ist die Abkürzung von $(3a^4b^3) \cdot (3a^4b^3)$. Daher müssen sowohl 3 als auch a^4 und b^3 jeweils hoch zwei genommen werden!

Beim Potenzieren muss man zusätzlich noch auf die Vorzeichen achten.

$(-1)^2 = (-1) \cdot (-1) = +1$ oder besser 1

$(-1)^3 = (-1) \cdot (-1) \cdot (-1) = -1$

$(-1)^4 = (-1) \cdot (-1) \cdot (-1) \cdot (-1) = 1$

usw.

Allgemein geschrieben:

Potenzen und Vorzeichen

$(\text{negative Basis})^{\text{gerade Hochzahl}} = \text{positiv}$

$(\text{negative Basis})^{\text{ungerade Hochzahl}} = \text{negativ}$

Übungsbeispiel

SbX

Sie finden Ü 2.2 mit automatischer Aufgabenkontrolle unter der ID: 1211.

Ü 2.2 ★: Gleiche Terme C

Ordnen Sie zu: Zu jedem Term der linken Spalte gibt es in der rechten Spalte eine Lösung.

a) $(-x)^2 \cdot x^5 =$	$4x^4$ $-4x^6$
b) $(-x)^3 \cdot (-x)^4 =$	x^6 $12x^3$
c) $(-x)^2 \cdot (-x)^4 =$	$4x^{12}$ $-x^7$
d) $(2x)^3 \cdot (-x)^{10} =$	$12x^6$ $8x^{13}$ $-x^5$
e) $3x \cdot (-2x)^2 =$	x^7

Im Wissen um mathematische Abkürzungen kann man $(a + b)^2$ folgendermaßen lösen:

$(a + b)^2 = (a + b) \cdot (a + b) = a^2 + ab + ab + b^2 = a^2 + 2ab + b^2$

oder sich die **binomischen Formeln** merken:

Binomische Formeln

1. $(a + b)^2 = (-a - b)^2 = a^2 + 2ab + b^2$ Anwendung auch bei 2 Minus in der Klammer
2. $(a - b)^2 = (b - a)^2 = a^2 - 2ab + b^2$ Anwendung bei nur 1 Minus in der Klammer
3. $(a + b) \cdot (a - b) = a^2 - b^2$ Anwendung bei Plus in der einen Klammer und Minus in der anderen Klammer

Lehrbeispiel

L 2.6: Anwendung der binomischen Formeln B

1. $(-2c-3d^3)^2=(-2c)^2+2\cdot(-2c)\cdot(-3d^3)+(-3d^3)^2=4c^2+12cd^3+9d^6$
2. $(2c-3d^3)^2=(2c)^2-2\cdot(2c)\cdot(3d^3)+(3d^3)^2=4c^2-12cd^3+9d^6$
3. $(2c-3d^3)\cdot(2c+3d^3)=(2c)^2-(3d^3)^2=4c^2-9d^6$

1
1 1
1 2 1
1 3 3 1
1 4 6 4 1
1 5 10 10 5 1

Abb. 2.1.1: Pascal'sches Dreieck

SbX

Beim Berechnen von höheren Potenzen hilft das Pascal'sche Dreieck: mehr dazu unter ID: 1211.

Üben

SbX ID: 1212

A B C D

Ü 2.3 ★★: Terme vereinfachen B

Vereinfachen Sie so weit wie möglich:

a) $c^{-3}\cdot z^{-6}\cdot a^{-8}\cdot z^{-4}\cdot c^{10}=$

b) $u^9\cdot s^{-11}\cdot v^8\cdot v^{-4}\cdot s^7\cdot u^2=$

c) $a^3:f^4\cdot d^7:f^{-6}\cdot d^3\cdot f^2:a^5=$

d) $c^{-3}:z^{-6}:a^{-8}\cdot z^{-4}:c^{10}=$

e) $u^9:s^{-11}:v^8:v^{-4}:s^7:u^2=$

Ü 2.4 ★★: Terme vereinfachen B

Vereinfachen Sie so weit wie möglich:

a) $3c^2-2b^2-c^2+b^2-3b^2=$ ___ c^2 ___ b^2

b) $-z^2+2z^3-5z^2-7z^3+z^2=$ ___ z^2 ___ z^3

c) $4b^2-2b^3+b^3-3b^2+b^2=$ ___ b^2 ___ b^3

d) $5cz^2-cy^2-5cy^2-3cz^2=$ ___ cz^2 ___ cy^2

e) $2zy^2-3z^2y+5zy^2-2z^2y=$ ___ zy^2 ___ z^2y

Ü 2.5 ★★: Terme vereinfachen B

Vereinfachen Sie so weit wie möglich:

a) $(3\cdot z)^2=$

b) $(-3s)^2=$

c) $(6c)^2=$

d) $(2y)^3=$

e) $(2zy)^4=$

f) $(rs)^5=$

g) $(hy)^4=$

h) $(2\cdot h)^4=$

i) $(-4f)^3=$

Ü 2.6 ★★: Terme vereinfachen B

Vereinfachen Sie so weit wie möglich:

a) $6c\cdot 2c^2-4c^2\cdot 3c=$

b) $(3r)^2-3r^2=$

c) $t^4-(2t)^4=$

d) $2c\cdot 3c-(2c)^2=$

e) $(2t)^3-t\cdot(2t)^2=$

f) $5k\cdot 3k-(4k)^2=$

g) $(2c)^3-(2c)^2\cdot 3c=$

SbX
Sie finden Ü 2.7 mit automatischer Aufgabenkontrolle unter der ID: 1212.

Ü 2.7 ★★: Anders ausgedrückt A B

Ordnen Sie zu (je ein Term der linken Spalte passt zu einem Term der rechten Spalte):

a) $(2a - b)^2$ b) $4a^2 - b^2$ c) $a^2 + 4ab + 4b^2$ d) $(a - 2b) \cdot (a + 2b)$ e) $4a^2 - 4b^2$ f) $a^2 - 4ab + 4b^2$ g) $(a + 2)^2$ h) $(2a - 2b)^2$	$a^2 + 4a + 4$ $4a^2 - 4ab + b^2$ $(a + 2b)^2$ $(a - 2b)^2$ $4a^2 - 8ab + 4b^2$ $(2a + 2b) \cdot (2a - 2b)$ $a^2 - 4b^2$ $(2a + b) \cdot (2a - b)$

Ü 2.8 ★★: Terme vereinfachen B

Vereinfachen Sie so weit wie möglich:

$4a\,(2a + 5b) + (5b - 2a)^2 =$

SbX
ID: 1212

Weitere Übungsbeispiele zu dieser Lerneinheit finden Sie im SbX.

Sichern

Faustregel

„Hochzahlen eine Rechnungsstufe niedriger als die Potenzen!"

$\dots^n$	$\sqrt{\dots}$
Potenzen werden **potenziert,** indem man die **Hochzahlen multipliziert.** ↓	Potenzen werden **radiziert,** indem man die **Hochzahlen dividiert.** ↓
·	:
Potenzen mit gleicher Basis werden **multipliziert,** indem man die **Hochzahlen addiert.** ↓	Potenzen mit gleicher Basis werden **dividiert,** indem man die **Hochzahlen subtrahiert.** ↓
+	–

Potenzen …
… potenzieren/ radizieren

$(b^h)^e = b^{h \cdot e}$ $\sqrt[e]{b^h} = b^{\frac{h}{e}}$

… multiplizieren/ dividieren

$b^h \cdot b^e = b^{h+e}$ $b^h : b^e = b^{h-e}$

… addieren/ subtrahieren

Nur Potenzen mit gleicher Basis und gleicher Hochzahl können addiert/subtrahiert werden.

binomische Formeln

$(a + b)^2 = (-a - b)^2 = a^2 + 2ab + b^2$

$(a - b)^2 = (b - a)^2 = a^2 - 2ab + b^2$

$(a + b) \cdot (a - b) = a^2 - b^2$

Wissen

A B C D

W 2.1: Rechenregeln für Potenzen D

Erklären Sie mit eigenen Worten:

a) Welche Potenzen darf man addieren?

b) Wie und unter welcher Voraussetzung multipliziert man Potenzen?

W 2.2: Fehlersuche D

Finden Sie die jeweils richtige Lösung und versuchen Sie die Fehler der falschen Lösungen zu erklären!

$3\frac{a^{-2}}{b} = \frac{b}{3a^2}$ $3\frac{a^{-2}}{b} = \frac{3}{a^2 b}$ $3\frac{a^{-2}}{b} = 3\frac{a}{b^2}$ $3\frac{a^{-2}}{b} = 3\frac{1}{a^2 b}$

$\left(\frac{1}{a}\right)^{-3} = -a^{-3}$ $\left(\frac{1}{a}\right)^{-3} = a^3$ $\left(\frac{1}{a}\right)^{-3} = -a^3$ $\left(\frac{1}{a}\right)^{-3} = a^{-3}$

W 2.3: Linke und rechte Seite B D

Zeigen Sie, dass die Terme links und rechts vom Gleichheitszeichen übereinstimmen.

a) $(4a - 5)^2 = (8a + 9)(2a - 7)$

b) $(6a + 2)^2 + (5 + 8a)^2 = 100a^2 + 104a + 29$

W 2.4: Terme vereinfachen B

$x^2 - [(x + y)^2 - 2xy] =$

$(x + 2y)^2 + (x - 2y)^2 =$

$(r + s)^2 + (r + s) \cdot (r - s) - 2s \cdot (r + s) =$

W 2.5: Entscheiden und Begründen C D

Überlegen Sie, ob die folgenden Terme addiert/subtrahiert werden können, und wählen Sie die richtige(n) Antwort(en).

$5b^2 + 3b^3 =$

- Die Terme können nicht addiert werden, weil die Hochzahlen der Variablen nicht gleich sind.
- Die Terme können addiert werden, weil beide Ausdrücke positiv sind.
- Die Terme können nicht addiert werden, weil die Koeffizienten nicht gleich sind.
- Die Terme können addiert werden, weil beide Terme die gleiche Variable enthalten.

$7c^2 - 12c^2 =$

- Die Terme können nicht subtrahiert werden, weil 7 kleiner als 12 ist.
- Die Terme können subtrahiert werden, weil sie die gleiche Variable enthalten.
- Die Terme können subtrahiert werden, weil die Ausdrücke die gleiche Hochzahl der gleichen Variablen enthalten.

W 2.6: Was passt zusammen? C

Kreuzen Sie die richtige(n) Antwort(en) an.

$(2s - 1)^2 =$

- $(2s - 1) \cdot (2s - 1)$
- $(2s)^2 - 2 \cdot 2s + (-1)^2$
- $4s^2 - 4s + 1$
- $4s^2 - 4s - 1$

$(2 - m)^2 =$

- $m^2 - 4m + 4$
- $2^2 - 2 \cdot 2 \cdot m + (-m)^2$
- $(m - 2)^2$
- $(2 - m) \cdot (2 - m)$

2 Potenz- und Polynomfunktionen

$(a + 5)^2 =$

- $a^2 + 2 \cdot 5a + 2$
- $a^2 + 10a + 25$
- $a^2 + 5a + 10$
- $a^2 + 10a + 5^2$

$(3a + 2)^2 =$

- $9a^2 + 12a + 4$
- $(3a)^2 + 2 \cdot 3a \cdot 2 + 2^2$
- $9a^2 + 6a + 4$
- $(3a + 2) \cdot (3a + 2)$

$(3s - 2t)^2 =$

- $9s^2 + 12\,st + 4t^2$
- $(3s)^2 - 12\,st + (-2t)^2$
- $(3s - 2t) \cdot (3s - 2t)$
- $9s^2 - 12\,st + 4t^2$

$(3a + 4b)^2 =$

- $(3a)^2 + 2 \cdot 3a \cdot 4b + (4b)^2$
- $9a^2 + 24\,ab + 16b^2$
- $(3a + 4b) \cdot (3a + 4b)$
- $(3a)^2 + 2 \cdot 3 \cdot 4 \cdot ab + (4b)^2$

Kompetenz-Check

	☺	😐	☹
Ich weiß, welche Potenzen addiert/subtrahiert werden dürfen und wie man diese Potenzen addiert/subtrahiert.			
Ich kann Potenzen multiplizieren/dividieren (Stichwort: binomische Formeln).			
Ich kann Potenzen potenzieren und die Wurzel aus Potenzen ziehen.			

Lerneinheit 2

Quadratische Gleichungen und Funktionen

SbX Alle SbX-Inhalte zu dieser Lerneinheit finden Sie unter der ID: 1220.

Die ersten Lösungen für quadratische Gleichungen mit Variablen, wie z. B. $x^2 - 6x = 8$, wurden in babylonischen mathematischen Schriften (ca. 2000 v. Chr.) gefunden. Den Babyloniern waren sowohl negative wie komplexe Lösungen noch fremd, doch ihre Methode zum Finden der positiven reellen Lösungen ist dem heutigen „Ergänzen auf ein vollständiges Quadrat" ähnlich.

Sie lernen hier:

- was quadratische Funktionen, sogenannte Parabeln, sind, und wie man sie grafisch darstellt
- wie das Lösen von Gleichungen mit dem Zeichnen der Funktionen zusammenhängt
- quadratische Gleichungen zu lösen

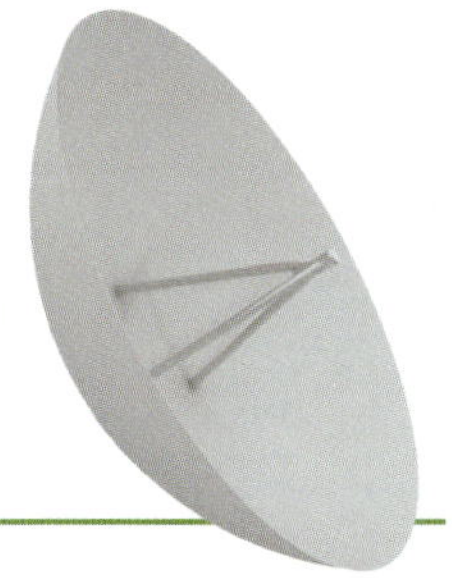

Lernen

SbX ID: 1221

A B C D

1 Quadratische Funktion – Parabel

Was haben Satellitenantennen und Brücken gemeinsam?

Man kann natürlich auch $f(x) = x^2$ schreiben. Bei mehreren Funktionen schreibt man dann f(x), g(x) usw. oder $f_1(x)$, $f_2(x)$ usw.

Wir alle kennen die Form einer Satellitenantenne – die Form des Längsschnitts nennt man Parabel. Diese Parabel ist die grafische Darstellung einer quadratischen Funktion.

Die „Standardparabel" heißt: $y = x^2$.

Auch bei der Parabel wird, wie bei jeder anderen Funktion, jedem x-Wert ein y-Wert zugeordnet. Für die Angabe $y = x^2$ bedeutet das, dass jede y-Koordinate berechnet wird, indem man die x-Koordinate hoch zwei nimmt.

Lehrbeispiel

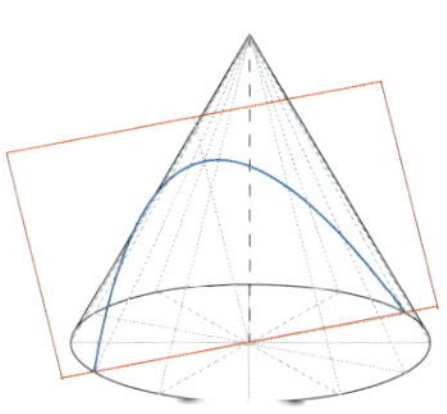

Die Parabel ist ein sogenannter Kegelschnitt: Schneidet man einen Kegel wie abgebildet durch, so hat die Schnittfläche die Form einer Parabel.

L 2.7: Symmetrische Funktion D

Die Wertetabelle der Standardparabel im Intervall [–3; 3] lautet:

x	y
–3	9
–2	4
–1	1
0	0
1	1
2	4
3	9

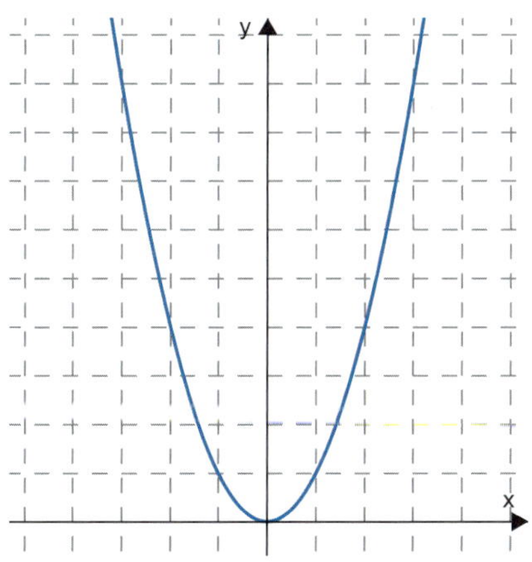

Abb. 2.2.1

Warum hätte man für die x-Koordinate die Zahlen –3, –2, –1 nicht extra einsetzen müssen?

Nun gibt es außer dieser „Standardparabel" noch unendlich viele andere Parabeln. Mithilfe der folgenden Übung können wir erkennen, wie diese aus der Standardparabel entstehen.

Übungsbeispiel

Ü 2.9 ★★: Entwickeln von Parabeln aus der Standardparabel B D

Zeichnen Sie die jeweils in einer Zeile angegebenen Funktionen in ein gemeinsames Koordinatensystem (auf dem PC …). Beschreiben Sie die Gemeinsamkeiten und die Unterschiede der jeweiligen Funktionen. Führen Sie dies für a), b) usw. durch.

a) $f_1(x) = x^2$	$f_2(x) = 2x^2$	$f_3(x) = 0{,}3x^2$
b) $f_4(x) = x^2$	$f_5(x) = -x^2$	
c) $f_6(x) = x^2$	$f_7(x) = x^2 - 3$	$f_8(x) = x^2 + 4$
d) $f_9(x) = x^2$	$f_{10}(x) = (x + 2)^2$	$f_{11}(x) = (x - 4)^2$

Standardparabel: $f(x) = x^2$

Versuchen Sie nun, aus Ihren Gedanken und Beschreibungen allgemeine Regeln abzuleiten. Schreiben Sie diese auf!

Verschieberegeln für quadratische Funktionen

Wie Sie in **Ü 2.9** schon gesehen haben, hat sich die Form der Parabel meist nicht wirklich geändert, wohl aber ihre Lage im Koordinatensystem: Sie ist z. B. verschoben worden.

$y = ax^2$

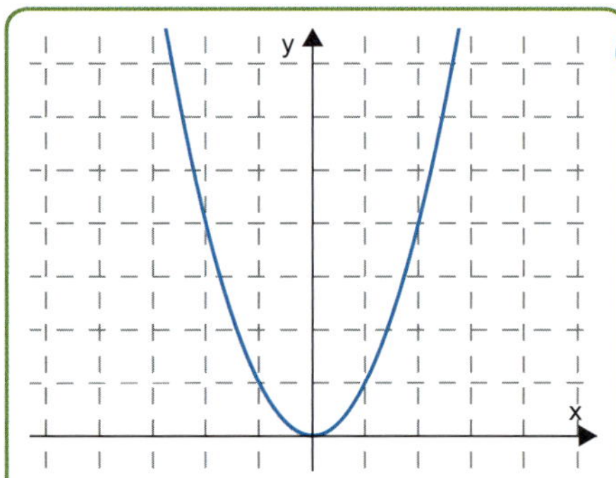

Abb. 2.2.2: $a > 0$

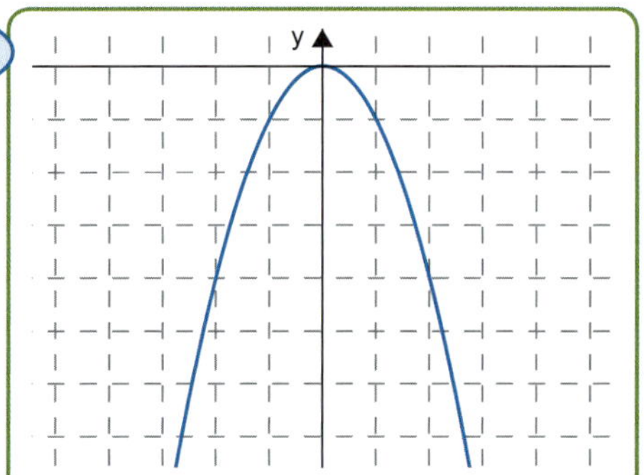

Abb. 2.2.3: $a < 0$

Eine quadratische Funktion hat die grafische Darstellung einer Parabel:

Form der Parabel

$a > 0$	Die Parabel ist nach oben geöffnet.
$a < 0$	Die Parabel ist nach unten geöffnet.
$a > 1,\ a < -1$	Die Parabel wird schmäler.
$-1 < a < 0,\ 0 < a < 1$	Die Parabel wird breiter.

$y = ax^2 + s$

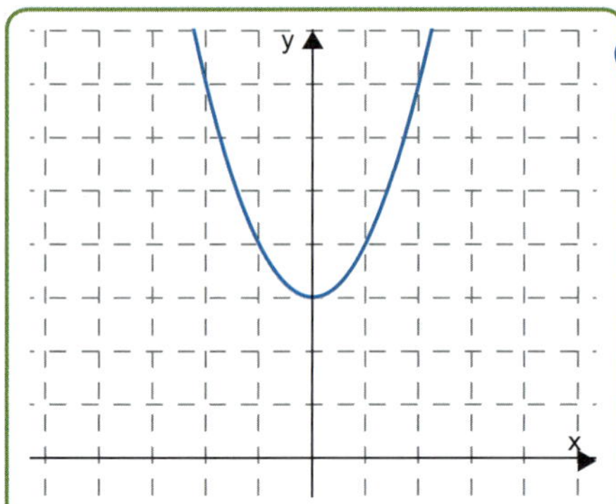

Abb. 2.2.4: $s > 0$

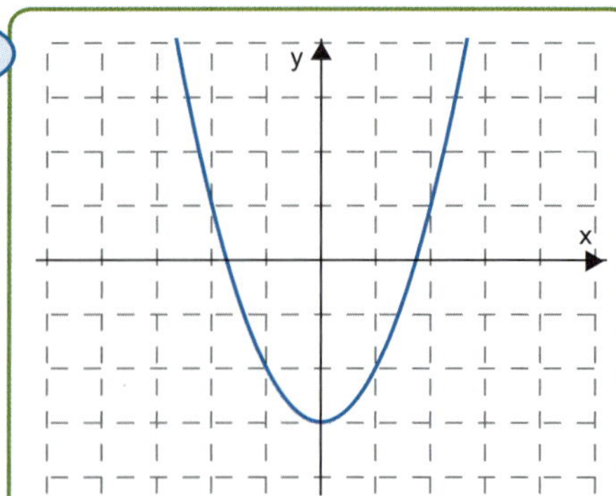

Abb. 2.2.5: $s < 0$

Diese Parabel kann entlang der y-Achse verschoben werden (im Folgenden $a > 0$):

Verschiebung nach oben oder nach unten – senkrechte Verschiebung

$s > 0$	Die Parabel ist nach oben verschoben (um den Wert s).
$s < 0$	Die Parabel ist nach unten verschoben (um den Wert s).

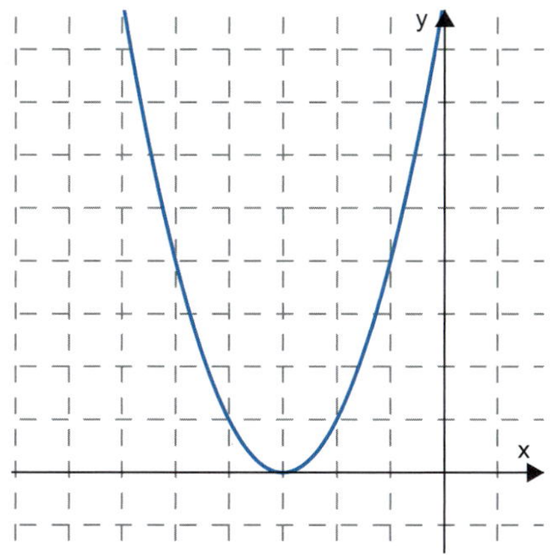

Abb. 2.2.6: $w > 0$

$y = a(x + w)^2$

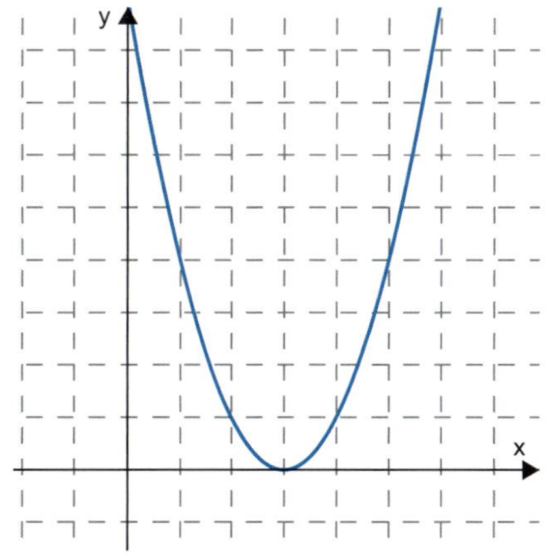

Abb. 2.2.7: $w < 0$

Diese Parabel kann auch entlang der x-Achse verschoben werden (im Folgenden $a > 0$):

Verschiebung nach links oder nach rechts – waagrechte Verschiebung

$w > 0$ Die Parabel ist nach links verschoben (um den Wert w).

$w < 0$ Die Parabel ist nach rechts verschoben (um den Wert w).

Übungsbeispiel

Ü 2.10 ★: Funktionen skizzieren B

Skizzieren Sie die Funktionen:

a) $f(x) = x^2 + 2$

b) $f(x) = (x - 3)^2$

c) $f(x) = (x - 3)^2 + 2$

Wenn nun eben diese Funktionsgleichung aus **Ü 2.10c** ausgerechnet ist:

$$f(x) = (x^2 - 6x + 9) + 2$$

ergibt sich $f(x) = x^2 - 6x + 11$,

wobei $x^2 - 6x + 9$ ein sogenanntes „vollständiges Quadrat" ist.

„Vollständiges Quadrat": Bezeichnung für die ausgerechnete binomische Formel

Wenn die Funktion in dieser ausgerechneten Form gegeben ist, muss man sie in der zuvor aufgeschriebenen Form darstellen. Erst dann kann man sie skizzieren.

Das bedeutet:

Lehrbeispiel

L 2.8: Ergänzen auf ein vollständiges Quadrat B

$f(x) = x^2 - 6x + 11$

$x^2 - 6x$ entspricht dem ausgerechneten $x^2 - 2 \cdot x \cdot b$ der binomischen Formel $(x - b)^2$. Daher ist $-6x = -2xb$.

$f(x) = (x^2 - 6x + 9) - 9 + 11$

⇒ b muss den Wert 3 haben.

Durch das Ergänzen auf ein vollständiges Quadrat ist der Wert 9 dazugekommen.

⇒ 9 muss wieder abgezogen werden.

$f(x) = (x - 3)^2 + 2$

Übungsbeispiel

Ü 2.11 ★★★: Faktorisieren mit der binomischen Formel B

Formen Sie die Funktion in die Form $f(x) = (x + w)^2$ um.

$f(x) = x^2 + 6x + 9$

Fertigen Sie dann eine Skizze der Funktion an und kontrollieren Sie mit dem Taschenrechner.

2 Potenz- und Polynomfunktionen

Übungsbeispiel

Ü 2.12 ★★★: Quadratische Ergänzung B

Formen Sie die Funktion so um, dass Sie eine Skizze der Funktion anfertigen können, und kontrollieren Sie mit dem Taschenrechner.

$h(x) = x^2 - 4x + 1$

Eigenschaften von quadratischen Funktionen

Monotonie und Nullstellen

Sehen wir uns die Funktion $f(x) = x^2 + 2x - 2$ an.

Ergänzen auf ein vollständiges Quadrat

Für eine Skizze haben wir sie auf $f(x) = (x + 1)^2 - 3$ umgeformt.

Daher ist die Funktion im Vergleich zur Standardparabel um ______ nach links/rechts und um ______ nach oben/unten verschoben.

Beschreiben Sie (in Worten), wie die Funktion aussieht!

(Stellen Sie sich vor, Sie stehen an dem am weitesten links gelegenen Punkt der Skizze und gehen los. Zuerst gehen Sie bergab, bis …)

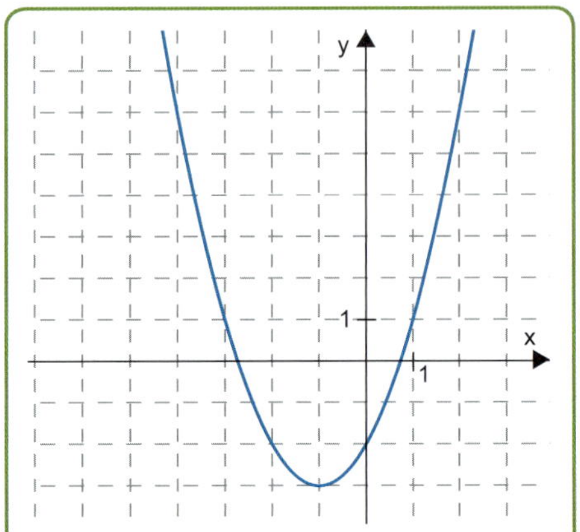

Abb. 2.2.8

umgangssprachlich		mathematisch	
von … bis x = –1	bergab	x < –1 oder]–∞; –1[	(streng) monoton fallend
von x = –1 bis …	bergauf	x > –1 oder]–1; ∞[	(streng) monoton steigend
bei x = –1	weder bergab noch bergauf	x = –1	Steigung: 0

Im Punkt (–1/–3) ist der Wert der Steigung daher null.

Im Scheitel ist die Steigung null.

Die Funktion $f(x) = (x + 1)^2 - 3$ ist eine um 1 nach links und um 3 nach unten verschobene Standardparabel. Der Punkt S (–1/–3) heißt **Scheitelpunkt** der Parabel.

Tiefpunkt und Hochpunkt

Ein Scheitelpunkt wird auch als Tiefpunkt oder Hochpunkt bezeichnet.

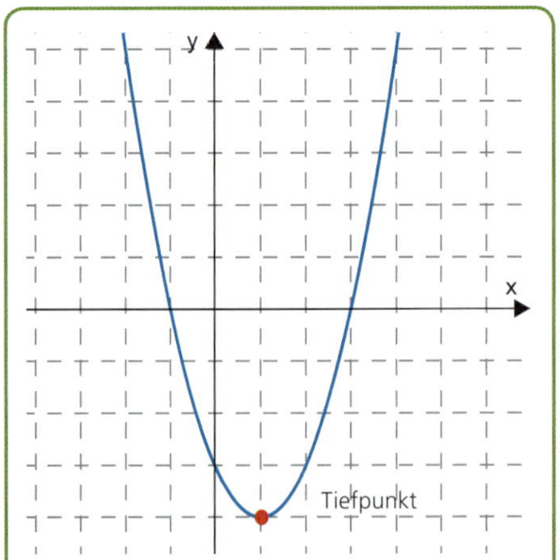

Abb. 2.2.9

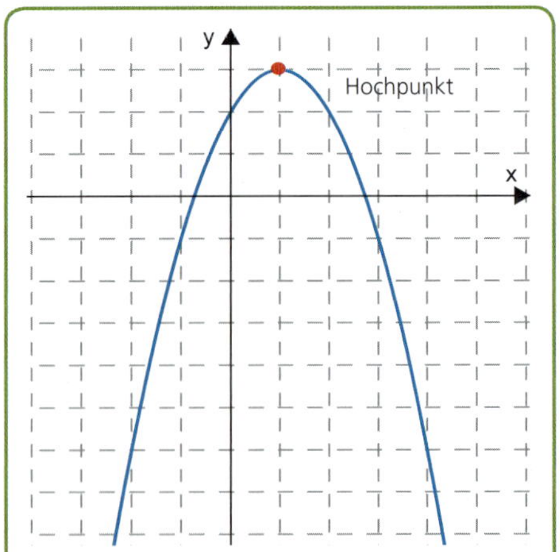

Abb. 2.2.10

Nullstelle

In der Beschreibung einer Funktion kann es außerdem hilfreich sein, anzugeben, wo die Funktion die x-Achse schneidet. Diese Schnittpunkte mit der x-Achse heißen **Nullstellen.**

Nun ist eine quadratische Funktion in der Form: $f(x) = (x + 1) \cdot (x - 3)$ gegeben.

Tipp zum Anfertigen einer Skizze: Ausrechnen und Ergänzen auf ein vollständiges Quadrat ist besser, als eine Wertetabelle anzulegen.

Vergleichen Sie nun die Nullstellen mit der Angabe:

$f(x) = (x + 1) \cdot (x - 3)$

- gleiche Zahlenwerte, unterschiedliches Vorzeichen

$N_1(-1/0)$ $N_2(+3/0)$

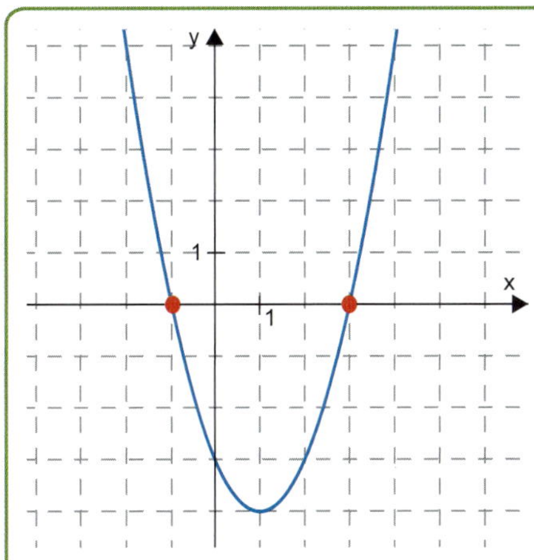

Abb. 2.2.11

2 Quadratische Gleichungen

Das rechnerische Gegenüber der quadratischen Funktion

allgemeine Form einer quadratischen Gleichung: $ax^2 + bx + c$

Eine Gleichung, bei der die Variable mit „hoch zwei" vorkommt, nennt man quadratische Gleichung. Sie ist der rechnerische Partner zur quadratischen Funktion.

Wenn wir 3^2 berechnen, so ergibt das 9. Das bedeutet also, dass die Lösung der Gleichung $x^2 = 9$ die Zahl 3 wäre, oder? Was passiert aber, wenn wir $(-3)^2$ rechnen? Das Ergebnis ist auch 9. Was ist nun die Lösung der Gleichung $x^2 = 9$, die Zahl 3 oder -3?

Die Antwort ist, dass beide Zahlen Lösung der Gleichung sind, da ihr Quadrat die Zahl 9 liefert.

Berechnen Sie nun die Lösung der Gleichung: $z^2 = 25$.

Sie sind sicherlich auf die Zahlen +5 und –5 gekommen. Da es hier zwei Lösungen gibt, schreibt man $z_1 = -5$ und $z_2 = 5$. Die Schreibweise für „Faule" lautet: $z_{1,2} = \pm 5$.

Berechnen Sie nun die Lösung der Gleichung $x^2 = 11$. Ohne Taschenrechner ist das nur sehr schwer möglich, aber wir können die Lösung abschätzen. $3^2 = 9$ und $4^2 = 16$, daher muss die Lösung unserer Gleichung zwischen 3 und 4 liegen. Formal können wir aber schreiben:

$x_{1,2} = \pm\sqrt{11}$

Damit sind wir bei der einfachsten Form der Lösung einer quadratischen Gleichung:

Lösen durch Wurzelziehen

$ax^2 + s = 0$

Um diese Gleichung zu lösen, bringt man **s** auf die andere Seite und dividiert danach durch a. Die Lösungen für x erhält man dann mithilfe der Quadratwurzel.

Lehrbeispiel

L 2.9: Lösen durch Wurzelziehen B

Lösen wir nun die Gleichung:

a) $x^2 - 100 = 0 \quad |+100$

$x^2 = 100$

$x_{1,2} = \pm 10$

b) $2x^2 + 200 = 0 \quad |-200$

$2x^2 = -200$

$x^2 = -100$

Diese Gleichung hat keine Lösungen im reellen Zahlenraum, wohl aber im komplexen Zahlenraum.

Faktoren: die Zahlen, die multipliziert werden
Produkt: das Ergebnis einer Multiplikation

Als kleine Kopfrechenübung zwischendurch:

$4 \cdot 5 \cdot 2 \cdot 0 =$ ____ $8 \cdot 9 \cdot 0 \cdot 2 \cdot 6 =$ ____ $6 \cdot 5 \cdot 0 \cdot 2 =$ ____ $11 \cdot 0 \cdot 8 =$ ____

Produkt-Null-Satz

Wozu sollten wir das berechnen, wenn das Ergebnis doch ohnehin immer 0 ist, falls bei einer Multiplikation ein Faktor 0 ist? Man nennt diese simple Erkenntnis auch „Produkt-Null-Satz".

Das bedeutet aber, dass eine Lösung der Gleichung $(x - 2) \cdot x = 0$ immer $x = 0$ sein muss. Die andere Lösung erhält man, wenn man x so wählt, dass der Ausdruck in der Klammer null wird. Die Gleichung hat also die beiden Lösungen $x_1 = 0$ und $x_2 = 2$.

Wenn nun diese Gleichung in der ausmultiplizierten Form gegeben ist, nämlich $x^2 - 2x = 0$, so haben wir eine neue Form der quadratischen Gleichung, die man dadurch löst, dass man x heraushebt.

ausmultiplizieren $x \cdot (x - 2) = 0$ ⇄ $x^2 - 2x = 0$ herausheben

Lösen durch Herausheben

$ax^2 + bx = 0$

Ein Produkt ist genau dann null, wenn zumindest ein Faktor gleich null ist. Eine quadratische Gleichung der Form $ax^2 + bx = 0$ hat daher die Lösung $x_1 = 0$. Durch Herausheben von x erhält man $x \cdot (ax + b) = 0$. Der verbleibende Klammerausdruck wird dann gleich Null gesetzt und man erhält die zweite Lösung $x_2 = -\frac{b}{a}$.

Lehrbeispiel

L 2.10: Lösen durch Herausheben B

Im obigen Beispiel würde das Folgendes bedeuten:

$x^2 - 2x = 0$ | x herausheben

$x \cdot (x - 2) = 0$

$x = 0$ oder $x - 2 = 0$

$x_1 = 0$ oder $x_2 = 2$

Übungsbeispiel

Ü 2.13 ★: Lösen einer quadratischen Gleichung B

Lösen Sie die Gleichung:

$x^2 - 5x = 0$

Lehrbeispiel

L 2.11: Lösen mittels Produkt-Null-Satz B

Da sich diese Lösungsmethode bewährt hat, versuchen wir sie auf das nachfolgende Beispiel anzuwenden.

$(x + 2) \cdot (x - 3) = 0$

$x + 2 = 0$ oder $x - 3 = 0$

$x_1 = -2$ $x_2 = 3$

Wenn nun die Gleichung aus **L 2.11** ausgerechnet lautet: $x^2 - x - 6 = 0$, dann ist der beschriebene Lösungsweg (Produkt-Null-Satz) nicht der einfachste; wir wählen daher folgenden:

Lehrbeispiel

Querverweis
Siehe auch L 2.8.

L 2.12: Lösen durch „Ergänzen auf ein vollständiges Quadrat" B

$x^2 - x - 6 = 0$

$x^2 - 2 \cdot \frac{1}{2} \cdot x + \frac{1}{4} - \frac{25}{4} = 0$ (vollständiges Quadrat)

$\left(x - \frac{1}{2}\right)^2 - \frac{25}{4} = 0 \qquad | + \frac{25}{4}$

$\left(x - \frac{1}{2}\right)^2 = \frac{25}{4} \qquad | \sqrt{}$

$\left(x - \frac{1}{2}\right) = \frac{5}{2}$ oder $\left(x - \frac{1}{2}\right) = -\frac{5}{2}$

$x_1 = 3$ oder $x_2 = -2$

Zum einfachen Lösen solcher Gleichungen gibt es daher zwei sehr ähnliche Lösungsformeln, die Ihnen das händische Ergänzen auf ein vollständiges Quadrat ersparen.

Lösungsformeln für quadratische Gleichungen

$x^2 + px + q = 0$

Verwenden der **„kleinen Lösungsformel"**

$$x_{1,2} = -\frac{p}{2} \pm \sqrt{\left(\frac{p}{2}\right)^2 - q},$$

wenn der Koeffizient von x^2 (die Zahl vor x^2) den Wert 1 hat.

ACHTUNG!
Wenn p oder q negativ ist, dann muss sowohl das Vorzeichen der Zahl als auch das der Formel berücksichtigt werden.

$ax^2 + bx + c = 0$

Verwenden der **„großen Lösungsformel"**

$$x_{1,2} = \frac{-b \pm \sqrt{b^2 - 4 \cdot a \cdot c}}{2 \cdot a},$$

wenn der Koeffizient von x^2 (die Zahl vor x^2) einen Wert $\neq 1$ hat.

ACHTUNG!
Wenn a, b oder c negativ ist, dann muss sowohl das Vorzeichen der Zahl als auch das der Formel berücksichtigt werden.

Tipp: Man kann immer sowohl die kleine als auch die große Lösungsformel verwenden, wenn man die Angabe entsprechend umformt.

SbX
Eine Erklärung, wie man auf die Lösungsformeln kommt, finden Sie unter der ID: 1221.

Der Ausdruck unter der Wurzel (im Folgenden mit D bezeichnet) wird **Diskriminante** genannt. Abhängig vom Wert der Diskriminante können folgende Fälle auftreten:

- $D < 0$ Die Wurzel aus einer negativen Zahl kann in $\mathbb{R}$ nicht gezogen werden, daher ist keine reelle Lösung möglich: $L = \{\,\}$
- $D = 0$ Die Wurzel aus 0 ist 0, es existiert daher nur eine (Doppel-)Lösung: $L = \{x_{1,2}\}$
- $D > 0$ Man zieht die Wurzel und rechnet weiter. Es gibt zwei unterschiedliche Lösungen: $L = \{x_1, x_2\}$.

Sie wissen schon, dass sich die Gleichung $(x + 2) \cdot (x - 3) = 0$ mithilfe des „Produkt-Null-Satzes" berechnen lässt; die Lösungen sind –2 und 3. Für dieselbe Angabe in ausgerechneter Form $x^2 - x - 6 = 0$ ist es leichter, eine Lösungsformel zu verwenden. Das bedeutet aber, dass man $x^2 - x - 6$ ebenso als $(x + 2) \cdot (x - 3)$ schreiben kann.

Linearfaktoren

Diese Überlegung geht auf **Vieta** zurück.

Satz von Vieta

Es gilt

$x^2 + px + q = (x - x_1) \cdot (x - x_2)$

$ax^2 + bx + c = a \cdot (x - x_1) \cdot (x - x_2)$,

wenn x_1, x_2 die Lösungen der zugehörigen Gleichung sind.

François Viète (1540–1603) gilt als „Vater der Algebra". In Italien nannte er sich Vieta.

Hier wird die quadratische Gleichung in ihre **Linearfaktoren** zerlegt.

Die Erweiterung dieses Satzes gilt als der „Fundamentalsatz der Algebra": Eine Gleichung n-ten Grades hat im Zahlenraum der komplexen Zahlen genau n Lösungen. Carl Friedrich Gauß erstellte 1799 im Rahmen seiner Dissertation den ersten vollständigen Beweis für diesen Satz.

3 Zusammenhänge zwischen quadratischen Gleichungen und Funktionen

Rechnen und grafisch darstellen

Das nächste Ziel lautet: Erkennen des Zusammenhangs zwischen dem Lösen von quadratischen Gleichungen und der grafischen Darstellung der Gleichung als Funktion.

Übungsbeispiel

Ü 2.14 ★★: Gegenüberstellen von Gleichung und Funktion A B C D

a) Lösen Sie die folgenden Gleichungen … … und stellen Sie die folgenden Funktionen grafisch dar:

$5x^2 = 0$	$f_1(x) = 5x^2$
$0{,}5x^2 = 0$	$f_2(x) = 0{,}5x^2$
$-2x^2 = 0$	$f_3(x) = -2x^2$

- Wenn Sie die Lösungen der Gleichungen mit den Schnittpunkten der Funktion mit der x-Achse vergleichen, was fällt Ihnen auf?
- Zeichnen Sie jetzt alle drei Funktionen in ein Koordinatensystem und beschreiben Sie die Unterschiede zwischen den einzelnen Funktionen.

b) Lösen Sie die folgenden Gleichungen … … und stellen Sie folgende Funktionen grafisch dar:

$3x^2 - 48 = 0$	$f_1(x) = 3x^2 - 48$
$x^2 + 5 = 0$	$f_2(x) = x^2 + 5$
$\frac{1}{3}x^2 - 3 = 0$	$f_3(x) = \frac{1}{3}x^2 - 3$
$4x^2 + 1 = 0$	$f_4(x) = 4x^2 + 1$
$-4x^2 + 196 = 0$	$f_5(x) = -4x^2 + 196$
$-0{,}5x^2 - 15 = 0$	$f_6(x) = -0{,}5x^2 - 15$

- Wenn Sie die Lösungen der Gleichungen mit den Schnittpunkten der Funktion mit der x-Achse vergleichen, was fällt Ihnen auf?
- Zeichnen Sie jetzt alle sechs Funktionen in ein Koordinatensystem und vergleichen Sie diese mit der Funktion $f(x) = x^2$. Beschreiben Sie die Unterschiede!

c) Verfahren Sie wie in a) und b)!

$(x - 2)^2 = 0$	$f_1(x) = (x - 2)^2$
$(x + 3)^2 = 0$	$f_2(x) = (x + 3)^2$
$(x + 2) \cdot (x - 3) = 0$	$f_3(x) = (x + 2) \cdot (x - 3)$
$(x - 4) \cdot (x + 2) = 0$	$f_4(x) = (x - 4) \cdot (x + 2)$
$(x + 2)^2 - 25 = 0$	$f_5(x) = (x + 2)^2 - 25$
$x^2 + 28 - 10x = 0$	$f_6(x) = x^2 + 28 - 10x$

Wenn Sie die Lösungen der Gleichungen mit dem/n Schnittpunkt(en) der Funktion mit der x-Achse vergleichen, was fällt Ihnen auf?

Zeichnen Sie jetzt alle sechs Funktionen in ein Koordinatensystem und vergleichen Sie diese mit der Funktion $f(x) = x^2$. Beschreiben Sie die Unterschiede!

Stellen Sie eine allgemeine Vermutung auf.

Allgemein gilt:

Quadratische Gleichung – quadratische Funktion

Das Lösen einer quadratischen Gleichung entspricht dem Auffinden der Nullstellen einer quadratischen Funktion.

Übungsbeispiel

Ü 2.15 ★: Scheitelbestimmung B D

a) Skizzieren Sie die Funktion $f(x) = (x - 3) \cdot (x + 1)$ anhand der Nullstellen und des Scheitels.

b) Erklären Sie, wie Sie die Koordinaten des Scheitels ohne Ergänzen auf ein vollständiges Quadrat bestimmen können.

Abhängigkeit von Größen – variable und konstante Größen

Nehmen wir einen bekannten Zusammenhang zwischen dem zurückgelegten Weg, der Beschleunigung und der Zeit:

Weg = halbe Beschleunigung mal Zeit zum Quadrat.

Als Formel geschrieben: $s = \frac{a}{2} \cdot t^2$.

Unsere Funktionsgleichungen bisher waren meistens in der Form f(x) gegeben – die Funktion mit dem Namen f war also von der unabhängigen Variablen x abhängig.

Querverweis
Darstellung von Funktionen siehe Kapitel 8, Lerneinheit 5.

Der Weg kann daher sowohl von der Beschleunigung als auch von der Zeit abhängig sein. Wenn wir diese Abhängigkeit im zweidimensionalen Bereich darstellen wollen, so können wir auf der waagrechten Achse nur **eine** unabhängige Variable auftragen, die andere Variable bleibt dann konstant.

Wir gehen von der Funktionsgleichung aus, die den Weg in Abhängigkeit von Beschleunigung und Zeit darstellt:

$s = \frac{a}{2} \cdot t^2$.

Nehmen wir zuerst an, dass der Weg von der Beschleunigung abhängt – wir erhalten dann folgende Funktionsgleichung:

$s(a) = \frac{a}{2} \cdot t^2$.

Das bedeutet nun, dass die Zeit t einen konstanten Wert annimmt und unser Weg nur von der Beschleunigung abhängt – „unmathematisch" geschrieben:

$s(a) = \frac{a}{2} \cdot$ „Zahl".

Damit erhalten wir also eine lineare Funktion.

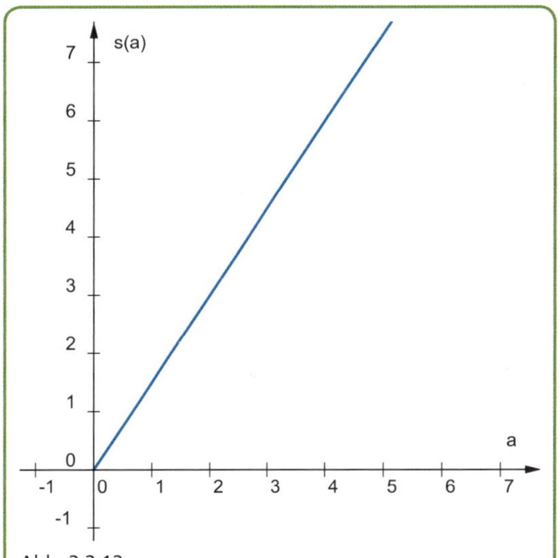

Abb. 2.2.12

Achtung: In der „Klammer" steht die Variable immer nur hoch 1.

Wenn wir nun den Weg von der Zeit abhängig machen, die Beschleunigung somit (in der Theorie) gleich bleibt, erhalten wir folgende Funktionsgleichung:

$s(t) = \frac{a}{2} \cdot t^2$.

Das bedeutet nun, dass die Beschleunigung a einen konstanten Wert annimmt und unser Weg nur von der Zeit abhängt – „unmathematisch" geschrieben:

$s(t) =$ „Zahl" $\cdot\, t^2$.

Damit erhalten wir also eine quadratische Funktion.

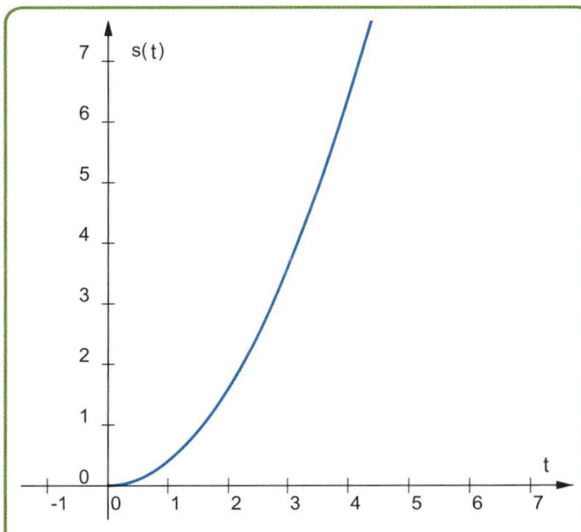

Abb. 2.2.13

SbX
Ein Übungsbeispiel zur Abhängigkeit von Größen finden Sie unter der ID: 1221.

4 Modellieren mit quadratischen Funktionen
Die praktische Anwendung

Querverweis
Lineare Funktionen siehe Kapitel 1.

Mittels linearer Funktionen haben Sie bereits Modelle entwickelt, die bestimmte Sachverhalte abbilden. Da aber viele Zusammenhänge nicht linear sind, gehen wir nun einen Schritt weiter und nutzen quadratische Funktionsgleichungen zur Modellbildung.

Ein ganz klassisches Beispiel zum Modellbilden mittels quadratischer Funktionen ist der Wurf.

Lehrbeispiel

L 2.13: Golfschlag A B C

Ein Golfball wird schief nach oben geschlagen. Seine maximale Höhe beträgt 35 Meter bei einer waagrechten Entfernung vom Abschlagspunkt von 40 Metern.

a) **Stellen** Sie eine Funktionsgleichung **auf**, welche die Flugbahn des Golfballs wiedergibt. A B

b) Nach seiner Landung wird eine horizontale Entfernung von 81 m angegeben. **Interpretieren** Sie diese Entfernungsangabe. C

a) Aufstellen einer Funktionsgleichung:

$f(x) = a(x + w)^2 + s$

- $f(x)$ … Höhe
- x … waagrechte Entfernung

Den Abschlag nehmen wir im Ursprung an, die maximale Höhe ist nach einer Entfernung von 40 m erreicht – der Scheitel lautet: S(40/35).

$f(x) = a(x - 40)^2 + 35$

$0 = a(0 - 40)^2 + 35$

- eingesetzt in die Funktionsgleichung
- Abgeschlagen wird bei A(0/0).

$a = -\frac{7}{320}$

$f(x) = -\frac{7}{320}(x - 40)^2 + 35$

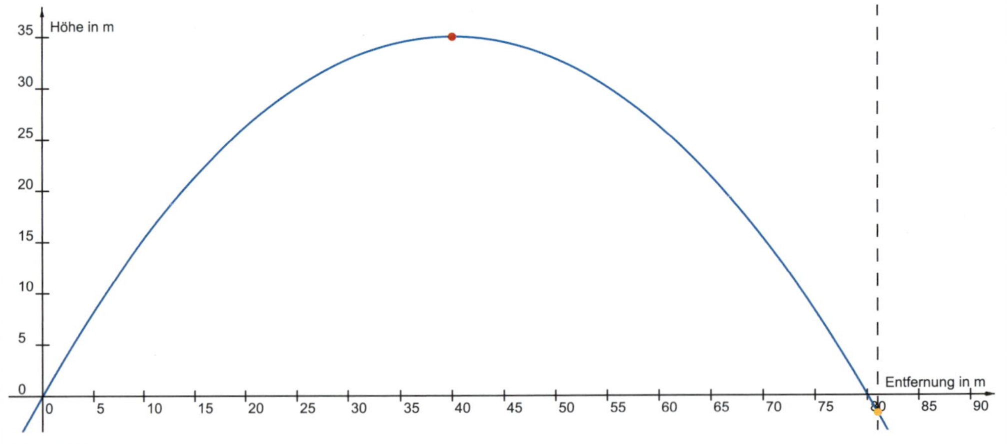

Abb. 2.2.14

b) Da der Ball nach 80 Metern wieder seine ursprüngliche Höhe von 0 m erreicht hat, beträgt die Höhe nach 81 m Entfernung –1,77 m. Der Ball landet z. B. in einem Graben.

Die Möglichkeit, einen Wurf mittels einer quadratischen Gleichung zu modellieren, gilt nicht nur für einen schrägen Wurf wie im Fall des abgeschossenen Golfballs, sondern auch für einen senkrechten Wurf.

Lehrbeispiel

L 2.14: Flug eines Steinchens A B C

Schießt man ein Steinchen mit einer Geschwindigkeit von 54 km/h schräg in die Höhe, so kann man die Höhe mittels der Formel $h(t) = v_0 \cdot t - 0{,}5g \cdot t^2$ beschreiben. Die Geschwindigkeit ist dabei in m/s angegeben, die Fallbeschleunigung g kann mit ca. 10 m/s^2 angenommen werden.

Stellen Sie grafisch dar, wie lange das Steinchen braucht, um die maximale Höhe zu erreichen. Ermitteln Sie diese Höhe.

$1\ km/h = \frac{1}{3{,}6}\ m/s$

$h(t) = 15 \cdot t - 0{,}5 \cdot 10 \cdot t^2$ ● Umwandeln von 54 km/h in 15 m/s

$h(t) = 15 \cdot t - 5 \cdot t^2$

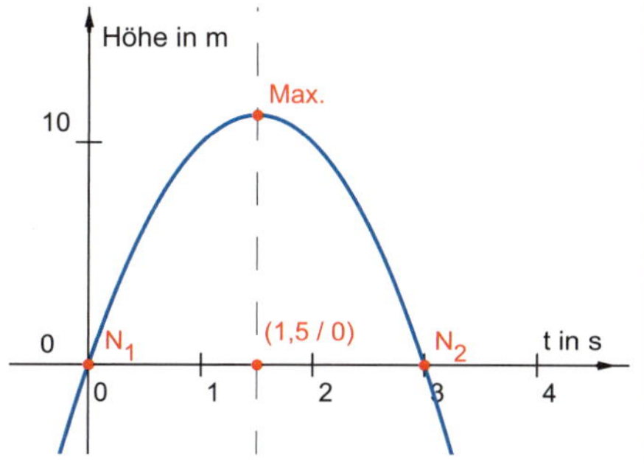

Abb. 2.2.15

Die maximale Höhe kann nur nach der Hälfte der Flugzeit erreicht sein – die Flugzeit beginnt bei t = 0 und endet bei t = 3. Daher hat das Steinchen nach 1,5 Sekunden die maximale Höhe erreicht.

Damit lässt sich die Höhe nun berechnen:

$h(1{,}5) = 15 \cdot 1{,}5 - 5 \cdot 1{,}5^2$

Die maximale Höhe beträgt also 11,25 m.

Übungsbeispiel

Ü 2.16 ★: Lösen mittels Technologie B D

Lösen Sie **L 2.13** mit dem Taschenrechner, indem Sie alle Fragen durch Analysieren des Graphen beantworten. Dokumentieren Sie Ihre Vorgehensweise genau.

Neben den Wurfparabeln sind quadratische Funktionen auch für durchhängende Seile, Leitungen … als Modell nützlich. Andere Modelle für „hängende Gegenstände" sind sogenannte Kettenlinien.

Lehrbeispiel

L 2.15: Stromleitung A B C

Stromleitungen sind in regelmäßigen Abständen an Strommasten im zum Teil unebenen Gelände fixiert. Die Spitzen zweier gleich hoher Strommasten liegen 0,6 km voneinander entfernt. Der rechte Mast steht aber um 40 Meter höher als der linke. In 200 m Entfernung hängt die Leitung um 20 m tiefer als an der linken Mastspitze. Die Form der Stromleitung kann näherungsweise durch eine Parabel beschrieben werden.

a) Stellen Sie die Funktionsgleichung für diesen Sachverhalt auf.

b) Ermitteln Sie den tiefsten Durchhangpunkt der Stromleitung und dokumentieren Sie Ihren Lösungsweg.

a) Aufstellen einer Funktionsgleichung:

Die linke Mastspitze wird in den Ursprung gelegt.

Der Scheitelpunkt ist unbekannt, drei Punkte sind bekannt: $P_1(0/0)$, $P_2(0{,}2/-0{,}02)$, $P_3(0{,}6/0{,}04)$.

$h(x) = ax^2 + bx + c$ ● h(x) … Höhe der Leitung
x … horizontale Entfernung
(beides in Bezug auf die linke Mastspitze, Maße in km)

$a \cdot 0^2 + b \cdot 0 + c = 0$

2 Potenz- und Polynomfunktionen

Querverweis

Lösen von Gleichungssystemen mit dem TI-82 STATS siehe Kapitel 1, Lerneinheit 3.

$a \cdot 0{,}6^2 + b \cdot 0{,}6 + c = 0{,}04$

$a \cdot 0{,}2^2 + b \cdot 0{,}2 + c = -0{,}02$ ● Lösen mit Technologie ergibt:

$h(x) = \frac{5}{12}x^2 - \frac{11}{60}x$

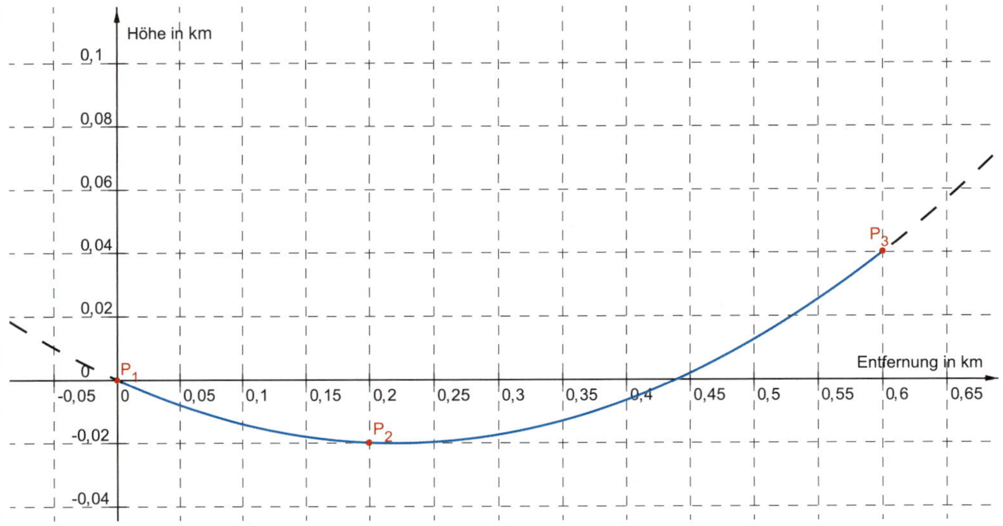

Abb. 2.2.16

b) Der tiefste Durchhang muss in der Mitte zwischen beiden Nullstellen liegen. Die beiden Nullstellen ermitteln Sie durch Lösen der Gleichung: $0 = \frac{5}{12}x^2 - \frac{11}{60}x$.

→ $N_1(0/0)$ und $N_2(0{,}44/0)$

Der tiefste Durchhang muss bei $D(0{,}22/y_D)$ liegen. Einsetzen von 0,22 in die Funktionsgleichung ergibt $y_D = -0{,}02$. Der tiefste Durchhang liegt in etwa 20 Meter tiefer als die Höhe im Anfangspunkt.

Lehrbeispiel

L 2.16: Grafisches Lösen von Gleichungen B C D

Lösen Sie die folgenden Gleichungen mittels Technologie grafisch:

I: $0{,}25x^2 + 0{,}5x - 3{,}75 = 0$

II: $0{,}25x^2 + x = 0{,}5x + 3{,}75$

a) Weisen Sie durch Berechnung nach, dass die beiden Gleichungen I und II äquivalent sind.

b) Vergleichen Sie die x-Koordinaten der Nullstellen von I mit den Schnittstellen der „linken-Seite Funktion" mit der „rechten-Seite Funktion".

a) $0{,}25x^2 + 0{,}5x - 3{,}75 = 0$

$h(x) = 0{,}25x^2 + 0{,}5x - 3{,}75$

Das ergibt die Nullstellen (–5/0) und (3/0), daher sind die Lösungen der Gleichung: –5; 3.

b) $0{,}25x^2 + x = 0{,}5x + 3{,}75 \qquad | -0{,}5x; -3{,}75$

$0{,}25x^2 + 0{,}5x - 3{,}75 = 0$

Die x-Koordinaten der Nullstellen sind gleich den x-Koordinaten der Schnittpunkte.

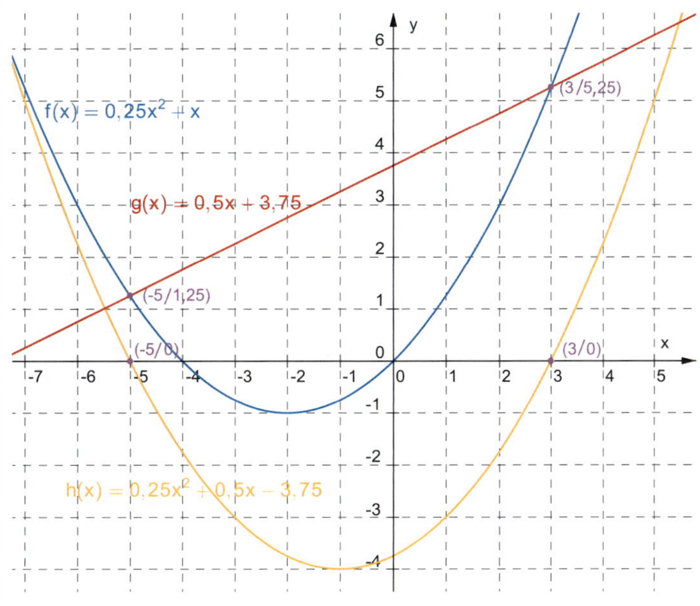

Abb. 2.2.17

Lehrbeispiel

L 2.17: Mobilfunk A B C D

In der abgebildeten Grafik sehen Sie die Entwicklung der Zahl der Mobiltelefone in Deutschland.

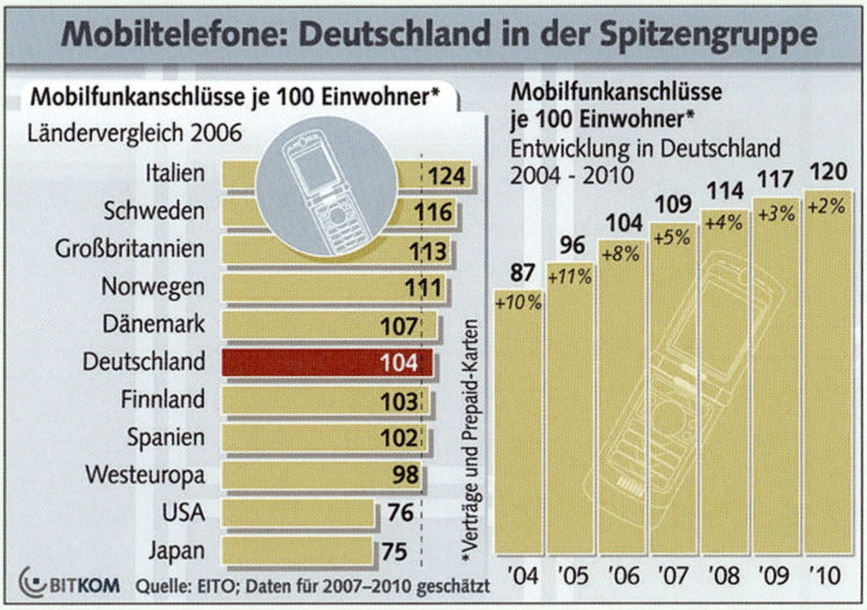

a) Erstellen Sie eine Tabelle (Wertetabelle) und tragen Sie eine sinnvolle Anzahl an Werten ein. Verwenden Sie nun einige dieser Werte (so viele Sie brauchen), um die Funktion modellieren zu können. Nehmen Sie eine ausreichende Anzahl an Punkten und modellieren Sie die Entwicklung durch eine Funktionsgleichung 2. Grades.

b) Tragen Sie alle Messwerte in ein GeoGebra-Arbeitsblatt (ö. Ä.) ein. Stellen Sie im selben Arbeitsblatt auch Ihre Modellfunktion dar. Vergleichen Sie nun die abgelesenen Daten mit Ihrer Funktion.

- Stimmen die beiden einigermaßen gut überein oder spiegelt Ihre Funktion die Daten unzureichend wider? Kontrollieren Sie das an mindestens drei anderen Messwerten.
- Beurteilen Sie, wie gut Ihre Modellfunktion zu den Realdaten passt. Stichworte: „zu weit oben", „zu weit unten", „zu flach", „zu steil" …
- Wählen Sie den einen oder anderen Messwert neu, um die Funktion besser an die gegebenen Daten anzupassen.

a) Wertetabelle

Wenn man nun das Jahr 2000 als „Ausgangsbasis“ annimmt, so ergibt sich folgende Wertetabelle. Die Zeit (t) wird auf der waagrechten Achse aufgetragen, die Mobilfunkanschlüsse m(t) auf der senkrechten.

t	Mobilfunkanschlüsse je 100 Einwohner
4	87
5	96
6	104
7	109
8	114
9	117
10	120

b) Die allgemeine Funktionsgleichung, von der wir ausgehen, lautet:

$m(t) = at^2 + bt + c$

Wir ziehen nun die ersten drei Messwerte dazu heran, ein quadratisches Modell zu bilden:

I: $m(4) = 87$

II: $m(5) = 96$

III: $m(6) = 104$

I: $a \cdot 4^2 + b \cdot 4 + c = 87$

II: $a \cdot 5^2 + b \cdot 5 + c = 96$

III: $a \cdot 6^2 + b \cdot 6 + c = 104$

Mittels Technologie erhalten wir folgende Funktionsgleichung, die wir in ein GeoGebra-Arbeitsblatt einzeichnen:

$m(t) = -0{,}5t^2 + 13{,}5t + 41$

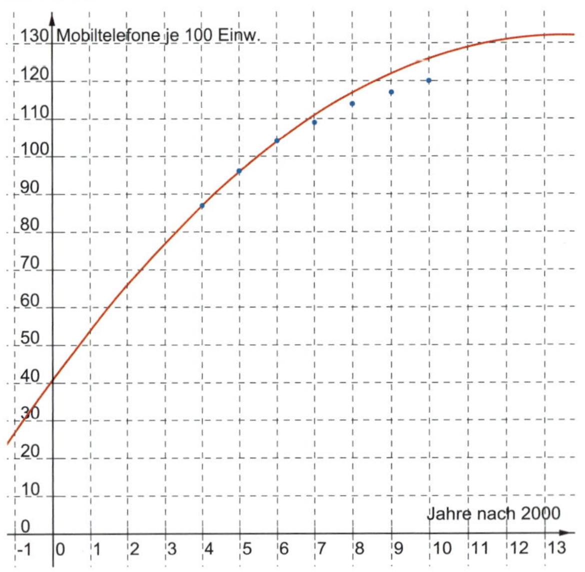

Abb. 2.2.18

Man sieht, dass die anderen Messwerte mit dieser Kurve nur unzureichend abgebildet werden. Sie ist zum Teil „zu weit oben“. Wir müssen wahrscheinlich zwei andere Messwerte verwenden.

I: $m(4) = 87$
II: $m(7) = 109$
III: $m(9) = 117$

I: $a \cdot 4^2 + b \cdot 4 + c = 87$
II: $a \cdot 7^2 + b \cdot 7 + c = 109$
III: $a \cdot 92 + b \cdot 9 + c = 117$

Mittels Technologie erhalten wir folgende Funktionsgleichung, die wir in ein GeoGebra-Arbeitsblatt einzeichnen:

$m(t) = -0{,}\dot{6}\,t^2 + 14{,}\dot{6}\,t + 39$

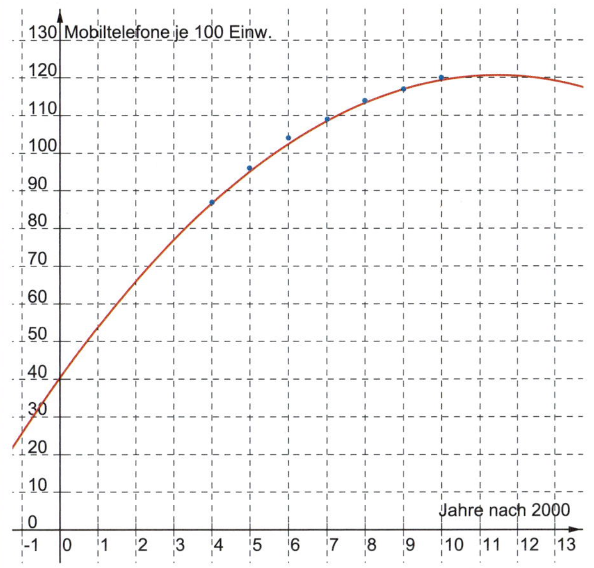

Abb. 2.2.19

Diesmal haben wir offenbar passende Messwerte genommen, denn es werden alle Messwerte gut abgebildet.

Üben

SbX ID: 1222

Ü

Ü 2.17 ★: Lösen quadratischer Gleichungen B D

A B C D

Das technologiefreie Arbeiten ermöglicht erst abzuschätzen, ob ein Technologieergebnis richtig sein kann.

Lösen Sie die folgenden quadratischen Gleichungen! Beurteilen Sie bei jeder Gleichung, welche Lösungsmethode die am besten geeignete wäre und warum.

Verwenden Sie bei dieser Übung weder zum Lösen der Gleichungen noch zum Anfertigen von Skizzen eine Technologie!

a) $x^2 - 121 = 0$
b) $x^2 - 6x + 8 = 0$
c) $2x^2 + x - 15 = 0$
d) $7x^2 - 2x = 0$
e) $0{,}5x^2 + 4x = 0$
f) $3x^2 = 200$
g) $10x^2 - 21x + 8 = 0$
h) $5x^2 + 70 = 0$
i) $4x^2 + 4x = 0$
j) $-2x + x^2 = 8$
k) $4x^2 + 14x - 280 = 28 - 2x$

Ü 2.18 ★★: Funktionen skizzieren und vergleichen B C D

Skizzieren Sie die folgenden Funktionen – ohne Zuhilfenahme einer Technologie:

$f(x) = (x - 1)^2 + 2$ $g(x) = (x - 1)^2 - 3$ $h(x) = -(x - 1)^2 + 2$

Dokumentieren Sie die Unterschiede und die Gemeinsamkeiten der Funktionen. Dokumentieren Sie Ihre Überlegungen.

Ü 2.19 ★★: Funktionen skizzieren und vergleichen B C D

a) Fertigen Sie ohne Zuhilfenahme einer Technologie eine Skizze an. Dokumentieren Sie Unterschiede und Gemeinsamkeiten der Funktionen.

$f(x) = (x + 1)^2 + 2$ $\qquad$ $g(x) = (x + 2)^2 + 2$ $\qquad$ $h(x) = -x^2 + 2$

b) Begründen Sie, warum eine senkrechte Verschiebung einer quadratischen Funktion nach unten nicht zwingend zwei Nullstellen erzeugt.

Ü 2.20 ★★: Funktionen skizzieren und vergleichen B C D

Fertigen Sie ohne Zuhilfenahme einer Technologie eine Skizze an und dokumentieren Sie Unterschiede und Gemeinsamkeiten der Funktionen.

$f_1(x) = (x - 1)^2$ $\qquad$ $f_3(x) = 0{,}5 \cdot (x - 1)^2$

$f_2(x) = 3 \cdot (x - 1)^2$ $\qquad$ $f_4(x) = -2 \cdot (x - 1)^2$

Ü 2.21 ★★: Funktion und Gleichung zuordnen C

Lösen Sie die Aufgabe ohne Zuhilfenahme einer Technologie!

Kennzeichnen Sie, welche Funktionsgleichung zu welcher Grafik passt.

a) $y = 0{,}5x^2$ $\qquad$ c) $y = (x - 3)^2$ $\qquad$ e) $y = (x + 3)^2 - 3$

b) $y = (x + 3)^2$ $\qquad$ d) $y = x^2 - 3$ $\qquad$ f) $y = 5x^2$

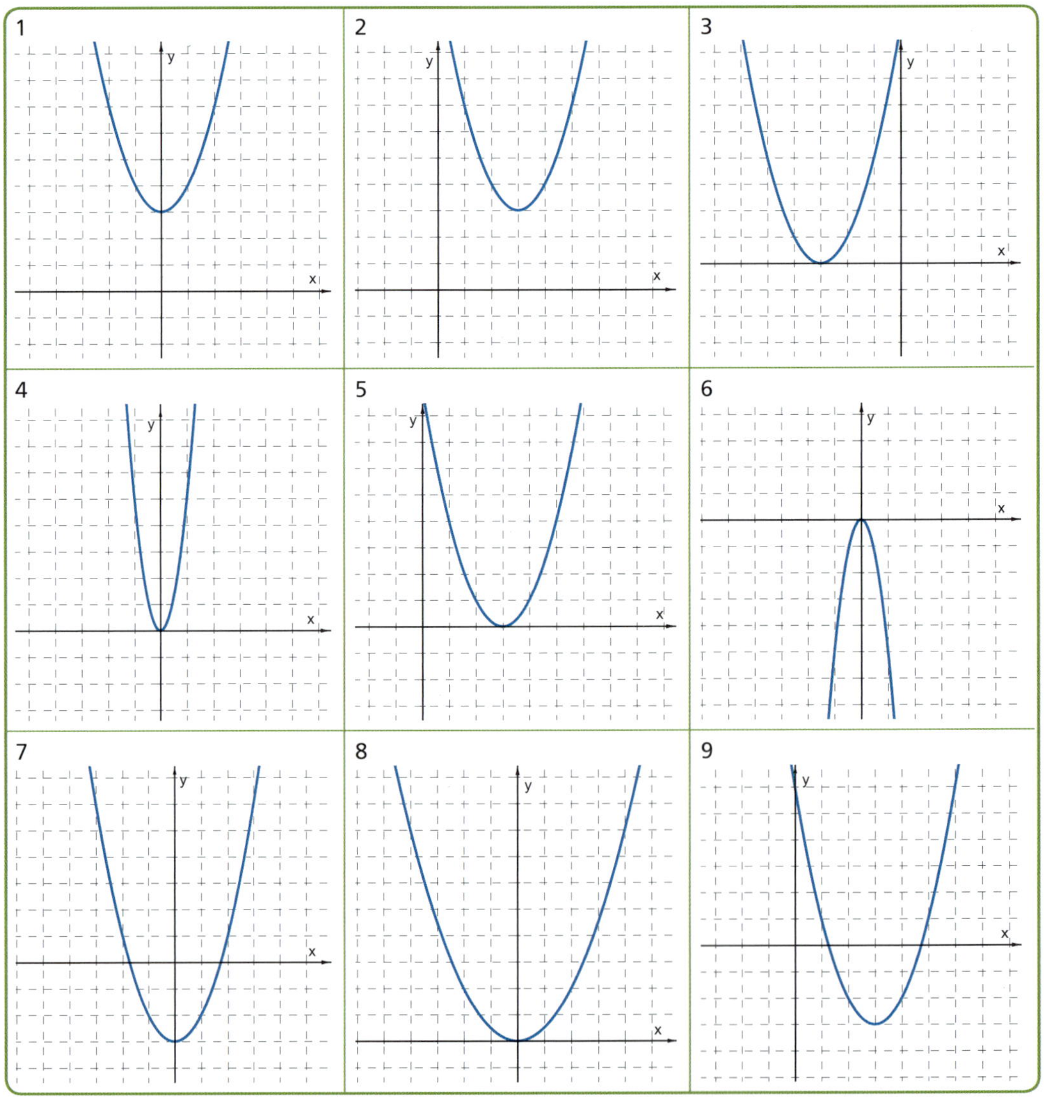

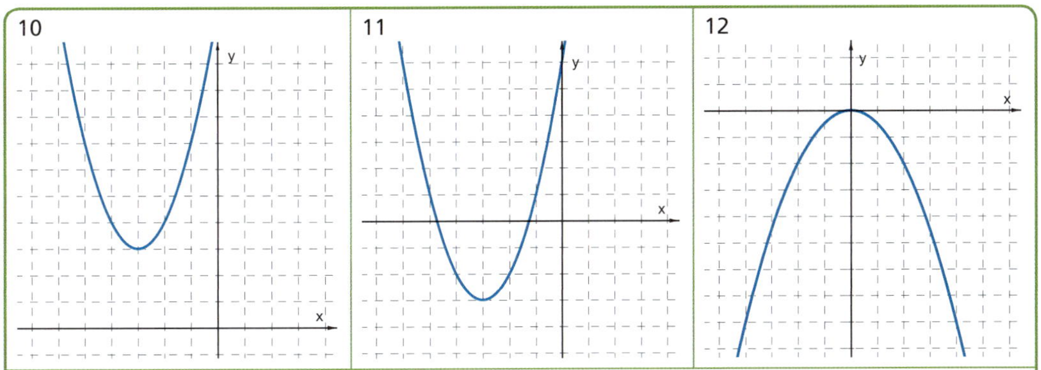

Abb. 2.2.20, 1–12

Ü 2.22 ★: Gleichungssysteme in ℝ lösen B

Lösen Sie die Gleichungen über der Grundmenge der reellen Zahlen:

a) $3x^2 = 300$
b) $5x^2 - 80 = 0$
c) $3x^2 + 75 = 0$
d) $4x^2 - 9 = 0$
e) $50x^2 - 2 = 0$
f) $6x^2 - 30 = 0$
g) $2x^2 + 12 = 0$
h) $8x^2 - 4 = 0$

Ü 2.23 ★: Quadratische Gleichungen mittels Produkt-Null-Satz lösen B

Lösen Sie die Gleichungen mittels Produkt-Null-Satz:

a) $x^2 - 9x = 0$
b) $5x^2 + 50x = 0$
c) $7x^2 = 28x$
d) $3x^2 = -33x$
e) $18x - 3x^2 = 0$
f) $12x^2 + 3x = 0$
g) $15x^2 - 10x = 0$
h) $24x^2 = 8x$

Ü 2.24 ★: Gleichung lösen B

Lösen Sie folgende Gleichungen auf verschiedene Arten (z. B. händisch, mit Technologie, rechnerisch und grafisch).

a) $x^2 + 10x + 24 = 0$
b) $x^2 + 22x + 121 = 0$
c) $x^2 + 2x + 8 = 0$
d) $x^2 - 3x - 10 = 0$
e) $x^2 - 14x + 49 = 0$
f) $x^2 - 8x + 25 = 0$
g) $x^2 - 4x + 1 = 0$
h) $x^2 + 5x + 3 = 0$

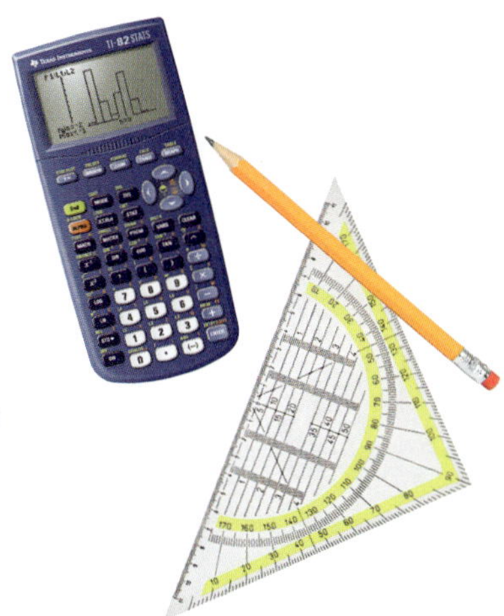

Ü 2.25 ★: Gleichungen lösen B

Lösen Sie folgende Gleichungen auf verschiedene Arten (z. B. händisch, mit Technologie, rechnerisch und grafisch).

a) $3x^2 - 10x + 3 = 0$
b) $5x^2 - 8x + 2 = 0$
c) $6x^2 + 13x + 6 = 0$
d) $4x^2 + x + 10 = 0$
e) $2x^2 + 3x - 5 = 0$
f) $5x^2 - 36x + 55 = 0$
g) $6x^2 - 5x - 6 = 0$
h) $4x^2 - 12x + 9 = 0$

Ü 2.26 ★★: „Schnelltest der grundlegenden Kompetenzen" A C

Die Koordinatenachsen teilen die Ebene in vier Quadranten (Viertel).

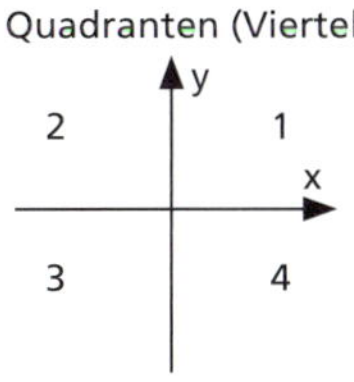

Beantworten Sie die folgenden Aufgabenstellungen – falls eine Aufgabenstellung Ihnen nicht möglich erscheint, geben Sie mindestens einen Grund dafür an. Für diese Aufgaben sollten Sie keinen Taschenrechner o. Ä. benötigen.

a) Stellen Sie eine quadratische Funktion auf, deren Scheitel (2/–4) ist.
b) Stellen Sie eine quadratische Funktion auf, die die x-Achse bei –2 und 3 schneidet.
c) Prüfen Sie die folgenden Aussagen. Kreuzen Sie die richtigen Aussagen an:
Eine nach unten geöffnete quadratische Funktion mit 2 Nullstellen hat ihren Scheitel im

- ☐ 1. Quadranten.
- ☐ 2. Quadranten.
- ☐ 3. Quadranten.
- ☐ 4. Quadranten.
- ☐ auf der x-Achse.
- ☐ auf der y-Achse.

d) Prüfen Sie die folgenden Aussagen. Kreuzen Sie die richtigen Aussagen an:
Die Funktion $f(x) = ax^2 + c$ ($a < 0$, $c \in \mathbb{R}$) kann

☐ keine Nullstelle haben. ☐ eine Nullstelle haben.
☐ zwei Nullstellen haben.

e) Prüfen Sie die folgenden Aussagen. Kreuzen Sie die richtigen Aussagen an:
Eine quadratische Funktion mit den Nullstellen (–6/0) und (2/0) hat den Scheitel im

☐ 1. Quadranten. ☐ 2. Quadranten.
☐ 3. Quadranten. ☐ 4. Quadranten.
☐ auf der x–Achse. ☐ auf der y–Achse.

Ü 2.27 ★★: Funktion skizzieren A C

Skizzieren Sie einen möglichen Verlauf einer Funktion, welche das Volumen eines quadratischen Prismas in Abhängigkeit von der Höhe darstellt – denken Sie an die Beschriftung der Achsen.

Ü 2.28 ★★: Funktion skizzieren A C

Skizzieren Sie einen möglichen Verlauf einer Funktion, welche das Volumen eines quadratischen Prismas in Abhängigkeit von der Länge der Grundkante darstellt – denken Sie an die Beschriftung der Achsen.

Ü 2.29 ★★: Kräfteberechnungen A B

Zwei Kräfte, von denen die eine um 20 N größer ist als die andere, wirken rechtwinkelig aufeinander. Die daraus resultierende Kraft beträgt 90 N. Berechnen Sie die Größe der beiden Kräfte.

Ü 2.30 ★★: Gleichungen grafisch lösen A B D

Lösen Sie die folgenden Gleichungen durch grafische Darstellung. Erklären Sie Ihre Vorgangsweise.

a) $x^2 + 3x = 40$
b) $x^2 + 6 = 7x$
c) $x^2 = x + 12$
d) $x^2 = 8x - 15$
e) $9x^2 + 1 = 6x$
f) $2x + 8 = 3x^2$
g) $13x^2 - 5x = 6 - 12x^2$
h) $5x^2 + 9 = 2x^2 + 4x$

Ü 2.31 ★★: Gleichungen in $\mathbb{R}$ lösen B

Berechnen Sie die Variable über der Grundmenge der reellen Zahlen.

a) $(x - 5)^2 + (2x + 3)^2 = (x + 1)^2 + 97$
b) $(5x + 2) \cdot (x - 3) - (2x + 3) \cdot (x - 2) = 0$
c) $(2x - 1) \cdot (x + 1) - (x - 3) \cdot (x + 5) = 20$
d) $3(x - 2)(x + 5) - 2(x + 9) \cdot (x - 1) = -18$
e) $(4x - 1)^2 - (3x + 2)^2 = 6 \cdot (x - 3)^2$
f) $(5x - 3)^2 - (3x + 1)^2 = 15 \cdot (x - 2)^2$
g) $(x + 5) \cdot (x - 3) + x \cdot (x - 2) = (x - 4)^2$
h) $(4x + 1)^2 - (2x - 3) \cdot (3x + 2) = 0$

Ü 2.32 ★★: Satz von Vieta anwenden B

Zerlegen Sie die folgenden Polynome in Linearfaktoren, wobei nur ganze Zahlen vorkommen sollen:

a) $x^2 - 6x + 8$
b) $x^2 + 8x + 15$
c) $x^2 + 2x - 120$
d) $x^2 - x - 30$
e) $2x^2 + x - 15$
f) $3x^2 - 10x + 8$
g) $6x^2 + 5x + 1$
h) $9x^2 - 18x + 8$

SbX
ID: 1222

Weitere Übungsbeispiele finden Sie im SbX.

Sichern

Parabel

Eine quadratische Funktion hat die Form einer Parabel.

Die quadratische Funktion kann verschoben/in der Form verändert werden.

$y = a \cdot (x + w)^2 + s$

Koeffizienten

Die Zahlen vor der Variablen heißen auch Koeffizienten.

Einfluss der Parameter

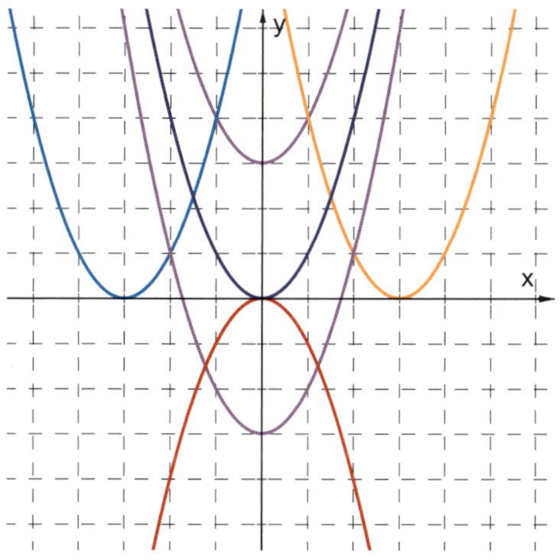

Abb. 2.2.21

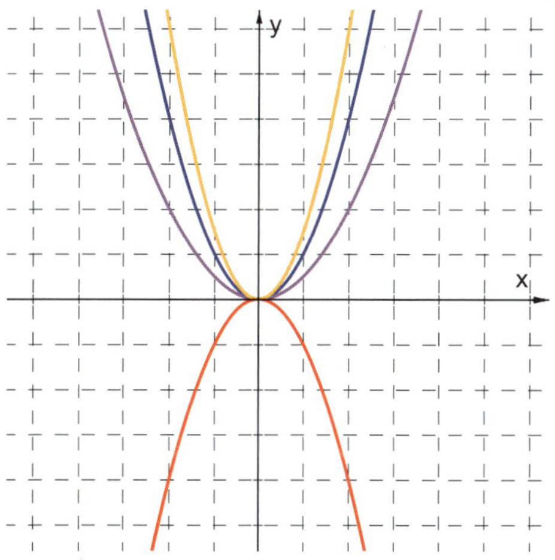

Abb. 2.2.22

$a > 0$ / $a < 0$	Die Parabel ist nach oben / unten geöffnet.
$w > 0$ / $w < 0$	Die Parabel ist nach links / nach rechts verschoben.
$s > 0$ / $s < 0$	Die Parabel ist nach oben / nach unten verschoben.
$a > 1$, $a < -1$	Die Parabel wird schmäler.
$-1 < a < 0$, $0 < a < 1$	Die Parabel wird breiter.

rechnerische Lösung

$ax^2 + s = 0$	Wurzelziehen	
$ax^2 + bx = 0$	Herausheben	
$ax^2 + bx + c = 0$	große Lösungsformel	$x_{1,2} = \frac{-b \pm \sqrt{b^2 - 4 \cdot a \cdot c}}{2 \cdot a}$
$x^2 + px + q = 0$	kleine Lösungsformel	$x_{1,2} = -\frac{p}{2} \pm \sqrt{\left(\frac{p}{2}\right)^2 - q}$

grafische Lösung

rechnerisch	grafisch	
2 Lösungen $x_1 = \dots$ $x_2 = \dots$	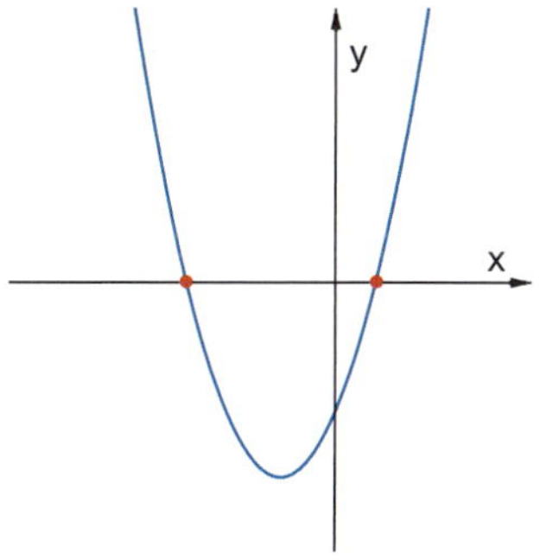 Abb. 2.2.23	2 Schnittpunkte mit der x-Achse = 2 Nullstellen

<table>
<tr><th>rechnerisch</th><th colspan="2">grafisch</th></tr>
<tr><td>1 Lösung</td><td>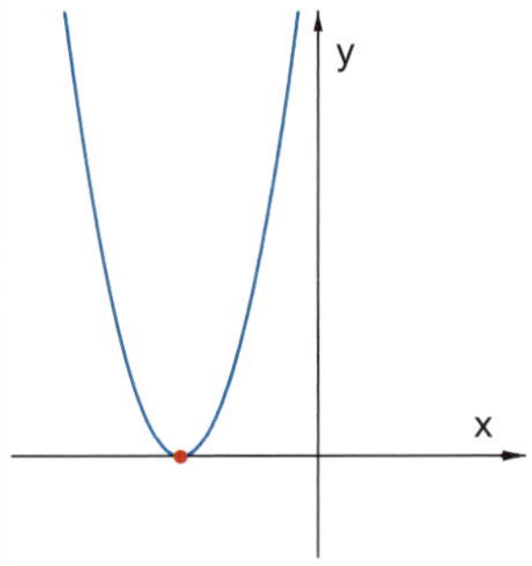
Abb. 2.2.24</td><td>1 Schnittpunkt mit der x-Achse = 1 Nullstelle</td></tr>
<tr><td>0 Lösungen</td><td>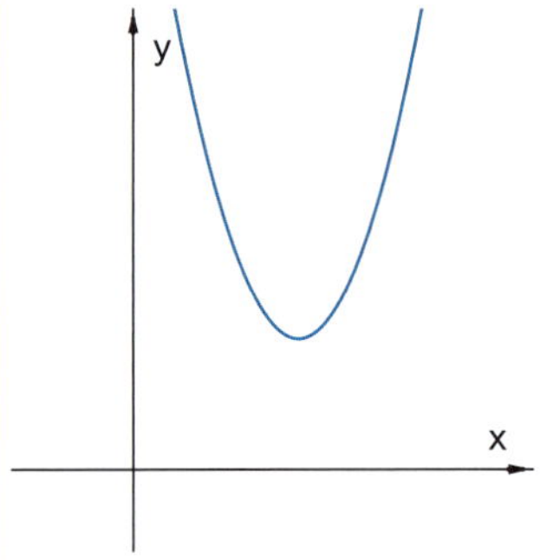
Abb. 2.2.25</td><td>0 Schnittpunkte mit der x-Achse = 0 Nullstellen</td></tr>
</table>

Wissen

A B C D

W 2.7: Funktion und Gleichung D

Erklären Sie den Unterschied

a) zwischen einer linearen und einer quadratischen Funktion.
b) zwischen einer linearen und einer quadratischen Gleichung.

W 2.8: Koeffizient und Graph C D

Beschreiben Sie, wie sich der Graph einer quadratischen Funktion abhängig von der Zahl vor x^2 verändert.

W 2.9: Verschiebung der Standardparabel A

Ergänzen Sie: Die Standardparabel ist nach unten verschoben, wenn ______.

W 2.10: Eine Skizze anfertigen A C

Beschreiben Sie, wie man die Angabe $y = x^2 - 9x + 12$ umformen muss, damit man ohne Wertetabelle eine Skizze zeichnen kann. Fertigen Sie eine Skizze an!

W 2.11: Eine Gleichung aufstellen A B

Eine Parabolantenne hat einen Durchmesser von 1 m und eine Tiefe von 20 cm. Fertigen Sie eine beschriftete Skizze an. Modellieren Sie eine Funktionsgleichung a(x), die die Antennenform beschreibt.

W 2.12: Sind die Gleichungen mittels Lösungsformel lösbar? C D

Erklären Sie, ob man „alle Arten“ von quadratischen Gleichungen mithilfe einer Lösungsformel berechnen kann.

Erklären Sie anhand folgender Beispiele:

a) $x^2 - 100 = 0$ b) $x^2 + 5x = 0$ c) $(x - 8) \cdot (x + 2) = 0$ d) $x^2 + 2x + 3 = 0$

W 2.13: Kennzeichen einer quadratischen Funktion C D

Beschreiben Sie den Zusammenhang zwischen der Anzahl der Lösungen einer quadratischen Gleichung und der Lage einer quadratischen Funktion im Koordinatensystem.

W 2.14: Gleichung für einen Brückenbogen A B

Stahlbrücken haben eine ähnliche Form wie Steinbrücken – eine Parabel trägt mithilfe von senkrechten Stützen die Brücke.

Bei einer Stahlbrücke beträgt die Scheitelpunkthöhe der Parabel 45 m. Die vierte Stütze ist von der Mitte der Parabel 50 m entfernt und hat eine Höhe von 30 m (siehe Bild), die mittlere Stütze eine Höhe von 5 m.

Fertigen Sie eine beschriftete Skizze an. Stellen Sie eine Funktionsgleichung b(x) auf, die diesen Brückenbogen beschreibt.

W 2.15: Bremsverzögerung B D

Laut Angabe des Herstellers ist die Bremsverzögerung eines Geländewagens um ca. 30 % schlechter als die einer Limousine. Die physikalische Formel zur Berechnung des Bremsweges lautet:

$s_b = \frac{v^2}{2a}$,

wobei a die Bremsverzögerung ist. Die Bremsverzögerung der Limousine ist abhängig von der Straßenbeschaffenheit:

- trockener Asphalt: $a = 8\ m/s^2$
- nasser Asphalt: $a = 6\ m/s^2$
- Sand: $a = 4–5\ m/s^2$
- Schnee: $a = 1–3\ m/s^2$

a) Berechnen Sie für eine Geschwindigkeit von 50 km/h den Unterschied der Bremswege einer Limousine bei trockenem bzw. nassem Asphalt und bei Schnee.

b) Berechnen Sie für eine Geschwindigkeit von 50 km/h den Unterschied der Bremswege eines Geländewagens bei trockenem bzw. nassem Asphalt und bei Schnee.

c) Berechnen Sie, um wie viel Prozent der Bremsweg des Geländewagens jeweils länger ist.

d) Erklären Sie, ob es zum prozentuellen Vergleich der Bremswege nötig ist, die einzelnen Bremswege zu errechnen. Begründen Sie!

W 2.16: Vulkanausbruch A

Beim Ausbruch eines Vulkanes werden Lava, Asche und Gesteinsbrocken in die Luft geschleudert. Der Ätna in Sizilien, heute auf einer Höhe von 3352 m, begann 1788 seine heutige Form zu bilden. Sein Durchmesser beträgt 1 km an der Basis und 500 m am Gipfel, der sich heute 400 m über die Hochebene erhebt. Beim Ausbruch im Jahr 2002 wurde das Gestein mit einer Anfangsgeschwindigkeit von 120 m/s herausgeschleudert.

Ermitteln Sie die Höhe der höchsten Auswurfstelle, wenn diese durch die folgende Funktion beschrieben werden kann:

$h(t) = v_0 \cdot t - 5t^2$.

W 2.17: Kraftstoffverbrauch B D

Laut Angaben eines Autoherstellers lässt sich der Kraftstoffverbrauch eines bestimmten Pkw-Modells mit der Formel

$k(x) = \frac{1}{700}x^2 - \frac{4}{25}x + 10{,}5$

beschreiben, wobei x der Geschwindigkeit in km/h entspricht.

a) Berechnen Sie, wann der Kraftstoffverbrauch am geringsten ist und wie viel Liter er beträgt. Ermitteln Sie die Lösung mithilfe des Grafikprogramms am Taschenrechner und beschreiben Sie, welche Überlegungen Sie dabei angestellt haben.

b) Erklären Sie die Bedeutung von k(20) und k(50). Legen Sie eine Gerade durch die Punkte (20/y) und (50/y) und beschreiben Sie die Bedeutung des Anstiegs dieser Geraden im Zusammenhang mit innerstädtischem Verkehr.

W 2.18: Welcher Graph passt zu welcher Funktion? A B C D

a) Kennzeichnen Sie, welche Funktionsgleichung zu welcher grafischen Darstellung gehört.

b) Lesen Sie aus den grafischen Darstellungen die Anzahl der Nullstellen heraus und berechnen Sie diese.

c) Ermitteln Sie bei jeder Funktion den Scheitel und geben Sie an, ob es sich um einen Tief- oder Hochpunkt handelt.

d) Erklären Sie die Begriffe Nullstelle, Tiefpunkt und Hochpunkt.

$f(x) = -x^2$

$g(x) = x^2 + 2$

$h(x) = x^2 - 2$

$i(x) = (x + 2)^2$

$j(x) = (x - 2)^2$

$k(x) = (x + 3)^2 - 4$

$l(x) = x^2 + 6x + 15$

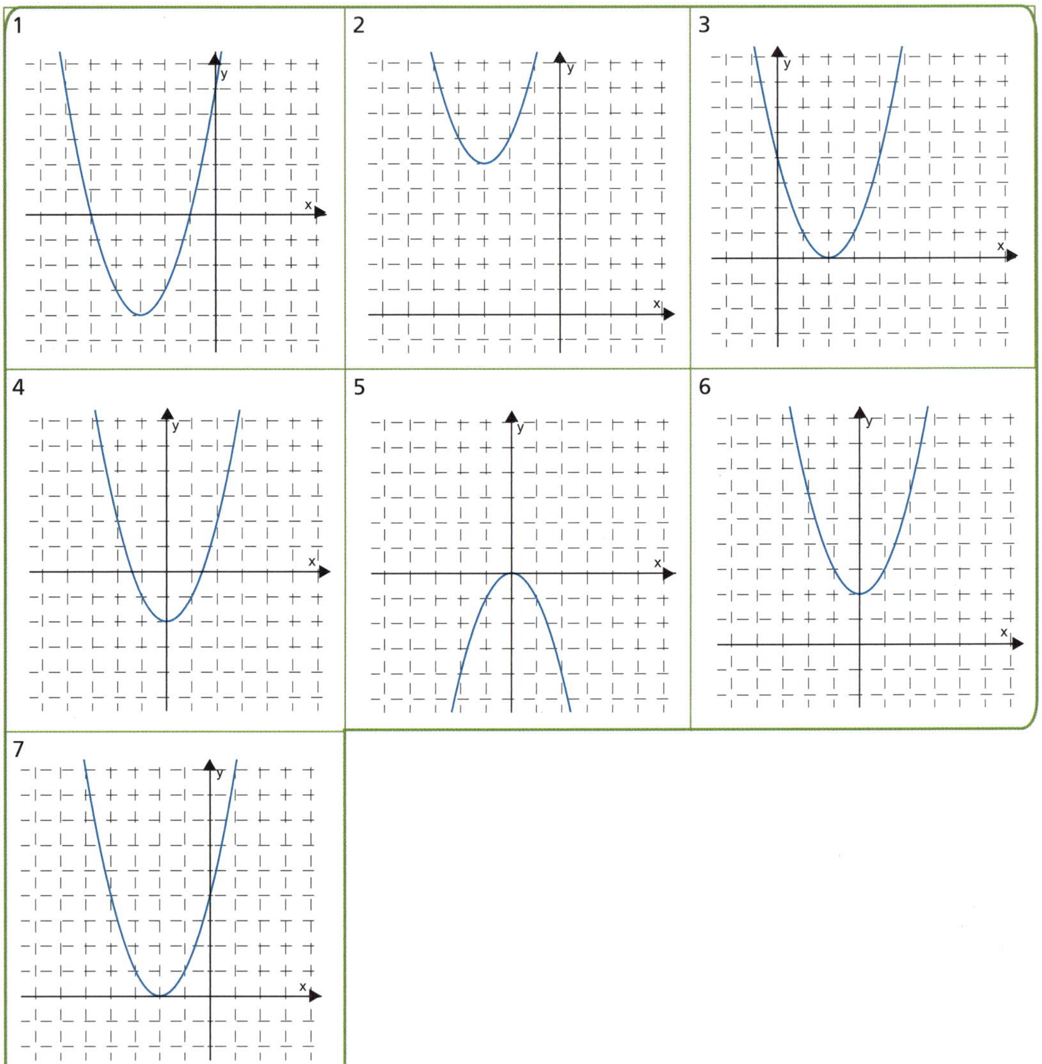

Abb. 2.2.26, 1–7

W 2.19: Glasfaserkabel A

Glasfasern werden durch Ziehen eines überhitzten Glasstabes erzeugt. Zur Herstellung einer Glasfaser mit dem Durchmesser 0,2 mm stehen unterschiedlich große, gleich lange zylinderförmige Glasstäbe zur Verfügung. Stellen Sie eine Funktionsgleichung auf, welche die mögliche Länge der Glasfaser in Abhängigkeit vom Volumen der Glasstäbe angibt.

W 2.20: Parabeln im Garten A C

Wenn man seinen Garten nicht von Hand gießen möchte, so ist ein Rasensprenger ein nützliches Hilfsmittel. Der austretende Wasserstrahl lässt sich durch die Gleichung

$y = -0{,}12x^2 + 1{,}2x - 1{,}92$

beschreiben. Interpretieren Sie die Variablen y und x in diesem Zusammenhang.

W 2.21: Messdaten aus Algerien A B C D

Bilden Sie für die im Diagramm angegebenen Messdaten der Tagestemperatur der Monate März bis Dezember ein quadratisches Modell. Erklären Sie Ihre Vorgangsweise.

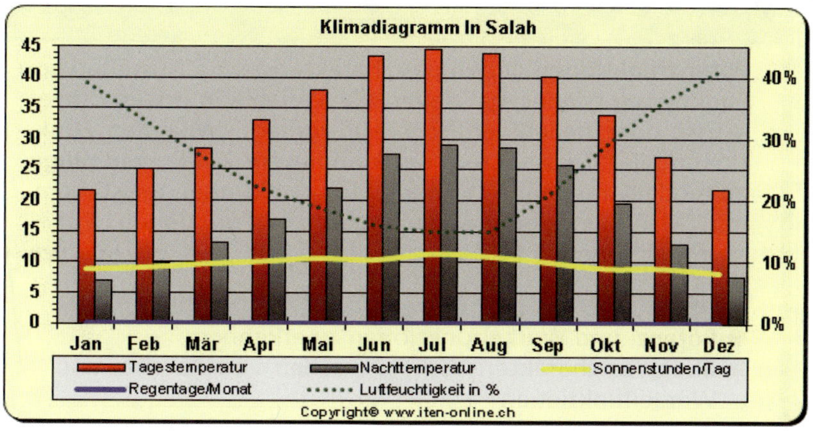

Quelle: iten-online.ch

Vergleichen Sie die real gemessenen Daten mit jenen Werten, die sich aus Ihrem Modell ermitteln lassen. Begründen Sie, ob sich eine quadratische Funktion für diese Daten eignet.

W 2.22: Hängebrücke A B C

Die Haupttrageseile einer Hängebrücke haben die Form einer Parabel. Der tiefste Punkt der Aufhängung liegt 5 m über der Fahrbahn, die seitliche Aufhängung an den Stützpfeilern hingegen 30 m höher. Die Spannweite beträgt 128 m.

a) Stellen Sie eine Funktionsgleichung für die Tragseile der Hängebrücke auf.

b) Ermitteln Sie die Längen der neun in gleichen Abständen angebrachten Hängeseile. Dokumentieren Sie Ihren Lösungsweg.

W 2.23: Glasvase A B

Eine Glasvase hat innen die Form eines Paraboloids und außen die Form eines Zylinders. Die Gesamthöhe beträgt 16 cm, die Innenhöhe 15 cm. Am oberen Rand der Vase beträgt der Durchmesser 12 cm.

Stellen Sie eine Parabelgleichung für diesen Querschnitt auf.

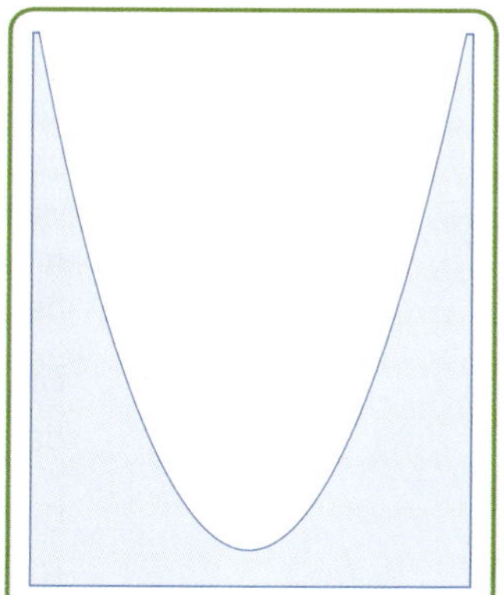
Abb. 2.2.27

Kompetenz-Check

	☺	😐	☹
Ich kann aus einer quadratischen Gleichung eine dazu passende Funktion skizzieren.			
Ich kann eine quadratische Gleichung rechnerisch und grafisch lösen.			
Ich weiß, welche Parameter die Parabel wie beeinflussen.			
Ich kann aus gegebenen Daten ein quadratisches Modell bilden.			
Ich kenne den Zusammenhang zwischen den errechneten Lösungen quadratischer Gleichungen und den Nullstellen quadratischer Funktionen.			

2 Potenz- und Polynomfunktionen

Lerneinheit 3

Potenz- und Wurzelfunktionen

SbX
Alle SbX-Inhalte zu dieser Lerneinheit finden Sie unter der ID: 1230.

Potenzfunktionen geben das charakteristische Aussehen von Funktionen wieder, bei denen die Variable in erster, dritter, achter oder beliebiger Hochzahl vorliegt. Will man Funktionen allerdings nutzen, um komplexere Zusammenhänge zu modellieren, dann reichen Potenzfunktionen meist nicht aus. Man benötigt zusammengesetzte Funktionen: Polynomfunktionen.

Sie lernen hier:

- Potenz- und Wurzelfunktionen zu erkennen
- über das charakteristische Aussehen von Potenz- und Wurzelfunktionen
- wie man durch Potenz- und Polynomfunktionen Modelle bilden kann
- Graphen unterschiedlicher Potenzfunktionen zu vergleichen
- einfache Gleichungen höheren Grades rechnerisch zu lösen

Lernen

SbX ID: 1231

A B C D

1 Potenzfunktionen

„Mächtige" Modelle

In der Volksschule haben Sie das „kleine Einmaleins" gelernt – es ist die Grundlage für jede Art von weiterem Rechnen. In der Unterstufe haben Sie sich mit Termen und Gleichungen beschäftigt – sie sind die Grundlage für die „höhere Mathematik". Potenzfunktionen sind die Basis vieler Funktionen, von ihnen ausgehend können beliebige Polynomfunktionen gebildet und damit beliebige Sachverhalte durch Modelle beschrieben werden.

Einer dieser Sachverhalte ist der Zusammenhang zwischen dem Weg, der Beschleunigung und der Zeit: $s = \frac{a}{2} \cdot t^2$.

Dieser Zusammenhang hat also auf den ersten Blick zwei Bedeutungen: als lineare Funktion $s(a) = \frac{a}{2} \cdot t^2$ – eine Funktion in erster Potenz – oder als quadratische Funktion $s(t) = \frac{a}{2} \cdot t^2$ – eine Funktion in zweiter Potenz.

Betrachten wir nun als Erweiterung den Zusammenhang zwischen der Kantenlänge k eines Würfels und seinem Volumen: $V(k) = k^3$. Das Volumen ist eine Potenzfunktion dritten Grades. Ganz allgemein lassen sich Potenzfunktionen folgendermaßen definieren.

Potenzfunktion

Eine Potenzfunktion (mit ganzzahliger Hochzahl) hat die Gleichung:

$f(x) = a \cdot x^n$ $\quad a \neq 0$, $\quad n \in \mathbb{Z}$

Die grafische Darstellung der Potenzfunktion ersten und zweiten Grades kennen Sie bereits. Doch wie sehen Funktionen höheren Grades aus?

Potenzen mit positivem Exponenten

Übungsbeispiel

SbX

Ein dynamisches GeoGebra-Arbeitsblatt zu Ü 2.33 finden Sie unter der ID: 1231.

Ü 2.33 ★★: Potenzfunktionen mittels Technologie darstellen B C D

Zeichnen Sie mit einer Technologie Ihrer Wahl einige Potenzfunktionen, deren Hochzahl positiv ist. Nehmen Sie für a vorerst den Wert 1 an.

- Beobachten Sie, wie sich die Graphen verändern, wenn sich die Hochzahl ändert. Vergleichen Sie die einzelnen Funktionsgraphen – beschreiben Sie Gemeinsamkeiten und Unterschiede.
- Notieren Sie Ihre Überlegungen.

Sie haben wahrscheinlich erkannt, dass die Potenzfunktionen dritten, fünften, siebenten … Grades einander in der Form ähneln, ebenso wie jene zweiten, vierten, sechsten Grades. Ob eine Funktion „links/rechts von der y-Achse" liegt, lässt sich mit der Definitionsmenge beschreiben. Diese umfasst alle Zahlen, die man als x-Koordinate einsetzen darf. Ob eine Funktion „oberhalb/unterhalb der x-Achse" liegt, lässt sich mit der Wertemenge beschreiben. Diese umfasst alle Zahlen, die man als y-Koordinate erhält. Mathematisch-grafisch können wir das so zusammenfassen:

Potenzfunktionen – Exponent positiv und gerade

$f(x) = x^n$ $\quad n \in \mathbb{N}_g$

$n \neq 0$

Querverweis

Definitions- und Wertemenge siehe Kapitel 8, Lerneinheit 5.

$D = \mathbb{R}$

$W = \mathbb{R}_0^+$

Der Graph ist symmetrisch zur y-Achse.

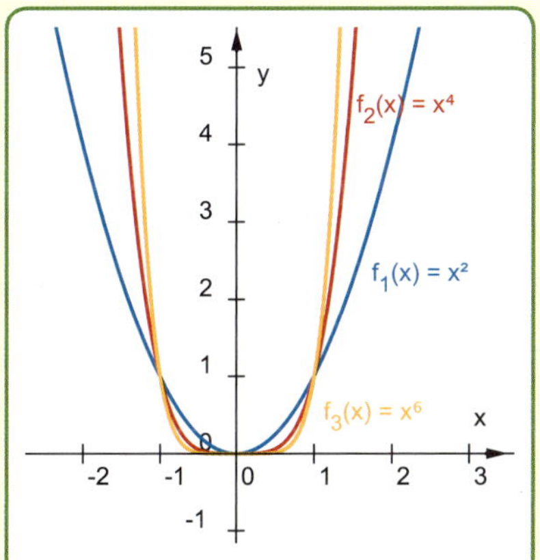

Abb. 2.3.1

Potenzfunktionen – Exponent positiv und ungerade

$f(x) = x^n$ $\quad n \in \mathbb{N}_u$

$n \neq 1$

$D = \mathbb{R}$

$W = \mathbb{R}$

Der Graph ist punktsymmetrisch zum Ursprung.

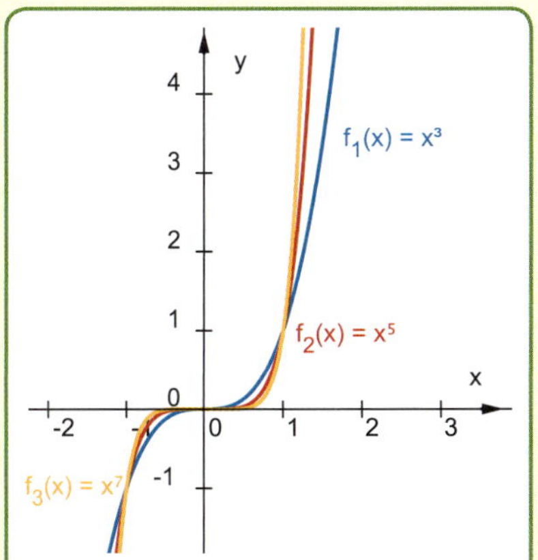

Abb. 2.3.2

Übungsbeispiel

Ü 2.34 ★★: Skizzen von Potenzfunktionen B

a) Fertigen Sie eine händische Skizze der Potenzfunktion ersten Grades an.

b) Fertigen Sie eine händische Skizze der Potenzfunktion nullten Grades an.

Nun wollen wir auch beobachten, welche Veränderungen entstehen, wenn die Hochzahl im negativen Bereich liegt.

Potenzen mit negativem Exponenten

Übungsbeispiel

SbX

Ein dynamisches GeoGebra-Arbeitsblatt zu Ü 2.35 finden Sie unter der ID: 1231.

Ü 2.35 ★★: Potenzfunktionen mit negativer Hochzahl B C D

Zeichnen Sie mit einer Technologie Ihrer Wahl einige Potenzfunktionen, deren Hochzahl negativ ist. Nehmen Sie für a vorerst den Wert 1 an:

- Beobachten Sie, wie sich die Graphen verändern, wenn sich die Hochzahl ändert. Vergleichen Sie die einzelnen Funktionsgraphen – beschreiben Sie Gemeinsamkeiten und Unterschiede. (Wie verhält sich die Funktion, wenn x den Wert 0 annimmt?)
- Notieren Sie Ihre Überlegungen.

Sie haben wahrscheinlich erkannt, dass die Potenzfunktionen mit negativem Exponenten dritten, fünften, siebenten … Grades einander in der Form ähneln, ebenso jene mit negativem Exponenten zweiten, vierten, sechsten Grades. Mathematisch-grafisch zusammengefasst können wir nun festhalten:

Potenzfunktionen – Exponent negativ und gerade

$f(x) = x^{-n}$ $\quad n \in \mathbb{N}_g$, $n \neq 0$

$D = \mathbb{R}\setminus\{0\}$

$W = \mathbb{R}^+$

Der Graph ist symmetrisch zur y-Achse.

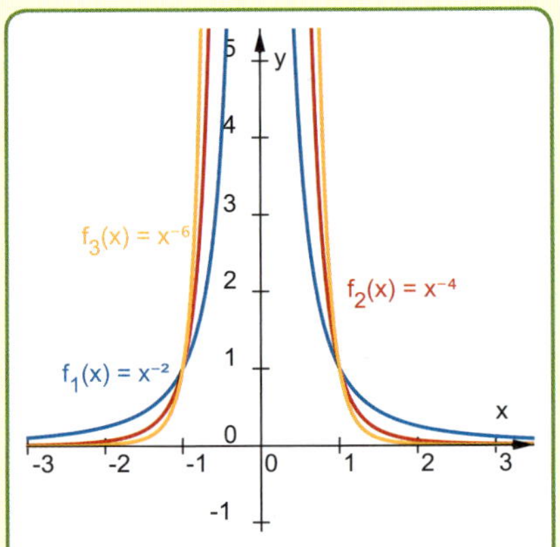

Abb. 2.3.3

Die Graphen von Potenzfunktionen mit negativen Exponenten heißen auch **Hyperbeln.**

Potenzfunktionen – Exponent negativ und ungerade

$f(x) = x^{-n}$ $\quad n \in \mathbb{N}_u$

$D = \mathbb{R}\setminus\{0\}$

$W = \mathbb{R}\setminus\{0\}$

Der Graph ist punktsymmetrisch zum Ursprung.

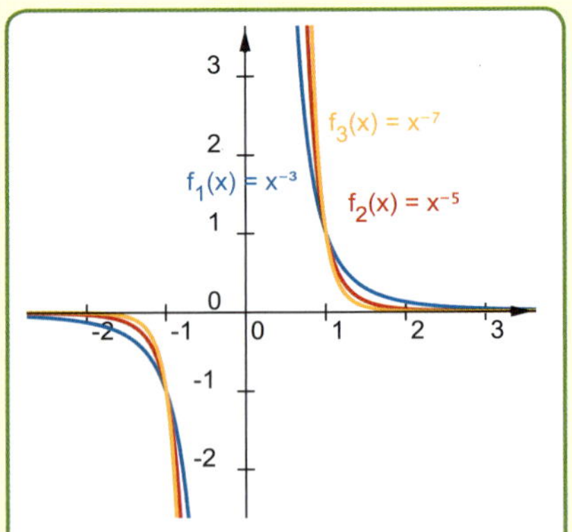

Abb. 2.3.4

Abhängigkeit von Größen – variable und konstante Größen

Zur ersten Veranschaulichung betrachten wir wieder den bekannten Zusammenhang zwischen dem Weg, der Beschleunigung und der Zeit: Weg = halbe Beschleunigung mal Zeit zum Quadrat. Sie kennen die Formel:

$$s = \frac{a}{2} \cdot t^2.$$

Wenn man die Formel so umformt, dass sie die Beschleunigung in Abhängigkeit von der Zeit und dem Weg darstellt und wir uns jetzt nur für die Abhängigkeit von t interessieren, erhalten wir folgende Funktionsgleichung:

$$a(t) = \frac{2s}{t^2}.$$

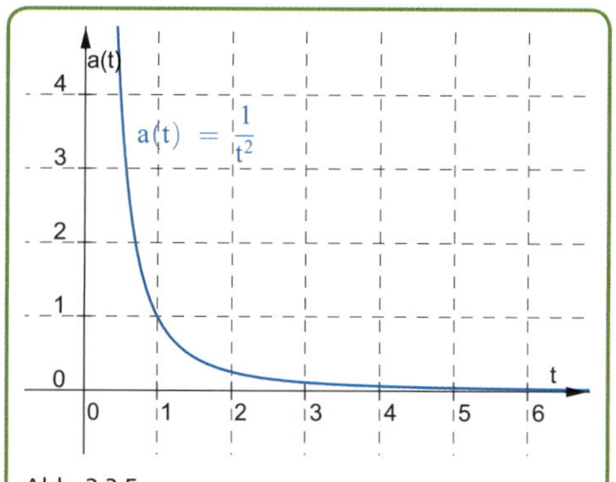

Abb. 2.3.5

Das bedeutet nun, wenn der Weg s einen konstanten Wert annimmt, dass unsere Beschleunigung nur von der zur Verfügung stehenden Zeit abhängt. „Unmathematisch" können wir das so anschreiben:

$$a(t) = \frac{\text{„Zahl"}}{t^2}.$$

Querverweis
Zum Begriff Definitionsmenge siehe Kapitel 8, Lerneinheit 5.

Es ist offensichtlich, dass es in diesem Zusammenhang nur ein positives t geben kann – ein negatives t würde eine negative Zeit bedeuten. Die Definitionsmenge ist daher nur $\mathbb{R}^+$.

Ein und derselbe Zusammenhang kann als Funktionsgraph ganz unterschiedlich aussehen – je nachdem, welche Variablen abhängig und welche unabhängig sind.

Lehrbeispiel

L 2.18: Glasgefäß 1 A B C D

Ein Trinkglas hat die Form eines Zylinders. Der Durchmesser beträgt 5 cm. Das Gefäß ist 15 cm hoch. Berechnen Sie das Füllvolumen (in Liter), wenn das Gefäß 5 cm, 7 cm, 9 cm, 13 cm hoch gefüllt ist.

Schreiben Sie diese Werte in eine Tabelle und stellen Sie diese dann grafisch dar. Was fällt Ihnen auf, wenn Sie die Punkte betrachten? Schreiben Sie diesen Zusammenhang mithilfe einer Funktionsgleichung auf.

$V = r^2 \pi h$

$V = 2{,}5^2 \cdot \pi \cdot h$

h	V in cm³	V in Liter
5	98,17	0,098
7	137,44	0,137
9	176,71	0,177
13	255,25	0,255
14	274,88	0,275

Alle Punkte liegen auf einer Geraden.

Wenn die Höhe um eine Einheit zunimmt, so nimmt das Volumen um $2{,}5^2 \cdot \pi$, also 19,63 zu. Die Funktionsgleichung lautet:
$V(h) = r^2 \pi h$.

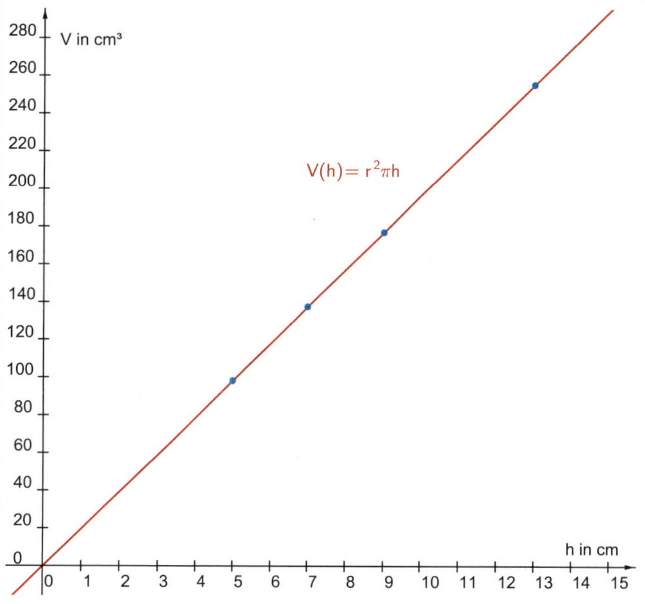

Abb. 2.3.6

linearer Zusammenhang = Variable in erster Potenz

Wir haben daher einen linearen Zusammenhang, der sich mithilfe einer Funktionsgleichung darstellen lässt. Da die Volumsformel für den Zylinder aber eine Variable in zweiter Potenz und eine in erster Potenz enthält, ist es einfacher, aufzuschreiben, welche der Variablen einer fixen Zahl entsprechen und welche wirklich die unabhängige Variable ist. Hier müssten Sie daher $V(h) = r^2 \pi h$ schreiben, h ist die Variable, r entspricht hier einer fixen Zahl.

Lehrbeispiel

L 2.19: Glasgefäß 2 A B C D

Ein Gefäß hat die Form eines Zylinders. Das Gefäß soll 5 cm hoch sein.

Berechnen Sie das Füllvolumen (in Liter) des Gefäßes, wenn es einen Radius von 5 cm, 7 cm, 9 cm, 13 cm besitzt. Schreiben Sie die Werte in eine Tabelle und stellen Sie diese dann grafisch dar. Verbinden Sie die Punkte und vergleichen Sie das „Aussehen" dieses Graphen mit dem aus **L 2.18**. Was fällt Ihnen auf?

$V = r^2 \pi h$

$V = r^2 \cdot \pi \cdot 5$

r	V [cm³]	V [Liter]
5	392,7	0,39
7	769,69	0,77
9	1272,35	1,27
13	2654,65	2,65
14	3078,76	3,08

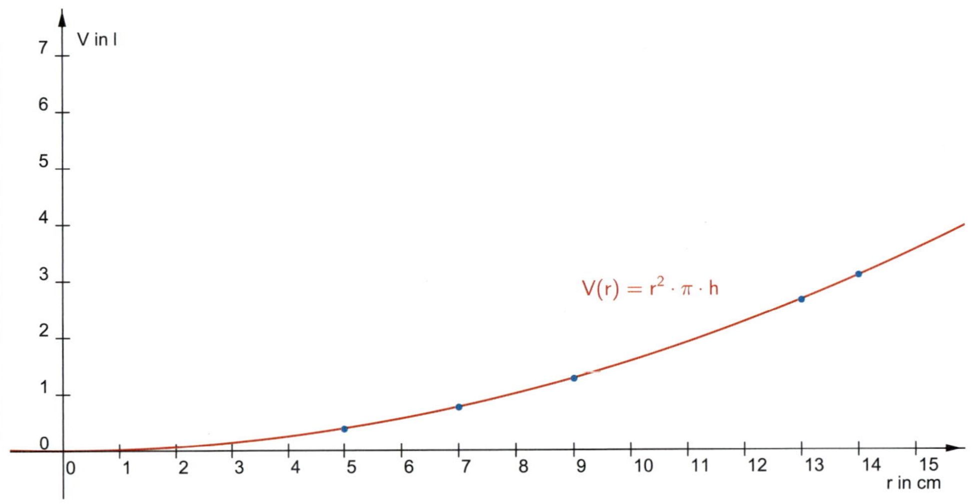

Abb. 2.3.7

Der Zusammenhang lässt sich durch eine quadratische Funktion perfekt darstellen, nicht jedoch durch eine lineare Funktion, weil die Zunahme des Volumens pro Zunahme des Radius um eine Einheit nicht konstant ist.

Die Berechnungsformel ist noch immer dieselbe, die unabhängige Variable hat sich jedoch geändert: Die Höhe bleibt hier gleich und der Radius ändert sich. Man schreibt daher: $V(r) = r^2 \pi h$. Es handelt sich um eine quadratische Funktion, weil die unabhängige Variable in zweiter Potenz vorkommt.

Nun könnten Sie die Aufgabenstellung mit dem Glasgefäß in Form eines Zylinders noch einmal aus einer anderen Perspektive betrachten.

Lehrbeispiel

Aus einer anderen Perspektive betrachtet …

L 2.20: Glasgefäß 3 A B

Das Volumen des Gefäßes ist festgelegt, z. B. 0,25 l. Wie verändert sich die Füllhöhe, wenn der Durchmesser/der Radius des Gefäßes unterschiedliche Werte annehmen kann?

Fertigen Sie eine Tabelle an und stellen Sie die Werte grafisch dar.

$V = r^2\pi h \qquad | : r^2\pi$

$h(r) = \frac{V}{r^2\pi}$

● Die Variable h ist hier vom Radius r abhängig.

r [cm]	h [cm]
5	3,18
7	1,62
9	0,98
13	0,47

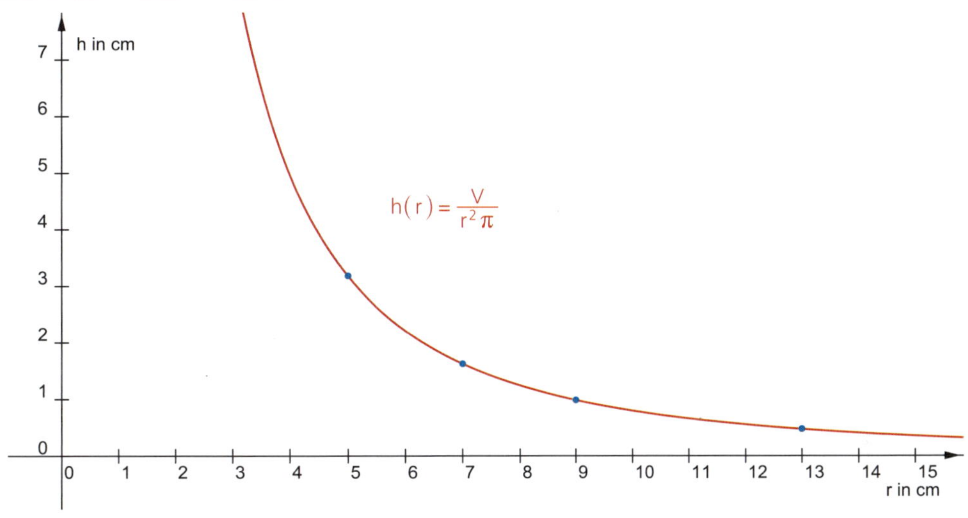

Abb. 2.3.8

Die Funktion aus **L 2.20** hat die Variable im Nenner. Eine Funktion, bei der die Variable im Nenner (eventuell – zusätzlich – auch im Zähler) steht, nennt man gebrochen rationale Funktion.

Übungsbeispiel

Ü 2.36 ★★: Glasgefäß 4 C D

Beschreiben Sie die folgende Fragestellung mithilfe einer Funktionsgleichung und deren grafischer Darstellung. Wie verändert sich der Radius eines zylinderförmigen Gefäßes mit dem Volumen 0,25 l, wenn die Höhe des Gefäßes unterschiedliche Werte annehmen kann? Fertigen Sie zuerst eine Tabelle an und stellen Sie die Werte grafisch dar.

Übungsbeispiel

Ü 2.37 ★★: Veränderung einzelner Parameter C D

Fertigen Sie eine Skizze einer Dose in Form eines quadratischen Prismas an. Stellen Sie folgende Sachverhalte grafisch dar:

a) Wie verändert sich das Volumen, wenn die Basiskante gleich bleibt und die Höhe sich ändert?

b) Wie verändert sich die Füllmenge, wenn die Höhe vorgegeben ist und nur die Länge der Basiskante variiert?

c) Wie verändert sich die Höhe, wenn das Volumen vorgegeben ist und Sie nur die Basiskante verändern können?

Lehrbeispiel

L 2.21: Geteilte Rechnung A B

Ein Rechnungsbetrag von 120 € soll auf x Personen gleichmäßig aufgeteilt werden. Modellieren Sie eine Funktionsgleichung, die diesen Zusammenhang beschreibt.

Wenn die Rechnung auf x Personen aufgeteilt wird, entfällt auf jede der Betrag

$y = \frac{120}{x}$.

Der Graph dieser Funktion ist eine Kurve (eine sogenannte Hyperbel): (Die roten Punkte markieren die relevanten Lösungen.)

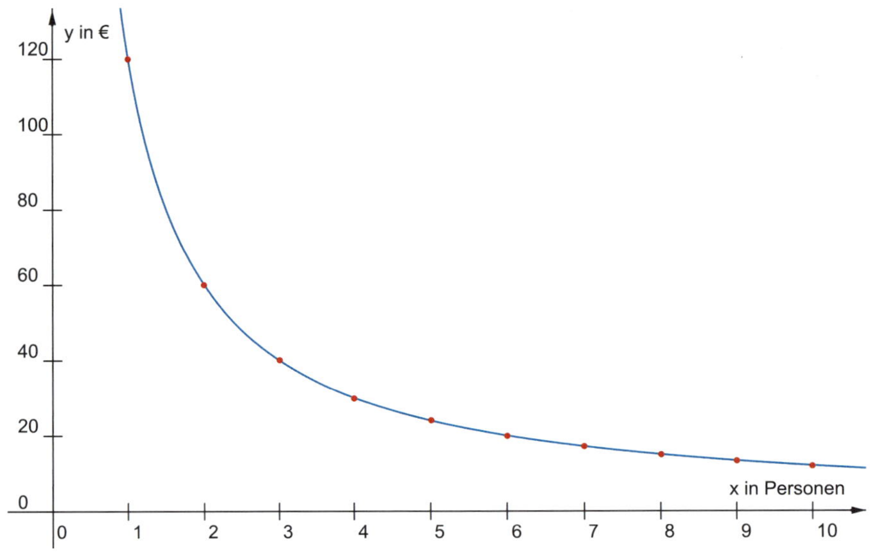

Abb. 2.3.9

2 Umkehrfunktionen
Die Umkehrung der Abhängigkeit

Eine Funktion umzukehren bedeutet, ihre „Idee" in das Gegenteil zu verwandeln. Wenn wir also von einer linearen Funktion f: y = 2x ausgehen, so bedeutet diese Funktionsgleichung, dass die unabhängige Variable verdoppelt wird, um die abhängige zu erhalten. Das Gegenteil würde also bedeuten, dass wir die unabhängige Variable halbieren müssen – also f^{-1}: $y = \frac{1}{2}x$. Diese Funktionsgleichung erhalten wir allerdings auch, indem wir in der ursprünglichen Funktionsgleichung y = 2x die Variablen vertauschen – also x = 2y – und die abhängige Variable explizit ausdrücken: $y = \frac{1}{2}x$.

Die Umkehrfunktion einer Funktion f bezeichnet man mit f^{-1}.

Durch das Vertauschen der Variablen wird hier die Definitionsmenge von f zur Wertemenge von f^{-1} und umgekehrt.

Übungsbeispiel

Ü 2.38 ★: Lineare Funktion und Umkehrung grafisch darstellen B C

Man nennt die Gleichung y = kx + d homogen, wenn d = 0 ist, und inhomogen, wenn $d \neq 0$ ist.

Zeichnen Sie die Funktionen f: y = 2x und f^{-1}: $y = \frac{1}{2}x$ in ein gemeinsames Koordinatensystem.

Geben Sie noch fünf andere lineare Funktionen (homogen und inhomogen) und deren Umkehrfunktionen an. Zeichnen Sie jeweils eine Funktion mit ihrer Umkehrung in ein gemeinsames Koordinatensystem. Beschreiben Sie die Gemeinsamkeiten Ihrer Funktionspaare.

Wahrscheinlich haben Sie gesehen, dass die Funktion und ihre Umkehrung immer die erste Mediane (y = x) als Symmetrieachse haben.

Bilden der Umkehrfunktion

Das Bilden einer Umkehrfunktion bedeutet Folgendes:

- rechnerisch – das Vertauschen der abhängigen und der unabhängigen Variablen
- zeichnerisch – das Spiegeln der Funktion an der ersten Mediane

Nun wissen Sie, dass man zu Funktionen eine Umkehrung bilden kann, doch stellt sich dabei die Frage, ob die Umkehrung selbst wieder eine Funktion ist.

Übungsbeispiel

SbX

Ein dynamisches GeoGebra-Arbeitsblatt zu Ü 2.39 finden Sie unter der ID: 1231.

Ü 2.39 ★: Funktion und Umkehrung grafisch darstellen B C

Zeichnen Sie mindestens acht Potenzfunktionen und ihre Umkehrungen.

Erklären Sie anhand dieser Darstellungen, welche Funktionsumkehrungen wieder Funktionen sind und welche nicht. Versuchen Sie dabei, allgemeine Regeln zu finden.

Wenn man in der Gleichung der Potenzfunktion $y = x^n$ die Variablen x und y vertauscht und nach y auflöst, erhält man die Gleichung der Wurzelfunktion $y = \sqrt[n]{x}$. Die Wurzelfunktion ist daher die Umkehrfunktion der Potenzfunktion. (Allerdings muss man sich dabei auf die positiven Funktionswerte beschränken, weil sonst die Umkehrung nicht eindeutig wäre.)

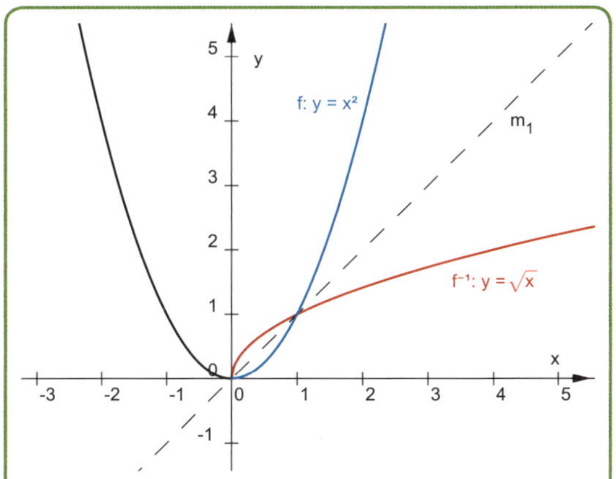

Abb. 2.3.10

Die Wurzelfunktion ist die Umkehrfunktion der Potenzfunktion.

Die Wurzelfunktionen werden im Folgenden noch genauer behandelt.

3 Wurzelfunktionen

Nicht nur Pflanzen brauchen Wurzeln.

Betrachten wir zuerst einen Würfel mit einem Volumen V von 8 Litern – also 8 dm^3. Welche Kantenlänge k muss dieser Würfel haben? Um die Frage zu beantworten, müssen wir aus dem Volumen die dritte Wurzel ziehen, weil $V = k^3$. Die dazugehörige Funktionsgleichung lautet also $k(V) = \sqrt[3]{V}$. Damit haben wir eine Wurzelfunktion.

Querverweis

Grundbegriffe zu Potenzen und Wurzeln siehe Kapitel 2, Lerneinheit 1.

Erinnern wir uns daran, dass eine Wurzel auch als Hochzahl geschrieben werden kann – in unserem Fall wäre $k(V) = V^{\frac{1}{3}}$. Wurzelfunktionen sind demnach Potenzfunktionen.

Ganz allgemein lassen sich Wurzelfunktionen folgendermaßen definieren.

Wurzelfunktion

Eine Wurzelfunktion hat die Gleichung:

$f(x) = \sqrt[n]{x}$ $\quad x \geq 0$

$\quad n \in \mathbb{N}$

Da man die zweite, vierte, sechste … Wurzel aus einer negativen Zahl im reellen Zahlenbereich nicht ziehen kann, haben Wurzelfunktionen mit geradem Wurzelexponenten als Definitionsmenge immer $\mathbb{R}_0^+$. Im Folgenden nehmen wir für alle Wurzelfunktionen $\mathbb{R}_0^+$ als Definitionsbereich an. Betrachten wir nun die grafische Darstellung von unterschiedlichen Wurzelfunktionen.

Die Definitionsmenge von Wurzelfunktionen ist immer $\mathbb{R}_0^+$.

Übungsbeispiel

SbX Ein dynamisches GeoGebra-Arbeitsblatt zu Ü 2.40 finden Sie unter der ID: 1231.

Ü 2.40 ★★: Graphen von Wurzelfunktionen darstellen B C D

Zeichnen Sie mit einer Technologie Ihrer Wahl einige Wurzelfunktionen, deren Hochzahl positiv ist. Nehmen Sie für a vorerst den Wert 1 an.

Beobachten Sie, wie sich die Graphen verändern, wenn der Wurzelexponent größer oder kleiner wird. Vergleichen Sie die einzelnen Funktionsgraphen – beschreiben Sie Gemeinsamkeiten und Unterschiede. Notieren Sie Ihre Überlegungen.

Sie haben wahrscheinlich erkannt, dass alle Wurzelfunktionen einander in der Form ähneln. Mathematisch-grafisch zusammengefasst können wir nun festhalten:

Wurzelfunktionen

$f(x) = \sqrt[n]{x}$ $\quad n \in \mathbb{N}$

$D = \mathbb{R}_0^+$

$W = \mathbb{R}_0^+$

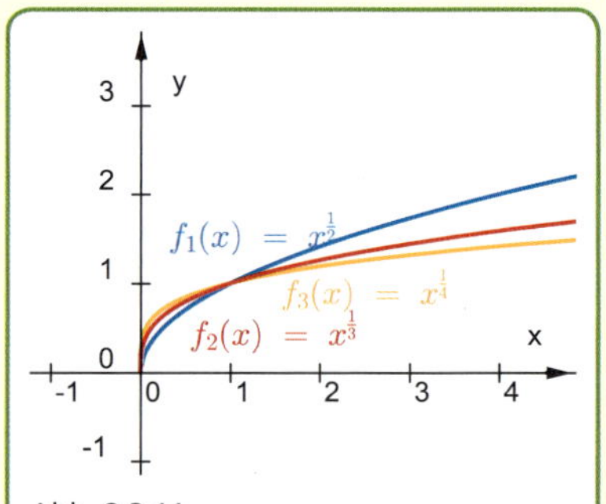

Abb. 2.3.11

Abhängigkeit von Größen – variable und konstante Größen

Anhand des Zusammenhangs zwischen dem Weg, der Beschleunigung und der Zeit $s = \frac{a}{2} \cdot t^2$ betrachten wir nun die Wurzelfunktionen. Stellen wir diesmal die Zeit als Funktion von Weg und Beschleunigung dar, erhalten wir folgende Funktionsgleichung (wobei wir uns nur für die Abhängigkeit von s interessieren):

$t(s) = \sqrt{\frac{2s}{a}}$.

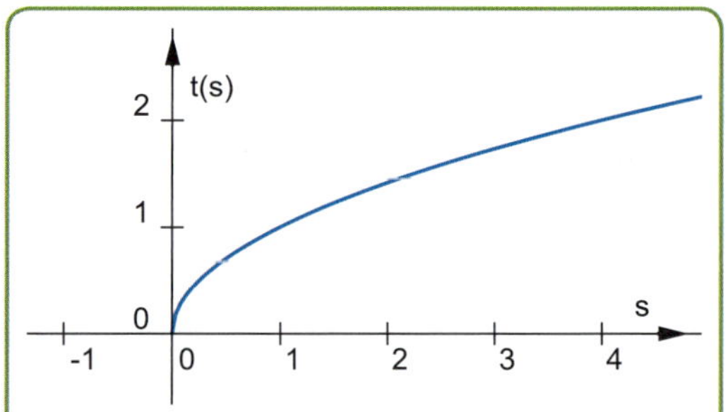

Abb. 2.3.12

SbX Eine andere Schreibweise dafür finden Sie unter der ID: 1231.

Das bedeutet, dass die Beschleunigung a einen konstanten Wert annimmt und die Zeit nur von dem zu fahrenden Weg abhängt. Wenn man $\frac{2}{a}$ zu einem Faktor zusammenfasst, ergibt sich – „unmathematisch" geschrieben:

$t(s) = \sqrt{\frac{s}{\text{„Zahl"}}}$.

Potenz- und Wurzelfunktionen in der Praxis

Bilden von Modellen

Lehrbeispiel

L 2.22: Deodorant A B C

Aus einem Deobehälter, in dem der momentane statische Druck p_i herrscht, strömt (ohne Reibungsverlust) das feinzerstäubte Deo aus. Außerhalb des Behälters herrscht der (Luft-)Druck p_a.

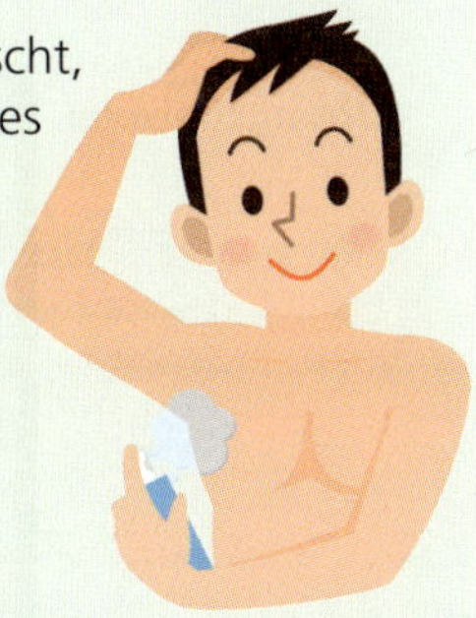

Ausströmgeschwindigkeit: $v_2 = \sqrt{\frac{2(p_i - p_a)}{\rho}}$ ρ ... Dichte; p_i, p_a ... Druck in Bar

ρ: griechischer Buchstabe rho

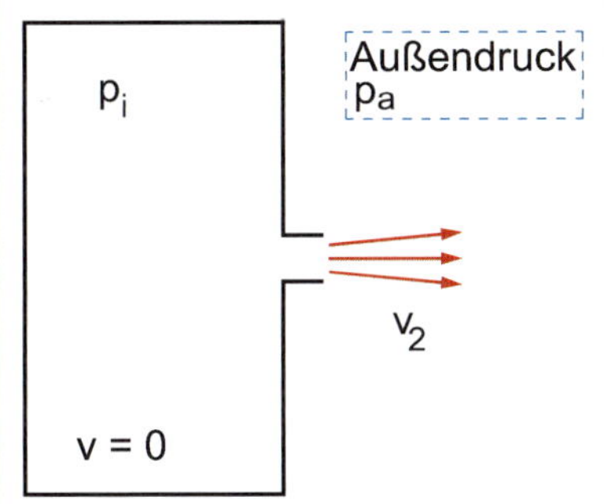

Abb. 2.3.13

a) **Dokumentieren** Sie anhand einer Funktionsgrafik die Veränderung der Ausströmgeschwindigkeit, wenn sich der Innendruck im Vergleich zum Außendruck vergrößert. Verwenden Sie dazu zwei Vergleichsmesspunkte. C
Geben Sie außerdem eine andere praktische Anwendung an.

b) **Bestimmen** Sie die Funktionsgleichung der Ausströmgeschwindigkeit bei einem Außenluftdruck von 1000 hPa und einer konstanten Dichte. B

1 Hektopascal (hPa) = 1 Millibar

c) **Modellieren** Sie eine Gleichung, mit der Sie ermitteln können, wie sich die Ausströmgeschwindigkeit verhält, wenn der Innendruck um q % größer als der Außendruck ist. A

a)

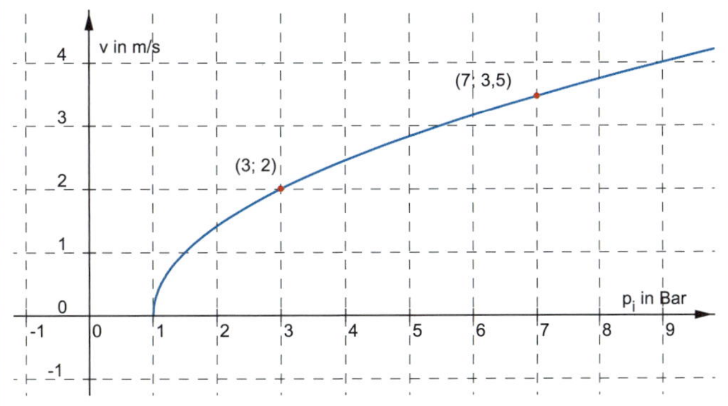

Abb. 2.3.14: Für q und ρ wurde jeweils der Wert 1 angenommen.

Bei 3 Bar beträgt die Geschwindigkeit 2 m/s und bei 7 Bar beträgt sie bereits 3,5 m/s. Daher erkennt man: Je größer der Innendruck ist, desto schneller strömt das Fluid nach außen.
Beispiele für diese Funktion sind ein Haarspray oder ein Ölspray.

b) $v_2(p_i) = \sqrt{\frac{2(p_i - 1)}{\rho}}$

c) $v_2 = \sqrt{\frac{2(p_i - p_a)}{\rho}}$ und $p_i = \left(1 + \frac{q}{100}\right) \cdot p_a$

$$v_2 = \sqrt{\frac{2\left[\left(1 + \frac{q}{100}\right) \cdot p_a - p_a\right]}{\rho}}$$

$$v_2 = \sqrt{\frac{2}{\rho} \cdot \frac{q}{100} \cdot p_a}$$

Einfluss der Parameter auf Potenz- und Wurzelfunktionen

Wie schon bei den quadratischen Funktionen beobachtet, kann das Aussehen von Potenz- und Wurzelfunktionen durch Parameter beeinflusst werden. Wir betrachten die allgemeine Definition einer Potenzfunktion $f(x) = a \cdot x^n$, wobei gilt: $a \neq 0$, $n \in \mathbb{N}$.

Übungsbeispiel

Ü 2.41 ★: Funktionen grafisch darstellen A B

Zeichnen Sie die jeweils in einer Zeile angegebenen Funktionen in ein gemeinsames Koordinatensystem (Technologie nach Wahl). Beschreiben Sie die Gemeinsamkeiten und Unterschiede der jeweiligen Funktionen. Was fällt Ihnen auf?

a) $f_1(x) = x^3$ $\quad f_2(x) = 2x^3$ $\quad f_3(x) = 0{,}3x^3$

b) $f_4(x) = x^3$ $\quad f_5(x) = -x^3$

c) $f_6(x) = x^4$ $\quad f_7(x) = 2x^4$ $\quad f_8(x) = 0{,}3x^4$

d) $f_9(x) = x^4$ $\quad f_{10}(x) = -x^4$

e) $f_{11}(x) = \sqrt{x}$ $\quad f_{12}(x) = 2\sqrt{x}$ $\quad f_{13}(x) = 0{,}5\sqrt{x}$ $\quad f_{14}(x) = -\sqrt{x}$

Versuchen Sie nun, aus Ihren Gedanken und Beschreibungen allgemeine Regeln abzuleiten. Schreiben Sie diese auf.

Bei den quadratischen Funktionen $f(x) = a \cdot (x + w)^2 + s$ gab es neben dem Parameter a (in **Ü 2.41** behandelt) noch zwei weitere Parameter, die das Aussehen der Funktion verändert haben. Sobald wir uns bei den Potenzfunktionen mit diesen Parametern beschäftigen, werden aus den Potenzfunktionen aber Polynomfunktionen.

„Erweiterte" Potenz- und Wurzelfunktionen

Um die anderen Parametereinflüsse zu erkennen und diese Einflüsse mit den bereits bekannten zu vergleichen, betrachten wir die nachfolgenden Funktionen.

Übungsbeispiel

Ü 2.42 ★: Funktionen grafisch darstellen B C

Zeichnen Sie die jeweils in einer Zeile angegebenen Funktionen in ein gemeinsames Koordinatensystem (Technologie nach Wahl). Beschreiben Sie die Gemeinsamkeiten und Unterschiede der jeweiligen Funktionen. Was fällt Ihnen auf?

a) $f_1(x) = x^3$ $\quad f_2(x) = x^3 - 2$ $\quad f_3(x) = x^3 + 1$

b) $f_4(x) = x^3$ $\quad f_5(x) = (x - 2)^3$ $\quad f_6(x) = (x + 1)^3$

c) $f_7(x) = \sqrt{x}$ $\quad f_8(x) = \sqrt{x - 2}$ $\quad f_9(x) = \sqrt{x + 1}$

Versuchen Sie nun, aus Ihren Gedanken und Beschreibungen allgemeine Regeln abzuleiten. Schreiben Sie diese auf.

Zusammengefasst können wir feststellen, dass sich alle Veränderungen bei den Potenzfunktionen gleich verhalten wie bei den Wurzelfunktionen.

Einfluss der Parameter

Um die Zusammenhänge klarer zu machen, fassen wir jetzt je zwei Fälle zusammen – nämlich:

$a < -1$ und **$a > 1$** wird mathematisch geschrieben zu **$|a| > 1$**

$0 < a < 1$ und **$-1 < a < 0$** wird mathematisch geschrieben zu **$0 < |a| < 1$**

$$\mathbf{y = a \cdot (x + w)^n + s}$$

Einfluss der Parameter

$a < 0$	Spiegelung des Funktionsgraphen an der x-Achse
$\|a\| > 1$	„Streckung in y-Richtung"
$\|a\| < 1$	„Stauchung in y-Richtung"
$s < 0$	senkrechte Verschiebung nach unten (um den Wert s)
$s > 0$	senkrechte Verschiebung nach oben (um den Wert s)
$w < 0$	waagrechte Verschiebung nach rechts (um den Wert w)
$w > 0$	waagrechte Verschiebung nach links (um den Wert w)

4 Polynomfunktionen

Poly ($\pi o\lambda\acute{\upsilon}$ – griechische Vorsilbe) bedeutet viel.

Wenn wir nun eine Funktion 3. Grades mit der Gleichung $f(x) = 2(x - 1)^3 + 3$ vereinfachen, so erhalten wir $f(x) = 2x^3 - 6x^2 + 6x + 1$. Diese mehrgliedrige Funktion nennt man auch **Polynomfunktion.** Eine Polynomfunktion ist also die Summe von Potenzfunktionen mit natürlichen Exponenten. Mathematisch allgemein geschrieben:

Polynomfunktion n-ten Grades

$f(x) = a_n \cdot x^n + a_{n-1} \cdot x^{n-1} + \ldots + a_1 \cdot x + a_0$ $\qquad x \in \mathbb{R}, n \in \mathbb{N}, a_n \neq 0$

Polynomfunktionen haben oft keine erkennbaren Regelmäßigkeiten. Trotzdem gibt es einen bedeutenden Zusammenhang zwischen allen Polynomfunktionen – einen fundamentalen Zusammenhang.

Übungsbeispiel

SbX

Ein dynamisches GeoGebra-Arbeitsblatt zu Ü 2.43 finden Sie unter der ID: 1231.

Ü 2.43 ★★: Polynomfunktionen grafisch darstellen A B D

Stellen Sie je mindestens fünf Polynomfunktionen 2. bis 5. Grades mit einer Technologie Ihrer Wahl dar.

- Wie viele Schnittstellen mit der x-Achse haben die Funktionen mindestens – wie viele höchstens?
- Beschreiben Sie den Zusammenhang zwischen der Anzahl der Nullstellen und dem Grad der Funktion.

Polynomfunktionen sind oft die Basis von mathematischen Modellen, mit denen man versucht, einen realen Sachverhalt abzubilden. Sie werden vor allem im Bereich der Wirtschaftsmathematik verwendet.

5 Potenz- und Polynomgleichungen rechnerisch lösen

Zeichnen allein ist zu wenig.

Wir haben uns jetzt ausführlich mit den unterschiedlichsten Potenz-, Wurzel- und Polynomfunktionen und deren Aussehen beschäftigt. Doch Funktionsgleichungen sind ja oft Modelle für ganz konkrete Problemstellungen in der Praxis, für die man eine rechnerische Lösung sucht. Lineare und quadratische Gleichungen können Sie schon rechnerisch lösen. Mit dem Lösen von einfachen Polynomfunktionen beschäftigen wir uns jetzt.

Zusammenhang Funktionen – Gleichungen

Das Lösen einer Gleichung entspricht dem Auffinden der Schnittstellen mit der x-Achse der dazugehörigen Funktion.

Rechnerisches Lösen einfacher Gleichungen dritten Grades

Zur Wiederholung hier noch einmal der Produkt-Null-Satz:

Produkt-Null-Satz
Hat ein Faktor in einem Produkt den Wert null, so hat auch das Produkt selbst den Wert null.

Mit diesem Wissen ausgestattet, lässt sich auch die folgende Gleichung leicht lösen:

Lehrbeispiel

L 2.23: Gleichung lösen B

$(x-3) \cdot (x+6) \cdot (x-2) = 0$

$x-3=0 \qquad x+6=0 \qquad x-2=0$ ● denn sobald ein Faktor null ist …

$x=3 \qquad x=-6 \qquad x=2$

Damit erhält man drei Lösungen: $L = \{-6; 2; 3\}$

Wenn Sie die Gleichung aus **L 2.23** ausrechnen, so erhalten Sie $x^3 + x^2 - 24x + 36 = 0$. Das bedeutet also, dass Sie den Term (linke Gleichungsseite) $x^3 + x^2 - 24x + 36$ auch in der Form $(x-3) \cdot (x+6) \cdot (x-2)$ schreiben können.

Carl Friedrich Gauß hat diesen Zusammenhang bewiesen – man nennt diesen den „Fundamentalsatz der Algebra".

Fundamentalsatz der Algebra
Für eine Gleichung dritten Grades gilt:
$ax^3 + bx^2 + cx + d = a \cdot (x - x_1) \cdot (x - x_2) \cdot (x - x_3)$,
wenn x_1, x_2, x_3 die Lösungen der Gleichung $ax^3 + bx^2 + cx + d = 0$ sind.

Falls es eine **ganzzahlige** Lösung einer Gleichung gibt, so ist diese **Teiler des absoluten Gliedes** (= „Zahl ohne Variable"), **wenn alle Koeffizienten (a, b, c, d) ganzzahlig sind.**

Leicht lässt sich eine Gleichung z. B. dritten Grades lösen, wenn man kein absolutes Glied hat (d. h., das absolute Glied ist null).

Lehrbeispiel

L 2.24: Lösen einer Gleichung dritten Grades ohne absolutes Glied B

Lösen Sie: $x^3 + x^2 - 6x = 0$

$x \cdot (x^2 + x - 6) = 0$ ● Herausheben von x

$x_1 = 0 \qquad (x^2 + x - 6) = 0$ ● Produkt-Null-Satz

$$x_{2,3} = -\frac{1}{2} \pm \sqrt{\left(\frac{1}{2}\right)^2 + 6}$$

$x_2 = -3$

$x_3 = 2$

Querverweis
Die Lösungsformel wurde in Lerneinheit 2, Seite 71 erklärt.

Wenn Sie nun aber eine Gleichung dritten Grades mit einem absoluten Glied haben, also nicht herausheben können, ist das Lösen nicht ganz so einfach. Eine Lösungsmöglichkeit ist das folgende Schema:

SbX
Alternativ zum Hornerschema können Sie auch eine Polynomdivision verwenden. Sie finden diese unter der ID: 1231.

Horner-Schema

Da die Polynomdivision teilweise sehr langwierig ist, hat der englische Mathematiker William George Horner (1786–1837) dafür eine Methode erfunden, bei der man nur addieren und multiplizieren muss.

Nehmen wir also den Ausdruck $x^3 + 3x^2 - 6x - 8$.

Die Grundidee besteht darin, das Polynom so umzuformen:

$P(x) = x \cdot (x \cdot (x + 3) - 6) - 8$

Jetzt kann man den Wert von innen nach außen berechnen. In der Praxis schreibt man das so an:

	1	3	–6	–8
5				

In die oberste Zeile schreibt man die Koeffizienten, in die linke Spalte die Zahl, die für x eingesetzt werden soll (hier: 5). Achtung: Die Potenzen müssen von der größten zur kleinsten geordnet sein; wenn eine Potenz (z. B. x^2) fehlt, muss man für den Koeffizienten 0 schreiben!

Die erste Zahl aus der oberen Zeile wird in die untere übertragen. Ab nun wird immer die zuletzt angeschriebene Zahl mit x multipliziert, die nächste Zahl aus der oberen Zeile addiert und das Ergebnis in die untere Zeile geschrieben (Merkregel: „mal links, plus oben").

	1	3	–6	–8
5	1	+ 8	+ 34	+ 162

$5 \cdot 1 + 3 = 8$
$5 \cdot 8 + (-6) = 34$
$5 \cdot 34 + (-8) = 162 \quad \Rightarrow \quad P(5) = 162$

Lösen von Gleichungen mit dem Horner-Schema

Um eine Gleichung dritten Grades zu lösen, muss man im Allgemeinen zuerst eine Lösung erraten.

Ein Beispiel:

$x^3 + 3x^2 - 6x - 8 = 0$

Als ganzzahlige Lösungen kommen nur Teiler des absoluten Gliedes (hier: 8) infrage. Mit dem Horner-Schema finden wir heraus, dass 2 eine Lösung ist (in der letzten Spalte ergibt sich 0):

	1	3	–6	–8
2	1	5	4	0

$\Rightarrow x_1 = 2$

Als Nächstes müssten wir das Polynom durch $(x - 2)$ dividieren. Das können wir uns aber ersparen, denn die Koeffizienten des Ergebnisses sind gerade die Zahlen, die man aus dem Horner-Schema erhält. Die höchste Potenz des Ergebnisses muss x^2 sein; wir können also sofort die quadratische Gleichung hinschreiben und wie gewohnt lösen:

$x^2 + 5x + 4 = 0$

$$x_{2,3} = \frac{-5 \pm \sqrt{5^2 - 4 \cdot 1 \cdot 4}}{2}$$

$x_2 = -1, x_3 = -4$

$L = \{-4; -1; 2\}$

Sie können eine Gleichung dritten Grades natürlich auch mit dem solve-Befehl des TI-82 STATS lösen:

Geben Sie im Gleichungslöser (MATH → `4:Solver`) die Gleichung ein. Wählen Sie einen Startwert für X und drücken Sie ALPHA [SOLVE]. Sie müssen verschiedene Startwerte ausprobieren, um alle drei Lösungen zu erhalten.

SbX **Ein Programm für den TI-8x, mit dem Sie sofort alle Lösungen erhalten, sowie ein Programm für quadratische Gleichungen finden Sie unter der ID: 1231.**

Abb. 2.3.15

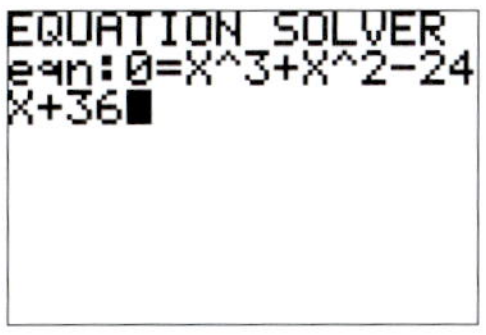

Abb. 2.3.16

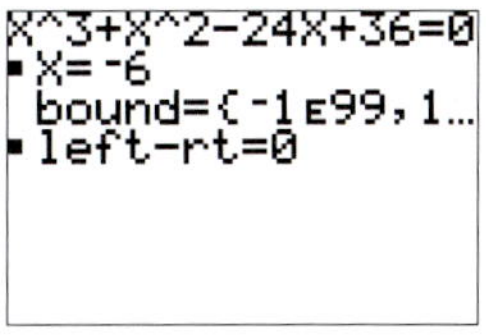

Abb. 2.3.17

Wie bei den Funktionen gibt es auch bei den Gleichungen „nach oben" keine Grenze. Daher betrachten wir kurz einige einfache Gleichungen noch höheren Grades.

Wenn Sie eine Gleichung in der Form $a \cdot (x + w)^n + s = 0$ gegeben haben, so können Sie diese Gleichung sehr einfach lösen.

Lehrbeispiel

L 2.25: Gleichung lösen B

Lösen Sie die folgende Gleichung:

$81 \cdot (x + 2)^4 - 16 = 0$ — binomische Formel nicht auflösen

$81 \cdot (x + 2)^4 = 16$ — umformen

$(x + 2)^4 = \frac{16}{81}$ — vierte Wurzel ziehen

$x + 2 = \pm\frac{2}{3}$ — **Achtung:** An die „Minus-Lösung" denken.

$x_1 = -\frac{8}{3}, x_2 = -\frac{4}{3}$

Manchmal lassen sich Gleichungen „sehr hohen" Grades einfach lösen, wie das folgende Beispiel zeigt – wir verwenden dabei einen alten „Mathematikertrick", das Substituieren. In unserem Beispiel wird das x^3 durch ein z ersetzt, was aber bedeutet, dass x^6 zu z^2 wird.

Lehrbeispiel

L 2.26: Gleichung durch Substitution lösen B

Lösen Sie die folgende Gleichung:

$x^6 - 2x^3 - 3 = 0$ — Substitution: $x^3 = z$

$z^2 - 2z - 3 = 0$ — Lösungsformel anwenden: $z_{1,2} = -\frac{p}{2} \pm \sqrt{\left(\frac{p}{2}\right)^2 - q}$

$z_{1,2} = 1 \pm \sqrt{1 + 3}$

$z_1 = -1, z_2 = 3$ — Rücksubstitution: z durch x^3 ersetzen

$x_1^3 = -1, x_2^3 = 3$

$x_1 = -1, x_2 = \sqrt[3]{3}$

Bilden von Modellen – Anwendung bei Kostenfunktionen

SbX
Ein Input zu quadratischen Kostenfunktionen mit Lehr- und Übungsbeispielen finden Sie unter der ID: 1231.

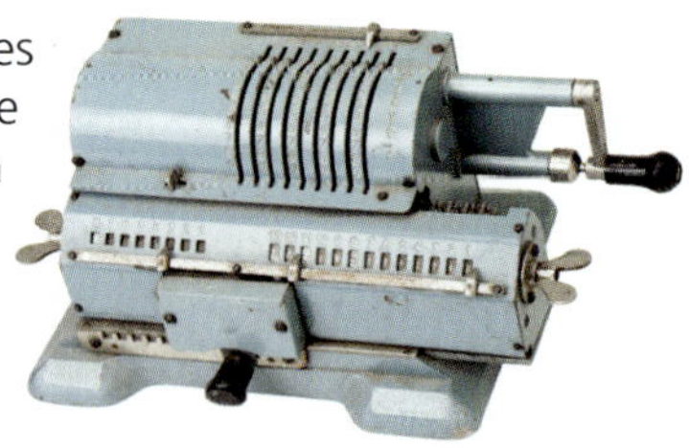

Die Kostenfunktionen dritten Grades sind ein mathematisches Modell für das Verhältnis zwischen der produzierten Menge und den Kosten, das der Realität sehr nahekommt. Kosten wachsen meist nicht linear – zum Beispiel, weil Überstunden höhere Kosten verursachen als „normale" Stunden.

Die **Kostenfunktion** gibt die Gesamtkosten an:

$K(x) = ax^3 + bx^2 + cx + d.$

Die **Erlösfunktion** gibt den Erlös an, den das Unternehmen mit dem Produkt erzielen kann. Sie errechnet sich durch Preis mal Menge:

$E(x) = px.$

Die **Gewinnfunktion** ist die Differenz zwischen dem Erlös und den Kosten; Ziel eines Betriebes ist es natürlich, dass der Erlös größer ist als die Kosten – dass also Gewinn erwirtschaftet wird.

$G(x) = E(x) - K(x)$

Als **Gewinnschwelle** – auch Nutzenschwelle oder Break-even-Point genannt – bezeichnet man jenen Punkt, an dem Kosten und Erlös gleich hoch sind:

$K(x) = E(x)$ oder auch $G(x) = 0.$

Lehrbeispiel

L 2.27: Den Gewinn berechnen A B C

Ein Betrieb hat für die Herstellung eines Produkts die fixen Kosten von 250 GE (Geldeinheiten). Der Term $0{,}2x^3 - 4x^2 + 45x$ gibt jenen Anteil der Gesamtkosten an, der von der Anzahl der Mengeneinheiten (ME) abhängig ist. Der Verkaufspreis liegt bei 80 GE pro ME. In welchem Bereich (Stückzahl) macht der Betrieb Gewinn?

$K(x) = 0{,}2x^3 - 4x^2 + 45x + 250$ — Gesamtkosten setzen sich aus Fixkosten und variablen Kosten zusammen.

$E(x) = 80x$ — Erlös ist Preis mal Stückzahl.

$G(x) = E(x) - K(x)$

$G(x) = -0{,}2x^3 + 4x^2 + 35x - 250$ — Man berechnet, wann der Gewinn gleich null wäre.

$-0{,}2x^3 + 4x^2 + 35x - 250 = 0$

Durch Probieren findet man $x_1 = 5$. Mit Polynomdivision oder Horner-Schema erhält man die quadratische Gleichung

$-0{,}2x^2 + 3x + 50 = 0$

mit den Lösungen

$x_2 = 25,\ x_3 = -10.$

Das bedeutet: Zwischen 5 und 25 verkauften Mengeneinheiten macht der Betrieb Gewinn.

Eine Skizze zeigt, dass die Funktion $G(x) = -0{,}2x^3 + 4x^2 + 35x - 250$ zwischen den beiden positiven Nullstellen ein Maximum hat – an dieser Stelle wird der Gewinn maximal.

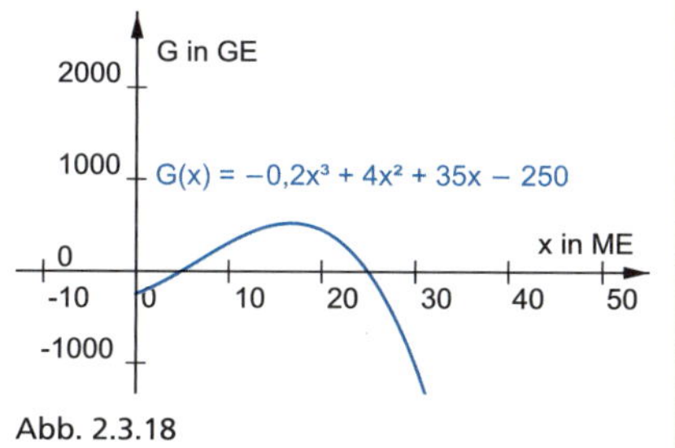

Abb. 2.3.18

Übungsbeispiel

Ü 2.44 ★: Kosten- und Erlösfunktion grafisch

Stellen Sie die Kosten- und die Erlösfunktion aus **L 2.27** grafisch dar.

Lesen Sie die Schnittpunkte aus der Grafik ab.

Vergleichen Sie diese mit den Nullstellen der Gewinnfunktion G und erklären Sie den Zusammenhang.

Üben

SbX ID: 1232

A B C D

Ü 2.45 ★★: Radfahren A B C

Eine Radfahrerin radelt mit einer durchschnittlichen Geschwindigkeit von 15 km/h.

a) Geben Sie eine Funktionsgleichung an, mit der Sie den zurückgelegten Weg in Abhängigkeit von der Zeit ermitteln können. Geben Sie an, um welche Art von Funktion es sich dabei handelt.

b) Wenn Sie nun die Zeit in Abhängigkeit von der Geschwindigkeit betrachten, ergibt sich eine andere Art des Funktionsgraphen – geben Sie an, welche.

Ü 2.46 ★★: Linsengleichung A B

Bei einer Linse mit der Brennweite von 8 cm soll die Entfernung des Bildes vom abgebildeten Objekt 36 cm betragen. Errechnen Sie die Entfernung zwischen Objekt und Linse, wenn folgender Zusammenhang gilt:

$\frac{1}{g} + \frac{1}{b} = \frac{1}{f}$. f … Brennweite, g … Gegenstandsweite, b … Bildweite

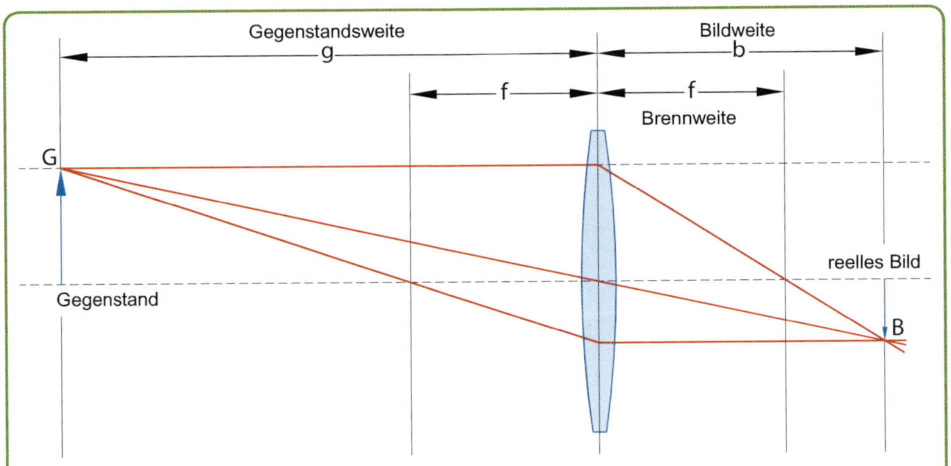

Abb. 2.3.19

Ü 2.47 ★: Kugeln A D

Kugeln gelten in der Mathematik als „vollkommene Körper". Ihre Oberfläche lässt sich durch die Formel $A = 4r^2\pi$ berechnen. Das Volumen kann mit $V = \frac{4}{3} r^3\pi$ berechnet werden. Stellen Sie den Radius in Abhängigkeit von der Oberfläche bzw. vom Volumen dar. Argumentieren Sie, warum sich der Radius nur verdoppelt, wenn das Volumen auf das 8-Fache ansteigt.

Ü 2.48 ★★: Gleichung 3. Grades B

Lösen Sie die folgende Gleichung durch Berechnung und kontrollieren Sie mithilfe einer grafischen Darstellung am Taschenrechner!

$x^3 = x^2 - 4\,x$

Ü 2.49 ★: Gleichung lösen und dokumentieren B C D

Lösen Sie folgende Gleichung durch Berechnung und kontrollieren Sie mithilfe einer grafischen Darstellung am Taschenrechner! Beschreiben Sie in Worten, wie Sie vorgegangen sind, und überlegen Sie, ob Sie den einfachsten Rechenweg gegangen sind!

$3 \cdot (x-4) \cdot (x+7) \cdot (x-0{,}5) = 0$

Ü 2.50 ★★: Gleichungen lösen B

Lösen Sie die folgenden Gleichungen ohne Technologieeinsatz:

a) $r^3 - 3r^2 - 6r + 8 = 0$
b) $r^3 - 7r^2 + 7r + 15 = 0$
c) $r^3 - r^2 - 16r - 20 = 0$
d) $r^3 + 2r^2 + 9r + 18 = 0$
e) $r^3 - 7r + 6 = 0$
f) $r^3 - 3r^2 + 4 = 0$
g) $4r^3 - 15r^2 + 12r + 4 = 0$
h) $5r^3 - 12r^2 + 5r - 2 = 0$

Ü 2.51 ★★: Kosten und Preise B C D

Die Kosten für die Erzeugung eines Artikels betragen $K(x) = 0{,}04x^3 - 0{,}6x^2 + 4x + 10$ GE.

a) Zeichnen Sie den Graphen der Kostenfunktion im Intervall [0; 10] und beschreiben Sie seinen Verlauf.

b) Argumentieren Sie, warum eine Kostenfunktion überall monoton steigend sein muss.

Ü 2.52 ★★: Kostenfunktion A B C

Die Kostenfunktion eines Betriebs lautet: $K(x) = 0{,}01x^3 - 0{,}3x^2 + 8x + 240$. Der Artikel wird um 30 GE/ME verkauft.

a) Stellen Sie die Gleichung der Erlös- und der Gewinnfunktion auf.

b) Berechnen Sie die Gewinnschwelle und die Gewinngrenze.

c) Zeichnen Sie die Graphen von Kosten-, Erlös- und Gewinnfunktion im Intervall [0; 70]. Lesen Sie aus der Zeichnung näherungsweise ab, bei welcher Produktionsmenge der Gewinn maximal ist und wie hoch er dort ist.

Ü 2.53 ★★: Stückkostenfunktion A C

Für einen Betrieb gilt: Die Gesamtkosten bei der Produktion von x-Stück lassen sich durch
$K(x) = 0{,}002x^3 - 0{,}15x^2 + 6{,}5x + 250$
berechnen.

a) Berechnen Sie die Kosten eines Stücks, wenn 100 Stück produziert werden.

b) Modellieren Sie eine Funktionsgleichung, welche die Kosten eines Stücks berechnet, wenn x Stück produziert werden.

c) Zeichnen Sie den Graphen der Stückkostenfunktion im Intervall [0; 100].

d) Lesen Sie aus dem Graphen näherungsweise ab, bei welcher Produktionsmenge die Stückkosten minimal sind und wie hoch sie dort sind.

SbX ID: 1232

Weitere Übungsaufgaben finden Sie im SbX.

Sichern

Potenzfunktionen: positiver Exponent

Exponent positiv und gerade
$f(x) = x^n \qquad n \in \mathbb{N}_g,\ n \neq 0$

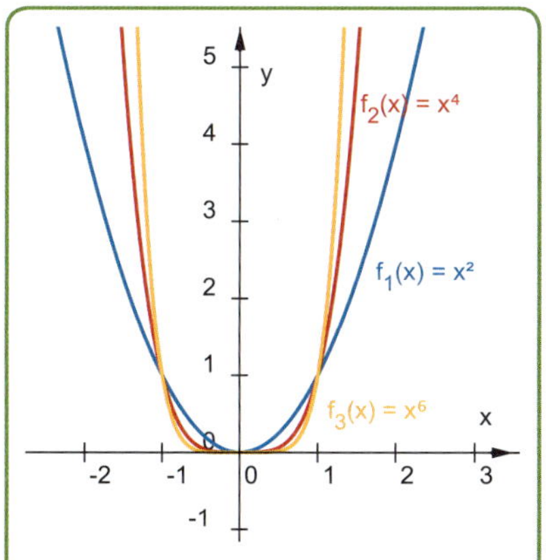

Abb. 2.3.20

Exponent positiv und ungerade
$f(x) = x^n \qquad n \in \mathbb{N}_u,\ n \neq 1$

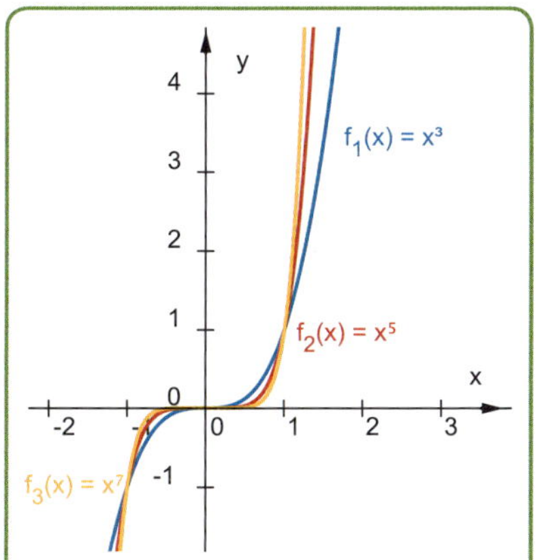

Abb. 2.3.21

Potenzfunktionen: negativer Exponent

Exponent negativ und gerade
$f(x) = x^{-n}$ $n \in \mathbb{N}_g$, $n \neq 0$

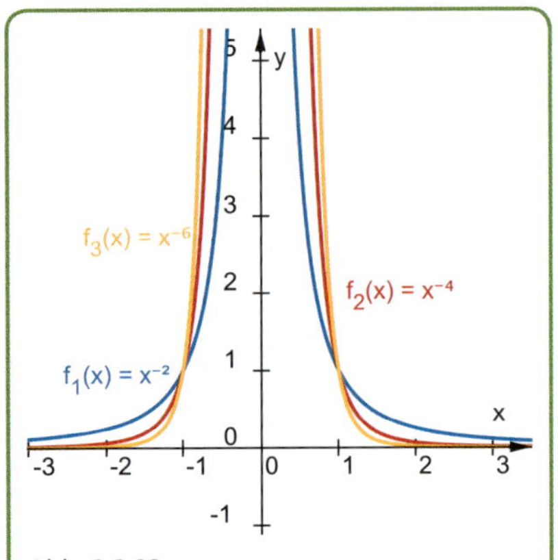

Abb. 2.3.22

Exponent negativ und ungerade
$f(x) = x^{-n}$ $n \in \mathbb{N}_u$

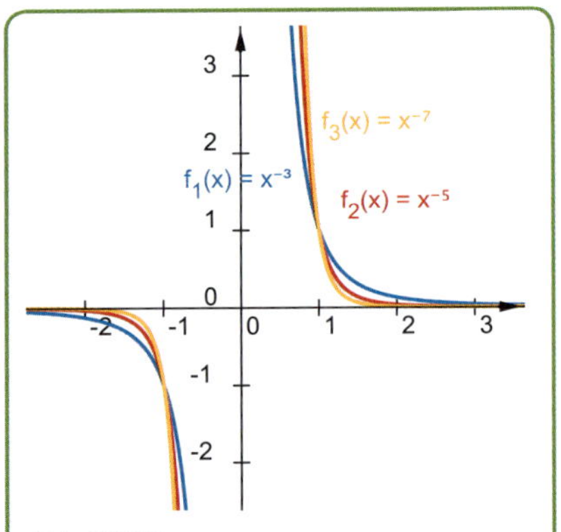

Abb. 2.3.23

Die Graphen von Potenzfunktionen mit negativen Exponenten heißen auch **Hyperbeln.**

Wurzelfunktionen

$f(x) = \sqrt[n]{x}$ $n \in \mathbb{N}$
$x \geq 0$

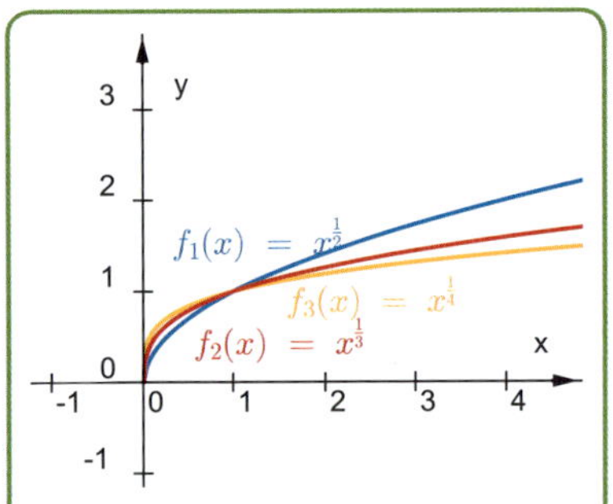

Abb. 2.3.24

Einfluss der Parameter

$y = a\,(x + w)^n + s$

$a < 0$	Spiegelung des Funktionsgraphen an der x-Achse
$\lvert a \rvert > 1$	„Streckung in y-Richtung"
$\lvert a \rvert < 1$	„Stauchung in y-Richtung"
$s < 0$	senkrechte Verschiebung nach unten (um den Wert s)
$s > 0$	senkrechte Verschiebung nach oben (um den Wert s)
$w < 0$	waagrechte Verschiebung nach rechts (um den Wert w)
$w > 0$	waagrechte Verschiebung nach links (um den Wert w)

Polynomfunktion n-ten Grades

$f(x) = a_n \cdot x^n + a_{n-1} \cdot x^{n-1} + \ldots + a_1 \cdot x + a_0$ $x \in \mathbb{R}$, $n \in \mathbb{N}$, $a_n \neq 0$

Fundamentalsatz der Algebra

Für eine Gleichung dritten Grades gilt:
$ax^3 + bx^2 + cx + d = a\,(x - x_1) \cdot (x - x_2) \cdot (x - x_3)$,
wenn x_1, x_2, x_3 die Lösungen der Gleichung $ax^3 + bx^2 + cx + d = 0$ sind.

Falls es eine **ganzzahlige** Lösung einer Gleichung gibt, so ist diese **Teiler des absoluten Gliedes** (= „Zahl ohne Variable"), wenn alle Koeffizienten (a, b, c, d) ganzzahlig sind.

Zusammenhang Funktionen – Gleichungen

Das Lösen einer Gleichung entspricht dem Auffinden der Schnittstellen mit der x-Achse der dazugehörigen Funktion.

Wissen

A B C D

W 2.24: Flugbahn eines Tennisballs A B

Wenn ein Tennisball mit einem Topspin geschossen wird, lässt sich die Flugbahn durch die Funktion $h(x) = a \cdot x \cdot \sqrt{b - x^2}$ beschreiben (x … waagrechte Entfernung vom Abschlag). Nach 15 m beträgt seine Höhe 3 m und 5 m später wieder 3 m. Das Tennisfeld ist 23,8 m lang.

a) Ermitteln Sie die Parameter a und b.

b) Der Spieler schlägt den Ball von der Grundlinie ab. Berechnen Sie, in welcher Höhe der Ball das Netz überquert, das sich in der Mitte des Feldes befindet.

c) Ermitteln Sie, ob der Ball noch innerhalb des Feldes auf dem Boden aufkommt und welche Entfernung von der Grundlinie er dabei hat.

W 2.25: Schallgeschwindigkeit A B C D

Die Schallgeschwindigkeit hängt von der Temperatur der Luft ab. Sie lässt sich durch die Funktion $v(x) = 1188 \cdot \sqrt{1 + 0{,}004x}$ modellieren. v(x) ist dabei die Geschwindigkeit des Schalls in Stundenkilometern [x in Grad Celsius].

a) Berechnen Sie, wie schnell der Schall am kältesten Wintertag und am wärmsten Sommertag in Ihrer Umgebung war (nehmen Sie ggf. einen realen sehr kalten/warmen Tag an).

b) Vergleichen Sie die Geschwindigkeiten mit der Schallgeschwindigkeit heute. Zeigen Sie die Grenzen dieses Modells auf! Interpretieren Sie die Nullstelle in diesem Zusammenhang.

W 2.26: Bremsweg eines Autos A D

Der Bremsweg eines Autos lässt sich mit der Formel $s = \frac{v^2}{2a}$ berechnen, wobei a die Bremsverzögerung ist. Diese beträgt im Sommer zwischen 4 m/s² (Sand) und 8 m/s² (trockener Asphalt), im Winter nimmt sie bis auf 1 m/s² (Schnee) ab. Zeigen Sie mittels einer Grafik die Veränderung des Bremsweges bei einer Geschwindigkeit von 50 km/h und 70 km/h. Stellen Sie auch die zugehörigen Funktionsgleichungen auf.

W 2.27: Flatscreen A C

Die wöchentlichen Kosten, die bei der Erzeugung eines bestimmten Flatscreens entstehen, lassen sich durch die nachfolgende Gleichung der Kostenfunktion K(n) beschreiben.

$$K(x) = \frac{3}{100}x^3 - \frac{29}{5}x^2 + 591x + 12450$$

a) Veranschaulichen Sie die Stückkostenfunktion durch eine grafische Darstellung.

b) Lesen Sie aus der Grafik das Betriebsoptimum, also jene Menge, bei der die Stückkosten minimal sind, ab.

W 2.28: Massenträgheitsmoment A

Ein in der angewandten Physik wichtiger Zusammenhang ist das Massenträgheitsmoment. Es beschreibt den Widerstand eines **starren Körpers** gegenüber einer Änderung seiner **Rotationsbewegung.** Für einen Zylindermantel beträgt es:

$J = r^2 \cdot m$

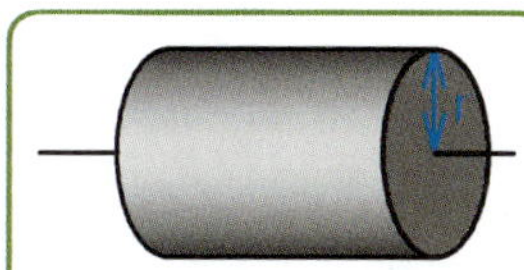

Abb. 2.3.25

Stellen Sie mittels eines Graphen dar, wie man den Radius verändern müsste, damit bei sich ändernder Masse das Trägheitsmoment gleich bleibt.

W 2.29: Beschleunigung D

Der Weg entspricht der halben Beschleunigung mal dem Quadrat der Zeit. Begründen Sie, warum eine Verdopplung der Beschleunigung keine so große Auswirkung auf den Weg hat wie eine Verdopplung der Zeit.

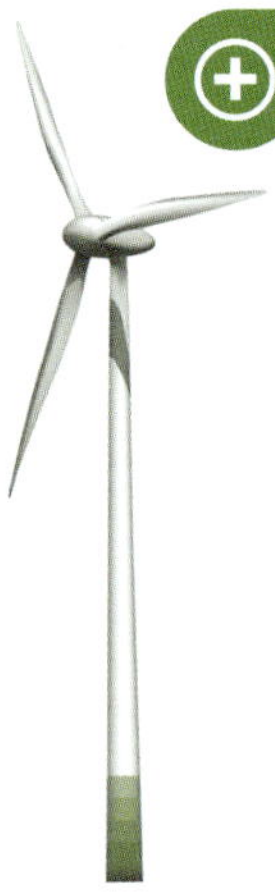

W 2.30: Windgeschwindigkeit im Windpark A B D

In einem Windpark kann bei einer Windgeschwindigkeit v theoretisch die Leistung $P(v) = 30v^3$ produziert werden (v in m/s, P(v) in W).

a) Stellen Sie diese Leistungserzeugung grafisch dar.

b) Beschreiben Sie, wie sich eine Verdopplung der Windgeschwindigkeit auf die Leistung auswirkt.

c) Die realen mittleren Messwerte, die in der Anlage gemessen werden, sind in folgender Tabelle dargestellt. Der Wirkungsgrad einer Anlage ist der Quotient aus der realen Leistung und der theoretischen Leistung. Er ist in der Praxis nie höher als 45 %. Ermitteln Sie jene Windgeschwindigkeit, in der die Anlage optimal gearbeitet hat.

v in m/s	P(v) in W
14,5	$2{,}284 \cdot 10^4$
12,5	$1{,}93 \cdot 10^4$
10,5	$1{,}48 \cdot 10^4$
8,5	$8{,}04 \cdot 10^3$
4,5	0
0	0

W 2.31: Schwerpunkte von Massen A C

Für zwei Massen m_1 und m_2 gilt: $F = G\frac{m_1 \cdot m_2}{R^2}$, wobei R der Abstand der Schwerpunkte der Massen ist. Ergänzen Sie die fehlende unabhängige Variable und die Beschriftung der Achsen.

$F(\quad) = G\frac{m_1 \cdot m_2}{R^2}$

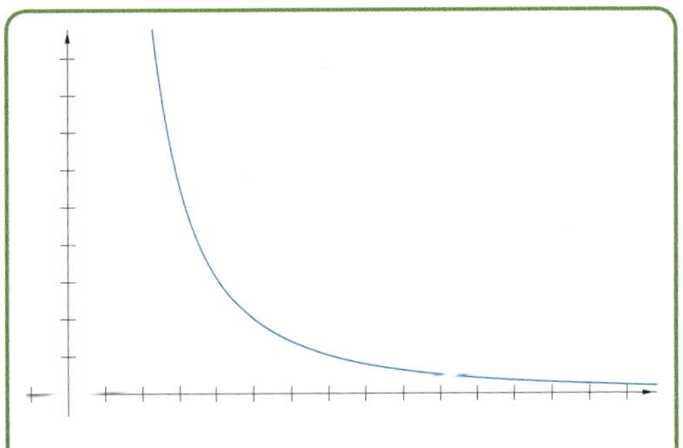

Abb. 2.3.26

$F(\quad) = G\frac{m_1 \cdot m_2}{R^2}$

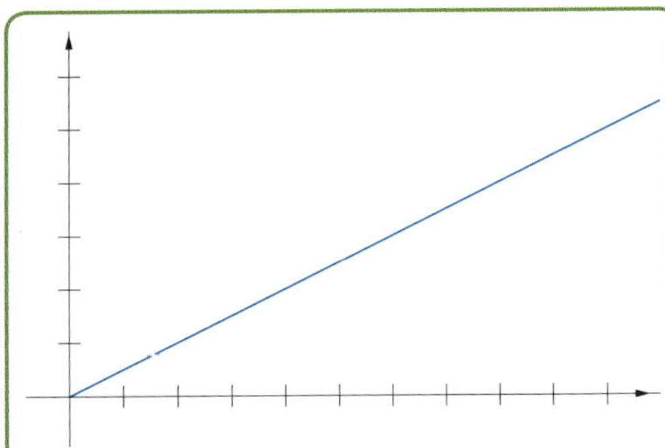

Abb. 2.3.27

W 2.32: Wasserstrahl A B D

Der Wasserstrahl dieses japanischen Brunnens kommt aus einem in ein Meter Höhe gelegenen waagrechten Wasserrohr. Die Wassergeschwindigkeit beträgt dabei 3,8 m/s. Der Wasserstrahl wird durch eine Funktion zweiten Grades modelliert: $h(e) = h_0 - \frac{5}{v^2}e^2$, wobei e die waagrechte Entfernung von der Wasseröffnung angibt.

a) Erklären Sie, was mit h(e) berechnet wird – in welcher Einheit.

b) Begründen Sie, warum vor dem e^2 ein Minus steht.

c) Schätzen und berechnen Sie anhand der Abbildung, in welcher Entfernung vom Wasserauslass die Mitte des Wasserauffangbehälters ist.

W 2.33: Gewinn erklären B D

Die wöchentlichen Kosten für die Erzeugung eines Produkts lassen sich durch folgende Kostenfunktion beschreiben: $K(x) = 0{,}001x^3 - 0{,}03x^2 + x + 1700$

Berechnen Sie, in welchem Bereich der Betrieb Gewinn macht, wenn der Verkaufspreis pro Stück

a) 30 €

b) 25 €

c) 20 € beträgt. Erklären Sie das Ergebnis.

W 2.34: Unabhängige und abhängige Variablen wählen C

Ein Wasserbehälter hat die Form eines Prismas mit quadratischer Grundfläche. Die Volumsformel lautet: $V = a^2h$.

Welche der drei Variablen müssen Sie als unabhängige/als abhängige Variable wählen und welche als fix vorgegeben, damit die Funktionen den folgenden grafischen Darstellungen entsprechen? Schreiben Sie jeweils die Funktionsgleichung auf.

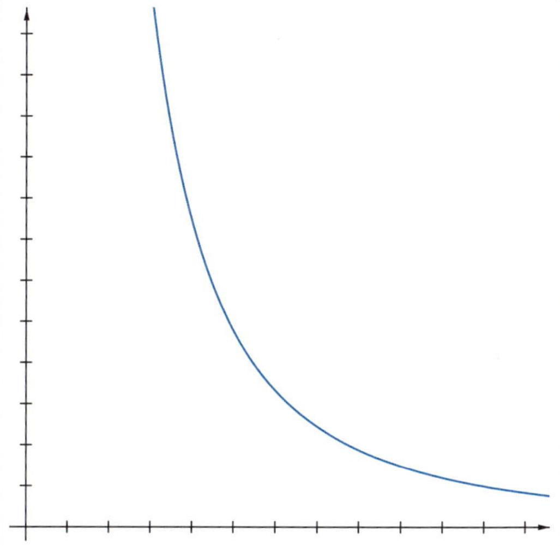
Abb. 2.3.28

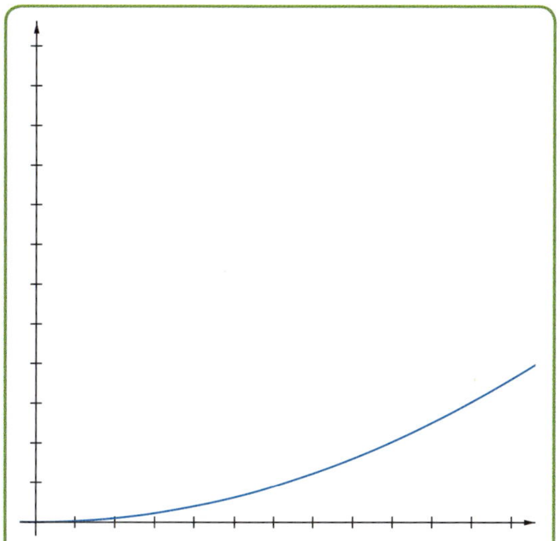
Abb. 2.3.29

W 2.35: Nullstellen B D

Ermitteln Sie die Nullstellen der folgenden Funktion:

$f(x) = x \cdot (x+1) \cdot (x-3)$.

Skizzieren Sie den Kurvenverlauf, ohne dazu eine Wertetabelle oder eine grafische Darstellung am Taschenrechner zu benutzen. Beschreiben Sie Ihre Vorgangsweise.

W 2.36: Konkurrenz A B C D

Sie sind Unternehmerin/Unternehmer. Für das Produkt, das Sie anbieten, gibt es am Markt zahlreiche Konkurrenzprodukte. Die Nachfrage nach dieser Art von Produkt ist hoch. Aufgrund der vorhandenen Konkurrenzsituation ergibt sich deshalb der Erlös durch Zusammenspiel von Angebot und Nachfrage. Dieser hat sich bei einem Preis von 900 Cent pro Stück eingependelt.

Die Kostenfunktion K(x) lautet:

$K(x) = 0{,}001x^3 - 0{,}75x^2 + 200x + 9000$ (Angaben in Cent)

a) Berechnen Sie den Erlös E und die Kosten K für 10 Stück, 50 Stück.

b) Geben Sie den Erlös in Abhängigkeit von der produzierten Menge x an und bezeichnen Sie den Term E(x).

c) Wenn Sie den Erlös um die Kosten vermindern, erhalten Sie den Gewinn. Geben Sie den Gewinn in Abhängigkeit von x an und bezeichnen Sie ihn mit G(x)

d) Zeichnen Sie die Kostenfunktion K und die Erlösfunktion E im Intervall [0; 1400] in das Koordinatensystem ein. Markieren Sie den Gewinnbereich und beschreiben Sie, woran Sie den Gewinnbereich erkennen.

W 2.37: **Biofruchtsaft** A B D

Die H2Ö GmbH will ihren Biofruchtsirup Birne aus einer anderen Birnensorte als bisher herstellen. Die Kosten für die Herstellung des Biofruchtsaftes lassen sich durch die folgende Funktion beschreiben:

$K(x) = 0{,}001x^3 - 0{,}9x^2 + 210x + 11800$

Die Erlösfunktion lautet $E(x) = 230x$ (Kosten und Erlös in Cent).

Bestimmen Sie die Schnittpunkte der beiden Funktionen miteinander. Überlegen und erklären Sie, welche Bedeutung diese Schnittpunkte haben.

W 2.38: **Wasser-Export**

Aufgrund einer Anfrage aus Dubai überlegt die H2Ö GmbH, reinstes Quellwasser in getönte Glasflaschen abzufüllen und in die VAE zu liefern. Die Kosten für dieses neuartige Projekt lassen sich mit der Funktion $K(x) = 0{,}002x^3 - 0{,}15x^2 + 115x + 16250$ abschätzen. Der voraussichtliche Erlös könnte 1.600 Cent/l betragen.

a) Stellen Sie die Kosten- und die Erlösfunktion grafisch dar (benutzen Sie den Taschenrechner!) und geben Sie jene Mengengrenzen an, innerhalb derer dieses Angebot zu einem Verlust/Gewinn werden könnte. Argumentieren Sie, welche der ermittelten Grenzen wirtschaftlich gesehen Sinn ergeben.

b) Stellen Sie K(x) und E(x) grafisch dar.

c) Beschreiben Sie, wie sich die Erlösfunktion verändern würde, damit sie K(x) nur in einem Punkt schneidet.

Kompetenz-Check

	☺	😐	☹
Ich kann Potenz- und Wurzelfunktionen skizzieren.			
Ich kann Nullstellen von Polynomfunktionen errechnen.			
Ich kenne den Zusammenhang zwischen den Nullstellen und dem Grad der Funktion.			
Ich kann reale Situationen mittels einer Polynom-Wurzelfunktion modellieren.			

3 EXPONENTIAL- UND LOGARITHMUSFUNKTIONEN

Worum geht's in diesem Kapitel?

Der britische Nationalökonom Thomas Malthus veröffentlichte vor ca. 200 Jahren einen berühmten Aufsatz über das Wachstum der Bevölkerung. Er vertrat die Theorie, dass die Bevölkerung exponentiell ansteigt, die zur Verfügung stehenden Nahrungsmittel aber höchstens linear. Das führt seiner Meinung nach zwangsläufig zu Hungersnöten, Elend und sozialen Unruhen. Wir Menschen sind gewohnt, linear zu denken: Wenn eine Größe in einer bestimmten Zeit um einen bestimmten Betrag anwächst, dann wächst sie in der doppelten Zeit um den doppelten Betrag. In der Realität sind Wachstumsvorgänge aber meist viel komplexer. Das führt dazu, dass wir uns leicht verschätzen, egal ob es sich um das Bevölkerungswachstum oder die finanzielle Belastung durch einen Kredit handelt. Viele dieser Vorgänge lassen sich durch Exponentialfunktionen beschreiben.

Wenn sie dieses Kapitel bearbeitet haben, können Sie

- erklären, was Exponential- und Logarithmusfunktionen sind
- Gleichungen lösen, bei denen die Unbekannte im Exponenten steht
- Modelle erstellen, um Wachstums- und Abnahmevorgänge zu beschreiben
- die Grundlagen der Finanzmathematik, zum Beispiel die Berechnung von Sparguthaben oder Krediten anwenden

„Ich kann Rechengesetze für Logarithmen anwenden."

„Ich kann Exponentialgleichungen vom Typ $a^{k \cdot x} = b$ nach der Variablen x auflösen."

„Ich kann Exponentialfunktionen grafisch darstellen, als Wachstums- und Abnahmemodelle interpretieren, die Verdoppelungszeit und die Halbwertszeit berechnen und im Kontext deuten sowie den Einfluss der Parameter von Exponentialfunktionen interpretieren."

„Ich kann lineare Funktionen und Exponentialfunktionen strukturell vergleichen, die Angemessenheit einer Beschreibung mittels linearer Funktionen oder mittels Exponentialfunktionen argumentieren."

„Ich kann anwendungsbezogene Problemstellungen mit Exponentialfunktionen modellieren."

A B C D

In diesem Kapitel finden Sie Lehrbeispiele, Übungsaufgaben und Aufgaben zur Lernkontrolle zur Überprüfung Ihrer Kompetenzen auf den Handlungsebenen A Modellieren und Transferieren B Operieren und Technologieeinsatz C Interpretieren und Dokumentieren und D Argumentieren und Kommunizieren.

Dieses Kapitel umfasst folgende Lerneinheiten:

Lerneinheit 1

Exponential- und Logarithmusfunktionen

SbX
Alle SbX-Inhalte zu dieser Lerneinheit finden Sie unter der ID: 1310.

In diesem Kapitel lernen Sie eine neue Art von Funktionen kennen. Weil die Variable im Exponenten steht, bezeichnet man sie als Exponentialfunktionen. Mit solchen Funktionen kann man beispielsweise das Bevölkerungswachstum oder den radioaktiven Zerfall beschreiben.

Sie lernen hier:

- was eine Exponentialfunktion und ihre Umkehrung ist
- wie man Gleichungen löst, bei denen die Hochzahl gesucht ist

Lernen

SbX ID: 1311

A B C D

1 Exponentialfunktionen

Grenzenloses Wachstum

In den vorangegangenen Lerneinheiten kam die unabhängige Variable immer in unterschiedlichen Potenzen vor – sie war aber immer die Basis. Die unabhängige Variable kann aber auch die Hochzahl sein. Dann sprechen wir von einer Exponentialfunktion – die Variable steht im Exponenten.

$f(x) = a \cdot b^x$

Stellen Sie sich eine Bakterienkultur in einem Labor vor. Die Bakterien haben dort optimale Lebensbedingungen und verdoppeln in einer Stunde ihre Anzahl. Am Anfang des Experiments enthält die Kultur 1000 Bakterien. Wir suchen jetzt eine Funktion, die uns die Anzahl nach t Stunden angibt. Diese Anzahl bezeichnen wir mit N(t).

t	N(t)
0	1000
1	$2000 = 1000 \cdot 2$
2	$4000 = 1000 \cdot 2^2$
3	$8000 = 1000 \cdot 2^3$

Anzahl nach t Stunden

Die allgemeine Formel für die Anzahl nach t Stunden lautet: $N(t) = N_0 \cdot 2^t$.

Dabei ist der Anfangswert N_0 (sprich N-Null) gleich 1000.

Was ist aber, wenn t keine ganze Zahl ist? Wir können davon ausgehen, dass die Anzahl der Bakterien nicht sprunghaft, sondern gleichmäßig steigt (es teilen sich nicht alle gleichzeitig). Wir haben schon Potenzen mit negativen und gebrochenen Hochzahlen definiert. Unsere Formel bleibt daher sinnvoll, wenn wir für n eine beliebige Zahl einsetzen:

$2^0 = 1$ … das heißt, am Beginn des Versuchs gibt es N_0 Bakterien;

$2^{-1} = \frac{1}{2}$ … das heißt, die Anzahl eine Stunde vor Versuchsbeginn war $\frac{N_0}{2}$;

$2^{\frac{1}{2}} = \sqrt{2}$ … das heißt, in einer halben Stunde wächst die Anzahl um den Faktor $\sqrt{2}$.

In der praktischen Anwendung kommen neben N(t) viele andere Funktionsbezeichnungen dazu – für die Definition einer Exponentialfunktion bleiben wir bei der schon bekannten Schreibweise für Funktionen.

Exponentialfunktion

$f(x) = a \cdot b^x$ $\quad a \in \mathbb{R}, b \in \mathbb{R}^+$

Nehmen wir zwei Beispiele für Exponentialfunktionen und betrachten diese näher.

Übungsbeispiel

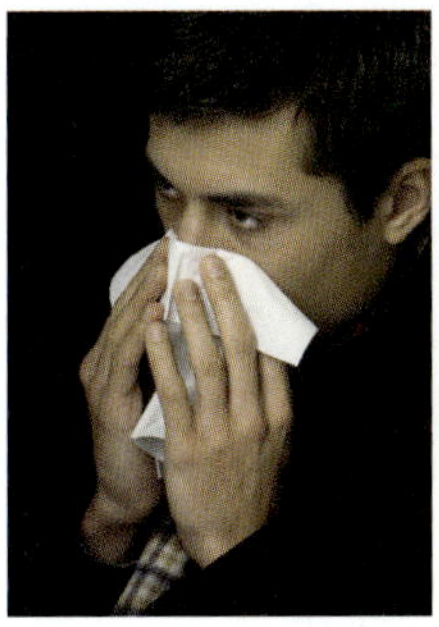

Ü 3.1 ★★: Bakterien vermehren B

Eine Bakterienkultur vermehrt sich unter realen (Schnupfen-)Bedingungen in Abhängigkeit von der Zeit nach folgender Formel:

$f(x) = 100 \cdot 1{,}2^x$ $\quad$ f(x) … Anzahl der Bakterien nach x Stunden

a) Berechnen Sie die Anzahl der Bakterien nach 1, 2, 3, 4 und 5 Stunden.

b) Wie viele Bakterien waren es zu Beginn und um wie viel Prozent ist die Anzahl von der „nullten" bis zu ersten Stunde, von der ersten zur zweiten Stunde … gestiegen?

Nachdem wir nun schon genug Bakterien haben, wollen wir diese auch wieder loswerden.

Übungsbeispiel

Ü 3.2 ★: Bakterien vermindern B

Eine Bakterienkultur wird durch Gabe eines Medikaments vermindert. Die Reduktion erfolgt nach folgender Formel:

$f(x) = 1000 \cdot 0{,}9^x$ $\quad$ f(x) … Anzahl der Bakterien nach x Stunden

a) Berechnen Sie die Anzahl der Bakterien nach 1, 2, 3, 4 und 5 Stunden.

b) Wie viele Bakterien waren es zu Beginn und um wie viel Prozent ist die Anzahl von der „nullten" bis zu ersten Stunde, von der ersten zur zweiten Stunde … gefallen?

Wahrscheinlich ist Ihnen aufgefallen, dass die Bakterien sich immer um 20 % vermehrt haben, das heißt, nach jeder Stunde waren es 120 % der Bakterienzahl jeweils eine Stunde davor – also 1,2 in Dezimalzahlen.

Geschrumpft ist die Kultur dann aber nur um jeweils 10 %, jeweils nach einer Stunde waren 90 % von der Bakterienzahl vorhanden, die eine Stunde davor gemessen wurde – in Dezimalzahlen 0,9.

Damit ist der Zusammenhang zwischen der Funktionsgleichung und der Realität ganz offensichtlich.

$f(x) = a \cdot b^x$ $\quad$ a … Ausgangswert (Menge zu Beginn …)

b … Prozentsatz, der nach einer (Zeit)Einheit vorhanden ist

Somit lässt sich allein schon durch die Angabe erkennen, ob sich etwas exponentiell vermehrt oder vermindert.

Übungsbeispiel

SbX

Ein dynamisches Arbeitsblatt zu Ü 3.3 finden Sie unter der ID: 1311.

Ü 3.3 ★★: Exponentialfunktionen grafisch darstellen B C D

Zeichnen Sie mit einer Technologie Ihrer Wahl einige Exponentialfunktionen $f(x) = a \cdot b^x$, deren Basis b positiv ist.

Nehmen Sie für a vorerst den Wert 1 an:

- Beobachten Sie, wie sich die Graphen verändern, wenn sich die Basis ändert. Vergleichen Sie die einzelnen Funktionsgraphen – beschreiben Sie Gemeinsamkeiten und Unterschiede.
- Notieren Sie Ihre Überlegungen.

Sie haben sicher erkannt, dass alle Funktionen, deren Basis größer als 1 war, von „links unten nach rechts oben" verlaufen sind, jene, deren Basis zwischen 0 und 1 war, von „links oben nach rechts unten".

Exponentialfunktion

$f(x) = b^x$ $1 < b$

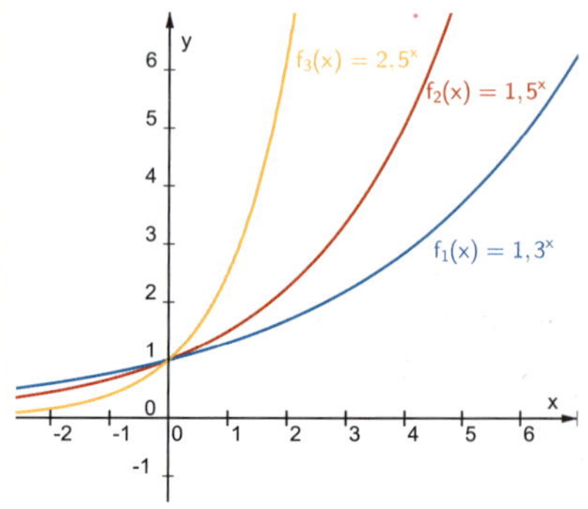

Abb. 3.1.1

$f(x) = b^x$ $0 < b < 1$

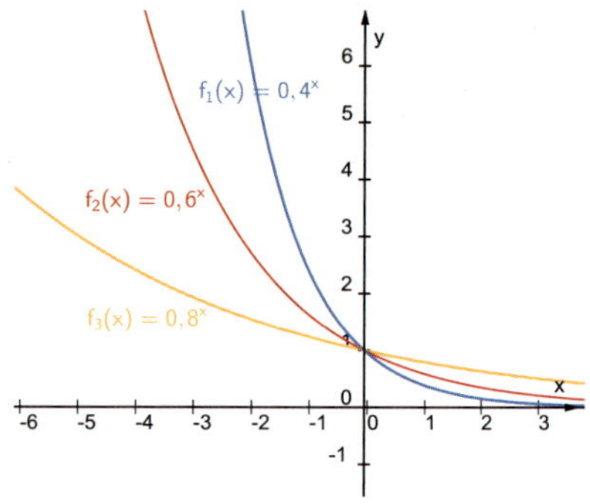

Abb. 3.1.2

Wie Sie sehen, ist die Steigung der Kurve im Schnittpunkt mit der y-Achse umso größer, je größer die Basis ist. Diejenige Funktion, bei der diese Steigung 1 beträgt, bezeichnet man als **natürliche Exponentialfunktion.** Die Kurve berührt also dort die Gerade mit der Gleichung $y = x + 1$. Die Basis dieser Funktion ist die **Euler'sche Zahl e:**

SbX
Wie man auf diese Zahl kommt, erfahren Sie unter der ID: 1311.

Euler'sche Zahl

$e = 2,71828...$

Diese Zahl ist eine der wichtigsten Konstanten in der Mathematik.

2 Logarithmusfunktionen

Warum der Logarithmus immer mit muss …

Wir haben die Potenzfunktion $y = 2^x$ gegeben und sehen uns davon drei Zahlenpaare in einer Wertetabelle an:

x	y	
1	2	weil 2 hoch 1 gleich 2
2	4	weil 2 hoch 2 gleich 4
3	8	weil 2 hoch 3 gleich 8

Betrachten wir den Zusammenhang $y = b^x$ noch einmal: Bei der Exponentialfunktion ist die Basis die konstante Größe, die Hochzahl die unabhängige Variable und das Ergebnis die abhängige Variable. Wenn aber nun die Basis und das Ergebnis gegeben sind und wir uns die Frage nach der Hochzahl stellen, so schreibt man mathematisch den Logarithmus.

Ganz allgemein betrachtet:

andere Schreibweise: $^b\log x = h$

Logarithmus

Der Logarithmus einer Zahl n zur Basis b ist der Exponent/die Hochzahl h, mit dem/der man die Basis potenzieren muss, um auf n zu kommen.

$$\log_b n = h \quad \rightarrow \quad b^h = n$$

„links ^{rechts} = Mitte"

Übungsbeispiel

Ü 3.4 ★★: Kopfrechnen B

Berechnen Sie die Logarithmen im Kopf:

$\log_2 8 = ?$, weil $2^? = 8$

$\log_3 9 = ?$, weil $3^? = 9$

Übungsbeispiel

Ü 3.5 ★: Logarithmen im Kopf berechnen B

Berechnen Sie die folgenden Logarithmen im Kopf:

$\log_{10} 100000 = ?$ weil $10^? = 100000$

$\log_5 1 = ?$ weil $5^? = 1$

$\log_4 \frac{1}{4} = ?$ weil $4^? = \frac{1}{4}$

Wenn wir diese Frage nach der Hochzahl in eine Funktion verpacken, erhalten wir die Logarithmusfunktion:

Bei der Logarithmusfunktion ist der Exponent gesucht.

Logarithmusfunktion

$f(x) = a \cdot \log_b x \quad a \in \mathbb{R}, b \in \mathbb{R}^+, b \neq 1$

Warum b nicht eins sein darf, ist offensichtlich: weil eins hoch jeder beliebigen Zahl wieder eins ergibt.

Den Logarithmus zur Basis e bezeichnet man auch als **natürlichen Logarithmus (ln).**

Querverweis
Siehe Lerneinheit 2.

Die Logarithmusfunktion $\log_b x$ ist also die Umkehrfunktion der Exponentialfunktion b^x. Man erhält sie, indem man in der Gleichung der Exponentialfunktion x und y vertauscht. Der Graph der Logarithmusfunktion ergibt sich daher, wenn man den Graphen der Exponentialfunktion an der 1. Mediane spiegelt.

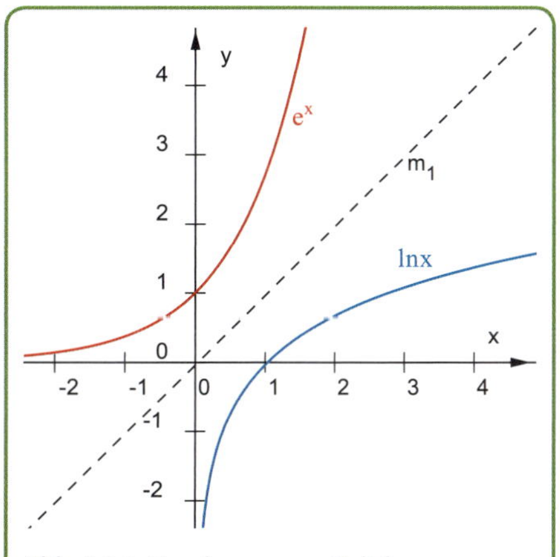

Abb. 3.1.3: Graphen von natürlicher Exponential- und Logarithmusfunktion

Die Logarithmusfunktion tritt z. B. bei der Berechnung logarithmischer Spiralen auf. Ein Beispiel aus der Natur ist ein Schneckenhaus.

3 Exponential-/Logarithmusfunktionen

Übungsbeispiel

SbX

Ein dynamisches Arbeitsblatt zu Ü 3.6 finden Sie unter der ID: 1311.

Ü 3.6 ★★: Logarithmusfunktionen grafisch darstellen B C D

Zeichnen Sie mit einer Technologie Ihrer Wahl einige Logarithmusfunktionen $f(x) = a \cdot \log_b x$, deren Basis positiv ist.

Nehmen Sie für a vorerst den Wert 1 an.

- Beobachten Sie, wie sich die Graphen verändern, wenn sich die Basis ändert.
- Vergleichen Sie die einzelnen Funktionsgraphen – beschreiben Sie Gemeinsamkeiten und Unterschiede. Notieren Sie Ihre Überlegungen.

Sie haben sicher erkannt, dass alle Funktionen nur im positiven x-Bereich liegen und jene, deren Basis größer als 1 war, von „unten nach oben" verlaufen sind, jene, deren Basis zwischen 0 und 1 war, von „oben nach unten".

Logarithmusfunktion

$f(x) = \log_b x \qquad 1 < b$

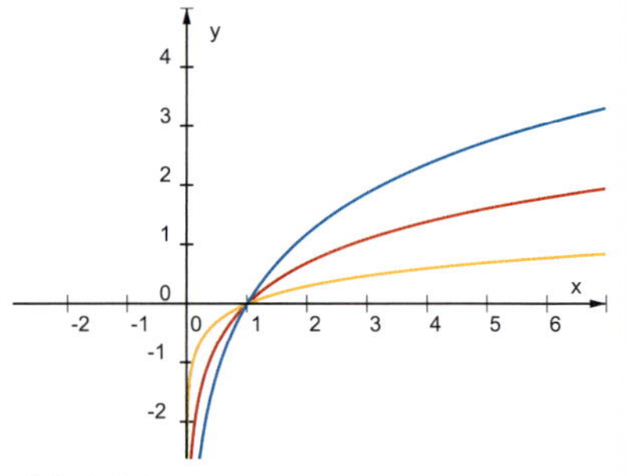

Abb. 3.1.4

$f(x) = \log_b x \qquad 0 < b < 1$

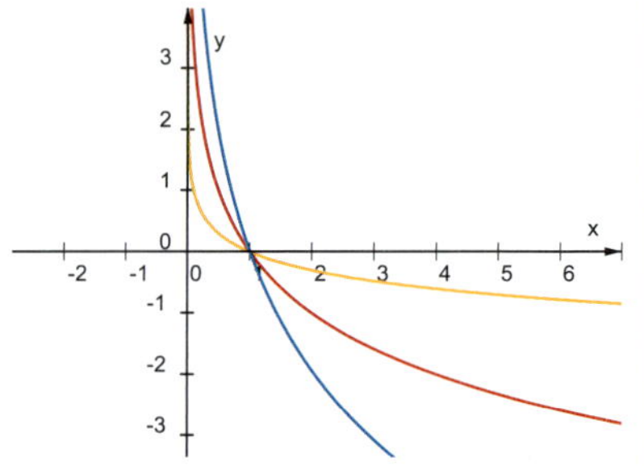

Abb. 3.1.5

Die Logarithmusfunktion ist also die **Umkehrung der Exponentialfunktion.** Als Basis kann man jede beliebige positive Zahl außer 1 wählen. Da x nur positive Werte annehmen kann, ist der Logarithmus **nur für positive Zahlen** definiert.

In der Praxis verwendet man nur die Basen 10 (dekadischer Logarithmus) und e (natürlicher Logarithmus), in der Informatik auch 2 (dyadischer oder binärer Logarithmus).

Logarithmen zu speziellen Basen

- $\log_{10}$ = lg (logarithmus generalis): dekadischer Logarithmus
- $\log_e$ = ln (logarithmus naturalis): natürlicher Logarithmus
- $\log_2$ = ld (logarithmus dualis): dyadischer Logarithmus; manchmal auch lb

Den dekadischen und den natürlichen Logarithmus findet man auch auf dem Taschenrechner, wobei der dekadische Logarithmus oft einfach mit LOG abgekürzt wird. Jetzt können wir aber noch immer nicht $\log_2 5$ berechnen. Dazu brauchen wir die Rechengesetze für Logarithmen. Weil ein Logarithmus eine Hochzahl ist, sind das einfach die Rechengesetze für Potenzen, nur etwas anders formuliert:

Rechengesetze für Logarithmen

$\log x^n = n \cdot \log x$	$\log \sqrt[n]{x} = \frac{1}{n} \cdot \log x \quad n \neq 0$
$\log (x_1 \cdot x_2) = \log x_1 + \log x_2$	$\log\left(\frac{x_1}{x_2}\right) = \log x_1 - \log x_2$

Übungsbeispiel

Ü 3.7: Logarithmen berechnen A B

Formen Sie die folgenden Logarithmen mittels Rechengesetzen so um, dass sie „einfach mittels Taschenrechner" zu lösen sind (also Basis 2, 10 oder e haben).

$4 = 2^2 \Rightarrow \log 4 = 2 \cdot \log_2 2 = 2 \cdot \mathrm{ld}\, 2 =$

$5 = \frac{10}{2} \Rightarrow \log 5 = \log 10 - \log 2 =$

$20 = 2 \cdot 10 \Rightarrow \log 20 =$

$8 = 2^3 \Rightarrow \log 8 =$

$100 = 10^2 \Rightarrow \log 100 =$

Bei großen Zahlen ist es einfacher, mit Logarithmen zu rechnen als mit den ursprünglichen Zahlen – alle Rechenarten werden um eine Stufe heruntergesetzt. Daraus erklärt sich die enorme Bedeutung der Logarithmen: Vor den Zeiten des Computers wurden alle größeren Berechnungen mithilfe von Logarithmentafeln durchgeführt.

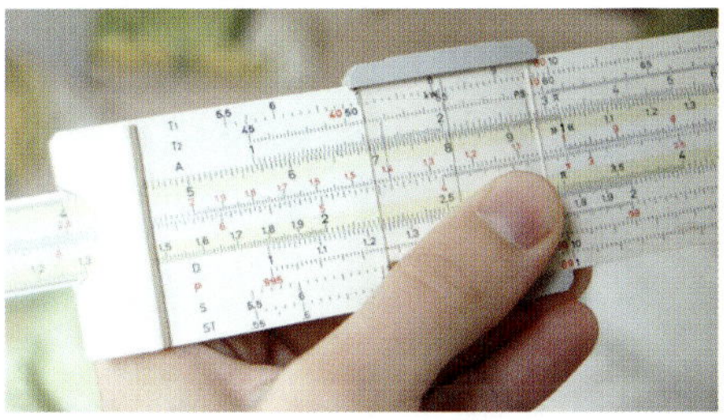

Auch der früher unentbehrliche Rechenschieber hatte logarithmische Skalen.

Für uns ist vor allem die erste Rechenregel von Bedeutung. Mit ihrer Hilfe kann man den Exponenten „herunterholen". Das ist die einzige Möglichkeit, um Exponentialgleichungen zu lösen (also Gleichungen, bei denen die Unbekannte im Exponenten steht).

3 Exponentialgleichungen mit dem Logarithmus rechnerisch lösen

Eine praktische Rechenhilfe

Genauso wie bei den Polynomfunktionen, die wir als Modelle für verschiedene Problemstellungen verwenden, ist es auch hier nötig, die entsprechenden Gleichungen lösen zu können. Wir kehren dazu noch einmal zum Beispiel mit den Bakterien zurück.

Die Anzahl nach t Stunden beträgt $N(t) = 1000 \cdot 2^t$. Jetzt stellen wir uns die Frage: Wann enthält die Kultur 5000 Bakterien? Wir müssen also folgende Gleichung lösen:

$$1000 \cdot 2^t = 5000$$
$$2^t = 5$$

Diese Gleichung können wir mithilfe der Rechengesetze für Logarithmen in eine lineare Gleichung verwandeln.

Lehrbeispiel

L 3.1: Lösen von Exponentialgleichungen B

$2^t = 5$	Wir bilden auf beiden Seiten den Logarithmus, z. B. ln …
$\ln 2^t = \ln 5$	… und wenden die erste Rechenregel an.
$t \cdot \ln 2 = \ln 5$	Das ist jetzt eine lineare Gleichung. Wir dividieren auf beiden Seiten durch ln 2.
$t = \frac{\ln 5}{\ln 2} = 2{,}3219 \ldots$	Dabei ist es egal, ob man mit dekadischen oder natürlichen Logarithmen rechnet! Sie hätten also auch mit lg rechnen können.

Nach 2,32 h, also ca. 2 h 20 min haben sich die Bakterien auf 5000 vermehrt.

3 Exponential-/Logarithmusfunktionen

Kompliziertere Gleichungen formt man mithilfe der Rechenregeln um, oder man isoliert die Potenz vor dem Logarithmieren.

Übungsbeispiel

Ü 3.8 ★★: Lösen von Exponentialgleichungen B

Lösen Sie die folgenden Gleichungen. Geben Sie die Ergebnisse auf drei Dezimalen genau an.

a) $7 \cdot 2^x = 23$

b) $0{,}3^x + 1{,}5 = 3{,}6$

c) $5 \cdot 3^x = 12 \cdot 2^x$

Übungsbeispiel

Ü 3.9 ★★: Exponentialgleichungen grafisch lösen B

Ermitteln Sie die Lösung der Gleichung aus **Ü 3.8** mittels grafischer Darstellung.

rechnerisch: lösen entspricht grafisch: schneiden

Wenn in einer Gleichung e^x vorkommt, verwendet man den natürlichen Logarithmus, denn es gilt:

$\ln e = 1$

Lehrbeispiel

L 3.2: Rechnen mit dem natürlichen Logarithmus B

$$5 \cdot e^x = 21 \quad | : 5$$
$$e^x = 4{,}2 \quad | \ln$$
$$x \cdot \ln e = \ln 4{,}2$$
$$x = \ln 4{,}2 \approx 1{,}435$$

● $\ln e = 1$

Lehrbeispiel

L 3.3: Bakterienanzahl B D

Eine Bakterienkultur vermehrt sich unter realen (Schnupfen-)Bedingungen in Abhängigkeit von der Zeit nach folgender Formel:

$f(x) = 100 \cdot 1{,}2^x$ ● $f(x)$ … Anzahl der Bakterien nach x Stunden

a) Berechnen Sie die Zeitspanne, innerhalb derer sich die Anzahl verzehnfacht hat.

$f(x) = 100 \cdot 1{,}2^x$ ● Gleichung für das Wachstum dieser Bakterien

$1000 = 100 \cdot 1{,}2^x$ ● Verzehnfachte Anzahl bedeutet: $f(x) = 1000$.

$10 = 1{,}2^x$ ● Logarithmieren auf beiden Seiten

$\lg 10 = \lg 1{,}2^x$

$\lg 10 = x \cdot \lg 1{,}2$

$x = 12{,}63$

Nach ungefähr einem halben Tag sind bereits 10-mal so viele Bakterien vorhanden.

b) Erklären Sie, wie Sie erkennen können, um welchen Prozentsatz sich die Bakterien stündlich vermehren.

$f(x) = 100 \cdot 1{,}2^x$

$f(1) = 100 \cdot 1{,}2^1$

Anzahl zu Beginn $1{,}2 \triangleq 120\,\% \Rightarrow 20\,\%$ Vermehrung

Üben

A B C D

Ü 3.10 ★: Gleichungen auflösen B

Stellen Sie aus den angegebenen Gleichungen die gesuchte Variable explizit dar.

a) $I(x) = I_0 \cdot e^{\lambda x}$ $\lambda =$

b) $\frac{T_2}{T_1} = \left(\frac{v_1}{v_2}\right)^x$ $x =$

c) $\frac{T_2}{T_1} = \frac{1}{\left(\frac{v_1}{v_2}\right)^{x-1}}$ $x =$

Ü 3.11 ★–★★: Exponentialgleichungen lösen B

a) $3^x = 10$

b) $5^x = 166$

c) $2{,}5^x = 0{,}01$

d) $3^{x+1} = 5$

e) $0{,}2^{x-3} = 27$

f) $1{,}1^{5x} = 9$

g) $17^{3x} = 0{,}4$

h) $5^{2x-1} = 12$

Ü 3.12 ★★: Exponentialgleichungen lösen B

Lösen Sie die folgenden Exponentialgleichungen und kontrollieren Sie durch grafische Darstellung.

a) $3 \cdot 4^x = 1{,}8$

b) $5 \cdot 3^{x+2} = 72$

c) $4^x - 18 = 7$

d) $0{,}25^x + 0{,}8 = 2{,}3$

e) $3 \cdot 10^x = 47$

f) $10^{3x-2} = 117$

g) $15 \cdot e^{2x} = 66$

h) $1 - e^{5x} = 0{,}3$

Ü 3.13 ★: Graphen von Exponentialfunktionen B C

Zeichnen Sie die Graphen der Funktionen $f_1(x) = 2^x$ und $f_2(x) = \left(\frac{1}{2}\right)^x$. Beschreiben Sie den Zusammenhang.

Ü 3.14 ★: Graphen von Logarithmusfunktionen B C

Zeichnen Sie die Graphen der Funktionen $f_1(x) = \log_2 x$ und $f_2(x) = \log_{0,5} x$. Beschreiben Sie den Zusammenhang.

Ü 3.15 ★★: Fehler D

Erklären Sie, welcher Fehler beim Lösen der folgenden Exponentialgleichung gemacht wurde:

$500 = 100 \cdot 1{,}2^x$ $\quad | \ln$

$\ln 500 = 100 \cdot x \cdot \ln 1{,}2$ $\quad | : (100 \cdot \ln 1{,}2)$

$x = \frac{\ln 500}{100 \cdot \ln 1{,}2}$

$x \approx 0{,}34$

Ü 3.16 ★★★: Logarithmen zu verschiedenen Basen umrechnen D

a) Erklären Sie, warum die Gleichung $10^{\lg x} = e^{\ln x}$ für jede positive Zahl x richtig ist.

b) Zeigen Sie, dass folgende Formeln gelten:

$\lg x = \frac{\ln x}{\ln 10}$ und $\ln x = \frac{\lg x}{\lg e}$,

indem Sie die Gleichung aus Aufgabe a) auf beiden Seiten logarithmieren.

3 Exponential-/Logarithmusfunktionen

Sichern

Exponentialfunktionen

Eine Exponentialfunktion ist eine Funktion der Form $y = a^x$. Ihre Umkehrung ist der Logarithmus zur Basis a. Die Basis des natürlichen Logarithmus ist die **Euler'sche Zahl** e = 2,71828 . . .

Exponentialfunktion

$f(x) = b^x \qquad 1 < b$

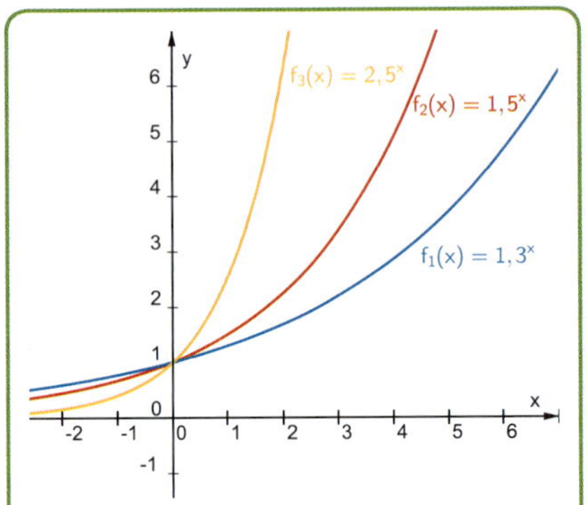

Abb. 3.1.6

$f(x) = b^x \qquad 0 < b < 1$

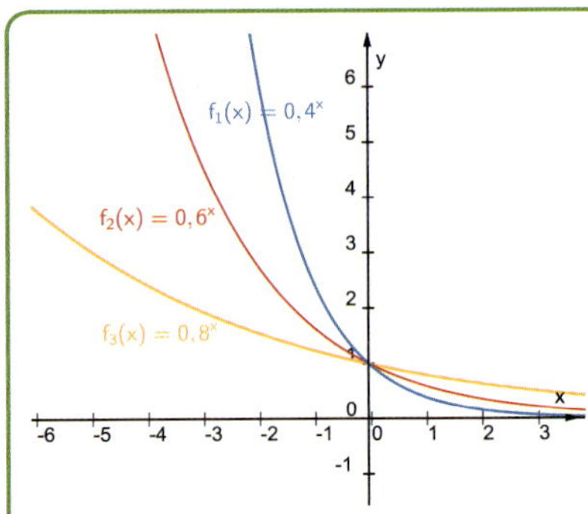

Abb. 3.1.7

Logarithmus

Der Logarithmus einer Zahl x zur Basis b ist der Exponent/die Hochzahl h, mit dem/der man die Basis potenzieren muss, um auf b zu kommen. $\log_b x = h \qquad b^h = x$

Logarithmusfunktion

$f(x) = \log_b x \qquad 1 < b$

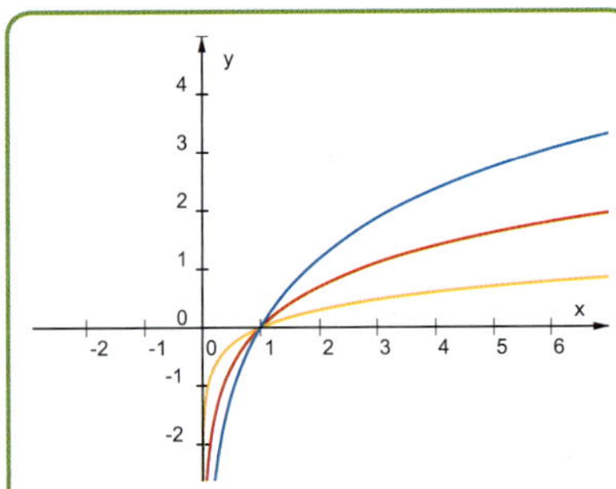

Abb. 3.1.8

$f(x) = \log_b x \qquad 0 < b < 1$

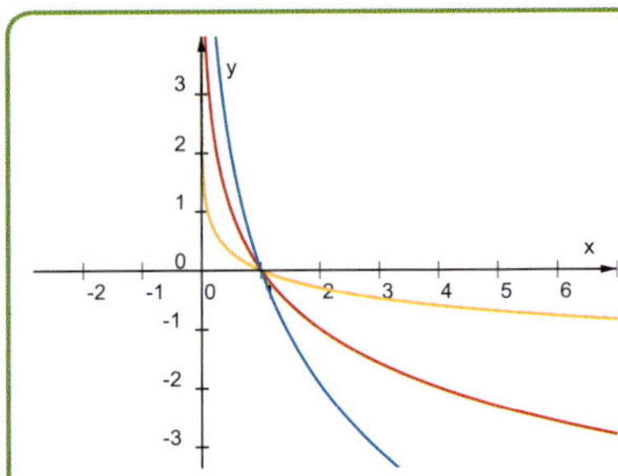

Abb. 3.1.9

Logarithmen zu speziellen Basen

- $\log_{10}$ = lg (logarithmus generalis): dekadischer Logarithmus
- $\log_e$ = ln (logarithmus naturalis): natürlicher Logarithmus
- $\log_2$ = ld (logarithmus dualis): dyadischer Logarithmus; manchmal auch lb

Rechenregeln für Logarithmen

$\log x^n = n \cdot \log x$

$\log (x_1 \cdot x_2) = \log x_1 + \log x_2$

$\log \sqrt[n]{x} = \frac{1}{n} \cdot \log x,\ n \neq 0$

$\log\left(\frac{x_1}{x_2}\right) = \log x_1 - \log x_2$

Exponentialgleichungen lösen

Exponentialgleichungen, d. h. Gleichungen, bei denen die Hochzahl gesucht ist, löst man durch Logarithmieren.

Wissen

W 3.1: Eigenschaften von Exponentialfunktionen D

Dokumentieren Sie die wichtigsten Eigenschaften einer Exponentialfunktion. Erklären Sie, wann eine Exponentialfunktion wachsend und wann sie fallend ist.

W 3.2: Funktion und grafische Darstellung B D

Ordnen Sie die folgenden Funktionen den entsprechenden Graphen zu und beschreiben Sie Ihre Überlegungen:

a) $y = 2^x$ b) $y = 5^x$ c) $y = \left(\frac{1}{3}\right)^x$ d) $y = 0{,}8^x$

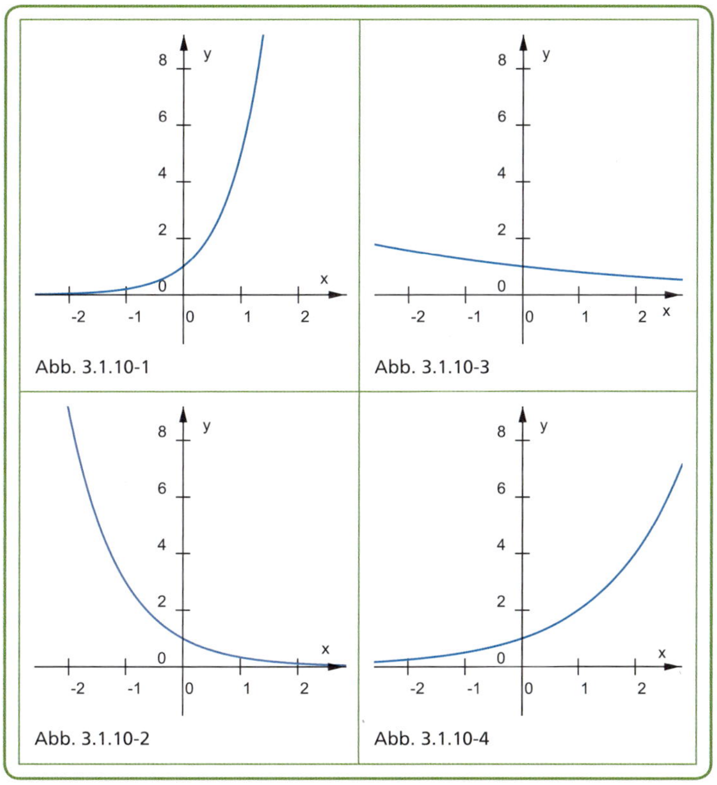

Abb. 3.1.10-1 Abb. 3.1.10-3 Abb. 3.1.10-2 Abb. 3.1.10-4

W 3.3: Exponentialfunktionen vergleichen B D

a) Lösen Sie die Gleichungen $3^{2x} = 1$ und $3^{2x} = -1$ ohne Zuhilfenahme des Taschenrechners. Dokumentieren Sie Ihre Überlegungen.

b) Begründen Sie, dass die Gleichung $a^{kx} = b$ mit $a > 0$ und $b < 0$ keine Lösung hat.

Kompetenz-Check

	☺	😐	☹
Ich weiß, was eine Exponentialfunktion ist und wie ihr Graph aussieht.			
Ich weiß, was ein Logarithmus ist.			
Ich kann eine Exponentialgleichung lösen.			

Lerneinheit 2

Wachstums- und Abnahmemodelle

SbX
Alle SbX-Inhalte zu dieser Lerneinheit finden Sie unter der ID: 1320.

Mithilfe von Exponentialfunktionen können viele natürliche Vorgänge realistisch dargestellt werden, wie zum Beispiel das Bevölkerungswachstum, der radioaktive Zerfall, die Abkühlung einer heißen Flüssigkeit, aber auch die Ausbreitung eines Gerüchts oder die Verbreitung von Mobiltelefonen. Mit mathematischem Wissen kann man, ausgehend von gewissen (vereinfachten) Annahmen, für solche Vorgänge Modelle erstellen. Mittels Experimenten muss man dann untersuchen, wie gut diese Modelle der Wirklichkeit entsprechen.

Sie lernen hier:

- was man unter exponentiellem Wachstum, exponentieller Abnahme versteht
- wie man beispielsweise Bevölkerungswachstum oder radioaktiven Zerfall berechnen kann

Lernen

SbX ID: 1321

A B C D

1 Exponentielles Wachstumsmodell

Wachstum unter optimalen Bedingungen

Querverweis
Lineare Funktionen siehe Kapitel 1, Lerneinheit 3.

Wenn eine Größe in jeder Zeiteinheit um denselben Betrag zu- oder abnimmt, kann sie durch eine lineare Funktion beschrieben werden. Man spricht dann von linearem Wachstum. Dieses Modell kommt aber in der Natur nur selten vor. Meist hängt die Zu- oder Abnahme irgendwie von der bereits vorhandenen Menge ab. Wir erhalten daher unterschiedliche Wachstumsmodelle, je nachdem, wie dieser Zusammenhang aussieht.

Oft ist die Zunahme proportional zum vorhandenen Bestand (je mehr Tiere oder Menschen schon da sind, umso mehr Nachwuchs bekommen sie). Das heißt, die Anzahl nimmt pro Zeiteinheit um denselben Faktor zu. Wir haben im Beispiel mit den Bakterien gesehen, dass sich dabei eine Exponentialfunktion ergibt, die man allgemein so schreiben kann:

Wachstumsfunktion 1

$N(t) = N_0 \cdot b^t \qquad b > 1$

Dabei ist t die Zeit, N(t) die Menge nach der Zeit t und N_0 der Anfangswert. b bezeichnet man als **Wachstumsfaktor;** bei einer Zunahme ist er größer als 1. Wenn die Zunahme p Prozent beträgt, ist $b = 1 + \frac{p}{100}$.

$N(t) = N_0 \cdot b^t$

Lehrbeispiel

L 3.4: Bevölkerungswachstum A B

Ein Land hat 5 Millionen Einwohner; die jährliche Bevölkerungszunahme beträgt 2 %.

a) Geben Sie das Modell einer Wachstumsfunktion an! Wie groß wird die Bevölkerung in zehn Jahren sein?

b) Berechnen Sie, wann das Land 8 Millionen Einwohner haben wird.

a) $b = 1 + \frac{2}{100}$, also lautet die Wachstumsfunktion

$N(t) = 5 \cdot 1{,}02^t$ (in Millionen)

Die Einwohnerzahl in zehn Jahren beträgt

$N(10) = 5 \cdot 1{,}02^{10} \approx 6{,}1$ Mio.

b) Dazu müssen wir eine Exponentialgleichung lösen:

$$5 \cdot 1{,}02^t = 8 \qquad |:5$$
$$1{,}02^t = 1{,}6 \qquad |\ln$$
$$t \cdot \ln 1{,}02 = \ln 1{,}6 \qquad |\ln 1{,}02$$
$$t = \frac{\ln 1{,}6}{\ln 1{,}02} \approx 23{,}7$$

Das Land wird in ca. 24 Jahren 8 Millionen Einwohner haben.

Eine einheitlichere Darstellung bekommt man, wenn man als Basis immer e verwendet. Wir können die Basis b immer in der Form $e^{\ln b}$ schreiben. Wenn wir $\ln b = \lambda$ (Lambda, griechischer Buchstabe für l) setzen, erhalten wir die Wachstumsfunktion in der folgenden Form:

Wachstumsfunktion 2

$N(t) = N_0 \cdot e^{\lambda t} \qquad \lambda > 0$

Die positive Konstante λ bezeichnet man als **Wachstumskonstante.** Sie ist umso größer, je schneller die Zunahme stattfindet. λ gibt ungefähr (aber nicht genau!) die prozentuelle Zunahme pro Zeiteinheit an.

Lehrbeispiel

L 3.5: Kaninchenpopulation A B

In einem bestimmten Gebiet haben sich die Kaninchen in fünf Jahren von 400 auf 500 Tiere vermehrt.

a) Ermitteln Sie die Wachstumskonstante λ.

b) Ermitteln Sie die prozentuelle Zunahme pro Jahr.

c) Wann wird sich die Population verdoppelt haben?

d) Stellen Sie die Funktion grafisch dar.

„Wie die Kaninchen" ist keine präzise Angabe für eine Wachstumsrate.

a) Wir setzen in die allgemeine Funktionsgleichung ein:

$$500 = 400 \cdot e^{5\lambda} \qquad |:400$$
$$1{,}25 = e^{5\lambda} \qquad |\ln$$
$$\ln 1{,}25 = 5\lambda \qquad |:5$$
$$\lambda = \frac{\ln 1{,}25}{5} \approx 0{,}0446/a$$

$N(t) = N_0 \cdot e^{\lambda t}$

(Der Zusatz /a – pro Jahr – bedeutet, dass sich die Konstante auf ein Jahr bezieht.)

Die Wachstumsfunktion lautet also

$N(t) = 400 \cdot e^{0{,}0446t}$.

b) Der Wachstumsfaktor ist $b = e^{\lambda} \approx 1{,}0456$, die jährliche Zunahme beträgt also 4,56 %.

Eine zweite mögliche Darstellung der Wachstumsfunktion lautet also:

$N(t) = 400 \cdot 1{,}0456^t$.

c) Schließlich berechnen wir noch die Verdoppelungszeit:

$800 = 400 \cdot e^{\lambda t} \quad | : 400$

$2 = e^{\lambda t} \quad | \ln$

$\ln 2 = \lambda t \quad | : \lambda$

$t = \frac{\ln 2}{\lambda} \approx 15{,}53a$

Die Anzahl der Kaninchen verdoppelt sich also in ca. 15,53 Jahren.

d)

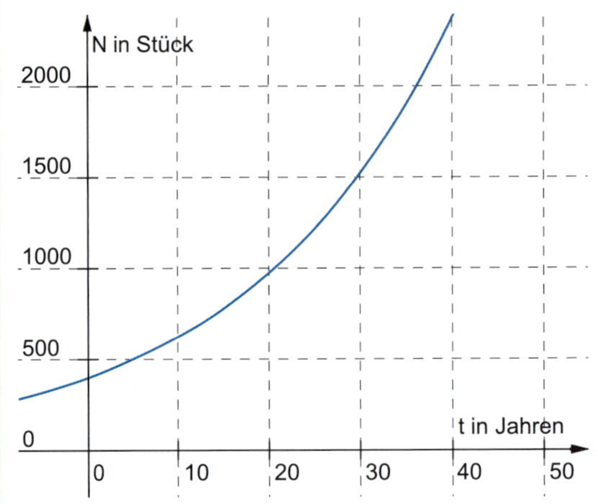

Abb. 3.2.1

Die Verdoppelungszeit hängt nicht vom Anfangswert ab!

Wir hätten die letzte Gleichung auch allgemein ansetzen können: $2 \cdot N_0 = N_0 \cdot e^{\lambda t}$. Nach Division durch N_0 hätten wir dasselbe Ergebnis erhalten. Das gilt für alle exponentiellen Wachstumsprozesse: Die Zeit, in der eine bestimmte Menge um einen Faktor zunimmt (also sich verdoppelt, verdreifacht, verzehnfacht …), ist vom Anfangswert unabhängig.

Wenn wir im vorigen Beispiel versuchen, die Anzahl der Kaninchen nach 100 Jahren zu berechnen, erhalten wir N(100) = 34694. Dieser Wert ist natürlich völlig unrealistisch. Das Modell des exponentiellen Wachstums ist also nur dann brauchbar, wenn N(t) relativ klein ist, das heißt, wenn sich die Population ungehindert vermehren kann. Noch drastischer zeigt sich die geradezu explosive Zunahme am folgenden Gedankenspiel:

Übungsbeispiel

Ü 3.17 ★: Alte Erbschaft B

Angenommen, jemand hätte vor 2000 Jahren einen Euro zu 1 % Zinseszinsen angelegt. Ermitteln Sie den Geldbetrag, den die Erben heute hätten.

Wachstumsmodelle helfen Ihnen also, Voraussagen zu treffen und „in die Zukunft zu sehen".

2 Exponentielles Abnahmemodell

Beispiel: Radioaktiver Zerfall

Auch wenn eine Größe pro Zeiteinheit um denselben Faktor abnimmt, kann dies durch eine Exponentialfunktion dargestellt werden. b ist in diesem Fall kleiner als 1. Die Zerfallskonstante λ ist dann negativ. Die allgemeine Zerfallsfunktion lautet:

Zerfallsfunktion 1

$N(t) = N_0 \cdot b^t \qquad b < 1$

Ein typisches Beispiel ist der **radioaktive Zerfall**: Viele Atome sind instabil und zerfallen mit einer gewissen Wahrscheinlichkeit. Dabei senden sie radioaktive Strahlung aus, sodass sich der Zerfall mit geeigneten Instrumenten nachweisen lässt. Man kann nicht vorhersagen, wann ein bestimmtes Teilchen zerfällt, aber man kann statistisch die Anzahl der restlichen Teilchen sehr genau berechnen. Je größer die Menge eines radioaktiven Elements ist, umso mehr Atome zerfallen pro Zeiteinheit. Auch hier gilt: Die Zeit, nach der nur mehr die Hälfte der ursprünglichen Menge übrig ist, hängt nicht vom Anfangswert ab. Man gibt daher meist diese Zeit, die sogenannte **Halbwertszeit**, an.

Halbwertszeit

Geiger-Müller-Zähler zur Messung von radioaktiver Strahlung

SbX
Den vollständigen Artikel finden Sie unter der ID: 1321.

Tauchunfall bei Bergung des Wracks

Bei der Bergung von Wrackteilen ist am Montagabend ein Taucher verunglückt. Der 47-jährige Mann musste nach Komplikationen aus noch ungeklärter Ursache aus rund 50 bis 60 Metern Wassertiefe mit Hilfe eines zweiten Tauchers einen Notaufstieg vornehmen. Dabei wurde der als sehr erfahren beschriebene 47-Jährige verletzt, er wurde an Land gebracht und nach der Erstversorgung durch einen Notarzt mit dem Hubschrauber ins Landeskrankenhaus Bregenz geflogen, informierte die Exekutive. Der 47-Jährige könne aber voraussichtlich am heutigen Dienstag das Spital schon wieder verlassen.

Quelle: diepresse.com (27. 3. 2012)

Lehrbeispiel

L 3.6: Unterwasser-Mathematik A B

Beim Tauchen nimmt der Wasserdruck kontinuierlich zu. Dadurch wird im Körper mehr Stickstoff gelöst als normal. (Die Luft besteht aus verschiedenen Einzelgasen, ca. 78 % Stickstoff (N_2), ca. 21 % Sauerstoff (O_2), 0,03 % Kohlendioxid (CO_2), ca. 0,97 % Edelgase.)

Kehrt ein Taucher zu schnell an die Wasseroberfläche zurück, kann der Stickstoff Bläschen bilden – eine sogenannte Übersättigung mit Stickstoff –, was zu Dekompressionsunfällen führen kann.

Ein bestimmtes Maß an zu viel gelöstem Stickstoff ist für den Körper abbaubar – dieser Abbau erfolgt exponentiell. Bereits nach 60 Sekunden ist der Wert ca. auf die Hälfte des Auftauchwertes gesunken.

a) **Modellieren** Sie diesen Zusammenhang mittels einer Exponentialfunktion. A

b) **Berechnen** Sie, wie viel Zeit nach dem Auftauchen man benötigt, um die Übersättigung auf 10 % des Wertes beim Auftauchen zu senken. B

Bei Wachstums- und Zerfallsprozessen sollte immer mit den gespeicherten ungerundeten Werten gerechnet werden.

a) $s(t) = s(0) \cdot b^t$ — s … Sättigungswert, t … in Sekunden

$0{,}5 \cdot s(0) = s(0) \cdot b^{60}$ — $0{,}5 \cdot s(0)$ … die Hälfte der Sättigung beim Auftauchen

$0{,}5 = b^{60}$ — ● Wurzelziehen

$b = 0{,}9885140204$

$\Rightarrow b = 0{,}99$ — ● Runden zum einfacheren Schreiben

$s(t) = s(0) \cdot 0{,}99^t$ — ● Gleichung für den Sättigungswert

b) $s(t) = s(0) \cdot 0{,}99^t$ — ● 10 % des Auftauchwertes … $0{,}1 \cdot s(0)$

$0{,}1 \cdot s(0) = s(0) \cdot 0{,}99^t$

$0{,}1 = 0{,}99^t$ — ● Logarithmieren auf beiden Seiten

$\ln 0{,}1 = t \cdot \ln 0{,}99$

$t = 199{,}32$

Nach ca. 199,32 Sekunden, also ca. 3 Minuten 20 Sekunden, ist der Wert bereits bei 10 %.

Zerfallsfunktion 2

$N(t) = N_0 \cdot e^{\lambda t} \qquad \lambda < 0$

Lehrbeispiel

Isotope sind verschiedene Sorten eines chemischen Elements, die sich in ihrer Massenzahl unterscheiden. Oft ist nur ein Isotop eines Elements stabil, die anderen sind radioaktiv. In der wissenschaftlichen Schreibweise steht die Massenzahl des Isotops links oben vor dem Zeichen des Elements: ^{131}I (sprich: I-131).

L 3.7: Radioaktiver Zerfallsprozess A B

Das Jod-Isotop ^{131}I zerfällt mit einer Halbwertszeit von ca. acht Tagen.
Berechnen Sie die Zerfallskonstante λ und die prozentuelle Abnahme pro Tag.

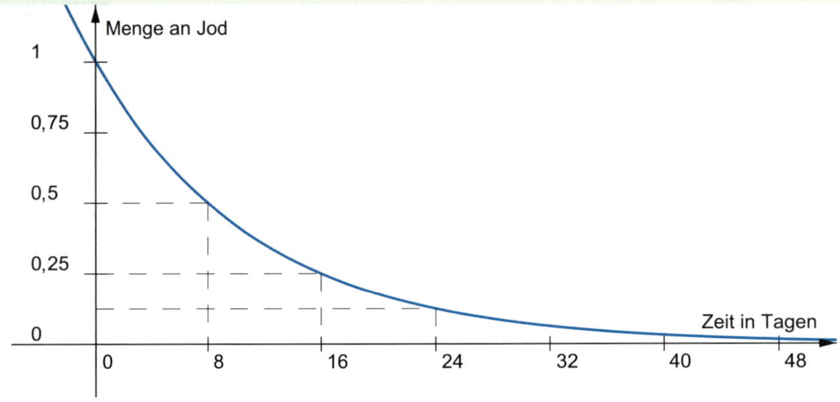

Abb. 3.2.2

Nach acht Tagen ist von der Anfangsmenge N(0) nur mehr die Hälfte, $\frac{N(0)}{2}$ übrig:

$$\frac{N(0)}{2} = N_0 \cdot e^{8\lambda} \qquad | : N(0)$$

$$0{,}5 = e^{8\lambda} \qquad | \ln$$

$$\ln 0{,}5 = 8\lambda \qquad | : 8$$

$$\lambda = \frac{\ln 0{,}5}{8} \approx -0{,}0866/d$$

Der Abnahmefaktor beträgt $b = e^{\lambda} = 0{,}917$. Nach einem Tag sind also noch 91,7 % der ursprünglichen Menge übrig, das heißt, 8,3 % sind zerfallen.

Bei Abnahme um p Prozent gilt: $b = 1 - \frac{p}{100}$.

Die biologische Halbwertszeit ist die Zeit, nach der die Hälfte einer bestimmten Substanz (Medikamente, Nikotin …) aus dem Körper ausgeschieden ist. Auch beim Preis von Gebrauchtwagen spricht man von einer Halbwertszeit (ca. 4–5 Jahre).

Übungsbeispiel

Der Luftdruck nimmt in der Höhe ab. Deshalb benutzen Bergsteiger/innen in großen Höhen normalerweise Atemgeräte.

Ü 3.18: Luftdruck A B

Auch der Luftdruck nimmt mit der Höhe exponentiell ab. In 5,5 km Höhe ist er nur noch halb so groß wie auf Meereshöhe. Stellen Sie eine Funktion für den Luftdruck p in der Höhe h auf. Berechnen Sie den Luftdruck auf dem Großglockner (3797 m) sowie auf dem Mount Everest (8848 m) in Prozent des Drucks auf Meeresniveau.

Zusammenfassend ergibt sich also folgende Übersicht:

Wachstum/Zunahme		Zerfall/Abnahme
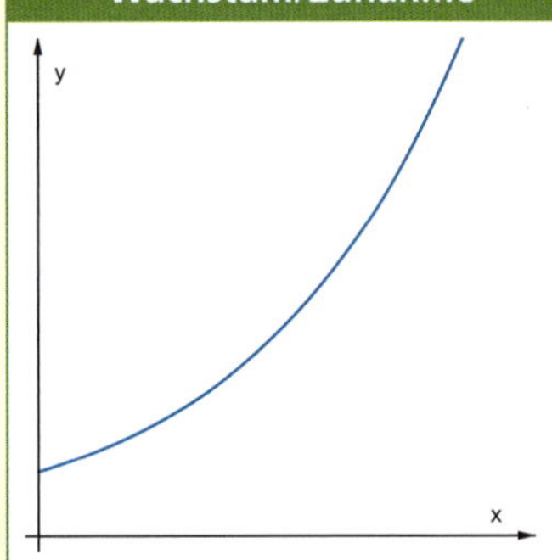		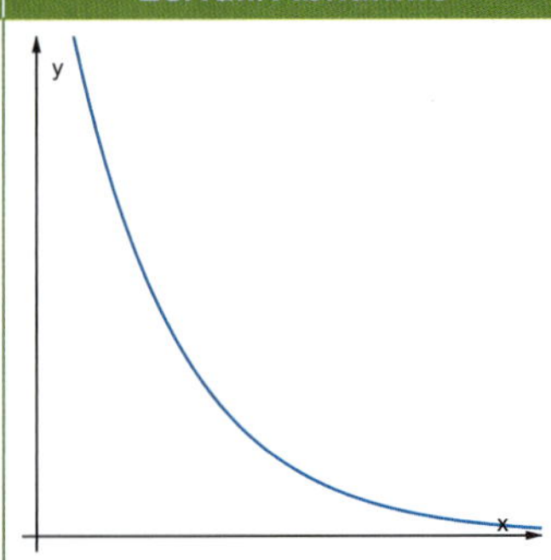
$1 < b$ mehr als 100 % $0 < \lambda$	$f(x) = a \cdot b^x$ $f(x) = a \cdot e^{\lambda x}$	$0 < b < 1$ weniger als 100 % $\lambda < 0$

3 Beschränktes Wachstum/beschränkte Abnahme
Kein unbeschränktes Wachstum in der Natur

$f(x) = ab^x + c$

Wir haben gesehen, dass Exponentialfunktionen sehr schnell wachsen. In der Natur ist unbeschränktes Wachstum nicht möglich. Begrenzte Nahrungsvorräte oder Platzmangel setzen dem Bestand eine natürliche Grenze.

Wir betrachten jetzt ein Modell, bei dem das Wachstum umso langsamer verläuft, je näher die vorhandene Menge an der Kapazitätsgrenze G liegt. Genauer gesagt ist die Zunahme proportional zur Differenz G – N(t). Wir ersetzen daher in der Gleichung für exponentielle Abnahme N(t) durch G – N(t) und N_0 durch $G - N_0$:

SbX Information über ein weiteres Modell, das logistische Wachstum, finden Sie unter der ID: 1321.

$$G - N(t) = (G - N_0) \cdot e^{-\lambda t}$$

Das können wir zur folgenden Funktionsgleichung umformen.

Beschränktes Wachstum

$$N(t) = G - (G - N_0) \cdot e^{-\lambda t}$$

L 3.5: Fortsetzung A B

Angenommen, in dem vorhin erwähnten Gebiet können maximal 2000 Kaninchen leben.

Bilden Sie ein Wachstumsmodell für diese Population. Die Funktionsgleichung nach dem Modell für beschränktes Wachstum lautet dann

$N(t) = 2000 - (2000 - 400) \cdot e^{-\lambda t} = 2000 - 1600 \cdot e^{-\lambda t}$

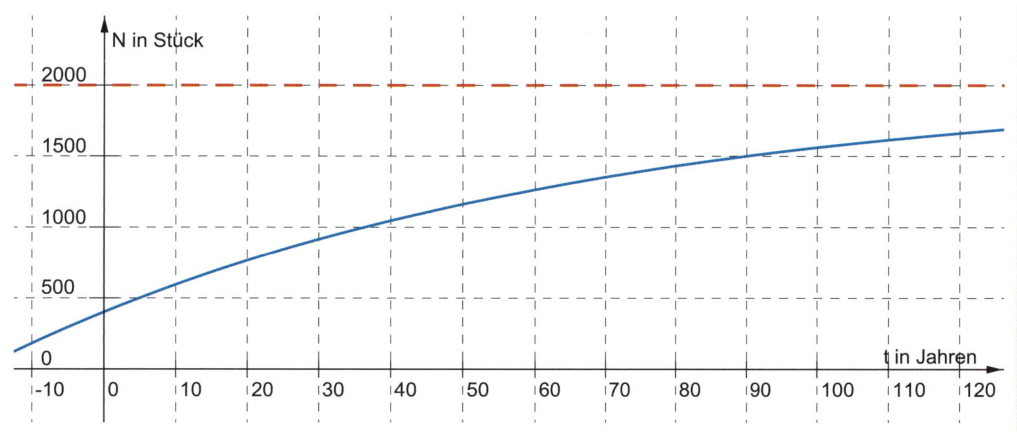

Abb. 3.2.3

Wir setzen N(5) = 500 ein, um die Konstante λ zu erhalten:

$$\begin{aligned} 500 &= 2000 - 1600 \cdot e^{-5\lambda} && |+ 1600 \cdot e^{-5\lambda} - 500 \\ 1600 \cdot e^{-5\lambda} &= 1500 && |: 1600 \\ e^{-5\lambda} &= 0{,}9375 && |\ln \\ -5\lambda &= \ln 0{,}9375 && |: (-5) \\ \lambda &= \frac{\ln 0{,}9375}{-5} \approx 0{,}0129/a \end{aligned}$$

Die Wachstumsfunktion lautet also $N(t) = 2000 - 1600 \cdot e^{-0{,}0129t}$.

Wenn wir probehalber N(t) = 0 setzen, erhalten wir t = –17,3. Vor 17,3 Jahren hätte es nach dieser Annahme also gar keine Kaninchen gegeben. Das ist offensichtlich unmöglich. Das Modell des beschränkten Wachstums hat also auch seine Grenzen. Es liefert vor allem dann brauchbare Ergebnisse, wenn N(t) in der Nähe der Kapazitätsgrenze liegt.

Mit einer solchen Funktion kann man beispielsweise auch die Temperatur beschreiben, wenn eine kalte Flüssigkeit sich auf die Umgebungstemperatur erwärmt. Auch hier ist die Erwärmungsgeschwindigkeit proportional zur Differenz zwischen Flüssigkeits- und Umgebungstemperatur. Wenn wir die Temperatur mit T(t) bezeichnen, die Anfangstemperatur mit T_0 und die Umgebungstemperatur mit T_U, lautet die entsprechende Funktion:

$T(t) = T_U - (T_U - T_0) \cdot e^{-\lambda t}$.

Beschränkte Abnahme

Analog dazu ist die Situation, wenn die Flüssigkeit am Anfang wärmer ist als die Umgebung. Dann kühlt sie umso schneller ab, je größer die Temperaturdifferenz zur Umgebung ist. Die Temperatur kann dann durch folgende Funktion beschrieben werden:

$T(t) = T_U + (T_0 - T_U) \cdot e^{-\lambda t}$.

Übungsbeispiel

Ü 3.19 ★: Milchpause A B

Ein Glas Milch aus dem Kühlschrank (4 °C) hat sich bei einer Raumtemperatur von 20 °C in sieben Minuten auf 12 °C erwärmt.

a) Stellen Sie eine Funktion auf, die die Temperatur der Milch nach t Minuten angibt.

b) Berechnen Sie, wann die Temperatur 18 °C betragen wird.

Üben

SbX ID: 1322

A B C D

Ü 3.20 ★★: Bevölkerungswachstum A B C

Die Mongolei hat ca. 3 Millionen Einwohner. Die Bevölkerung wächst um 1,5 % pro Jahr.

a) Berechnen Sie die Wachstumskonstante λ.

b) Ermitteln Sie, wie viele Einwohner die Mongolei in 20 Jahren haben wird, wenn die Wachstumsrate gleich bleibt.

c) Berechnen Sie, in welchem Zeitraum sich die Bevölkerung verdoppelt.

d) Berechnen Sie, wann das Land 5 Millionen Einwohner haben wird.

Ü 3.21 ★★: Kamele A B C

Im 19. Jahrhundert benutzte man in Australien Kamele für den Lastentransport. In den 1920er-Jahren wurden sie freigelassen und haben sich seitdem stark vermehrt. Heute gibt es dort ca. 600 000 wildlebende Kamele. Ihre Anzahl verdoppelt sich ca. alle 8 Jahre.

a) Modellieren Sie die Gleichung für eine Wachstumsfunktion für die Kamelpopulation.

b) Berechnen Sie, wie viel Prozent die jährliche Zunahme beträgt.

c) Berechnen Sie, wie viele Kamele vor 80 Jahren freigelassen worden sein müssten, wenn sie sich die ganze Zeit im selben Tempo wie jetzt vermehrt hätten? (Tatsächlich waren es ca. 20 000.)

d) Ermitteln Sie, wann sich die Kamele auf 1 Million vermehrt haben werden.

Was bleibt?

Ü 3.22 ★★: Nikotinabbau A B C

Nikotin wird aus dem menschlichen Körper mit der biologischen Halbwertszeit von ca. 90 Minuten ausgeschieden.

a) Berechnen Sie die Zerfallskonstante λ, nachdem Sie eine entsprechende Funktion aufgestellt haben.

b) Ermitteln Sie, wie viel Prozent einer vorhandenen Nikotinmenge in einer Stunde ausgeschieden werden.

c) Berechnen Sie, wie lange es dauert, bis nur mehr 5 % der ursprünglichen Nikotinmenge übrig sind.

Ü 3.23 ★★★: Bevölkerungswachstum A B

Madagaskar und Australien hatten im Jahr 2008 beide ungefähr 20 Millionen Einwohner, aber die Bevölkerung von Madagaskar nahm um 3 % pro Jahr zu, die von Australien nur um 0,8 %. Berechnen Sie, wann die Einwohnerzahl von Madagaskar doppelt so groß sein wird wie die von Australien, wenn die jährlichen Wachstumsraten gleich bleiben werden. Geben Sie auch die Einwohnerzahlen an.

Ü 3.24 ★★: Radioaktiver Zerfall A B D

Das Kohlenstoffisotop ^{14}C zerfällt mit einer Halbwertszeit zwischen 5730 und 5750 Jahren. Es wird in kleinen Mengen in allen lebenden Organismen abgelagert. Daher lässt sich mit seiner Hilfe das Alter von Fossilien bestimmen (Radiokarbonmethode).

a) Berechnen Sie die Zerfallskonstante λ.

b) Berechnen Sie, wie viel Prozent einer vorhandenen Menge ^{14}C in 100 bzw. 1000 Jahren zerfallen.

c) In einem Holzbalken aus einer urzeitlichen Siedlung wurde ein ^{14}C-Gehalt von 65 % der ursprünglichen Menge gemessen. Berechnen Sie, wann das Holz gefällt wurde.

d) Begründen Sie, bis zu welchem Alter des Fossils dieses Modell anwendbar ist, wenn man noch höchstens 0,1 % des ursprünglichen ^{14}C-Gehalts messen kann.

Ü 3.25 ★★: Biologische Halbwertszeit A B C

Eine Aspirin-Brausetablette enthält 400 mg ASS (Acetylsalicylsäure). Pro Stunde werden 20 % des Wirkstoffs aus dem Körper ausgeschieden.

a) Berechnen Sie, welche Wirkstoffmenge nach 2, 4, 6, 8 und 10 h noch übrig ist. Ermitteln Sie, wie viel in den ersten beiden Stunden bzw. in den letzten beiden Stunden dieses Zeitraums ausgeschieden wird. Stellen Sie die Abnahme grafisch dar.

b) Modellieren Sie eine Funktion, die diese Abnahme beschreibt.

c) Berechnen Sie, wie groß die biologische Halbwertszeit (d. h. die Zeit, nach der nur mehr die Hälfte der ursprünglichen Wirkstoffmenge im Körper verbleibt) ist.

d) Berechnen Sie, nach welcher Zeit von einer Tablette nur mehr 10 mg übrig sind.

Ü 3.26 ★★: Radioaktiver Zerfall A B C D

Das Technetium-Isotop ^{99m}Tc wird für Untersuchungen der Schilddrüse verwendet. Bei einem Versuch wurden nach 4 Stunden noch 63 % der ursprünglichen Aktivität gemessen.

a) Stellen Sie eine Funktion der Art $y = a \cdot b^t$ auf, welche diese Aktivität beschreibt. Begründen Sie, warum $0 < b < 1$ gelten muss.

b) Ermitteln Sie, wie lang die Halbwertszeit von ^{99m}Tc ist.

c) Ermitteln Sie, wie lange es dauert, bis nur mehr 1 % der ursprünglichen Aktivität messbar ist.

durchschnittliche Beschleunigung: $\frac{v(t_2) - v(t_1)}{t_2 - t_1}$

Ü 3.27 ★★: Sinkgeschwindigkeit in Wasser B C

Eine Stahlkugel mit 4 cm Radius fällt ins Wasser. Die Geschwindigkeit nach t Sekunden wird annähernd durch die Funktion $v(t) = 25 \cdot (1 - e^{-0,4t})$ beschrieben.

a) Berechnen Sie, wie schnell die Kugel nach 2, 4, 6, 8 und 10 Sekunden fällt. Berechnen Sie, wie hoch die durchschnittliche Beschleunigung in den ersten beiden Sekunden bzw. in den letzten beiden Sekunden dieses Zeitraums ist.

b) Ermitteln Sie, wann die Geschwindigkeit 99 % ihres Maximalwertes (25 m/s) erreicht.

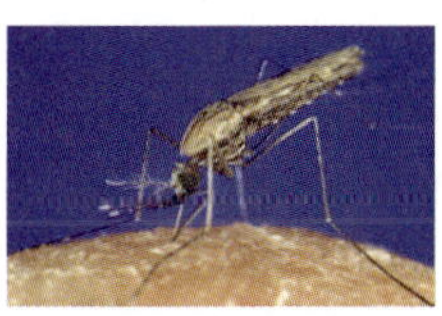

Bekämpft wird nicht der Malaria-Erreger, sondern die Überträgerin der Krankheit: die Anopheles-Mücke.

Ü 3.28 ★★: Abbau von Umweltgiften A B C

DDT (Dichlordiphenyltrichlorethan) war in den 1940er- bis 1960er-Jahren ein beliebtes Insektenbekämpfungsmittel. In der Natur wird DDT mit einer Halbwertszeit von mindestens 10 Jahren abgebaut (der genaue Wert ist unbekannt). Weil es sich in der Nahrungskette anreichert, ist es inzwischen in den meisten Industriestaaten (auch in Österreich) verboten. Nur zur Malariabekämpfung darf es noch eingesetzt werden.

a) In einem Haus wurden 10 g DDT auf die Wände gesprüht. Berechnen Sie, wie viel davon nach fünf Jahren noch vorhanden ist, wenn man eine Halbwertszeit von 15 Jahren annimmt. Ermitteln Sie, wann nur mehr 1 g übrig ist.

b) Aus dem menschlichen Körper wird DDT mit der biologischen Halbwertszeit von einem Jahr ausgeschieden. Berechnen Sie, um welchen Prozentsatz die DDT-Belastung in einem Monat abnimmt. Ermitteln Sie, wie lange es dauert, bis nur mehr 1 % der ursprünglichen Menge übrig ist.

Ü 3.29 ★★: Abkühlung und Erwärmung B C

Die Temperaturdifferenz zwischen einer heißen (bzw. kalten) Flüssigkeit und ihrer Umgebung nimmt exponentiell ab. Die Temperatur nach der Zeit t kann durch die folgende Funktion beschrieben werden: $T(t) = T_U + (T_0 - T_U) \cdot e^{-\lambda t}$ (T_U ist die Umgebungstemperatur).

a) Das Wasser in einer Badewanne hat sich in 8 Minuten von 60 °C auf 45 °C abgekühlt. Die Raumtemperatur im Badezimmer beträgt 22 °C. Berechnen Sie, wie lange es noch dauert, bis das Wasser auf Badetemperatur (35 °C) abgekühlt ist.

b) Ein Glas Milch aus dem Kühlschrank (4 °C) hat sich bei einer Raumtemperatur von 20 °C in 5 Minuten auf 10 °C erwärmt. Berechnen Sie, wann die Temperatur 18 °C betragen wird.

Wenn eine Menge m_1 eines Stoffes mit der Temperatur T_1 und eine Menge m_2 mit der Temperatur T_2 gemischt werden, beträgt die Temperatur der Mischung: $\frac{m_1 T_1 + m_2 T_2}{m_1 + m_2}$ (gewichtetes Mittel).

Ü 3.30 ★★★: Heißer Kaffee mit Milch A B C D

Eine Tasse kochend heißer Kaffee (100 °C) kühlt bei Zimmertemperatur (20 °C) in 10 Minuten auf 30 °C ab. Herr M. mischt drei Teile Kaffee mit einem Teil Milch aus dem Kühlschrank (4 °C). Er kann entweder die Milch sofort dazugeben und danach drei Minuten warten oder die Milch erst nach drei Minuten dazugeben. Berechnen Sie, welche Temperatur der Milchkaffee in beiden Fällen hat.

Erklären Sie das Ergebnis!

Ü 3.31 ★★: Hefe A B D

Hefe kann unter optimalen Bedingungen ihre Masse in zwei Stunden verdoppeln.

a) Berechnen Sie die Wachstumskonstante λ.

b) Ein Hefewürfel wiegt 42 g. Berechnen Sie die Masse nach fünf Stunden. Ermitteln Sie, um wie viel die Masse in der ersten bzw. in der fünften Stunde zunimmt. Erklären Sie das Ergebnis!

c) Berechnen Sie, nach welcher Zeit der Hefewürfel auf 1 kg angewachsen wäre.

Derzeit nehmen die Demografen an, dass die Erdbevölkerung 2075 ca. 9,2 Milliarden betragen wird.

Ü 3.32 ★★★: Weltbevölkerung A B C

1960 lebten auf der Erde ca. 3 Mrd. Menschen, 2000 waren es ca. 6 Mrd.

a) Angenommen, die Weltbevölkerung vermehrt sich exponentiell. Bestimmen Sie die Wachstumskonstante λ. Berechnen Sie, wie viel Prozent das jährliche Wachstum beträgt. Ermitteln Sie, wann die Erde 15 Milliarden Bewohner haben wird.

b) Angenommen, die Bevölkerung nähert sich dem Grenzwert 10 Milliarden und das Wachstum verläuft beschränkt. Bestimmen Sie auch in diesem Modell die Konstante λ. Berechnen Sie, wie viele Einwohner die Erde im Jahr 2075 haben wird.

Ü 3.33 ★★★: Sportmedizin B C

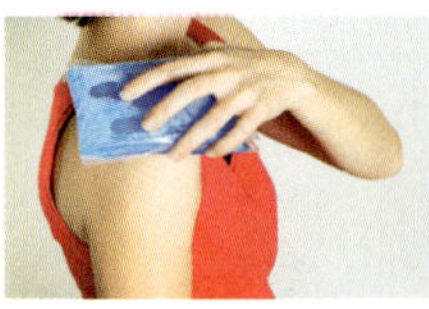

Hot-Cool-Pack

Bei Sportverletzungen oder Verspannungen werden oft „Hot-Cool-Packs" verwendet. Für die Warmanwendung werden sie zuerst auf ca. 50 °C erwärmt und dann in einer Stoffhülle auf die Verspannung gelegt. Die Abkühlung des Packs erfolgt nach dem Newton'schen Abkühlungsgesetz.

$T(t) = T_U + (T_0 - T_U)e^{-\lambda t}$

T_U ... Umgebungstemperatur
T_0 ... Ausgangstemperatur
t in Minuten

Bei einer Raumtemperatur von 22 °C hat das Pack nach 1 Stunde noch 40 °C. Laut Packungsbeilage sollte das Pack max. 30 Minuten auf der Verspannung bleiben. Stellen Sie das mathematische Modell für diesen Zeitraum grafisch dar. Interpretieren Sie die Empfehlung von 30 min im Zusammenhang mit der Temperatur.

SbX ID: 1322

Weitere Übungsbeispiele zu dieser Lerneinheit finden Sie im SbX.

Sichern

Exponentialfunktion

$f(x) = b^x$ $\quad 1 < b$

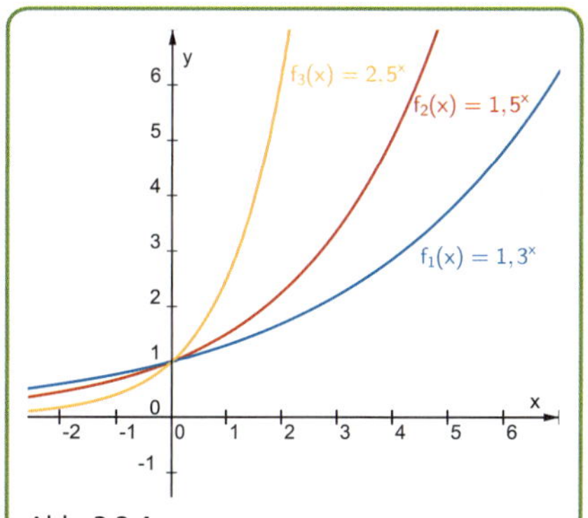

Abb. 3.2.4

$f(x) = b^x$ $\quad 0 < b < 1$

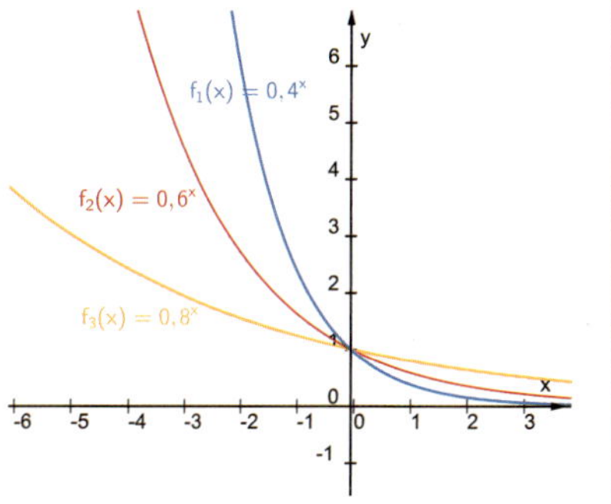

Abb. 3.2.5

exponentielles Wachstum

$N(t) = N_0 \cdot b^t$ $\quad 1 < b$

$N(t) = N_0 \cdot e^{\lambda t}$ $\quad \lambda > 0$

exponentielle Abnahme

$N(t) = N_0 \cdot b^t$ $\quad 0 < b < 1$

$N(t) = N_0 \cdot e^{\lambda t}$ $\quad \lambda < 0$

Die Zu- und Abnahmegeschwindigkeit ist proportional zur vorhandenen Menge.

Wissen

A B C D

Der belgische Mathematiker Pierre-François Verhulst entwickelte anhand dieser Daten das Modell des logistischen Wachstums und erstellte eine Prognose für 1940, die auf 1 % genau war.

W 3.4: Wachstumsprognose A B C D

Die Bevölkerung der USA betrug bei den ersten Volkszählungen (gerundet):

1790	1800	1810	1820	1830	1840
$3{,}9 \cdot 10^6$	$5{,}3 \cdot 10^6$	$7{,}2 \cdot 10^6$	$9{,}6 \cdot 10^6$	$12{,}8 \cdot 10^6$	$17{,}1 \cdot 10^6$

Stellen Sie die Daten grafisch dar.

- Gehen Sie zuerst von einem linearen Wachstum aus und ermitteln Sie (durch Probieren) eine möglichst gute Näherungsformel für dieses Wachstum.
- Geben Sie eine Näherungsformel für die Bevölkerungsveränderung auf der Basis von exponentiellem Wachstum an.
- Ermitteln Sie, wie groß der jährliche Zuwachs bei beiden Modellen ist.
- Begründen Sie, welches Modell besser zu den Daten passt.
- Berechnen Sie, wie viele Menschen bei beiden Modellen im Jahr 2000 in den USA gelebt haben müssten. Tatsächlich waren es ca. $275 \cdot 10^6$.
- Erklären Sie an diesem Beispiel die Grenzen beider Modelle!

W 3.5: Taubenplage A B C D

In einem bestimmten Gebiet lebten im Jahr 2000 ca. 500 Tauben. Bis 2005 haben sie sich auf ca. 800 vermehrt. Biologen nehmen an, dass in dem Gebiet insgesamt für ca. 2000 Tauben Platz ist. Geben Sie eine Wachstumsfunktion an (ausgehend vom Jahr 2000), schätzen Sie die Anzahl der Tauben im Jahr 2012 und berechnen Sie, wann sich die Population auf 1500 vermehrt haben wird, unter der Annahme von

a) linearem Wachstum,

b) exponentiellem Wachstum,

c) beschränktem Wachstum.

W 3.6: Glasfaserkabel A B C

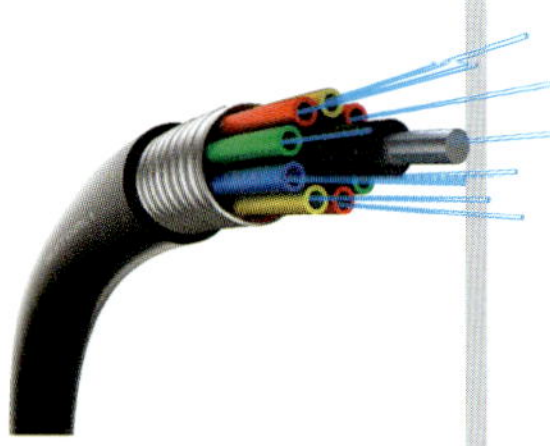

Zur Übertragung von Informationen wird sehr häufig Licht verwendet, das durch Glasfaserkabel „geschickt" wird. Dabei nimmt aber die Intensität des Lichts prozentuell ab. Eine besonders klare Faser absorbiert nur 0,2 % des eingestrahlten Lichts auf 100 m.

a) Übertragen Sie den Text in eine Funktionsgleichung.

b) Ermitteln Sie die maximale Entfernung zweier Lichtverstärker, wenn das Licht höchstens 80 % seiner eingestrahlten Intensität verloren haben darf.

W 3.7: Glashausgewächse B

Die optimale Temperatur in einem Gewächshaus für Gemüse beträgt 22 °C. Die Außentemperatur beträgt 8 °C. Die Pumpe der Heizung für das Gewächshaus fällt aus und die Temperatur kühlt binnen 4 Stunden auf 16 °C ab. Damit die Pflanzen keinen Schaden nehmen, darf die Temperatur nicht unter 10 °C fallen.

a) Berechnen Sie die Zeitspanne, die für eine Reparatur noch zur Verfügung steht, bevor die kritische Temperatur erreicht ist, wenn sich die Abkühlung mit dem Newton'schen Abkühlgesetz ermitteln lässt.

$T(t) = T_U + (T_0 - T_U)e^{-\lambda t}$

T_U … Umgebungstemperatur
T_0 … Ausgangstemperatur
t … Zeit in Minuten

b) Erklären Sie anhand des Abkühlgesetzes, warum aus mathematischer Sicht unendlich viel Zeit für die Reparatur bleibt, wenn die Außentemperatur 10 °C beträgt.

Diese Aufgabe entspricht in Inhalt, Aufbau und Aufgabenstellung den Aufgaben, die Sie bei der Reifeprüfung erwarten.

W 3.8: Wachstumsprognose A B D

Im Jahr 2000 lebten auf der Erde ca. 6 Milliarden Menschen. Wenn die Wachstumsrate gleich bleibt, wird es im Jahr 2100 nach Schätzungen der UNO 28,6 Milliarden Menschen geben (siehe Grafik, konstante Variante).

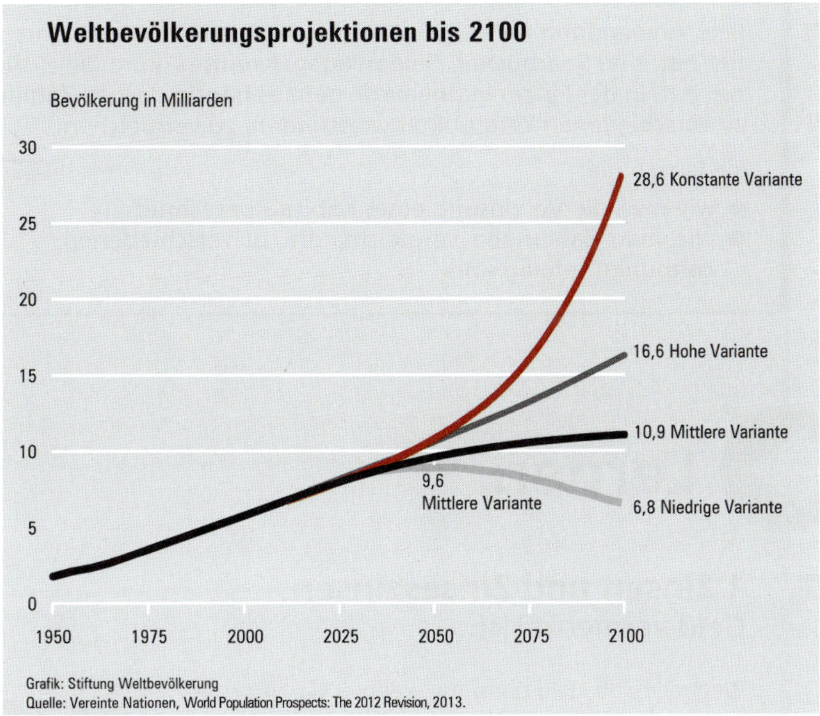

a) Stellen Sie aus diesen Werten eine Wachstumsfunktion in der Form $N(t) = N_0 \cdot e^{\lambda \cdot t}$ auf (geben Sie λ auf 4 Dezimalstellen genau an).

b) Berechnen Sie, wie hoch bei diesem Modell die jährliche Zunahme in Prozent ist.

c) Eine der abgebildeten Varianten geht davon aus, dass die Bevölkerung sich einem Grenzwert nähert. Erklären Sie, um welche Variante es sich handelt und lesen Sie den Grenzwert aus der Grafik ab.

W 3.9: Spannung zwischen 2 Klemmen B

Zwischen zwei Klemmen K_1 und K_2 wird eine Gleichspannung U_0 angelegt. Diese ergibt zwischen den Klemmen K_3 und K_4 eine Spannung U, die sich durch folgende Formel beschreiben lässt:

$U = U_0 \cdot \left(1 - e^{-\frac{t}{RC}}\right)$,

wobei R der Ohm'sche Widerstand und C die Kapazität ist.

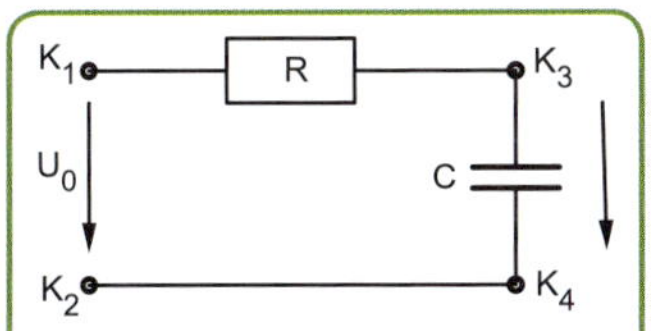

Abb. 3.2.6

Ermitteln Sie jene Zeit, nach der zwei Drittel der maximalen Spannung U_0 vorhanden sind.

W 3.10: Stromstärke B

Sobald ein elektrisches Gerät eingeschaltet wird, steigt die Stromstärke in Abhängigkeit von der Zeit. Die Stromstärke kann durch $I(t) = 3 \cdot (1 - 1{,}5^{-t})$ modelliert werden. Ermitteln Sie aus der grafischen Darstellung die Stromstärke nach 5 und nach 10 Sekunden. Berechnen Sie den Zeitpunkt, zu dem die Stromstärke 1,5 A beträgt.

Kompetenz-Check

	☺	😐	☹
Ich kann eine Exponentialfunktion skizzieren.			
Ich kann eine Exponentialfunktion rechnerisch und grafisch lösen.			
Ich kann aus gegebenen Problemstellungen eine Exponentialfunktion als Modell angeben.			

SbX
Alle SbX-Inhalte zu dieser Lerneinheit finden Sie unter der ID: 1330.

Lerneinheit 3
Finanzmathematik

Eine Anwendung von Exponentialfunktionen, mit der wahrscheinlich jeder einmal zu tun hat, sind Sparbücher, Geldanlagen, Kredite – kurz: alles, was mit Zinsen zu tun hat. In der Finanzmathematik geht es häufig darum, Zahlungen, die zu verschiedenen Zeitpunkten stattfinden, zu vergleichen.

Sie lernen hier:

- wie man die Verzinsung eines Kapitals berechnet
- wie man Zahlungen vergleicht, die zu verschiedenen Zeitpunkten fällig sind

Lernen

SbX ID: 1331

A B C D

SbX
Eine Anleitung zur Zinseszins- und Rentenrechnung mit dem TI-82 STATS finden Sie unter der ID: 1331.

1 Zinsen und Zinseszinsen
Geld vermehrt sich.

Wenn jemand Geld übrig hat, kann er damit zweierlei tun: Er kann es in ein Geschäft investieren, also zum Beispiel Waren kaufen und (hoffentlich) mit Gewinn wieder verkaufen, oder er kann es verleihen. Weil er dabei auf seinen eigenen Gewinn verzichtet, ist es üblich, dass er dafür einen gewissen Betrag als „Miete" verlangt (ähnlich, wie wenn man eine Wohnung oder ein Auto vermietet). Daher werden praktisch seit den Anfängen der menschlichen Wirtschaft für verliehenes Geld Zinsen bezahlt. Wenn man Geld auf ein Sparbuch legt, leiht man es der Bank und erhält dafür Zinsen.

Der Film „Let's make money" (Österreich 2008) nimmt das internationale Finanzsystem kritisch unter die Lupe.
© Allegro Film/Let's make MONEY

In der Finanzmathematik werden meist andere Abkürzungen verwendet als bei der Untersuchung von natürlichen Wachstumsprozessen:

K_0 : Barwert (Anfangskapital)

K_n : Endwert (Kapital nach n Jahren)

n: Laufzeit (Zeit, während der das Kapital verzinst wird)

p: Zinsfuß (z. B. p = 6)

i: Zinssatz (z. B. i = 6 % = 0,06; von engl. *interest rate*)

Verwechseln Sie nicht Zinsfuß und Zinssatz: $i = \frac{p}{100}$.

Der **Nominalzinssatz** ist der Zinssatz, der „auf dem Papier steht". Als **Effektivzinssatz** bezeichnet man die Zinsen, die man für ein angelegtes Kapital tatsächlich pro Jahr erhält bzw. für einen Kredit zahlen muss (einschließlich aller Nebenkosten).

Lineare (einfache) Verzinsung

Bei der einfachsten Art der Zinsberechnung werden die Zinsen erst am Ende der Laufzeit berechnet und dem Kapital zugeschlagen. Wenn z.B. 100 € zu 6 % Jahreszinsen (p. a. = pro anno, pro Jahr) angelegt werden, wächst das Kapital jedes Jahr um 6 €. Die Auszahlungssumme beträgt also

nach 1 Jahr € ______ €

nach 2 Jahren € ______ €

nach 3 Jahren € ______ €

nach 4 Jahren € ______ €

usw.

Wie Sie sehen, ergibt sich eine lineare Funktion. Allgemein lässt sich das Endkapital nach folgender Formel berechnen:

Berechnung des Endkapitals

$K_n = K_0 \cdot (1 + i \cdot n)$

Diese Methode ist nur bei privaten Geldgeschäften von Bedeutung; Banken verwenden sie für Laufzeiten von weniger als einem Jahr.

Exponentielle Verzinsung (Zinseszinsen)

Normalerweise werden die Zinsen am Ende einer Zinsperiode (meist ein Jahr) dem Kapital zugeschlagen. Im nächsten Jahr werden sie mitverzinst, man spricht daher von Zinseszinsen. Für ein Anfangskapital von 100 € und einen Jahreszinssatz von 6 % ergeben sich daher folgende Endwerte:

nach 1 Jahr € ______ €

nach 2 Jahren € ______ €

nach 3 Jahren € ______ €

nach 4 Jahren € ______ €

usw.

Hier erhalten wir also eine Exponentialfunktion.

Allgemein kann man den Endwert mit folgender Formel berechnen:

$K_n = K_0 \cdot (1 + i)^n$

$1 + i$ ist der sogenannte **Aufzinsungsfaktor.** Wenn wir ihn mit q bezeichnen, erhält die Formel die einfachere Form:

Zinseszinsformel

$K_n = K_0 \cdot q^n \qquad q = 1 + i = 1 + \frac{p}{100}$

In der Finanzmathematik bezeichnet man den Aufzinsungsfaktor auch mit r.

Zur Berechnung des Barwerts können wir sie umformen:

Barwert

$K_0 = K_n \cdot q^{-n}$

Die Berechnung des Endwerts bezeichnet man als **Aufzinsen,** die Berechnung des Barwerts als **Abzinsen.**

Lehrbeispiel

L 3.8: Anwendungsbeispiele A B

a) Auf welchen Wert wächst ein Kapital von 5.000 € bei einer Verzinsung von i = 4 % in 6 Jahren an?

$K_6 = 5000 \cdot 1{,}04^6 = 6.326{,}60$ €

b) Welchen Betrag muss man zu einem Zinssatz von i = 5 % anlegen, wenn man in 3 Jahren 2.000 € abheben will?

$K_0 = 2000 \cdot 1{,}05^{-3} = 1.727{,}68$ €

c) Jemand leiht sich 8.000 € aus und zahlt nach 4 Jahren 9.000 € zurück. Welchem Zinssatz entspricht das?

$9000 = 8000 \cdot q^4 \Rightarrow q = \sqrt[4]{\left(\frac{9000}{8000}\right)} \approx 1{,}03 \Rightarrow i \approx 3\%$

d) In welcher Zeit verdoppelt sich ein Kapital bei einer Verzinsung von 5,5 %?

$2 \cdot K_0 = K_0 \cdot 1{,}055^n \Rightarrow n = \frac{\ln 2}{\ln 1{,}055} \approx 12{,}95 \Rightarrow$ in ca. 13 Jahren

Mit der KESt – wie auch mit anderen Steuern – werden z. B. Schulen, Gesundheitswesen, Straßenbau, Polizei … finanziert.

In Österreich werden von Zinserträgen 25 % Kapitalertragsteuer abgeführt. Der Effektivzinssatz beträgt daher nur das 0,75-Fache des nominellen Zinssatzes. Das soll hier nicht berücksichtigt werden.

Übungsbeispiel

Ü 3.34 ★: Langfristige Verzinsung B

In der Zeichentrick-Serie „Futurama" wird der Pizzabote Fry versehentlich für 1000 Jahre eingefroren. Nach dem Auftauen stellt er fest, dass die 93 Cent auf seinem Konto inzwischen auf 4,3 Milliarden Dollar angewachsen sind. Ermitteln Sie, welche Verzinsung er bekommen hat.

Übungsbeispiel

Ü 3.35 ★: Endkapital berechnen B

2.500 € werden 3 Jahre mit 4,5 % verzinst. Berechnen Sie das Endkapital.

Übungsbeispiel

Ü 3.36 ★: Anfangskapitel berechnen B

Ein Geldbetrag ist mit 3 % Verzinsung in 5 Jahren auf 6.028,23 € angewachsen. Bestimmen Sie den ursprünglichen Betrag.

Übungsbeispiel

Ü 3.37 ★★: Durchschnittliche Verzinsung B

1.000 € werden 2 Jahre mit 6 %, danach 3 Jahre mit 5 % verzinst. Berechnen Sie den Endwert. Wie hoch ist die durchschnittliche Verzinsung (das heißt, bei welchem Zinssatz hätte sich in 5 Jahren derselbe Endwert ergeben)?

Mehrere Ein- und Auszahlungen können auch getrennt aufgezinst und am Ende addiert bzw. subtrahiert werden.

Lehrbeispiel

L 3.9: Kontoblatt A B

Auf einem Sparbuch mit 3 % Verzinsung wurden folgende Zahlungen getätigt:

Datum	Posten	Betrag	Kontostand
01.01.14	Einzahlung	2.000,00	2.000,00
31.12.15	Zinsen	60,00	2.060,00
01.01.16	Auszahlung	−1.200,00	860,00
31.12.16	Zinsen	25,80	885,80
01.01.17	Einzahlung	1.500,00	2.385,80
31.12.17	Zinsen	71,57	2.457,37
31.12.18	Zinsen	73,72	2.531,09

Wenn wir die Zahlungen getrennt aufzinsen, erhalten wir denselben Endbetrag:

$2000 \cdot 1{,}03^4 - 1200 \cdot 1{,}03^3 + 1500 \cdot 1{,}03^2 \approx 2531{,}10$

Der Unterschied von 1 Cent entsteht durch das zwischenzeitliche Runden.

Solche Zahlungen kann man auch durch einen Zeitstrahl übersichtlich darstellen:

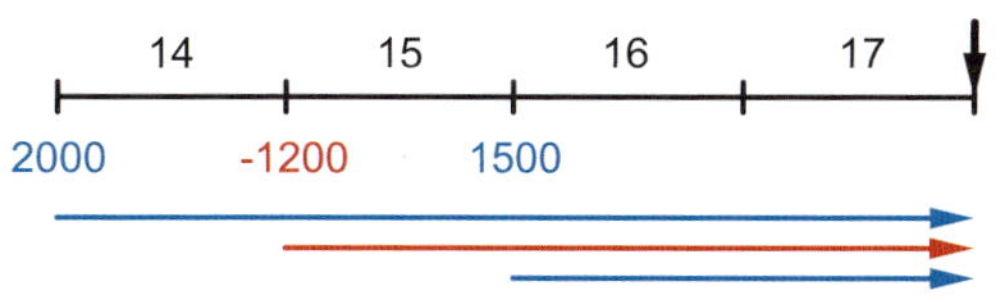

Abb. 3.3.1

2 Äquivalenzprinzip

Es kommt auch auf den Zeitpunkt an.

Zahlungen, die zu verschiedenen Zeitpunkten getätigt werden, darf man nicht einfach addieren, sondern muss auch die jeweiligen Zeitpunkte berücksichtigen. 1.000 € sofort sind mehr wert als 1.000 € in einem Jahr, denn wenn ich jetzt 1.000 € besitze, kann ich sie anlegen und bekomme dafür Zinsen. (Dabei ist der Wertverlust durch die Inflation noch gar nicht berücksichtigt.) Deswegen gilt:

Äquivalenzprinzip der Finanzmathematik

Zahlungen dürfen nur dann verglichen/addiert/subtrahiert werden, wenn sie zuvor auf denselben Stichtag bezogen wurden.

Bei exponentieller Verzinsung hängt das Ergebnis nicht vom Bezugszeitpunkt (dem Zeitpunkt, auf den alle Zahlungen auf- oder abgezinst werden) ab. Wir können ihn daher so wählen, wie es für die Rechnung am günstigsten ist.

Lehrbeispiel

L 3.10: Äquivalenzprinzip B C D

Für eine Immobilie liegen zwei Angebote vor: A bietet 20.000 € sofort und weitere 10.000 € in zwei Jahren, B bietet 30.000 € in einem Jahr.

a) Vergleichen Sie die beiden Angebote aus der Sicht der Verkäuferin, wenn eine Verzinsung von 5 % p. a. ohne Berücksichtigung der KESt angenommen wird.

b) Weisen Sie nach, dass das Angebot A unabhängig vom Zinssatz immer besser ist, wenn B nach einem Jahr 28.000 € bezahlt.

a)

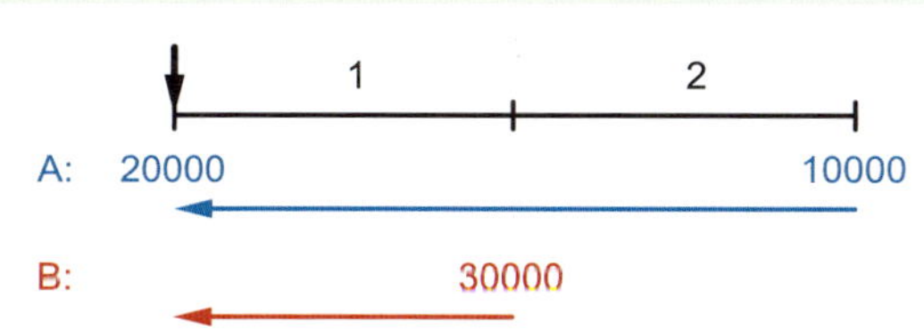

Abb. 3.3.2

Als Bezugszeitpunkt wählen wir den jetzigen Zeitpunkt (t = 0), also müssen wir die zweite Rate von A durch zwei Jahre abzinsen, die Zahlung von B durch ein Jahr:

$A: 20000 + 10000 \cdot 1{,}05^{-2} \approx 29.070{,}29$

$B: 30000 \cdot 1{,}05^{-1} \approx 28.571{,}42$

Die Verkäuferin sollte sich also für Angebot A entscheiden.

b) $20000 + 10000 \cdot q^{-1} > 28000 \cdot q^{-1} \quad | \cdot q^2 : 10000$

$2 \cdot q^2 - 2{,}8 \cdot q + 1 > 0 \quad | q := x$

$2x^2 - 2{,}8x + 1 > 0$

Die Gleichung $2q^2 - 2{,}8q + 1 = 0$ hat keine reelle Lösung.

Eine grafische Darstellung der Funktionsgleichung $f(x) = 2x^2 - 2{,}8x + 1$ zeigt, dass die Parabel immer oberhalb der x-Achse liegt:

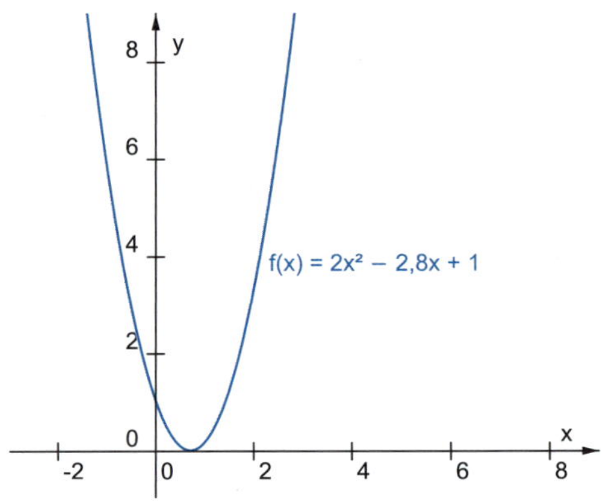

Abb. 3.3.3

Übungsbeispiel

Ü 3.38 ★: Immobilienverkauf A B D

Für eine Immobilie bieten:

A: 50.000 € sofort, 20.000 € in zwei Jahren

B: 36.000 € sofort, 32.000 € in einem Jahr

Welchen zusätzlichen, sofort zahlbaren Betrag müsste B bieten, damit sein Angebot dem von A gleichwertig wird? Rechnen Sie mit $i = 4\,\%$.

Übungsbeispiel

Ü 3.39 ★: Schuldtilgung A B C

Eine Schuld von 8.000 €, die mit $i = 8\,\%$ verzinst wird, soll in drei Raten zurückgezahlt werden: 3.000 € nach zwei Jahren, 3.000 € nach drei Jahren. Berechnen Sie die Höhe der dritten Rate, die nach vier Jahren fällig ist.

Lehrbeispiel

Dachorganisation asb

Staatlich anerkannte Schuldenberatung

2012 wurden über 55 000 Personen mit Schuldenproblemen von den 10 anerkannten Schuldenberatungen in Österreich unterstützt (Quelle: ASB Schuldnerberatungen GmBH).

SbX

Informationen zur unterjährigen Verzinsung und Rentenrechnung finden Sie unter der ID: 1331.

L 3.11: Zinssatz A B C

Eine Schuld von 10.000 € soll in drei Raten von je 4.000 € zurückgezahlt werden, die jeweils nach einem, zwei und drei Jahren fällig sind. Welchem Zinssatz entspricht das?

Wir wählen als Bezugszeitpunkt den Zeitpunkt der dritten Rate. Da die Auszahlung und die Rückzahlungen gleich viel wert sein müssen, erhalten wir die Gleichung
$10000 \cdot q^3 = 4000 \cdot q^2 + 4000 \cdot q + 4000$.

Diese Gleichung können wir mit elektronischen Hilfsmitteln lösen und erhalten
$q = 1{,}097$, also $i = 9{,}7\,\%$.

Weitere Themen der Finanzmathematik sind die unterjährige Verzinsung sowie die Rentenrechnung, die allerdings nicht Teil der Berufsreifeprüfung sind.

Üben

SbX ID: 1332

A B C D

Ü 3.40 ★: Endwert berechnen B D

Berechnen Sie den Endwert des Kapitals:

a) K_0 = 600 €, i = 4 %, Laufzeit 5 Jahre
b K_0 = 1.100 €, i = 5,5 %, Laufzeit 7 Jahre
c) K_0 = 1.500 €, i = 3 %, Laufzeit 10 Jahre
d) K_0 = 2.250 €, i = 3,5 %, Laufzeit 8 Jahre
e) Erklären Sie, was es bedeutet, den Endwert eines Kapitals zu errechnen.

Ü 3.41 ★: Barwert berechnen B D

Berechnen Sie den Barwert:

a) K_4 = 2.813,77 €, i = 3 %, Laufzeit 4 Jahre
b) K_{10} = 384,03 €, i = 2,5 %, Laufzeit 10 Jahre
c) K_6 = 2.000 €, i = 4 %, Laufzeit 6 Jahre
d) K_9 = 4.200 €, i = 5 %, Laufzeit 9 Jahre
e) Erklären Sie, was es bedeutet, den Barwert eines Kapitals zu errechnen.

Ü 3.42 ★: Zinssatz berechnen B

Berechnen Sie den Zinssatz:

a) K_0 = 3.000 €, K_6 = 3.700 €
b) K_0 = 6.400 €, K_4 = 8.000 €
c) K_0 = 2.500 €, K_{10} = 3.700 €
d) K_0 = 1.400 €, K_7 = 1.600 €

Ü 3.43 ★: Laufzeit berechnen B

In welcher Zeit wächst ein Kapital K_0 beim angegebenen Zinssatz auf den Endwert K_n an?

a) K_0 = 5.000 €, K_n = 10.000 €, i = 8 %
b) K_0 = 2.750 €, K_n = 4.000 €, i = 5,5 %
c) K_0 = 1.500 €, K_n = 1.900 €, i = 6 %
d) K_0 = 3.000 €, K_n = 4.400 €, i_2 = 3 %

Ü 3.44 ★★: Durchschnittliche Versinzung berechnen A B

Ein Kapital von 1.000 € wird drei Jahre lang mit 4 % verzinst, danach für ein Jahr mit 5 % und zwei Jahre mit 3 %. Berechnen Sie den Endwert und die durchschnittliche Verzinsung.

Ü 3.45 ★★: Immobiliengeschäft A B

Für eine Immobilie liegen zwei Angebote vor. Welches Angebot ist bei i = 4 % für den Verkäufer günstiger? Ermitteln Sie jenen zusätzlichen, sofort zahlbaren Betrag, durch den das niedrigere Angebot dem höheren gleichwertig wird.

a) A: 50.000 € sofort, 20.000 € in zwei Jahren
   B: 36.000 € sofort, 32.000 € in einem Jahr
b) A: 20.000 € sofort, je 10.000 € in einem und in zwei Jahren
   B: 25.000 € in einem Jahr, 15.000 € in drei Jahren
c) A: 24.000 € in einem Jahr, 10.000 € in zwei Jahren
   B: je 12.000 € sofort, in einem und in drei Jahren

3 Exponential-/Logarithmusfunktionen

Ü 3.46 ★★: Kfz-Kauf A B

Herr Bauer will ein Auto um 24.000 € kaufen. Er kann zwischen zwei Zahlungsvarianten wählen: Wenn er den ganzen Kaufpreis sofort zahlt, erhält er 1.000 € Barzahlerbonus. Stattdessen kann er auch je ein Drittel des Kaufpreises jetzt, in einem und in zwei Jahren zahlen.

a) Für welche Variante soll er sich entscheiden, wenn er mit einem Zinssatz von 3 % rechnet?

b) Berechnen Sie den Zinssatz, bei dem die beiden Varianten gleichwertig sind.

Ü 3.47 ★★: Pfandbrief A B

Ein Pfandbrief wird zu folgenden Bedingungen angeboten: Der Ausgabepreis beträgt 980 €. Der Wertpapierinhaber erhält vier Jahre lang am Ende jedes Jahres 50 € Zinsen ausbezahlt.

Nach 4 Jahren kann er den Pfandbrief zum Nennwert von 1.000 € zurückgeben. Wie hoch ist der Gewinn (bezogen auf das Ende des 4. Jahres) bei einem Zinssatz von 3 %?

SbX ID: 1332

Weitere Übungsbeispiele finden Sie im SbX.

Sichern

Zinsen

Für Geldbeträge, die verliehen werden, wird jährlich ein Zinssatz i berechnet. Die Zinsen werden normalerweise vom Anfangskapital berechnet und am Ende einer Zinsperiode dem Kapital zugeschlagen (dekursive Verzinsung).

Äquivalenzprinzip der Finanzmathematik

Zahlungen dürfen nur dann verglichen/addiert/subtrahiert werden, wenn sie zuvor **auf denselben Stichtag auf- oder abgezinst wurden.** Zwei Zahlungsreihen heißen äquivalent, wenn die Summe der Einzahlungen (Leistungen) gleichwertig zur Summe der Auszahlungen (Gegenleistungen) ist.

Zinseszinsformel

Die Verzinsung erfolgt im Allgemeinen exponentiell, das heißt $K_n = K_0 \cdot q^n$.

Den Wert $q = 1 + i = 1 + \frac{p}{100}$ bezeichnet man als **Aufzinsungsfaktor.**

Wissen

SbX ID: 1334 Ü ★★★

A B C D

W 3.11: Begriffe der Finanzmathematik D

Erklären Sie die Begriffe Zinssatz, Aufzinsungsfaktor, Barwert und Endwert.

W 3.12: Zahlungsreihen D

Begründen Sie, warum man alle Zahlungen einer Zahlungsreihe auf denselben Stichtag beziehen muss.

W 3.13: Zinssatz D

Was versteht man unter dem Begriff Effektivzinssatz?

W 3.14: Endwerte A B

Was ergibt den höheren Endwert: 10 % Zinsen durch ein Jahr oder 1 % Zinsen durch zehn Jahre? Schätzen Sie, ohne zu rechnen!

SbX ID: 1334

Eine weitere Wissensaufgabe finden Sie im SbX.

Kompetenz-Check

	☺	😐	☹
Ich kann Endwert und Barwert eines Kapitals berechnen.			
Ich kann aus Bar- und Endwert eines Kapitals den Zinssatz berechnen.			
Ich kann die Zeit berechnen, in der ein Kapital verzinst wurde.			

4 TRIGONOMETRISCHE FUNKTIONEN – TRIGONOMETRIE

Worum geht's in diesem Kapitel?

Die Anfänge der Trigonometrie reichen bis zu den Arabern, Ägyptern und Griechen zurück. Im europäischen Raum erlangte sie ihren Stellenwert als eigener Zweig der Mathematik im 15. Jahrhundert. Schon damals wurde der Jakobsstab zur Ortsbestimmung eines Kometen verwendet, im 16. Jahrhundert setzte sich die Methode in der Seefahrt durch. Heute nutzt man in der Geodäsie ebenso wie in der Astronomie das Prinzip, von bekannten Punkten ausgehend die Position anderer Punkte zu bestimmen.

Gleichzeitig sind die Zusammenhänge im Dreieck auch Funktionen – und als solche beschreiben sie Schwingungen und Wellen.

Wenn sie dieses Kapitel bearbeitet haben, können Sie

- die Zusammenhänge von Längen und Winkeln erklären
- mithilfe von Winkelfunktionen Längen berechnen
- erklären, wie Landschaftsvermessung funktioniert
- die Trigonometrie im Zusammenhang mit Flugzeugen, Straßen, Steigungen und Fotoapparaten anwenden

„Ich kann Seitenverhältnisse im rechtwinkeligen Dreieck durch Sinus, Cosinus und Tangens eines Winkels angeben; Seiten und Winkel anwendungsbezogen berechnen."

„Ich kann Sinus-, Cosinus- und Tangensfunktionen mit Winkeln im Bogenmaß grafisch darstellen und die Eigenschaften dieser Funktionen interpretieren und argumentieren."

A B C D

In diesem Kapitel finden Sie Lehrbeispiele, Übungsaufgaben und Aufgaben zur Lernkontrolle zur Überprüfung Ihrer Kompetenzen auf den Handlungsebenen A Modellieren und Transferieren B Operieren und Technologieeinsatz C Interpretieren und Dokumentieren und D Argumentieren und Kommunizieren.

Dieses Kapitel umfasst folgende Lerneinheiten:

SbX
Alle SbX-Inhalte zu dieser Lerneinheit finden Sie unter der ID: 1410.

Lerneinheit 1
Trigonometrische Funktionen

Der Begriff Trigonometrie kommt aus dem Griechischen (trígonon „Dreieck" und métron „Maß"). Mithilfe der Trigonometrie kann man Zusammenhänge zwischen Längen von Strecken und Größen von Winkeln herstellen.

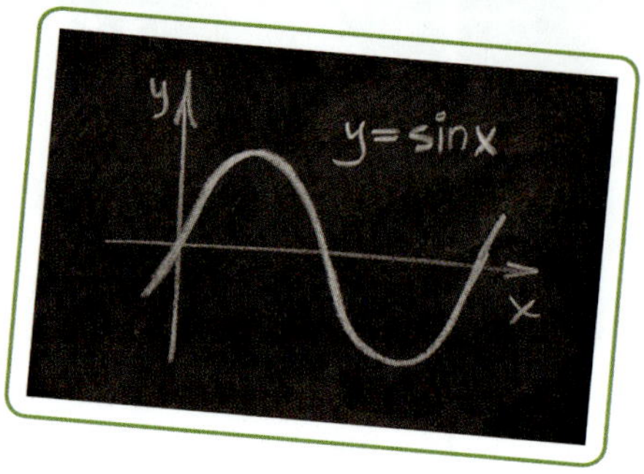

Sie lernen hier:

- wofür die Abkürzungen tan, sin und cos stehen
- welcher Zusammenhang zwischen Seitenlängen und Winkelgrößen besteht
- wie man im rechtwinkeligen Dreieck Seiten und Winkel berechnet
- wie man im allgemeinen Dreieck Seiten und Winkel berechnet
- wie man aus dem in Grad gemessenen Winkel eine Funktion im kartesischen Koordinatensystem zeichnet

Lernen

SbX ID: 1411

A B C D

1 Winkelfunktionen im rechtwinkeligen Dreieck
Von Katheten und Hypotenuse

Sie machen Urlaub in den Tiroler Bergen und müssen dazu über die Zirler Bergstraße fahren. Diese weist laut der Beschilderung am Straßenrand eine Steigung von 16 % auf, weshalb es auch in der Talrichtung sogenannte „Notwege" für Lkw gibt, deren Bremsen zu heiß geworden sind.

Was aber bedeutet nun diese Steigung von 16 %? Unter welchem Winkel steigt diese Straße im Schnitt an?

Bevor diese Fragestellung in **L 4.1** gelöst wird, einige Grundlagen dazu.

Wenn man 100 m in der Horizontalen zurücklegt, überwindet man einen Höhenunterschied von 16 m. Um den Winkel zu berechnen, benötigt man die Trigonometrie.

Nehmen Sie an, Sie hätten auf dem Bildschirm Ihres Laptops ein Dreieck, das Sie mittels Beamer auf einer Projektionsfläche darstellen. Für Sie ist es noch immer dasselbe Dreieck, weil es gleich aussieht. Dieses gleiche Aussehen entsteht dadurch, dass zwar alle Seiten größer sind, aber eben im gleichen Ausmaß größer – z. B.: alle Seiten sind auf das 3-Fache vergrößert.

zur Erinnerung: Winkelsumme im Dreieck = 180°

Die Winkel hingegen sind gleich geblieben.

Betrachtet man nun die Abmessungen, so verhalten sich die beiden Katheten des klei neren Dreiecks so wie 2 : 1 und die des größeren so wie 6 : 3. Sie haben dasselbe Seitenverhältnis und alle Winkel sind gleich geblieben.

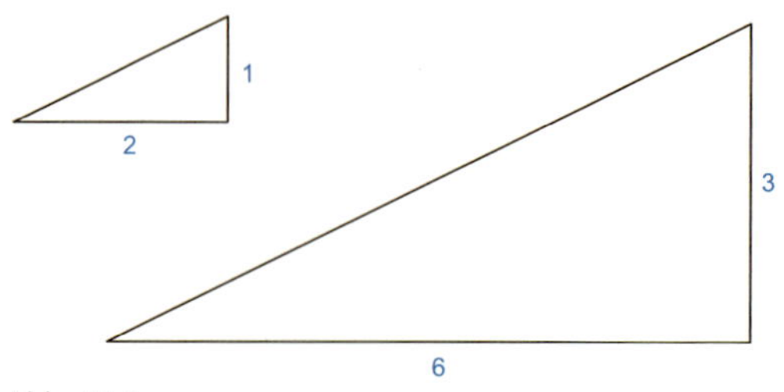

Abb. 4.1.1

Man kann die Seite c auch als Strecke AB bezeichnen.

SbX
Eine Zusammenfassung zu rechtwinkeligen Dreiecken finden Sie in der Ergänzungslerneinheit 6 vom Kapitel 8 im SbX unter der ID: 1865.

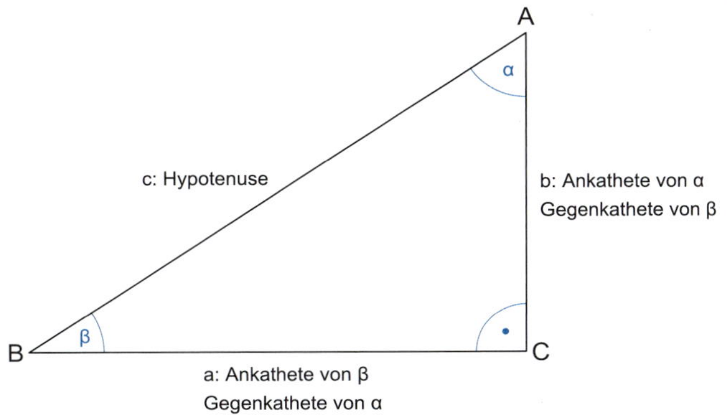

Abb. 4.1.2

Seitenverhältnisse im rechtwinkeligen Dreieck

Eine Kathete heißt **Ankathete** eines Winkels, wenn sie **am Winkel ankommt.**
Eine Kathete heißt **Gegenkathete** eines Winkels, wenn sie **dem Winkel gegenüberliegt.**
Die **Hypotenuse** liegt immer **gegenüber** dem **rechten Winkel.**

Folgende Seitenverhältnisse sind am gebräuchlichsten:

Sinus $\sin\alpha = \frac{\text{Gegenkathete von }\alpha}{\text{Hypotenuse}}$

Cosinus $\cos\alpha = \frac{\text{Ankathete von }\alpha}{\text{Hypotenuse}}$

Tangens $\tan\alpha = \frac{\text{Gegenkathete von }\alpha}{\text{Ankathethe von }\alpha}$

Übungsbeispiel

Ü 4.1 ★: Seiten des rechtwinkeligen Dreiecks A

Bestimmen Sie zuerst die An- und Gegenkathete und die Hypotenuse.

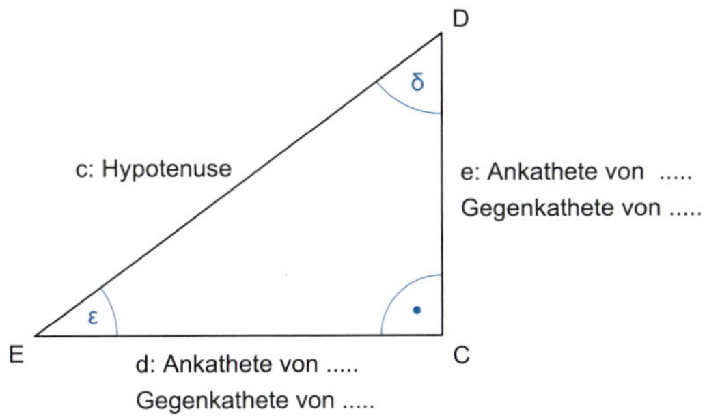

Abb. 4.1.3

Ergänzen Sie dann: $\sin\varepsilon =$ ______ $\tan\varepsilon =$ ______ $\tan\delta =$ ______ .

Übungsbeispiel

Ü 4.2 ★: Winkelfunktionen im rechtwinkeligen Dreieck A

Ergänzen Sie:

$\sin\lambda =$ ______

$\cos\lambda =$ ______

$\cos\mu =$ ______

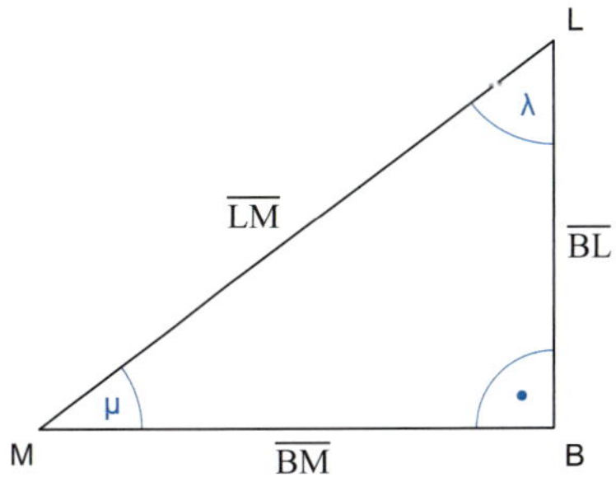

Abb. 4.1.4

4 Trigonometrie

Lehrbeispiel

Achtung: Beim Taschenrechner muss Grad bzw. Degree als Winkelmaß eingestellt sein!

L 4.1: Straßensteigung B

Die oben erwähnte Zirler Bergstraße weist laut der Beschilderung am Straßenrand eine Steigung von 16 % auf. Berechnen Sie, unter welchem Winkel diese Straße im Schnitt ansteigt.

16 % Steigung bedeutet: Auf 100 m waagrechter Entfernung beträgt der Höhenunterschied 16 m.

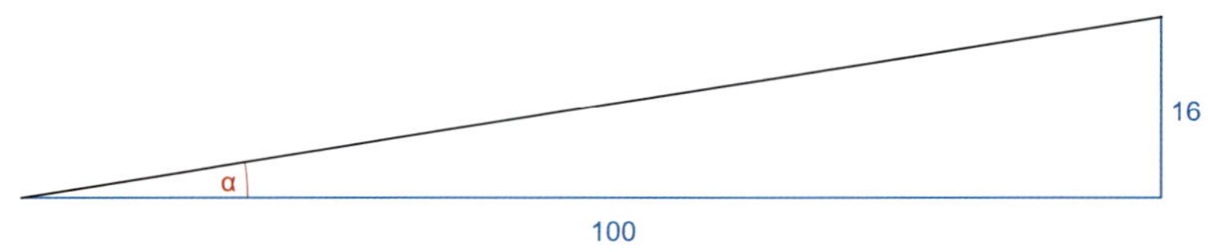

Abb. 4.1.5

$\tan\alpha = \frac{16}{100}$ | $\tan^{-1}$

$\alpha = 9{,}09°$

● Der tan-Wert ist bekannt: $\tan^{-1}$ [2nd] [tan] am Taschenrechner.

Der Steigungswinkel beträgt 9,09°.

Lehrbeispiel

L 4.2: Seiten und Winkel berechnen A B

Von einem rechtwinkeligen Dreieck kennt man die Strecke $\overline{BM} = 7$ cm und $\mu = 60°$. Stellen Sie eine Gleichung auf, mit der Sie die Länge $\overline{LM}$ berechnen können. Berechnen Sie dann die fehlenden Seiten und Winkel.

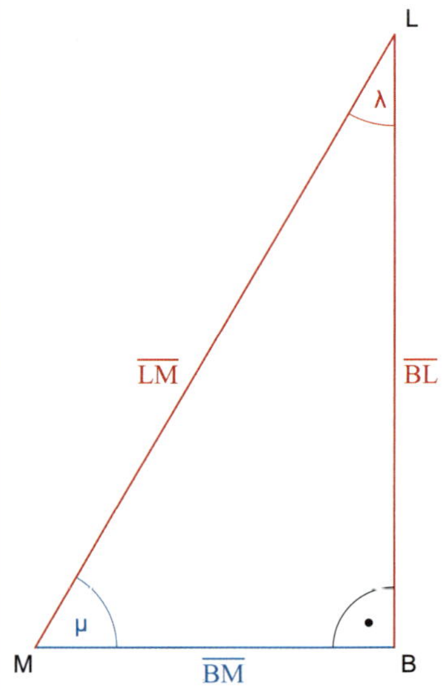

Abb. 4.1.6

1. Möglichkeit

$\tan\mu = \frac{\overline{BL}}{\overline{BM}}$ | $\cdot\ \overline{BM}$

$\overline{BM}\cdot\tan\mu = \overline{BL}$

$\overline{BL} = 12{,}12$ cm

$\overline{LM}^2 = \overline{BL}^2 + \overline{BM}^2$ | $\cdot\ \sqrt{\ }$

$\overline{LM} = \pm\sqrt{\overline{BL}^2 + \overline{BM}^2}$

$\overline{LM} = 14$ cm

● Eine negative Lösung ist nicht möglich, da es sich um eine Länge handelt.

$\lambda = 180 - \mu - 90°$

$\lambda = 30°$

2. Möglichkeit

$\cos\mu = \frac{\overline{BM}}{\overline{LM}}$ | $\cdot\ \overline{LM}$

$\overline{LM}\cdot\cos\mu = \overline{BM}$ | $:\ \cos\mu$

$\overline{LM} = \frac{\overline{BM}}{\cos\mu}$

$\overline{LM} = 14$ cm

$\overline{LM}^2 = \overline{BL}^2 + \overline{BM}^2$ | $\cdot\ \sqrt{\ }$

$\overline{BL} = \pm\sqrt{\overline{LM}^2 - \overline{BM}^2}$

$\overline{BL} = 12{,}12$ cm

$\lambda = 180 - \mu - 90°$

$\lambda = 30°$

Diese Redensart stammt von Alanus de Insulis (ca. 1120–1220): „Mille viae ducent per saecula Romam – Tausend Wege führen die Menschen immerfort nach Rom."

Frei nach dem Motto „Alle Wege führen nach Rom" gibt es auch in der Trigonometrie viele Rechenwege, die zum Ergebnis führen.

Übungsbeispiel

Ü 4.3 ★★: Umfang berechnen B

Man kennt die Strecke $\overline{DE}$ mit 67 mm und den Winkel ε mit 41°. Berechnen Sie den Umfang des Dreiecks.

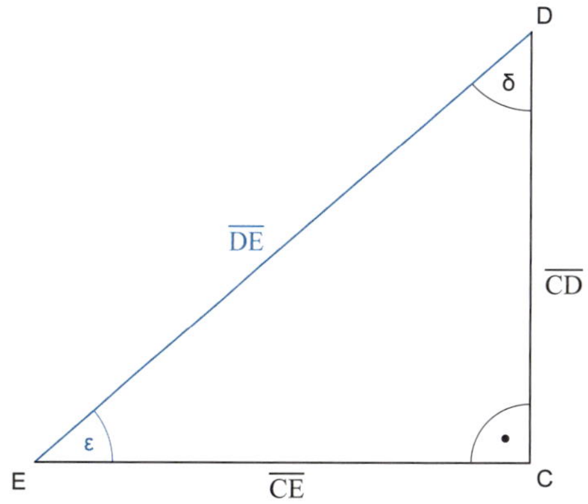

Abb. 4 .1.7

Übungsbeispiel

Querverweis

Zur richtigen Beschriftung siehe Seite 182.

Ü 4.4 ★★: Fehlende Seiten und Winkel ermitteln A B

Von einem rechtwinkeligen Dreieck (ABC, $\gamma = 90°$) sind die Seite $\overline{AB}$ = 54 m und der Winkel $\alpha = 57°$ bekannt. Erstellen Sie je eine Formel für die fehlenden Seiten und den fehlenden Winkel. Berechnen Sie dann die fehlenden Abmessungen.

Übungsbeispiel

Ü 4.5 ★★: Standseilbahn A B

Im Internet findet man nebenstehende Information zur Rosskopfbahn, die von Seefeld in Tirol auf den Rosskopf fährt. Vom Einsteigen bis zum Aussteigen vergehen rund 3 min 25 sec.

a) Fertigen Sie eine Skizze an. Modellieren Sie eine Formel, mit der Sie den durchschnittlichen Steigungswinkel berechnen können.

b) Berechnen Sie, unter welchem Winkel die Bahn durchschnittlich ansteigt. Ermitteln Sie auch den größten Steigungswinkel.

c) Bestimmen Sie die Geschwindigkeit, mit der die Standseilbahn ihre Passagiere befördert.

d) Erklären Sie, welcher scheinbare Widerspruch sich in der abgebildeten Information verbirgt.

Bezeichnung	Daten
Ort	Seefeld
Name	Standseilbahn Seefeld-Rosshütte
Land	A
Typ	Standseilbahn (FUL)
Baujahr	1969
Höhe Talstation	1235 m
Höhe Bergstation	1762 m
Höhendifferenz	516 m
Streckenlänge	2469 m
Größte Neigung	37.2 %
Anzahl Kabinen	2
Personen pro Kabine	120
Fahrgeschwindigkeit	12 m/s
Stillgelegt	Nein
Abgerissen	Nein

(Quelle: www.bergbahn.de/seilbahnenbergbahn-79)

2 Vom Einheitskreis zur Winkelfunktion

Warum ein halber Winkel nicht gleich einer halben Länge ist

Winkelfunktionen im Einheitskreis

Das Wiener Riesenrad hat einen Durchmesser von 61 m. Um 12:00 Uhr sitzen wir in der Gondel, auf die der Pfeil hinweist. 10 Minuten später sind wir am höchsten Punkt angelangt. Dabei haben wir einen Höhenunterschied von 30,5 m zurückgelegt und uns um 90° gedreht. Um 12:05 Uhr hatten wir uns um 45° gedreht bei einem Höhenunterschied von wie vielen Metern?

Riesenrad

4 Trigonometrie

Wenn man dazu eine Skizze anfertigt, sieht das folgendermaßen aus:

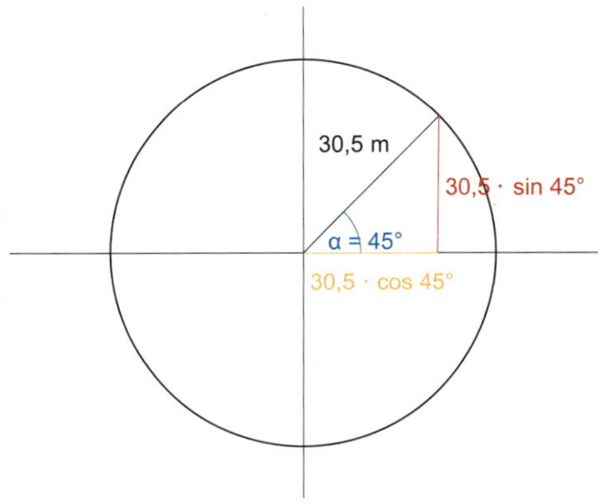

Abb. 4.1.8

Anmerkung: Der Höhenunterschied nach 10 Minuten entspricht genau dem Radius. Der Höhenunterschied nach 5 Minuten lässt sich durch 30,5 · sin 45° berechnen – er beträgt 21,57 m und nicht die Hälfte von 30,5 m.

Warum ist das so?

Legen Sie Ihren linken Arm ganz flach auf den Tisch. Heben Sie dann die Hand, während der Ellbogen am Tisch bleibt – Sie sehen, dass der Höhenunterschied der Hand zuerst schneller zunimmt als später. Man kann auch sagen, dass die Höhe der Hand über dem Tisch dem Sinuswert des Winkels entspricht.

Sehen wir uns nun Sinus, Cosinus und Tangens im Einheitskreis an (jenem Kreis, dessen Radius eine Einheit beträgt). Der Winkel wird von der positiven x-Achse aus gegen den Uhrzeigersinn eingezeichnet.

Einheitskreis: r = 1 E

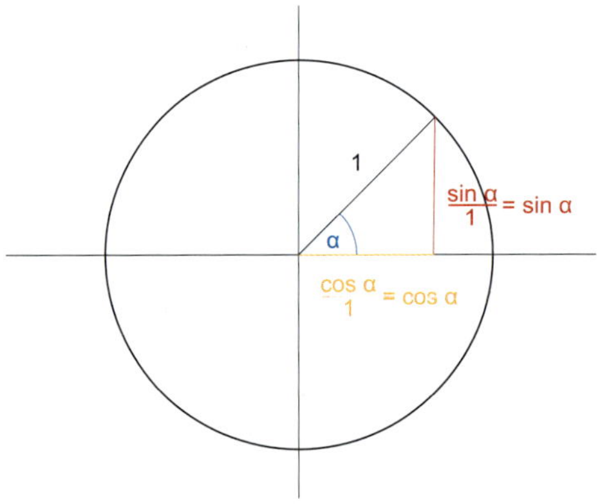

Abb. 4.1.9

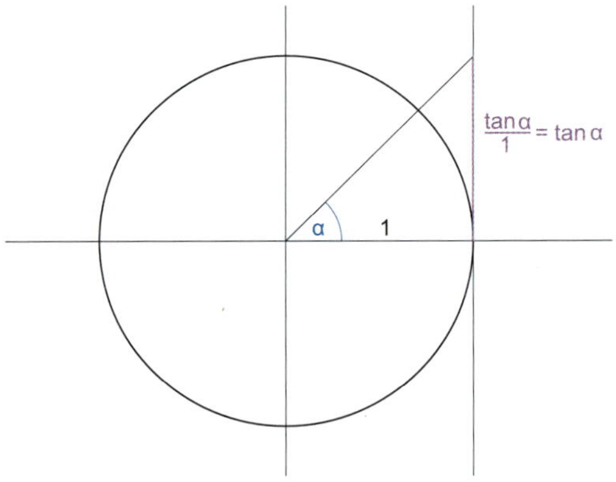

Abb. 4.1.10

Übungsbeispiel

Ü 4.6 ★★★: Funktionen am Einheitskreis darstellen C

Zeichnen Sie in den vorgegebenen Einheitskreis die Winkel 30°, 60°, 0°, 90° ein.

Zeichnen Sie die Sinus- und Cosinuswerte ein.

Wie groß ist der Sinuswert von 0° und 90°?

Wie groß ist der Cosinuswert von 0° und 90°?

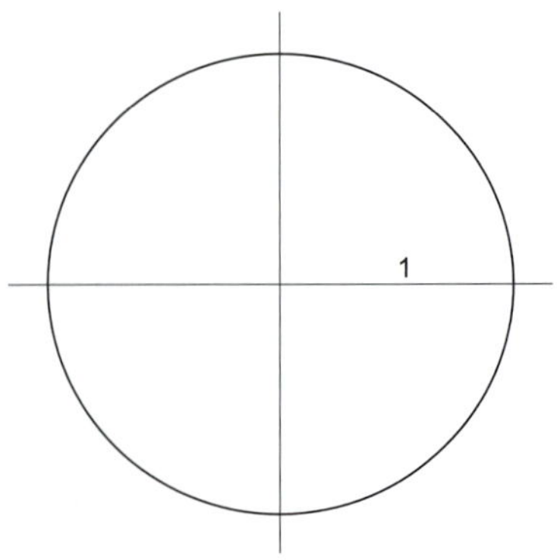

Abb. 4.1.11

Wenn man nun das kleine Dreieck (Katheten cos α, sin α) mit dem großen Dreieck (Katheten 1, tan α) vergleicht, so sieht man, dass:

$$\frac{\sin\alpha}{\cos\alpha} = \frac{\tan\alpha}{1}$$

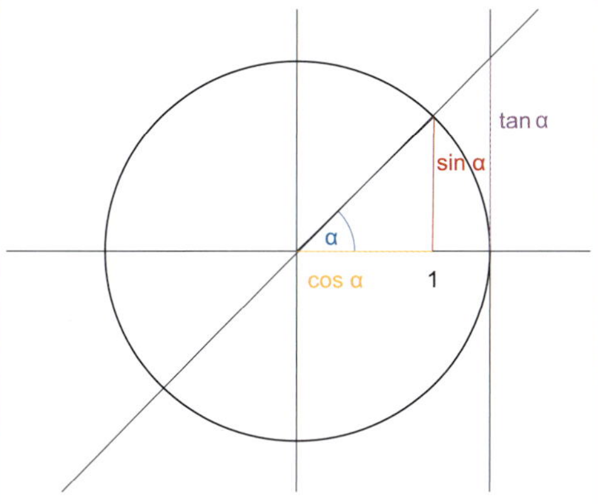

Abb. 4.1.112

Trigonometrische Grundbeziehung 1

$$\tan\alpha = \frac{\sin\alpha}{\cos\alpha}$$

Achtung: tan 90° und tan 270° gibt es nicht!

Da aber cos 90° = 0 ist und man durch 0 nicht dividieren kann, ist der tan für 90° nicht definiert (dasselbe gilt für 270°).

Übungsbeispiel

Ü 4.7 ★: Sinuswert berechnen B

Berechnen Sie: sin 150° = …

Nehmen Sie den errechneten Sinuswert und ermitteln Sie mit dem Taschenrechner und der $\sin^{-1}$-Funktion den Winkel. Das Ergebnis ist nicht 150°, sondern: ______.

Zur Erklärung betrachten wir noch einmal den Einheitskreis:

Achtung: $\sin\alpha = \sin(180° - \alpha)$

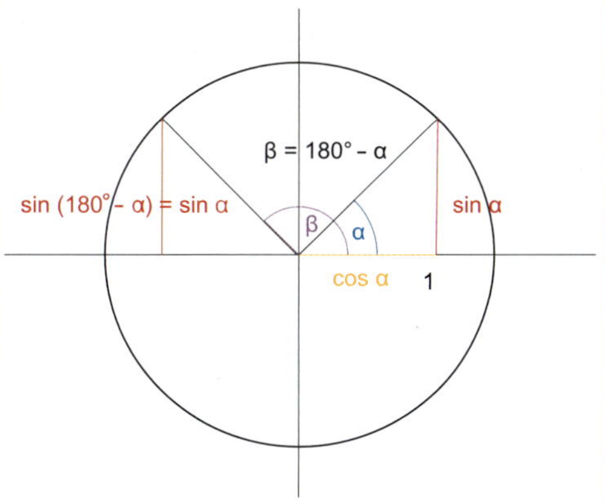

Abb. 4.1.13

Man kann erkennen, dass der Sinuswert von 30° und der Sinuswert von 150° gleich groß sind. Das bedeutet aber, dass man bei der Berechnung mittels Sinus darauf achten muss, ob der Winkel spitz oder stumpf ist.

Dabei hilft Folgendes weiter:

Betrachtet man die Seiten, so gilt: $b < a < c$.

Daher gilt auch für die Winkel: $\beta < \alpha < \gamma$.

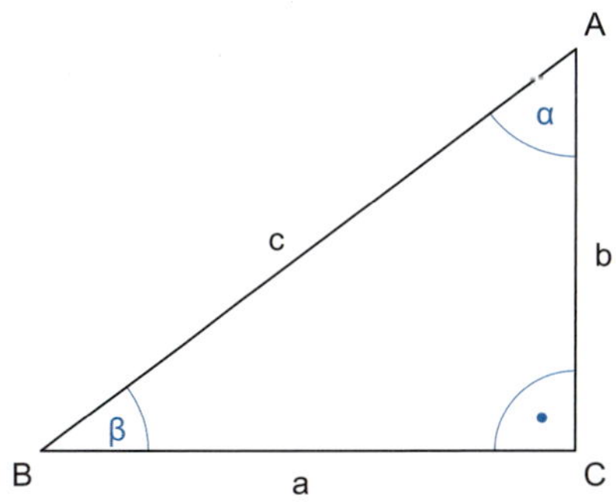

Abb. 4.1.14

4 Trigonometrie

Allgemein:

Größenverhältnis von Winkeln und Seiten

Dem größten Winkel liegt die längste Seite gegenüber, dem zweitgrößten Winkel die zweitgrößte Seite und dem kleinsten Winkel die kürzeste Seite.

Besser nur spitze Winkel mit Sinus berechnen!

In der Praxis bedeutet das, dass man nur jene Winkel mit dem Sinus ausrechnen sollte, die spitz sind.

Gehen wir nun nochmals zum Einheitskreis und den Sinuswerten von Winkeln zurück – diesmal betrachten wir aber alle vier Quadranten.

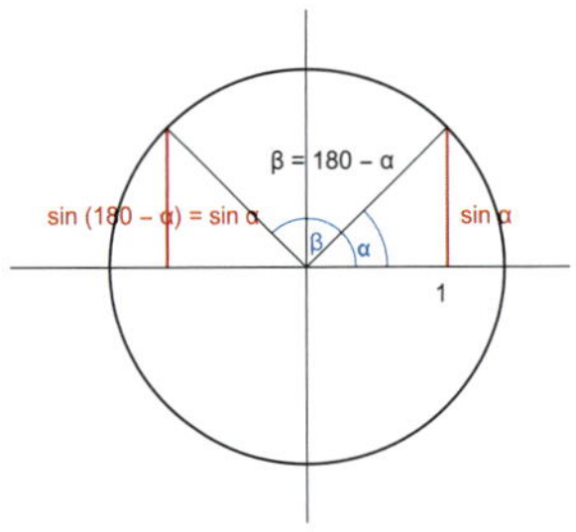

Abb. 4.1.15

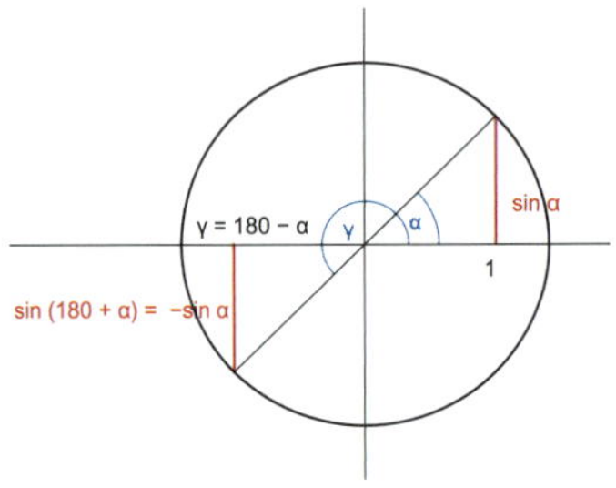

Abb. 4.1.16

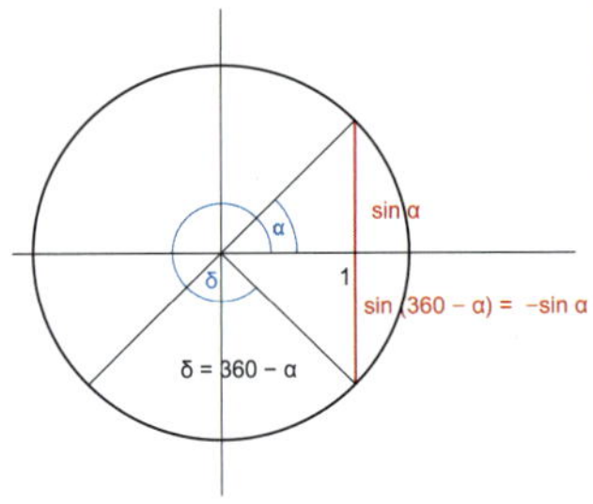

Abb. 4.1.17

Sie sehen, dass sich der Zahlenwert des Sinus nur um das Vorzeichen ändert. Anders ausgedrückt: Der Betrag ist überall gleich.

Sinus

$\sin \alpha = \sin (180° - \alpha)$

$\sin \alpha = -\sin (180° + \alpha)$

$\sin \alpha = -\sin (360° - \alpha)$

$\sin \alpha = \sin (180 - \alpha)$

Übungsbeispiel

SbX Ein dynamisches GeoGebra-Arbeitsblatt zu Ü 4.8 und Ü 4.9 finden Sie unter der ID: 1411.

Ü 4.8 ★★: Fragen mithilfe des Einheitskreises beantworten D

Bearbeiten Sie die beiden folgenden Aufgabenstellungen anhand des Einheitskreises.

a) Erläutern Sie, welchen kleinsten bzw. größten Wert der Sinuswert eines Winkels annehmen kann.

b) Nehmen Sie an, dass der Winkel größer als 360° ist. Erklären Sie die Auswirkungen auf den Sinuswert dieses Winkels.

Nun gibt es aber auch den Cosinuswert eines Winkels und auch dieser weist Besonderheiten innerhalb der vier Quadranten auf.

Übungsbeispiel

Ü 4.9 ★: Einheitskreis A B C

Zeichnen Sie einen Einheitskreis und den Winkel 30°. Stellen Sie einen Vergleich der Winkel

- 150° und 30°,
- 210 und 30° sowie
- 330° und 30°

und der dazugehörenden Cosinuswerte an. Als Hilfe können Ihnen Abb. 4.1.15–4.1.17 dienen.

Sie haben sicher bemerkt, dass weder der Sinus- noch der Cosinuswert kleiner als –1 oder größer als 1 waren.

Sinus-/Cosinuswerte

$-1 \leqslant \sin \alpha \leqslant 1$ $\qquad$ $-1 \leqslant \cos \alpha \leqslant 1$

Der Lehrsatz des Pythagoras besagt:
$\text{Hypotenuse}^2 = \text{Kathete}_1^{\,2} + \text{Kathete}_2^{\,2}$.

Das bedeutet hier:

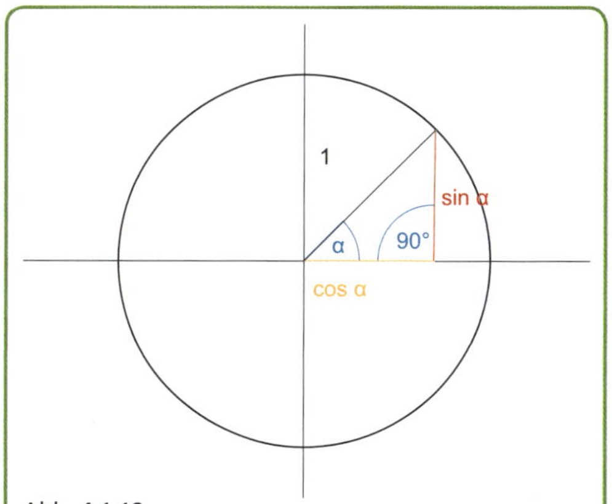

Abb. 4.1.18

$\sin^2 \alpha$ ist eine kürzere Schreibweise für $(\sin \alpha)^2$.

Trigonometrische Grundbeziehung 2

$\sin^2 \alpha + \cos^2 \alpha = 1$

3 Winkelfunktionen im Koordinatensystem

Schwingungen in Mathematik und Natur

Gehen wir noch einmal zurück zum Riesenrad: Die Bewegung, welche die Gondel zurücklegt, kann man entweder durch die Winkelöffnung beschreiben oder durch den Weg, den die Gondel zurücklegt. Dieser Weg ist ein Teil eines Kreisbogens. Mathematisch betrachtet gibt es demnach zwei unterschiedliche Arten, Winkel zu messen:

Winkelmaß	Bogenmaß
gibt die Winkelöffnung an: **„Winkelmaß"**	gibt den Winkelbogen an: **„Längenmaß"**
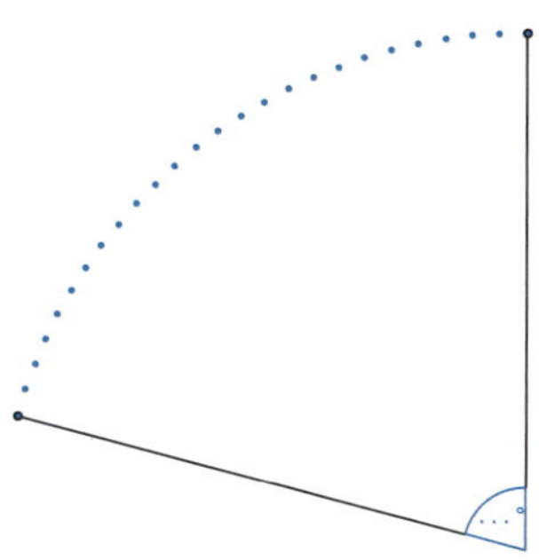 Abb. 4.1.19	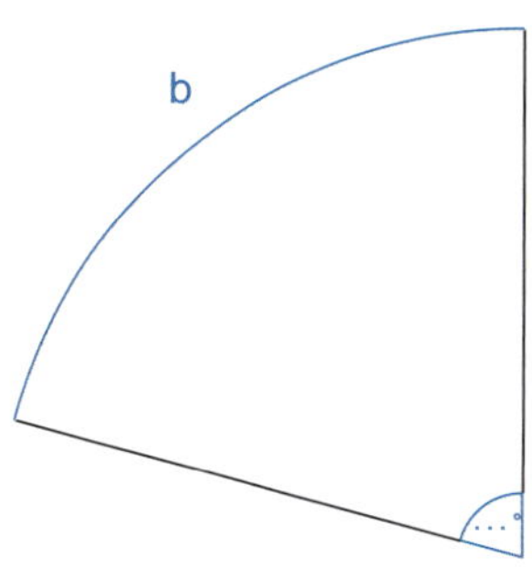 Abb. 4.1.20
in Grad gemessen **360° = eine ganze Umdrehung**	in Radiant gemessen **2π = eine ganze Umdrehung** ($u_{Kreis} = 2r\pi$ und der Radius beträgt 1)
: 360 → 1° $\cdot\,\alpha$	: 360 → $\frac{2\pi}{360} = \frac{\pi}{180}$ $\cdot\,\alpha$
$\alpha° = \frac{\pi \cdot \alpha}{180}$ rad	

Wenn man nun ein Koordinatensystem zeichnet, in dem auf der x-Achse die Winkel in Radiant angegeben werden und auf der y-Achse die zugehörigen Sinus- und Cosinuswerte, so sieht das folgendermaßen aus:

Sinusfunktion

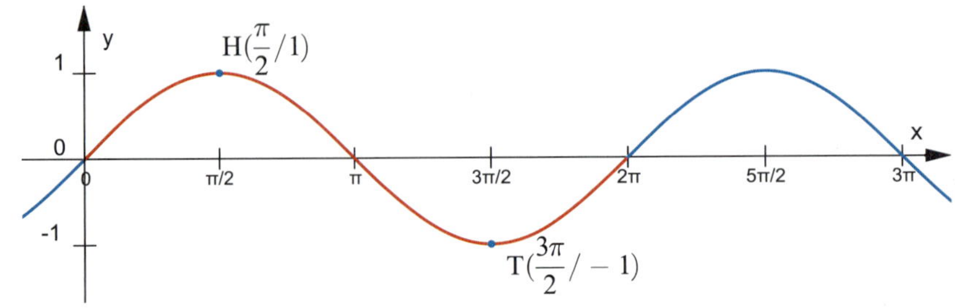

Abb. 4.1.21: y = sin x

Cosinusfunktion

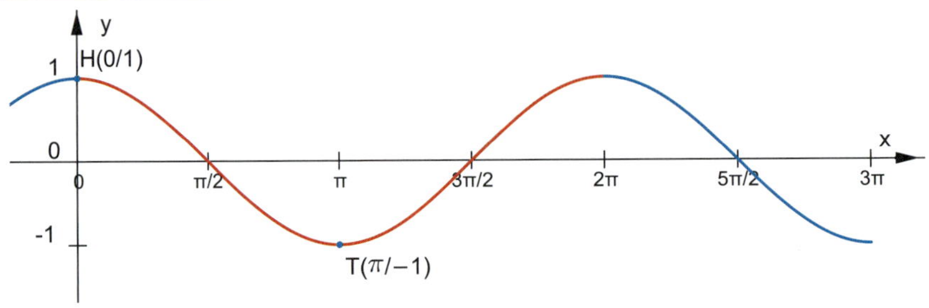

Abb. 4.1.22: y = cos x

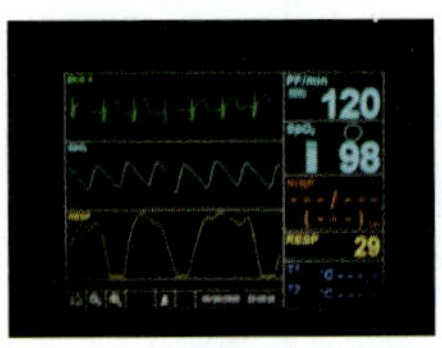

Man sieht also, dass die Sinus- und die Cosinusfunktion zwei Schwingungsfunktionen sind, deren „Aussehen" alle 2π wiederkehrt (Periodenlänge = 2π).

„Fast periodisch" sind beispielsweise auch die Herzfrequenz, die Sauerstoffsättigung und die Anzahl der Atemzüge des Menschen (siehe Bild).

Betrachten wir jetzt noch den Graphen der Tangensfunktion:

Sinus- und Cosinusfunktion haben die Periodenlänge 2π.

Tangensfunktion

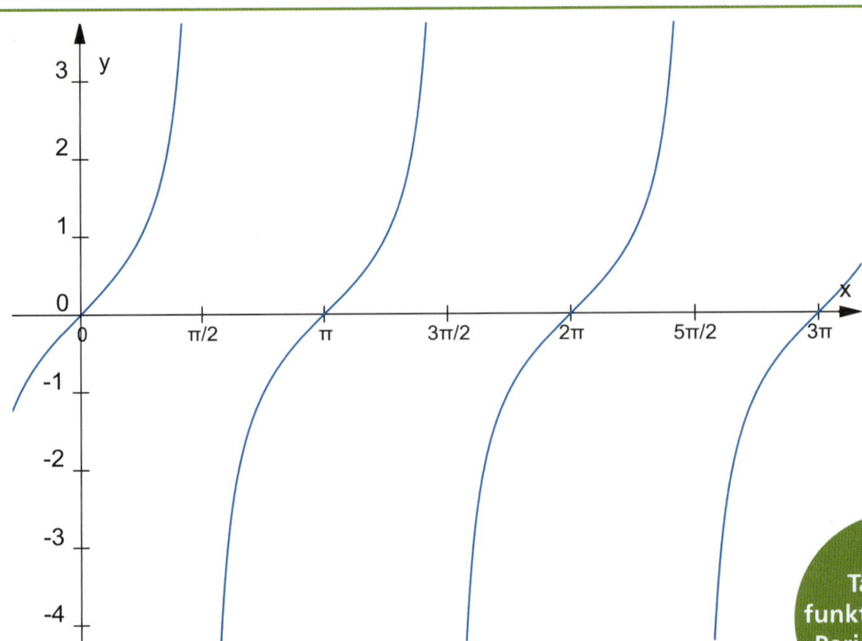

Abb. 4.1.23: y = tan x

Die Tangensfunktion hat die Periodenlänge π.

Die wohl bedeutendsten Unterschiede zur Sinus- und Cosinusfunktion sind die Periodenlänge (tan α hat nur 1π als Periode) und die Tatsache, dass die Tangensfunktion keine ununterbrochene Welle ist, sondern in regelmäßigen Abständen von π eine Definitionslücke aufweist.

4 Parametervariationen von Winkelfunktionen und Argumentation mithilfe von Winkelfunktionen

Von Frequenzen und Amplituden

Übungsbeispiel

SbX Ein dynamisches GeoGebra-Arbeitsblatt zu Ü 4.10 finden Sie unter der ID: 1411.

Ü 4.10 ★★★: Überlegungen zur Sinusfunktion A B C

Öffnen Sie die GeoGebra-Anwendung im SbX. Betrachten Sie die grafische Darstellung der Sinusfunktion auf Ihrem Rechner. Stellen Sie die Ansicht so ein, dass Sie mindestens 2-mal die typische „Auf- und Abschwingung" der Kurve erkennen können. Beantworten Sie nun folgende Fragen:

a) Welche Nullstellen hat die Funktion? Geben Sie mindestens vier davon an und versuchen Sie eine allgemeine Vermutung für die Koordinaten einer Nullstelle zu finden.

b) Welche Hoch- und Tiefpunkte hat die Funktion? Geben Sie mindestens je zwei davon an und versuchen Sie eine allgemeine Vermutung für die Koordinaten eines Hoch- bzw. Tiefpunktes zu finden.

c) Verändern Sie gegebenenfalls den Ausschnitt Ihres Graphen so, dass Sie folgende Vergleiche ablesen können:

- Welchen Wert hat $\sin\left(\frac{\pi}{2}\right)$ verglichen mit $\sin\left(-\frac{\pi}{2}\right)$?
- Welchen Wert hat $\sin\left(\frac{\pi}{4}\right)$ verglichen mit $\sin\left(-\frac{\pi}{4}\right)$?

Versuchen Sie eine allgemeine Vermutung für diesen Zusammenhang zu finden.

Wenn Sie nun Ihre Vermutungen in mathematischer Schreibweise formulieren wollen (oder dies bereits getan haben), so erkennen wir folgende Eigenschaften:

Eigenschaften der Sinusfunktion

$D = \mathbb{R}$		Definitionsmenge
$W = [-1; 1]$		Wertemenge
Periodenlänge: 2π		„Wann beginnt alles von Neuem?"
$N = (n \cdot \pi / 0)$	$n \in \mathbb{Z}$	Nullstellen
$H = \left(\frac{\pi}{2} + 2\pi \cdot n / 1\right)$	$n \in \mathbb{Z}$	Hochpunkte
$T = \left(\frac{3\pi}{2} + 2\pi \cdot n / -1\right)$	$n \in \mathbb{Z}$	Tiefpunkte
$\sin(-x) = -\sin x$		„ungerade Funktion"

Amplitude, Frequenz

Wie weit die Kurve nach oben bzw. unten ausschwingt, nennt man die **Amplitude** der Funktion. Wie häufig sich die Kurve „wiederholt", heißt **Frequenz.**

Übungsbeispiel

Ü 4.11 ★★: Überlegungen zur Cosinusfunktion A B C D

Stellen Sie für die Cosinusfunktion dieselben Überlegungen an wie für die Sinusfunktion (siehe **Ü 4.10**). Erstellen Sie auch für die Cosinusfunktion eine Liste der Eigenschaften.

SbX Informationen über Parametervariationen der quadratischen Funktionen finden Sie unter der ID: 1411.

Einfluss der Parameter auf trigonometrische Funktionen

Sie erinnern sich sicher noch an die Schieberegeln für Potenzfunktionen (Kapitel 2, Lerneinheit 2). Ähnliche Einflüsse von Parametern können Sie auch bei der Sinus- und Cosinusfunktion beobachten. In **Ü 4.8** haben Sie die Möglichkeit, diese selbst zu ergründen.

Übungsbeispiel

SbX

Ein dynamisches GeoGebra-Arbeitsblatt zu Ü 4.12 finden Sie unter der ID: 1411.

Ü 4.12 ★★: Gemeinsamkeiten von Winkelfunktionen C D

Zeichnen Sie die jeweils in einer Zeile angegebenen Funktionen in ein gemeinsames Koordinatensystem (mit dem Taschenrechner oder einem geeigneten Computerprogramm). Vergleichen Sie die Funktionen. Legen Sie besonderes Augenmerk auf Gemeinsamkeiten und Unterschiede. Erläutern Sie Gemeinsamkeiten und Unterschiede.

a) $f_1(x) = \sin x$ $\quad f_2(x) = 2 \cdot \sin x$ $\quad f_3(x) = 3 \cdot \sin x$

b) $f_1(x) = \sin x$ $\quad f_2(x) = -\sin x$

c) $f_1(x) = \sin x$ $\quad f_2(x) = \sin(2x)$ $\quad f_3(x) = \sin(4x)$ $\quad f_4(x) = \sin\left(\frac{1}{2}x\right)$

d) $f_1(x) = \sin x$ $\quad f_2(x) = \sin(x + \pi)$ $\quad f_3(x) = \sin\left(x - \frac{\pi}{2}\right)$

e) $f_1(x) = \sin x$ $\quad f_2(x) = \sin x + 1$ $\quad f_3(x) = \sin x - 2$

Wie Sie in **Ü 4.12** gesehen haben, hat sich das Aussehen der Sinusfunktion meist kaum verändert – wohl aber ihre Lage im Koordinatensystem und manchmal auch die Häufigkeit ihrer Schwingungen.

Ausgehend von der Sinusfunktion mit der grafischen Darstellung einer **Schwingungskurve** fassen wir alle Parameterveränderungen noch einmal zusammen.

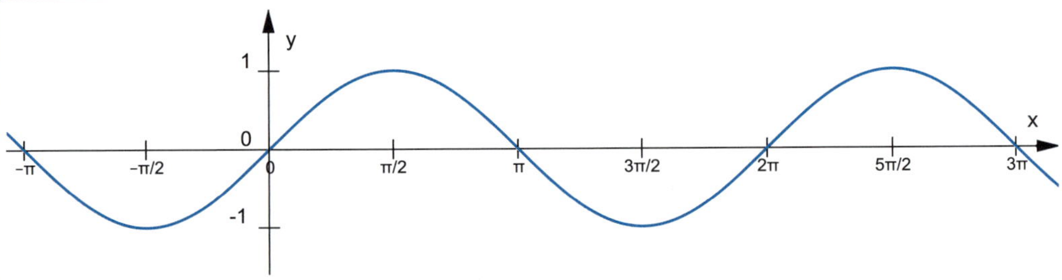

Abb. 4.1.24: y = sin x

y = a · sin x

$|a| > 1$ Die Funktion wird auf das a-Fache entlang der y-Achse gestreckt.

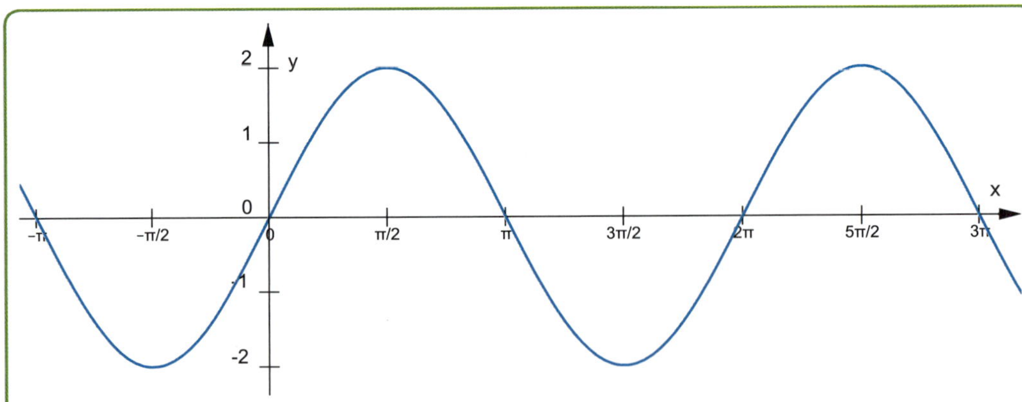

Abb. 4.1.25: y = 2 · sin x

y = a · sin x
$|a| < 1$ Die Funktion wird auf das a-Fache entlang der y-Achse gestaucht.

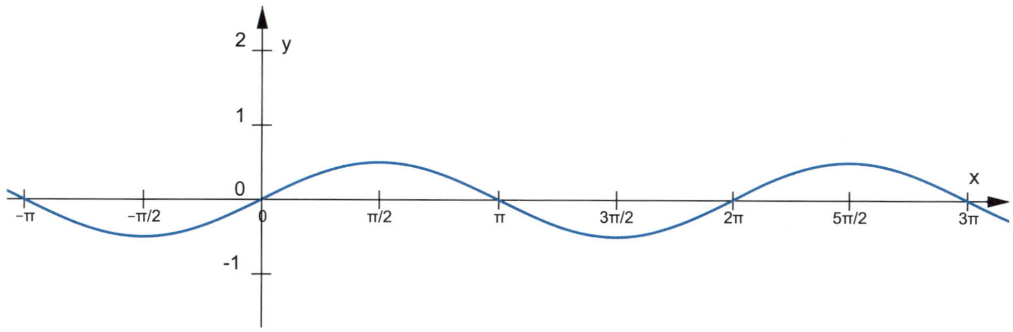
Abb. 4.1.26: y = 0,5 · sin x

y = a · sin x
$a < 0$ Die Funktion wird an der x-Achse gespiegelt.

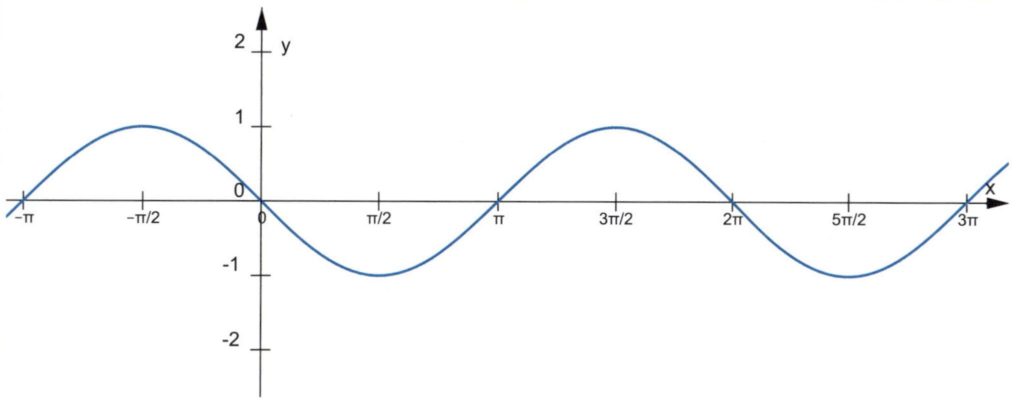
Abb. 4.1.27: y = –sin x

Der Parameter a ändert also die Amplitude: „Wie hoch schwingt die Funktion?"

y = sin (b · x)
$b > 1$ Die Funktion schwingt b-mal so oft – sie wird entlang der x-Achse gestaucht.

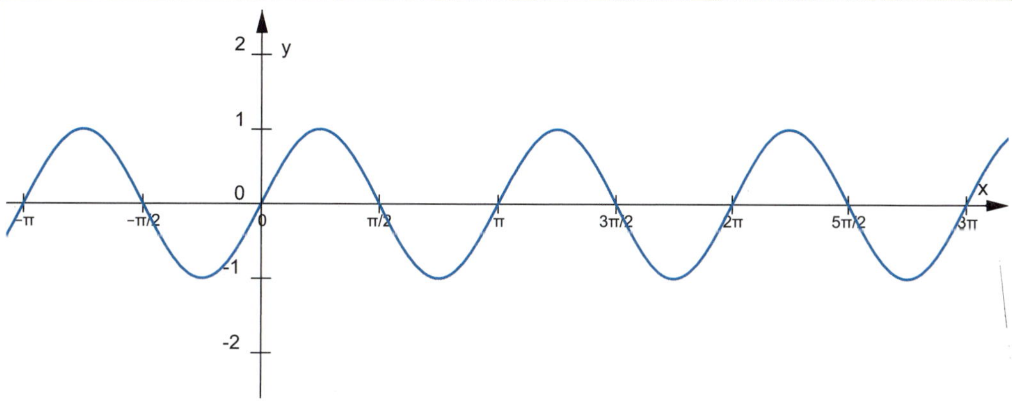
Abb. 4.1.28: y = sin (2x)

y = sin (b · x)

b < 1 Die Funktion schwingt b-mal so oft – sie wird entlang der x-Achse gestreckt.

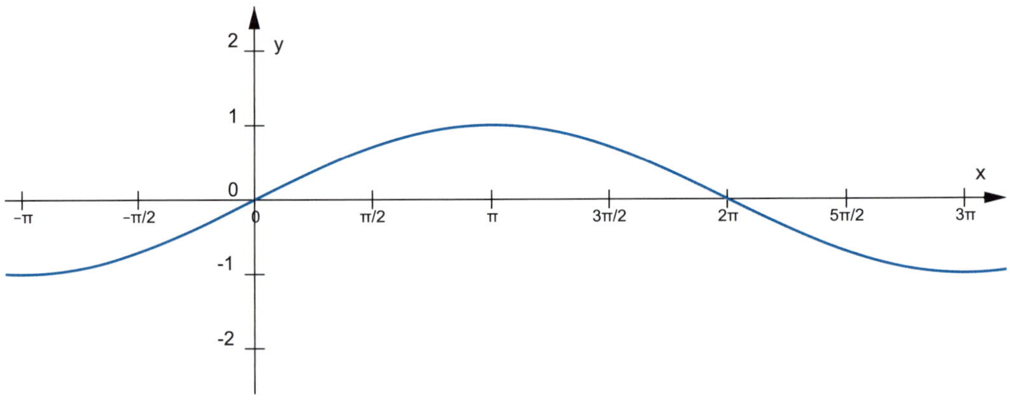

Abb. 4.1.29

Der Parameter b verändert die Frequenz: „Wie oft schwingt die Kurve?"

y = sin (x + c)

c > 0 Die Funktion wird um c Einheiten entlang der x-Achse nach links geschoben.

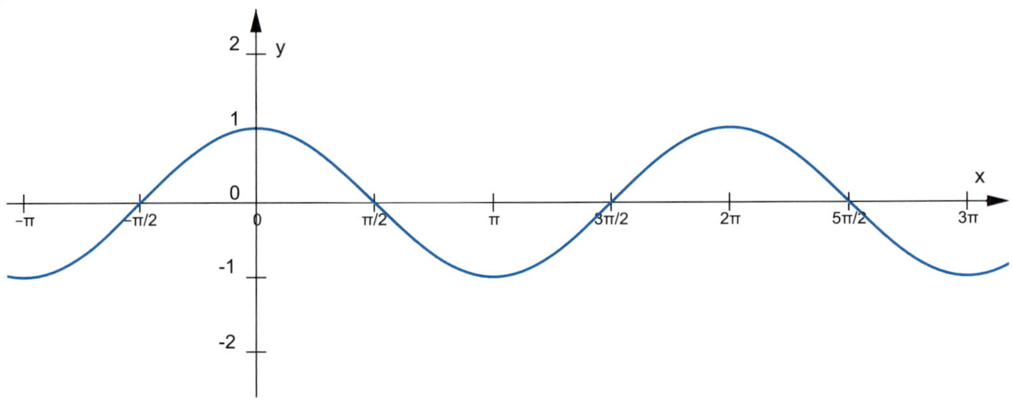

Abb. 4.1.30: $y = \sin\left(x + \frac{\pi}{2}\right)$

y = sin (x + c)

c < 0 Die Funktion wird um c Einheiten entlang der x-Achse nach rechts geschoben.

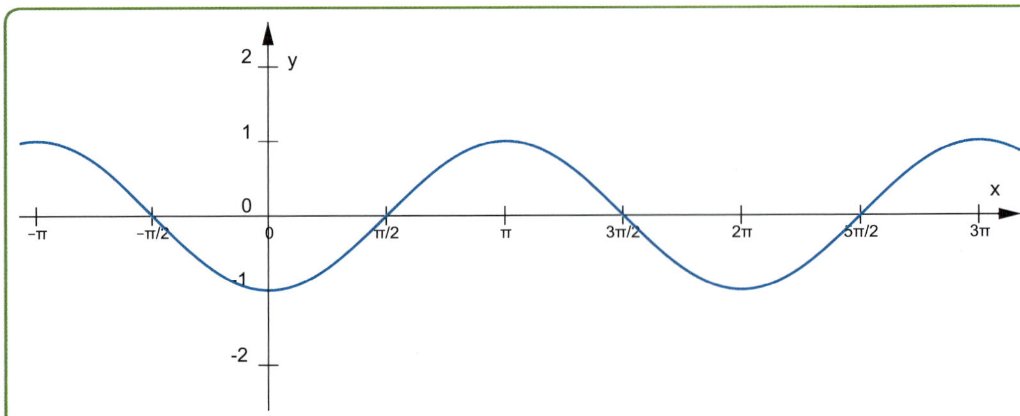

Abb. 4.1.31: $y = \sin\left(x - \frac{\pi}{2}\right)$

y = sin x + d

d > 0 Die Funktion wird um d Einheiten entlang der y-Achse nach oben geschoben.

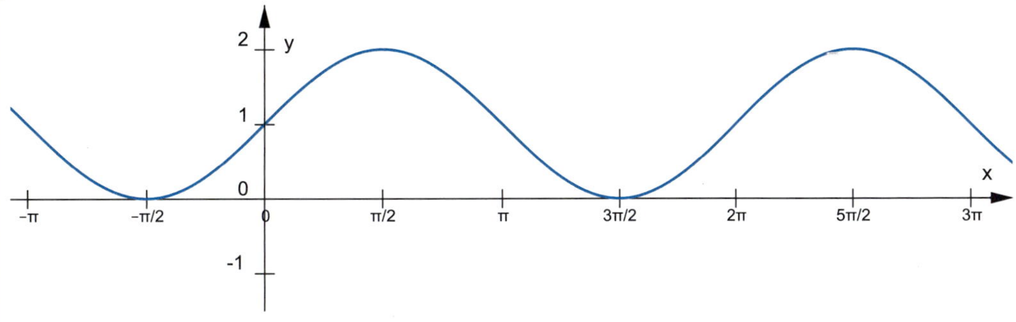

Abb. 4.1.32: y = sin x + 1

y = sin x + d

d < 0 Die Funktion wird um d Einheiten entlang der y-Achse nach unten geschoben.

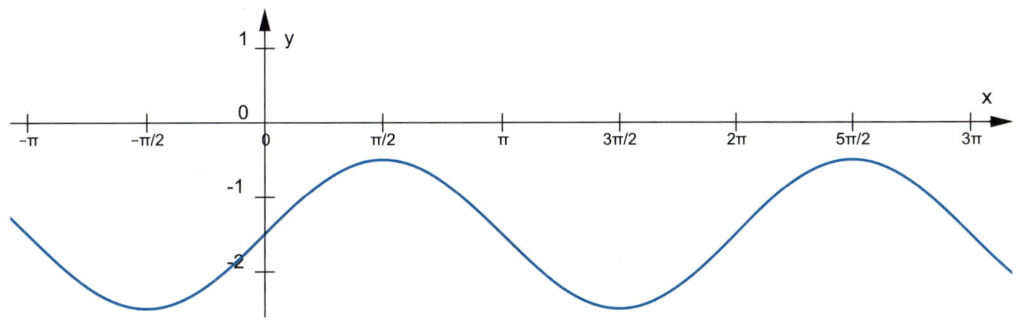

Abb. 4.1.33: y = sin x – 1,5

Für die **Cosinusfunktion** gelten die **gleichen Verschieberegeln**.

Lehrbeispiel

L 4.3: Wie beeinflusst der Parameter a die Eigenschaften? C D

Gegeben ist die Funktion f(x) = a · sin x. Erstellen Sie eine Zusammenfassung, wie der Parameter a folgende Eigenschaften beeinflusst: Definitionsmenge, Wertemenge, Periode, Nullstellen, Hoch- und Tiefpunkte

Beispiel:

$f_1(x) = \sin x$

$f_2(x) = 2 \cdot \sin x$

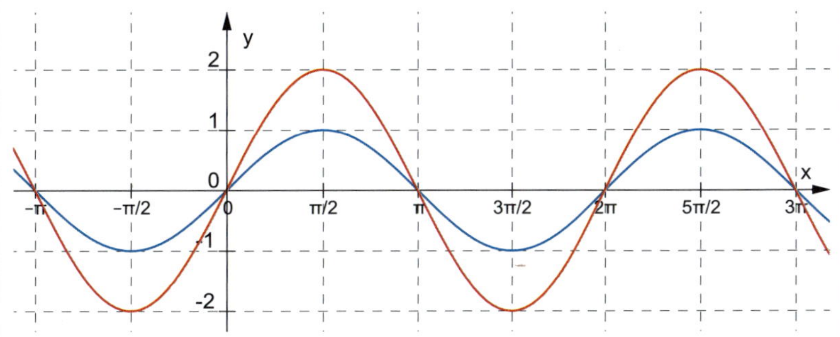

Abb. 4.1.34

An den Zahlen, die man für x einsetzen darf, ändert sich nichts. ⇒ D = ℝ

- Die Werte, die als mögliche y-Koordinate entstehen, liegen nun zwischen –2 und 2. ⇒ W = [–2; 2]
- Da sich nur die Amplitude ändert, bleiben sowohl die Periode als auch die Nullstellen gleich.
- Da sich die Amplitude verdoppelt – „die Kurve doppelt so hoch ist" –, ändern sich die Hochpunkte zu $H = \left(\frac{\pi}{2} + 2\pi \cdot n / 2\right)$ und die Tiefpunkte zu $T = \left(\frac{3\pi}{2} + 2\pi \cdot n / -2\right)$, $n \in \mathbb{Z}$.

4 Trigonometrie

Argumentieren

Mithilfe des Einheitskreises oder der grafischen Darstellung der Winkelfunktionen können Sie manche „Probleme" im Zusammenhang mit Winkeln und Seitenlängen erklären.

Lehrbeispiel

L 4.4: Gleichung lösen C D

Während einer Berechnung kommen Sie zu einem Zwischenergebnis der Art $\sin \varepsilon = 0{,}545$.

a) **Interpretieren** Sie dieses Ergebnis hinsichtlich der Eindeutigkeit des Winkels ε. C

b) **Erklären** Sie, worauf Sie beim Lösen dieser Gleichung achten müssen, wenn ε der Winkel eines Dreiecks ist. D

a)

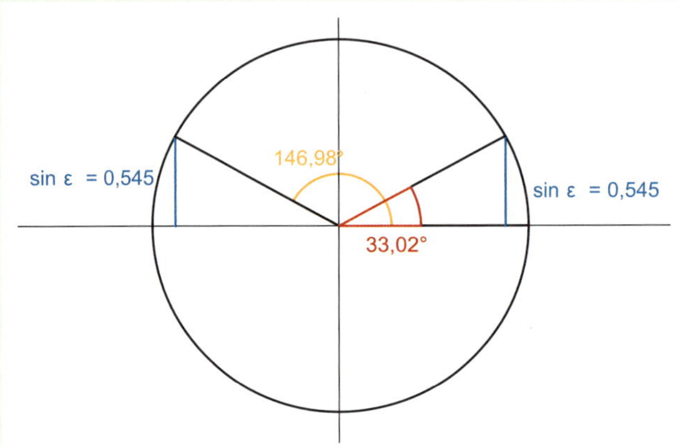

Abb. 4.1.35

$\sin \varepsilon = 0{,}545$ mit dem Taschenrechner gelöst ergibt in etwa den Winkel 0,576 rad oder 33,02°.

Den Wert 0,545 am Einheitskreis eingezeichnet erkennen Sie in der Abbildung. Zu diesem Wert gehören allerdings zwei Winkel: 33,02° und 146,98°.

Sie könnten den y-Wert 0,545 auch in die Kurve der Sinusfunktion einzeichnen und damit die x-Koordinaten, nämlich 0,576 rad, oder 2,565 rad, ablesen.

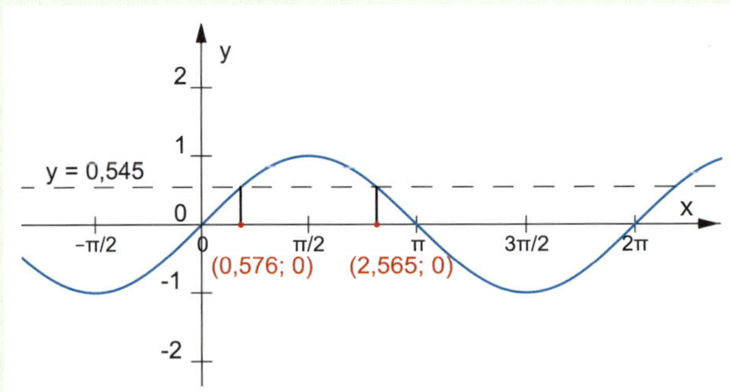

Abb. 4.1.36

b) Sollte der auszurechnende Winkel innerhalb eines Dreiecks der größte sein, so könnte er auch stumpf sein. Es ist also nötig, die Ergebnisse der anderen Winkel zu kontrollieren. Wenn f nicht der längsten Seite gegenüberliegt, so muss der Winkel spitz sein.

Übungsbeispiel

Der systolische Blutdruck ist der höchste beim Zusammenziehen des Herzmuskels – der diastolische ist der niedrigste bei Erschlaffung des Muskels.

Ü 4.13 ★★: Blutdruck beim Sport B

Der Blutdruck einer Läuferin kann modellhaft durch folgende zwei Zusammenhänge beschrieben werden:

- im Ruhezustand: $B_R(t) = 20 \cdot \sin(2\pi t) + 100$,
- beim Laufen: $B_L(t) = 60 \cdot \sin(4{,}9\pi t) + 140$,

wobei t in Sekunden gemessen wird. Ermitteln Sie die jeweilige Pulsfrequenz.

Winkelsätze im allgemeinen Dreieck sind im Curriculum für die Berufsreifeprüfung nicht enthalten. Sie helfen jedoch beim Verständnis.

5 Winkelsätze im allgemeinen Dreieck
Es geht auch ohne rechten Winkel.

Hat man es nicht mit einem rechtwinkeligen, sondern mit einem allgemeinen Dreieck zu tun, könnte man zur Winkel- und Seitenberechnung das Dreieck in rechtwinkelige Dreiecke zerteilen. Das ist aber oft mühsam und manchmal gar nicht möglich.

Die folgenden zwei Winkelsätze für das allgemeine Dreieck erleichtern die Berechnungen.

Sinussatz

$$\frac{a}{\sin\alpha} = \frac{b}{\sin\beta} = \frac{c}{\sin\gamma}$$ zur **Seitenberechnung**

$$\frac{\sin\alpha}{a} = \frac{\sin\beta}{b} = \frac{\sin\gamma}{c}$$ zur **Winkelberechnung**

Zur Verankerung der Formel im Gedächtnis ist es leichter, sich den Sinussatz „optisch" zu merken:

z. B.: $$\frac{\text{Seite}_1}{\sin(\text{gegenüberliegender} \angle)} = \frac{\text{Seite}_2}{\sin(\text{gegenüberliegender} \angle)}$$

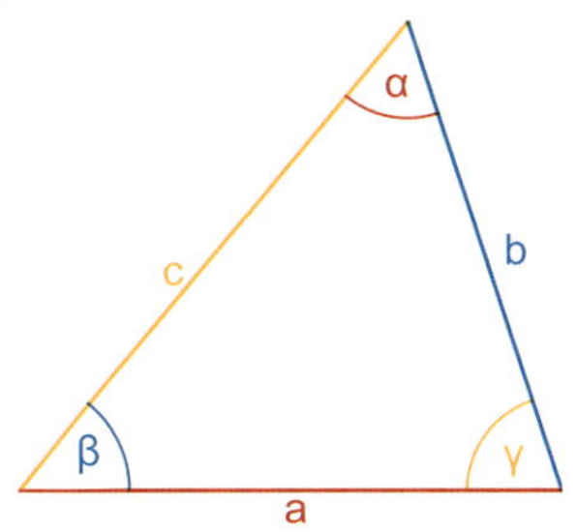

Abb. 4.1.37

Cosinussatz

$$a^2 = b^2 + c^2 - 2 \cdot b \cdot c \cdot \cos\alpha$$
$$b^2 = a^2 + c^2 - 2 \cdot a \cdot c \cdot \cos\beta$$
$$c^2 = a^2 + b^2 - 2 \cdot a \cdot b \cdot \cos\gamma$$

zur **Seitenberechnung** und zur **Winkelberechnung**

Auch diesen Satz kann man sich „optisch" leichter merken, z. B.:
„Der Winkel α wird von b und c eingeschlossen."
„Der Winkel α liegt der Seite a gegenüber."

Lehrbeispiel

Zur Erinnerung: Markieren Sie gegebene Größen und gesuchte Größen in unterschiedlichen Farben.

L 4.5: Dreieck B

Gegeben ist ein Dreieck mit folgenden Abmessungen: a = 6 cm, c = 15 cm, γ = 120°.

Fertigen Sie eine Skizze an und berechnen Sie die fehlenden Seiten und Winkel.

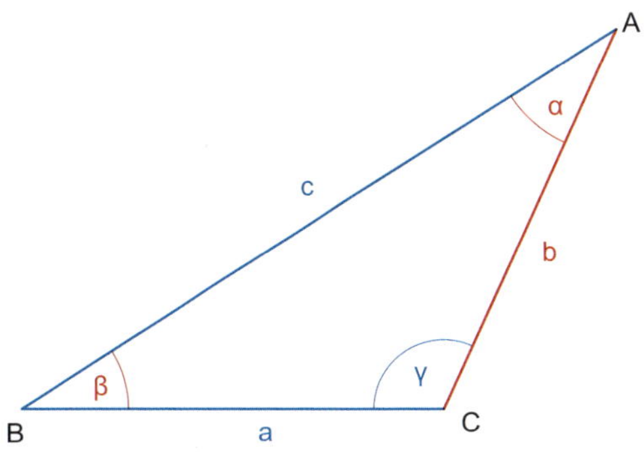

Abb. 4.1.38

$$\frac{\sin\alpha}{a} = \frac{\sin\gamma}{c} \quad |\cdot a$$

$$\sin\alpha = \frac{a \cdot \sin\gamma}{c}$$

$\sin\alpha = 0{,}3464101615$ | (Hinweis: α speichern oder [ANS]-Taste verwenden)

$\alpha = 20{,}27°$

$\alpha + \beta + \gamma = 180°$ | $-(\alpha + \gamma)$

$\beta = 180° - (\alpha + \gamma)$

$\beta = 39{,}73°$

$$\frac{b}{\sin\beta} = \frac{c}{\sin\gamma} \quad |\cdot \sin\beta$$

$$b = \frac{c \cdot \sin\beta}{\sin\gamma}$$

$b = 11{,}07$ cm

4 Trigonometrie

Übungsbeispiel

Ü 4.14 ★★: Seiten und Winkel berechnen B

Gegeben ist ein Dreieck mit folgenden Abmessungen: b = 28 cm, c = 30 cm, $\gamma = 67{,}38°$.

Fertigen Sie eine Skizze an und berechnen Sie die fehlenden Seiten und Winkel.

Übungsbeispiel

Ü 4.15 ★★★: Berechnen von Winkeln und Seiten im Dreieck B C D

a) Gegeben ist ein Dreieck mit folgenden Abmessungen: a = 6 cm, c = 15 cm, $\alpha = 20{,}27°$. Fertigen Sie eine Skizze an und berechnen Sie in folgender Reihenfolge die fehlenden Seiten und Winkel: γ, β, b.

b) Gegeben ist ein Dreieck mit folgenden Abmessungen: a = 6 cm, b = 11,07 cm, c = 15 cm. Fertigen Sie eine Skizze an und berechnen Sie in folgender Reihenfolge die fehlenden Winkel: γ, α, β.

Vergleichen Sie nun a) mit b) und **L 4.4.** Beschreiben Sie, was Ihnen auffällt.

Querverweis
Winkel im Einheitskreis siehe Seite ###.

Die Lösung von a) ist nicht automatisch falsch, sondern sie ergäbe ein anderes Dreieck, weil: $\sin\gamma = \sin(180° - \gamma)$.

Tipp: Im Allgemeinen sollte jener Winkel, welcher der größten Seite gegenüberliegt, nach Möglichkeit mit dem Cosinussatz (nicht mit dem Sinussatz) berechnet werden.

Querverweis
Mehr zum Dreieck siehe Kapitel 8, Lerneinheit 5.

Den **Flächeninhalt eines Dreiecks** kann man mithilfe der Formel $A = \frac{1}{2} \cdot b \cdot h_b$ (analog mit a, h_a ...) berechnen. Mit dem Wissen um die Trigonometrie muss man die Höhe aber nicht explizit berechnen, sondern kann sie in die Formel integrieren.

SbX
Die Herleitung der trigonometrischen Flächenformel finden Sie unter der ID: 1411.

Trigonometrische Flächenformel

$A = \frac{1}{2} \cdot a \cdot c \cdot \sin\beta$ oder $A = \frac{1}{2} \cdot a \cdot b \cdot \sin\gamma$ oder $A = \frac{1}{2} \cdot b \cdot c \cdot \sin\alpha$

Auch diese Formel kann man sich „optisch" gut einprägen:

$A = \frac{1}{2} \cdot \text{Seite}_1 \cdot \text{Seite}_2 \cdot \sin(\text{eingeschlossener Winkel})$

Üben

SbX ID: 1412

A B C D

Fertigen Sie immer zuerst eine Skizze an!

Ü 4.16 ★★: Rechtwinkeliges Dreieck B

In einem rechtwinkeligen Dreieck kennt man die Länge der beiden Katheten: a = 81 m, b = 50,4 m.

Berechnen Sie die Winkel des Dreiecks, die Länge der Hypotenuse und seinen Flächeninhalt.

Ü 4.17 ★★: Rechtwinkeliges Dreieck B

In einem rechtwinkeligen Dreieck kennt man die Länge einer der Katheten: a = 22,4 cm und der Hypotenuse: c = 42,4 cm.

Berechnen Sie die Winkel des Dreiecks, die Länge der anderen Kathete und seinen Flächeninhalt.

Ü 4.18 ★★: Gleichschenkeliges Dreieck B

Von einem gleichschenkeligen Dreieck (a = b) kennt man die Seite c = 450 m und den Winkel: $\gamma = 79{,}20°$.

Berechnen Sie die fehlenden Seiten, den Winkel α und den Flächeninhalt.

Ü 4.19 ★★: Dreieck B

Von einem Dreieck kennt man die Seiten a = b = 388 m und den Winkel $\gamma = 84{,}15°$.

Berechnen Sie die fehlende Seiten, den Winkel α und den Flächeninhalt.

Ü 4.20 ★★: Pyramide B

Von einer geraden quadratischen Pyramide kennt man die Höhe auf die Grundfläche und die Höhe einer Seitenfläche (h = 391 cm, h_a = 409 cm). Berechnen Sie das Volumen der Pyramide und den Winkel zwischen der Seitenkante und der Grundfläche.

Ü 4.21 ★: Papierdrache A B D

Ein Papierdrache fliegt an einer Schnur mit der Länge s, die mit dem Boden den Winkel α einschließt.

a) Stellen Sie die Situation in einer Skizze dar.

b) Stellen Sie eine Formel zur Berechnung der Flughöhe des Drachens auf.

c) Berechnen Sie die Höhe, wenn die Schnur 80 m lang ist und $\alpha = 67°$ beträgt.

d) Argumentieren Sie, ob die folgende Behauptung stimmt: „Wenn der Winkel α halbiert wird, dann fliegt der Drache nur mehr halb so hoch."

Ü 4.22 ★: Leiter A B

Eine Leiter mit der Länge z lehnt an einer Wand. Sie ist unter dem Winkel β zum Boden geneigt.

a) Zeichnen Sie eine Skizze.

b) Stellen Sie eine Formel auf, mit der Sie den Abstand des Fußpunkts der Leiter von der Wand berechnen können.

c) Berechnen Sie den Abstand für z = 3 m, $\beta = 75°$.

Ü 4.23 ★: Förderband A D

Ein Förderband reicht über eine horizontale Entfernung b und steigt in einem Winkel γ an.

a) Stellen Sie die Situation in einer Skizze dar.

b) Stellen Sie eine Formel zur Berechnung der Länge f des Förderbandes auf.

c) Erklären Sie, warum gelten muss: $f > b$.

Ü 4.24 ★: Schatten A B

Die Höhe der Sonne über dem Horizont wird durch den Winkel φ angegeben, den die Sonnenstrahlen mit dem Boden einschließen. Von diesem Winkel hängt auch die Länge des Schattens ab.

a) Stellen Sie Formeln auf, mit denen Sie bei bekanntem Sonnenstand die Höhe h eines Turms aus der Länge s seines Schattens berechnen können und umgekehrt.

b) Berechnen Sie die Höhe eines Minaretts, das bei einer Sonnenhöhe von 42° einen 35,6 m langen Schatten wirft.

c) In Wien erreicht die Sonne am 21. Juni zu Mittag eine Höhe von 65,3°, am 21. Dezember sind es nur 18,3°. Berechnen Sie, um wieviel der Schatten des Stephansturms (h = 137 m) am 21. Dezember länger ist als am 21. Juni.

Ü 4.25 ★: Sommerrodelbahn A B C

Die Sommerrodelbahn in Abtenau (Salzburg) hat im Durchschnitt 11,65° Gefälle. Der Höhenunterschied beträgt 400 m.

a) Stellen Sie die Situation in einer Skizze dar und erklären Sie, welche Vereinfachung Sie dabei machen.

b) Berechnen Sie die Länge der Rodelstrecke.

4 Trigonometrie

Ü 4.26 ★: Schafbergbahn B C

Die Schafbergbahn (Oberösterreich) fährt von St. Wolfgang (Seehöhe 542 m) auf die Schafbergspitze (Seehöhe 1732 m). Die Strecke ist 5,8 km lang.

a) Berechnen Sie den durchschnittlichen Anstiegswinkel der Bahn.

b) Beschreiben Sie zwei Möglichkeiten, wie Sie die Steigung in Prozent berechnen können.

Ü 4.27 ★★: Welche Aussagen sind richtig? C D

Kennzeichnen Sie die falschen Aussagen. Begründen Sie Ihre Überlegungen. (Eintippen in den Taschenrechner o. Ä. reicht nicht als Begründung.)

$\cos\omega < 0$	$\omega = 0°$	$\omega = 50°$	$\omega = 200°$	$\omega = 300°$	$\omega = 320°$	$\omega = 360°$
$\sin\omega > 0$	$\omega = 0°$	$\omega = 90°$	$\omega = 100°$	$\omega = 200°$	$\omega = 320°$	$\omega = 350°$
$\sin\omega = 0$	$\omega = 0°$	$\omega = 90°$	$\omega = 180°$	$\omega = 200°$	$\omega = 270°$	$\omega = 360°$
$\sin\omega = \cos\omega$	$\omega = 0°$	$\omega = 45°$	$\omega = 135°$	$\omega = 180°$	$\omega = 225°$	$\omega = 405°$

Ü 4.28 ★★★: Begründen von Beziehungen D

Begründen Sie anhand der Graphen von sin und cos, dass folgende Beziehungen für alle $x \in \mathbb{R}$ gelten:

- $\sin(x + \pi) = -\sin x$
- $\cos(x + \pi) = -\cos x$
- $\sin(-x + \pi) = \sin x$
- $\cos(x) = \cos(-x)$

Ü 4.29 ★★★: Wahr oder falsch? D

Überprüfen Sie, ob die folgenden Aussagen wahr oder falsch sind.

a) $\sin\omega$ entspricht der y-Koordinate eines Punktes am Einheitskreis.

b) $\sin\omega$ muss immer kleiner als 1 sein.

c) $\cos\omega$ kann nie größer als 1 sein.

d) $\cos\omega$ ist immer größer als $\sin\omega$.

e) $\cos\omega$ entspricht der y-Koordinate eines Punktes am Einheitskreis.

Ü 4.30 ★★: Veränderungen der Sinusfunktion A C

Stellen Sie durch Verändern der Funktion $f(x) = \sin x$ eine Funktionsgleichung auf,

- die eine Periode von 5π besitzt.
- deren Tiefpunkt bei $(\ldots/-3)$ liegt.

Ü 4.31 ★★: Wahr oder falsch? D

Überprüfen Sie, welche der Aussagen für $90° < \omega < 180°$ zutreffen. Streichen Sie die falschen Aussagen weg und begründen Sie Ihr Vorgehen.

- Wenn $\sin\omega$ wächst, dann nimmt $\cos\omega$ ab.
- $\sin\omega$ und $\cos\omega$ können nicht beide null sein.
- Es gibt keinen Winkel ω mit $\sin\omega = \cos\omega$.
- Sin ω ist immer negativ.
- Es gibt einen Winkel ω mit $\cos\omega = 0$

SbX
Ü 4.32–Ü 4.33 mit automatischer Aufgabenkontrolle ID: 1412

Bearbeiten Sie die Übungsaufgaben im SbX
Ü 4.32: Winkelfunktionen im rechtwinkeligen Dreieck
Ü 4.33: Parametervariationen
Weitere Übungsbeispiele finden Sie unter der ID: 1412.

Sichern

Seitenverhältnisse im rechtwinkeligen Dreieck

Sinus $\sin\alpha = \frac{\text{Gegenkathete von } \alpha}{\text{Hypotenuse}}$

Cosinus $\cos\alpha = \frac{\text{Ankathete von } \alpha}{\text{Hypotenuse}}$

Tangens $\tan\alpha = \frac{\text{Gegenkathete von } \alpha}{\text{Ankathethe von } \alpha}$

allgemeines Dreieck Sinussatz

$\frac{a}{\sin\alpha} = \frac{b}{\sin\beta} = \frac{c}{\sin\gamma}$ zur **Seitenberechnung**

$\frac{\sin\alpha}{a} = \frac{\sin\beta}{b} = \frac{\sin\gamma}{c}$ zur **Winkelberechnung**

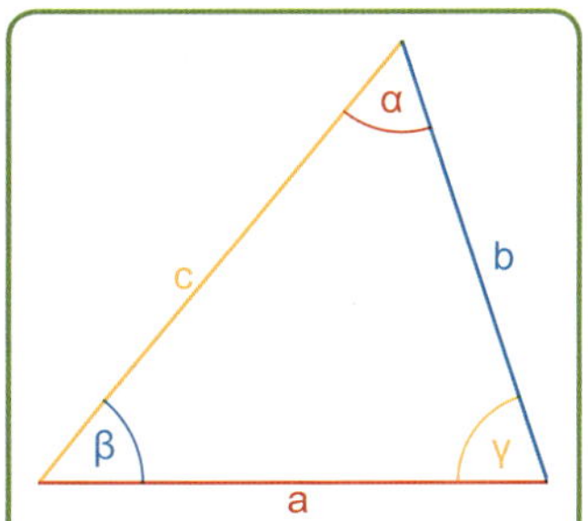

Abb. 4.1.39

... in Worten

z. B.: $\frac{\text{Seite}_1}{\sin(\text{gegenüberliegender } \angle)} = \frac{\text{Seite}_2}{\sin(\text{gegenüberliegender } \angle)}$

Cosinussatz

$a^2 = b^2 + c^2 - 2 \cdot b \cdot c \cdot \cos\alpha$
$b^2 = a^2 + c^2 - 2 \cdot a \cdot c \cdot \cos\beta$
$c^2 = a^2 + b^2 - 2 \cdot a \cdot b \cdot \cos\gamma$

zur **Seitenberechnung** und zur **Winkelberechnung**

Winkel- und Seitengrößen

„Der längeren Seite liegt der größere Winkel gegenüber". Ein möglicher stumpfer Winkel sollte mit dem Cosinussatz berechnet werden.

trigonometrische Flächenformel

$A = \frac{1}{2} \cdot a \cdot c \cdot \sin\beta$

... in Worten

$A = \frac{1}{2} \cdot \text{Seite}_1 \cdot \text{Seite}_2 \cdot \sin(\text{eingeschlossener Winkel})$

Einheitskreis

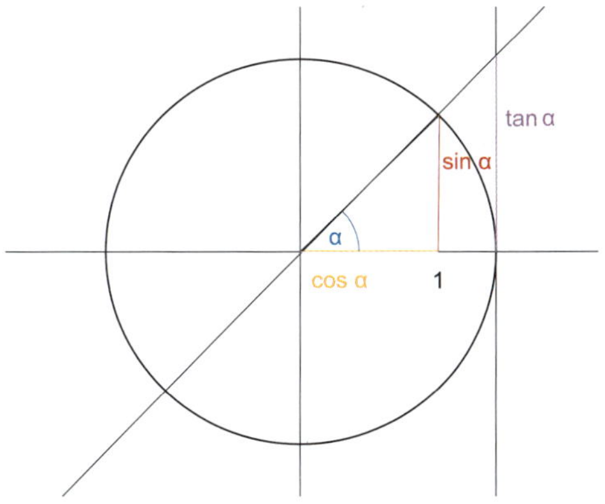

Abb. 4.1.40

Sinusschwingung

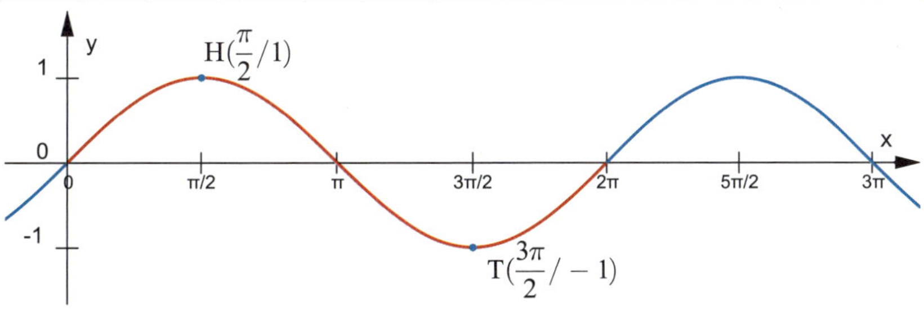

Abb. 4.1.41

Cosinusschwingung

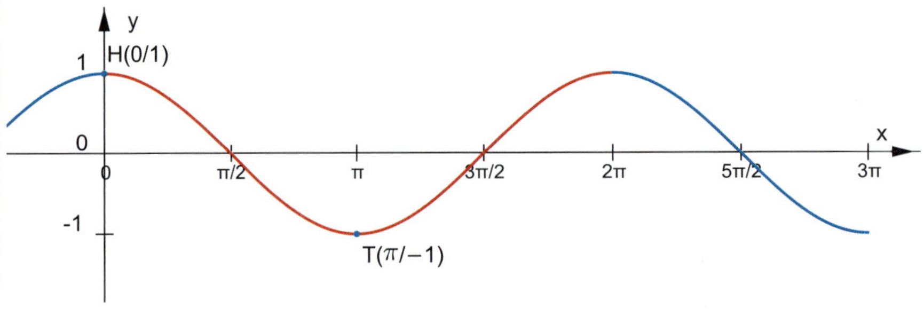

Abb. 4.1.42

Einfluss der Parameter auf Winkelfunktionen

$y = a \cdot \sin(b \cdot x + c) + d$
$y = a \cdot \cos(b \cdot x + c) + d$

Änderung der Amplitude	$\|a\| > 1$	Die Funktion wird auf das a-Fache entlang der y-Achse gestreckt.
	$\|a\| < 1$	Die Funktion wird auf das a-Fache entlang der y-Achse gestaucht.
Änderung der Frequenz	$b > 1$	Die Funktion schwingt b-mal so oft – sie schwingt öfter.
	$b < 1$	Die Funktion schwingt b-mal so oft – sie schwingt seltener.
Verschiebung waagrecht	$c > 0$	Die Funktion wird um c nach links geschoben.
	$c < 0$	Die Funktion wird um c nach rechts geschoben.
Verschiebung senkrecht	$d > 0$	Die Funktion wird um d nach oben geschoben.
	$d < 0$	Die Funktion wird um d nach unten geschoben.

Wissen

SbX ID: 1414

A B C D

SbX
Sie finden W 4.1 mit automatischer Aufgabenkontrolle unter der ID: 1414.

W 4.1: Wahre oder falsche Aussage? C D

Kennzeichnen Sie wahre Aussagen. Begründen Sie Ihre Überlegungen (siehe Abb. 4.1.43).

a) $\frac{s}{e} = \frac{\sin\sigma}{\sin\varepsilon}$

b) $\frac{s}{\sin\sigma} = \frac{d}{\sin\varepsilon}$

c) $e = \sqrt{d^2 + s^2 - 2ds\cos\varepsilon}$

d) $\cos\delta = -s\frac{d^2 - s^2 - e^2}{2se}$

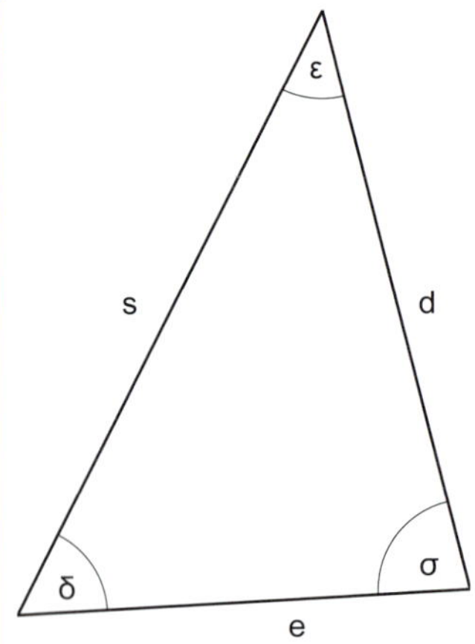

Abb. 4.1.43

W 4.2: Aussagen ergänzen A D

Ergänzen Sie die Aussagen betreffend Abb. 4.1.43:

e < ______ < ______ ⇒ ______ < ______ < σ

a) Wenn e, s, σ gegeben sind, kann man die restlichen Winkel eindeutig/nicht eindeutig durch den Sinussatz berechnen, weil ______.

b) Wenn d, s, δ gegeben sind, kann man die restlichen Winkel eindeutig/nicht eindeutig durch den Sinussatz berechnen, weil ______.

c) Wenn e, d, σ gegeben sind, kann man die restlichen Winkel eindeutig/nicht eindeutig durch den Cosinussatz berechnen, weil ______.

W 4.3: Flächeninhalt eines Trapezes B

Von einem Trapez kennt man folgende Abmessungen: $a = 953$ m, $b = 148$ m, $\alpha = 9{,}53°$, $\beta = 18{,}92°$. Ermitteln Sie rechnerisch den Flächeninhalt.

W 4.4: Trapez B D

Von einem Trapez kennt man die Längen der beiden Parallelseiten, einer Diagonale und eines Winkels. Berechnen Sie den Umfang des Trapezes. Begründen Sie, warum diese Angaben keine eindeutige Lösung ergeben können: $a = 182$ mm, $c = 51{,}2$ mm, $e = 163{,}53$ mm, $\beta = 60{,}8°$.

W 4.5: Dreiecksberechnungen B

Von einem Dreieck, das durch die Höhe h_c in zwei deckungsgleiche rechtwinkelige Dreiecke zerlegt wird, kennt man folgende Bestimmungsstücke: $c = 936$ m, $A = 72\,540$ m^2. Berechnen Sie die fehlenden Seiten und Winkel.

W 4.6: Begründung anhand des Einheitskreises B D

Von einem rechtwinkeligen Dreieck kennt man die beiden Katheten: $a = 3$ cm, $b = 4$ cm. Berechnen Sie mithilfe des Cosinussatzes die Hypotenuse. Erklären Sie, was Ihnen auffällt. Begründen Sie die Besonderheit mithilfe des Einheitskreises.

W 4.7: Begründung anhand des Einheitskreises B D

Von einem rechtwinkeligen Dreieck kennt man die eine Kathete $a = 60$ cm und die Hypotenuse $c = 100$ cm. Berechnen Sie mithilfe des Sinussatzes den Winkel α. Erklären Sie, was Ihnen auffällt. Begründen Sie die Besonderheit mithilfe des Einheitskreises.

W 4.8: Parameter bestimmen A

Sie haben die Abbildung einer Cosinusfunktion $k(x) = a \cdot \cos(b \cdot x + c) + d$, die eine Nullstelle bei $\left(\frac{\pi}{4} / 0\right)$ hat.

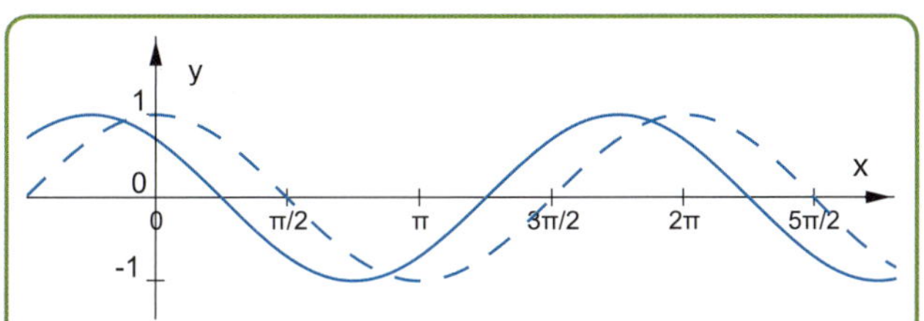

Abb. 4.1.44

Modellieren Sie eine Funktionsgleichung der angegebenen Art, die zur obigen Abbildung passt.

W 4.9: Parameter bestimmen A C

Sie haben die Abbildung einer Cosinusfunktion $k(x) = a \cdot \cos(b \cdot x + c) + d$.

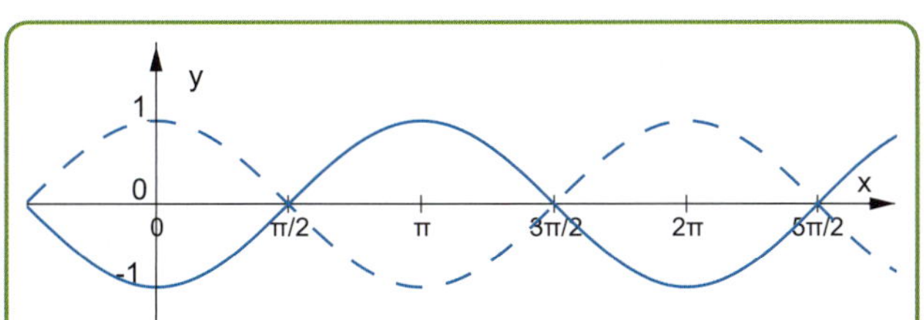

Abb. 4.1.45

Modellieren Sie eine Funktionsgleichung der angegebenen Art, die zur obigen Abbildung passt. Geben Sie zwei Möglichkeiten an und dokumentieren Sie Ihre Überlegungen.

W 4.10: Veränderung von Parametern A C

Die abgebildeten Funktionen sind die Funktionen
$a(x) = \sin(x)$ und $b(x) = r \cdot \sin(s \cdot x)$.

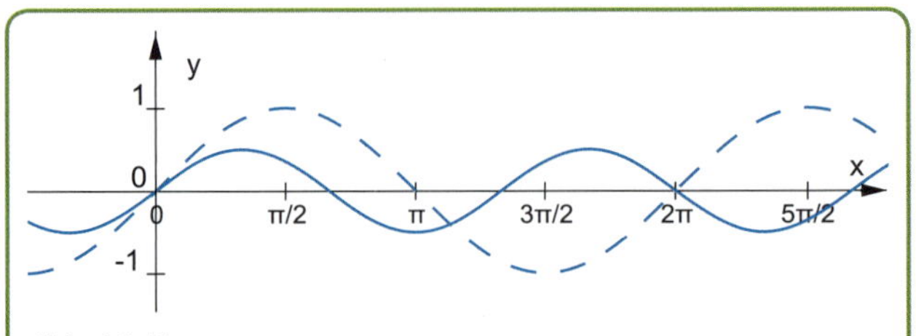

Abb. 4.1.46

Verändern Sie die Parameter r und s, damit die gegebene Funktion entsteht.

Kennzeichnen Sie die richtige(n) Antwort(en).

Ich muss …	☐ r verkleinern.	☐ r vergrößern.	☐ r gleich lassen.
Ich muss …	☐ s verkleinern.	☐ s vergrößern.	☐ s gleich lassen.

W 4.11: Cosinusfunktion D

Sie kennen folgenden Wert: $\cos \alpha = 0{,}6$. Beantworten Sie folgende Fragen ohne Taschenrechner; argumentieren und dokumentieren Sie Ihre Überlegungen.

a) Geben Sie an, in welchem Quadranten α liegen kann.

b) Ermitteln Sie den Sinuswert des Winkels α.

c) Erklären Sie, welche der folgenden Gleichungen möglich ist:
$\alpha = 126{,}87°$ $\alpha = 233{,}13°$ $\alpha = 306{,}87°$

W 4.12: Glimmlampe B C

Eine leuchtende Glimmlampe geht aus, wenn der Betrag der anliegenden Spannung U(t) kleiner ist als die Löschspannung U_L. Die Lampe leuchtet im umgekehrten Fall, falls U(t) größer als die Zündspannung U_z ist.

Die anliegende Spannung wird durch die Gleichung
$U(t) = 230 \cdot \sqrt{2}\ \sin(100\pi \cdot t)$
beschrieben, wobei die Zeit in Sekunden gemessen wird. Die Zündspannung beträgt 200 V und die Löschspannung 150 V.

Berechnen Sie, wie lange diese Lampe im Zeitintervall [0; 0,02] leuchtet. Lösen Sie diese Problemstellung grafisch mit einer frei gewählten Technologie. Dokumentieren Sie Ihre Arbeitsschritte.

W 4.13: Geometrische Figur B D

allgemeine Dreiecke

Die Funktion A(x) beschreibt die Fläche der abgebildeten Figur, wobei x das Bogenmaß des Winkels α ist.

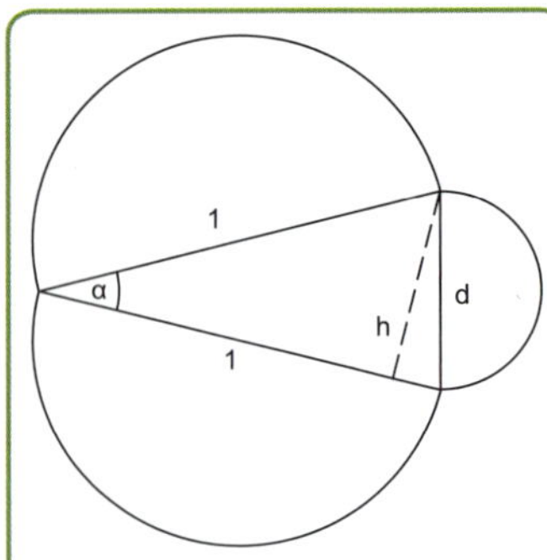

Abb. 4.1.47

a) Zeigen Sie, dass $d^2 = 2 \cdot (1 - \cos x)$ gilt.

b) Die Fläche lässt sich mit der Funktion
$A(x) = 0{,}5\,\pi + 0{,}5 \sin x - 0{,}25\,\pi \cos x$ berechnen. Erklären Sie, wie man auf diese Gleichung kommt.

c) Geben Sie jenes Intervall an, für das die beiden Gleichungen Gültigkeit haben, und begründen Sie.

d) Bestimmen Sie den kleinstmöglichen und den größtmöglichen Flächeninhalt.

W 4.14: Begründung von Beziehungen D

Begründen Sie ohne technisches Hilfsmittel, dass folgende Beziehungen für alle $x \in \mathbb{R}$ gelten:

- $\sin(x + \pi) = -\sin x$
- $\cos(x + \pi) = -\cos x$
- $-\sin x = \sin(-x)$

W 4.15: Begründung von Zusammenhängen C D

Begründen Sie ohne rechnerische Überlegungen:

a) $\sin x = \cos\left(x + \frac{\pi}{2}\right)$ b) $\cos x = \sin\left(x + \frac{\pi}{2}\right)$

W 4.16: Lungenfunktion A B C

Die Menge/Das Volumen der in der Lunge befindlichen Luft beträgt:

$V(x) = -\frac{5}{\pi}\cos\left(\frac{2}{5}\pi x\right) + \frac{5}{\pi}$ (x in Sekunden; V in Litern)

Stellen Sie das Volumen mit dem Taschenrechner oder einem geeigneten Computerprogramm dar.

a) Interpretieren Sie den Graphen im Intervall 0 bis 5 Sekunden.
b) Erklären Sie die Bedeutung des Hochpunktes und des Tiefpunktes in diesem Zusammenhang.
c) Im Zustand körperlicher Entspannung atmet der Mensch seltener. Modellieren Sie einen Volumen-Term, der diese Entspannung sichtbar macht.
d) Bestimmen Sie das Luftvolumen, das pro Atemzug in die und aus der Lunge befördert wird.

W 4.17: Periodenlänge begründen D

Begründen Sie, dass die Funktion $g(x) = \cos(n \cdot x + c)$ die Periodenlänge von $\frac{1}{n}2\pi$ hat.

W 4.18: Temperaturschwankungen B C D

Massiv gebaute Häuser halten im Sommer die Temperatur einigermaßen konstant, auch wenn die Außentemperatur stark schwankt.

Die Außentemperatur an einem Hochsommertag wird durch die Funktion

$T_a(t) = \frac{5}{2} \cdot \sin[0{,}1\,\pi\,(t - 12)] + 17 \qquad t \in [0; 24]$

beschrieben, wobei t die Zeit seit Mitternacht in Stunden ist.

a) Stellen Sie die angegebene Funktion grafisch dar. Interpretieren Sie die Temperaturschwankungen in Abhängigkeit von der Zeit.
b) Begründen Sie, warum die Temperaturkurve die y-Achse nicht bei 17 schneidet, obwohl sie „eine um 17 nach oben geschobene Sinuskurve" ist.

W 4.19: Blutdruck C

Der Blutdruck einer weiblichen Patientin lässt sich durch den folgenden Zusammenhang ausreichend gut modellieren:

$B_L(t) = 20 \cdot \sin(6t - 0{,}36) + 95.$

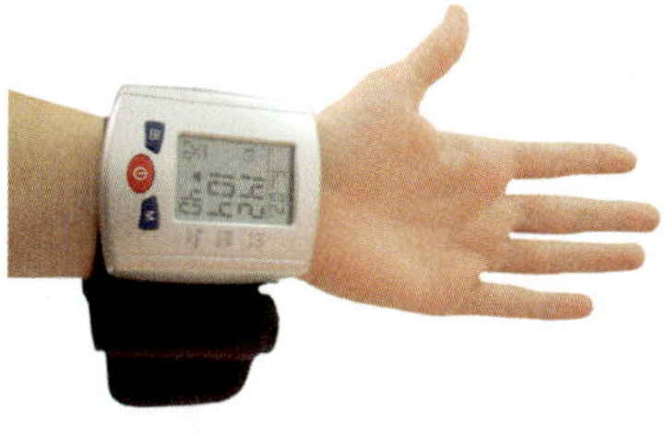

Stellen Sie die Funktion grafisch dar.

Interpretieren Sie den Graphen in Hinblick auf die höchsten und tiefsten Blutdruckwerte und die Pulsfrequenz.

W 4.20: Walmdach B

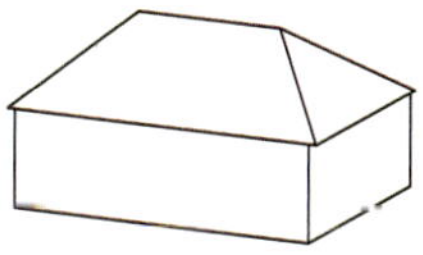

Die Firma Öko-Holz erstellt Wintergärten, deren Dachform ein Walmdach ist. Diese Dachform sorgt bei niedrigem Sonnenstand (Winter) für zusätzliche Wärme und bei hohem Sonnenstand (Sommer) verhindert sie die Überhitzung. Das Dach besteht aus witterungsresistentem Hartholz, nämlich Lärchenholz mit der Stärke 30 mm, das speziell behandelt ist. Auf einen schon bestehenden Dachstuhl kommt nun ein solches Walmdach, dessen Länge 19 m und dessen Breite 10 m beträgt. Die Höhe misst 4 m und die Länge des Firstes (Dachoberkante) ist 15 m.

a) Berechnen Sie die Neigungswinkel der Dachflächen und der Dachkanten zur Horizontalebene und die Fläche des Daches.
b) Ermitteln Sie die Kosten des Daches, wenn 1 m^3 Holz 700 € (inkl. USt) kosten und mit 8 % Verschnitt zu rechnen ist. Für die Bearbeitung und Montage des Daches brauchen zwei Arbeiter je 50 Stunden, die zu einem Preis von 60 € (exkl. USt) verrechnet werden.

W 4.21: Die Schwankungen des Menschen „mathematisch betrachtet“ A B C

Am Beginn des 20. Jahrhunderts wurde durch den Wiener Psychologen Hermann Swoboda und den Berliner Arzt Wilhelm Fließ die Basis für die Biorhythmus-Theorie gelegt. Sie besagt, dass der individuelle Biorhythmus jedes Menschen am Tag der Geburt festgelegt wird. Da beginnen drei sinusähnliche Kurven mit unterschiedlichen Periodenlängen zur körperlichen, zur seelischen und zur geistigen Verfassung.

Liegt die Kurve des Zyklus über der Nulllinie, so ist man in der Hochphase des entsprechenden Biorhythmus, eine Position unterhalb der Nulllinie bedeutet eine regenerative Phase. Kritischer als die Tiefphasen seien jene Tage, an denen eine Kurve die Nulllinie schneidet. Wenn zwei Kurven sich auf der Nulllinie schneiden, sei dies besonders kritisch.

Die Kurven werden durch die folgenden Funktionen beschrieben:

- körperliche Verfassung: $K(t) = \sin(0{,}2732t)$ (t in Tagen)
- seelische Verfassung: $S(t) = \sin(0{,}2244t)$
- geistige Verfassung: $G(t) = \sin(0{,}1904t)$

a) Beschreiben Sie, wie sich Ihre Biorhythmen in den kommenden zwei Wochen entwickeln werden.

b) Ermitteln Sie den Zeitpunkt, an dem Sie einen „besonders kritischen Tag“ erleben werden.

Kompetenz-Check

	☺	😐	☹
Ich kann die Begriffe Ankathete und Gegenkathete erklären.			
Ich kenne den Unterschied und die Gemeinsamkeiten zwischen dem Sinussatz und der Sinusfunktion.			
Ich kenne den Unterschied zwischen dem Cosinussatz und der Cosinusfunktion.			
Ich kenne die Voraussetzungen für die Anwendung einer Tangensfunktion.			
Ich weiß um die „Probleme“, die bei der Berechnung von Winkeln mit dem Sinussatz entstehen können, und weiß, wie ich diese umgehe.			

Lerneinheit 2

Physikalische und technische Anwendungen

SbX
Alle SbX-Inhalte zu dieser Lerneinheit finden Sie unter der ID: 1420.

Wir alle wissen, dass Autos in manchen Situationen eher zum Rutschen neigen als in anderen – mithilfe der Trigonometrie kann man dies genauer betrachten. Wie man die Höhe von Flugzeugen berechnet oder sich überlegt, mit welchem Objektiv man am besten fotografieren soll und wann eine Lampe richtig hängt – all das lernen Sie in dieser Lerneinheit.

Sie lernen hier:

- von der Kraft und ihrer Berechnung
- was Fotografie mit Mathematik zu tun hat
- wie die Lichtbrechung funktioniert
- warum man ohne Mathematik nicht fliegen kann

Lernen

A B C D

1 Allgemeine Begriffe

Was Autos, Keile und Lampen gemeinsam haben

Eine Kraft wird durch ihre Richtung und ihre Größe charakterisiert.

Die Richtung kann man mithilfe eines Winkels beschreiben, die Größe der Kraft mithilfe einer Länge.

Kräfte werden meist in der Einheit Newton angegeben.

Newton

Ein **Newton** (N) ist die Kraft, die man benötigt, um einen ruhenden Körper von 1 kg Masse gleichförmig in 1 s auf die Geschwindigkeit von 1 m/s zu beschleunigen.

Brennweite

Unter der **Brennweite** versteht man den Abstand des Brennpunkts, auch Fokus genannt, von der ihm zugeordneten Linse. (Anmerkung: In einer Kamera gibt es mehrere Linsen, weswegen man nicht von der Linse sprechen kann.)

Bei Fotoapparaten hilft die Veränderung der Brennweite, das Bild „näher zu ziehen".

So gilt bei Kleinbildkameras ein Objektiv mit 50 mm Brennweite als Normalobjektiv, eines mit kleinerer Brennweite als Weitwinkelobjektiv („man bekommt mehr auf ein Foto drauf") und eines mit größerer Brennweite als Teleobjektiv („man kann einzelne Details fotografieren").

Kilowatt

Ein **Kilowatt** (kW) ist eine Einheit der Leistung. Diese Einheit wird unter anderem bei der Leistungsangabe von Motoren verwendet, statt der früher üblichen Bezeichnung PS. 1 PS entspricht in etwa 0,74 kW.

Pferde leisten über einen längeren Zeitraum ungefähr 1 PS, können aber kurzfristig auch die Leistung von 15 PS aufbringen.

4 Trigonometrie

Haftreibung

Haftreibung entsteht dann, wenn zwei Körper einander berühren. Wenn man versucht, den einen Körper gegen den anderen zu verschieben, entsteht eine entgegengesetzte Kraft, die das Wegrutschen verhindern kann – die Haftreibung.

Abhängig von der Beschaffenheit der Fahrbahn geht die Haftreibung unter Umständen in Gleitreibung über und es kann weniger Kraft übertragen werden (Brems- oder Beschleunigungskräfte); das Fahrzeug rutscht.

Sehwinkel

Stellen Sie sich vor, Sie stehen auf einem Platz. Am Ende des Platzes steht eine Statue, die Sie betrachten. Dann wandern Ihre Blicke zu einem Reiseleiter, der in einiger Entfernung der Statue steht und offensichtlich Erklärungen dazu abgibt. Die Bewegung, die Ihre Augen/Ihr Kopf vollzogen haben, nennt man in der Mathematik Sehwinkel.

2 Die Praxis

Berechnen von Kräften und Winkeln

Lehrbeispiel

L 4.6: Kanalrohre A B

Ein Kanalrohr mit dem Durchmesser 150 cm geht in ein stärkeres mit dem Durchmesser 200 cm über. Das Verbindungsstück hat die Form eines Kegelstumpfes. Um einen optimalen Durchfluss zu gewährleisten, darf der Winkel α nur spitz sein. Berechnen Sie die minimale Länge x des Verbindungsstücks.

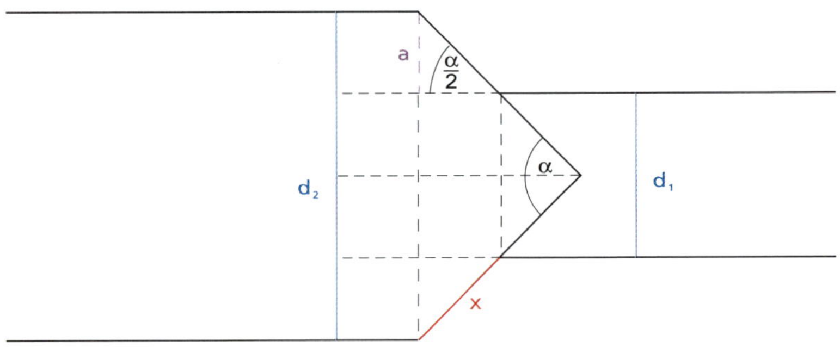

Abb. 4.2.1

$a = (200 - 150) : 2$

$a = 25$ cm

$\sin 45 = \frac{25}{x} \quad | \cdot x : \sin 45$

● weil α spitz ist $\Rightarrow \alpha < 90°$
zwecks Vereinfachung zuerst $\alpha = 90°$

$x = 35{,}36$

Da der Öffnungswinkel des Kegels aber maximal 90° betragen darf, bedeutet das, dass wenn der Winkel kleiner als 90° ist, die Länge von x größer wird.

Das Verbindungsstück muss daher mindestens 35,4 cm lang sein (in der Anwendung wahrscheinlich mindestens 35,5 cm).

Lehrbeispiel

L 4.7: Keil A B C

Um etwas zu spalten, werden oft Keile verwendet. Mit der Kraft von F_1 = 500 N wird ein Keil in das zu spaltende Material getrieben. Der Öffnungswinkel des Keils beträgt $\alpha = 20°$. Berechnen Sie die Kraft F_2, die auf jede der schrägen Flächen des Materials wirkt. Dokumentieren Sie Ihre Überlegungen.

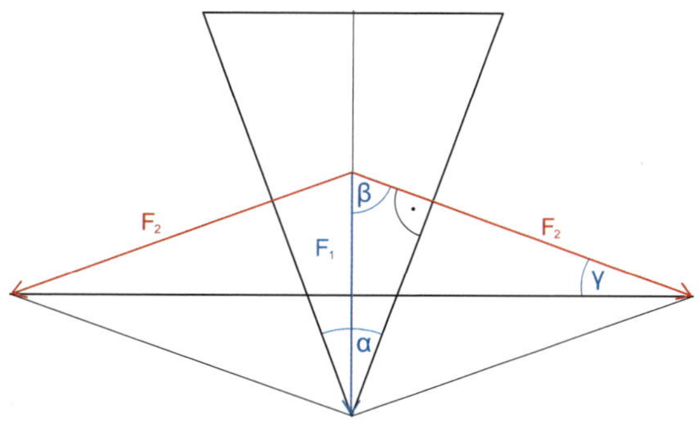

Abb. 4.2.2

Im Deltoid (F_1 als Diagonale) sucht man $\frac{\alpha}{2}$.

Da die Kraft F_2 normal auf die schräge Seitenfläche steht, kann man den Winkel β berechnen. Wegen der Winkelsumme gilt:

$\beta = 180 - 90 - \frac{\alpha}{2}$

Berechnen der Hypotenuse F_2:

$\sin 10 = \frac{250}{F_2}$

$F_2 \approx 1440$ N

Tipp: Wie man sieht, kann man die gesuchten Maße nicht immer mit nur einem Rechengang ermitteln. Daher ist es sinnvoll, anhand einer Skizze (am besten in zwei Farben!) vor dem Beginn der Berechnung die einzelnen Rechenschritte zu überlegen, um das unnötige Berechnen von Größen zu vermeiden.

Lehrbeispiel

L 4.8: Zwei Kräfte A B D

Zwei Kräfte F_1 = 2,3 N und F_2 = 4 N wirken auf einen Gegenstand. Die resultierende Kraft F schließt mit F_1 einen Winkel von 30° ein. Der Winkel zwischen F und F_2 beträgt $\angle FF_2 = 60°$.

a) Veranschaulichen Sie den Sachverhalt durch eine Skizze.

b) Berechnen Sie die resultierende Kraft.

c) Zeigen Sie, dass folgender Zusammenhang gilt: $F_1 : \sin 30 + F_2 : \sin 60 = 2F$

a)

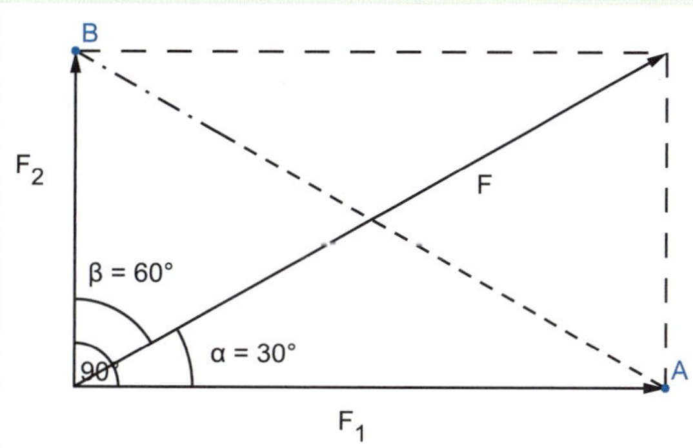

Abb. 4.2.3

b) $F = \sqrt{F_1^2 + F_2^2}$

$F = 4{,}64$ N

● da es sich um ein rechtwinkeliges Dreieck handelt

c) $\sin 30 = \frac{F_1}{F} \Rightarrow F = \frac{F_1}{\sin 30}$

$\sin 60 = \frac{F_2}{F} \Rightarrow F = \frac{F_2}{\sin 60}$

Daraus folgt: $\frac{F_1}{\sin 30} + \frac{F_2}{\sin 60} = 2F$

Lehrbeispiel

L 4.9: Fotografie A B C D

Bei Fotoapparaten gibt es einen „Sehwinkel". Er beschreibt, wie groß das zu fotografierende Objekt maximal sein darf, abhängig von der Entfernung der Kamera zum Objekt. Eine analoge Spiegelreflexkamera benützt einen Kleinbildfilm, der auch 35-mm-Film heißt. Dieser Name kommt von der Breite des Negativstreifens; die Größe eines einzelnen Negatives beträgt allerdings 24 mm mal 36 mm (was oftmals zu erheblicher Verwirrung führt). Die Kamera in diesem Beispiel ist mit einem sogenannten Normalobjektiv von 50 mm Brennweite ausgestattet.

Ein Gebäude mit der Breite von 30 m und der Höhe von 17 m soll frontal aufgenommen werden.

a) Veranschaulichen Sie die beiden Sachverhalte mittels einer Skizze.

b) Berechnen Sie sowohl den horizontalen (Bildbreite) als auch den vertikalen (Bildhöhe) Sehwinkel des Objektives.

c) Vergleichen Sie diese beiden Sehwinkel miteinander und schließen Sie daraus, in welcher Entfernung sich der Fotograf/die Fotografin befinden muss, damit das ganze Gebäude aufs Bild passt.

Berechnung über Bildbreite 36 mm

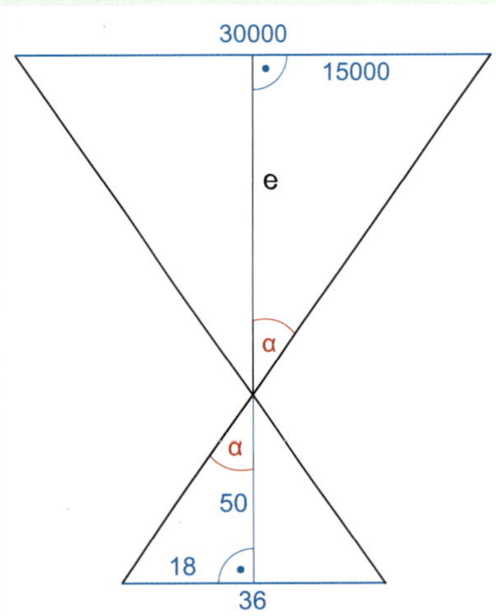

Abb. 4.2.4

$\tan \alpha = \frac{18}{50}$

horizontaler Sehwinkel: $2\alpha = 39{,}6°$

$\tan \alpha = \frac{15000}{e} \qquad | : \tan \alpha \cdot e$

$e = 41666{,}67$ mm

$e = 42$ m

Berechnung über Bildhöhe 24 mm

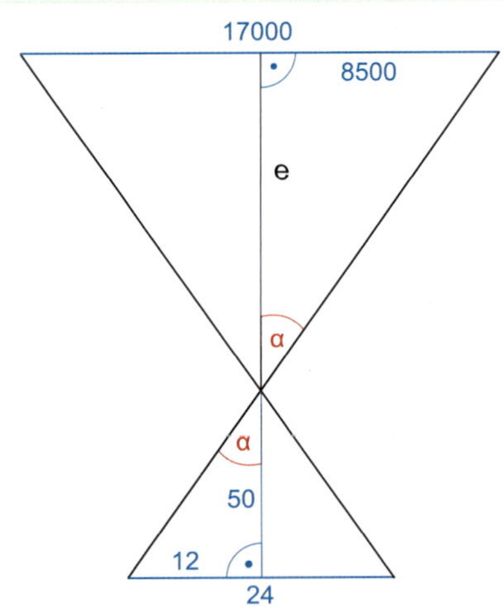

Abb. 4.2.5

$\tan \alpha = \frac{12}{50}$

vertikaler Sehwinkel: $2\alpha = 27°$

$\tan \alpha = \frac{8500}{e} \qquad | : \tan \alpha \cdot e$

$e = 35416{,}67$ mm

$e = 35$ m

Da man das ganze Gebäude aufs Foto bringen will, muss man die größere Entfernung als Mindestentfernung annehmen.

Üben

SbX ID: 1422

A B C D

Ü 4.34 ★★: Keil A B

Ein Keil wird mit der Kraft von 600 N in das zu spaltende Material getrieben. Der Öffnungswinkel des Keils beträgt 15°.

a) Veranschaulichen Sie den Sachverhalt mittels einer Skizze.

b) Berechnen Sie die Kraft, welche auf die schrägen Flächen des Materials wirkt.

Ü 4.35 ★★★: Pannenhilfe A B

„Wer sein Auto liebt, …" Ein Auto wird vom Fahrer und Beifahrer jeweils unter dem Winkel $\omega = 11°$ in Fahrtrichtung des Autos geschoben. Angenommen, beide verwenden zum Schieben die gleiche Kraft von 190 N.

a) Veranschaulichen Sie den Sachverhalt mittels einer Skizze.

b) Ermitteln Sie jene Kraft, die Sie aufwenden müssen, um das Auto vorwärts zu bewegen.

Straßenlaternen in Cannes

allgemeines Dreieck

Ü 4.36 ★★: Beleuchtung A B

Eine Lampe mit einem Gewicht von 100 N wird durch zwei Drähte gehalten, die jeweils einen Winkel von 15° mit der Waagrechten einschließen.

a) Veranschaulichen Sie den Sachverhalt mittels einer Skizze.

b) Berechnen Sie die Zugkraft an jedem der beiden Drähte.

Ü 4.37 ★★★: Zugkräfte B

Eine Lampe übt auf die beiden Drähte, an denen sie befestigt ist, die Zugkräfte $F_1 = 130$ N und $F_2 = 150$ N aus, die einen Winkel von 100°19' miteinander einschließen. F_1 ist vom Mittelpunkt des Kräfteparallelogramms 73,79 m und F_2 63,95 m entfernt. Berechnen Sie das Gewicht der Lampe.

Ü 4.38 ★★★: Teilkräfte A B D

Zwei Teilkräfte $F_1 = 7$ N und $F_2 = 7$ N schließen einen Winkel von 90° ein.

a) Veranschaulichen Sie den Sachverhalt mittels einer Skizze.

b) Berechnen Sie die daraus resultierende Gesamtkraft.

c) Zeigen Sie, dass $F = 2F_1 \cdot \sin 45$ gilt.

Ü 4.39 ★★★: Rohr A B

Ein Wasserrohr mit dem Durchmesser 10 cm geht in ein stärkeres mit dem Durchmesser 12 cm über. Das Verbindungsstück hat die Form eines Kegelstumpfes. Um einen optimalen Durchfluss zu gewährleisten, darf der Öffnungswinkel des Kegels höchstens 80° betragen.

a) Veranschaulichen Sie den Sachverhalt mittels einer Skizze.

b) Berechnen Sie die Länge v des Verbindungsstücks.

SbX ID: 1422

Weitere Übungsbeispiele zu dieser Lerneinheit finden Sie im SbX.

4 Trigonometrie

Sichern

Kraftstärke Die Kraftstärke lässt sich zeichnerisch als Länge der Strecke darstellen.

Kraftrichtung Die Kraftrichtung lässt sich zeichnerisch mithilfe von Winkeln darstellen.

Skizze Eine brauchbare Skizze ist ausreichend groß und der Realität entsprechend: Stumpfe Winkel bleiben stumpf, spitze Winkel spitz und die Größenverhältnisse von Längen stimmen.

Wissen

A B C D

Die Haftreibung verhindert, dass ein Fahrzeug zu rutschen beginnt.

W 4.22: Haftreibung A B

Ein Geländeauto verliert bei nicht ganz trockenem Untergrund erst dann die Bodenhaftung und beginnt mit blockierenden Rädern talwärts zu rutschen, wenn die talwärts wirkende Kraft mehr als 50 % der senkrecht auf den Untergrund wirkenden Kraft N beträgt.

Abb. 4.2.6

Veranschaulichen Sie den Sachverhalt mittels einer Skizze. Ermitteln Sie durch Berechnung den Steigungswinkel, bei dem sich das Auto gerade noch halten kann.

W 4.23: Lichtstrahl B C D

Trifft ein Lichtstrahl aus der Luft schräg auf einen Körper aus Glas, so verändert er im Glas seine Richtung – man nennt das Brechung. Das Verhältnis a : b ist für jeden beliebigen Einfallswinkel gleich, man sagt dazu Brechungszahl: $n = \frac{a}{b}$.

Für den Übergang Luft – Glas beträgt dieser Wert n = 1,5.

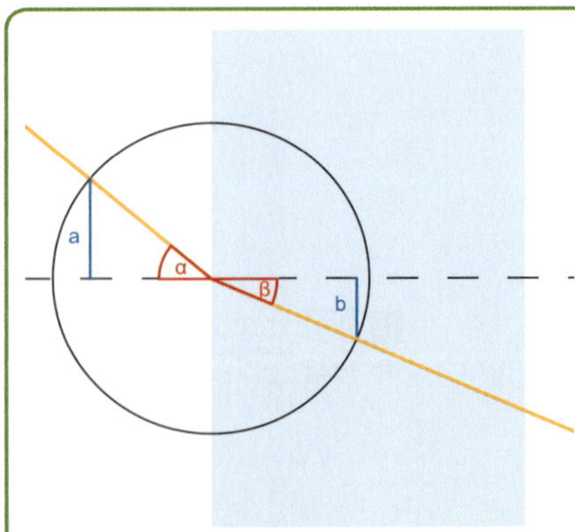

Abb. 4.2.7

a) Weisen Sie den folgenden Zusammenhang nach:

$$n = \frac{\sin\alpha}{\sin\beta}$$

b) Ein Lichtstrahl trifft unter einem Winkel von 40° auf eine 50 mm dicke Glasplatte. Vergleichen Sie die Richtung des Lichtstrahls hinter der Glasplatte mit dem des einfallenden Lichtstrahls (dem vor der Platte).

Verwenden Sie die Brechungszahl Glas–Luft $\frac{1}{n}$.

W 4.24: Kraft A D

Eine Kraft F mit dem Betrag von 10 N soll in zwei Teilkräfte F_1 und F_2 zerlegt werden. Der Winkel zwischen F und F_1 beträgt 70°, jener zwischen F und F_2 20°.

a) Veranschaulichen Sie den Sachverhalt mittels einer Skizze.

b) Begründen Sie, warum $F_1 : \cos 70 = F_2 : \cos 20$ gilt.

W 4.25: Bleistift A B

Ein als Werbegeschenk produzierter zylinderförmiger Bleistift hat eine Gesamtlänge von 200 mm und einen Durchmesser von 10 mm. Der Durchmesser der Mine beträgt 3 mm und der Öffnungswinkel an der Spitze 26°.

a) Veranschaulichen Sie den Sachverhalt mittels einer Skizze.

b) Berechnen Sie, welche Masse der ganze Bleistift hat, wenn die Dichte des Holzes 0,7 g/cm³ und die Dichte der Grafitmine 2,1 g/cm³ beträgt.

W 4.26: Spiegelreflexkamera A B C D

Ihre Spiegelreflexkamera benützt einen Kleinbildfilm, die Größe eines einzelnen Negativs beträgt 24 mm mal 36 mm. Die Kamera ist mit zwei Objektiven ausgestattet: einem 24 mm Weitwinkelobjektiv und einem 180 mm Teleobjektiv. Sie wollen ein Gebäude mit einer Breite von 50 m und einer Höhe von 20 m frontal aufnehmen.

Ermitteln Sie, in welcher Entfernung vom Gebäude Sie sich aufstellen müssen, damit das Gebäude zur Gänze auf das Bild passt. Berechnen Sie zuerst den horizontalen (Bildbreite) und dann den vertikalen (Bildhöhe) Sehwinkel des Objektivs.

Überlegen Sie anhand des Ergebnisses, wann es sinnvoll ist, ein Weitwinkelobjektiv zu verwenden, und wann ein Teleobjektiv.

a) Veranschaulichen Sie die beiden Sachverhalte mittels einer Skizze.

b) Berechnen Sie sowohl den horizontalen (Bildbreite) als auch den vertikalen (Bildhöhe) Sehwinkel des Objektives.

c) Vergleichen Sie diese beiden Sehwinkel miteinander und schließen Sie daraus, in welcher Entfernung sich der Fotograf/die Fotografin befinden muss, damit das ganze Gebäude aufs Bild passt.

d) Erklären Sie anhand des Ergebnisses, wann es sinnvoll ist, ein Weitwinkelobjektiv zu verwenden und wann ein Teleobjektiv.

W 4.27: Leistung eines Autos B C

In der Konstruktionsabteilung eines Autoherstellers wurde bei einem neuen Modell folgender Zusammenhang zwischen der Motorleistung P (in Watt) und der Geschwindigkeit v (in m/s) festgestellt:

$P = 0{,}5v^3 + (50 \cdot \cos \varepsilon + 2000 \cdot \sin \varepsilon) \cdot v$, wenn f die Steigung der Straße als Winkel angibt.

a) Beschreiben Sie, welche Vereinfachung im Zusammenhang mit der Formel entsteht, wenn die Straße eben ist.

Berechnen Sie, wie viel kW der Motor leistet, wenn die Fahrbahn eben ist.

b) Bei der Testfahrt auf einer Fahrbahn mit Steigung wurden eine Geschwindigkeit von 54 km/h und eine Leistung von 24 000 W gemessen. Berechnen Sie die Steigung der Fahrbahn in Prozent. (Benutzen Sie die Solver-Funktion des Taschenrechners.)

Kompetenz-Check

	☺	😐	☹
Ich kann aus einer Angabe die wichtigen Informationen herauslesen.			
Ich kann eine maßstabähnliche Skizze anfertigen.			
Ich kann die einzelnen Rechenschritte, die zur Lösung führen, überlegen, ohne sie sofort zu berechnen.			

Lerneinheit 3

Vermessungsaufgaben

SbX
Alle SbX-Inhalte zu dieser Lerneinheit finden Sie unter der ID: 1430.

Ein weiteres wichtiges Anwendungsgebiet der Trigonometrie ist die Vermessung. Schon bei den Römern gab es Landvermesser, sogenannte Agrimensores, deren Aufgabe es war, die Größe eines Lagers zu berechnen. Auch die Vermessung und Verteilung des eroberten Landes war ihre Aufgabe. Ein 1732 in Virginia geborener Landvermesser gründete den Staatenbund der Vereinigten Staaten, dessen erster Präsident er, George Washington, im Jahre 1798 wurde.

Sie lernen hier:

- was Höhen- und Tiefenwinkel sind
- wie man unregelmäßige Flächen berechnet
- wie man Winkelfunktionen und Winkelsätze in der Vermessung anwendet

Lernen

SbX ID: 1431

A B C D

Vermessungsaufgaben

Horizontale, Höhen- und Tiefenwinkel, Sehwinkel

Grundlagen

Um Berechnungen für den Bereich der Vermessung durchführen zu können, sind einige Begriffsdefinitionen erforderlich.

Höhen- und Tiefenwinkel sind in Abb. 4.3.1 dargestellt. Daraus geht hervor: Um den Höhen- oder den Tiefenwinkel zu ermitteln, muss zuerst die Horizontale angepeilt werden.

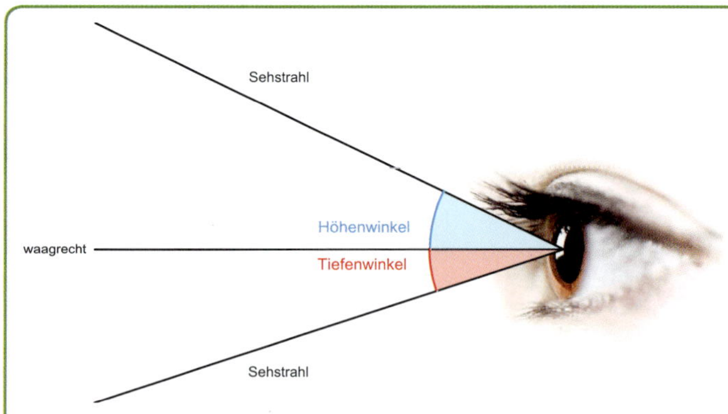

Abb. 4.3.1

Sehwinkel

Der **Sehwinkel** ist der Winkel zwischen zwei Sehstrahlen, z. B.:

- der Sehwinkel σ zwischen zwei Höhenwinkeln ω_1, ω_2

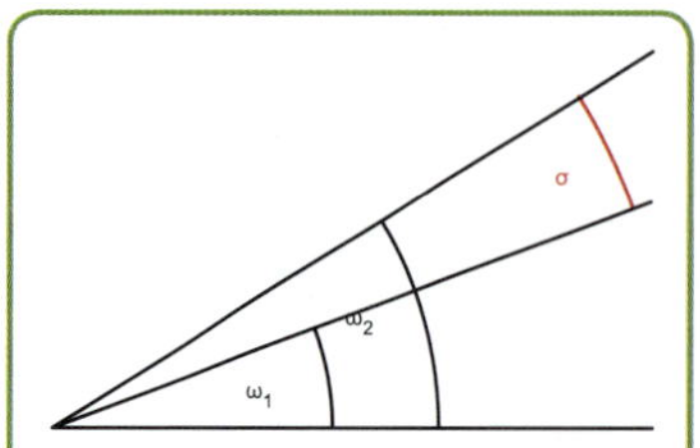

Abb. 4.3.2

- der Sehwinkel σ zwischen zwei Tiefenwinkeln ω_1, ω_2

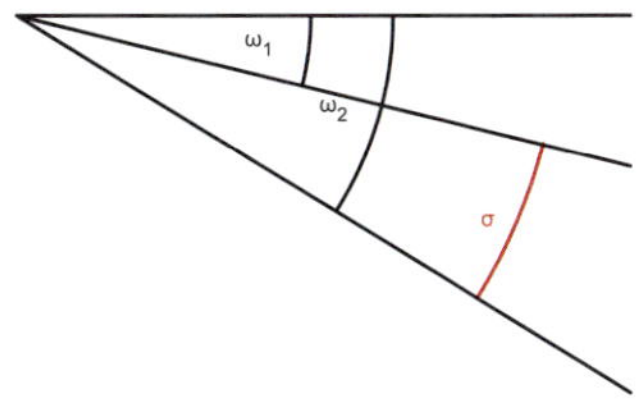

Abb. 4.3.3

- der Sehwinkel σ zwischen einem Höhenwinkel ω_1 und einem Tiefenwinkel ω_2.

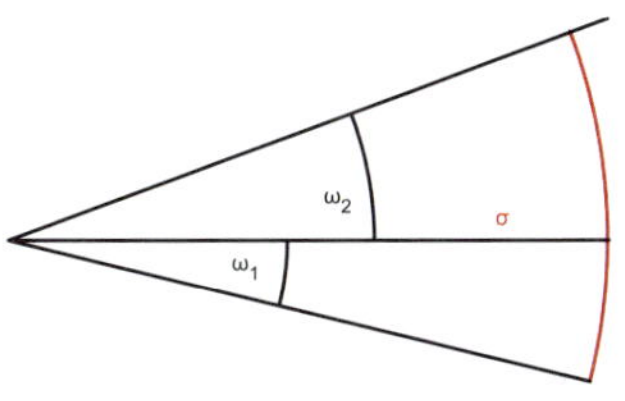

Abb. 4.3.4

Für die **Notation von Winkeln und Strecken** gibt es unterschiedliche Schreibweisen:

- Strecke von E nach D: ED
- Länge der Strecke von E nach D: $\overline{ED}$
- Winkel zwischen ED und EC: ∠DEC
  (Der mittlere Buchstabe entspricht dem Scheitel.)

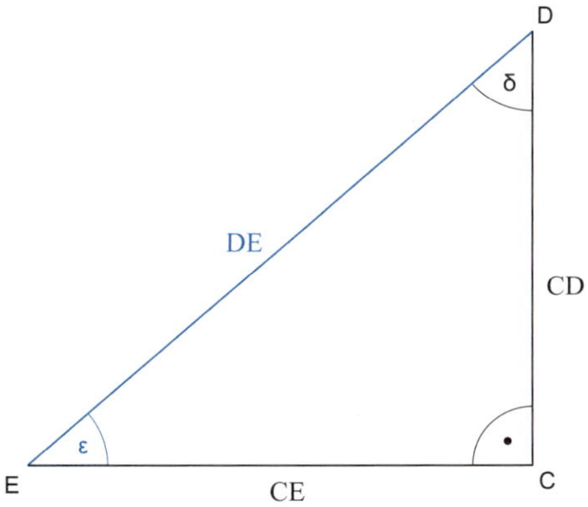

Abb. 4.3.5

Vom Text zur Skizze – von der Skizze zur Lösung

Das Wichtigste bei Vermessungsaufgaben ist ein genaues Verständnis der Angabe. Daher ist es sinnvoll, diese zuerst einmal zu überfliegen, um einen Überblick zu erhalten, in welches Gebiet die Angabe fällt. Erst danach sollte man die Angabe noch mindestens einmal genau lesen, um herauszufiltern, welche Informationen von Bedeutung sind und was zu berechnen ist. Danach stellt man sich die gegebene Situation vor – jetzt kann man eine Skizze anfertigen.

Erinnern Sie sich daran, dass Höhen- und Tiefenwinkel immer von der Horizontalen ausgehen. Eine Skizze sollte so weit der Realität entsprechen, dass größere Längen im Original auch größere Längen in der Zeichnung sind. Stumpfe Winkel bleiben stumpf, spitze Winkel bleiben spitz. Am einfachsten ist es, wenn man die Skizze maßstabähnlich anfertigt: 6,2 m ≙ 6,2 cm, 58,34° ≙ 58° usw.

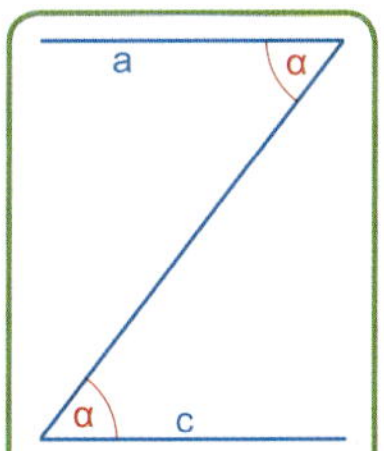

Abb. 4.3.6

Eine für Vermessungsaufgaben wichtige Regel ist die **Z-Regel:** Weil a parallel zu c liegt, sind die beiden Winkel gleich groß.

4 Trigonometrie

Lehrbeispiel

L 4.10: Segelflugzeug A B

Aus einem Segelflugzeug, das in 400 m Höhe über dem Boden segelt, sieht man die Spitze eines Kirchturms unter einem Tiefenwinkel von 25,2°, die Basis des Turms unter einem Tiefenwinkel von 28,8°. 45 Sekunden später überfliegt das Flugzeug den Kirchturm.

a) Veranschaulichen Sie den Sachverhalt mittels einer Skizze.

b) Berechnen Sie die Geschwindigkeit des Segelflugzeugs unter der Annahme, dass es während dieser 45 Sekunden seine Höhe nicht verändert.

c) Berechnen Sie die Höhe des Kirchturms.

a)

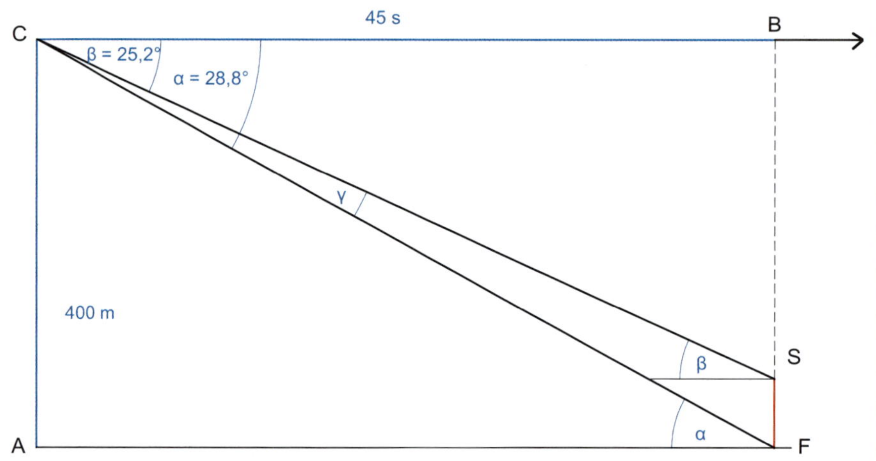

Abb. 4.3.7

b) $\sin\alpha = \frac{\overline{AC}}{\overline{CF}} \quad | \cdot \overline{CF}, : \sin\alpha$

$\overline{CF} = \frac{\overline{AC}}{\sin\alpha}$

$\overline{CF} = 830{,}30 \text{ m}$

$\overline{AF}^2 = \overline{CF}^2 - \overline{AC}^2$

$\overline{AF} = \sqrt{\overline{CF}^2 - \overline{AC}^2}$

$\overline{AF} = 727{,}60 \text{ m}$ ● in 45 Sekunden

$\Rightarrow 970{,}13 \text{ m/min}$

$\Rightarrow 58208 \text{ m/h}$

$\approx 58 \text{ km/h}$

c) $\tan\beta = \frac{\overline{BS}}{\overline{AF}}$ ● weil $\overline{AF} = \overline{BC}$

$\overline{AF} \cdot \tan\beta = \overline{BS}$

$\overline{BS} = 342{,}38 \text{ m}$

$\overline{FS} = \overline{BF} - \overline{BS}$

$\overline{FS} = 57{,}62 \text{ m}$

Tipp: Auf gleiche Einheiten achten!

Eine häufige Falle sind unterschiedliche Einheiten in den Angaben. Achten Sie darauf, dass alle Angaben die gleiche Einheit haben, wenn Sie mit Ihren Berechnungen beginnen.

Lehrbeispiel

L 4.11: Vermessung A B

Um die Entfernung (Luftlinie) zwischen zwei nicht direkt zugänglichen Orten C und D zu berechnen, steckt man eine ebene Standlinie $\overline{AB}$ mit 50 m so ab, dass A in der Verlängerung von CD über C hinaus liegt. AD schließt mit AB einen Winkel von 90° ein. Es werden noch zusätzliche Winkel gemessen: $\angle$ ABC = 30,3°, $\angle$ ABD = 52°.

a) **Übertragen** Sie den Text in eine passende Zeichnung. A

b) **Bestimmen** Sie die Entfernung $\overline{CD}$. B

a)

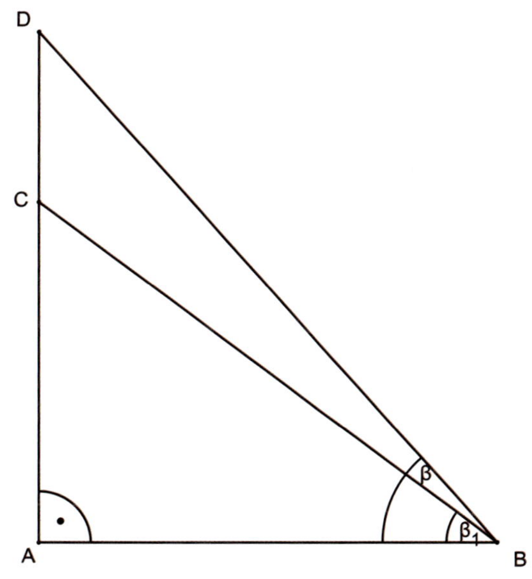

Abb. 4.3.8

b) $\tan \beta_1 = \frac{\overline{AC}}{\overline{AB}}$

$\overline{AC} = \overline{AB} \cdot \tan \beta_1$

$\overline{AC} = 29{,}1\,\text{m}$

$\tan \beta = \frac{\overline{AD}}{\overline{AB}}$

$\overline{AD} = \overline{AB} \cdot \tan \beta$

$\overline{AD} = 64\,\text{m}$

$\overline{CD} = \overline{AC} = \overline{AD}$

$\overline{CD} = 34{,}9\,\text{m}$

SbX

Eine historische chinesische Vermessungsaufgabe finden Sie unter der ID: 1431.

4 Trigonometrie

Lehrbeispiel

L 4.12: Sendemast A B

Auf dem Gipfel eines Berges befindet sich ein Sendemast mit der Höhe h = 40 m. Von einem Ort A, der im Tal liegt, sieht man den Höhenwinkel $\alpha = 31°$. Wenn man anschließend zur Mastspitze blickt, so entsteht ein Sehwinkel von $\sigma = 3{,}2°$.

a) Veranschaulichen Sie den Sachverhalt durch eine Skizze.

b) Berechnen Sie die relative Höhe des Berges (in Bezug auf das Tal).

a)

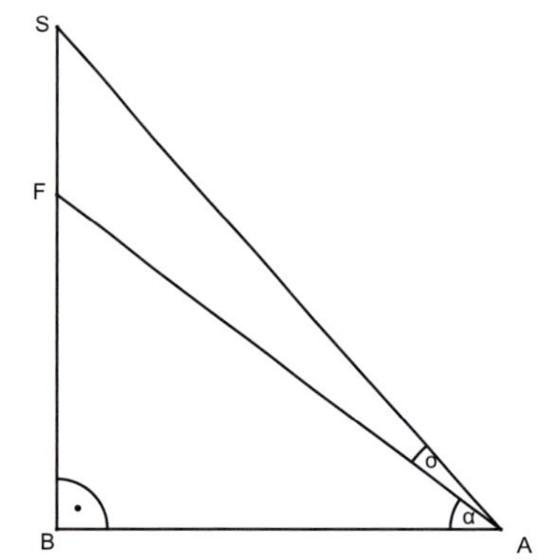

Abb. 4.3.9

b) $\beta = \alpha + \sigma$

$\beta = 34{,}2°$

Trick: Wir drücken $\overline{AB}$ auf zwei Arten aus und setzen diese gleich.

$$\tan\beta = \frac{\overline{FS} + \overline{BF}}{\overline{AB}} \quad \Rightarrow \quad \overline{AB} = \frac{\overline{FS} + \overline{BF}}{\tan\beta}$$

$$\tan\alpha = \frac{\overline{BF}}{\overline{AB}} \quad \Rightarrow \quad \overline{AB} = \frac{\overline{BF}}{\tan\alpha}$$

$$\frac{\overline{FS} + \overline{BF}}{\tan\beta} = \frac{\overline{BF}}{\tan\alpha}$$ ● gleichsetzen

$$\overline{FS} \cdot \tan\alpha + \overline{BF} \cdot \tan\alpha = \overline{BF} \cdot \tan\beta$$

$$\overline{BF} \cdot \tan\alpha - \overline{BF} \cdot \tan\beta = -\overline{FS} \cdot \tan\alpha$$

$$\overline{BF} \cdot (\tan\alpha - \tan\beta) = -\overline{FS} \cdot \tan\alpha$$

$$\overline{BF} = -\frac{\overline{FS} \cdot \tan\alpha}{\tan\alpha - \tan\beta}$$

$$\overline{BF} = 508{,}01\,\text{m}$$

Üben

SbX ID: 1432

A B C D

allgemeine Dreiecke

Ü 4.40 ★★★: Segelflugzeug A B

Ein Segelflugzeug befindet sich im Landeanflug auf den Flugplatz entlang einer Geraden, die um 16° zur waagrechten Landebahn geneigt ist. Vom Punkt F_1 der Flugbahn sieht man in der gleichen Vertikalebene mit dem Segelflugzeug ein Landefeuer L_1 unter dem Tiefenwinkel 33°. Nachdem der Segler 1,5 km entlang seiner Anflugbahn zurückgelegt hat, sieht man dasselbe Landefeuer unter einem Tiefenwinkel von 46°. Berechnen Sie die Flughöhe im Punkt F_1.

a) Übertragen Sie diesen Sachverhalt in eine passende Skizze.

b) Berechnen Sie, wie weit das Flugzeug zu diesem Zeitpunkt noch vom Landepunkt entfernt ist (gleichbleibende Anflugbahn vorausgesetzt).

Ü 4.41 ★★: Sportfliegen unter Windeinwirkung A B

Eine Sportfliegerin fliegt bei Windstille mit einer Geschwindigkeit von 260 km/h in Richtung N 17° W.

a) Veranschaulichen Sie den Sachverhalt mittels einer grafischen Darstellung.
b) Berechnen Sie die Richtung und die Geschwindigkeit, mit der sich das Sportflugzeug bewegt, nachdem Westwind mit einer Windgeschwindigkeit von 25 km/h eingesetzt hat.

Ü 4.42 ★★: Breite eines Flusses A B

Von einem 532 m hohen Berg aus erblickt man das diesseitige Ufer eines vorbeifließenden Flusses unter dem Tiefenwinkel von 18,77°, das gegenüberliegende Ufer unter dem Tiefenwinkel von 8,13°.

a) Übertragen Sie diesen Sachverhalt in eine passende Skizze.
b) Ermitteln Sie die Breite des Flusses an dieser Stelle.

Ü 4.43 ★★: Baugrund A B

Von einem viereckigen Grundstück ABCD kennt man die Seiten $\overline{AB}$ mit 1600 m und $\overline{BC}$ mit 1265 m. Außerdem wurden drei Winkel gemessen: $\angle ABC = 71°$, $\angle DAC = 90°$, $\angle BCA = 90°$.

a) Übertragen Sie diesen Sachverhalt in eine passende Skizze.
b) Bestimmen Sie den Flächeninhalt des Grundstücks.
c) Berechnen Sie den Winkel $\angle ADC$.

Ü 4.44 ★★★: Flugzeug A B

Aus einem Flugzeug erblickt man die beiden Orte A und B in derselben Richtung unter den Tiefenwinkeln $\alpha = 48{,}83°$ und $\beta = 30{,}47°$.

b) Übertragen Sie diesen Sachverhalt in eine passende Skizze.
c) Berechnen Sie, wie hoch die Maschine fliegt, wenn auf der Karte die Entfernung $\overline{AB}$ mit 4,11 cm abgelesen wird. (Maßstab 1 : 35 000).

allgemeine Dreiecke

Ü 4.45 ★★★: Höhe ermitteln A B

Eine Straße steigt unter einem Winkel von 15° an. Von einem Punkt P dieser Straße sieht man die Spitze eines Turmes am Ende der Straße unter dem Höhenwinkel von 27,5°. Fährt man entlang der Straße 86,4 m näher zum Turm, so misst man 39,6° zur Turmspitze.

Erstellen Sie eine Formel, mit der Sie die Höhe des Turmes ermitteln können, wenn Sie für die beiden Winkel die Variablen α und β und für die Entfernung die Variable e verwenden.

allgemeine Dreiecke

Ü 4.46 ★★★: Berg und Tal A B

Zwischen zwei Berggipfeln A und B liegt im Tal ein Ort C, wobei A, B und C in derselben Vertikalebene liegen. Von A aus erscheint C unter dem Tiefenwinkel von 19,53°, von B aus unter einem viel größeren, nämlich 30,67°. Den tiefer gelegenen Gipfel A sieht man von B aus unter dem Tiefenwinkel von 14,37°.

Berechnen Sie die Meereshöhe von A, wenn C 604 m über dem Meeresspiegel und B auf einer Seehöhe von 1829,5 m liegt. Modellieren Sie eine allgemeine Berechnungsformel für die Meereshöhe des tiefer gelegenen Gipfels.

SbX
ID: 1432

Weitere Übungsbeispiele zu dieser Lerneinheit finden Sie im SbX.

4 Trigonometrie

Sichern

Höhenwinkel – Tiefenwinkel

Um den Höhen- und Tiefenwinkel zu ermitteln, muss man zuerst die Horizontale anpeilen.

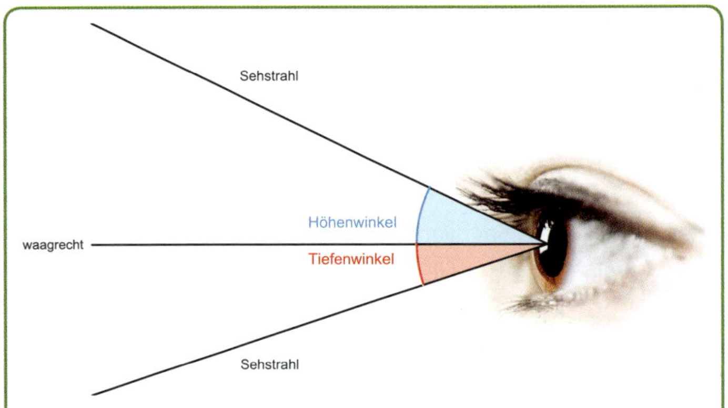

Abb. 4.3.10

Bezeichnungen von Strecken und Winkeln

Strecke von E nach D	ED
Länge der Strecke von E nach D	$\overline{ED}$
Winkel zwischen ED und EC	$\angle DEC$

Z-Regel

Liegen zwei Strecken a und c parallel, so ist der Winkel α sowohl Höhen- als auch Tiefenwinkel.

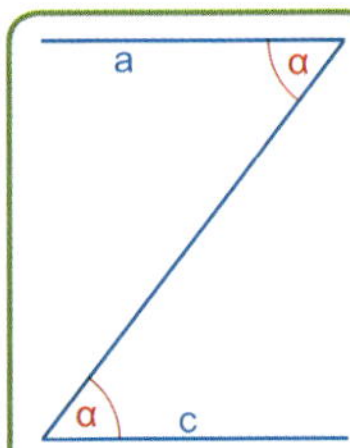

Abb. 4.3.11

Wissen

SbX ID: 1434

A B C D

W 4.28: Flugzeug A B D

Ein Flugzeug fliegt in 2 km Höhe über dem Flachland bei windstillem Wetter. Ein Ort A, in dessen Richtung das Flugzeug fliegt, erscheint vom Flugzeug aus unter einem Tiefenwinkel von 18,43°. 20 Sekunden später hat das Flugzeug 500 m an Höhe verloren, der Ort A erscheint nun unter einem Tiefenwinkel von 45°.

a) Übertragen Sie diesen Sachverhalt in eine passende Skizze.

b) Berechnen Sie die (durchschnittliche) Geschwindigkeit in diesem Zeitraum.

c) Geben Sie an, in welcher Phase des Fluges sich das Flugzeug befindet. Begründen Sie!

allgemeine Dreiecke

W 4.29: Autobahntrasse A B

Zwischen den Orten A und B soll eine neue Autobahntrasse errichtet werden, die zwischen den Orten M und N durch einen Tunnel führt. Zur Berechnung der Tunnellänge werden von einem außerhalb der Trasse liegenden Punkt C folgende Daten gemessen:

$\overline{CB} = 7200\text{m}, \overline{CA} = 5750\text{m}, \angle ACB = 102{,}3°, \angle ACM = 21{,}8°, \angle BCN = 30°$.

a) Veranschaulichen Sie den Sachverhalt mittels einer Grafik.

b) Berechnen Sie die Tunnellänge.

W 4.30: Segelflieger A B

Ein Segelflieger fliegt vom Flugplatz in Richtung S 42,00° O. Ein in 850 km Entfernung gelegenes Krankenhaus liegt vom Flugplatz in Richtung S 31,00° O.

a) Veranschaulichen Sie den Sachverhalt mittels einer Grafik.

b) Berechnen Sie, nach wie vielen km der Segelflieger – bei gleichbleibender Geschwindigkeit – dem Krankenhaus am nächsten ist.

W 4.31: Flugzeug A B D

allgemeine Dreiecke

Eine Maschine der Tyrolean Airways fliegt Kurs Richtung Norden mit einer Geschwindigkeit in der Luft von 800 km/h. Von Osten her weht Wind mit einer Geschwindigkeit von 20 km/h.

a) Veranschaulichen Sie den Sachverhalt mittels einer Grafik.

b) Ermitteln Sie, in welche Richtung die Pilotin steuern muss, damit die Maschine tatsächlich nach Norden fliegt, und wie schnell sie dann über Grund fliegt.

c) Während des Landeanfluges hat die Maschine nur mehr eine Geschwindigkeit in der Luft von 250 km/h. Die Bahn des Sinkfluges schließt mit der horizontalen Landebahn einen Winkel von 9° ein. Ermitteln Sie, um wie viel Meter das Flugzeug pro Minute sinkt. Erläutern Sie, welche Vereinfachung im Zusammenhang mit dem Sinkflug Sie machen müssen.

W 4.32: Erbschaftsangelegenheit A B D

allgemeine Dreiecke

Ein viereckiges Grundstück ABCD soll wegen einer Erbschaftsangelegenheit in zwei flächengleiche Teile getrennt werden. Es sind folgende Abmessungen bekannt:

$\overline{AB} = 633\text{m}$, $\overline{BC} = 615\text{m}$, $\overline{AD} = 150\text{m}$, $\angle BAD = 90°$, $\angle ABC = 115{,}6°$.

a) Veranschaulichen Sie den Sachverhalt mittels einer Grafik.

b) Berechnen Sie den Flächeninhalt des Grundstücks.

c) Zeigen Sie, dass die Teilungslinie die Grundstücksgrenze BC schneidet.

d) Berechnen Sie den Preis für eine Grundstückshälfte, wenn 1 m^2 27 € kostet. Da eine Hälfte verkauft wird, muss ein Makler beauftragt werden, der 2,5 % (exkl. USt) vom Grundstückswert als Honorar erhält, das vom Käufer getragen wird. Berechnen Sie, wie viel ein möglicher Interessent für das Grundstück zahlen muss.

W 4.33: Wandverbau A B

In einem Büro wird für einen Wandverbau eine ausziehbare Leiter gekauft. In einer Höhe von 2,8 m wird sie unter einem Steigungswinkel von 57° angelehnt, um die unteren Regale zu erreichen.

a) Übertragen Sie diesen Sachverhalt in eine passende Skizze.

b) Berechnen Sie, wie lang die Leiter mindestens sein muss.

c) Wenn man die oberen Regale erreichen will, die 60 cm darüber liegen, muss man die Leiter wegen der Kippgefahr weiter weg von der Wand aufstellen. Berechnen Sie, um wie viel man die Leiter verlängern muss, wenn der Steigungswinkel sicherheitshalber um 5 % verkleinert wird.

W 4.34: Berggipfel A B

allgemeine Dreiecke

Ein Tal steigt unter einem Winkel von 3° an. Von einem Messpunkt M dieses Tales sieht man zwei in derselben Vertikalebene befindliche Berggipfel A und B. Steht man in M, so überragt der Berggipfel B den davor liegenden Gipfel A um 2,83° und der Gipfel A wird unter dem Höhenwinkel 18,75° gesehen. Geht man 2500 m auf die beiden Gipfel zu, so verschwindet der Gipfel B gerade hinter A, der nun unter dem Höhenwinkel von 24,17° gesehen wird.

Berechnen Sie die Entfernung der beiden Bergspitzen voneinander (Luftlinie)!

SbX
ID: 1434

Eine weitere Wissensaufgabe finden Sie im SbX.

Kompetenz-Check

	☺	😐	☹
Ich kann die Angabe in eine grafische Darstellung umwandeln.			
Ich weiß, welche Voraussetzungen man für die sin-, cos-, und tan-Funktion benötigt.			
Ich kann den Sinus- und Cosinussatz praktisch anwenden.			
Ich kann die einzelnen Rechenschritte, die zur Lösung führen, überlegen, ohne sie sofort zu berechnen.			

5 DIFFERENTIALRECHNUNG

Worum geht's in diesem Kapitel?

Die Analysis ist die Wissenschaft vom Unendlichen – von unendlich großen und unendlich kleinen Größen. Schon der griechische Mathematiker Archimedes (3. Jh. v. Chr.) untersuchte Kurven und berechnete Flächeninhalte, Volumina und Schwerpunkte. Er musste noch zu jedem Problem eine eigene Lösungsmethode finden. Erst im 17. Jahrhundert entwickelten – unabhängig voneinander – der Physiker Isaac Newton und der Philosoph Gottfried Wilhelm Leibniz eine allgemeine Methode zur Rechnung mit infinitesimalen („unendlich kleinen") Größen. Ihre Nachfolger (Johann und Jakob Bernoulli, Leonhard Euler, Carl Friedrich Gauß) wendeten diese erfolgreich auf unterschiedliche Fragestellungen an. Auch in Naturwissenschaften und Technik sorgte sie für einen gewaltigen Fortschritt. Der Bau von Wolkenkratzern, Autos und Flugzeugen oder der Betrieb von MP3-Playern wären ohne Analysis unmöglich. Auch eine exakte Geschwindigkeitsmessung mittels Section Control basiert auf der Differentialrechnung.

Wenn Sie dieses Kapitel bearbeitet haben, können Sie:

- durchschnittliche und momentane Veränderungen unterscheiden
- einen Zusammenhang zwischen der durchschnittlichen und der momentanen Geschwindigkeit und der Differentialrechnung herstellen
- charakteristische Merkmale von Funktionsgraphen berechnen und nachweisen
- Optimierungsprobleme aus der Praxis lösen
- ermitteln, wie Unternehmen mithilfe der Mathematik ihren Gewinn maximieren

„Ich kann Differenzen- und Differenzialquotient als Änderungsraten interpretieren, damit anwendungsbezogen modellieren, rechnen und damit argumentieren."

„Ich kann die Ableitungsfunktionen von Potenz-, Polynom- und Exponentialfunktionen und Funktionen, die aus diesen zusammengesetzt sind, berechnen."

„Ich kann Monotonieverhalten, Steigung der Tangente und Steigungswinkel, lokale Extrema, Krümmungsverhalten, Wendepunkte von Funktionen am Graphen ablesen, mithilfe der Ableitungen modellieren, berechnen, interpretieren und argumentieren."

„Ich kann den Zusammenhang zwischen Funktion und ihrer Ableitungsfunktion beschreiben; in ihrer grafischen Darstellung interpretieren und argumentieren."

A B C D

In diesem Kapitel finden Sie Lehrbeispiele, Übungsaufgaben und Aufgaben zur Lernkontrolle zur Überprüfung Ihrer Kompetenzen auf den Handlungsebenen A Modellieren und Transferieren B Operieren und Technologieeinsatz C Interpretieren und Dokumentieren und D Argumentieren und Kommunizieren.

Dieses Kapitel umfasst folgende Lerneinheiten:

1 Ableitungen

2 Anwendungen der Differentialrechnung

3 Wirtschaftliche Anwendungen – Kosten- und Preistheorie

Lerneinheit 1

Ableitungen

SbX
Alle SbX-Inhalte zu dieser Lerneinheit finden Sie unter der ID: 1510.

Sie haben sich in den vergangenen Kapiteln intensiv mit unterschiedlichen Arten von Funktionen beschäftigt – denken Sie zum Beispiel an $f(x) = x^2$ oder auch an $g(x) = x^3 - 2x^2 - x + 2$. Wenn Sie ein Bild dieser Funktionen vor Augen haben, so können Sie intuitiv beschreiben, wie sich der Funktionsgraph momentan verändert. Was aber hat nun die Radarmessung oder die Section Control mit all dem zu tun?

Sie lernen hier:

- Differenzen- und Differentialquotienten zu berechnen
- durchschnittliche und momentane Änderungen zu unterscheiden und zu ermitteln
- die grafische Bedeutung der ersten und zweiten Ableitung
- die wichtigsten Ableitungsregeln
- unterschiedliche Schreibweisen der Ableitungen

Lernen

SbX ID: 1511

A B C D

1 Differenzen- und Differentialquotient

Von durchschnittlichen und momentanen Veränderungen

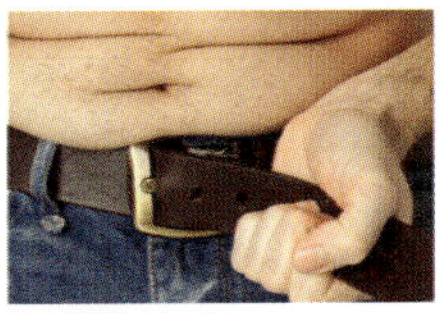

Physikalisch korrekt müsste man von der Masse sprechen, aber wir verwenden hier den Begriff „Gewicht" aus dem alltäglichen Sprachgebrauch.

Sie haben zwischen 7. und 21. Juli einen Urlaub am Meer gebucht – all inclusive. Das Frühstück ist hervorragend und auch das Nachspeisenbuffet ist wunderbar. Nach zehn Tagen Urlaub stellen sie erschrocken fest, dass Sie bereits 4 kg zugenommen haben. Sofort beschließen Sie, weniger zu essen und mehr Sport zu betreiben, worauf Sie wieder zu Ihrem alten Gewicht zurückkehren.

Wenn Sie diese Gewichtsveränderung idealisiert als Ausschnitt einer quadratischen Funktion darstellen (siehe Abb. 5.1.1), so ist die „tägliche momentane Gewichtsveränderung" zwischen 7. und 17. Juli eine Zunahme, zwischen dem 17. und dem 27. Juli ist die „tägliche momentane Gewichtsveränderung" eine Abnahme.

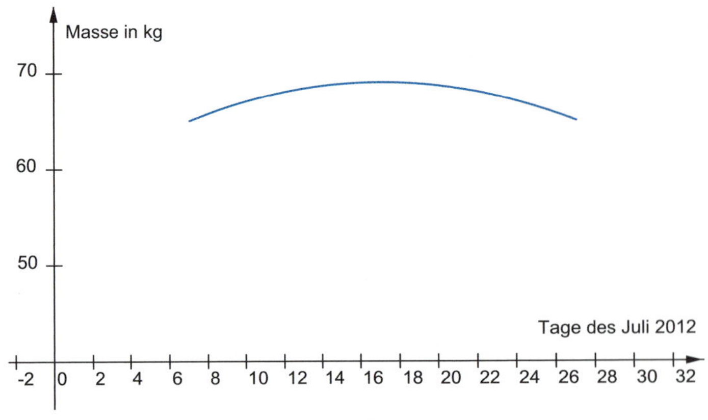

Abb. 5.1.1

Ihr Ziel ist es wahrscheinlich, dass die „durchschnittliche Gewichtsveränderung" im Juli konstant gleich null ist.

Sie sehen also, dass es einen Unterschied zwischen einer durchschnittlichen und einer momentanen Veränderung gibt. Diesen Unterschied können Sie mathematisch anhand des Anstiegs einer Kurve betrachten.

Differenzenquotient – Anstieg einer Sekante

Statt 1 nach rechts und k hinauf/hinunter können Sie auch ein Vielfaches von 1 nach rechts und dasselbe Vielfache von k hinauf/hinunter gehen.

Den Begriff Anstieg oder Steigung kennen Sie sowohl im Zusammenhang mit der prozentuellen Steigung einer Straße, deren Anstiegswinkel man berechnen kann, als auch vom Anstieg einer linearen Funktion.

Zur Erinnerung: Da der Anstieg eine Art „Maßeinheit" ist, gibt es eine einheitliche Definition, was der Anstieg ist. Wenn man von der Geraden mit der Gleichung $y = kx + d$ ausgeht, so entspricht der Anstieg dem Wert k: „1 nach rechts und k hinauf/hinunter".

$d > 0$	d ↑
$d < 0$	d ↓
	1 →
$k > 0$	k ↑
$k < 0$	k ↓

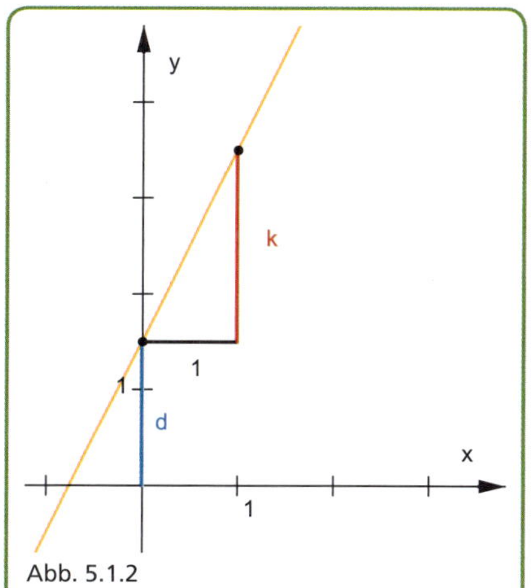

Abb. 5.1.2

In vielen praktischen Zusammenhängen ist es nützlich, die Veränderung an einem Funktionsgraphen genauer zu betrachten. Daher werden wir den Anstieg später auch ganz allgemein definieren.

Übungsbeispiel

Ü 5.1 ★★: Grafische Darstellung einer Geraden A B C

Zeichnen Sie eine Gerade durch die Punkte T(1/3) und U(3/7). Lesen Sie in Ihrer Grafik die Werte d und k ab.

Verbindet man zwei beliebige Punkte, die auf einer Funktion höheren Grades liegen, durch eine Gerade, so entsteht die sogenannte Sekante.

Lehrbeispiel

L 5.1: Sekante einer Funktion A B

Sie kennen die Funktionsgleichung einer Kurve $f(x) = x^3 - 3x - 2$ und zwei Punkte, die auf dieser Kurve liegen: $T(0/y_T)$ und $U(2/y_U)$.

Legen Sie eine Sekante durch diese beiden Punkte.

Weil $y_T = f(x_T)$ ist, setzt man die x-Koordinate 0 in die gegebene Funktion ein.

$y_T = 0^3 - 3 \cdot 0 - 2$

$y_T = -2$

$\Rightarrow T(0/-2)$

Wenn man nun 2 in f(x) einsetzt, so erhält man 0.

$\Rightarrow U(2/0)$

Die Gleichung der Sekante kann man auf unterschiedliche Arten berechnen:

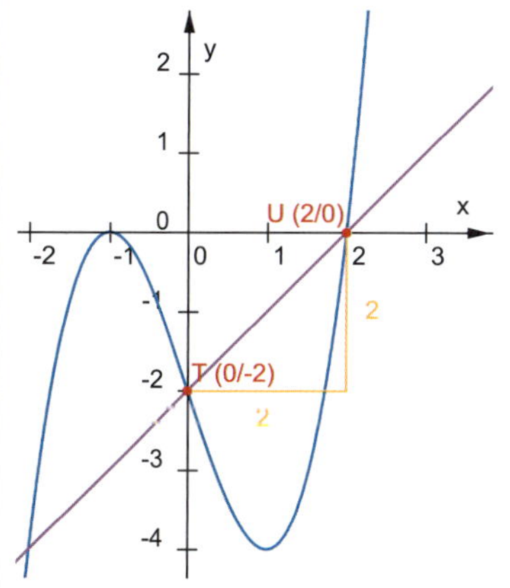

Abb. 5.1.3

1. Möglichkeit:

In die allgemeine Geradengleichung $y = kx + d$ setzt man die Koordinaten der beiden Punkte T und U ein.

I: $-2 = 0k + d$ ● T eingesetzt

II: $0 = 2k + d$ ● U eingesetzt

Die Gleichung der Sekante lautet somit: $y = x - 2$

2. Möglichkeit:

Sie wissen: Wenn man 1 nach rechts geht, so ist jener Wert, den man hinauf-/hinuntergehen muss, um zur Geraden zu kommen, gleich k.

		1 →	k ↑↓		
: 2	Betrachtet man hier das Steigungsdreieck, so sieht man, dass man 2 nach rechts	2 →	2 ↑	... und 2 hinaufgeht. Um also auf 1 → zu kommen, muss man...	: 2
		1 →	1 ↑		

Das bedeutet: $k = 1$.

Da T(0/–2) ist, muss $d = -2$ sein.

Die Gleichung der Sekante lautet somit: $y = x - 2$.

Übungsbeispiel

Ü 5.2 ★: Rennstrecke A B

Sie sehen die Abbildung einer Kurve der Rennstrecke, die folgende Gleichung hat:

$$y(x) = \frac{5}{9}x^2 - 5$$

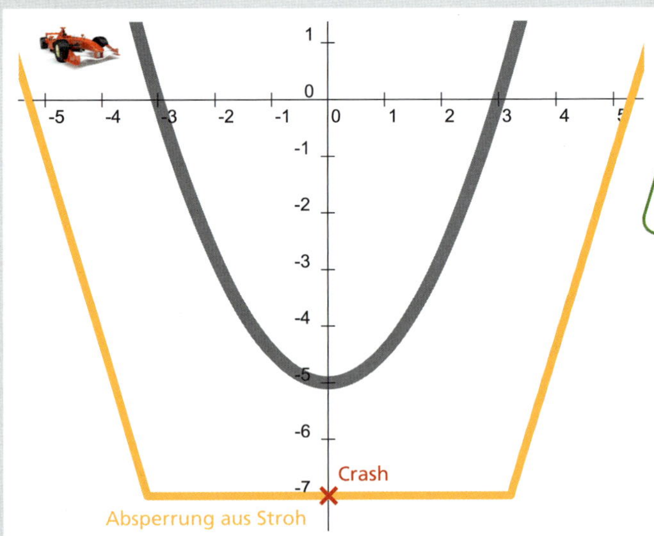

Abb. 5.1.4

Es beginnt zu regnen, wodurch die Fahrbahn rutschig wird. Ein Fahrzeug rutscht von der Fahrbahn und landet in (0/–7) in der Absperrung. Ermitteln Sie, wo das Rennauto die Fahrbahn verlassen hat.

Schätzen Sie und zeichnen Sie den Weg ein, den das Fahrzeug rutscht. Erklären Sie nun, wie Sie auf diesen „Rutschweg" und den Punkt gekommen sind, an dem das Fahrzeug die Fahrbahn verlässt.

Möglicherweise haben Sie gefühlsmäßig das Auto tangential nach außen rutschen lassen. Das bedeutet, dass Sie jene Gerade berechnen müssen, die durch den Crashpunkt (0/–7) geht und eine Tangente an die Kurve ist.

Plagiat: unrechtmäßige Aneignung fremder Gedanken, Ideen oder Texte

Differentialquotient – Anstieg einer Tangente

Damit stehen Sie vor der Frage: Wie legt man die Tangente an eine Kurve?

Sir Isaac Newton (1642–1726)

Dieses Problem wurde von Gottfried Wilhelm Leibniz gelöst; doch fast zeitgleich löste Sir Isaac Newton das gleiche Problem, nur dass er sich die Frage nach der Momentangeschwindigkeit stellte. Schon damals gab es wechselseitige Anschuldigungen wegen eines Plagiat-Verdachtes.

Gottfried Wilhelm Leibniz (1646–1716)

Doch nun zur Praxis: An die Kurve f(x) = … soll im Punkt $T(x_T/y_T)$ eine Tangente gelegt werden.

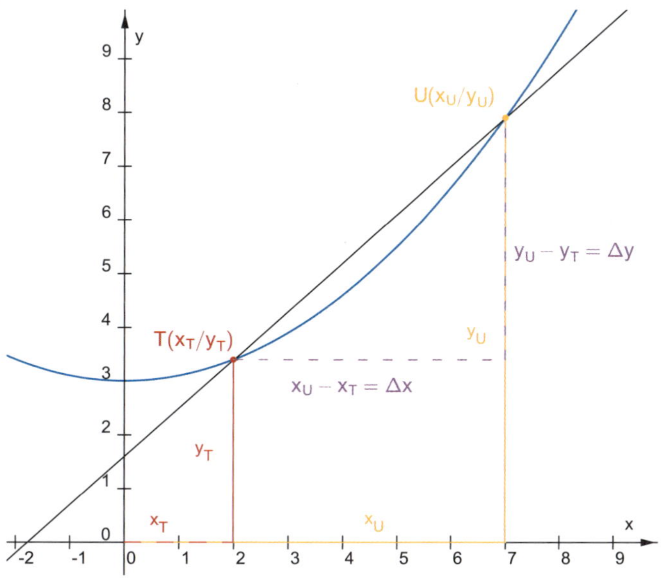

Abb. 5.1.5

Das Wichtigste neben den Koordinaten des Punktes, in dem man die Tangente legen will, ist die Steigung dieser Tangente, um dann in das bekannte y = kx + d einzusetzen.

Zu Beginn legt man eine Sekante zwischen den Punkten $T(x_T/y_T)$ und $U(x_U/y_U)$.

Sie wissen: Wenn man 1 nach rechts geht, so ist jener Wert, den man hinauf-/hinuntergehen muss, um zur Geraden zu kommen, gleich k.

$:(x_U - x_T)$	Betrachtet man hier das Steigungsdreieck, so sieht man, dass man $x_U - x_T$ nach rechts …	$x_U - x_T \rightarrow$	$y_U - y_T \uparrow$	… und $y_U - y_T$ hinaufgeht. Um also auf 1→ zu kommen, muss man …	$:(x_U - x_T)$
	auf beiden Seiten durch $x_U - x_T$ dividieren.	$1 \rightarrow$	$\frac{y_U - y_T}{x_U - x_T} \uparrow$	auf beiden Seiten durch $x_U - x_T$ dividieren.	
	$x_U - x_T$ ist jedoch nichts anderes als die Differenz der x-Werte und $y_U - y_T$ die Differenz der y-Werte. In der Mathematik schreibt man für Differenz oft Δ – daher ist für die letze Zeile auch folgende Schreibweise möglich:				
	auf beiden Seiten durch Δx dividieren	$1 \rightarrow$	$\frac{\Delta y}{\Delta x} \uparrow$	auf beiden Seiten durch Δx dividieren	

Δ sprich: „Delta" (griechischer Großbuchstabe D)

Das bedeutet: $k = \frac{\Delta y}{\Delta x}$

Auch den Punkt U kann man mit Δx anschreiben: $U(x_T + \Delta x / y_T + \Delta y)$. Damit hat man den Anstieg der Sekante. Sie suchen aber eine Tangente. Wenn Sie den Punkt U näher an den Punkt T heranschieben, dann wird einerseits die Differenz der x-Werte immer kleiner (geht also gegen null): $\Delta x \to 0$. Die dadurch entstehenden Sekanten sind der Tangente in T immer ähnlicher. Wenn U genau auf T zu liegen kommt, dann wird die Sekante zur Tangente (siehe Abb. 5.1.6–5.1.8). Mathematisch beschreibt man diese Idee folgendermaßen:

$$k_s = \frac{y_U - y_T}{x_U - x_T} = \frac{y_T + \Delta y - y_T}{x_T + \Delta x - x_T}$$

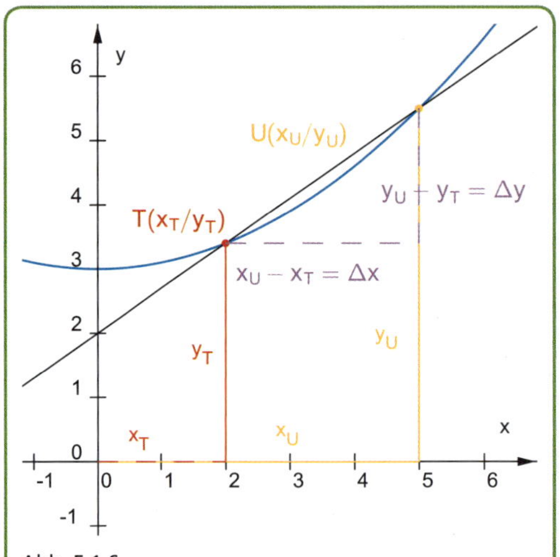

Abb. 5.1.6

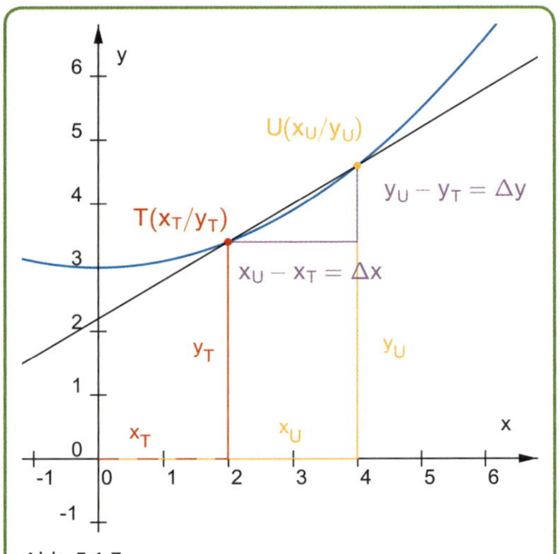

Abb. 5.1.7

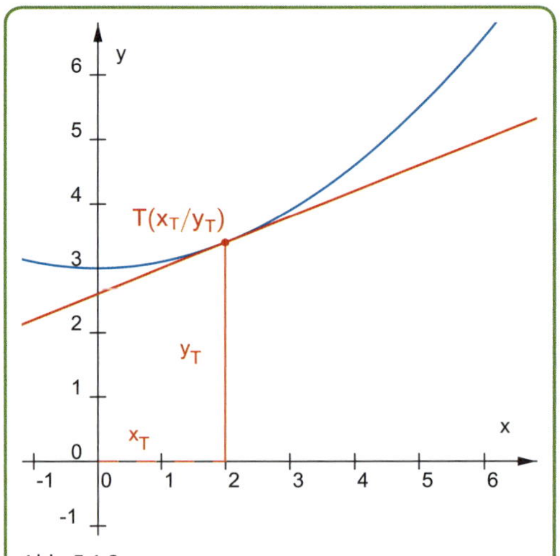

Abb. 5.1.8

Anstieg der Sekante: $\frac{\Delta y}{\Delta x}$

SbX
Dynamische GeoGebra-Arbeitsblätter, die das Näherschieben der Sekante zur Tangente veranschaulichen, finden Sie unter der ID: 1511.

Anstieg einer Sekante: Differenzenquotient

$k_s = \frac{\Delta y}{\Delta x}$ oder auch $k_s = \frac{f(x_U) - f(x_T)}{x_U - x_T}$ oder $k_s = \frac{f(x_T + \Delta_x) - f(x_T)}{\Delta_s}$

Das Näherschieben des Punktes $U(x_T + \Delta x / y_T + \Delta y)$ an den Punkt $T(x_T/y_T)$ schreibt man mathematisch als Limes (Grenzwert) auf:

Anstieg einer Tangente: Differentialquotient

$k_T = \lim\limits_{\Delta x \to 0} \frac{\Delta y}{\Delta x}$ oder auch $k_T = \lim\limits_{\Delta x \to 0} \frac{f(x_T + \Delta x) - f(x_T)}{\Delta x}$

Weil die Schreibweise mit dem Limes aber sehr aufwendig ist, hat man diese durch eine verkürzte Schreibweise ersetzt.

Anstieg einer Tangente: Differentialquotient

$k_T = \lim\limits_{\Delta x \to 0} \frac{\Delta y}{\Delta x}$ vereinfacht $k_T = \frac{dy}{dx}$

Grau ist alle Theorie – prägen Sie sich diese Zusammenhänge anhand eines Beispiels ein:

Lehrbeispiel

L 5.2: Tangente an eine Kurve A B

An die Kurve $f(x) = \frac{1}{8}x^2 + 2$ soll im Punkt T(2/3,5) eine Tangente gelegt werden.

Die Geraden-/Tangentengleichung lautet: y = kx + d. Daher benötigt man den Anstieg k_T.

$k_T = \lim\limits_{\Delta x \to 0} \frac{f(x_T + \Delta x) - f(x_T)}{\Delta x}$ ● „f von (2 +Δx)" ist die y-Koordinate.

$= \lim\limits_{\Delta x \to 0} \frac{f(2 + \Delta x) - f(2)}{\Delta x}$ ● deshalb 2 + Δx in der Funktion statt x einsetzen

$k_T = \lim\limits_{\Delta x \to 0} \frac{\frac{1}{8}(4 + 4\Delta x + \Delta x^2) + 3 - 3{,}5}{\Delta x}$ ● Achtung: Noch kann man statt Δx nicht 0 einsetzen, weil sonst 0 im Nenner stünde.

$= \lim\limits_{\Delta x \to 0} \frac{0{,}5 + 0{,}5\Delta x + 0{,}125\Delta x^2 + 3 - 3{,}5}{\Delta x}$ ● Daher rechnet man aus und formt um.

$= \lim\limits_{\Delta x \to 0} \frac{0{,}5\Delta x + 0{,}125\Delta x^2}{\Delta x}$ ● Δx herausheben …

$= \lim\limits_{\Delta x \to 0} \frac{\Delta x \cdot (0{,}5 + 0{,}125\Delta x)}{\Delta x}$ ● … und kürzen

$= \lim\limits_{\Delta x \to 0} (0{,}5 + 0{,}125\Delta x)$ ● Setzt man für Δx den Wert 0 ein, erhält man:

$k_T = 0{,}5$

In die Tangentengleichung y = kx + d setzt man die Koordinaten von T und den Anstieg k ein:

$3{,}5 = 0{,}5 \cdot 2 + d_T \Rightarrow d_T = 2{,}5$

Die Tangentengleichung lautet: y = 0,5x + 2,5.

Übungsbeispiel

Ü 5.3 ★: Tangente an eine Kurve A B

Legen Sie an die Kurve $f(x) = x^2 - 1$ im Punkt T(3/8) eine Tangente.

Anstieg der Tangente: $\frac{dy}{dx}$

Ihnen erscheint das mühsam? Mithilfe der Limes-Berechnungen kann man auch allgemeine Rechenregeln aufstellen, welche im folgenden Abschnitt erklärt werden.

Zunächst eine Zusammenfassung: Folgende mathematische Ideen sind gleichbedeutend:

Ableiten einer Funktion

- Die Tangentensteigung wird berechnet.
- Die Sekante wird zur Tangente (durch Zusammenschieben von zwei Punkten auf einem Funktionsgraphen).
- Der Differenzenquotient wird zum Differentialquotienten.
- Der Limes wird gebildet (die Differenz der x-Koordinaten geht gegen null).

All das nennt man **Ableiten** oder **Bilden einer** (der ersten) **Ableitung**.

Auch der Ausdruck „Differenzieren" für „Ableiten" wird häufig verwendet.

Querverweis
Grundbegriffe wie Nullstelle, Scheitel: Siehe Kapitel 2, Lerneinheit 2.

Im folgenden Input lernen Sie die Bedeutung der ersten und der zweiten Ableitung kennen. Davor können Sie anhand eines Beispiels die wichtigsten Aspekte von Differenzen- und Differentialquotienten zusammenfassen.

Übungsbeispiel

Ü 5.4 ★★: Verschiedene Berechnungen an einer Kurve B C D

Gegeben ist die Funktion $k(x) = (x - 1) \cdot (x - 5)$.

a) Berechnen Sie die Nullstellen und den Scheitel der Parabel.

b) Zeichnen Sie den Funktionsgraphen.

c) Ermitteln Sie die mittlere Änderung im Intervall [1; 2] und die momentane Änderung in $x = 1$. Vergleichen Sie beide Änderungsraten und begründen Sie die Unterschiede.

d) Geben Sie ohne Berechnung die mittlere Änderungsrate im Intervall [4; 5] an und dokumentieren Sie Ihre Überlegungen.

e) Erklären Sie, wie Sie den Differenzenquotienten zwischen den Nullstellen ohne Berechnung angeben könnten. Machen Sie gegebenenfalls eine Skizze.

Folgende Unterschiede und Zusammenhänge kann man gegenüberstellen:

Querverweis
Siehe Abbildungen 5.1.6–5.1.8 auf Seite 190.

Differenzenquotient	Differentialquotient
mittlere Änderungsrate im Intervall $[x_1; x_2]$	momentane Änderungsrate an der Stelle x_1
$\frac{\Delta y}{\Delta x} = \frac{f(x_2) - f(x_1)}{x_2 - x_1}$	$\frac{dy}{dx} = \lim\limits_{\Delta x \to 0} \frac{f(x_1 + \Delta x) - f(x_1)}{\Delta x}$

Damit man aber eine Ableitung bilden kann, muss die Funktion differenzierbar sein. Eine sehr einfache Beschreibung einer differenzierbaren Funktion lautet:

Differenzierbarkeit: intuitiv

Eine Funktion ist dann differenzierbar, wenn sie keine Sprungstelle und keinen Knick hat.

(Die abgebildeten Funktionen sind daher bei $x = 2$ nicht differenzierbar.)

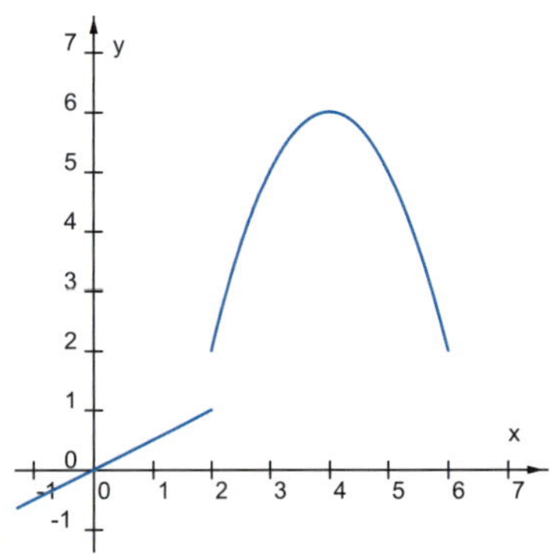

Abb. 5.1.9a

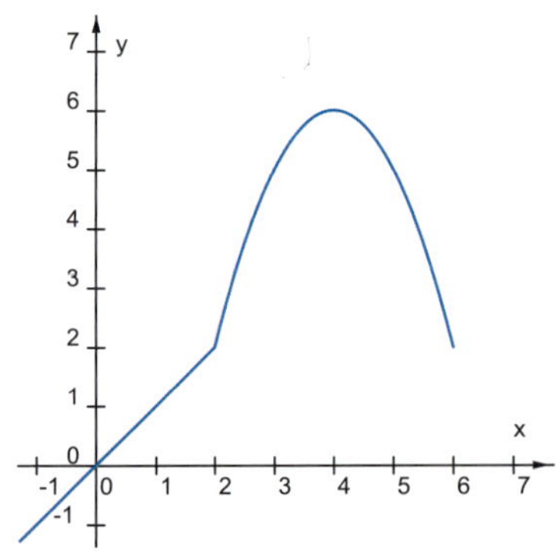

Abb. 5.1.9b

Radarmessung kontra Section Control

Ein leicht vorstellbares Beispiel aus der Autofahrerpraxis soll diesen Unterschied Differenzen-/Differentialquotient noch einmal verdeutlichen: Auf der Autobahn gilt in Österreich im Allgemeinen eine Höchstgeschwindigkeit von 130 km/h. Unerlaubterweise fahren Sie 150 km/h. Sie erkennen rechtzeitig eine Geschwindigkeitskontrollbox und bremsen ab, Sie ändern also Ihre Momentangeschwindigkeit. Bei einer Geschwindigkeitskontrolle wird die Geschwindigkeit zwischen zwei Lichtschranken gemessen, deren Abstand 25 cm beträgt. Gemessen an der erlaubten Geschwindigkeit ist dieser Abstand sehr gering – er geht also „annähernd gegen null" – der Limes geht gegen null –, weswegen die gemessene Geschwindigkeit als Momentaufnahme genommen wird. Das Auto passiert die beiden Lichtschranken in einem zeitlichen Abstand von 0,0071 Sekunden. Wie sich leicht berechnen lässt, hat das Auto eine Geschwindigkeit von 35 m/s oder 126 km/h.

Erleichtert darüber, nicht in die Radarfalle geraten zu sein, übersehen Sie aber eine „Section Control". Dabei wird jedes Fahrzeug am Beginn eines definierten Abschnitts und – mehrere Kilometer später – an dessen Ende fotografiert.

Lehrbeispiel

L 5.3: Section Control A B

Ein Pkw fährt in einen 15 km langen Abschnitt der Autobahn mit Section Control ein. Um 22:12 Uhr fährt er durch die erste Messstation und um 22:18,2 Uhr passiert er die zweite Messstelle. Ermitteln Sie mithilfe des Differenzenquotienten die Durchschnittsgeschwindigkeit.

Um die Geschwindigkeit in km/h angeben zu können, müssen Sie zuerst die Zeiten umwandeln:

22 h 12 min = 22,2

22 h 18,2 min = $22\ 30\dot{3}$

$$\frac{\Delta s}{\Delta t} = \frac{15}{22{,}30\dot{3} - 22{,}2}$$

Es ergibt sich also eine Geschwindigkeit von 145,16 km/h.

2 Ableitungsregeln

Kleines Werkzeug-Set

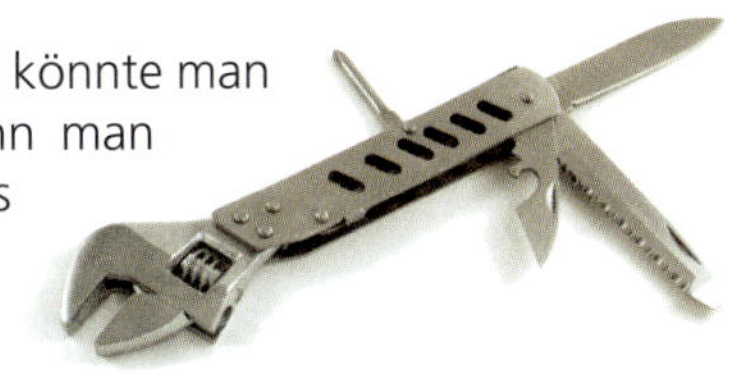

Bei quadratischen Funktionen oder Funktionen dritten Grades könnte man den Limes noch händisch berechnen, vor allem dann, wenn man Spaß am rein mechanischen Rechnen hat. Ziel des Ableitens soll es aber sein, als eine Art Handwerkszeug für die Beschreibung von Eigenschaften der Funktionen (Hoch-/Tiefpunkt…) oder für das Berechnen etwa von minimalen Kosten oder maximalen Flächen zu dienen.

Zu dieser ersten (bzw. später auch der zweiten) Ableitung sagt man „f-Strich" und schreibt das als f'(x), manchmal auch als y' an.

f'(x) ist daher die erste Ableitung der Funktion f, welche von der Variablen x abhängig ist.

SbX

Die Herleitung dieser Rechenregel finden Sie unter der ID: 1511.

Ableiten von x^n: Potenzregel

$f(x) = x^n \qquad f'(x) = n \cdot x^{n-1}$

Die Hochzahl wandert nach vor und die ursprüngliche Hochzahl wird um eins reduziert.

Lehrbeispiel

L 5.4: Die Ableitung einer Funktion bilden B

Bilden Sie die Ableitung der gegebenen Funktion:

a) $f(x) = x^5 \quad \Rightarrow f'(x) = 5x^4$

b) $f(x) = \sqrt[3]{x^5}$

● Wurzel besser zuerst in eine Hochzahl umwandeln!

$$f(x) = x^{\frac{5}{3}} \quad \Rightarrow f'(x) = \frac{5}{3}x^{\frac{5}{3}-1} = \frac{5}{3}x^{\frac{2}{3}}$$

Lehrbeispiel

L 5.5: Funktionen ableiten B C

Leiten Sie die Funktion f(x) = x ab.

Dokumentieren Sie anhand einer zeichengenauen Grafik den Zusammenhang zwischen Ihrem Ergebnis und dem Anstieg der Funktion.

Betrachtet man nun die gegebene Funktion:

$f(x) = x$,

so könnte man das auch umständlicher schreiben, nämlich:

$f(x) = x^1$.

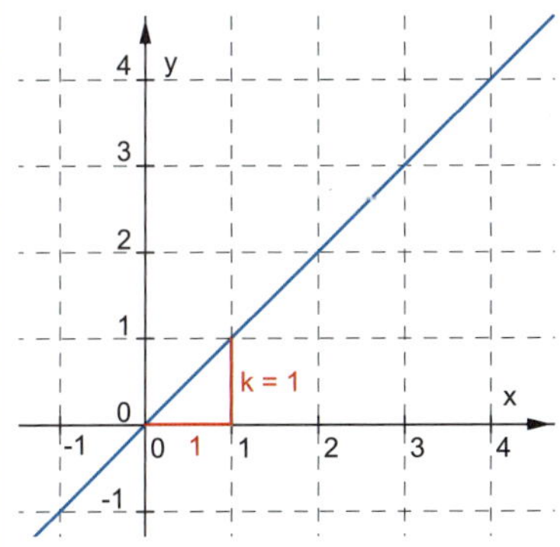

Abb. 5.1.10

Wenn man nun die Rechenregel „Die Hochzahl wandert nach vor und die ursprüngliche Hochzahl wird um eines reduziert." anwendet, ergibt das:

$f'(x) = 1 \cdot x^0$, da aber x^0 gleich 1 ist, folgt:

$f'(x) = 1$.

Anders überlegt: f(x) ist eine Gerade mit dem Anstieg 1. Da die erste Ableitung den Anstieg angibt, muss $f'(x) = 1$ sein.

SbX
Die Herleitung dieser Rechenregel finden Sie unter der ID: 1511.

Ableiten von Zahl · Funktion: Faktor- oder Konstantenregel

$f(x) = k \cdot g(x)$ $\qquad f'(x) = k \cdot g'(x)$

Ein konstanter Faktor bleibt beim Ableiten unverändert.

Lehrbeispiel

L 5.6: Ableitung bilden B

Bilden Sie die Ableitung der gegebenen Funktion.

$f(x) = 3x^5$

$f'(x) = 3 \cdot 5 \cdot x^4 = 15x^4$

Betrachtet man nun folgende Funktion:

$f(x) = 3$,

so könnte man das auch umständlicher schreiben, nämlich:

$f(x) = 3 \cdot x^0$.

Lehrbeispiel

L 5.7: Ableitung bilden und dokumentieren A B C

Leiten Sie die Funktion $f(x) = 3$ ab.

Dokumentieren Sie anhand einer zeichengenauen Grafik den Zusammenhang zwischen Ihrem Ergebnis und dem Anstieg der Funktion.

Wenn man nun die Rechenregel „Die Hochzahl wandert vor und wird um eins reduziert." anwendet, ergibt das:

$f'(x) = 3 \cdot 0 \cdot x^{-1}$.

Ist bei einem Produkt auch nur ein Faktor 0, so ist auch das Produkt 0:

$f'(x) = 0$

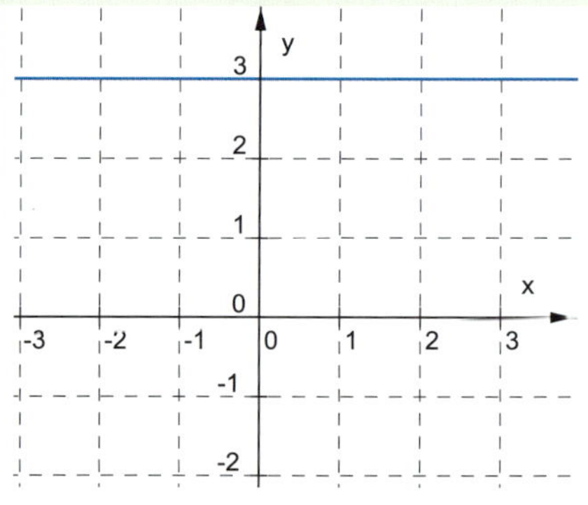

Abb. 5.1.11

Anders überlegt: $f(x) = 3$ ist eine Gerade, die parallel zur x-Achse verläuft, also den Anstieg 0 hat. Da die erste Ableitung den Anstieg angibt, muss $f'(x) = 0$ sein.

Allerdings sind die wenigsten Funktionen eingliedrig, die meisten enthalten Rechenzeichen wie Plus oder Minus.

SbX
Die Herleitung dieser Rechenregel finden Sie unter der ID: 1511.

Summen-/Differenzenregel

$f(x) = g(x) \pm h(x)$ $\qquad f'(x) = g'(x) \pm h'(x)$

Die Terme werden einzeln abgeleitet (einzeln der Reihe nach ableiten).

Lehrbeispiel

L 5.8: Ableitungen bilden B

Bilden Sie die Ableitung der gegebenen Funktion.

a) $f(x) = x^5 + x^2 + x$

$f'(x) = 5x^4 + 2x + 1$

b) $f(x) = 4x^2 + \frac{2}{x^3} - \frac{5}{3x^2}$ — Variable im Nenner besser zuerst in den Zähler bringen.

$f(x) = 4x^2 + 2x^{-3} - \frac{5}{3}x^{-2}$ — Achtung bei x^{-3}: Hochzahl um 1 vermindern bedeutet $x^{-3-1} = x^{-4}$.

$f'(x) = 4 \cdot 2x^1 + 2 \cdot (-3)x^{-4} - \frac{5}{3}(-2)x^{-3}$

$f'(x) = 8x - \frac{6}{x^4} + \frac{10}{3x^3}$

Sie erinnern sich sicher, dass die 1. Ableitung dem Differentialquotienten entspricht. Der Differentialquotient ist grafisch der Anstieg der Tangente.

Lehrbeispiel

L 5.9: Tangente in einem Punkt aufstellen A B

An die Funktion $f(x) = x^2 - 2x + 3$ soll im Punkt $T(x_T>0/6)$ eine Tangente gelegt werden.

Querverweis: Lösungsformeln für quadratische Gleichungen siehe Kapitel 2, Lerneinheit 2.

$6 = x^2 - 2x + 3$	zuerst das fehlende x_T berechnen – Stichwort: f(x) = y
$x^2 - 2x - 3 = 0$	Stichwort: kleine Lösungsformel
$x_{1,2} = -\frac{-2}{2} \pm \sqrt{\left(\frac{-2}{2}\right)^2 - (-3)}$	
$x_1 = -1, x_2 = 3$	
T(3/6)	
t: $y = kx + d$	Gleichung der Tangente
$k = f'(x) = 2x - 2$	der „allgemeine" Anstieg
$k_T = f'(3) = 2 \cdot 3 - 2 = 4$	der Anstieg im Punkt T: $k_T = 4$.
t: $6 = 4 \cdot 3 + d_T$	Man kennt die x-, y-Koordinate und k.
$d_T = -6$	
t: $y = 4x - 6$	Tangente im Punkt T

Produktregel

$f(x) = g(x) \cdot h(x)$ $\quad f'(x) = g'(x) \cdot h(x) + g(x) \cdot h'(x)$

in Worten:

„das Erste abgeleitet mal dem Zweiten unabgeleitet plus das Zweite abgeleitet mal dem Ersten unabgeleitet"

Die Quotientenregel ist bei der Berufsreifeprüfung nicht im Prüfungsstoff enthalten.

Quotientenregel

$f(x) = \frac{g(x)}{h(x)}$ $\quad f'(x) = \frac{g'(x) \cdot h(x) - g(x) \cdot h'(x)}{h^2(x)}$

in Worten:

„(der Zähler abgeleitet mal dem Nenner unabgeleitet minus dem Nenner abgeleitet mal dem Zähler unabgeleitet) gebrochen durch Nenner-Quadrat"

Querverweis
Das Pascal'sche Dreieck hilft beim Berechnen von $(a + b)^n$. Mehr dazu in Kapitel 2, Lerneinheit 2.

Erinnern Sie sich an die binomischen Formeln, bei denen ein Ausdruck in einer Klammer hoch zwei genommen wurde – so ein geklammerter Ausdruck könnte aber auch hoch fünf oder sechs stehen und dann wäre ein Ausrechnen vor dem Ableiten sehr mühsam. Dafür gibt es eine letzte Rechenregel:

Kettenregel – Ableiten von Klammerausdrücken/verketteten Funktionen

$f(x) = g[h(x)]$ $\qquad f'(x) = g'[h(x)] \cdot h'(x)$

„außen abgeleitet mal innen abgeleitet"

Lehrbeispiel

L 5.10: Kettenregel anwenden B

Berechnen Sie die erste Ableitung der folgenden Funktion.

$f(x) = (3x^2 - 5x + 2)^{10}$

$f'(x) = \underbrace{10 \cdot (3x^2 - 5x + 2)^9}_{\text{äußere}} \cdot \underbrace{(3 \cdot 2x^1 - 5)}_{\text{innere}}$

äußere · innere Ableitung

Lehrbeispiel

L 5.11: Verschiedene Ableitungsregeln anwenden B

Eine Funktion hat die folgende Gleichung. Berechnen Sie die erste Ableitung.

$f(x) = 4\sqrt[3]{x^2} \cdot (3x^2 - 5x)^4$ ● Die Wurzel schreibt man besser zuerst als Hochzahl auf.

$= 4x^{\frac{2}{3}} \cdot (3x^2 - 5x)^4$ ● $4x^{\frac{2}{3}} = g(x)$ $\qquad (3x^2 - 5x)^4 = h(x)$

$f'(x) = \underbrace{4 \cdot \frac{2}{3}x^{\frac{2}{3}-1}}_{g'(x)} \cdot \underbrace{(3x^2 - 5x)^4}_{h(x)} + \underbrace{4 \cdot x^{\frac{2}{3}}}_{g(x)} \cdot \underbrace{4 \cdot (3x^2 - 5x)^3 \cdot (3 \cdot 2x - 5)}_{h'(x)}$

g'(x) h(x) g(x) h'(x) „äußere · innere"

$f'(x) = \frac{8}{3}x^{-\frac{1}{3}} \cdot (3x^2 - 5x)^4 + 16x^{\frac{2}{3}} \cdot (3x^2 - 5x)^3 \cdot (6x - 5)$

$f'(x) = \frac{8}{3}x^{-\frac{1}{3}} \cdot (3x^2 - 5x)^4 + x^{\frac{2}{3}} \cdot (3x^2 - 5x)^3 \cdot (96x - 80)$

Lehrbeispiel

L 5.12: Ableitung bilden B

Berechnen Sie die erste Ableitung der Funktion $h(t) = t^3 + 2t^2 + 6t$.

Erinnerung: Funktionen müssen nicht f(x) heißen, sondern können auch mit anderen Buchstaben benannt werden.

h: Name der Funktion $\qquad$ t: unabhängige Variable

$h'(t) = 3t^2 + 4t + 6$

Man kann aber nicht nur nach jenen Variablen ableiten, die als Basis verwendet werden, sondern auch nach Variablen, die in Form einer Hochzahl auftreten. Erinnern wir uns an die Euler'sche Zahl e.

Ableiten von e^x

$f(x) = e^x$ $\qquad f'(x) = e^x$

Ableiten der allgemeinen Exponentialfunktion

$f(\bigcirc) = e^{\bigcirc}$ $\qquad f'(\bigcirc) = e^{\bigcirc} \cdot \bigcirc'$

„außen abgeleitet mal innen abgeleitet"

Lehrbeispiel

L 5.13: Ableitung einer Exponentialfunktion B

Berechnen Sie die erste Ableitung der Funktion $f(x) = e^{2x^3+4}$.

$f(x) = e^{2x^3+4}$

$f'(\bigcirc) = e^{\bigcirc} \cdot \bigcirc'$

$f'(x) = e^{2x^3+4} \cdot (6x^2)$

Die Leibniz'sche Schreibweise

Sie haben jetzt schon die unterschiedlichsten Ableitungsregeln kennengelernt und Sie wissen auch, dass die Ableitung die momentane Veränderung angibt. Außerdem kennen Sie unterschiedliche Typen von Funktionen – zum Beispiel lineare und quadratische Funktionen. Das folgende Beispiel führt dies zusammen.

Wenn Sie zum Beispiel die Funktionsgleichung $f(x) = 3x^2 - 4x$ einmal ableiten, so wissen Sie, dass die 1. Ableitung $f'(x)$ geschrieben wird. Sie leiten die Funktion f nach der Variablen x ab. Genau das besagt die Leibniz'sche Schreibweise $\frac{df}{dx}$.

Übungsbeispiel

Ü 5.5: Tortenform A B

Torten haben meist die Form eines Zylinders, der einen großen Durchmesser und eine geringe Höhe besitzt. Sie können die Form bis zu einer beliebigen Höhe befüllen. Manche Tortenformen lassen sich aber auch vergrößern, indem man sie auseinanderzieht und damit den Durchmesser vergrößert.

a) Stellen Sie eine Formel für das Tortenvolumen in Abhängigkeit von der Höhe auf und stellen Sie die entstandene Funktion grafisch dar.

b) Stellen Sie eine Formel für das Tortenvolumen in Abhängigkeit vom Durchmesser auf und stellen Sie die entstandene Funktion grafisch dar.

Sie haben bei ein und derselben Formel also einmal eine lineare Funktion erhalten – V(h) – und das andere Mal eine quadratische Funktion V(d).

Übungsbeispiel

Ü 5.6: Tortenvolumen D

Überprüfen Sie, wann sich die „Füllmenge" der in **Ü 5.5** beschriebenen Torte stärker ändert:

- wenn Sie die Höhe um 5 cm vergrößern oder
- wenn Sie den Durchmesser um 5 cm vergrößern.

Begründen Sie Ihre Entscheidung.

Die Überlegungen, die Sie gerade angestellt haben, können Sie auch mathematisch ausdrücken: Die sich ändernde Füllmenge ist nichts anderes als die erste Ableitung des Volumens. Wenn Sie die Höhe ändern, müssen Sie das Volumen nach der Höhe ableiten, ändern Sie den Durchmesser, müssen Sie nach dem Durchmesser ableiten.

Um diesen Unterschied mathematisch auszudrücken bietet sich die sogenannte **Leibniz'sche Schreibweise** an. Im Beispiel mit der Tortenform bedeutet das:

Volumen abhängig von der Höhe	$V(h) = \frac{d^2}{4}\pi h$	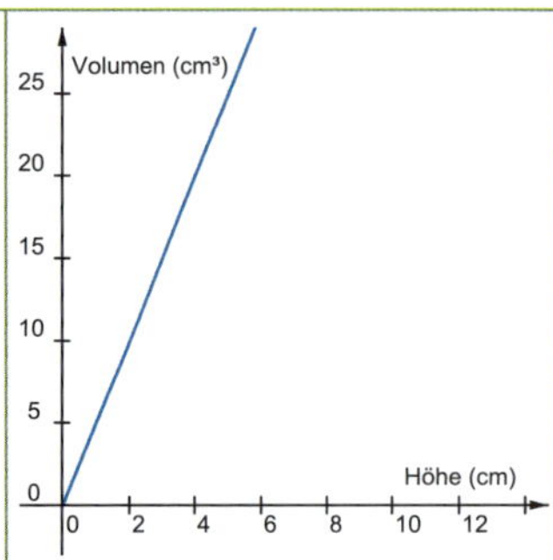 Abb. 5.1.12a: V(h)	**Veränderung der Höhe**	$\frac{dV}{dh} = \frac{d^2}{4}\pi$ Achtung: d steht für eine Zahl. Die erste Ableitung ist eine konstante Funktion.	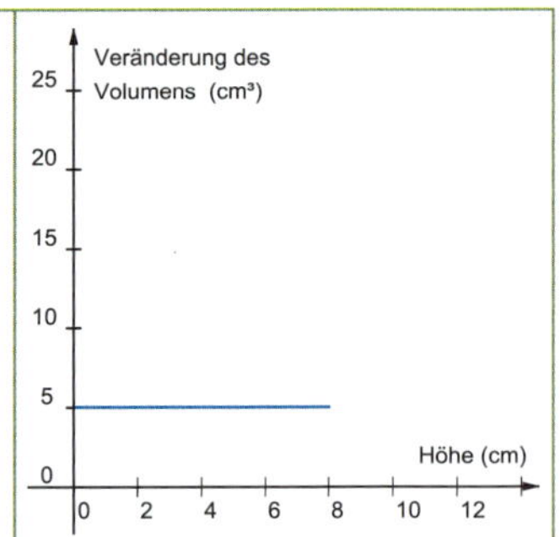 Abb. 5.1.12c: V'(h)
Volumen abhängig vom Durchmesser	$V(d) = \frac{d^2}{4}\pi h$	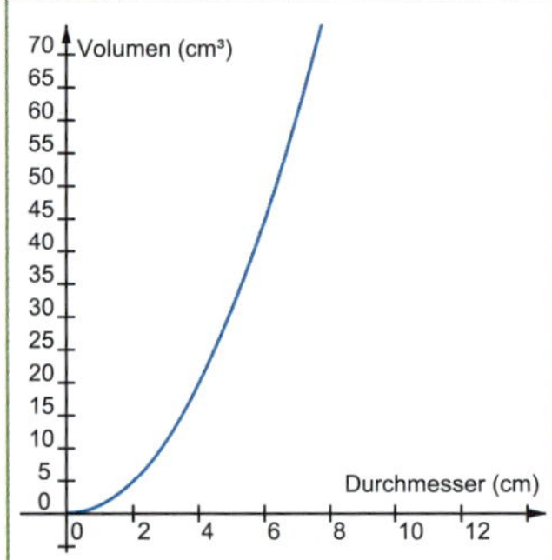 Abb. 5.1.12b: V(d)	**Veränderung des Durchmessers**	$\frac{dV}{dd} = \frac{d}{2}\pi h$ Achtung: h steht für eine Zahl. Die erste Ableitung ist eine lineare Funktion.	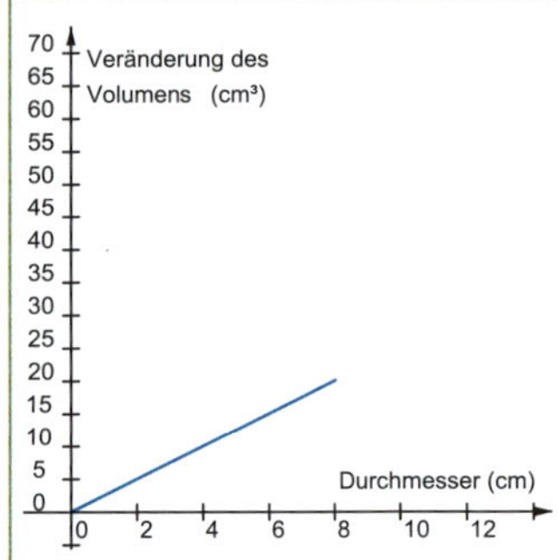 Abb. 5.1.12d: V'(d)

Nachdem Sie nun gesehen haben, dass Funktionen nach unterschiedlichen Variablen abgeleitet werden können, gehen wir noch einmal zum Ursprung der Differentialrechnung zurück.

Differenzen- und Differentialquotient im Kontext

Sehen wir uns noch einmal die Tortenform aus **Ü 5.5** an. Befüllen Sie nun eine (gerade kreiszylindrische) Tortenform mit einem Durchmesser von 24 cm und einer Höhe von 6 cm.

Lehrbeispiel

L 5.14: Tortenvolumen 2 B C

Das Volumen Ihrer Torte lässt sich durch $V(h)=\frac{d^2}{4}\pi h$ berechnen (V(h) in cm³, h in cm).

a) Berechnen Sie den Differenzenquotienten im Intervall [0; 2].

b) Beschreiben Sie die Bedeutung dieses Differenzenquotienten.

c) Berechnen Sie den Differentialquotienten mittels Ableiten an der Stelle 2.

d) Beschreiben Sie die Bedeutung dieses Differentialquotienten.

a) $\frac{\Delta V}{\Delta h} = \frac{V(2)-V(0)}{2-0}$

$\frac{\Delta V}{\Delta h} = 144\pi$

b) Die durchschnittliche Zunahme des Volumens pro Zentimeter Höhenzunahme im Intervall [0; 2] beträgt 144π cm³.

$V'(h)=\frac{d^2}{4}\pi$

$V'(2)=\frac{24^2}{4}\pi$

Die momentane Zunahme des Volumens pro Zentimeter Höhenzunahme bei einer Höhe von 2 cm beträgt 144π cm³.

Wo liegt also der Unterschied? In diesem Beispiel scheint es zumindest zahlenmäßig keinen Unterschied zwischen dem Differenzen- und dem Differentialquotienten zu geben, aber einen ganz wichtigen Unterschied gibt es. Zur Erinnerung:

SbX

Ein dynamisches GeoGebra-Arbeitsblatt zur Veranschaulichung des Unterschieds zwischen Differenzen- und Differentialquotient finden Sie unter der ID: 1511.

DIFFERENZENQUOTIENT	**DIFFERENTIALQUOTIENT**
mittlere Änderungsrate im Intervall [...; ...]	momentane Änderungsrate an der Stelle ...

Umgangssprachlich könnte man Folgendes sagen:

- Bei **positivem Differenzenquotienten** „steigt die Funktion insgesamt" im angegebenen Intervall (d. h., sie steigt mehr als sie fällt).
- Bei **negativem Differenzenquotienten** „nimmt die Funktion insgesamt" im angegebenen Intervall „ab" (d. h., sie fällt mehr als sie steigt).

Hat der Differenzenquotient **den Wert 0,** „so bleibt die Funktion insgesamt" im angegebenen Intervall „gleich".

Der Differentialquotient entspricht ca. jenem Faktor, mit dem man die Änderung der unabhängigen Werte multiplizieren muss, um die Änderung der abhängigen Funktionswerte zu erhalten.

Im nächsten Beispiel wird der Unterschied ganz offensichtlich.

Lehrbeispiel

L 5.15: Heißluftballon B C D

Da ein Heißluftballon von Gas „betrieben" wird und dabei den Luftströmungen und dem Wind ausgesetzt ist, kann man seine Höhe nicht einfach konstant halten. Die folgende Funktionsgleichung beschreibt die Höhe eines solchen Ballons in Abhängigkeit von der Zeit.

$$h(t) = -\frac{49}{980000}t^4 + \frac{71}{7550}t^3 - \frac{39}{73}t^2 + 10t$$

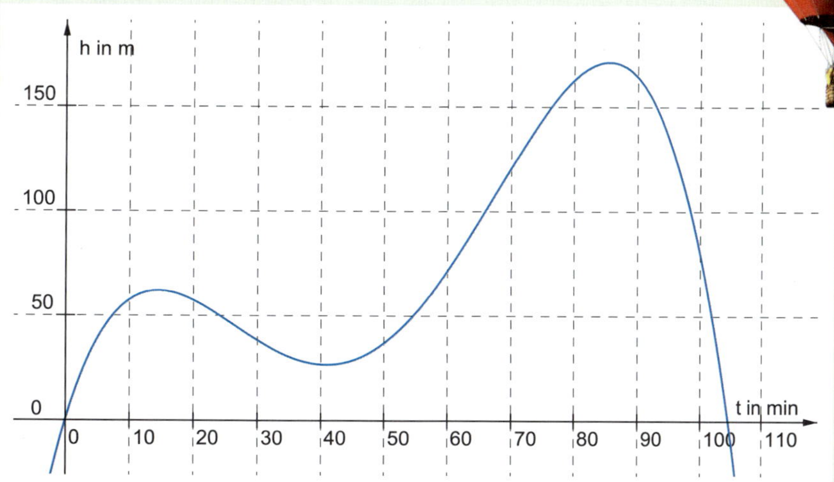

Abb. 5.1.13

a) Zeichnen Sie die Differenzenquotienten in den folgenden Intervallen ein: [60; 80], [60; 90] und [60; 100]

b) Ermitteln Sie mittels geeigneter Technologie den Differenzenquotienten in den obigen Intervallen.

c) Beschreiben Sie die Bedeutung des Differenzenquotienten im Intervall [60; 80].

d) Erklären Sie den scheinbar paradoxen Differenzenquotienten im Intervall [60; 100].

e) Zeichnen Sie den Differentialquotienten an der Stelle 10, 30 und 14.

f) Ermitteln Sie mittels geeigneter Technologie den Differentialquotienten an diesen drei Stellen.

g) Beschreiben Sie die Bedeutung des Differentialquotienten an der Stelle 10 und 30. Erklären Sie insbesondere die Bedeutung an der Stelle 14.

a)

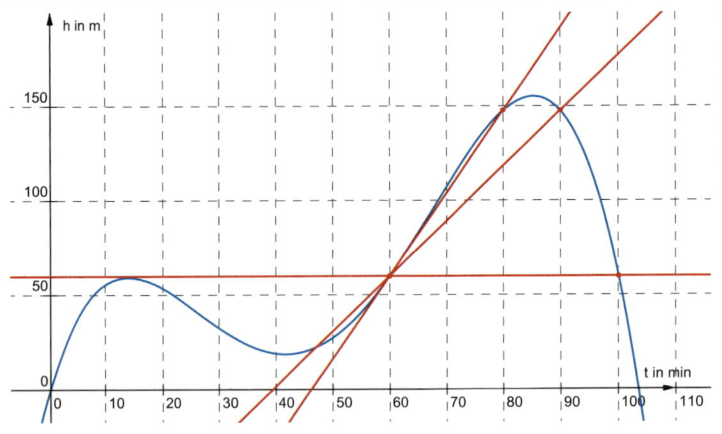

Abb. 5.1.14

b) $\frac{\Delta h}{\Delta t} = 4{,}38$ [60; 80]

$\frac{\Delta h}{\Delta t} = 2{,}92$ [60; 90]

$\frac{\Delta h}{\Delta t} \approx 0$ [60; 100]

c) Die durchschnittliche Höhenveränderung – Zunahme pro Minute – beträgt ca. 4,38 m im Zeitraum 60 bis 80 Minuten.

d) Im Zeitraum 60 bis 100 Minuten gibt es im Durchschnitt keine Höhenzunahme, obwohl in der Grafik sowohl eine Zu- als auch eine Abnahme zu erkennen ist.

e)

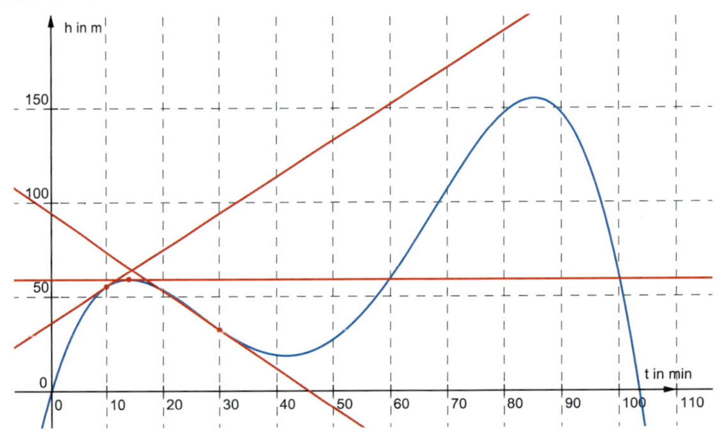

Abb. 5.1.15

f) $\frac{dh}{dt} = 1{,}94$ $t = 10$

$\frac{dh}{dt} = -2{,}06$ $t = 30$

$\frac{dh}{dt} \approx 0$ $t = 14$

g) Die momentane Höhenveränderung nach 10 Minuten beträgt 1,94 m/min – der Ballon steigt.

Die momentane Höhenveränderung nach 30 Minuten beträgt –2,06 m/min – der Ballon sinkt.

Die momentane Höhenveränderung nach 14 Minuten beträgt 0 m/min – der Ballon steigt nicht und sinkt nicht.

Diese Fragestellung nach einer Veränderung lässt sich natürlich auch ganz allgemein stellen.

Mittlere und momentane Änderung

Diese beiden Änderungsraten haben in der praktischen Anwendung unterschiedliche kontextbezogene Bedeutungen. Werfen Sie daher noch einmal einen „rein mathematischen" Blick auf den Unterschied.

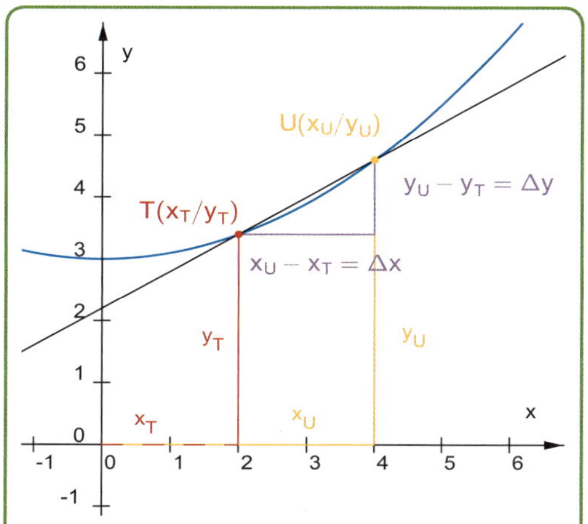

Abb. 5.1.16

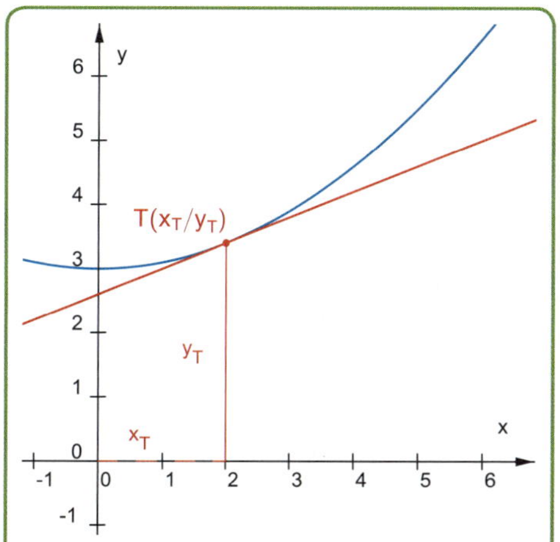

Abb. 5.1.17

Differenzenquotient: mittlere/durchschnittliche Änderungsrate

Anstieg einer Sekante:

$$k_s = \frac{\Delta y}{\Delta x} \text{ oder auch } k_s = \frac{f(x_U) - f(x_T)}{x_U - x_T} = \frac{f(x_T + \Delta x) - f(x_T)}{x_T + \Delta x - x_T}$$

Um von der mittleren zur momentanen Änderung zu kommen, lässt man das Intervall, in dem diese mittlere Änderung berechnet wird, immer kleiner werden – man lässt es gegen null gehen. Das Näherschieben des Punktes $U(x_T + \Delta x/y_T + \Delta y)$ an den Punkt $T(x_T/y_T)$ schreibt man mathematisch als Limes auf:

Differentialquotient: momentane Änderungsrate

$$k_T = \lim_{\Delta x \to 0} \frac{\Delta y}{\Delta x} \qquad \text{oder } k_T = \lim_{\Delta x \to 0} \frac{f(x_T + \Delta x) - f(x_T)}{\Delta x} \qquad \text{oder } k_T = \frac{dy}{dx}$$

oder auch

$f'(x_T)$ (die erste Ableitung)

Übungsbeispiel

Ü 5.7 ★★: Temperatur C

Lesen Sie anhand der Grafik die mittlere Temperaturveränderung ab, die in der Abbildung dargestellt ist. Achten Sie dabei auf die Achsenskalierung.

a) in den ersten 500 Sekunden b) in den zweiten 500 Sekunden

c) in den ersten 50 Minuten

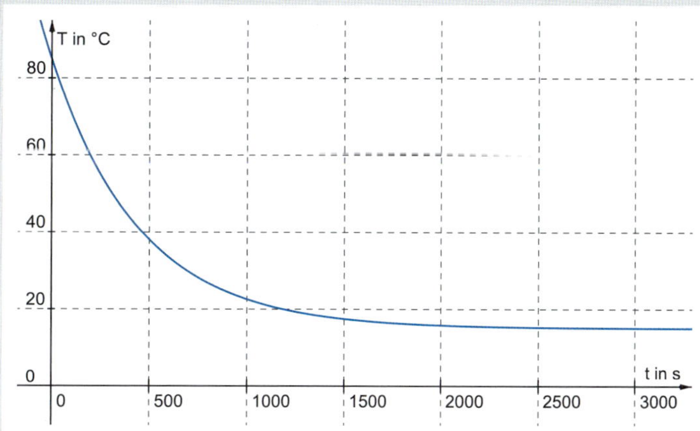

Abb. 5.1.18

Querverweis
Siehe auch Seite 227.

Einen anderen Ihnen bekannten Zusammenhang können Sie von unterschiedlichen Gesichtspunkten aus betrachten.

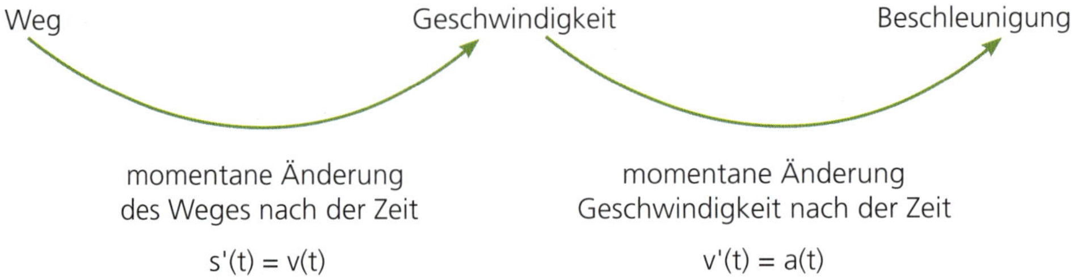

Die Ableitungen haben aber auch ganz praktische Anwendungsmöglichkeiten.

Zeit – Weg – Geschwindigkeit – Beschleunigung

Übungsbeispiel

Ü 5.8 ★★: Zeit-Weg-Funktion 1 B C

Eine Zeit-Weg-Funktion ist gegeben: $s(t) = 2t + 1$

s(t) in m, t in s

a) Lesen Sie die Geschwindigkeit zu den Zeitpunkten 1, 2, 3 Sekunden ab.

b) Vergleichen Sie die Geschwindigkeiten und begründen Sie die Besonderheit.

c) Berechnen Sie die Geschwindigkeit zu den Zeitpunkten 1, 2, 3 Sekunden.

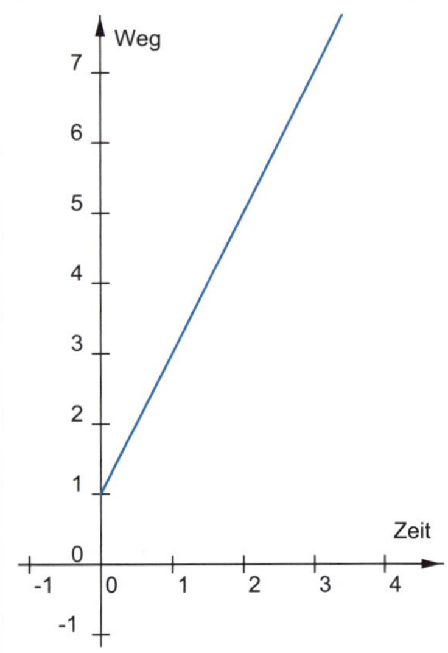

Abb. 5.1.19

Übungsbeispiel

Ü 5.9 ★★: Zeit-Weg-Funktion 2 B C

Gegeben ist die Zeit-Weg-Funktion

$s(t) = -0{,}5 \cdot (4 - t)^2 + 8$.

s(t) in m, t in s

a) Lesen Sie die Geschwindigkeit zu den Zeitpunkten 0, 2, 3 ab.

Vergleichen Sie die Geschwindigkeiten.

b) Berechnen Sie die Geschwindigkeit zu den Zeitpunkten 0, 2, 3.

c) Vergleichen Sie die unterschiedlichen Geschwindigkeiten aus a) und b) in Abhängigkeit von der Zeit. Erklären Sie, wie man diesen Zusammenhang schon anhand der Angabe erkennen kann.

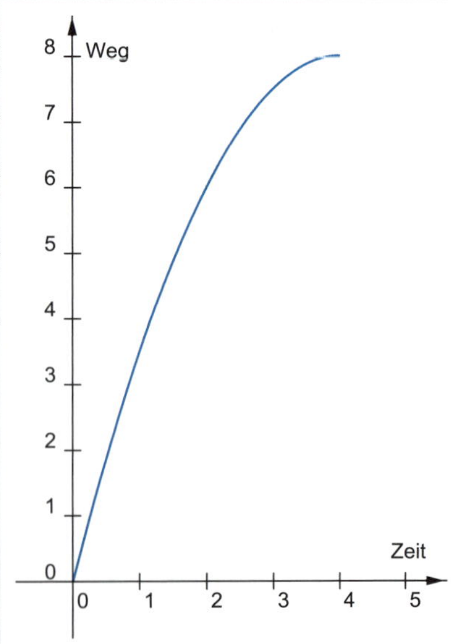

Abb. 5.1.20

Übungsbeispiel

Ü 5.10 ★★: Autofahrt A B

Die Zeit-Weg-Funktion eines Autos ist im Intervall [3; 10] in Sekunden durch

$s(t) = 3{,}1\sqrt{t} + 7{,}2$ gegeben.

a) Berechnen Sie den Weg, den das Auto nach 5 Sekunden zurückgelegt hat.

b) Berechnen Sie die durchschnittliche Geschwindigkeit pro Sekunde des Autos zwischen der 5. und der 10. Sekunde.

c) Berechnen Sie die Geschwindigkeit des Autos zum Zeitpunkt $t_0 = 5$, also nach fünf Sekunden.

d) Stellen Sie eine Funktionsgleichung auf, welche die Momentanbeschleunigung angibt.

Üben

A B C D

Ü 5.11 ★: Potenzregel B

Berechnen Sie die erste Ableitung der folgenden Funktionen:

a) $f(x) = x^{100}$

b) $f(x) = 3x^7 + 11x^5 - 8x^3 - 7x + 9$

c) $f(x) = \frac{x^4}{12} + 4\frac{x^3}{5} - 3\frac{x^2}{4} - \frac{x}{8}$

d) $f(x) = \frac{1}{x^3}$

e) $f(x) = \frac{3}{x^2}$

f) $f(x) = \frac{1}{2x^4}$

g) $f(x) = \frac{2}{3x^6}$

h) $f(x) = x^2 + 2\frac{x}{3} - \frac{1}{6} - \frac{4}{x}$

i) $f(x) = \frac{3}{x^2} - \frac{2}{x^2} + \frac{1}{3x}$

j) $f(x) = \frac{1}{x^4} - \frac{6}{x^3} + \frac{12}{x^2} - \frac{8}{x} + 2$

k) $f(x) = \sqrt[3]{x}$

l) $f(x) = \sqrt{x^3}$

m) $f(x) = 8\sqrt{x} - 2 \cdot \sqrt[4]{x}$

n) $f(x) = \sqrt[3]{\frac{x}{2}} + \frac{1}{\sqrt{x}}$

Ü 5.12: ★★Produktregel B

Berechnen Sie die Ableitungen der folgenden Funktionen

(1) mithilfe der Produktregel.

(2) indem Sie zuerst ausmultiplizieren.

a) $y = (2x + 3) \cdot (2x - 1)$

b) $y = (x + 4) \cdot (x^2 - 2)$

c) $y = (3x^2 - 5) \cdot (x^2 + 3x)$

d) $y = (x^2 + 2x + 1) \cdot (2x - 2)$

e) $y = (2x + 3) \cdot (4x^2 - 6x + 9)$

f) $y = (x^3 + 4x - 5) \cdot (2x^2 - x + 6)$

Querverweis

Erinnern Sie sich, dass Sie einen Term im Nenner mittles einer negativen Hochzahl in den Zähler bringen können, siehe Kapitel 2, Lerneinheit 1.

Ü 5.13 ★★★: Quotientenregel/Produktregel B

Differenzieren Sie:

a) $y = \frac{x-1}{x+4}$

b) $y = \frac{2x+1}{3x-5}$

c) $y = \frac{2x}{x^3+2}$

d) $y = \frac{x^2-5x}{x^2-4}$

e) $y = \frac{2x^2-3x+1}{6x+5}$

f) $y = \frac{x^3-1}{x^2+3x}$

g) $f(x) = x \cdot e^x$

h) $f(x) = x^2 \cdot e^x$

i) $f(x) = (3x - 2) \cdot e^x$

j) $f(x) = e^{3x}$

k) $f(x) = e^{0,1x+3}$

l) $f(x) = e^{x^2}$

Ü 5.14 ★★★: Ableitungen bilden B

Berechnen Sie die Ableitung der folgenden Funktionen, indem Sie zuerst dividieren.

a) $y = \frac{x^2+3}{x}$

b) $y = \frac{x^2-6x+9}{3x}$

c) $y = \frac{3x^3-4x^2}{x^2}$

d) $y = \frac{x^3+6x^2-8x-2}{4x^2}$

e) $y = \frac{2x-5}{x^3}$

f) $y = \frac{3x^2+8}{12x^3}$

Ü 5.15 ★★: Kettenregel B

Ermitteln Sie die erste Ableitung:

a) $f(x) = (2x+3)^5$

b) $f(x) = (x^2-9)^3$

c) $f(x) = \frac{1}{x^2+3}$

d) $f(x) = \frac{1}{(10x-3)^2}$

e) $f(x) = \sqrt{6x-1}$

f) $f(x) = \sqrt{x^2-4}$

Ü 5.16 ★★★: Ableiten und dokumentieren B C

Berechnen Sie die Ableitung der folgenden Funktionen. Dokumentieren Sie Ihre Rechenschritte.

a) $f(x) = \frac{e^x}{x}$

b) $f(x) = \frac{x^2}{e^x}$

Ü 5.17 ★★: Ableitung bilden B

Berechnen Sie die erste Ableitung der folgenden Funktion:

$a(x) = 0{,}5x^2 - 3{,}2x^2 - \frac{2}{x^4}$

Ü 5.18 ★★: Ableitung einer Wurzelfunktion B

Berechnen Sie von der folgenden Funktion den Wert der ersten Ableitung an der Stelle x = 4.

$b(x) = \sqrt{2x} + 5x$

Achtung: $\sqrt{2x} = (2x)^{\frac{1}{2}}$

Da aber nur nach der Variablen abgeleitet wird, ist folgende Umformung der gegebenen Funktion weniger fehleranfällig:

$\sqrt{2x} = (2x)^{\frac{1}{2}} = 2^{\frac{1}{2}} \cdot x^{\frac{1}{2}}$

Ü 5.19 ★★: Tangentenanstieg B C

Berechnen Sie den Anstieg der Tangente an die Funktion $f(x) = x^4 - 3x^2 - 2$ im Punkt T(–1/–4).

Fertigen Sie zuvor eine Skizze der Funktion an, markieren Sie den Punkt T und skizzieren Sie die dazugehörige Tangente – Lesen Sie ab, ob der Anstieg positiv oder negativ ist. Berechnen Sie erst dann den Anstieg.

Ü 5.20 ★: Ableiten mittels Kettenregel B

Berechnen Sie von der folgenden Funktion die erste Ableitung:

$a(x) = (9x^3 + 2x^2 - x + 7)^6$

Ü 5.21 ★★: Funktionen und ihre Ableitungen zuordnen C D

Vergleichen Sie die vier gegebenen Funktionen und die Ableitungsfunktion. Markieren Sie jeweils die zusammengehörenden Funktionsgraphen. Erklären Sie, wieso Sie sich für die jeweilige Funktion entschieden haben. Wenn Sie zu jeder Funktion die passende Ableitungsfunktion gefunden haben, überlegen Sie sich, wie die Krümmung in den einzelnen Fällen aussehen würde, und fertigen Sie eine Skizze der 2. Ableitungsfunktion an.

Funktionen:

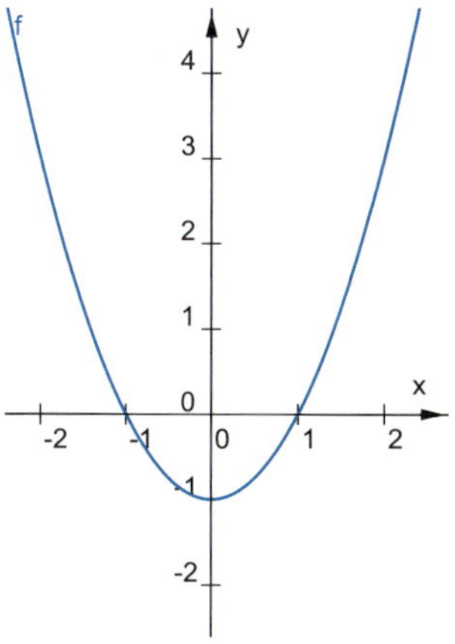

Abb. 5.1.21a

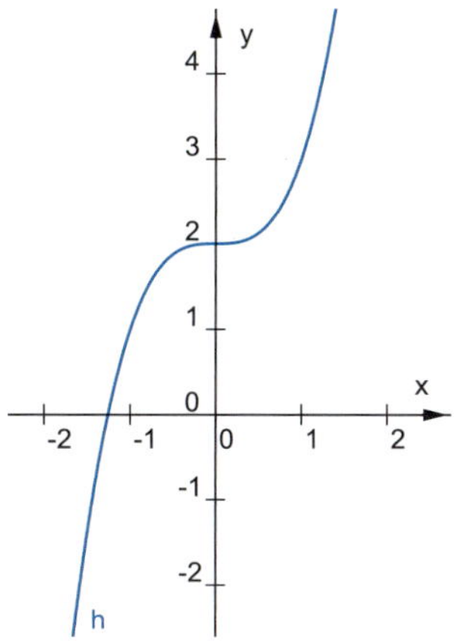

Abb. 5.1.21b

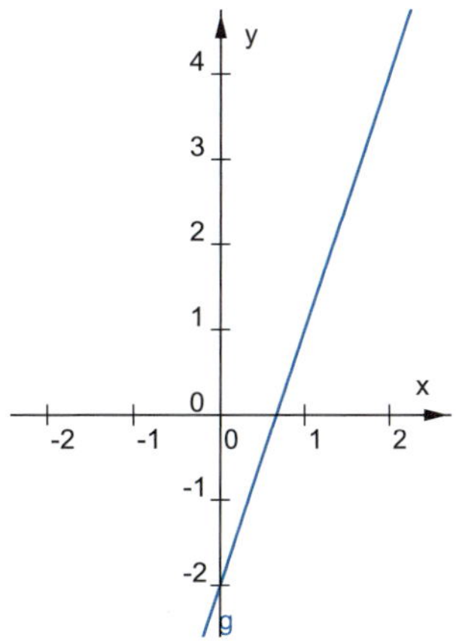

Abb. 5.1.21c

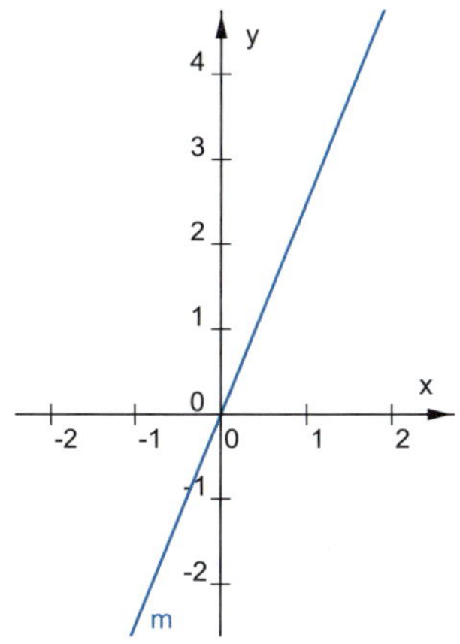

Abb. 5.1.21d

Ableitungsfunktionen:

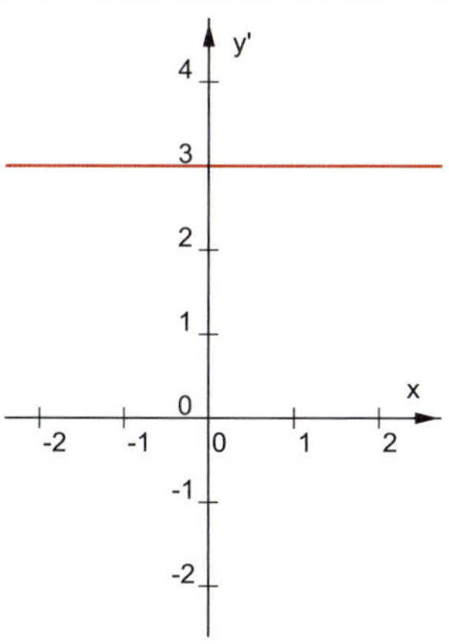

Abb. 5.1.21e

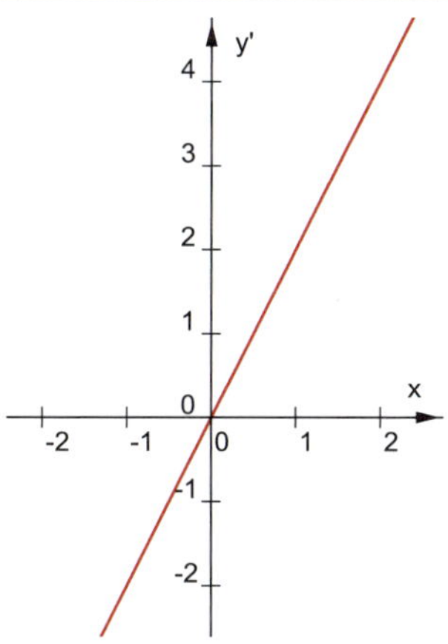

Abb. 5.1.21f

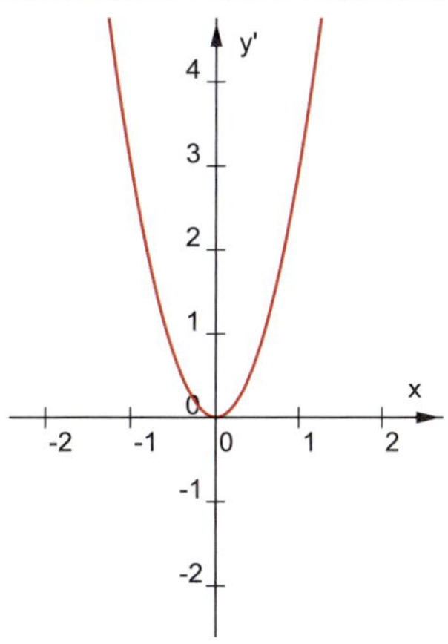

Abb. 5.1.21g

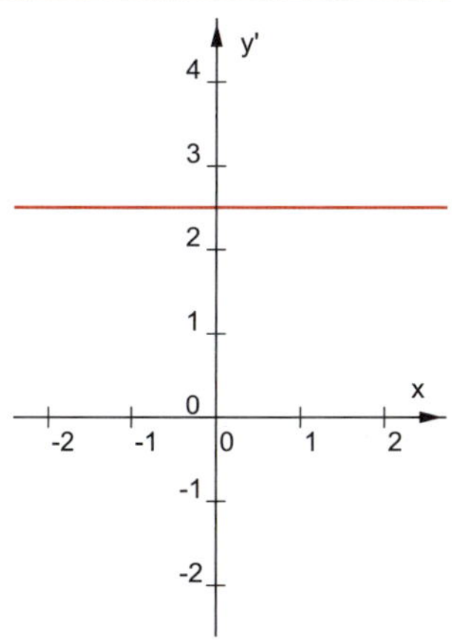

Abb. 5.1.21h

Sichern

SbX ID: 1513

Differenzenquotient

mittlere/durchschnittliche Änderungsrate

Anstieg einer Sekante

$$k_s = \frac{\Delta y}{\Delta x} \text{ oder auch } k_s = \frac{f(x_U) - f(x_T)}{x_U - x_T} = \frac{f(x_T + \Delta x) - f(x_T)}{x_T + \Delta x - x_T}$$

Differentialquotient

momentane/augenblickliche Änderungsrate

Anstieg einer Tangente

$k_T = \lim\limits_{\Delta x \to 0} \frac{\Delta y}{\Delta x}$ oder $k_T = \lim\limits_{\Delta x \to 0} \frac{f(x_T + \Delta x) - f(x_T)}{\Delta x}$

oder auch $k_T = \frac{dy}{dx}$

$f'(x_T)$ also die erste Ableitung

Bedeutung der Ableitung

Die Tangentensteigung wird berechnet.

- Die Sekante wird zur Tangente (durch Zusammenschieben von zwei Punkten auf einem Funktionsgraphen).
- Der Differenzenquotient wird zum Differentialquotienten.
- Der Limes wird gebildet (die Differenz der x-Koordinaten geht gegen null).

Potenzregel

$f(x) = x^n$ $f'(x) = n \ x^{n-1}$

Die Hochzahl wandert nach vor und die ursprüngliche Hochzahl wird um eins reduziert.

Faktor-/Konstantenregel

$f(x) = k \cdot g(x)$ $f'(x) = k \cdot g'(x)$

Ein konstanter Faktor bleibt beim Ableiten unverändert.

Summen-/Differenzenregel

$f(x) = g(x) \pm h(x)$ $f'(x) = g'(x) \pm h'(x)$

Die Terme werden einzeln abgeleitet (einzeln der Reihe nach ableiten).

Produkt-/Quotientenregel

$f(x) = g(x) \cdot h(x)$ $f'(x) = g'(x) \cdot h(x) + g(x) \cdot h'(x)$

in Worten: „das Erste abgeleitet mal dem Zweiten unabgeleitet plus das Zweite abgeleitet mal dem Ersten unabgeleitet"

$f(x) = \frac{g(x)}{h(x)}$ $f'(x) = \frac{g'(x) \cdot h(x) - g(x) \cdot h'(x)}{h^2(x)}$

in Worten: „(der Zähler abgeleitet mal dem Nenner unabgeleitet minus dem Nenner abgeleitet mal dem Zähler unabgeleitet) gebrochen durch Nenner-Quadrat"

Kettenregel

$f(x) = g[h(x)]$ $f'(x) = g'[h(x)] \cdot h'(x)$ „außen abgeleitet mal innen abgeleitet"

Ableiten der Exponentialfunktion

$f(x) = e^x$ $f'(x)= e^x$

„außen abgeleitet mal innen abgeleitet"

SbX ID: 1513

Ein Quiz zu wichtigen Begriffen dieser Lerneinheit finden Sie im SbX.

Wissen

SbX ID: 1514

A B C D

W 5.1: Ableitung auf zwei Arten bilden B C

Berechnen Sie die erste Ableitung auf zwei unterschiedliche Arten (mittels Grenzwertbildung und ohne) und dokumentieren Sie Ihre Überlegungen.

a) $a(x) = (2x-6)^2$

b) $b(x) = \frac{2x^3 - 5x^2 + 8}{2}$

c) $c(x) = \frac{4}{x^5 + 7x^4 + 3}$

W 5.2: Funktionen analysieren B C D

- Beschreiben Sie, was mit der gegebenen Funktionsgleichung berechnet werden kann und wievielten Grades die Funktion ist.
- Skizzieren Sie die Funktion.
- Erklären Sie, was die erste Ableitung der Funktion angibt und wievielten Grades sie ist.
- Ermitteln Sie die erste Ableitung.
- Stellen Sie diese dann grafisch dar.

a) $f(a) = a^2 \cdot h$ b) $f(r) = r^2 \pi \frac{h}{3}$ c) $f(h) = \frac{r^2 h \pi}{2}$

W 5.3: Graph analysieren C D

Von einer Funktion 3. Grades kennt man die grafische Darstellung:

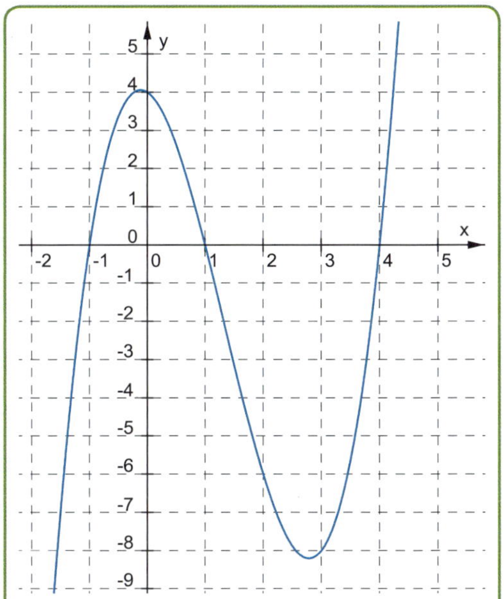

Abb. 5.1.22

a) Argumentieren Sie, warum jeder Differentialquotient im Intervall [1; 2] kleiner null ist.

b) Begründen Sie folgende Aussage: „Der Differenzenquotient zwischen –1 und 1 hat den gleichen Wert wie der Differentialquotient an der tiefsten Stelle der Kurve im 4. Quadranten."

c) Lesen Sie den Wert des Differenzenquotienten im Intervall [2; 4] ab.

W 5.4: Zylinder C D

Die Funktion $M(r) = 2r\pi h$ berechnet die Mantelfläche eines Zylinders in Abhängigkeit vom Radius, wobei Δr jene Größe angibt, um die sich der Radius verändert.

a) Beschreiben Sie, was der Ausdruck $\frac{M(r_0 + \Delta r) - M(r_0)}{\Delta r}$ angibt.

b) Erklären Sie die Bedeutung von $\lim\limits_{\Delta r \to 0} \frac{M(r_0 + \Delta r) - M(r_o)}{\Delta r}$ im gegebenen Kontext.

W 5.5: Wachstum einer Pflanze A B D

Das Wachstum einer Pflanze wird annähernd durch die folgende Funktion beschrieben:

$$w(t) = \frac{6}{1 + 9e^{-0{,}38t}}$$ (t: Zeit in Tagen; Wachstum w in cm)

a) Berechnen Sie die Größe der Pflanze nach 3, 14, 21, 56 Tagen. Vergleichen Sie die Größen und stellen Sie eine Vermutung die Größe betreffend auf.

b) Berechnen Sie, ob die Pflanze nach 3 oder nach 14 Tagen schneller wächst. (Die Wachstumsgeschwindigkeit entspricht w'(t).)

c) Erklären Sie den Unterschied zwischen der Wachstumsgeschwindigkeit und dem Ausdruck $\frac{w(14) - w(3)}{14 - 3}$.

W 5.6: 1. und 2. Ableitung zuordnen C D

Kennzeichnen Sie, zu welchen Funktionsgraphen welche Ableitungsgraphen gehören. Begründen Sie Ihre Entscheidung.

Funktionen:

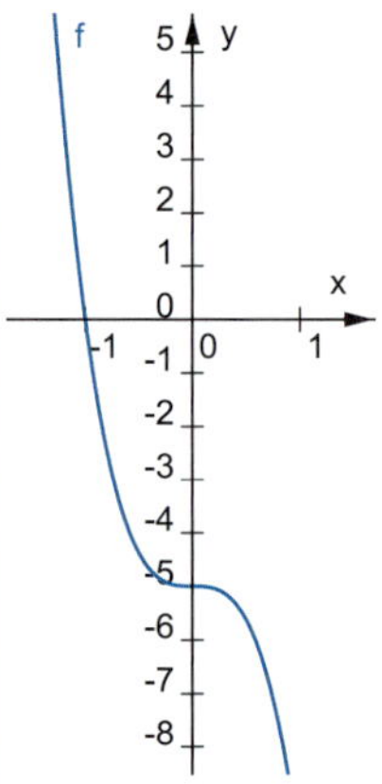

Abb. 5.1.23a

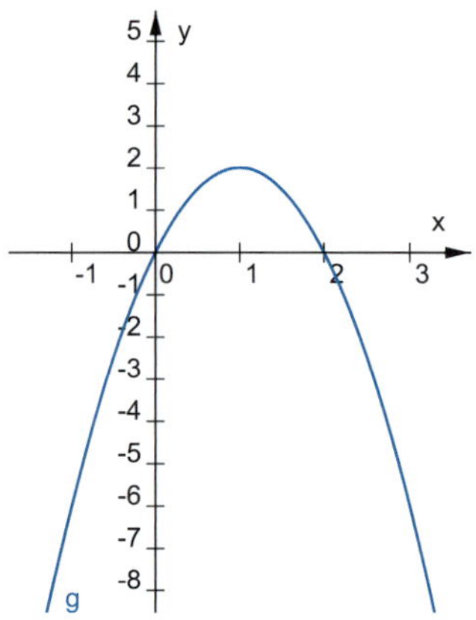

Abb. 5.1.23b

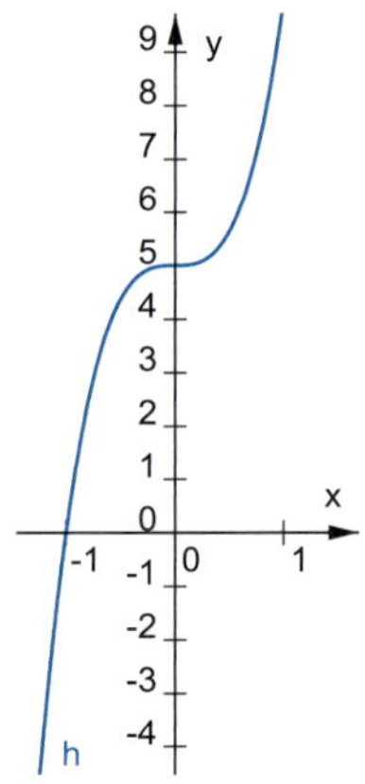

Abb. 5.1.23c

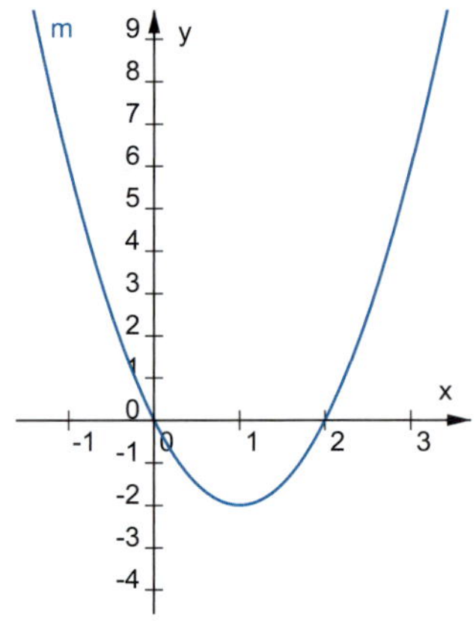

Abb. 5.1.23d

1. Ableitung:

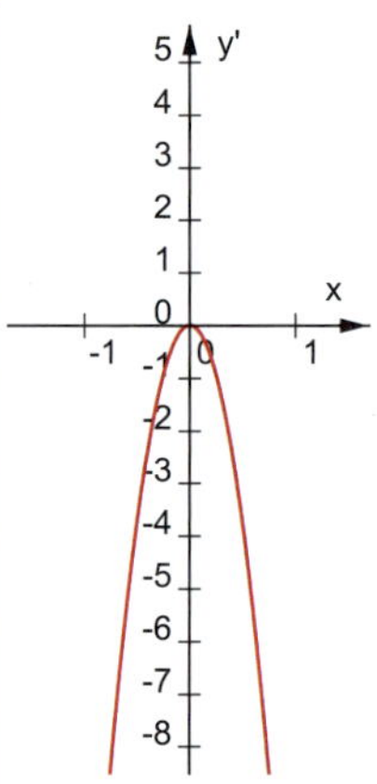

Abb. 5.1.23e

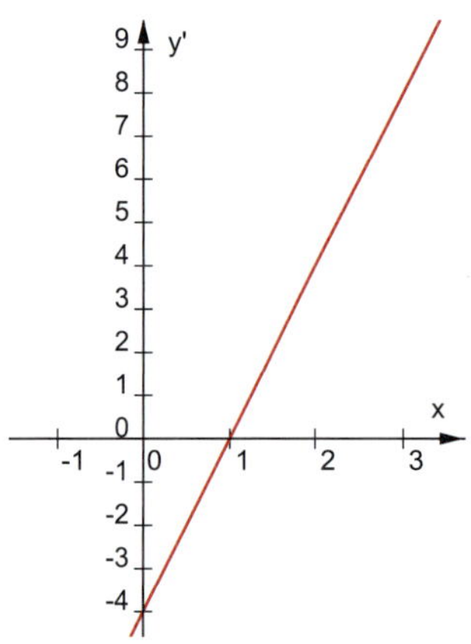

Abb. 5.1.23f

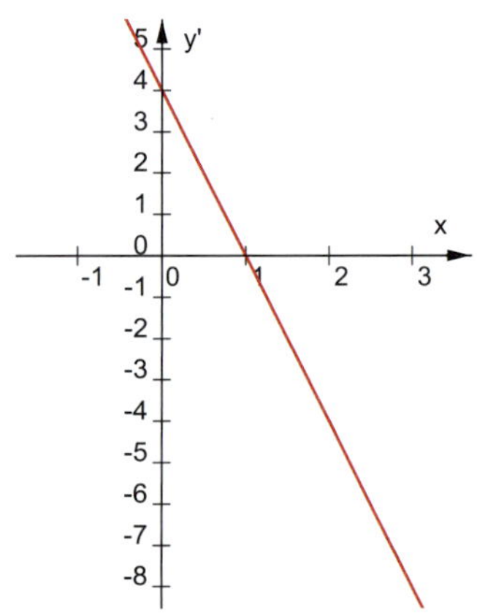

Abb. 5.1.23g

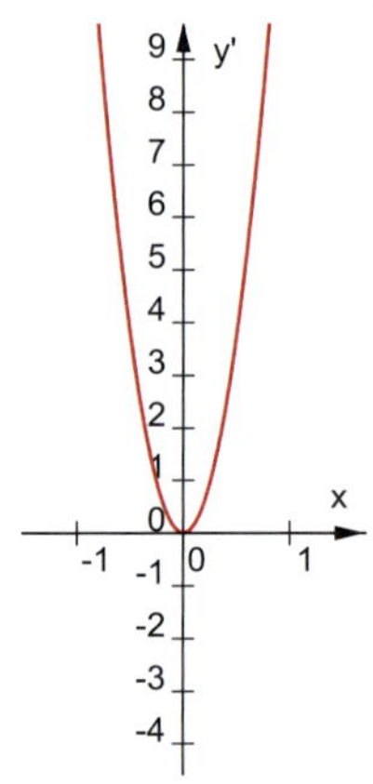

Abb. 5.1.23h

2. Ableitung:

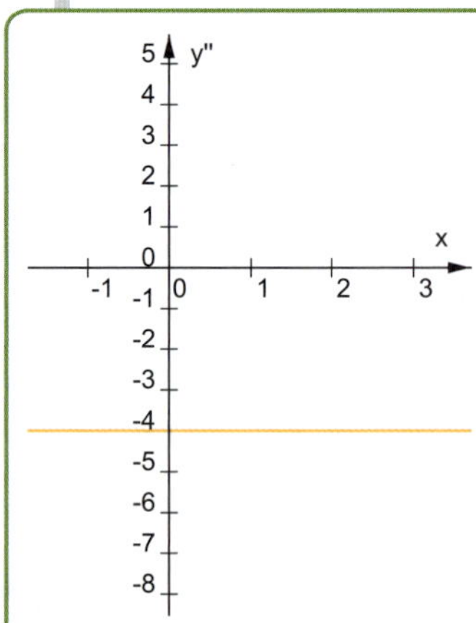

Abb. 5.1.23i

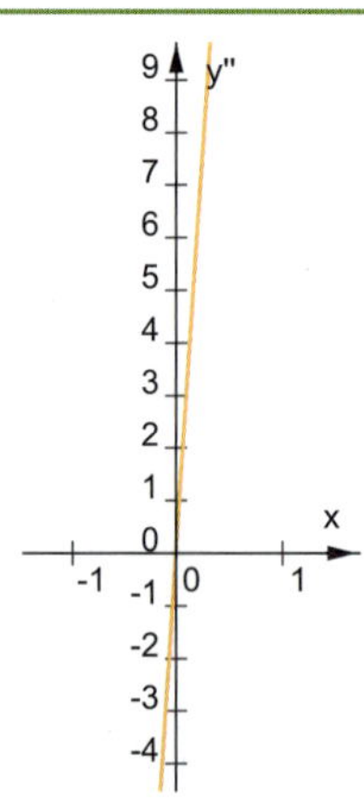

Abb. 5.1.23j

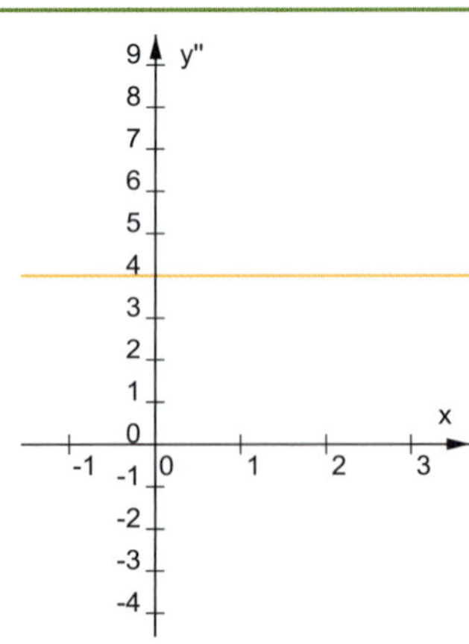

Abb. 5.1.23k

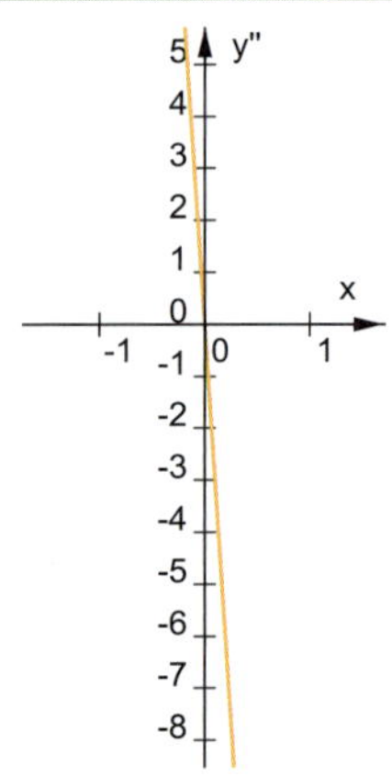

Abb. 5.1.23l

W 5.7: Stau auf der A4 A C D

Aufgrund von Schneeverwehungen gibt es auf der A4 einen Unfall. Daher müssen die Autos auf einer einzigen Spur fahren, was einen Stau nach sich zieht, der zuerst zunimmt und sich nach einiger Zeit wieder auflöst. Als Fahrzeugstrom wird die Differenz der einfahrenden und der ausfahrenden Autos bezeichnet. Er lässt sich durch

$A(t) = 0{,}0004t^3 - 0{,}03t^2 - 0{,}8t + 15$ (t in min)

berechnen. Zu Beginn der Messung stehen aber schon 240 Autos im Stau.

a) Weisen Sie nach, dass $A(13{,}56) = 0$ gilt.
b) Interpretieren Sie die Bedeutung des Differenzenquotienten $\frac{A(10)-A(0)}{10}$ in diesem Zusammenhang.
c) Beschreiben Sie, wie Sie den Zeitpunkt ermitteln können, an dem die Anzahl der ein- und der abfahrenden Autos gleich ist.
d) Interpretieren Sie die folgende Aussage: $A'(60{,}9398) = 0$
e) Modellieren Sie eine Gleichung, mit der Sie berechnen können, wann die Anzahl der ausfahrenden Autos um 40 größer ist als die der einfahrenden.

W 5.8: Suchen der „Urfunktion" B D

Die Abbildung zeigt die grafische Darstellung der ersten Ableitung einer Funktion f(x).

a) Erklären Sie, was Sie aus dem gegebenen Graphen im Zusammenhang mit den Extrempunkten und den Wendepunkten bzw. der Monotonie der Funktion f(x) erkennen können.
b) Skizzieren Sie zwei mögliche Kurvenverläufe.

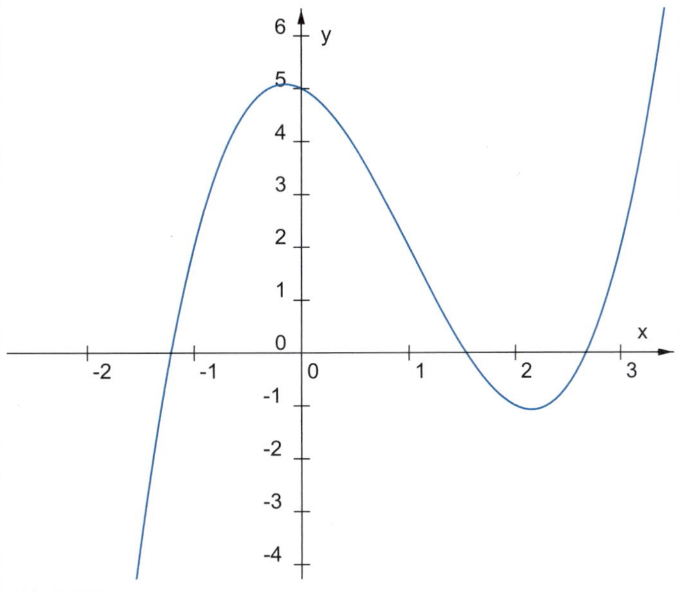

Abb. 5.1.24

W 5.9: Funktionsgraph skizzieren B C D

Sie kennen die Gleichung einer Funktion mit $r(x) = 0{,}02(x^2 - 36)(x^2 - 4)$.

a) Erklären Sie, wie Sie, ohne eine Wertetabelle zu machen und ohne den Graphen mittels eines technischen Hilfsmittels zu zeichnen, den Funktionsgraphen skizzieren können. Skizzieren Sie ihn anschließend.
b) Lesen Sie jenes Intervall/jene Intervalle ab, in dem/denen die erste Ableitungsfunktion oberhalb der x-Achse liegt.
c) Kennzeichnen Sie jenen Punkt/jene Punkte, für den/die gilt:

$$\lim_{\Delta x \to 0} \frac{r(x_T + \Delta x) - r(x_T)}{x} = \lim_{\Delta x \to 0} \frac{r(0 + \Delta x) - r(0)}{\Delta x}$$

W 5.10: Differenzenquotient C D

Die Tabelle und das Diagramm veranschaulichen den Temperaturverlauf an einem Jännertag zwischen 0 und 12 Uhr.

a) Lesen Sie ab, welches Vorzeichen der Differenzenquotient im Intervall [2; 4] hat.

b) Markieren Sie ein Intervall, in dem der Differenzenquotient gleich 0 ist.

c) Lesen Sie ab, in welchem Intervall der Differentialquotient positiv ist. Erklären Sie, was das für den Verlauf der Kurve bedeutet.

d) Kennzeichnen Sie jene Stelle, an der der Differentialquotient gleich null ist. Erklären Sie, was das für den Verlauf der Kurve bedeutet.

1	Uhrzeit	Temperatur
2	0	4
3	1	2,5
4	2	2
5	3	1,2
6	4	0,3
7	5	-1,4
8	6	-2
9	7	-3
10	8	-2,3
11	9	-1
12	10	-0,5
13	11	1
14	12	1,6

Abb. 5.1.25

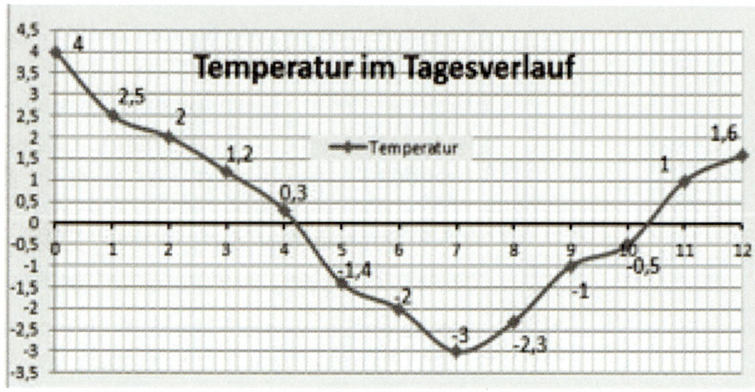

Abb. 5.1.26

W 5.11: Differenzen-/Differentialquotient D

Erklären Sie anhand einer Skizze den Unterschied und den Zusammenhang zwischen dem Differenzen- und dem Differentialquotienten.

W 5.12: Moto-GP C D

Beim Moto-GP kommt ein Fahrer auf einer Ölspur zu Sturz. Der Streckenteil kann durch die Funktionsgleichung $s(x) = -\frac{1}{2}x^2 + 2x$ beschrieben werden. Der Punkt, an dem der Fahrer stürzt, liegt bei $A\left(1 / \frac{3}{2}\right)$.

Prüfen Sie, ob der Fahrer gegen die Absicherung des Sturzraumes prallt, die längs der Funktion $a: y = x + \frac{3}{2}$ verläuft. Dokumentieren Sie Ihre Überlegungen.

SbX ID: 1514

Weitere Wissensaufgaben und interaktive Arbeitsblätter finden Sie im SbX.

Kompetenz-Check

	☺	😐	☹
Ich kenne die Begriffe Differenzen- und Differentialquotient und kann den Unterschied erläutern.			
Ich kenne alle Ableitungsregeln und kann diese auf konkrete Beispiele anwenden.			
Ich kenne die grafische Bedeutung der 1. und 2. Ableitung und kann diese erläutern.			
Ich kann die Ableitungsregeln bei Anwendungsbeispielen sinnvoll einsetzen.			

Lerneinheit 2
Anwendungen der Differentialrechnung

SbX
Alle SbX-Inhalte zu dieser Lerneinheit finden Sie unter der ID: 1520.

In der vorangegangenen Lerneinheit haben Sie sich eher mit der Theorie und den Rechenregeln des Ableitens befasst. Nun lernen Sie die Anwendungen kennen. Wo eine Funktion monoton wächst oder fällt, können Sie jetzt schon intuitiv entscheiden. Bei der quadratischen Funktion können Sie auch den höchsten oder tiefsten Punkt bestimmen. Aber wie gehen Sie bei einer anderen Funktion vor? Wie bestimmen Sie die minimalen Kosten oder die maximale Beschleunigung? Sind die gängigen Verpackungen wirklich optimal? Fragen, die Sie mit der Differentialrechnung lösen können.

Sie lernen hier:

- eine neue Sichtweise des Zusammenhangs von Weg, Zeit, Geschwindigkeit und Beschleunigung
- wie Sie Gegenstände optimal verpacken
- wie rasch der Kaffee auskühlt
- welche anderen praktischen Anwendungen die Ableitung einer Funktion haben kann

Lernen

SbX ID: 1521

A B C D

1 Kurvendiskussion
Über Eigenschaften lässt sich gut diskutieren.

Die Eigenschaften von Kurven, von denen nun die Rede ist, sind unter anderem Nullstellen, Monotonie, Hoch- und Tiefpunkte, Wendepunkte. Analysiert man all diese Eigenschaften und beschreibt sie, so nennt man das in der Mathematik eine „Kurvendiskussion". Bevor wir eine „komplette Kurvendiskussion" durchführen, werden wir uns noch einmal mit den einzelnen Eigenschaften befassen. Denken Sie an eine Situation, wie Sie sie so oder so ähnlich sicher schon erlebt haben: Sie beschreiben telefonisch Ihrer Freundin das Aussehen einer Hose und fragen sie, ob Sie diese erwerben sollen. Einige Tage später zeigen Sie ihr dann stolz die neue Hose, doch Ihre Freundin ist schockiert: So hätte sie sich die Hose nie vorgestellt …

Angenommen, Sie müssten jemandem die nebenstehend abgebildete Funktion nur mit Worten beschreiben, sodass er/sie die Kurve möglichst gut nachzeichnen kann.

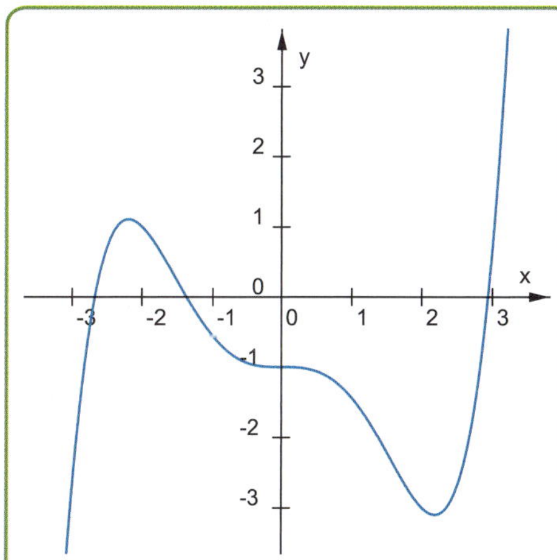

Abb. 5.2.1

Überlegen Sie, wie Sie eine solche Beschreibung versuchen würden!

Einige Möglichkeiten, wie Sie an die Beschreibung des Funktionsgraphen herangehen könnten, sind:

- Wo schneidet sie die x-Achse?

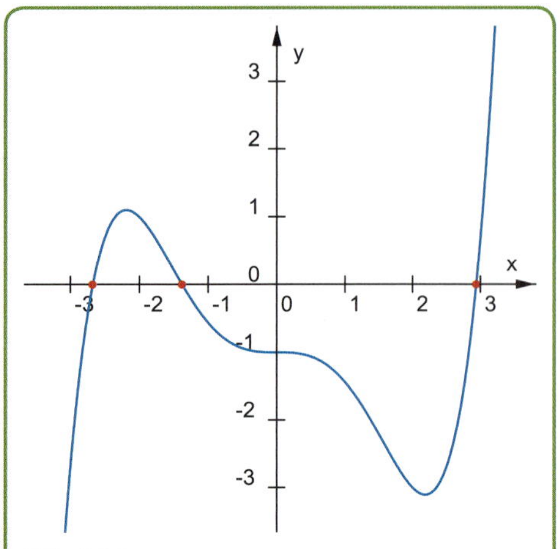

Abb. 5.2.2

- Wo fährt die Schildkröte mit dem Skateboard bergauf, wo bergab – wo ist sie **ganz oben**, wo **ganz unten?**

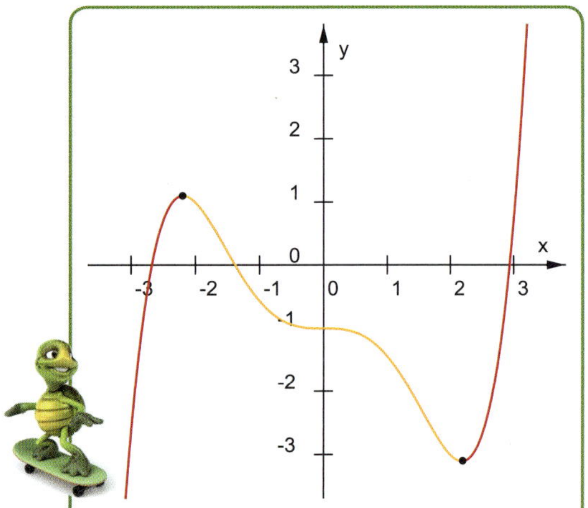

Abb. 5.2.3

- Wo lenkt die Schildkröte die Vespa nach rechts, wo nach links – und wo steht der Lenker **gerade?**

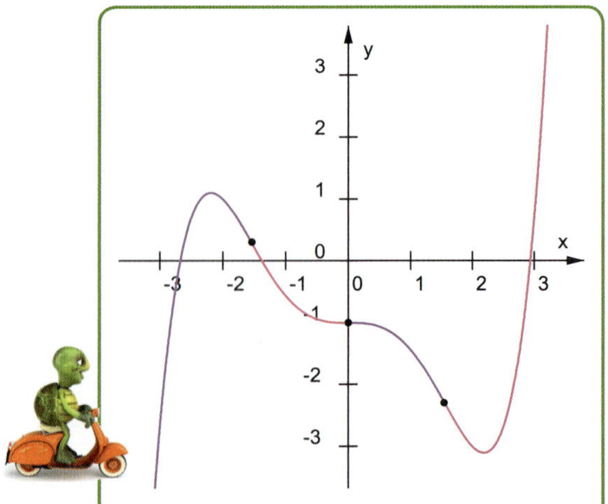

Abb. 5.2.4

All diese Merkmale kann man mithilfe der Funktion und ihrer Ableitungen beschreiben.

Das Bilden einer Ableitung (der ersten Ableitung) kennen Sie schon. Nun kann man aber dieses Ableiten wiederholen, man kann also die Ableitung noch einmal ableiten und diese Ableitung der Ableitung … und kommt so zu weiteren Eigenschaften der Funktion:

f(x)	gegebene Funktion	ermittelt die y-Koordinaten (zu gegebenen x-Koordinaten)
f'(x)	erste Ableitung	ermittelt die Steigung („bergauf“ oder „bergab“)
f"(x)	zweite Ableitung	ermittelt die Krümmung („nach rechts“ oder „nach links“)

Alle Merkmale der gegebenen Funktion sind in der folgenden Abbildung dargestellt:

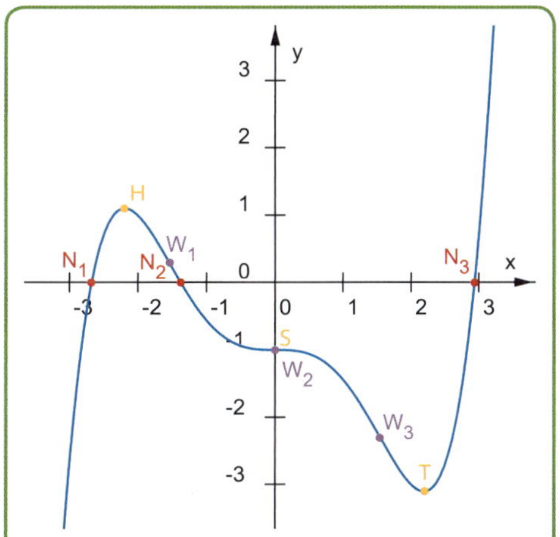

Abb. 5.2.5

H … Hochpunkt

N … Nullstelle

S … Sattelpunkt

T … Tiefpunkt

W … Wendepunkt

Nullstellen

Die Punkte, in denen die Kurve die x-Achse schneidet, nennt man Nullstellen.

Alle Punkte der Funktion, die auf der x-Achse liegen, haben als y-Koordinate den Wert 0.

Das bedeutet für diese Stellen: f(x) = 0.

Wenn man nun zum Beispiel die Nullstellen einer Funktion dritten Grades berechnen will, so ist auch die zugehörige Gleichung dritten Grades. Es kann in diesem Fall also maximal drei Lösungen (Nullstellen) geben.

Wenn wir die Kurve nur dort betrachten, wo sie entweder steigt oder fällt, können wir folgende Unterscheidung vornehmen:

monoton steigend – bergauf „je weiter rechts der x-Wert, desto weiter oben ist der Funktionswert“	monoton fallend – bergab „je weiter rechts der x-Wert, desto weiter unten ist der Funktionswert“
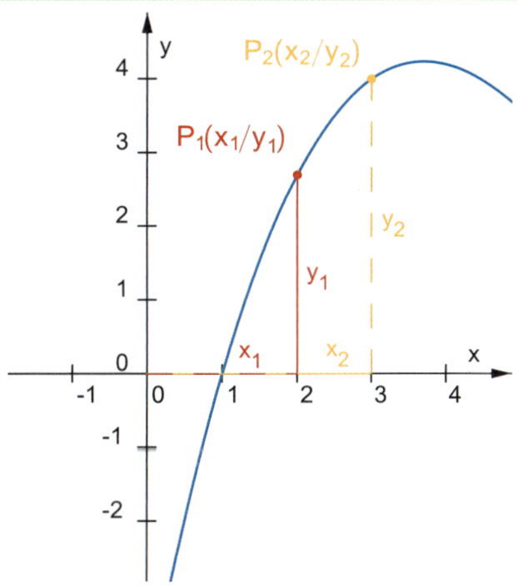 Abb. 5.2.6	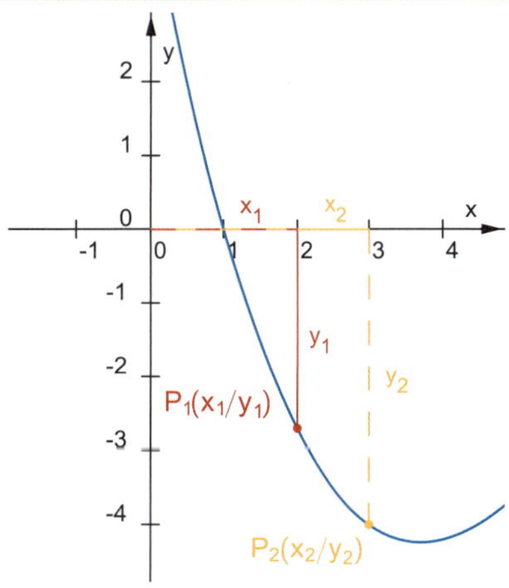 Abb. 5.2.7
$x_1 < x_2 \Rightarrow y_1 < y_2$ streng monoton steigend $x_1 < x_2 \Rightarrow y_1 \leqslant y_2$ monoton steigend	$x_1 < x_2 \Rightarrow y_1 > y_2$ streng monoton fallend $x_1 < x_2 \Rightarrow y_1 \geqslant y_2$ monoton fallend

Extrempunkte

Die Punkte, in denen die Funktion in einer Umgebung den höchsten (niedrigsten) Wert annimmt, nennt man Extrempunkte. An diesen Stellen hat die Kurve die Steigung 0.

Die Steigung berechnet man mithilfe der ersten Ableitung: $k = f'(x)$.

Das bedeutet für diese Stellen: $f'(x) = 0$.

Beim Ableiten wird der Grad der Funktion um „eins vermindert": Die erste Ableitung der oben erwähnten Funktion dritten Grades ist daher zweiten Grades – es kann daher maximal zwei Lösungen (Extrempunkte) geben.

Punkte, in denen der Graph die Steigung 0 hat, können jedoch nicht nur Hoch- oder Tiefpunkte, sondern auch Sattelpunkte sein (kein Vorzeichenwechsel bei f').

Wenn der Graph nun in einem Punkt eine **Steigung von 0** hat und die Kurve an dieser Stelle eine **Rechtskrümmung – negative Krümmung** aufweist (Stichwort: es wird nach rechts gelenkt), so handelt es sich um einen **Hochpunkt.**

Wenn der Graph in einem Punkt die **Steigung 0** hat und die Kurve an dieser Stelle eine **Linkskrümmung – positive Krümmung** aufweist (Stichwort: es wird nach links gelenkt), so handelt es sich um einen **Tiefpunkt.**

Da man die Krümmung mit der zweiten Ableitung berechnet, bedeutet das:

Hochpunkt		**Tiefpunkt**	
$f'(x) = 0$	Steigung null	$f'(x) = 0$	Steigung null
$f''(x) < 0$	negative Krümmung	$f''(x) > 0$	positive Krümmung

Schließlich gibt es auch noch den Fall, dass die Kurve sowohl eine Steigung von 0 als auch eine Krümmung von 0 hat. Betrachten wir aber zuerst jene Punkte, die zwar eine Krümmung von 0, aber eine Steigung ungleich 0 haben:

Wendepunkte

Die Punkte, in denen die Kurve ihre Krümmungsrichtung ändert, nennt man Wendepunkte. An diesen Stellen ist die Kurve weder rechts- noch linksgekrümmt, daher ist die Krümmung 0.

Die Krümmung berechnet man mithilfe der zweiten Ableitung.

Das bedeutet: $f''(x) = 0$

Bei jedem Ableiten wird der Grad der Funktion um „eins vermindert": Die 2. Ableitung der oben erwähnten Funktion 3. Grades ist daher 1. Grades – es kann maximal eine Lösung (Wendepunkt) geben.

An Wendepunkten ist auch $f'''(x) \neq 0$. Das soll hier aber nicht überprüft werden.

Nun gibt es aber auch Punkte, an denen sowohl die Steigung als auch die Krümmung den Wert 0 haben (weder bergauf/bergab noch rechts/links lenken).

Sattelpunkte

Die Punkte, in denen die Kurve sowohl eine Steigung als auch eine Krümmung von 0 hat, nennt man Sattelpunkte.

$f'(x) = 0$	Steigung null
$f''(x) = 0$	Krümmung null

Wenn man nun diese Eigenschaften berechnet, eine Zeichnung anfertigt und jene Intervalle angibt, in denen die Kurve monoton wächst/fällt bzw. in denen die Kurve nach rechts/nach links gekrümmt ist, so nennt die Mathematik das eine **Kurvendiskussion.**

Kurvendiskussion bei Polynomfunktionen

Polynomfunktionen sind relativ einfach zu diskutierende Funktionen – vor allem weil Sie keine Definitionslücken, Asymptoten oder Ähnliches haben.

Wenn man die Eigenschaften von Polynomfunktionen diskutieren will, so möchte man meist die Nullstellen, Extrempunkte und Wendepunkte wissen; manchmal ist auch eine Tangente (meist im Wendepunkt = Wendetangente) gefordert. Um das Aussehen einer Kurve noch genauer zu beschreiben, ist es nützlich, zu wissen, wie es um die Monotonie und die Krümmung der Kurve bestellt ist.

Gekrümmter Rücken, monotone Arbeit – in der Mathematik werden diese Begriffe „wertfrei" diskutiert.

Nun zur Praxis:

Lehrbeispiel

L 5.16: Kurvendiskussion B C D

Man kennt die Funktionsgleichung einer Kurve:

$f(x)=\frac{1}{10}\cdot(x^5-9x^3)$

Berechnen Sie die Nullstellen, Extrempunkte und Wendepunkte. Ermitteln Sie die Gleichung einer Wendetangente (Tangente im Wendepunkt). Zeichnen Sie den Funktionsgraphen. Beschreiben Sie den Kurvenverlauf, legen Sie besonderes Augenmerk auf die Monotonie und das Krümmungsverhalten (in Intervallschreibweise).

$f(x)=\frac{1}{10}\cdot(x^5-9x^3)$ — ● Zuerst berechnet man am besten …

$f'(x)=\frac{1}{10}\cdot(5x^4-27x^2)$ — … die erste Ableitung und …

$f''(x)=\frac{1}{10}\cdot(20x^3-54x)$ — … die zweite Ableitung.

Zur Erinnerung: Eine Gleichung n-ten Grades hat höchstens n Lösungen.

NSt.: (Nullstellen = Schnittpunkte mit der x-Achse ⇒ y = f(x) = 0)

$0=\frac{1}{10}\cdot(x^5-9x^3) \quad |\cdot 10$ — ● mit dem Taschenrechner; oder x^3 herausheben

$0=x^3\cdot(x^2-9)$

$x_{1,2,3}=0 \qquad x_4=-3 \qquad x_5=3$

Man ordnet die Nullstellen besser der Größe nach. $x_{1,2,3}$ bedeutet, dass diese Nullstelle eine sogenannte dreifache ist, die man der Einfachheit halber auch nur einmal schreiben kann:

$N_1(-3/0)$, $N_2(0/0)$, $N_3(3/0)$

f'(x) … Steigung

Ext.: (Extrempunkte = Punkte, in denen der Anstieg 0 ist ⇒ f'(x) = 0)

$0=\frac{1}{10}\cdot(5x^4-27x^2)$ — ● mit dem Taschenrechner oder x^3 herausheben

$x_{1,2}=0 \qquad x_3=-2{,}32 \qquad x_4=2{,}32$

Jetzt hat man die x-Koordinaten jener Punkte, in denen der Anstieg 0 ist. Es fehlt jetzt noch die y-Koordinate. Da aber y = f(x) ist, muss man für die fehlenden y-Koordinaten nur noch die x-Koordinaten in die Funktionsgleichung einsetzen.

$f(-2{,}32)=\frac{1}{10}\cdot((-2{,}32)^5-9\cdot(-2{,}32)^3)=4{,}52$

$f(0)=0$ — ● Das erkennen Sie auch durch N_2.

$f(2{,}32)=-4{,}52$

Man hat nun drei Punkte, in denen die Steigung den Wert 0 hat. Um zu erkennen, ob es sich dabei um Hoch-, Tief- oder Sattelpunkte handelt, kann man entweder die grafische Darstellung des Taschenrechners nutzen oder mittels der zweiten Ableitung die Art der Krümmung bestimmen.

$f''(-2{,}32) = -12{,}55 \quad \Rightarrow H(-2{,}32/4{,}52)$

$f''(0) = 0 \quad \Rightarrow S = N_2\ (0/0)$

$f''(2{,}32) = 12{,}55 \quad \Rightarrow T(2{,}32/-4{,}52)$

W.: (Wendepunkte = Punkte, in denen die Krümmung 0 ist $\Rightarrow f''(x) = 0$)

$0 = \frac{1}{10} \cdot (20x^3 - 54x)$

$x_1 = 0 \quad x_2 = -1{,}64 \quad x_3 = 164$ ● für die fehlenden y-Koordinaten in y = f(x) einsetzen

$f(-1{,}64) = 2{,}8 \quad \Rightarrow W_1(-1{,}64/2{,}8)$

$f(1{,}64) = -2{,}8 \quad \Rightarrow W_2(1{,}64/-2{,}8)$

Für x_1 wissen Sie schon, dass es sich um einen Sattelpunkt handelt.

Die Wendetangente im Punkt W_2 wird genauso berechnet.

Wendetangente: im Punkt $W_1(-1{,}64/2{,}8)$

$t_{W_1}: y = kx + d$

$t_{W_1}: 2{,}8 = k \cdot (-1{,}64) + d \qquad k: f'(-1{,}64) = \frac{1}{10} \cdot (5 \cdot (-1{,}64)^4 - 27 \cdot (-1{,}64)^2)$

$k = -3{,}64$

$t_{W_1}: 2{,}8 = -3{,}64 \cdot (-1{,}64) + d$

$d = -3{,}17$

$t_{W_1}: \quad y = -3{,}64x - 3{,}17$

Extrempunkte sind Punkte, in denen die Steigung 0 ist, und Wendepunkte sind Punkte, in denen die Krümmung 0 beträgt.

Monotonie:

$]-\infty; -2{,}32[$	streng monoton steigend
$]-2{,}32; 0[$	streng monoton fallend
$]0; 2{,}32[$	streng monoton fallend
$]2{,}32; \infty[$	streng monoton steigend

Auch folgende Schreibweise ist möglich:
$]-2{,}32; 2{,}32[$ monoton fallend;
weil bei x = 0 die Steigung 0 ist – nur monoton, aber nicht streng monoton fallend

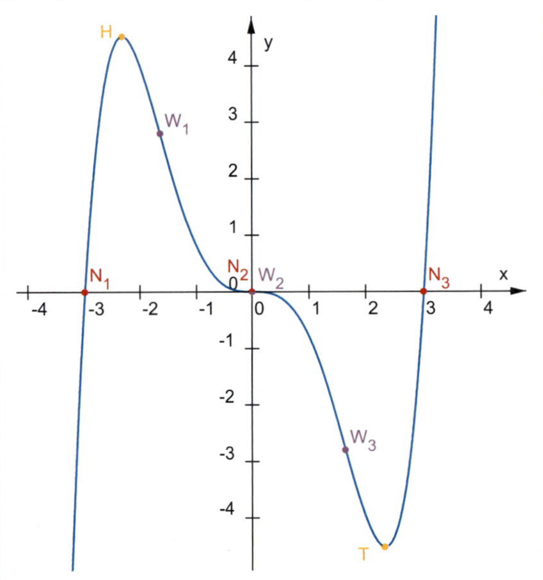

Abb. 5.2.8

Krümmungsverhalten:

$]-\infty; -1{,}64[$	rechts (negative Krümmung)
$]-1{,}64; 0[$	links (positive Krümmung)
$]0; 1{,}64[$	rechts (negative Krümmung)
$]1{,}64; \infty[$	links (positive Krümmung)

Lehrbeispiel

L 5.17: Kurvendiskussion einer Exponentialfunktion B C

Man kennt die Funktionsgleichung einer Kurve: $f(x) = (x+1) \cdot e^{1-x}$

Berechnen Sie die Nullstellen, Extrempunkte und Wendepunkte. Ermitteln Sie die Gleichung einer Wendetangente (Tangente im Wendepunkt). Zeichnen Sie den Funktionsgraphen. Beschreiben Sie den Verlauf der Kurve, legen Sie dabei besonderes Augenmerk auf die Monotonie und das Krümmungsverhalten (in Intervallschreibweise).

Produktregel!

$f(x) = (x+1) \cdot e^{1-x}$ ● zuerst berechnet man am besten …

$f'(x) = -x \cdot e^{1-x}$ … die erste Ableitung und

$f''(x) = (x-1) \cdot e^{1-x}$ … die zweite Ableitung

Nullstellen

NSt.: (Nullstellen = Schnittpunkt mit der x-Achse, d. h. y = f(x) = 0)

$0 = (x+1) \cdot e^{1-x}$ ● Da e^n niemals den Wert 0 annehmen kann, gilt: $e^n \neq 0 \; \forall \; n \in \mathbb{R}$.

$0 = (x+1)$ ● Betrachten Sie daher nur den Ausdruck in der Klammer.

$x = -1$

$N_1(-1/0)$

Extrempunkte

Ext.: (Extrempunkte = Punkte, in denen der Anstieg den Wert 0 hat, d. h. f'(x) = 0)

$0 = -x \cdot e^{1-x}$ Erinnerung: „e hoch jeder Zahl" $\neq 0$

$0 = -x$

$x = 0$

Jetzt hat man die x-Koordinate jenes Punktes, in dem der Anstieg den Wert 0 hat – es fehlt noch die y-Koordinate. Man muss für die fehlende y-Koordinate nur noch die x-Koordinate in die Funktion einsetzen (y = f(x)) und erhält:

$y_1 = e$ ● Es ist allgemein üblich, den Zahlenwert für e nicht zu berechnen.

Hochpunkt-, Tief- oder Sattelpunkt?

Um zu erkennen, ob es sich dabei um einen Hoch-, Tief- oder Sattelpunkt handelt, kann man entweder die grafische Darstellung des Taschenrechners nutzen oder mittels der zweiten Ableitung die Art der Krümmung bestimmen.

H(−1/e)

W.: (Wendepunkte = Punkte, in denen die Krümmung der Funktion = 0 ist ⇒ f''(x) = 0)

$0 = (x - 1) \cdot e^{e-1}$

$0 = x - 1$

$x = 1$

W(1/2)

Monotonie

Monotonie:

$]-\infty; 0[$ streng monoton steigend

$]0; \infty[$ streng monoton fallend

Krümmungsverhalten

Krümmungsverhalten:

$]-\infty; 1[$ rechts (negative) Krümmung

$]1; \infty[$ links (positive) Krümmung

Asymptote: Funktion (hier lin. Funktion), an die sich eine andere Funktion immer mehr annähert, die sie aber nie berührt.

Man erkennt, dass sich die Kurve der x-Achse nähert. Da sie diese aber nicht mehr schneidet (es gibt nur eine Nullstelle), ist die x-Achse eine Asymptote der Funktion.

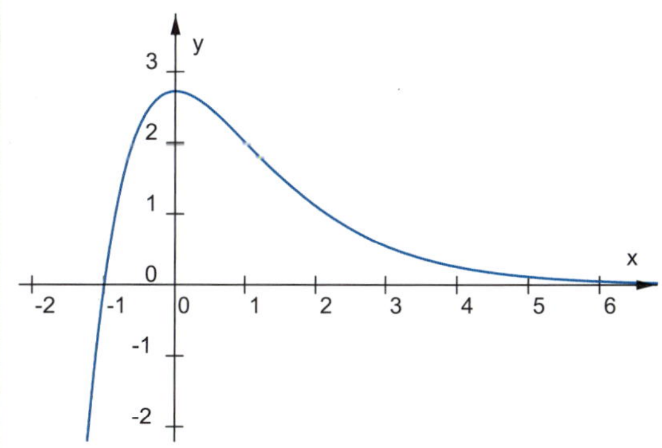

Abb. 5.2.9

5 Differentialrechnung

Noch ein Beispiel zum Selbsterarbeiten.

Übungsbeispiel

Ü 5.22 ★★: Kurvendiskussion durchführen B

Ermitteln Sie die Nullstelle(n) und die Extrempunkte folgender Funktion. Fertigen Sie einen Graphen an.

$$f(x)=\left(-8x^2+\frac{9}{2}\right)\cdot e^x$$

Die grafischen Zusammenhänge der Ableitungen

SbX Ein dynamisches Arbeitsblatt zum intuitiven Verständnis des Zusammenhangs der Ableitung und des Funktionsgraphen finden Sie unter der ID: 1551.

Sie wissen nun, dass die erste Ableitung einer Funktion die Steigung angibt und die zweite Ableitung die Krümmung. Im Folgenden werden die erste und die zweite Ableitung grafisch gebildet. Grundsätzlich gibt die Ableitung die Veränderung der abhängigen Variablen (z. B. y) bei Veränderung um eine Einheit der unabhängigen Variablen (z. B. x) an.

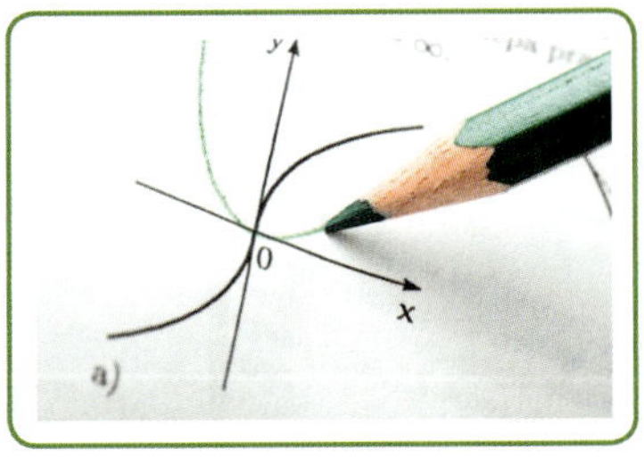

Funktion und erste Ableitung

Die Ableitung gibt die momentane Veränderung des Funktionswertes/der y-Koordinate im Verhältnis zum Argument/der x-Koordinate an. Grafisch betrachtet entspricht die erste Ableitung der Steigung der Tangente in einem bestimmten Punkt.

Wenn die Funktion streng monoton steigt, ist die erste Ableitung positiv. ⇒ Der Graph der ersten Ableitung liegt oberhalb der x-Achse.

Wenn die Funktion weder steigt noch fällt (in der Abb. sind das die Punkte H, T, S), so hat die erste Ableitung den Wert null. ⇒ Das entspricht dann einer Nullstelle der Funktion f'(x). (In der Abb. sind das N_H, N_S, N_T.)

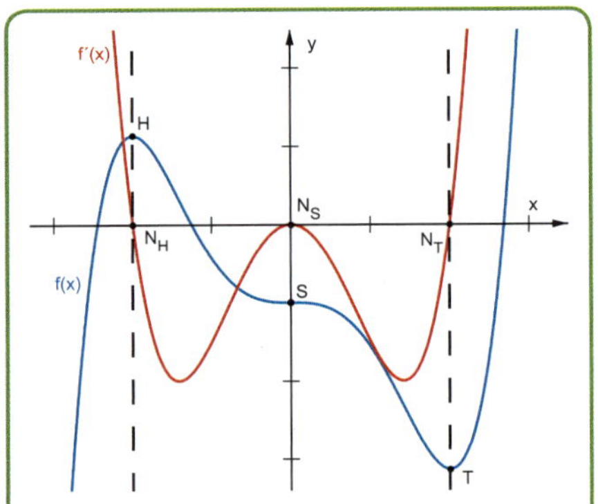

Abb. 5.2.10

Wenn die Funktion streng monoton fällt, ist die erste Ableitung negativ. ⇒ Der Graph der ersten Ableitung liegt unterhalb der x-Achse.

Zusatzinformation: Dort, wo die Funktion am stärksten steigt/fällt, hat der Graph der ersten Ableitung einen Hoch-/Tiefpunkt (Ausnahme: Sattelpunkt).

Funktion und zweite Ableitung

Grafisch betrachtet entspricht die zweite Ableitung der Krümmung der Funktion.

Wenn sich die Funktion rechts krümmt, ist die zweite Ableitung negativ. ⇒ Graph der zweiten Ableitung liegt unterhalb der x-Achse.

Wenn die Funktion sich weder nach rechts oder links krümmt (W, S), so hat die zweite Ableitung den Wert null. ⇒ Das entspricht dann einer Nullstelle der Funktion f''(x). (In der Abb. sind das N_1, N_2, N_3.)

Wenn sich die Funktion links krümmt, ist die zweite Ableitung positiv ⇒ Der Graph der zweiten Ableitung liegt oberhalb der x-Achse.

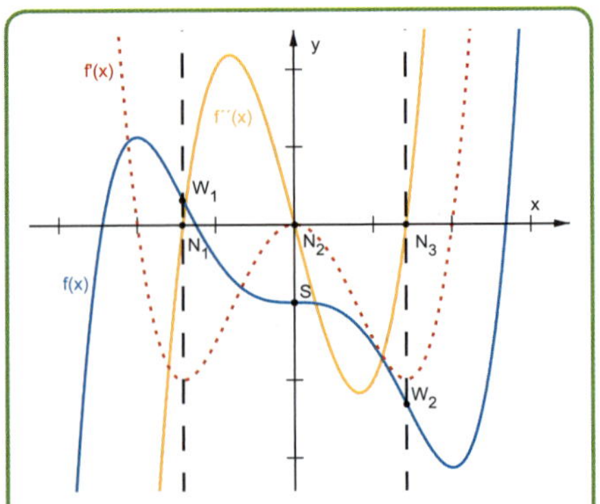

Abb. 5.2.11

Lehrbeispiel

L 5.18: Grafisch Ableiten A C D

Betrachten Sie die grafische Darstellung der Funktion $g(x) = \frac{1}{12}x^3 - x^2 + 3x$.

a) Veranschaulichen Sie die erste Ableitungsfunktion g'(x) durch eine Grafik. Dokumentieren Sie Ihre Überlegungen.

b) Veranschaulichen Sie die Ableitungsfunktion der Funktion g'(x) durch eine Grafik. Dokumentieren Sie Ihre Überlegungen.

c) Erklären Sie den Zusammenhang zwischen der Grafik aus b) und der Funktionsgrafik von g(x).

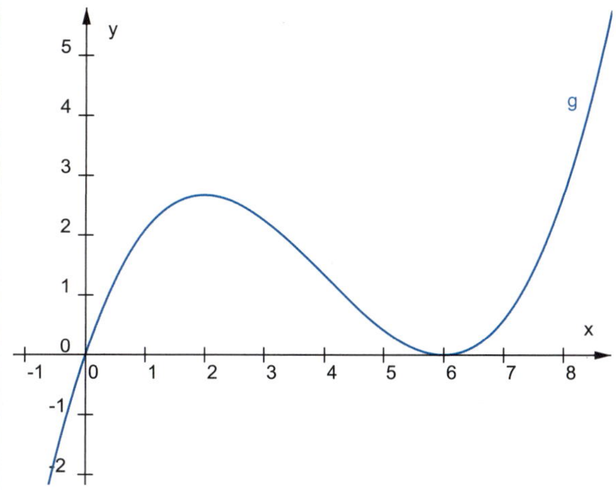

Abb. 5.2.12

Funktionswert/Wert der abhängigen Variablen/ „y-Koordinate"

a) Im Intervall]–∞; 2[werden die Funktionswerte immer größer, die Funktion steigt – die erste Ableitung ist positiv. An der Stelle 2 ist ein lokal maximaler Wert – die erste Ableitung hat den Wert 0.

b) Im Intervall]2; 6[werden die Funktionswerte wieder kleiner, die Funktion fällt also und die erste Ableitung ist negativ.

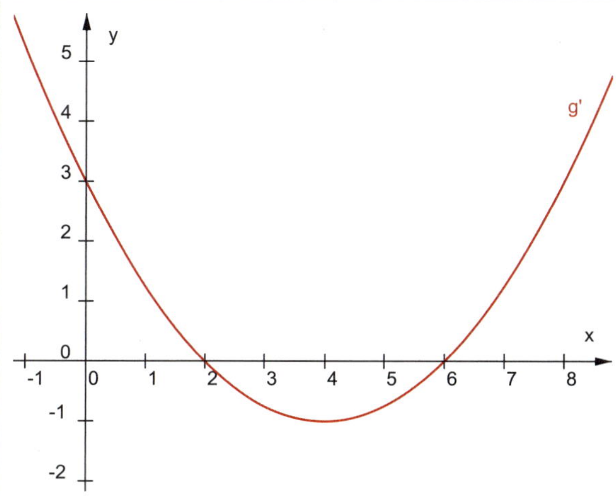

Abb. 5.2.13

c) Im Intervall]–∞; 4[werden die Funktionswerte/„Steigungsänderungswerte" immer kleiner, bis g' bei 4 ihren minimaler Wert erreichen.

Das bedeutet, dass die erste Ableitung der ersten Ableitung im Intervall]–∞; 4[negativ sein muss und danach positiv. Bei x = 4 nimmt sie den Wert 0 an.

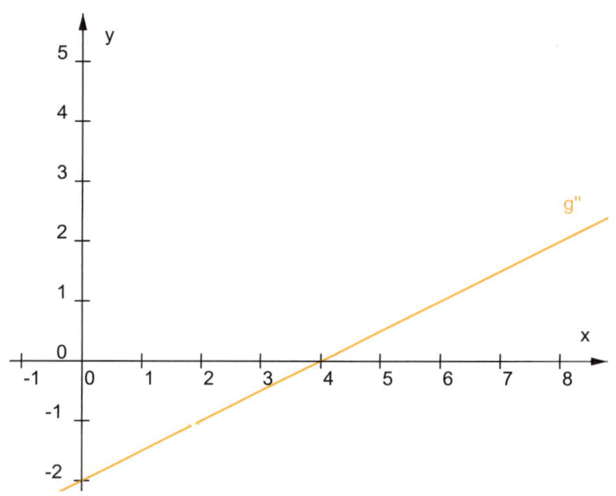

Abb. 5.2.14

Übungsbeispiel

Ü 5.23: Erste Ableitung überprüfen B D

a) Überprüfen Sie durch Berechnung, dass die erste Ableitung der Funktion g(x) aus **L 5.18** im Intervall $]-\infty; 2[$ positiv und im Intervall $]2; 6[$ negativ ist.

b) Berechnen Sie folgende erste Ableitung und erklären Sie das Ergebnis: g'(2)

Übungsbeispiel

Ü 5.24: Ableiten durch Zeichnen A C

Skizzieren Sie zum Graphen der Funktion $f(x) = -0{,}25x^3 + 2{,}25x^2 - 3{,}75x - 6{,}25$ die grafische Darstellung der ersten und der zweiten Ableitung.

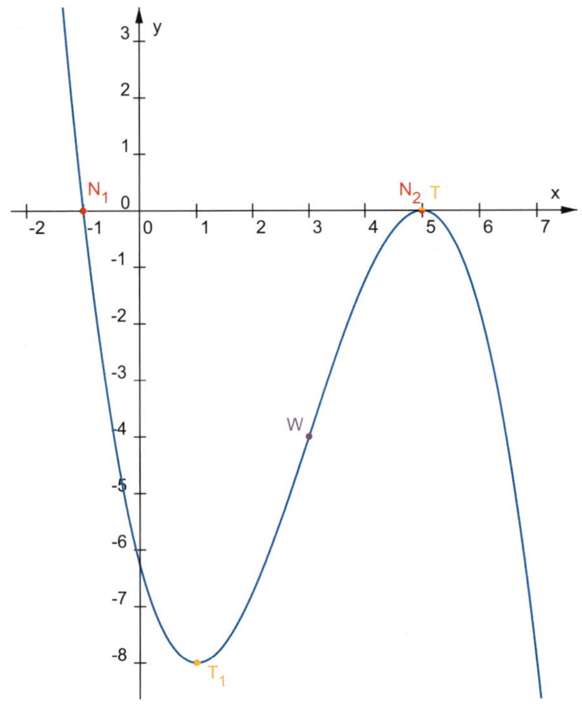

Abb. 5.2.15

Umgekehrte Kurvendiskussion/Umkehraufgaben

Kennt man von einer Funktion mehrere/spezielle Punkte und den Grad der Polynomfunktion, so kann diese Funktion allgemein angegeben werden und durch Einsetzen der Punkte können die fehlenden Parameter berechnet werden.

Für jede Unbekannte in der Funktionsgleichung benötigen Sie eine Gleichung. Haben wir z. B. eine **Polynomfunktion 3. Grades** $f(x) = ax^3 + bx^2 + cx + d$, so benötigen wir vier Gleichungen und müssen anschließend ein Gleichungssystem mit vier Variablen lösen.

Bevor wir einige Übungsbeispiele durchrechnen werden, lernen Sie ein Schema zum Aufstellen von Funktionsgleichungen kennen.

- Stellen Sie zuerst die allgemeine Gleichung der gesuchten Funktion auf.
- Leiten Sie diese Funktion gleich zu Beginn zweimal ab, damit Sie anschließend gleich in die gewünschte Ableitung einsetzen können.
- Lesen Sie die Angaben Schritt für Schritt durch und folgen Sie den folgenden Tipps:
  - Jeder gegebene Punkt P(x/y) kann in die Gleichung f(x) eingesetzt werden, egal ob es sich um eine Nullstelle, einen Extrempunkt, einen Wendepunkt … handelt.
  - Für einen Extrempunkt, Hochpunkt, Tiefpunkt, ein Minimum oder Maximum gilt, dass die 1. Ableitung = 0 ist, d. h., es muss in die Gleichung f'(x) = 0 eingesetzt werden.
  - Für einen Wendepunkt gilt, dass die 2. Ableitung = 0 ist, d. h., es muss in die Gleichung f''(x) = 0 eingesetzt werden.
  - Für einen Sattelpunkt gilt, dass die 1. und die 2. Ableitung = 0 sind, d. h., es muss sowohl in die Gleichung f'(x) = 0 als auch in die Gleichung f''(x) = 0 eingesetzt werden.

Zusammenhang zwischen Steigung und Steigungswinkel: $k = \tan \alpha$

- Ist die Steigung oder der Anstieg gegeben, bedeutet das, dass Sie in die Gleichung f'(x) einsetzen müssen.
- Ist der Steigungswinkel gegeben, müssen Sie zuerst die Steigung mithilfe der Tangensfunktion berechnen.
- Ist eine Tangente $y = kx + d$ gegeben, können Sie aus dieser die Steigung k ablesen, welche in die Gleichung f'(x) eingesetzt werden muss.

Sie können sich z.B. eine Funktion vierten Grades wünschen, die die x-Achse bei ±4 schneidet, einen Hochpunkt in (0/8) und einen Wendepunkt in $(2/y_W)$ hat.

Lehrbeispiel

L 5.19: Suchen einer Funktionsgleichung A B

Von einer Polynomfunktion 4. Grades kennen Sie folgende Eigenschaften: N(±4/0), H(0/8), $W(2/y_W)$. Stellen Sie ein Gleichungssystem auf, das diese Eigenschaften mathematisch beschreibt. Ermitteln Sie jene Funktionsgleichung, deren grafische Darstellung diese Eigenschaften hat.

$f(x) = ax^4 + bx^3 + cx^2 + dx + e$

$f'(x) = 4ax^3 + 3bx^2 + 2cx + d$

$f''(x) = 12ax^2 + 6bx + 2c$

- ist die allgemeine Gleichung einer Polynomfunktion 4. Grades: 5 Unbekannte ⇒ 5 Gleichungen

$N_1(-4/0)$	I: $f(-4) = 0$	N1 ist ein Punkt der Funktion
$N_2(4/0)$	II: $f(4) = 0$	N2 ist ein Punkt der Funktion
H(0/8)	III: $f(0) = 8$	H ist ein Punkt der Funktion
	IV: $f'(0) = 0$	Hochpunkt hat keine Steigung
$W(2/y_W)$	V: $f''(2) = 0$	Wendepunkt hat keine Krümmung

I: $a(-4)^4 + b(-4)^3 + c(-4)^2 + d(-4) + e = 0$

II: $a(4)^4 + b(4)^3 + c(4)^2 + d(4) + e = 0$

III: $a \cdot 0^4 + b \cdot 0^3 + c \cdot 0^2 + d \cdot 0 + e = 8$

IV: $4a \cdot 0^3 + 3b \cdot 0^2 + 2c \cdot 0 + d = 0$

V: $12a \cdot 2^2 + 6b \cdot 2 + 2 \cdot c = 0$

Das Lösen des Gleichungssystems mit dem Taschenrechner ergibt:

$a = \frac{1}{16}$, $b = 0$, $c = -\frac{3}{2}$, $d = 0$, $e = 8$

Hier handelt es sich um eine symmetrische Funktion: x kommt nur mit geraden Hochzahlen vor.

Die Funktionsgleichung lautet:

$$f(x) = \frac{1}{16}x^4 - \frac{3}{2}x^2 + 8$$

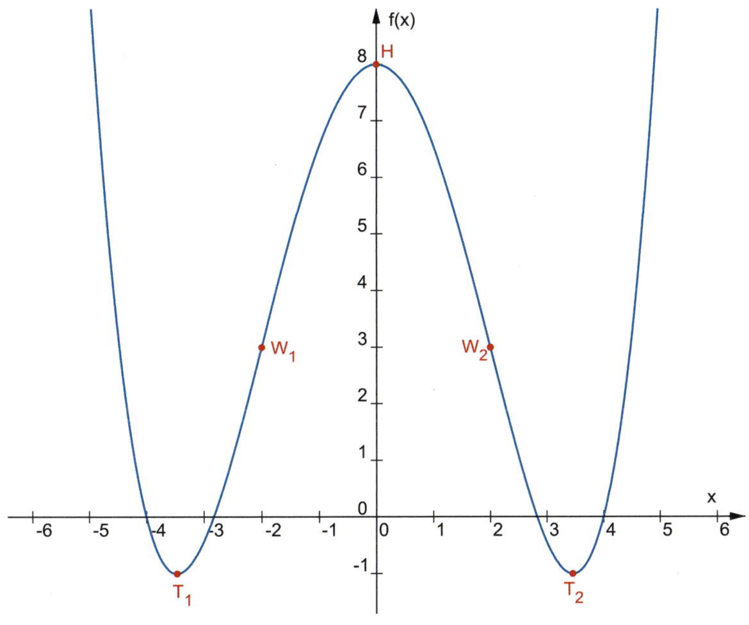

Abb. 5.2.16

Diese Funktion hat nur **gerade Hochzahlen** – daher liegt sie **symmetrisch zur y-Achse.**

Übungsbeispiel

SbX

Sie finden Ü 5.25 mit automatischer Aufgabenkontrolle unter der ID: 1521.

Die x-Koordinate eines Punktes heißt auch Stelle.

Ü 5.25 ★★: Aussagen zuordnen A

Übersetzen Sie jede Aussage der linken Spalte in die passende(n) mathematische(n) Aussage(n) – bedenken Sie, dass es oft mehr als nur eine mathematische Übersetzung pro Zeile gibt.

... geht durch $P(x_p/y_p)$	
... im Punkt $P(x_p/...)$ beträgt die Steigung k_p	
... hat einen Extrempunkt in $P(x_p/y_p)$	
... hat an der Stelle x_p eine Extremstelle	
... hat einen Wendepunkt in $P(x_p/y_p)$	
... hat an der Stelle x_p eine Wendestelle	
... hat an der Stelle x_p die Wendetangente $y = k_px + d_p$	
... hat einen Sattelpunkt in $P(x_p/ y_p)$	
... schneidet die x-Achse an der Stelle x_p	
... hat die x-Achse als Tangente in x_p	
Übersetzungen: $f(x_p) = 0$, $f'(x_p) = 0$, $f''(x_p) = 0$, $f'(x_p) = k_p$, $f(x_p) = y_p$	

Lehrbeispiel

L 5.20: Funktionsgleichung aufstellen A B

Der Graph einer Polynomfunktion 3. Grades besitzt den Hochpunkt H(1/5) und den Punkt P(3/6), in dem die Tangente parallel zur x-Achse verläuft.

Modellieren Sie ein Gleichungssystem, das diese Eigenschaften wiedergibt.

Berechnen Sie die Gleichung der Funktion.

$$f(x) = ax^3 + bx^2 + cx + d$$
$$f'(x) = 3ax^2 + 2bx + c$$
$$f''(x) = 6ax + 2b$$

I: $f(1) = 5 = a + b + c + d$

II: $f'(1) = 0 = 3a + 2b + c$

III: $f(3) = 6 = 27a + 9b + 3c + d$

IV: $f'(3) = 0 = 27a + 6b + c$

Sie können dieses Gleichungssystem nun mittels Technologie lösen und erhalten folgende Lösungen:

$a = -\frac{1}{4}$, $b = \frac{3}{2}$, $c = -\frac{9}{4}$, $d = 6$

$$\Rightarrow f(x) = -\frac{1}{4}x^3 + \frac{3}{2}x^2 - \frac{9}{4}x + 6$$

Übungsbeispiel

Ü 5.26 ★★: Polynomfunktion 3. Grades A B

Der Graph einer Polynomfunktion dritten Grades hat im Ursprung U(0/0) die Steigung 3 und in T(6/0) einen Tiefpunkt. Stellen Sie ein Gleichungssystem auf, das diese Eigenschaften mathematisch beschreibt. Ermitteln Sie die Funktionsgleichung und fertigen Sie eine Skizze an.

Übungsbeispiel

Ü 5.27 ★: Polynomfunktion 4. Grades A B

Der Graph einer Polynomfunktion vierten Grades hat den Hochpunkt (0/8), den Wendepunkt $(x_W/3)$ und die Wendetangente $8x - 2y = -22$. Stellen Sie ein Gleichungssystem auf, das diese Eigenschaften mathematisch beschreibt. Ermitteln Sie die Funktionsgleichung und fertigen Sie eine Skizze an.

Übungsbeispiel

Ü 5.28 ★: Quadratische Funktion bei drei gegebenen Punkten aufstellen A B

Der Graph einer quadratischen Funktion geht durch die Punkte A(2/3), B(1/5) und C(3/6). Stellen Sie ein Gleichungssystem auf, das die angegebenen Eigenschaften wiedergibt. Berechnen Sie die Koeffizienten der Gleichung.

Übungsbeispiel

Ü 5.29 ★★: Quadratische Funktion ermitteln, wenn zwei Punkte und die Steigung in einem der Punkte gegeben sind A B

Der Graph einer quadratischen Funktion geht durch die Punkte A(1/5) und B(4/5). Die Steigung der Tangente in A ist –2. Stellen Sie ein Gleichungssystem auf, das die angegebenen Eigenschaften wiedergibt. Berechnen Sie die Koeffizienten der Gleichung und skizzieren Sie den Graphen.

Übungsbeispiel

Ü 5.30 ★★: Quadratische Funktion aufstellen, wenn zwei Nullstellen und die Steigung in einer Nullstelle gegeben sind A B

Eine quadratische Funktion hat die Nullstellen 1 und 4. Die Tangente im Schnittpunkt des Graphen der Funktion mit der y-Achse hat die Steigung –6. Stellen Sie ein Gleichungssystem auf, das die angegebenen Eigenschaften wiedergibt. Berechnen Sie die Koeffizienten der Gleichung und fertigen Sie eine Skizze an.

Sie können die Ableitungen nun anwenden – doch bisher ist das immer noch mathematische Theorie. Im Folgenden geht es endlich um die praktischen Anwendungen der Kurvendiskussion.

2 Die „klassischen" Extremwertberechnungen

Bedingungen und die Suche nach dem Optimum

Die meisten heute gekauften Lebensmittel sind schon verpackt. Um zu vermeiden, dass Unternehmen ihre Produkte mit übergroßen Verpackungen scheinbar „aufwerten", gibt es die sogenannte ARA Verpackungsabgabe, die prozentuell von der Größe der Verpackung berechnet wird. Somit scheint es aus der Sicht eines Betriebes sinnvoll, eine möglichst kleine Verpackung zu wählen. Zuerst ein paar Gedanken zum Thema „möglichst klein/groß":

Zielfunktion
Hauptbedingung

Bei Extremwertaufgaben sucht man Maxima oder Minima bei festgelegten Bedingungen (im obigen Fall also eine minimale Verpackung). Die dafür geeignete Funktion muss man selbst erstellen (hier: die Verpackung entspricht der Oberfläche) = **Zielfunktion oder Hauptbedingung.**

Da man einen Extremwert (Maximum, Minimum) sucht, muss man die erste Ableitung der Zielfunktion gleich null setzen. Weil die Zielfunktion aber meist mehr als eine Unbekannte hat, weiß man zunächst nicht, nach welcher dieser Variablen man differenzieren soll.

Nebenbedingung

Daher drückt man die eine Variable durch die andere Variable im Zusammenhang mit gegebenen Größen aus – man erstellt eine **Nebenbedingung.**

Tipp: Achten Sie beim Ausdrücken einer Variablen durch die andere darauf, dass die Potenzen in der Zielfunktion und der Nebenbedingung wenn möglich gleich sind. Setzt man die erste Ableitung der Zielfunktion gleich null, erhält man möglicherweise mehr als eine Lösung. In den meisten Fällen ist aber nur eine von diesen Lösungen in der Realität möglich. Wenn man sich nicht sicher ist, welche der Lösungen die richtige ist, so setzt man die möglichen Lösungen in die zweite Ableitung ein: Sie erinnern sich: 2. Ableitung kleiner null bedeutet: Maximum/Hochpunkt; 2. Ableitung größer null bedeutet: Minimum/Tiefpunkt.

Diese Überlegungen werden im ersten Beispiel umgesetzt.

Lehrbeispiel

L 5.21: Milchpackung A B C

Ein Liter Milch soll in eine Verpackung in Form eines quadratischen Prismas abgefüllt werden.

Stellen Sie eine Funktionsgleichung auf, bei der der Materialverbrauch nur von einer Variablen abhängt. Ermitteln Sie die Länge der Abmessungen in cm, damit der Materialverbrauch (Falze, Umschläge bleiben hier unberücksichtigt) möglichst klein wird. Vergleichen Sie die berechneten Werte mit den Abmessungen in der Realität.

Nebenbedingung als gegebene Größe

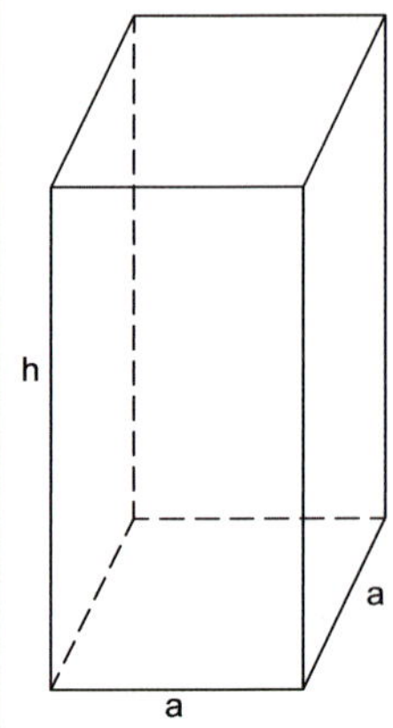

Abb. 5.2.17

Zielfunktion

Zf.: Das Ziel ist eine minimale Oberfläche.

$O(a,h) = 2a^2 + 4ah$

- Da die Funktion noch zwei Variablen enthält, braucht man eine Nebenbedingung.

Nebenbedingung

Nb.: verbindet gegebene Größen mit gesuchten – bekannt ist das Volumen:

1 Liter = 1 dm^3 = 1000 cm^3.

$1000 = a^2 \cdot h$

- Zum Ausdrücken der Variablen vergleicht man die Potenzen in der Nb. und der Zf.: a^2 könnte man zwar ausdrücken, müsste dann aber Wurzelziehen. h hat in der Zf. und der Nb. die gleiche Potenz. ⇒ h ausdrücken:

$$h = \frac{1000}{a^2}$$

Zielfunktion

Zf.:

$$O(a) = 2a^2 + 4a \cdot \frac{1000}{a^2}$$

$$O(a) = 2a^2 + \frac{4000}{a}$$

- Erinnerung: Zum Ableiten ist es leichter, die Variablen im Zähler stehen zu haben.

$O(a) = 2a^2 + 4000a^{-1}$

$O'(a) = 4a - 4000a^{-2}$

- Da die minimale Oberfläche gesucht wird, setzt man die 1. Ableitung gleich null.

$0 = 4a - 4000a^{-2}$

$4a = 4000a^{-2} \quad | \cdot a^2 : 4$

$a^3 = 1000$

$a = 10 \qquad a = 10$ cm

$h = \frac{1000}{10^2} \qquad h = 10$ cm

So weit so gut. Die verpackungstechnisch optimale Lösung wäre demnach ein Würfel mit 10 cm Seitenlänge. Sehen Milchpackungen so aus? Warum nicht?

Eine Antwort-Idee: Stellen Sie sich vor, Sie müssten eine volle Milchpackung mit 10 cm Seitenlänge mit einer Hand umgreifen.

Bei dieser Extremwertberechnung war die Nebenbedingung eigentlich schon in der Angabe gegeben. Es gibt aber auch andere Arten von Extremwertaufgaben. Zunächst ein kleiner Exkurs:

Übungsbeispiel

Ü 5.31 ★: Ableitungen bilden B C D

Bilden Sie jeweils die erste Ableitung der folgenden Funktionen und setzen Sie diese gleich null. Vergleichen Sie dann die Angaben und Lösungen von a) bis d) miteinander und erklären Sie mit eigenen Worten den Unterschied und die Gemeinsamkeiten.

a) $f(x) = x^3 - 27x$

b) $g(x) = 5 \cdot (x^3 - 27x)$

c) $h(x) = -3 \cdot (x^3 - 27x)$

d) $i(x) = 2x^3 - 54x$

Lehrbeispiel

L 5.22: Ölfackel A B

Eine Ölfackel hat außen die Form eines geraden Kreiskegels aus gebürstetem Aluminium mit einem Radius von 10 cm und einer Höhe von 40 cm. Im Inneren befindet sich ein Glaszylinder als Ölbehälter. Damit die Fackel möglichst lange ohne Nachfüllen brennt, soll dieser Zylinder ein maximales Füllvolumen besitzen.

Veranschaulichen Sie die Aufgabenstellung anhand einer Skizze. Modellieren Sie eine Haupt- und eine Nebenbedingung für diesen Sachverhalt. Ermitteln Sie die Abmessungen des Zylinders.

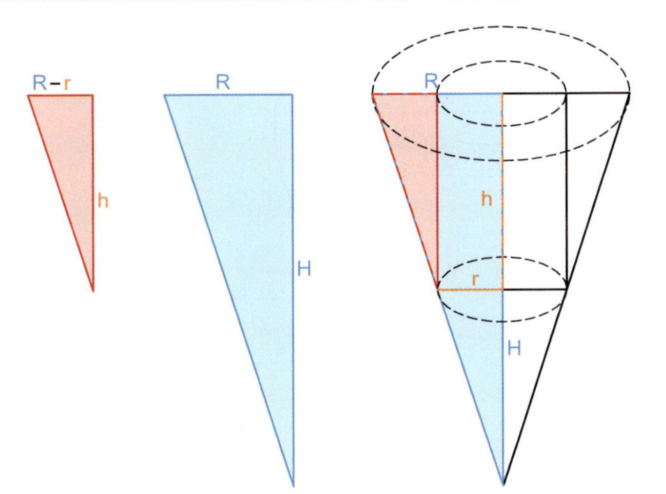

Abb. 5.2.18

Nebenbedingung: ähnliche Dreiecke

Hb.:

$V(r,h) = r^2\pi h$

Nb.: Man findet hier die Nebenbedingung mithilfe von ähnlichen Dreiecken.

$\frac{H}{R} = \frac{h}{R-r}$

- h hat in der Hb. die gleiche Potenz wie in der Nb., r ist komplizierter auszudrücken: $\Rightarrow$ h ausdrücken.

$\frac{H \cdot (R-r)}{R} = h$

Hb.:

$V(r) = r^2\pi \cdot \frac{H \cdot (R-r)}{R}$

- Da die erste Ableitung gleich null gesetzt wird, kann man die Hb. vereinfachen, indem man alle konstanten Faktoren (Zahlen/Großbuchstaben, mit denen alles multipliziert/dividiert wird) weglässt.

$V(r) = r^2\pi \cdot \frac{40 \cdot (10-r)}{10}$

$\overline{V}(r) = r^2 \cdot (10-r)$

- Da sich die Funktion ändert, sollte man sie auch umbenennen: $\overline{V}(r)$

$\overline{V}(r) = 10r^2 - r^3$

$\overline{V}'(r) = 20r - 3r^2$

- Das Volumen wird nach r abgeleitet.

$0 = 20r - 3r^2$

- maximale Mantelfläche … $\overline{V}'(r) = 0$

$r_1 = 0,\ r_2 = \frac{20}{3}$

- Für r = 0 ist das Volumen 0, also sicher nicht maximal.

Man könnte das auch mittels der 2. Ableitung überprüfen: V"(r) = 20 – 6r und damit

$V''\left(\frac{20}{3}\right) = -20 < 0.$

r = 6,67 cm

$h = \frac{40 \cdot \frac{10}{3}}{10} = \frac{40}{3}$

h = 13,33 cm

Sie können gegebene Größen während des Lösungsweges durch Großbuchstaben und erst am Ende durch Zahlen ersetzen (siehe **L 5.23**).

Lehrbeispiel

L 5.23: Fackel A B D

Eine andere Fackel hat die äußere Form einer Halbkugel vom Radius 10 cm mit einem innen eingesetzten Glaszylinder.

Veranschaulichen Sie die Aufgabenstellung durch eine Skizze. Ermitteln Sie die Abmessungen des volumsgrößten Zylinders.

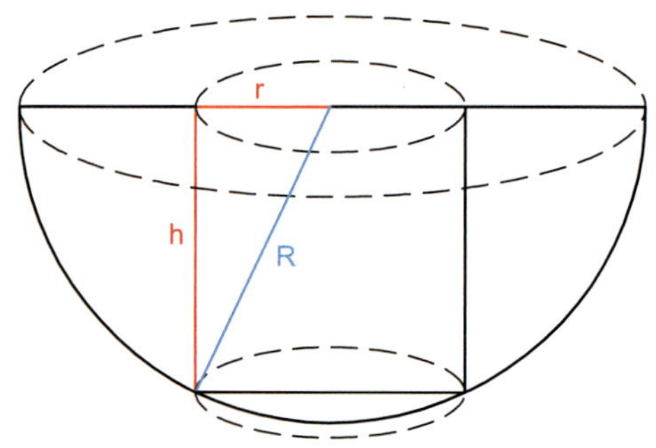

Abb. 5.2.19

Neben-bedingung: Satz von Pythagoras

Zf.:

$V(r,h) = r^2 \pi h$

Nb.: mithilfe des Lehrsatzes des Pythagoras

$R^2 = r^2 - h^2$

- r hat in der Zf. und der Nb. die gleiche Potenz, h nicht: ⇒ r^2 ausdrücken.

$r^2 = R^2 + h^2$

Zf.:

$V(h) = (R^2 - h^2) \cdot \pi h$

- Zf. vereinfachen

$\overline{V}(h) = (R^2 - h^2) \cdot h$

- Da sich die Funktion ändert, sollte man sie auch umbenennen: $\overline{V}'(h)$.

$\overline{V}(h) = R^2 h - h^3$

$\overline{V}'(h) = R^2 - 3h^2$

- Achtung: R ist wie eine Zahl, hier: 10 cm. Daher wird nur nach der mit Kleinbuchstaben bezeichneten (gesuchten) Größe abgeleitet – also nach h.

$0 = R^2 - 3h^2$

$R^2 = 3h^2$

$h = \pm \frac{R}{\sqrt{3}}$

$h = \frac{10}{\sqrt{3}}$

$h_1 = \frac{10}{\sqrt{3}} \quad h_2 = -\frac{10}{\sqrt{3}}$

- Das ergibt nun zwei „optimale" Lösungen: Eine ist positiv, eine ist negativ. Da h eine Höhe/Länge ist, kann sie nur positiv sein.

$h = 5{,}77$ cm

$r^2 = 10^2 - 5{,}77^2$

$r = 8{,}17$ cm

SbX
Weitere Extremwertaufgaben finden Sie unter der ID: 1521.

Geschwindigkeit – Beschleunigung und andere Anwendungen

Wir haben bereits die Momentangeschwindigkeit mit der durchschnittlichen Geschwindigkeit verglichen. Eigentlich bedeutet eine Geschwindigkeit von 50 km/h nichts anderes, als dass Sie 50 km in einer Stunde zurücklegen. Allgemein gibt die Geschwindigkeit also jenen Weg an, den Sie in einer gewissen Zeiteinheit zurückgelegt haben. Sie ist also die Veränderung des Weges in Abhängigkeit von der Zeit – oder mathematisch:

$$\lim_{t_1 \to t_2} \frac{s(t_2) - s(t_1)}{t_2 - t_1}$$

Das wiederum entspricht der ersten Ableitung der Funktion s(t).

Wenn Sie also mittels einer Funktion s(t) den zurückgelegten Weg darstellen, so verwenden Sie Funktionen als mathematisches Hilfsmittel, um reale Situationen abzubilden. In diesen Zusammenhängen kann es besser sein, die Ableitung mittels der bekannten **Leibniz'schen Schreibweise** anzugeben, in unserem Fall also:

d steht für „Differenz"

$$\lim_{t_1 \to t_2} \frac{s(t_2) - s(t_1)}{t_2 - t_1} = \frac{ds}{dt}$$

Geschwindigkeit

Die Geschwindigkeit ist also die erste Ableitung des Weges nach der Zeit.

$s'(t) = v(t)$ $\qquad \frac{ds}{dt} = v(t)$

Übungsbeispiel

Ü 5.32 ★★: Geschwindigkeit & Co. A C

Interpretieren Sie die Bedeutung der Veränderung der Geschwindigkeit in Abhängigkeit von der Zeit – also die erste Ableitung der Geschwindigkeit. Übertragen Sie diese Veränderung in einen mathematischen Ausdruck.

Weg, Geschwindigkeit und Beschleunigung

$s''(t) = v'(t) = a(t)$

Lehrbeispiel

L 5.24: Wurf eines Steinchens A B

Ein Steinchen wird mit einer Anfangsgeschwindigkeit von 15 m/s senkrecht in die Luft geworfen.

Die Höhe kann folgendermaßen berechnet werden:

$h(t) = v_0 t - \frac{g}{2} t^2$ $\qquad$ (g kann mit 10 m/s² angenommen werden.)

a) Stellen Sie eine Formel auf, mit der Sie die Geschwindigkeit des Steinchens nach der Zeit t berechnen können, bei einer Anfangsgeschwindigkeit von v_0.

b) Berechnen Sie, wie lange der Stein fliegt, bis er seine maximale Höhe erreicht. Ermitteln Sie die maximal erreichbare Höhe.

a) Die Geschwindigkeit lässt sich durch die erste Ableitung errechnen.

$h'(t) = v(t) = v_0 - g \cdot t$ $\qquad$ ● Geschwindigkeit = erste Ableitung der Höhe

b) Am höchsten Punkt ist die Geschwindigkeit = 0 (oder einfach als Maximum bedeutet „erste Ableitung = 0").

$0 = 15 - 10t$ $\qquad$ ● Anfangsgeschwindigkeit v_0 = 15 einsetzen

$t = 1{,}5$

Die maximale Höhe wird nach 1,5 Sekunden erreicht.

$h(t) = 15 \cdot 1{,}5 - \frac{10}{2} \cdot 1{,}5^2 = 11{,}25$

Der Stein erreicht eine maximale Höhe von 11,25 m.

Eine andere interessante Bedeutung der ersten Ableitung steht in direktem Zusammenhang mit der Berechnung von Kosten. Wenn Sie die Veränderung der Kosten eines Produktes in Abhängigkeit von der produzierten Menge betrachten – also $\frac{dK}{dx} = K'(x)$ – entsteht die Grenzkostenfunktion. Mehr dazu erfahren Sie in Lerneinheit 3. Es gibt aber im Bereich der Differentialrechnung noch viele andere Anwendungsmöglichkeiten.

Die folgenden Bespiele sollen Ihnen ein Gefühl für die unterschiedliche Bedeutung der Ableitung geben.

Lehrbeispiel

L 5.25: Regenfälle B C

Während eines Regens wird ein Teil des Wassers in einem Sammelbehälter aufgefangen, von wo es weitergeleitet wird. Das Wasservolumen im Auffangbecken wird durch

$$V(t) = -t^2 + 8t + 1$$

beschrieben (V in 1000 m³).

t (in h) gibt jene Zeitspanne an, die seit Beginn des Regens in Stunden vergangen ist.

a) Stellen Sie das Volumen grafisch dar und interpretieren Sie den Graphen – nehmen Sie dabei zur Monotonie Stellung und zur Menge des weitergeleiteten Wassers.

b) Berechnen Sie die maximale Wassermenge im Becken.

c) Interpretieren Sie die Gleichung $V'(0) = 2 \cdot V'(2)$.

a)

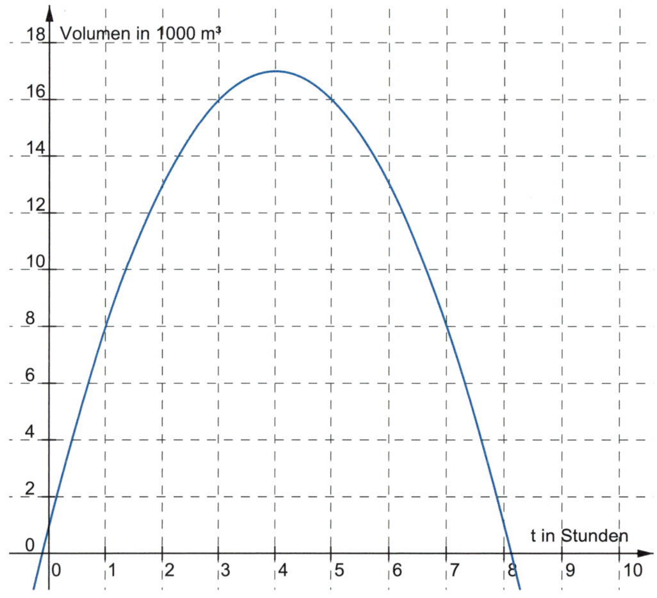

Abb. 5.2.20

Von Beginn an (t = 0) steigt das Wasservolumen an – zuerst rascher, dann langsamer – die hineingeregnete Menge war größer als die weitergeleitete, bis die Wassermenge im Behälter nach vier Stunden ihr Maximum erreicht hat. Danach sinkt das Wasservolumen wieder, die abgeflossene Menge muss daher größer sein als die dazugekommene Menge.

b) Maximale Menge:

$$V'(t) = -2t + 8$$
$$V'(t) = 0$$
$$t = 4$$

Nach vier Stunden ist die maximale Wassermenge im Becken.

c) Die Wasserzunahme zu Beginn, also bei Einsetzen des Regens, ist doppelt so groß wie die Zunahme nach zwei Stunden.

Sie erinnern sich wahrscheinlich daran, dass in Ihrer Kindheit Verwandte, die Sie schon länger nicht gesehen hatten, zu Ihnen sagten: „Bist du aber groß geworden …". In manchen Zeitabschnitten sind Sie schneller gewachsen als in anderen – Ihre Wachstumsgeschwindigkeit war unterschiedlich. Auch die Wachstumsgeschwindigkeit können Sie mit der Ableitung berechnen – im folgenden Beispiel die Wachstumsgeschwindigkeit einer Pflanze.

Lehrbeispiel

L 5.26: Wachstum einer Pflanze B D

Die Höhe einer Pflanze kann durch die Funktion $h(t)=\frac{-80}{t^2+2}+40$ näherungsweise gut beschrieben werden, wobei die Zeit in Wochen gemessen wird und die Pflanzenhöhe in cm angegeben wird.

a) Stellen Sie die Funktion grafisch dar und erklären Sie die Bedeutung der Asymptote y = 40 in diesem Zusammenhang.

b) Stellen Sie die Gleichung für die Wachstumsgeschwindigkeit auf.

a)

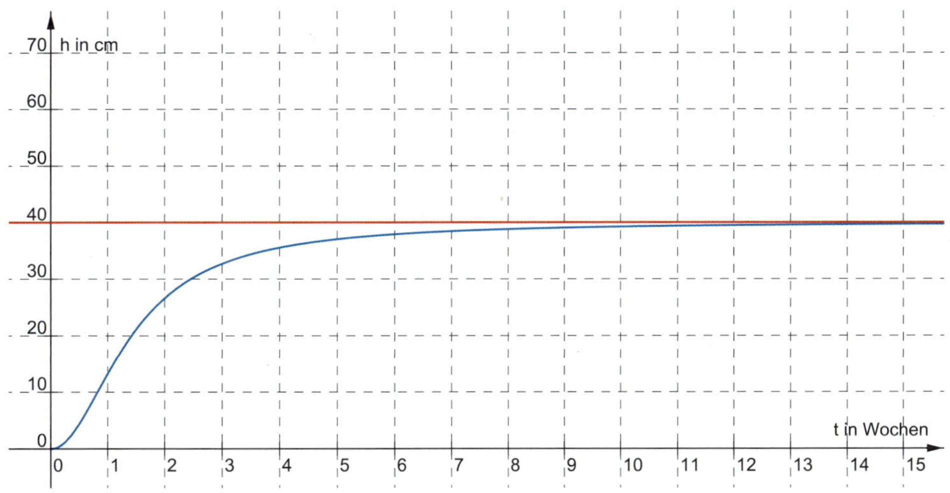

Abb. 5.2.21

Die Asymptote bedeutet, dass die Höhe immer näher an 40 cm „heranwächst", sie aber nicht erreicht – die Pflanze wird also nicht höher als 40 cm.

b) Die Wachstumsgeschwindigkeit lässt sich mittels der ersten Ableitung berechnen.

$h(t)=-80(t^2+2)^{-1}+40$ ● „Nenner in den Zähler holen"

$h'(t)=-80(-1)(t^2+2)^{-2}\cdot 2t$ ● Wachstumsgeschwindigkeit

$=\frac{160t}{(t^2+2)^2}$

Üben

SbX ID: 1522
Ü

Ü 5.33 ★★: Extrempunkte, Wendepunkte und Wendetangente berechnen B

A B C D

Berechnen Sie für die gegebene Funktion gegebenenfalls Extrempunkte und Wendepunkte sowie die Steigung der zugehörigen Wendetangente.

a) $f(x)=x^3-6x^2-9x+3$

b) $f(x)=\frac{3x^3}{2}+9x^2+\frac{27x}{2}+3$

c) $f(x)=\frac{x^3}{1-x^2}$

d) $f(x)=x^2\cdot e^{-x}+4\cdot e^x$

e) $f(x)=8x\cdot e^x+e^x$

f) $f(x)=x^3\cdot \ln\frac{x}{2}$

Ü 5.34 ★: Kurvendiskussion B C

Berechnen Sie die Nullstellen, Extrempunkte, Wendepunkte und die Wendetangente. Beschreiben Sie den Kurvenverlauf in Bezug auf Monotonie und Krümmung.

$$f(x) = \frac{1}{4}x^3 - \frac{3}{4}x^2 - \frac{9}{4}x - \frac{5}{4}$$

Ü 5.35 ★: Kurvendiskussion und Skizze B C

Berechnen Sie die Nullstellen, Extrempunkte, Wendepunkte und die Wendetangente. Beschreiben Sie den Kurvenverlauf in Bezug auf Monotonie und Krümmung. Skizzieren Sie einen möglichen Verlauf der ersten Ableitung.

$$f(x) = -\frac{1}{8}x^3 + \frac{3}{4}x^2 - 4$$

Ü 5.36 ★★: Finden einer Funktionsgleichung A B D

Von einer quadratischen Funktion kennt man eine Nullstelle –1,5 sowie zwei Punkte: P(–1/–1) und Q(–1/–0,0625).

a) Übertragen Sie die Eigenschaften in ein Gleichungssystem. Bestimmen Sie die Funktionsgleichung.

b) Begründen Sie, warum die 1. Ableitung eine Gerade ist. Wo schneidet diese die x-Achse?

Ü 5.37 ★★: Polynomfunktion 3. Grades ermitteln A B

Der Graph einer Polynomfunktion dritten Grades besitzt den Wendepunkt W(–1/2) und den Punkt P(1/4). Der Anstieg der Tangente in P beträgt 9. Ermitteln Sie die Funktionsgleichung.

Ü 5.38 ★★: Graphen von Polynomfunktionen skizzieren B

Skizzieren Sie einen möglichen Graphen einer Polynomfunktion mit

a) nur einem Tiefpunkt,

b) nur einem Sattelpunkt,

c) einem Hoch- und einem Tiefpunkt.

Ü 5.39 ★★: Polynomfunktion ermitteln A B

Der Graph einer Polynomfunktion dritten Grades besitzt einen Wendepunkt W(2/1)mit einer zur x-Achse parallelen Tangente und den Punkt P(3/2). Übertragen Sie diese Eigenschaften in ein Gleichungssystem. Bestimmen Sie die Funktionsgleichung.

Ü 5.40 ★: Sportstadion A B C D

Ein neu zu errichtendes Stadion soll für Laufbewerbe ebenso geeignet sein wie für Beachvolleyball und andere Sportarten. Die Laufbahn am Rande des Stadions soll eine Länge von 0,4 km aufweisen. Das Stadion soll nun so konzipiert werden, dass der rechteckige Platz in der Mitte einen möglichst großen Flächeninhalt aufweist. Berechnen Sie die Abmessungen des Stadions.

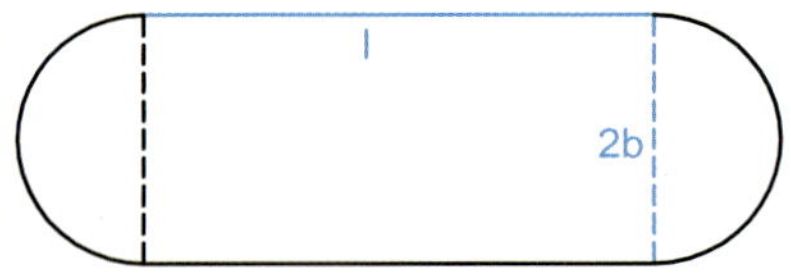

Abb. 5.2.22

Ü 5.41 ★★: Kanal A B

Ein Kanal hat als Querschnittsfläche ein Rechteck mit daran angeschlossenem Halbkreis. Veranschaulichen Sie den Sachverhalt mittels einer Skizze. Berechnen Sie die Abmessungen, wenn die Fläche 3 m² beträgt und der Umfang dabei möglichst klein bleiben soll.

Ü 5.42 ★★: Karton A B

Ein oben offener Karton hat eine quadratischer Grundfläche und einem Rauminhalt von 20 l. Bei der Produktion soll der Materialverbrauch minimal werden. (Falze o. Ä. bleiben hier unberücksichtigt).

Veranschaulichen Sie den Sachverhalt durch eine Skizze. Berechnen Sie die Maße des Kartons.

Ü 5.43 ★★★: Holzbearbeitung A B

Aus einer Leiste mit der Länge 180 cm und einem Querschnitt in Form eines gleichschenkeligen Dreiecks mit der Seitenlänge 30 mm und der Basis 50 mm soll eine möglichst große Leiste mit rechteckigem Querschnitt herausgeschnitten werden. Übertragen Sie die Aufgabenstellung in eine Skizze. Berechnen Sie den Abfall in Prozent.

Ü 5.44 ★★★: Holzkugeln A B

In einer Tischlerei sollen aus vorhandenen Holzkugeln mit dem Durchmesser 300 mm Zylinder gefräst werden, sodass der Rauminhalt des Zylinders maximal wird. Veranschaulichen Sie die Aufgabenstellung durch eine Skizze. Berechnen Sie die Abmessungen des Zylinders.

Ü 5.45 ★★★: Tischfeuerwerk A B D

Bei einem Tischfeuerwerk werden Konfetti in mehreren Portionen senkrecht nach oben geschossen. Ihre Flugbahn kann durch eine Funktion zweiten Grades beschrieben werden. 1,5 Sekunden nach Abschuss hat die erste Konfettiportion ihre maximale Höhe von 45 cm erreicht und ist nach 3 Sekunden wieder auf der Ausganghöhe gelandet.

a) Geben Sie eine Funktionsgleichung für die Flugbahn an.

b) Ein anderes Tischfeuerwerk hat folgende Flugbahn: $h(t) = -25(t^2 - 3t)$. Berechnen Sie $h'(1{,}5)$ und erklären Sie die Bedeutung von $h'(t)$ und Ihrer Lösung in diesem Zusammenhang anhand der grafischen Darstellung der Funktion.

Ü 5.46 ★★: Konfekt A B

Ein neues Konfekt aus Schokolade und Cranberries soll bis zum oberen Rand in kleine Papiertüten („Stanitzel") zu je 15 ml abgefüllt werden. Veranschaulichen Sie den Sachverhalt durch eine Skizze. Berechnen Sie den Öffnungswinkel des Kegels so, dass der Materialverbrauch für das Stanitzel möglichst minimal wird.

Ü 5.47 ★★: Vulkan C

Während eines Vulkanausbruchs wird Lava und Gestein mit einer Geschwindigkeit von 120 m/s in die Luft geschleudert. Die Höhe des Gesteins kann durch $h(t) = v_0 \cdot t - \frac{1}{2} \cdot g \cdot t^2$ beschrieben werden, wenn g die Gravitationskonstante ist, die Höhe in Metern und die Zeit in Sekunden gemessen wird. Interpretieren Sie die grafische Darstellung der Höhenfunktion und beachten Sie dabei besonders die Monotonie.

Ü 5.48 ★★★: Extremwertaufgabe – Rechteck und Halbkreis A B

Ein Rechteck wird einem Halbkreis mit dem Radius R eingeschrieben. Veranschaulichen Sie den Sachverhalt mittels einer zeichnerischen Darstellung. Erstellen Sie die Haupt- und die Nebenbedingung. Berechnen Sie allgemein den größtmöglichen Flächeninhalt des eingeschriebenen Rechtecks. Setzen Sie anschließend für den Radius R = 1,5 cm ein.

(**Tipp:** Vereinfachen der Nb. – Wurzel in der Nb.)

Ü 5.49 ★★★: Extremwertaufgabe – Kreiszylinder und Kugel A B D

Ein Kreiszylinder wird einer Kugel mit dem Radius R eingeschrieben. Veranschaulichen Sie den Sachverhalt mittels einer zeichnerischen Darstellung. Erstellen Sie die Haupt- und die Nebenbedingung. Berechnen Sie allgemein das größtmögliche Volumen des Kreiszylinders. Erklären Sie anschließend, wie sich das Ergebnis verändern würde, wenn der Kreiszylinder nicht in eine Kugel sondern in eine Halbkugel eingeschrieben wird.

Ü 5.50 ★★★ : Extremwertaufgaben in Anwendung A B

Von einem Ort X wird eine Gasleitung zu einem Ort Y gelegt. Zuerst wird längs der Straße gegraben und dann durch ein steiniges Gelände. Die Kosten längst der Straße betragen p €/m und die Kosten im steinigen Gelände sind 1,5-mal so hoch. Der Punkt auf der Straße, welcher dem Ort Y am nächsten liegt, ist 3 km vom Ort X entfernt und der Normalabstand der Straße zum Ort Y ist 750 m. Veranschaulichen Sie den Sachverhalt mittels einer zeichnerischen Darstellung. Erstellen Sie die Haupt- und die Nebenbedingung. Berechnen Sie, wie lang entlang der Straße gegraben werden soll, damit die Gesamtkosten der Grabung minimal sind.

Ü 5.51 ★★★: Extremwertaufgabe – Trapez und Halbkreis A B D

Einem Halbkreis mit dem Radius 2 cm wird ein Trapez eingeschrieben. Veranschaulichen Sie den Sachverhalt mittels einer zeichnerischen Darstellung. Erstellen Sie die Haupt- und die Nebenbedingung. Berechnen Sie den maximalen Umfang des eingeschriebenen Trapezes.

SbX ID: 1522

Weitere Übungsbeispiele zu dieser Lerneinheit finden Sie im SbX.

Sichern

Bedeutung von f(x), f'(x), f"(x)

f(x)	gegebene Funktion	ermittelt die y-Koordinaten (zu gegebenen x-Koordinaten)
f'(x)	erste Ableitung	ermittelt die Steigung „bergauf oder bergab"
f"(x)	zweite Ableitung	ermittelt die Krümmungsrichtung „nach rechts oder nach links"

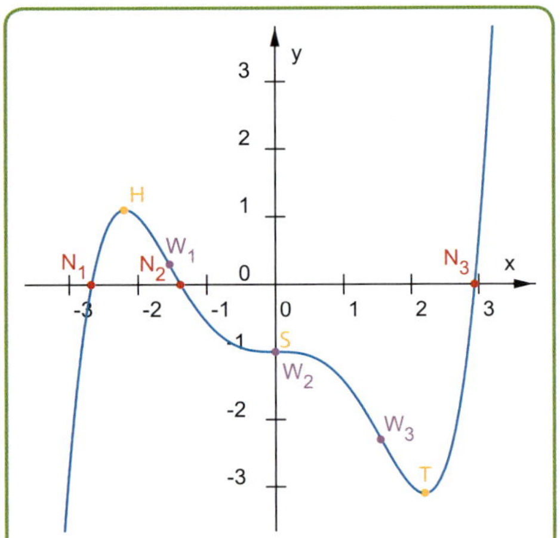

Abb. 5.2.23

Nullstellen

Die Punkte, in denen die Kurve die x-Achse schneidet, nennt man **Nullstellen.** Alle Punkte auf der x-Achse haben als **y-Koordinate** den **Wert 0.** Das bedeutet für diese Stellen: f(x) = 0.

Extrempunkte bergauf/bergab

Die Punkte, in denen die Funktion in einer Umgebung den höchsten (niedrigsten) Wert annimmt, nennt man **Extrempunkte.** An diesen Stellen hat die Kurve die Steigung 0. Die Steigung berechnet man mithilfe der **ersten Ableitung.** Das bedeutet für diese Stellen: f'(x) = 0.

links/rechts lenken?

Hochpunkt		Tiefpunkt	
f'(x) = 0	Steigung = null	f'(x) = 0	Steigung = null
f"(x) < 0	negative Krümmung	f"(x) > 0	positive Krümmung

Wendepunkte

Die Punkte, in denen die Kurve ihre Krümmungsrichtung ändert, nennt man **Wendepunkte.** An diesen Stellen ist die Kurve weder rechts- noch linksgekrümmt, daher ist die Krümmung 0. Die Krümmung berechnet man mithilfe der **zweiten Ableitung.** Das bedeutet: f"(x) = 0.

Sattelpunkte

Die Punkte, in denen sowohl die Steigung als auch die Krümmung den Wert null haben, nennt man **Sattelpunkte.**

f'(x) = 0 Steigung hat den Wert null.

f"(x) = 0 Krümmung hat den Wert null.

Kurvendiskussion

Unter Kurvendiskussion versteht man das Ermitteln von **Nullstellen, Wendepunkten** sowie der **Monotonie** und der **Krümmung** – und das Anfertigen einer **grafischen Darstellung.**

Wissen

A B C D

W 5.13: Kraftstoffverbrauch eines Pkw B C D

Laut Angaben eines Autoherstellers lässt sich der Kraftstoffverbrauch eines bestimmten Pkw-Modells mit der Formel

$$k(x) = \frac{1}{700}x^2 - \frac{4}{25}x + 10{,}5$$

beschreiben, wobei x der Geschwindigkeit in km/h entspricht.

a) Bestimmen Sie, wann der Kraftstoffverbrauch am geringsten ist und wie viel Liter er beträgt. Ermitteln Sie die Lösung mithilfe des Grafikprogramms Ihres Taschenrechners und beschreiben Sie, welche Überlegungen Sie dabei angestellt haben. Kontrollieren Sie durch Berechnung.

b) Erklären Sie die Bedeutung von k(20) und k(50). Legen Sie eine Gerade durch die Punkte (20/y) und (50/y) und beschreiben Sie die Bedeutung des Anstiegs dieser Geraden.

W 5.14: Grafische Interpretation von Kurven C

Beantworten Sie folgende Fragen zur grafischen Interpretation von Kurven.

a) Was gibt die erste und die zweite Ableitung einer Funktion an?

b) Wie nennt man den Punkt, an dessen Stelle die Kurve keinen Anstieg besitzt, aber dafür linksgekrümmt ist?

c) Wie heißt ein Punkt, an dessen Stelle sowohl die Steigung als auch die Krümmung null sind?

d) Wie viele Nullstellen, Extrempunkte und Wendepunkte kann eine Polynomfunktion 4. Grades maximal haben – warum?

e) Wie heißt der Punkt, dessen Tangente waagrecht ist und an dessen Stelle die Funktion eine negative Krümmung hat?

W 5.15: Fieber B C

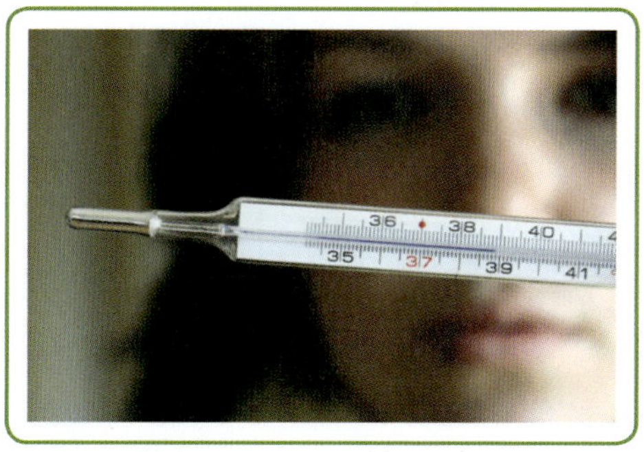

Eine Patientin geht am 4. November mit 38° C Fieber zum Arzt, der ihr nach einer Untersuchung ein Medikament verordnet und sie krankschreibt. Die Fieberkurve (nach dem Arztbesuch) lautet ($t \in [0; 6{,}4]$):

$$f(t) = -\frac{1}{16}t^4 + \frac{2}{3}t^3 - \frac{21}{10}t^2 + \frac{9}{2}t + 38$$

Beschreiben Sie den Verlauf des Fiebers und geben Sie eine Vermutung für den Temperaturverlauf ab. Wann (t in Tagen) wurde die höchste Temperatur gemessen und wie hoch war diese? Wann hatte die Patientin wieder ihre persönliche Normaltemperatur von 36,8° C? Ermitteln Sie diese Lösung mithilfe des Grafikprogramms Ihres Taschenrechners.

W 5.16: Funktion ermitteln und Kurvendiskussion durchführen A B C

Der Graph einer Polynomfunktion dritten Grades, deren absolutes Glied gleich null ist, geht durch den Punkt P(8/8) und schneidet die x-Achse an der Stelle 6 mit einem Anstieg k = 0. Stellen Sie die Gleichung der Funktion auf und führen Sie anschließend eine Kurvendiskussion (inkl. Skizze) durch.

W 5.17: Bedeutung der Steigung einer Tangente A C D

Erklären Sie die praktische Bedeutung der Steigung der Tangente an eine Kurve mithilfe des zurückgelegten Weges beim freien Fall. Veranschaulichen Sie Ihre Überlegungen anhand einer Skizze. Erklären Sie den Unterschied zwischen Differential- und Differenzenquotient in diesem Kontext.

W 5.18: Notsignal A B D

Wenn Bergsteiger bei schlechtem Wetter in Not geraten und dann mittels Helikopter gesucht werden, dann kann der Einsatz eines in die Höhe geschossenen Signals hilfreich sein. Von einer 3100 m hohen Bergspitze wird ein solches Signal mit 30 m/s senkrecht nach oben geschossen. Unterhalb der Bergspitze befindet sich auf 2500 m Seehöhe ein Hochplateau, auf dem die Signalkugel auftrifft.

a) Modellieren Sie eine Funktionsgleichung der Höhe des Signals der Art $h(t) = v_0 \cdot t - \frac{g}{2} \cdot t^2 + h_0$, wobei die Geschwindigkeit in km/h gemessen wird und die Zeit in Stunden.

b) Ein anderes Signal hat die Höhe $h(t) = -4{,}905 \cdot t^2 + 30t + 100$ (t in sec, h in m/s). Berechnen Sie, nach wie viel Sekunden das Signal am höchsten ist und wie viel es zu diesem Zeitpunkt an Höhe zugenommen hat im Vergleich zur Abschusshöhe.

c) Stellen Sie den Verlauf der Höhe aus b) grafisch dar und erklären Sie, wie Sie jene Zeit bestimmen können, nach der das Signal wieder seine Ausgangshöhe erreicht hat.

W 5.19: Medikamentengabe A B C D

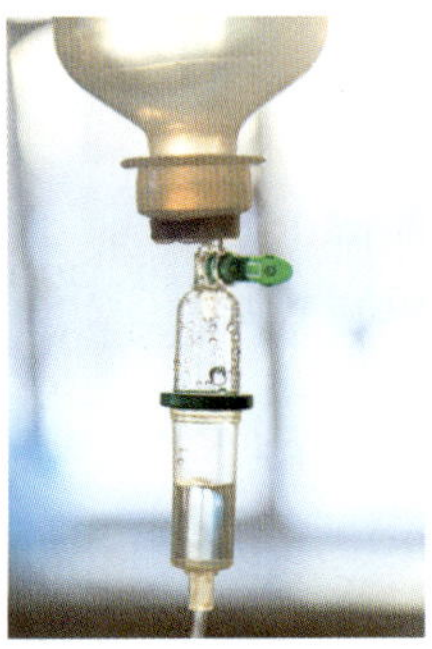

In Krankenhäusern werden Medikamente, die rasch ihre Wirkung zeigen sollen, oft mittels einer Infusion verabreicht.

Der Wirkstoffgehalt im Blut kann durch $w(t) = a \cdot \frac{t^2}{t^2 + b}$ beschrieben werden und lässt sich grafisch wie folgt darstellen. (t) in mg, t in min.

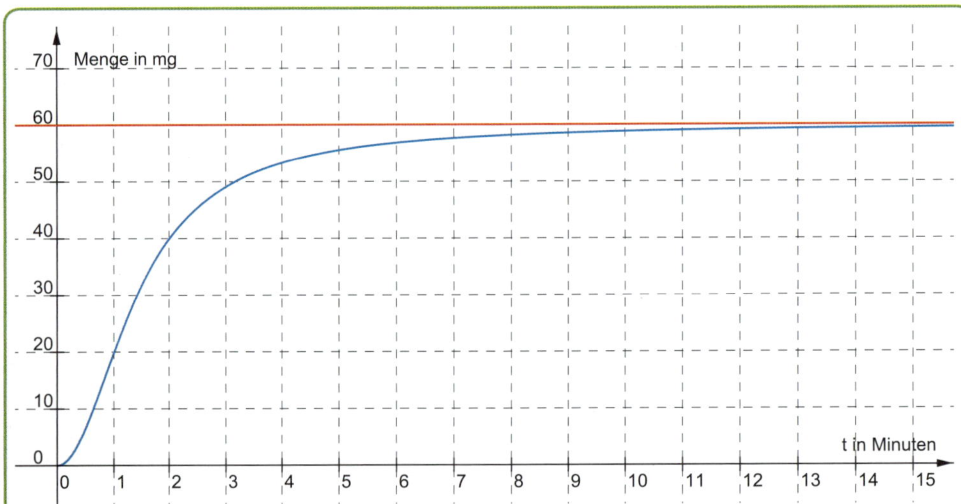

Abb. 5.2.24

a) Erstellen Sie durch Ablesen von Werten die Modellfunktion des Wirkstoffgehalts im Blut.

b) Argumentieren Sie anhand einer Grafik, warum eine intravenöse Verabreichung dem Patienten rasch hilft.

c) Interpretieren Sie die Bedeutung der Asymptote y = 60 in diesem Zusammenhang.

W 5.20: Atomexplosion B C

Nach einer Atomexplosion breitet sich die atomare Schockwelle sehr rasch aus. So gilt für die ersten zehn Sekunden:

$s(t) = \frac{8}{5}t^2 + \frac{16}{5}t$, wobei s der Weg in Kilometern ist und die Zeit in Sekunden gemessen wird.

a) Stellen Sie die die Ausbreitung grafisch dar. Kennzeichnen Sie die durchschnittliche Ausbreitungsgeschwindigkeit der ersten vier Sekunden in der Grafik.

b) Ermitteln Sie die momentane Ausbreitungsgeschwindigkeit nach acht Sekunden.

W 5.21: Box mit maximalem Volumen A B

Eine quaderförmige Box mit der Kantenlänge a und der Oberfläche $O = 45\ cm^2$ soll ein möglichst großes Volumen besitzen.

Stellen Sie eine Modellfunktion für das Volumen in Abhängigkeit von h auf. Berechnen Sie, wie groß die Breite b und die Höhe h sein müssen, wenn b halb so groß wie a ist.

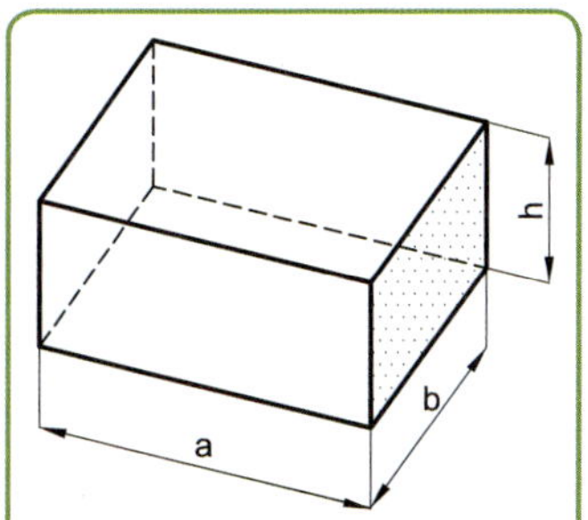

Abb. 5.2.25

W 5.22: Kiste mit maximaler Oberfläche bzw. maximalem Volumen B

Die Seiten der Basis einer oben offenen Kiste verhalten sich wie $1 : \sqrt{2}$. Berechnen Sie a und h, wenn

a) $V = 0{,}25\ m^3$ und die Oberfläche der Kiste möglichst klein sein soll.

b) $O = 350\ cm^2$ und das Volumen der Kiste möglichst groß sein soll.

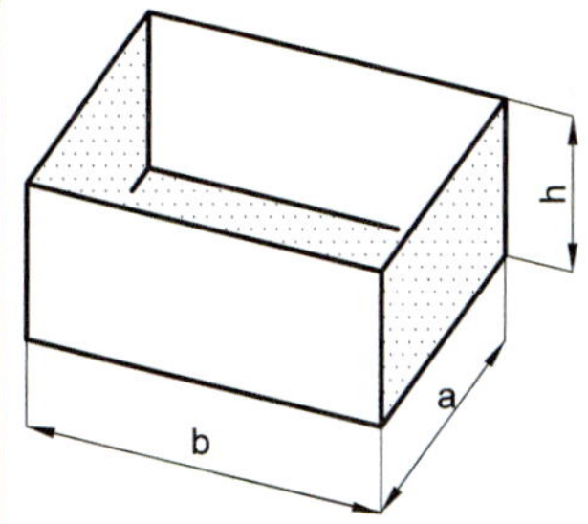

Abb. 5.2.26

W 5.23: Skulpturtransport A B D

Um eine Skulptur beim Transport in ein Kunstdepot zu schützen, wird eine Schutzhülle in Form eines Zylinders mit aufgesetzter Halbkugel benötigt, der am anderen Ende auch verschlossen ist. Das „Fassungsvermögen" muss $0{,}6\ m^3$ betragen. Berechnen Sie jene Abmessungen der Schutzhütte, die den geringsten Materialverbrauch nach sich ziehen (aus Kostengründen).

a) Stellen Sie eine Zielfunktion und eine Nebenbedingung auf, welche diesen Sachverhalt beschreibt.

b) Berechnen Sie die optimalen Abmessungen. Berechnen Sie den Gesamtpreis bei einem Preis von 12,60 €/m².

c) Wegen der Stabilität des Zylinders muss der Radius der Halbkugel 40 % der Zylinderhöhe betragen. Zeigen Sie, dass Sie daher neue Maße benötigen. Bestimmen Sie, um wie viel die neue Verpackung teurer ist.

W 5.24: Schachtel A B

Aus einem rechteckigen Stück Blech werden an den Ecken Quadrate herausgestanzt, damit aus dem verbleibenden Blech eine oben offene Schachtel gebogen werden kann, die ein maximales Volumen haben soll.

a) Stellen Sie eine Zielfunktion und eine Nebenbedingung auf.

b) Berechnen Sie die Seitenlänge der Quadrate.

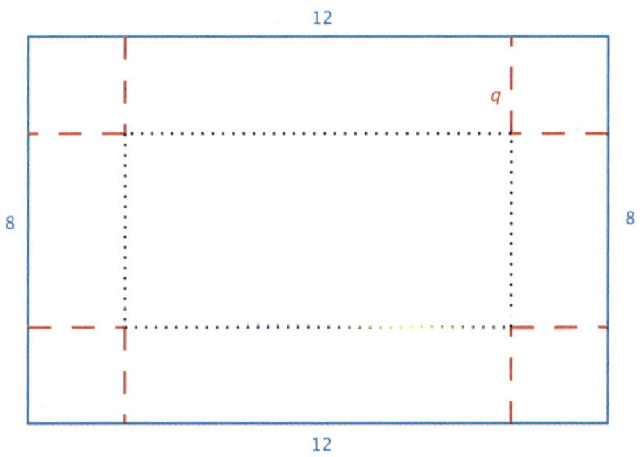

Abb. 5.2.27

W 5.25: Dose als Verpackung A B

Bei der Herstellung von Dosen in Form eines Zylinders muss für den Falz der Radius des Bodens und des Deckels um je 6 mm größer sein als der Innenradius der Dosen. Für zusätzliche Stabilität sorgen Wellen entlang des Mantels. Für diese Wellen muss das Blech des Mantels um 3 % höher sein als die Innenhöhe. Die Dosen sollen 5 Liter fassen und einen minimalen Materialverbrauch haben.

a) Stellen Sie eine Zielfunktion und eine Nebenbedingung auf.

b) Berechnen Sie die Maße.

Kompetenz-Check

	☺	😐	☹
Ich kann eine Kurvendiskussion bei Polynomfunktionen und Exponentialfunktionen durchführen.			
Ich kenne den Begriff der Asymptote und kann diesen erklären.			
Ich kenne das Prinzip der Extremwertaufgaben und kann anhand eines Textes die Zielfunktion- und Nebenbedingung aufstellen und die kontextbezogenen Beispiele lösen.			
Ich kenne konkrete Anwendungsbeispiele für die Differentialrechnung und kann diese mittels der gelernten Fertigkeiten bearbeiten.			

Lerneinheit 3
Wirtschaftliche Anwendungen – Kosten- und Preistheorie

SbX
Alle SbX-Inhalte zu dieser Lerneinheit finden Sie unter der ID: 1530.

Auch im Wirtschaftsleben kann die Differentialrechnung angewendet werden. Betriebskosten, Preis und Gewinn lassen sich als Funktionen darstellen, die mit den Werkzeugen der Analysis untersucht werden können. Typische Fragestellungen sind dabei:

Bei welcher Produktionsmenge sind die durchschnittlichen Kosten am niedrigsten? Wie ändert sich der Gewinn, wenn der Preis erhöht wird?

Sie lernen hier:

- Betriebskosten, Erlös und Gewinn als Funktionen darzustellen
- warum ein größerer Erlös nicht automatisch einen höheren Gewinn bedeutet
- Grenzen zu ermitteln, in denen ein Unternehmen Gewinn macht
- den maximalen Gewinn zu berechnen

Lernen

A B C D

1 Kostenfunktionen
Minimale Kosten bei maximalem Gewinn

Querverweis
Kostenfunktionen werden auch in Kapitel 1, Lerneinheit 3 behandelt.

Wenn man betrieblich wirtschaftlich rechnet, gibt es neben der Kostenfunktion auch noch etliche andere Parameter, die entscheiden, in welchem Rahmen sich die Produktion überhaupt lohnt. Lohnen bedeutet natürlich nicht nur, keinen Verlust, sondern auch einen Gewinn zu erzielen, denn das Einkommen eines Unternehmers ist der Gewinn, so wie das Einkommen eines Angestellten sein Gehalt ist.

Die Grundlagen

Kostenrechnung

Kostenfunktion (Gesamtkostenfunktion)	$K(x) = ax^3 + bx^2 + cx + d$ (bei s-förmigem Verlauf)	Gesamtkosten für die Produktion von x Stück bzw. Mengeneinheiten
variable Kosten	K_v	Kosten, die abhängig von der Stückzahl sind
fixe Kosten	K_f	Kosten, die unabhängig von der Stückzahl anfallen
Stückkosten	$\overline{K} = \frac{K(x)}{x}$	durchschnittliche Kosten pro Stück
variable Kosten	$\overline{K}_v = \frac{K_v(x)}{x}$	durchschnittliche variable Kosten pro Stück
fixe Stückkosten	$\overline{K}_f = \frac{K_f}{x}$	durchschnittliche Fixkosten pro Stück

Erlösfunktion	$E(x) = p \cdot x$ p … Verkaufspreis $E(x) = p(x) \cdot x$ p(x) … Nachfragefunktion	Einnahmen aus den verkauften Produkten
Gewinnfunktion	$G(x) = E(x) - K(x)$	Der Gewinn ist die Differenz von Erlös und Kosten.
Grenzkosten	$K'(x)$	zusätzliche Kosten (wenn ein Stück mehr produziert wird)

Die **erste Ableitung** gibt die **momentane Änderungsrate** an: die Änderung der Kosten nach der Stückzahl ⇒ K'(x)

Die folgenden drei Graphen zeigen drei typische Kostenverläufe:

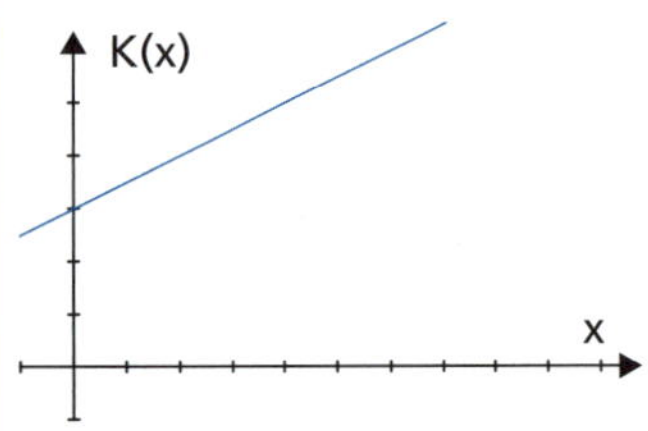 Abb. 5.3.1	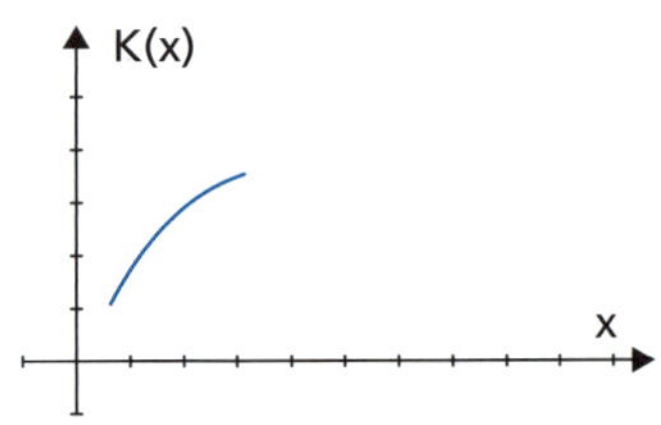 Abb. 5.3.2	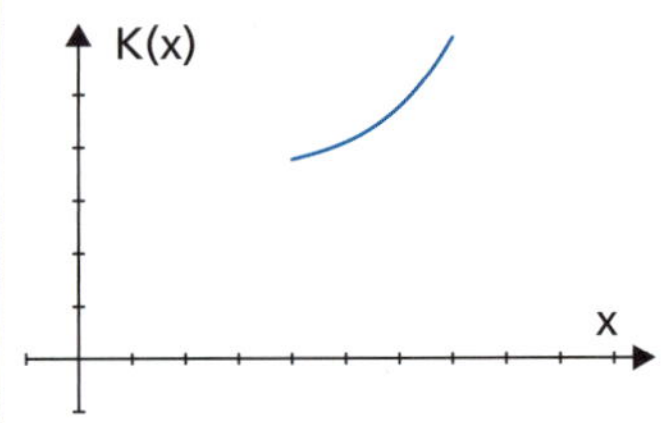 Abb. 5.3.3
linear Die Grenzkosten sind konstant.	**degressiv** Die Grenzkosten werden geringer.	**progressiv** Die Grenzkosten werden höher.

In der Praxis ist der Kostenverlauf häufig gemischt: zuerst degressiv, bei höherer Stückzahl aber progressiv. Den **Punkt,** in dem die **Kostenkurve sich von einem degressiven zu einem progressiven Verlauf** wandelt, nennt man **Kostenkehre;** dabei gilt: $K''(x) = 0$.

Achtung: Mit x wird immer eine Stückanzahl berechnet, bei der die gewünschte Eigenschaft eintritt.

Gewinngrenzen	$K(x) = E(x)$, $G(x) = 0$	Kosten und Erlös sind gleich, daher ist der Gewinn gleich 0 (Grenze zwischen Gewinn und Verlust)

Mit diesen Grundbegriffen ausgestattet kann es losgehen mit der Kostenrechnung.

Lehrbeispiel

L 5.27: Vanillekipferl A

Annemarie bäckt zu Hause Vanillekipferln, die sie auf dem Weihnachtsmarkt verkaufen will. Für 1 kg Kipferln braucht sie eine Stunde, die Zutaten kosten 4 €. Außerdem rechnet sie mit monatlichen Fixkosten von 100 € (Miete, Anschaffungskosten für den Herd …). Wenn Annemarie in der Fabrik arbeiten würde, bekäme sie einen Stundenlohn von 12 €. Diesen Betrag betrachten wir als Gegenwert einer Arbeitsstunde. Stellen Sie die Gesamtkostenfunktion auf.

Die Kosten für ein kg betragen insgesamt 16 €. Weil dieser Wert (die variablen Stückkosten) konstant ist, erhält man eine lineare Funktion:

$K(x) = 16x + 100$

Die Kosten nehmen proportional zur Menge zu, wie Sie auch an der Wertetabelle ablesen können:

x in kg	K(x) in €
0	100,00
1	116,00
2	132,00
3	148,00
4	164,00
5	180,00

Lehrbeispiel

L 5.28: Tonkrüge A

Sarah erzeugt Tonkrüge, die sie auch auf dem Weihnachtsmarkt verkaufen will. Für den ersten Krug braucht sie eine Stunde. Weil sie immer mehr Übung bekommt, wird sie immer schneller: Für den zweiten Krug braucht sie nur mehr eine halbe Stunde, für den dritten 20 Minuten …, für den n-ten Krug $\frac{1}{n}$ Stunde.

Auch in diesem Fall nehmen wir als Gegenwert einer Arbeitsstunde 12 € und für die Fixkosten (Anschaffung der Töpferscheibe …) 100 € an. Man kann dann folgende Wertetabelle aufstellen:

x in Stück	K(x) in €
0	100,00
1	112,00
2	118,00
3	122,00
4	125,00
5	127,40

degressiv von lat. *degressio:* Abstieg, Abnahme

Die Kosten steigen also immer langsamer, sie nehmen unterproportional zu. Einen solchen Kostenverlauf bezeichnet man als **degressiv.**

(Die Funktionsgleichung lässt sich in diesem Beispiel nicht einfach angeben, sie ähnelt einer Logarithmusfunktion.)

Lehrbeispiel

L 5.29: Pilze A

Niko sammelt Pilze, die er an Gastwirte im Bezirk verkauft. In der ersten Stunde findet er ein Kilogramm Pilze. Danach muss er aber zu immer abgelegeneren Fundstellen gehen und braucht daher immer länger: Für das zweite Kilo muss er schon 2 Stunden suchen, für das dritte Kilo 3 Stunden … Wenn wir 20 € Fixkosten annehmen (z. B. Benzin für das Moped) und den Wert einer Arbeitsstunde wieder mit 12 € ansetzen, erhalten wir die quadratische Kostenfunktion

$K(x) = 6x^2 + 6x + 20.$

x in kg	K(x) in €
0	20,00
1	32,00
2	56,00
3	92,00
4	140,00
5	200,00

progressiv von lat. *progressio*: Fortschritt, Zunahme

Wie Sie sehen, steigen hier die Kosten immer schneller, sie nehmen überproportional zu. Es handelt sich um einen **progressiven** Kostenverlauf.

Ü 5.52: Graph der Kostenfunktionen B

Skizzieren Sie die Graphen der Kostenfunktionen aus **L 5.27–L 5.29.**

Kostenkehre

In der Praxis zeigen die meisten Betriebskostenfunktionen einen gemischten Verlauf – am Anfang steigen die Kosten degressiv, ab einem bestimmten Punkt wird die Zunahme aber wieder stärker. Eine solche, sogenannte ertragsgesetzliche Kostenfunktion verläuft also in Form einer S-Kurve und kann durch eine Funktion 3. Grades modelliert werden. Die Menge, bei der der degressive Kostenverlauf in den progressiven übergeht, heißt **Kostenkehre;** er entspricht dem Wendepunkt der Kostenfunktion. An dieser Stelle sind die Grenzkosten minimal.

Lehrbeispiel

L 5.30: Start-Up-Unternehmen A B

Nerd & Co. ist ein junges Start-up-Unternehmen. Die Geschäftsidee: Nerd & Co. will Mützen mit integrierten Kopfhörern produzieren.

Die Kosten für die Produktion können durch eine Funktion dritten Grades angenähert werden. Folgende Werte sind bekannt:

ME: Mengeneinheit(en)
GE: Geldeinheit(en)

Die Fixkosten betragen 100 GE. Bei der Produktion von 10 ME betragen die Gesamtkosten 225 GE und die Grenzkosten (die erste Ableitung der Kostenfunktion) 6,5 GE/ME.

Die Kosten für die Erzeugung von 20 ME betragen 260 GE.

a) Stellen Sie ein Gleichungssystem auf, das diesen Sachverhalt wiedergibt.
b) Ermitteln Sie die Gleichung der Gesamtkostenfunktion.

a) Die allgemeine Gleichung einer Funktion 3. Grades lautet:
$K(x) = ax^3 + bx^2 + cx + d$
Man bildet auch die 1. und 2. Ableitung:
$K'(x) = 3ax^2 + 2bx + c$
$K''(x) = 6ax + 2b$
In diese Gleichungen setzt man die angegebenen Werte ein:
- Die Fixkosten betragen 100 GE:
  $K(0) = 100 \Rightarrow a\cdot 0^3 + b\cdot 0^2 + c\cdot 0 + d = 100$
- Bei 10 ME betragen die Kosten 225 GE:
  $K(10) = 225 \Rightarrow a\cdot 10^3 + b\cdot 10^2 + c\cdot 10 + d = 225$
- Bei 10 ME betragen die Grenzkosten 6,5 GE/ME:
  $K'(10) = 6{,}5 \Rightarrow 3a\cdot 10^2 + 2b\cdot 10 + c = 6{,}5$
- Bei 20 ME betragen die Kosten 260 GE:
  $K(20) = 260 \Rightarrow a\cdot 20^3 + b\cdot 20^2 + c\cdot 20 + d = 260$

Man muss also folgendes Gleichungssystem lösen:

$$\begin{array}{lrcrcrcrcl} \text{I:} & & & & & & & d & = & 100 \\ \text{II:} & 1000a & + & 100b & + & 10c & + & d & = & 225 \\ \text{III:} & 300a & + & 20b & + & c & & & = & 6{,}5 \\ \text{IV:} & 8000a & + & 400b & + & 20c & + & d & = & 260 \end{array}$$

b) Die Lösung lautet: $a = 0{,}015$, $b = -0{,}9$, $c = 20$, $d = 100$. Die Kostenfunktion lautet also
$K(x) = 0{,}015x^3 - 0{,}9x^2 + 20x + 100$.

Lehrbeispiel

L 5.31: Kostenberechnungen B C

Sie kennen die Kostenfunktion $K(x) = 0{,}015x^3 - 0{,}9x^2 + 20x + 100$. Erstellen Sie eine Gleichung, mit der Sie die zusätzlichen Kosten pro Stück berechnen können.

Durch Ableiten der Kostenfunktion erhält man:
$K'(x) = 0{,}045x^2 - 1{,}8x + 20$

2 Erlös und Gewinn

Wie man trotz höherem Umsatz Verluste machen kann

Erlös und Gewinn

Wir nehmen an, dass ein Anbieter auf dem Markt eine beliebige Menge (jedenfalls im Rahmen seiner Möglichkeiten) zu einem konstanten Preis p verkaufen kann. Mehr Verkauf bedeutet aber nicht unbedingt auch mehr Gewinn.

Preisfunktion
Nachfragefunktion

Wenn es nur einen einzigen Anbieter für ein Produkt gibt, kann er jeden Preis verlangen, den er will. Allerdings wird er umso weniger verkaufen, je höher der Preis ist. Die **Preisfunktion** bzw. (inverse) **Nachfragefunktion** $p(x)$ gibt an, zu welchem Preis eine bestimmte Menge x verkauft werden kann.

Der **Erlös** (Umsatz) ist das Produkt aus Stückpreis und verkaufter Menge:

Erlösfunktion

$E(x) = p \cdot x$

In diesem Modell ist das eine lineare Funktion.

Der **Gewinn** eines Unternehmens ist das, was vom Erlös nach Abzug der Kosten übrig bleibt:

Gewinnfunktion

$G(x) = E(x) - K(x)$

Betrachten Sie die Abbildung: Sie zeigt eine typische Kostenfunktion (blau) und die Erlösfunktion (rot):

Zuerst sind die Ausgaben höher als die Einnahmen, der Betrieb macht Verlust. Der 1. Schnittpunkt der beiden Kurven gibt die Menge an, bei der die Firma in die Gewinnzone kommt. Ab da liegt der Gewinn (gelb) über null und steigt weiter – ab einer bestimmten Produktionsmenge fällt er jedoch wieder. Schließlich wird er wieder 0 (zweiter Schnittpunkt von E und K). Bei noch höherer Produktion fährt der Betrieb trotz höherem Erlös wieder Verluste ein.

Diese Gewinngrenzen sind also die Nullstellen der Gewinnfunktion:

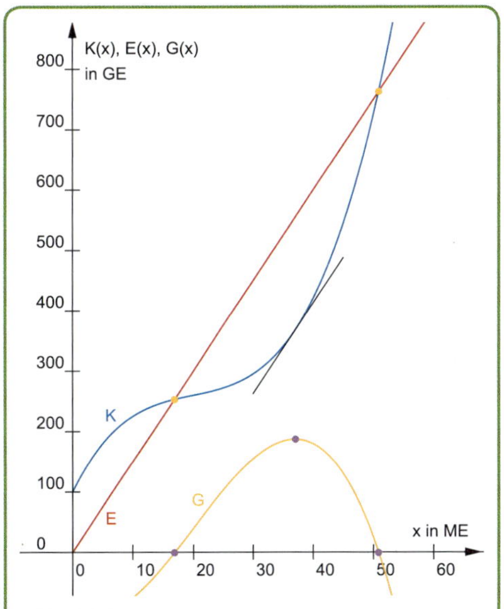

Abb. 5.3.4

Gewinngrenzen

$G(x) = 0$ bzw. $E(x) = K(x)$

Die Stelle, bei der der Gewinn maximal wird, berechnet man wie immer durch Nullsetzen der ersten Ableitung:

Gewinnmaximierende Menge

$G'(x) = 0$ bzw. $E'(x) = K'(x)$

Lehrbeispiel

L 5.32: Produktion von Mützen A B C

Die Firma Nerd & Co. (siehe **L 5.30**) kann ihre Mützen um 15 GE/ME verkaufen. Die entstehenden Kosten betragen $K(x) = 0{,}015x^3 - 0{,}9x^2 + 20x + 100$.

a) Berechnen Sie die Grenzen des Gewinnbereichs.

b) Ermitteln Sie jene Produktionsmenge, bei der die Firma den maximalen Gewinn macht – bestimmen Sie auch die Gewinnhöhe.

a) Die Erlösfunktion lautet

$E(x) = 15x$

und die Gewinnfunktion

$G(x) = 15x - (0{,}015x^3 - 0{,}9x^2 + 20x + 100) = -0{,}015x^3 + 0{,}9x^2 - 5x - 100.$

Die Gewinngrenzen erhalten wir aus der Gleichung

$-0{,}015x^3 + 0{,}9x^2 - 5x - 100$

mit den Lösungen $x_1 = -7{,}76$, $x_2 = 16{,}89$, $x_3 = 50{,}87$.

Die negative Lösung kommt nicht infrage. x_2 wird aufgerundet, x_3 abgerundet (bei 16 ME macht die Firma noch keinen Gewinn, bei 51 ME ist sie schon wieder in der Verlustzone). Der Gewinnbereich liegt daher zwischen 17 und 50 ME.

b) Wenn wir die erste Ableitung der Gewinnfunktion,

$G'(x) = -0045x^2 + 1{,}8x - 5,$

gleich null setzen, erhalten wir die Lösungen $x_1 = 3{,}00$, $x_2 = 36{,}99$.

Die erste Lösung liegt nicht im Gewinnbereich, es handelt sich hier um den Tiefpunkt. (Wir hätten das auch mit der 2. Ableitung überprüfen können.) Der maximale Gewinn wird also bei 37 ME erzielt.

Diesen Wert setzen wir in die Gewinnfunktion ein, um den Gewinn zu berechnen:

$G(37) = -0{,}015 \cdot 37^3 + 0{,}9 \cdot 37^2 - 5 \cdot 37 - 100 = 187{,}31$ GE

Lehrbeispiel

L 5.33: Mützenproduktion A B C

Nerd & Co. hat eine Marktforschung in Auftrag gegeben. Die Studie zeigt, dass für Mützen mit integrierten Kopfhörernder Preis durch folgende Funktion gegeben ist:

$p(x) = -0{,}1x + 20$

a) Stellen Sie die Erlösfunktion auf und berechnen Sie den maximalen Erlös.

b) Ermitteln Sie die Gewinnfunktion und die Grenzen des Gewinnbereichs.

c) Bei welcher Menge wird der Gewinn unter diesen Voraussetzungen maximal? Geben Sie auch die Höhe des Gewinns an.

a) Die Gleichung der Erlösfunktion lautet

$E(x) = p(x) \cdot x = -0{,}1x^2 + 20x$

Der Erlös ist am höchsten, wenn die erste Ableitung gleich 0 ist:

$E'(x) = -0{,}2x + 20$

$-0{,}2x + 20 = 0 \Rightarrow x = 100,\ E(100) = 1000$ (nicht im Bild)

Wenn mehr verkauft wird, steigt der Erlös also zuerst bis auf 1000 GE und nimmt bei einer größeren Menge wieder ab.

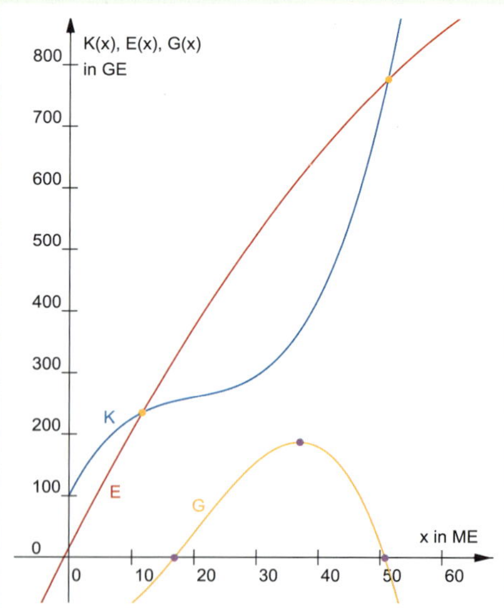

Abb. 5.3.5

b) Aus der Kosten- und der Erlösfunktion ergibt sich die Gewinnfunktion

$G(x) = -0{,}1x^2 + 200x - (0{,}015x^3 - 0{,}9x^2 + 20x + 100) = -0{,}015x^3 + 0{,}8x^2 - 100$

Die Gewinngrenzen sind die Nullstellen der Gewinnfunktion:

$-0{,}015x^3 + 9{,}8x^2 - 100 = 0 \Rightarrow (x_1 = -10{,}24,)\ x_2 = 12{,}83,\ x_3 = 50{,}74$

Der Gewinnbereich liegt also zwischen 13 und 50 ME.

c) Auch hier müssen wir die Gewinnfunktion ableiten:
$G'(x) = -0{,}045x^2 + 1{,}6x$
Nullsetzen ergibt ($x_1 = 0$,) $x_2 = 35{,}55$
Wenn die Firma 36 ME verkauft, erzielt sie also den maximalen Gewinn, nämlich G(36) = 236,96 GE.

Üben

A B C D

Ü 5.53 ★★: Sudoku A B

Für die Produktion von Sudokuheften lautet die Funktion der Gesamtkosten: $K(x) = \frac{9}{250}x^2 + \frac{9}{5}x + 350$.

Die Preisfunktion lautet $p(x) = -\frac{3}{10000}x^2 - \frac{2}{50}x + 22$.

a) Berechnen Sie, wie viel Stück bei einem Stückpreis von 10,90 € verkauft werden.
b) Stellen Sie eine Gleichung für die Erlös- und die Gewinnfunktion auf.
c) Bestimmen Sie den maximalen Erlös und den zugehörigen Verkaufspreis und den Gewinn.
d) Berechnen Sie den Bereich, innerhalb dessen der Betrieb Gewinn macht. Geben Sie an, wann der Gewinn maximal ist. Berechnen Sie den Verkaufspreis und den Gewinn.

Ü 5.54 ★★: Kosten für Quellwasser A B C

H₂Ö
Trink. Wasser.

Das Unternehmen H2Ö füllt für ein Hotel in den V.A.E. Quellwasser in Fläschchen zu 0,2 l ab. Die Kosten dafür lassen sich mit der folgenden Funktion beschreiben:

$K(x) = 0{,}000025x^2 + 0{,}5x + 3000$.

Die maximale Produktionskapazität beträgt 50 000 Stück pro Tag. Der Verkaufspreis wird mit 2 € angesetzt.

a) Stellen Sie eine Gleichung für die Erlös- und die Gewinnfunktion auf.
b) Berechnen Sie jene Stückzahl, bei der der Gewinn maximal ist, geben Sie die Höhe des Gewinns an.
c) Interpretieren Sie die Gleichung G(x) = 0.

Ü 5.55 ★: Lineare Gesamtkostenfunktion A B

a) Ermitteln Sie die Gleichung der linearen Gesamtkostenfunktion:
   - Die Fixkosten betragen 300 GE, die variablen Kosten 1,2 GE/ME.
   - Die Fixkosten betragen 500 GE, die Kosten für 300 ME betragen 1250 GE.
b) Erstellen Sie ein Gleichungssystem, das folgenden Sachverhalt wiedergibt: Die Kosten für 100 ME betragen 1000 GE, für 500 ME 1800 GE.

Ü 5.56 ★★: Lineare Kostenfunktion A B D

Die Fixkosten eines Betriebes betragen 250 GE. Bei der Produktion von 200 ME sind die Stückkosten 2,75 GE/ME.

a) Stellen Sie ein Gleichungssystem auf, das diesen Sachverhalt wiedergibt, und ermitteln Sie die lineare Kostenfunktion und die Stückkostenfunktion.
b) Berechnen Sie die Gesamtkosten und die Stückkosten bei der Produktion von 25 ME an.
c) Berechnen Sie, ab welcher Menge die Stückkosten kleiner als 2 GE/ME werden.
d) Argumentieren Sie, ob die Stückkosten auch kleiner als 1 GE/ME werden können.

Ü 5.57 ★★: Quadratische Kostenfunktion A B C

Eine Gesamtkostenfunktion lautet $K(x) = 0{,}1x^2 + 2x + 40$.

a) Beschreiben Sie den Funktionsverlauf, legen Sie dabei besonderes Augenmerk auf einen progressiven oder degressivev Verlauf.

b) Stellen Sie die Stückkostenfunktion auf.

c) Erstellen Sie eine Wertetabelle für die Gesamtkosten- und Stückkostenfunktion im Intervall [0; 50] in Zehnerschritten und zeichnen Sie die Funktionsgraphen. Zeichnen Sie auch die Stelle ein, an der die Stückkosten am niedrigsten sind.

Ü 5.58 ★★★: Kostenfunktion B

Ermitteln Sie für die folgenden Kostenfunktionen die Stückkostenfunktion und die minimalen Stückkosten.

a) $K(x) = 0{,}05x^2 + 1{,}6x + 28{,}8$

b) $K(x) = 0{,}03x^2 + 0{,}5\,x + 50$

c) $K(x) = 0{,}01x^2 + 0{,}25x + 72$

Ü 5.59 ★★: Quadratische Gesamtkostenfunktion A B

Stellen Sie ein Gleichungssystem auf, das den folgenden Sachverhalt beschreibt. Ermitteln Sie die Gleichung der quadratischen Gesamtkostenfunktion.

- Die Fixkosten betragen 250 GE, die Kosten für 100 ME 760 GE und für 500 ME 3000 GE.
- Die Fixkosten betragen 800 GE, die Kosten für 200 ME 2100 GE und für 400 ME 3600 GE.
- Bei 10 ME betragen die Gesamtkosten 860 GE, bei 20 ME betragen sie 940 GE, und bei 30 ME betragen sie 1040 GE.
- Die Fixkosten betragen 1000 GE. Bei 400 ME sind die Gesamtkosten 25000 GE und die Grenzkosten 100 GE/ME.
- Die Fixkosten betragen 1120 GE. Bei Produktionsstillstand ($x = 0$) fallen keine Grenzkosten an, bei der Produktion von 1000 ME betragen sie 10 GE/ME.

Ü 5.60 ★★–★★★: Kostenfunktion 3. Grades A B

Stellen Sie jeweils ein Gleichungssystem auf, das die folgenden Sachverhalte wiedergibt. Ermitteln Sie die Gleichung der Kostenfunktion 3. Grades:

a) Die Fixkosten betragen 1000 GE. Die Kostenkehre liegt bei 50 ME; bei dieser Produktionsmenge betragen die Grenzkosten 30 GE/ME und die Gesamtkosten 5000 GE.

b) Bei Produktionsstillstand betragen die Kosten 200 GE und die Grenzkosten 6 GE/ME. Bei einer Produktionsmenge von 10 ME ergeben sich Gesamtkosten von 230 GE und Grenzkosten von 1 GE/ME.

c) Die Kostenkehre liegt bei 10 ME; bei dieser Menge betragen die Stückkosten 375 GE/ME. Bei einer Produktionsmenge von 40 ME betragen die Stückkosten 150 GE/ME und die Grenzkosten 120 GE/ME.

d) Die Fixkosten betragen 9450 GE. Die Kostenkehre liegt bei 30 ME, dabei betragen die Grenzkosten 2,4 GE/ME. Das Betriebsoptimum liegt bei 150 ME.

Ü 5.61 ★★: Quadratische Nachfragefunktion A B

Ermitteln Sie die quadratische Nachfragefunktion und die Erlösfunktion, berechnen Sie die Menge, bei der der maximale Erlös erzielt wird. Stellen Sie jeweils ein Gleichungssystem auf, das die folgenden Sachverhalte wiedergibt.

a) Zum Preis von 72 GE/ME können 40 ME verkauft werden, für 112 GE/ME 20 ME und für 135 GE/ME 10 ME.

b) Zum Preis von 400 GE/ME können 100 ME verkauft werden, für 160 GE/ME 300 ME und für 70 GE/ME 400 ME.

c) Der Höchstpreis beträgt 24 GE/ME. Zum Preis von 18 GE/ME können 20 ME verkauft werden, für 10,5 GE/ME 30 ME.

Ü 5.62 ★: Gesamtkostenfunktion analysieren B C

Die Gesamtkostenfunktion für die Produktion eines Artikels lautet: $K(x) = 0{,}1x^2 + 2x + 40$. Der Artikel kann zum Marktpreis von 7 GE/ME verkauft werden.

a) Zeichnen Sie die Graphen von Kosten-, Erlös- und Gewinnfunktion.

b) Markieren Sie in der Zeichnung Gewinnschwelle, Gewinngrenze und maximalen Gewinn.

Ü 5.63 ★★: Kostenfunktion mit konstantem Verkaufspreis B D

Gegeben sind die Kostenfunktion K(x) und der konstante Verkaufspreis p. Berechnen Sie Gewinnschwelle, Gewinngrenze, gewinnmaximierende Menge und den maximalen Gewinn!

a) $K(x) = 0{,}05x^2 + 6x + 260$; $p = 20$

b) $K(x) = 0{,}002x^2 + 12x + 1280$; $p = 16$

c) $K(x) = 0{,}001x^2 + 2{,}6x + 9000$; $p = 13{,}5$

d) $K(x) = 0{,}001x^3 - 0{,}75x^2 + 200x + 11000$; $p = 130$

e) Erklären Sie, wie Sie ohne Differentialrechnung die gewinnmaximale Menge der Beispiele a)–c) ermitteln können.

Ü 5.64 ★★: Maximalwerte berechnen B D

Die Gesamtkostenfunktion für ein bestimmtes Produkt lautet $K(x) = 0{,}1x^2 + x + 150$, die Nachfragefunktion $p(x) = -0{,}2x + 19$.

a) Berechnen Sie die Kosten, den Erlös und den Gewinn, wenn 40 ME bzw. 60 ME produziert werden.

b) Berechnen Sie, bei welcher Menge der Erlös maximal wird.

c) Ermitteln Sie, bei welcher Menge der Gewinn maximal wird.

d) Erklären Sie, warum sich die Ergebnisse von b) und c) unterscheiden.

Ü 5.65 ★★★: Kostenfunktion A B

Die Kostenfunktion für die Herstellung eines Artikels lautet $K(x) = 0{,}002x^3 - 0{,}15x^2 + 6{,}5x + 250$. Zu einem Preis von 15 GE/ME können 100 ME verkauft werden: Wenn man den Artikel umsonst hergeben würde, könnten 400 ME abgesetzt werden.

a) Stellen Sie die Gleichung der linearen Nachfragefunktion auf.

b) Berechnen Sie, bei welcher Menge der maximale Gewinn erzielt wird und wie hoch dabei der Verkaufspreis sein muss.

Ü 5.66 ★★: Änderung von Fixkosten und Preis A B C

Eine Kostenfunktion lautet: $K(x) = 0{,}002x^3 - 0{,}36x^2 + 28{,}2x + 400$. Der Artikel kann um 36 GE/ME verkauft werden.

a) Berechnen Sie, in welchem Bereich die Firma Gewinn erzielt und wie hoch der maximale Gewinn ist.

b) Skizzieren Sie die Graphen der Kosten- und Erlösfunktion im Intervall [0; 200]. Veranschaulichen Sie in der Zeichnung, wie sich die Graphen verändern,
- wenn die Fixkosten erhöht werden,
- wenn der Verkaufspreis sinkt.

c) Ermitteln Sie, auf welchen Betrag die Fixkosten steigen könnten, sodass die Firma gerade noch keinen Verlust macht. Dokumentieren Sie Ihre Überlegungen.

Ü 5.67 ★★: Deckungsbeitrag A B D

Die Differenz von Erlös und variablen Kosten bezeichnet man als Deckungsbeitrag:
$D(x) = E(x) - K_V(x)$.

a) Ein Betrieb hat die Kostenfunktion $K(x) = 0{,}2x^2 + 37x + 800$. Der Verkaufspreis beträgt 50 GE/ME. Modellieren Sie die Funktionsgleichungen für Gewinn und Deckungsbeitrag. Ermitteln Sie, in welchem Bereich der Betrieb Gewinn macht und in welchem Bereich der Deckungsbeitrag positiv ist.

b) Argumentieren Sie, warum der maximale Deckungsbeitrag an derselben Stelle erreicht wird wie der maximale Gewinn.

Sichern

SbX ID: 1533

Gesamtkostenfunktion

Die Gesamtkostenfunktion K(x) gibt die **Kosten für die Produktion von x Mengeneinheiten (ME)** an. Sie setzt sich zusammen aus **Fixkosten und variablen Kosten** und ist monoton steigend.

$K(x) = K_F + K_V(x)$

Grenzkostenfunktion

Die Grenzkostenfunktion K'(x) ist die **erste Ableitung der Betriebskostenfunktion.** Sie gibt (näherungsweise) an, um wie viel die Kosten steigen, wenn eine weitere ME produziert wird.

degressiver/progressiver Kostenverlauf

- degressiver Kostenverlauf: Die **Grenzkosten nehmen ab,** $K'' < 0$.
- progressiver Kostenverlauf: Die **Grenzkosten nehmen zu,** $K'' > 0$.
- ertragsgesetzlicher Kostenverlauf: bis zur Kostenkehre degressiv, danach progressiv

Kostenkehre

Wendepunkt der Betriebskostenfunktion, $K''(x_W) = 0$

Stückkosten

Die Stückkostenfunktion gibt die **durchschnittlichen Kosten für die Produktion einer Mengeneinheit** an:

$$\overline{K}(x) = \frac{K(x)}{x}$$

Erlösfunktion, Gewinnfunktion

Der Erlös (Umsatz) ist das **Produkt aus Stückpreis und verkaufter Menge:**

$E(x) = p \cdot x$ bzw. $E(x) = p(x) \cdot x$

Der Gewinn ist der **Erlös vermindert um die Kosten:**

$G(x) = E(x) - K(x)$.

Gewinngrenzen

Die Gewinngrenzen sind die **Nullstellen der Gewinnfunktion.** Der Gewinnbereich liegt zwischen diesen Nullstellen:

$G(x) = 0$.

Die Menge, bei der der maximale Gewinn erzielt wird, erhält man aus

$G'(x_{Gmax}) = 0$.

SbX ID: 1533

Ein Quiz zu wichtigen Begriffen dieser Lerneinheit finden Sie im SbX.

Wissen

A B C D

W 5.26: T-Shirterzeugung C D

Ein Betrieb erzeugt pro Woche 150 T-Shirts, die um 20 € verkauft werden. Die Kostenfunktion lautet:

$K(x) = 0{,}002x^3 - 0{,}36x^2 + 28{,}2x + 400$.

a) Zeigen Sie, dass der Betrieb unter diesen Bedingungen Verlust macht.

b) Beschreiben Sie zwei Möglichkeiten an, wie die Situation verbessert werden könnte.

W 5.27: Kostenfunktion 3. Grades A

Die Firma Schwarz & Co. erzeugt einen Artikel, der zum konstanten Stückpreis von 70 € verkauft werden kann.

Die Gesamtkosten können durch eine Funktion 3. Grades angenähert werden. Die Kostenkehre liegt bei 30 ME. Bei dieser Produktionsmenge betragen die Gesamtkosten 4.788 € und die Grenzkosten 1,2 €. Die Gewinnschwelle liegt bei 70 ME. Stellen Sie ein Gleichungssystem auf, aus dem die Koeffizienten der Gesamtkostenfunktion berechnet werden können.

W 5.28: Betriebsoptimum berechnen B C D

Eine Gesamtkostenfunktion ist gegeben durch $K(x) = 0{,}01x^3 - 0{,}45\,x^3 + 9{,}5x + 120$.

a) Zeichnen Sie den Graphen der Kostenfunktion im Intervall [0; 50] und markieren Sie die Kostenkehre.

b) Das Betriebsoptimum ist die Menge, bei der die Stückkosten minimal sind. An dieser Stelle gilt: $\frac{K(x)}{x} = K'(x)$. Überprüfen Sie dies, indem Sie die Graphen der Stückkosten- und Grenzkostenfunktion in ein gemeinsames Koordinatensystem zeichnen.

W 5.29: Handelt es sich um eine Gesamtkostenfunktion? D

Argumentieren Sie anhand einer Skizze oder einer Kurvendiskussion, ob die Funktion $K(x) = 0{,}01x^3 - 0{,}6x^2 + 9x + 160$ eine Gesamtkostenfunktion sein kann.

W 5.30: Kubische Kostenfunktion A B

Bei einer kubischen Gesamtkostenfunktion fallen bei einem Produktionsstillstand Kosten von 250 € an. Wenn 10 Stück produziert werden, betragen die Gesamtkosten 302 €. Bei einer Menge von 25 Stück liegt der Übergang von degressiven zu progressiven Kosten (Wendepunkt der Kostenfunktion), die Gesamtkosten betragen hier 350 €. Stellen Sie ein Gleichungssystem auf, das diese Eigenschaften erfüllt. Ermitteln Sie die Gleichung der Kostenfunktion. Berechnen Sie jenen Bereich, in dem die Produktion Gewinn abwirft.

W 5.31: Gewinn, Erlös, Kosten A B C D

Ein Produktionsunternehmen erzeugt Fernseher, die Produktionsobergrenze liegt bei 500 Stück/Woche. Aufgrund einer Studie wurde errechnet, dass sich der Produktpreis mit folgender Funktion beschreiben lässt:
$p(x) = -2x + 1400$.

Die gesamten Produktionskosten entsprechen der Funktion
$K(x) = \frac{3}{320}x^3 - \frac{45}{8}x^2 + 1125x + 120000.$

a) Stellen Sie die Gewinn- und die Erlösfunktion auf.

b) Skizzieren Sie alle drei Funktionen in ein Koordinatensystem. Beschreiben Sie den Verlauf der Kostenfunktion innerhalb der produktionstechnischen Grenzen.

c) Errechnen Sie jene Menge und die Produktionskosten, bei der die Produktionskosten pro Stück minimal sind. Erklären Sie die Bedeutung dieses Wertes.

d) Ermitteln Sie den maximalen Gewinn und den dazugehörigen Preis und Erlös. Vergleichen Sie den Gewinn, der bei maximalem Erlös erzielt wird.

e) Welchen Preis würden Sie wählen (psychologische Preisgestaltung) – welchen Gewinn würde das Unternehmen dann machen?

W 5.32: Handyerzeugung A B D

Ein Unternehmen produziert Smartphones. Für die Herstellung hat es folgende Gesamtkosten ermittelt:

Stück	50	200	600
Gesamtkosten	38.312,50 €	46.600 €	69.800 €

a) Stellen Sie ein Gleichungssystem auf, das die tabellarische Übersicht wiedergibt.

b) Ermitteln Sie die Gleichung der Kostenfunktion dritten Grades. (Runden Sie ggf. auf die 5. Nachkommastelle.)

c) Prüfen Sie, ob die Stückkostenfunktion der folgenden Gleichung entspricht:
$\overline{K}(x) = 0{,}0001x^2 - 0{,}08x + 70 + 35000x^{-1}$
Berechnen Sie, wann die Stückkosten minimal sind.

d) Sie verkaufen das Smartphone zu einem Preis von 140 €. Stellen Sie die Erlösfunktion und die Gewinnfunktion auf.

e) Berechnen Sie, bei welcher Produktionsmenge das Unternehmen maximalen Gewinn macht. Berechnen Sie die Höhe des Gewinns.

f) Erklären Sie, wie Sie grafisch ermitteln können, innerhalb welcher Grenzen das Unternehmen überhaupt Gewinn macht.

Kompetenz-Check

	☺	😐	☹
Ich weiß, was die folgenden Begriffe bedeuten, und kann sie aus einer gegebenen Kostenfunktion ermitteln: Fixkosten, variable Kosten, Grenzkosten, Stückkosten, Kostenkehre, Betriebsoptimum, Betriebsminimum.			
Ich kann aus gegebenen Werten eine Kostenfunktion aufstellen.			
Ich weiß, was Angebot- und Nachfragefunktionen aussagen.			
Ich kann Gewinngrenzen ermitteln.			
Ich kann die Menge, bei der der Gewinn maximal wird, und den zugehörigen Preis berechnen.			

6 INTEGRALRECHNUNG

Worum geht's in diesem Kapitel?

Als Gottfried Wilhelm Leibniz das Tangentenproblem löste, erkannte er auch, dass ein anderes seit der Antike bekanntes Problem, das Berechnen von Flächen unter beliebigen Kurven, die Umkehrung des Tangentenproblems ist. So konnte zwar schon Archimedes von Syrakus im 3. Jh. v. Chr. den Flächeninhalt einer Parabel sehr genau bestimmen, nicht aber den unter anderen krummlinig begrenzten Flächen. Im 17. Jh. beschäftigte sich Johannes Kepler mit der Berechnung des Volumens von Weinfässern. Der heutige Integralbegriff und seine Bedeutung sind erst seit rund 200 Jahren bekannt.

Viele reale Fragestellungen lassen sich jedoch durch das Aufsummieren von Messwerten etc. lösen und genau dieses unendliche Aufsummieren lässt sich sehr leicht durch das Integral berechnen. Die Umkehrung des Differenzierens findet Anwendung in vielen Fragestellungen der Praxis.

Wenn Sie dieses Kapitel bearbeitet haben, können Sie:

- das Differenzieren rückgängig machen
- erklären, warum unendlich viele Kurven eine gemeinsame Ableitung haben
- Flächen berechnen, die von Kurven begrenzt werden
- den Zusammenhang von Geschwindigkeit, Beschleunigung und Weg auf neue Weise mathematisch betrachten
- das Integral für wirtschaftliche Fragestellungen nutzen

„Ich kann den Zusammenhang zwischen Funktion und einer Stammfunktion beschreiben; in ihrer grafischen Darstellung interpretieren und argumentieren."

„Ich kann Stammfunktionen von Potenz- und Polynomfunktionen berechnen."

„Ich kann das bestimmte Integral als orientierten Flächeninhalt interpretieren und berechnen."

A B C D

In diesem Kapitel finden Sie Lehrbeispiele, Übungsaufgaben und Aufgaben zur Lernkontrolle zur Überprüfung Ihrer Kompetenzen auf den Handlungsebenen A Modellieren und Transferieren B Operieren und Technologieeinsatz C Interpretieren und Dokumentieren und D Argumentieren und Kommunizieren.

Dieses Kapitel umfasst folgende Lerneinheiten:

SbX
Alle SbX-Inhalte zu dieser Lerneinheit finden Sie unter der ID: 1610.

Lerneinheit 1
Unbestimmtes Integral

Will man eine Addition rückgängig machen, so muss man subtrahieren. Die Addition ist also die Umkehroperation zur Subtraktion. Ebenso ist die Division die Umkehrung der Multiplikation, das Wurzelziehen die Umkehrung des Potenzierens und die Berechnung eines Logarithmus die Umkehrung zur Exponentialrechnung. In Kapitel 5 haben Sie sich mit der Differentialrechnung beschäftigt – noch ohne sich Gedanken über eine mögliche Umkehroperation zu machen. Das Ermitteln eines sogenannten unbestimmten Integrals ist die Umkehroperation zum Differenzieren. Sie lernen hier:

- wie man die Ableitung rückgängig macht
- warum man aus einer abgeleiteten Funktion unendlich viele „Ursprungsfunktionen" machen kann
- wie man aus den Rechenregeln fürs Differenzieren leicht jene fürs Integrieren finden kann

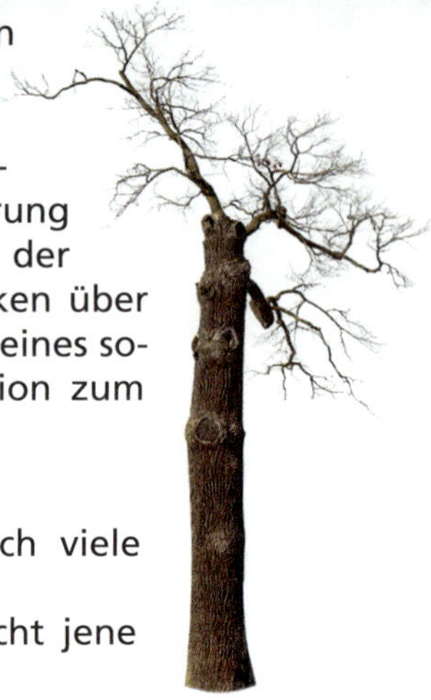

Lernen

SbX ID: 1611

A B C D

1 Finden einer Stammfunktion
Die vielen Partner einer Ableitung

Die Ableitung kennen Sie schon als momentane Änderungsrate, die man mittels Differenzieren bilden kann. Nun rechnen Sie in die entgegengesetzte Richtung.

Übungsbeispiel

Ü 6.1 ★: Ableiten B

Grundlage des Differenzierens ist das Ableiten.

a) Leiten Sie die Funktion ab: $F_1(x) = x^3 + 5x^2 - 7x + 3$

$F_1'(x) = f_1(x) =$ ______ .

b) Leiten Sie die Funktion ab: $F_2(x) = 4x^3 - 3x^2 - x + 9$

$F_2'(x) = f_2(x) =$ ______ .

Die Funktionen $F_1(x)$ und $F_2(x)$ heißen **Stammfunktionen** der Funktionen $f_1(x)$ und $f_2(x)$.

Stammfunktion

Eine Funktion F(x) heißt Stammfunktion der Funktion f(x), wenn gilt: $F'(x) = f(x)$.

Bevor Sie die Stammfunktionen selbst suchen, überlegen Sie, wie Sie bisher differenziert haben – ein Beispiel zur Hilfe:

$f(x) = 3x^2$ $\qquad f'(x) = 3 \cdot 2x^1$

Allgemein gilt: Beim Differenzieren einer Potenzfunktion wird mit der Hochzahl multipliziert und dann wird die Hochzahl um eins vermindert.

Das Bilden einer Stammfunktion ist das Gegenteil vom Differenzieren.

Übungsbeispiel

Ü 6.2 ★★: Integration erklären C

Beschreiben Sie, wie man aus $f'(x) = 3 \cdot 2x^1$ die Funktion $f(x) = 3x^2$ bilden könnte.

Versuchen Sie Ihre Überlegungen allgemein auszudrücken: Beim Suchen einer Stammfunktion einer Potenzfunktion wird die Hochzahl (nicht um 1 vermindert, sondern) ______ und es wird (statt mit der Hochzahl zu multiplizieren) ______ .

Sie wissen jetzt:

Stammfunktion einer Potenzfunktion berechnen

Man muss die Hochzahl um eins vermehren und durch die vermehrte Hochzahl dividieren.

Übungsbeispiel

Ü 6.3 ★: Funktion und Ableitung grafisch B C

Ermitteln Sie die erste Ableitung der folgenden Funktionen – zeichnen Sie sowohl die Funktionen als auch ihre Ableitungen in einem gemeinsamen Koordinatensystem.

$F(x) = \frac{2}{3}x^3 + 1$ $\qquad F'(x) = f(x) =$ ______

$G(x) = \frac{2}{3}x^3 - 2$ $\qquad G'(x) = g(x) =$ ______

$H(x) = \frac{2}{3}x^3$ $\qquad H'(x) = h(x) =$ ______

Vergleichen Sie die Stammfunktionen mit den Ableitungen. Beschreiben Sie Unterschiede und Gemeinsamkeiten.

Die Funktion f(x) ist die Ableitungsfunktion von F(x), aber ebenso von G(x), H(x).

Sie sehen also, dass es zu einer Funktion wie der oben gegebenen keine eindeutige Stammfunktion gibt. Es gibt unendlich viele solcher Stammfunktionen. Die Stammfunktionen haben das „gleiche Aussehen", aber sie sind entlang der y-Achse (nach oben/unten) verschoben.

Übungsbeispiel

Ü 6.4 ★: Stammfunktionen bilden A B

Ermitteln Sie zu $f(x) = 3x^2 + 2x$ nicht nur eine, sondern drei Stammfunktionen.

F(x) = ______

oder F(x) = ______

oder F(x) = ______

… oder $F(x) = x^3 + x^2 + \mathbf{2}$

Um „alle" möglichen Stammfunktionen auf einmal aufzuschreiben, schreibt man anstelle einer beliebigen Zahl ganz allgemein + **c**.

Stammfunktionen

F(x) + c sind alle möglichen Stammfunktionen von f(x).

SbX

Sie finden ein dynamisches Arbeitsblatt zur Integrationskonstante unter der ID: 1611.

Um wie viel eine Stammfunktion entlang der y-Achse hinauf- oder hinunterverschoben ist (d. h., welche Zahl c wirklich ist), weiß man nur, wenn man eine weitere Eigenschaft (z. B. einen Punkt) der Funktion kennt.

Diese Umkehrung der Differentialrechnung nennt man Integralrechnung.

Unbestimmtes Integral

Die **Menge aller möglichen Stammfunktionen F(x) + c** bezeichnet man auch als das **unbestimmte Integral der Funktion f(x).**

Das Bilden einer Stammfunktion heißt daher Integrieren.

Übungsbeispiel

Tipp: Auch bei den Extremwertaufgaben hat man nicht immer nach x abgeleitet.

Ü 6.5 ★: 1. Ableitung bilden B C

Berechnen Sie jeweils die erste Ableitung der unten angegebenen Funktionen. Vergleichen Sie dann die gegebenen Funktionen und die Ableitungen miteinander. Beschreiben Sie eventuelle Besonderheiten.

$f(x) = 2x^4y^3z^5$	abgeleitet nach x →	f'(x) =
$g(y) = 2x^3y^4z^5$	abgeleitet nach …? →	g'(y) =
$h(z) = \frac{4}{3}x^3y^3z^6$	abgeleitet nach …? →	h'(z) =

Man muss also wissen, nach welcher Variablen abgeleitet wurde, um zu wissen, nach welcher Variablen man integrieren muss.

Damit kommt man der mathematischen Schreibweise des Integrals schon sehr nahe:

Schreibweise des Integrals

$\int f(x)\,dx = F(x) + c$

$\int$ … Zeichen für das Integral

dx … sagt, nach welcher Variablen integriert werden muss

$\int f(x)\,dx = F(x) + c$

Wenn Sie also nach y integrieren, so schreiben Sie dann eben …dy, wenn Sie nach z integrieren, …dz und so weiter.

2 Integration und Rechenregeln

Das große 1×1 der höheren Mathematik

Da die Integralrechnung die Umkehroperation der Differentialrechnung ist, sind die Rechenregeln teilweise sehr ähnlich. Wichtig beim Integrieren ist, immer zu wissen, nach welcher Variablen integriert wird – wird zum Beispiel nach x integriert, so heißt das Integral $\int \ldots dx$.

Potenzregel

$f(x) = x^n \qquad \int f(x)\,dx = \frac{x^{n+1}}{n+1} + c \qquad n \neq -1$

Die Hochzahl wird um eins vermehrt und durch die vermehrte Hochzahl wird dividiert.

Lehrbeispiel

L 6.1: Stammfunktion durch einen Punkt berechnen B

Berechnen Sie jene Stammfunktion von $f(x) = x^4$, die durch den Punkt P(5/35) geht.

$\int x^4\,dx = \frac{x^5}{5} + c$ ● allgemeine Gleichung der Stammfunktion

$F(x) = \frac{x^5}{5} + c$ ● F(x) entspricht der y-Koordinate.

$\frac{5^5}{5} + c = 35$ ● P eingesetzt, da die Funktion durch P geht

$c = -590$

$F(x) = \frac{x^5}{5} - 590$

Wenn eine Potenz von x im Nenner eines Bruches steht, so ist es oft einfacher, diese erst in den Zähler des Bruches zu bringen und dann zu integrieren.

Lehrbeispiel

L 6.2: Stammfunktion bilden B

Berechnen Sie eine Stammfunktion von $f(x) = \frac{1}{x^7}$.

$f(x) = x^{-7}$ ● umgewandelt

$\int x^{-7}\,dx = \frac{x^{-6}}{-6} + c = -\frac{1}{6x^6} + c$

$F(x) = -\frac{1}{6x^6} + c$

Nun gibt es auch den speziellen Fall, dass man x^{-1} integrieren soll; das wäre nach unserer Rechenregel x^0 dividiert durch 0: Das ist aber nicht möglich. Da aber Folgendes gilt:

$f(x) = \ln(x) \Rightarrow f'(x) = \frac{1}{x}$,

muss aus der Umkehrung folgen:

Sonderfall $\int \frac{1}{x}dx$

$\int \frac{1}{x}\,dx = \ln|x| + c$

Bei der Funktionsgleichung $f(x) = \frac{1}{x}$ kann man selbstverständlich für x auch negative Werte einsetzen. Die Funktion $y = \ln x$ hat als Definitionsmenge aber nur $\mathbb{R}^+$. Für die Ableitung von $y = \ln(-x)$ erhält man ebenfalls $y' = \frac{-1}{-x} = \frac{1}{x}$, also gilt für negative x: $\int \frac{1}{x}\,dx = \ln(-x)$.

Man kann daher beide Regeln zusammenfassen: $\int \frac{1}{x}\,dx = \ln|x| + c$ für alle $x \neq 0$.

Weil ja das Integrieren die Umkehroperation des Differenzierens ist, noch eine Ableitungsübung.

Übungsbeispiel

Ü 6.6 ★: Ableiten B C

Ermitteln Sie die erste Ableitung folgender Funktionsgleichungen. Beschreiben Sie, welche Gemeinsamkeiten Sie finden können, legen Sie dabei besonderes Augenmerk auf den „Rechenweg", beschreiben Sie auch diesen.

a) $a(x) = 4x^2$ c) $c(x) = 4x^8$

b) $b(x) = 4x^3$ d) $d(x) = 4x^n$

Betrachten wir nun die passende Rechenregel beim Integrieren.

Integrieren von Zahl · Funktion: Faktorregel

$\int k \cdot f(x)\,dx = k \cdot \int f(x)\,dx$

Die multiplikative Konstante bleibt beim Integrieren unverändert.

Querverweis

Konstantenregel siehe Kapitel 5, Lerneinheit 1, Seite 194.

Die folgende Funktion: $f(x) = 5$
könnte man auch umständlich anschreiben: $f(x) = 5 \cdot x^0$.

Wendet man hier die Rechenregel „die Hochzahl wird um eins erhöht und durch die erhöhte Hochzahl wird dividiert" an, ergibt das:

$\int (\text{Zahl})\,dx = \text{Zahl} \cdot x + c$.

Lehrbeispiel

L 6.3: Integrieren einer konstanten Funktion B

Integrieren Sie die Funktion $f(x) = 5$.

$\int 5\,dx = \int 5x^0\,dx = 5\frac{x^1}{1} + c = 5x + c$

Allerdings sind die wenigsten Funktionen eingliedrig. Meist enthalten sie Rechenzeichen wie Plus oder Minus.

SbX
Weitere Integrationsregeln finden Sie unter der ID: 1611.

Summen-/Differenzenregel

$\int [f(x) \pm g(x)]\,dx = \int f(x)\,dx \pm \int g(x)\,dx$

Die Terme werden einzeln integriert (einzeln der Reihe nach integrieren).

3 Unbestimmtes Integral in der Praxis

Das Gegenteil der momentanen Änderungsrate

Weg – Geschwindigkeit – Beschleunigung

Sie wissen schon, dass die momentane Änderung des Weges nach der Zeit $\left(\frac{ds}{dt}\right)$ gleichbedeutend mit der Momentangeschwindigkeit zum Zeitpunkt t ist.

Betrachten Sie nun die momentane Veränderung der Geschwindigkeit in Abhängigkeit von der Zeit: $\frac{dv}{dt}$. Sie erhalten die Beschleunigung $a(t)$.

Da das Integrieren die Umkehrung des Ableitens ist, muss Folgendes gelten:

Weg, Geschwindigkeit und Beschleunigung

$\int v(t)dt = s(t)$	Das Integral der Geschwindigkeit ist der Weg.
$\int a(t)dt = v(t)$	Das Integral der Beschleunigung ist die Geschwindigkeit.

Sehen wir uns das anhand eines praktischen Beispiels an:

Lehrbeispiel

L 6.4: Beschleunigung eines Autos A B C D

Ein mit 40 km/h fahrendes Auto beschleunigt 60 Sekunden lang linear mit der Beschleunigung $a(t) = -0{,}01t + 0{,}7$. (a in m/s², t in Sekunden)

a) Ermitteln Sie die Geschwindigkeit, welche das Auto am Ende der Beschleunigung hat.

b) Begründen Sie, warum zu einer linearen Beschleunigung eine nicht lineare Geschwindigkeit gehört.

c) Zu einem anderen Zeitpunkt lässt sich die Geschwindigkeit durch $v(t) = -0{,}3t^2 + 8t + 35$ bestimmen. Geben Sie jene Funktion an, die den zurückgelegten Weg beschreibt, und begründen Sie, warum diese nicht eindeutig ist.

a) $v(t) = \int (-0{,}01t + 0{,}7)dt = -0{,}005t^2 + 0{,}7t + c$

Wir wissen aber, dass zu Beginn (t = 0) die Geschwindigkeit 40 km/h, also $\frac{40}{3{,}6} = \frac{100}{9}$ m/s betragen hat – damit können wir die Konstante c berechnen.

$v(0): -0{,}005 \cdot 0^2 + 0{,}7 \cdot 0 + c = \frac{100}{9}$

$c = \frac{100}{9}$

$\Rightarrow v(t) = -0{,}005t^2 + 0{,}7t + \frac{100}{9}$

$v(60) = -0{,}005 \cdot 60^2 + 0{,}7 \cdot 60 + \frac{100}{9} = 35{,}11$

Am Ende der Beschleunigung, also nach 60 Sekunden, fährt das Auto mit 35,11 m/s, also mit 126,4 km/h. (Anmerkung: Die Beschleunigung ist i. A. nicht linear.)

b) Wenn die Beschleunigung als erste Ableitung der Geschwindigkeit linear verläuft – also gleichmäßig mehr wird – dann kann die Geschwindigkeit nicht auch gleichmäßig mehr werden. Außerdem ergäbe die erste Ableitung einer linearen Funktion keine lineare Funktion.

c) $s(t) = \int (-0{,}3t^2 + 8t + 35)\,dt = -0{,}1t^3 + 4t^2 + 35t + c$

Da keine Zeit bekannt ist, zu der das Auto einen bestimmten Weg zurückgelegt hat, kann c nicht bestimmt werden.

Grafische Zusammenhänge von Funktionen und ihren Stammfunktionen

Sie wissen bereits, dass das Integrieren die Umkehrung des Differenzierens ist. Im Kapitel Differentialrechnung haben Sie auch das grafische Differenzieren gelernt. Sie wissen also, dass an der Stelle eines Hochpunkts die erste Ableitung dieser Funktion eine Nullstelle hat usw.

Betrachten wir zur Erinnerung die grafische Darstellung einer Funktionsgleichung vierten Grades und ihrer ersten Ableitung.

Die rote Kurve ist die Grafik der Funktionsgleichung vierten Grades, die blaue die zugehörige erste Ableitung. Oder im Sinne der Integralrechnung: Die rote Kurve ist eine Stammfunktion der blauen Kurve.

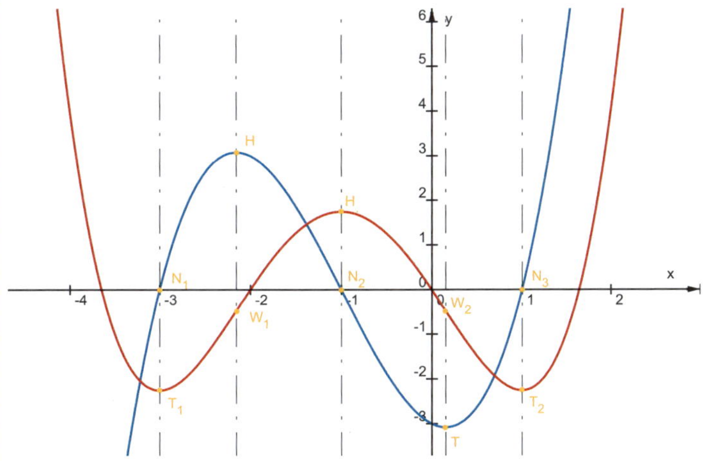

Abb. 6.1.1

Übungsbeispiel

SbX

Mehrere dynamische Arbeitsblätter zum Thema Funktion und Stammfunktion finden Sie unter der ID: 1611.

Ü 6.7 ★★ : Grafische Zusammenhänge C

Beschreiben Sie mit Ihren eigenen Worten, welche Zusammenhänge Sie zwischen der grafischen Darstellung der Funktion und ihrer Stammfunktion erkennen können.

Es werden Ihnen dabei sicherlich einige der in der Tabelle ersichtlichen Zusammenhänge aufgefallen sein.

Ableiten

f(x) = …	f'(x) = …
Hochpunkt Tiefpunkt	Nullstelle
Monoton steigend	Funktionswerte oberhalb der x-Achse
Monoton fallend	Funktionswerte unterhalb der x-Achse
Wendepunkt (von neg. zur pos. Krümmung)	Tiefpunkt
Wendepunkt (von pos. zur neg. Krümmung)	Hochpunkt
Sattelpunkt (von neg. zur pos. Krümmung)	Tiefpunkt, Nullstelle
Sattelpunkt (von pos. zur neg. Krümmung)	Hochpunkt, Nullstelle
F(x)	f(x)

Integrieren

Üben

SbX ID: 1612

A B C D

Ü 6.8 ★: Integrale berechnen B

Berechnen Sie die Integrale:

a) $\int\left(5x+\frac{3}{4}x^2\right)dx$

b) $\int\left(7r^2+\frac{3}{4r^4}-2\sqrt{r}\right)dr$

c) $\int\left(7t^5-4t+8\right)dt$

d) $\int\left(-\frac{9}{x^3}+\frac{3}{4}\sqrt[3]{x}+2x^2\right)dx$

Ü 6.9 ★★: Mögliche Stammfunktionen angeben B C

Ermitteln Sie drei mögliche Stammfunktionen von:

$f(x) = 4x + 2$

Zeichen Sie die Funktion f(x) und die drei Stammfunktionen in ein Koordinatensystem und beschreiben Sie den Unterschied der Stammfunktionen.

Ü 6.10 ★★: Eigenschaften von Stammfunktionen C D

Erklären Sie, welche Eigenschaften Sie für eine mögliche Stammfunktion f(x) aus dem Graphen von f'(x) ablesen können.

a)

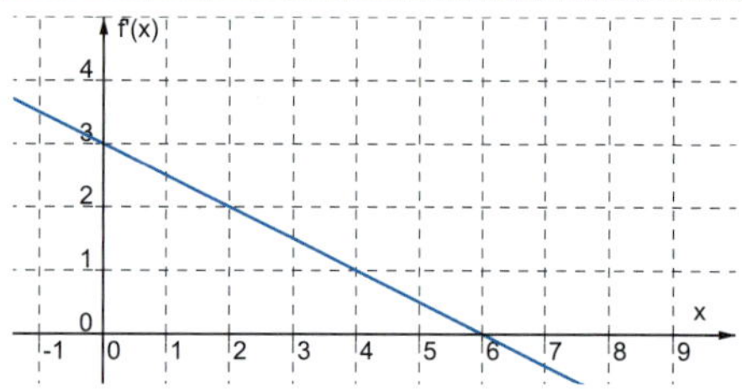

Abb. 6.1.2

b)

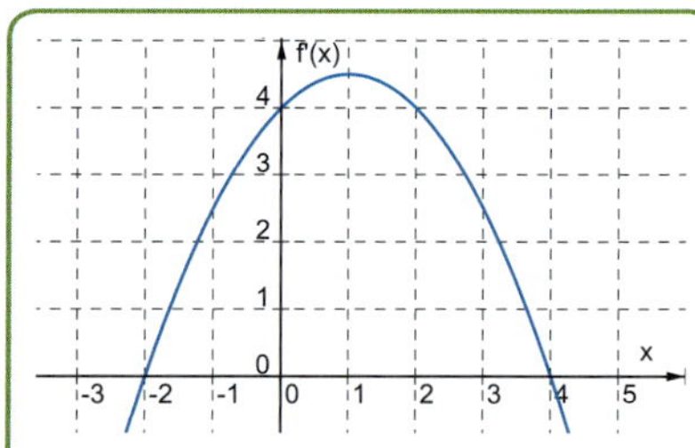

Abb. 6.1.3

Ü 6.11 ★: Bilden von Stammfunktionen B

Berechnen Sie eine Stammfunktion von:

a) $f(x) = x^3 - 4x^2 + 2$

b) $f(x) = (0{,}5x^2 - 2x)^2$

Ü 6.12 ★★: Bremsweg A B

Sie fahren auf der Landstraße mit einer Geschwindigkeit von 97 km/h. Sie nähern sich einem Bahnübergang und müssen bremsen, wobei sich die Beschleunigung des Autos mit 8 m/s^2 verringert.

a) Stellen Sie eine Gleichung auf, die diesen Sachverhalt wiedergibt.

b) Berechnen Sie die Zeitdauer bis zum Stillstand des Autos.

Ü 6.13 ★★: Autofahren A D

Sie fahren mit einer Geschwindigkeit von 43,2 km/h und beginnen die Geschwindigkeit zu ändern. Die Geschwindigkeit, die Sie t Sekunden nach dem Beginn der Änderung haben, ist $v(t) = 2t + 12$ in m/s.

a) Begründen Sie, ob es sich um eine Beschleunigung oder einen Bremsvorgang handelt.

b) Stellen Sie eine Gleichung für die Berechnung des Weges auf.

SbX ID: 1612

Weitere Übungsbeispiele zu dieser Lerneinheit finden Sie im SbX.

Sichern

SbX ID: 1613

Stammfunktion

Eine Funktion F(x) heißt **Stammfunktion** der Funktion f(x), wenn gilt: F'(x) = f(x).

Schreibweise des Integrals

$\int f(x)\,dx = F(x) + c$

$\int$ … Zeichen für das Integral

dx (dy, dz …) … sagt, nach welcher Variablen integriert werden muss.

Potenzregel

Integrieren von x^n: Die **Hochzahl** wird um **eins vermehrt** und es wird durch die vermehrte Hochzahl **dividiert.**

$f(x) = x^n \qquad \int f(x)\,dx = \frac{x^{n+1}}{n+1} \qquad (n \neq -1)$

Faktorregel

Integrieren von **Zahl · Funktion:** Die multiplikativeKonstante bleibt beim Integrieren unverändert.

$\int k \cdot f(x)\,dx = k \cdot \int f(x)\,dx$

Summen-/Differenzenregel

Integrieren von **Summen/Differenzen:** Die Terme werden einzeln integriert (einzeln der Reihe nach integrieren).

$\int (f(x) \pm g(x))\,dx = \int f(x)\,dx \pm \int g(x)\,dx$

SbX ID: 1613

Ein Quiz zu wichtigen Begriffen dieser Lerneinheit finden Sie im SbX.

Wissen

A B C D

W 6.1: Integral berechnen B

Berechnen Sie: $\int (4x+3)^2\,dx$.

W 6.2: Stammfunktionen erkennen B D

Von einer Funktion kennt man den Graphen der ersten Ableitung f'(x). Begründen Sie, welche der folgenden Funktionen mögliche Stammfunktionen sind.

a) $f(x) = x^2 + 3$
b) $f(x) = x^2 + 3x$
c) $f(x) = x^2 + 3x - 1$
d) $f(x) = x^2 - 3x + 3$
e) $f(x) = x^2 - 3x$
f) $f(x) = x^2 - 3x - 1$

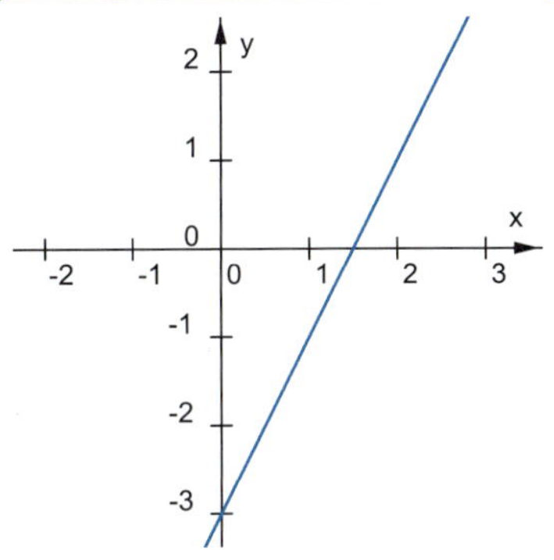

Abb. 6.1.4

W 6.3: Beschleunigung eines Autos B D

Ein Auto beschleunigt aus dem Stand mit $a(t) = 3{,}2 - 0{,}16t + 0{,}002t^2$. a(t) in m/s^2, t in s.

a) Berechnen Sie, wie lange das Auto beschleunigt.
b) Erstellen Sie die Funktionsgleichung der Geschwindigkeit.
c) ● Erklären Sie den Weg, den das Auto zum Zeitpunkt t zurückgelegt hat.
● Berechnen Sie die Länge des Weges bis zum Erreichen der Höchstgeschwindigkeit.
d) Erklären Sie, warum s'(t) = v(t) und v'(t) = a(t) sind.

W 6.4: Bilden einer Stammfunktion B C

Ermitteln Sie eine Stammfunktion von $f(x) = (x-2)(x+2)2x$, die keine Nullstellen besitzt. Dokumentieren Sie Ihren Lösungsweg.

W 6.5: Notbremsung A B D

Während einer Autofahrt auf der nächtlichen Landstraße mit 100 km/h springt ein Reh auf die Fahrbahn. Sie erkennen die Gefahr, brauchen aber 1 Sekunde, bis Sie reagieren können. Die Geschwindigkeit ab dem Bremsmanöver lässt sich durch $v(t) = -a \cdot t + v_0$ beschreiben, wobei $a > 0$, v in m/s und t in Sekunden.

a) Begründen Sie, warum a nur positive Werte annehmen kann.

b) Beim Bremsen verlieren Sie pro Sekunde 8 m/s an Geschwindigkeit. Ermitteln Sie die Zeitspanne bis zum völligen Stillstand des Autos.

c) Stellen Sie eine allgemeine Formel für die Länge des Bremsweges auf.

W 6.6: Inline-Skater A B C D

Ein Inline-Skater hat in den ersten 10 Sekunden eine Geschwindigkeit, die in der Abbildung dargestellt wird.

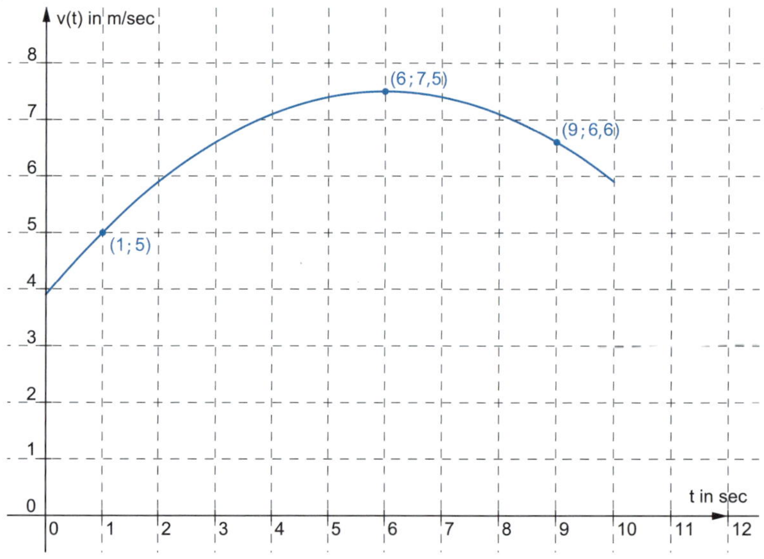

Abb. 6.1.5

a) Lesen Sie die Geschwindigkeit nach 5 Sekunden ab.

b) Erklären Sie, welche Aussage(n) Sie über den Weg in diesen 10 Sekunden machen können.

c) Skizzieren Sie in die Abbildung die Beschleunigungsfunktion für dieses Zeitintervall.

d) Stellen Sie ein Gleichungssystem auf, mit dem Sie die Funktionsgleichung v(t) berechnen können. Verwenden Sie dazu die Werte in der Abbildung.

Kompetenz-Check

	☺	😐	☹
Ich kenne die Grundregeln zum Bilden einer Stammfunktion und kann diese anwenden.			
Ich weiß, dass ich bei unbestimmten Integralen die Konstante c beim Bilden einer Stammfunktion nicht vergessen darf, und kenne ihre Sinnhaftigkeit.			
Ich kenne die wichtigsten Integrationsregeln und kann diese anwenden.			
Ich kenne Anwendungsgebiete der Integralrechnung und kann kontextbezogene Beispiele mit den gelernten Grundrechenregeln lösen.			

Lerneinheit 2

Bestimmtes Integral

SbX
Alle SbX-Inhalte zu dieser Lerneinheit finden Sie unter der ID: 1620.

Flächen von Vielecken kann man relativ einfach berechnen, indem man sie in Dreiecke zerlegt. Ist die Fläche aber krummlinig begrenzt, kann man das Problem durch das Integral lösen.

Dabei geht es nicht nur um die Fläche an sich – sie kann eine praktische Bedeutung haben, wie zum Beispiel den gesamten Ernteertrag.

Sie lernen hier:

- Flächen zu berechnen, die von Funktionsgraphen eingeschlossen werden
- die Bedeutung des Integralzeichens

Lernen

SbX ID: 1621

A B C D

1 Vom Rechteck zum Flächeninhalt

Eine mathematische Sisyphosarbeit

Dass die Integralrechnung die Umkehroperation zur Differentialrechnung ist, wissen Sie schon. Sie hat jedoch noch einige andere mindestens ebenso bedeutende Verwendungsmöglichkeiten. Mittels Integral kann man krummlinig begrenzte Flächeninhalte berechnen.

Zuerst noch ein kleiner Exkurs:

Als Strafe musste Sisyphos in der Unterwelt einen Felsen einen Hang hinaufrollen – kurz vor dem Ziel rollte der Fels wieder hinunter.

Übungsbeispiel

Ü 6.14 ★: Flächeninhalte berechnen A B

Zeichnen Sie die Funktion $f(x) = -0{,}5x + 5$.

a) Berechnen Sie nun die Fläche, welche von der Funktion und den beiden positiven Koordinatenachsen eingeschlossen wird – welche Form hat diese Fläche?

b) Berechnen Sie die Nullstelle dieser Funktion.

c) Bilden Sie eine Stammfunktion der Funktion f(x), also $\int f(x)dx$. (c = 0)

d) Setzen Sie in diese errechnete Stammfunktion die x-Koordinate der Nullstelle ein: Was fällt Ihnen auf? Stellen Sie eine allgemeine Vermutung auf.

Sie haben sicherlich erkannt, dass der Flächeninhalt, den Sie zuerst berechnet haben, denselben Zahlenwert hatte wie das Integral mit der eingesetzten x-Koordinate. Damit sind wir bei einer der wichtigsten Anwendungen des Integrals, bei der Berechnung von Flächeninhalten.

Nehmen wir nun also eine Kurve, zum Beispiel $f(x) = \frac{1}{10}(x^3 - 20x^2 + 100x)$.

Diese Kurve schließt mit der x-Achse eine Fläche ein, deren Inhalt wir berechnen möchten. Eine Möglichkeit, diese Fläche zu berechnen, wäre, sie in einzelne Teile zu zerlegen (z. B. Rechtecke, Dreiecke …), um dann den Flächeninhalt annähernd genau zu bestimmen. So ähnlich waren auch die ersten historischen Versuche, Flächen, die von Kurven begrenzt werden, zu ermitteln.

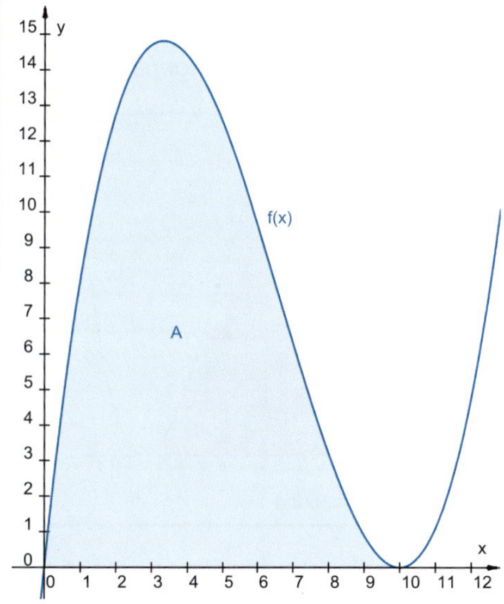

Abb. 6.2.1

Untersumme

Man wählt zunächst Rechtecke, die von unten an die Kurve stoßen, und addiert dann die Inhalte dieser Rechtecksflächen – man bildet also eine Untersumme.

Der Flächeninhalt einer solchen Fläche entspricht der Differenz der x-Werte mal dem kleineren dazugehörigen Funktionswert.

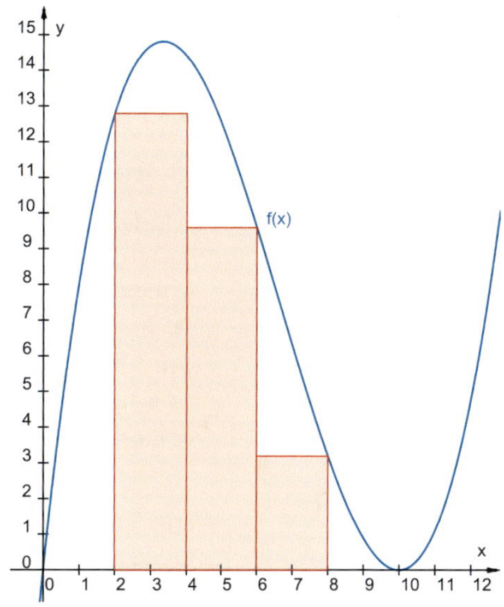

Abb. 6.2.2

SbX

Ein dynamisches GeoGebra-Arbeitsblatt zur Veranschaulichung der Untersumme finden Sie unter der ID: 1621.

Obersumme

Dann wählt man Rechtecke, die über die Kurve hinausragen und die Kurve von oben berühren, und addiert dann die Inhalte dieser Rechtecksflächen – man bildet also eine Obersumme.

Der Flächeninhalt einer solchen Fläche entspricht der Differenz der x-Werte mal dem größeren dazugehörigen Funktionswert.

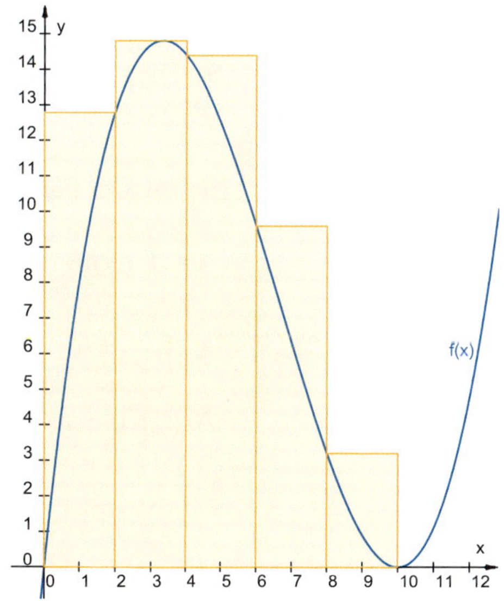

Abb. 6.2.3

SbX

Ein dynamisches GeoGebra-Arbeitsblatt zur Veranschaulichung der Obersumme finden Sie unter der ID: 1621.

Die Untersummen sind jedoch flächenmäßig zu klein, die Obersummen zu groß. Daher – ähnlich der Idee „von der Sekante zur Tangente" – verringert man die Rechtecksbreiten und damit die Ungenauigkeit.

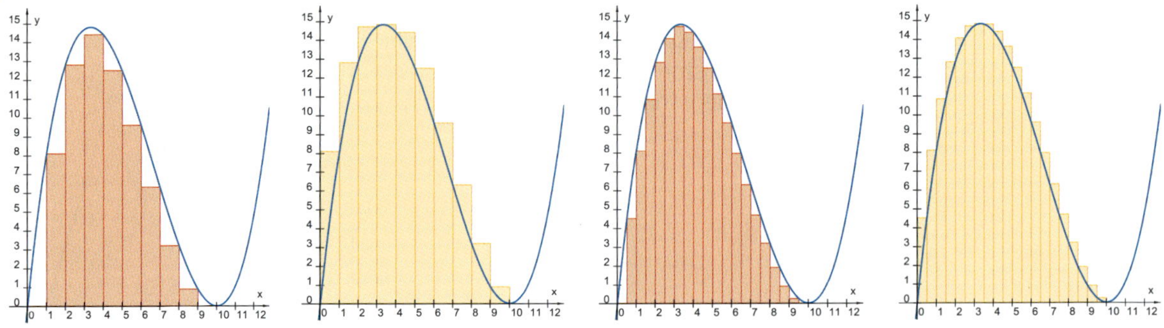

Abb. 6.2.4

Man bildet also wieder einmal einen Limes, bei dem diesmal die Breite der Rechtecke gegen null geht; genau in jenem Moment, in dem das der Fall ist, sind die Untersumme und die Obersumme gleich und entsprechen der Fläche unter der Kurve.

Das mathematische Zeichen für eine Summe Σ wird in Kombination mit dem Limes zum $\int$-Zeichen.

Übungsbeispiel

Ü 6.15 ★: Funktion analysieren A B C D

Zeichnen Sie die Funktion $f(x)=-\frac{1}{5}(x^2-10x)$.

a) Modellieren Sie einen Lösungsweg, um den Flächeninhalt zwischen der Funktion und der x-Achse zu ermitteln. Beschreiben Sie Ihre Überlegungen und berechnen Sie dann den Flächeninhalt.

b) Bestimmen Sie nun die Fläche, welche von der Funktion und der x-Achse eingeschlossen wird, mithilfe der Stammfunktion (wie in **Ü 6.14**).

c) Vergleichen Sie die Ergebnisse aus a) und b) und argumentieren Sie, wie Sie den Unterschied verringern könnten.

Wenn Sie die Funktion integriert haben und die x-Koordinate der Nullstelle eingesetzt haben, so sind Sie schon auf dem richtigen Weg, denn die Funktion schneidet die x-Achse bei 0 und 10; wir setzen 10 ein und lassen 0 stillschweigend „unter den Tisch fallen". Was aber, wenn die eine Schnittstelle nicht bei 0 liegt?

Flächeninhalte zwischen einer Kurve und der x-Achse

Sind eine Funktion f(x) und ein Intervall [a; b] gegeben, so kann man den Flächeninhalt zwischen der Kurve und der x-Achse folgendermaßen berechnen:

Hauptsatz der Integralrechnung

$$A = \int_a^b f(x)\,dx$$

$$A = \left[F(x)\right]_a^b$$

$$A = F(b) - F(a)$$

Dabei ist F eine Stammfunktion von f.

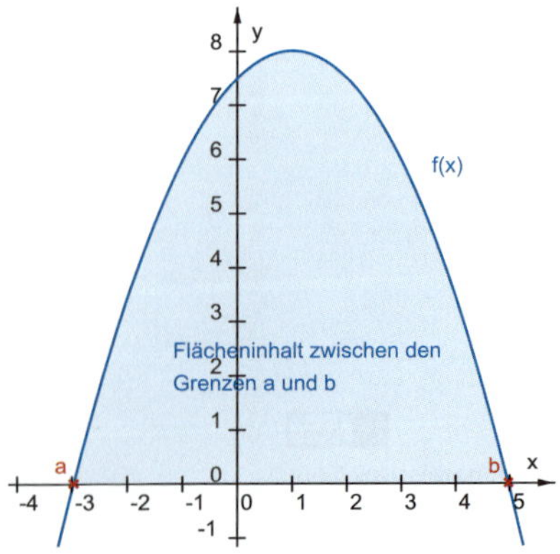

Abb. 6.2.5: „obere minus untere Grenze"

Wenn man beim Berechnen des Integrals Grenzen hat, also

$$\int_a^b f(x)dx,$$

so nennt man das ein **bestimmtes Integral.** Dies können Sie im folgenden Beispiel anwenden.

Lehrbeispiel

L 6.5: Flächeninhalt berechnen B

Berechnen Sie jenen Flächeninhalt, den die Kurve mit der x-Achse einschließt.

$$f(x)=\frac{1}{10}(x-1)\cdot(x-10)^2$$

Fertigen Sie zuerst immer eine Skizze (zum Beispiel mit dem Taschenrechner) an!

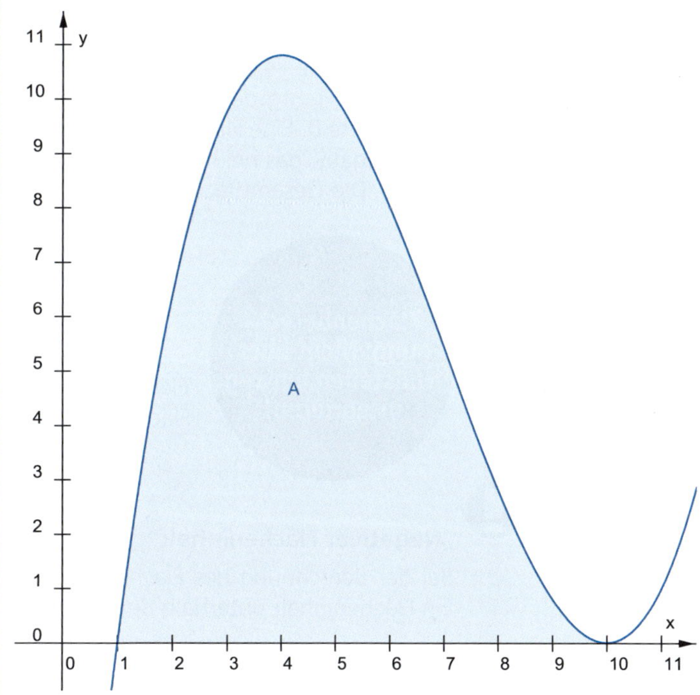

Abb. 6.2.6

Um zu wissen, wo die Kurve die x-Achse schneidet, muss man Nullstellen berechnen (Stichwort: Produkt-Null-Satz):

$$0=\frac{1}{10}(x-1)\cdot(x-10)^2$$

$x_1=1 \quad x_2=10$

- Die Fläche liegt innerhalb der Grenzen x = 1 und x = 10.

$$A=\int_1^{10}\frac{1}{10}(x-1)\cdot(x-10)^2dx$$

$$A=\frac{1}{10}\int_1^{10}(x^3-21x^2+120x-100)dx$$

$$A=\frac{1}{10}\left[\frac{x^4}{4}-7x^3+60x^2\;\;100x\right]_1^{10}$$

- Nach dem Integrieren fallen $\int$ und dx weg.
- „obere – untere Grenze":

$$A=\frac{1}{10}\left[\left(\frac{10^4}{4}-7\cdot10^3+60\cdot10^2-100\cdot10\right)-\left(\frac{1^4}{4}-7\cdot1^3+60\cdot1^2-100\cdot1\right)\right]$$

$$A=54{,}675\,E^2$$

SbX
Wie Sie ein bestimmtes Integral mit GeoGebra berechnen, erfahren Sie unter der ID: 1621.

E^2 = Flächeneinheiten (Man schreibt auch FE.)

Übungsbeispiel

Ü 6.16 ★: Flächeninhalt ober- und unterhalb der x-Achse B

Berechnen Sie jene Fläche, die jeweils von der Kurve und der x-Achse zwischen der am weitesten links und der am weitesten rechts liegenden Nullstelle eingeschlossen wird. Fertigen Sie zuvor eine Skizze an.

$f(x) = -x^2 - 2x + 3$ $\qquad g(x) = x^3 - 4x$

Wenn Sie in **Ü 6.16** als Ergebnis der Fläche, die von g(x) und der x-Achse gebildet wird, den Wert 0 erhalten haben, haben Sie vermutlich

$$\int_{-2}^{2} (x^3 - 4x)dx$$

gerechnet. Die linke Fläche hat den Wert +4 und die rechte Fläche den Wert –4. Addiert ergeben diese Werte 0. Eine Fläche ist aber im Allgemeinen nicht negativ, das heißt, beide Flächen haben den Wert 4. Die Gesamtfläche beträgt daher 8 E^2.

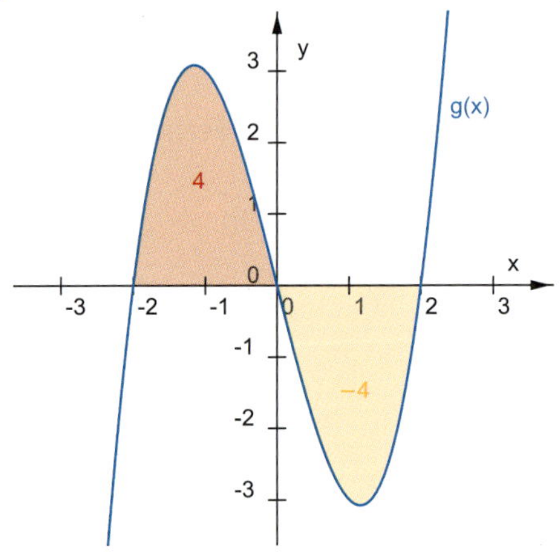

Abb. 6.2.7

Flächenberechnung: Nicht über Nullstellen hinweg integrieren!

Flächeninhalte unterhalb der x-Achse ergeben einen negativen Wert, Flächeninhalte oberhalb der x-Achse ergeben einen positiven Wert.

„Negativer Flächeninhalt"

Bei der Berechnung des Flächeninhalts darf nicht über Nullstellen hinweg integriert werden. Ein Flächeninhalt unterhalb der x-Achse hat einen negativen Rechenwert.

Wenn Sie also eine Fläche unterhalb der x-Achse berechnen wollen, müssen Sie vom Ergebnis den Betrag nehmen oder das Ergebnis mit (–1) multiplizieren, da ein Flächeninhalt immer positiv ist.

Übungsbeispiel

Ü 6.17 ★: Flächen vergleichen B C D

a) Bestimmen Sie den Flächeninhalt, den die Kurve $f(x) = (x-2)\cdot(x-5)$ mit der x-Achse einschließt.

b) Fertigen Sie eine Skizze an.

c) Vergleichen Sie die Lösung des Integrals $\int_{5}^{2} (x-2)\cdot(x-5)dx$ mit dem Ergebis aus a). Beschreiben Sie, was Ihnen auffällt.

d) Erklären Sie den Zusammenhang aus c).

Flächeninhalte zwischen zwei Kurven

Betrachten Sie die folgenden Funktionen:

$f(x) = -\frac{1}{2}x^2 + 2x$ $\qquad$ $g(x) = x^3 - 6x^2 + 9x$

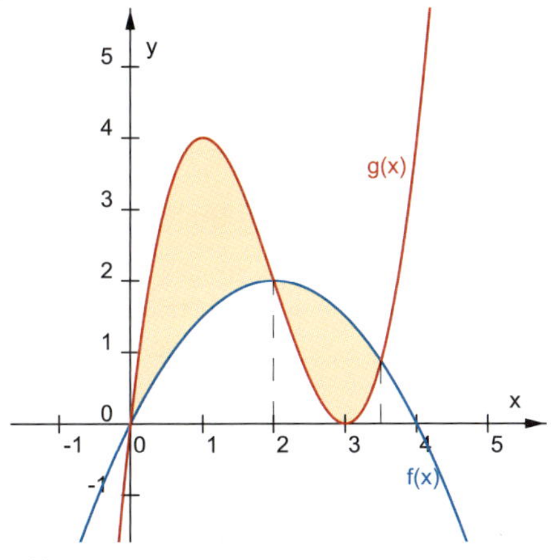

Abb. 6.2.8

Der Flächeninhalt zwischen den beiden Funktionsgraphen muss in einzelne Teile zerlegt werden. Diese einzelnen Flächenteile können dann addiert oder subtrahiert werden.

Zuerst sollten Sie immer eine Skizze machen, um zu sehen, wie die Flächen aussehen, die berechnet werden sollen. Die entscheidende Frage beim Berechnen dieser Flächeninhalte lautet: „Von welcher Kurve wird das Flächenstück von welcher Grenze bis zu welcher Grenze eingeschlossen?"

Da man den Flächeninhalt in Richtung x-Achse ermitteln will, braucht man x-Grenzen.

SbX **Ein dynamisches GeoGebra-Arbeitsblatt zur Berechnung von Flächen zwischen zwei Funktionen finden Sie unter der ID: 1621.**

Lehrbeispiel

L 6.6: Flächeninhalt zwischen zwei Kurven berechnen B

Berechnen Sie die Fläche, die von den beiden oben genannten Kurven eingeschlossen wird.

$f(x) \cap g(x)$ ● Ermitteln der Schnittpunkte

$-\frac{1}{2}x^2 + 2x = x^3 - 6x^2 + 9x$

$x_1 = 0 \quad x_2 = 2 \quad x_3 = 3{,}5$

Fläche = Fläche von 0 bis 2 + Fläche von 2 bis 3,5

minus — plus — minus

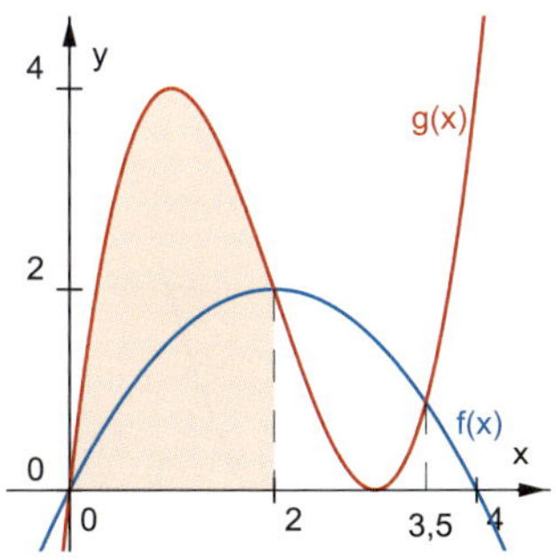

Abb. 6.2.9-1

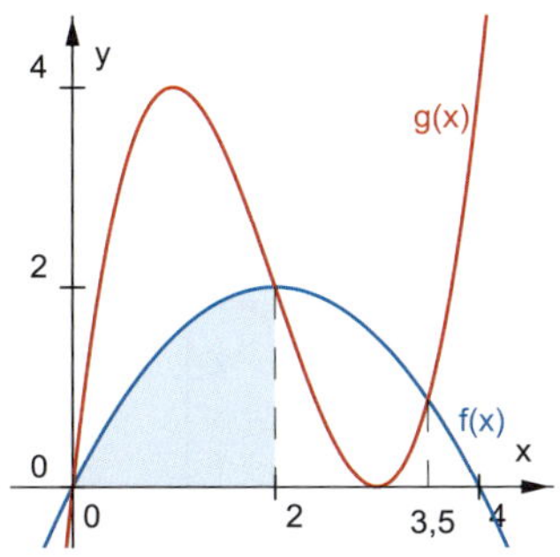

Abb. 6.2.9-2

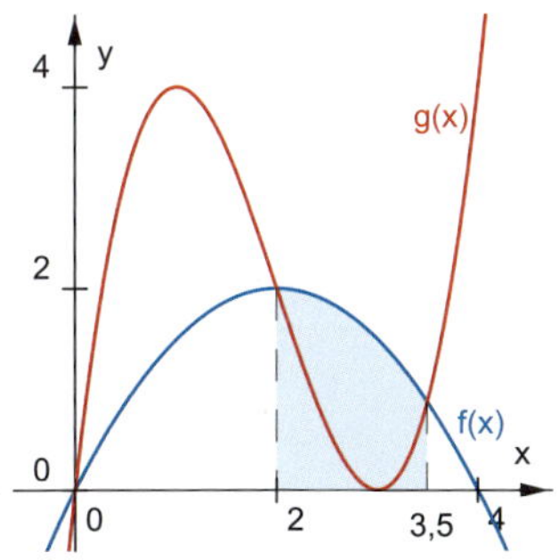

Abb. 6.2.9-3

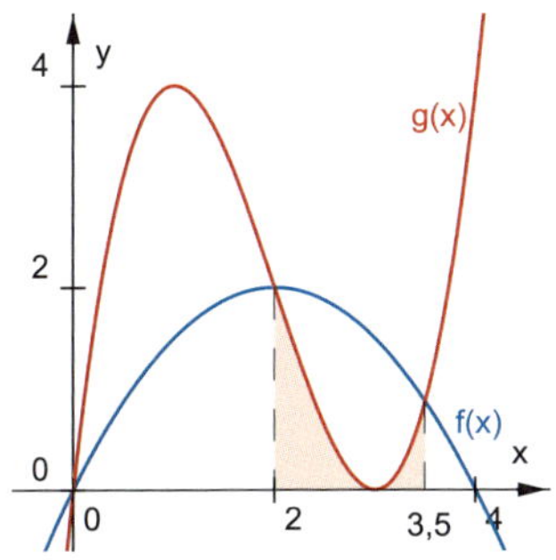

Abb. 6.2.9-4

$$A = \int_0^2 g(x)\,dx - \int_0^2 f(x)\,dx + \int_2^{3,5} f(x)\,dx - \int_2^{3,5} g(x)\,dx$$

● oder kürzer

$$A = \int_0^2 \big(g(x) - f(x)\big)\,dx + \int_2^{3,5} \big(f(x) - g(x)\big)\,dx$$

$$A = \int_0^2 \left(x^3 - \frac{11}{2}x^2 + 7x\right)dx + \int_2^{3,5} \left(-x^3 + \frac{11}{2}x^2 - 7x\right)dx$$

$$A = \left[\frac{x^4}{4} - \frac{11}{2\cdot 3}x^3 + \frac{7}{2}x^2\right]_0^2 + \left[-\frac{x^4}{4} + \frac{11}{2\cdot 3}x^3 - \frac{7}{2}x^2\right]_2^{3,5}$$

● „obere minus untere"

$A = 4{,}88\ E^2$

Übungsbeispiel

Ü 6.18 ★★: Welche Fläche wird von welcher Fläche abgezogen? D

Betrachten Sie noch einmal die Funktionen f(x) und g(x) von Seite 265. Zeigen und erklären Sie anhand einer Skizze, warum

$$\int_0^2 [f(x) - g(x)]dx$$

negativ ist (g(x) und f(x) siehe **L 6.6.**).

Was aber machen Sie, wenn ein von zwei Flächenstücken eingeschlossenes Flächenstück teilweise oberhalb und teilweise unterhalb der x-Achse liegt?

Nehmen wir ein einfaches Beispiel:

Lehrbeispiel

L 6.7: Fläche zwischen zwei Kurven A B

$$f_1(x) = x^2 - 8x + 11$$

$$f_2(x) = \frac{1}{2}x - 2$$

Skizzieren Sie die beiden Funktionen und den von ihnen eingeschlossenen Flächeninhalt.

Modellieren Sie zwei Funktionsgleichungen f_{1neu} und f_{2neu} so, dass der eingeschlossene Flächeninhalt gänzlich oberhalb der x-Achse liegt.

Berechnen Sie den von f_{1neu} und f_{2neu} eingeschlossenen Flächeninhalt. Dokumentieren Sie Ihre Rechenschritte und legen Sie dabei besonderes Augenmerk auf die von Ihnen bei der Modellierung verwendete Konstante.

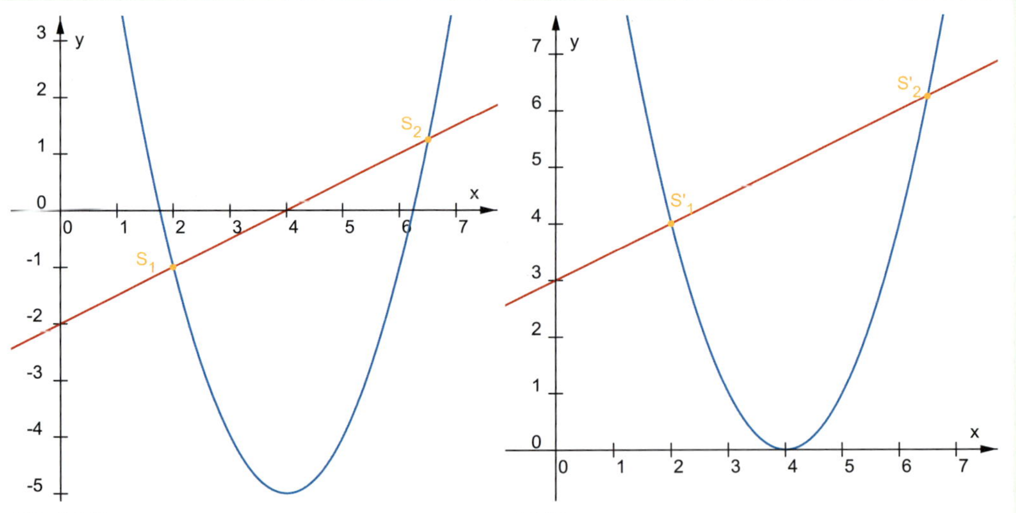

Abb. 6.2.10 6.2.11

Um die neuen Modellfunktionen zu erhalten, genügt es, f_1 und f_2 jeweils um 5 Einheiten nach oben zu verschieben.

$$f_{1neu}(x) = x^2 - 8x + 16$$

$$f_{2neu}(x) = \frac{1}{2}x + 3$$

Berechnen der Schnittstellen: (Man benötigt nur die x-Koordinaten der Schnittpunkte.)

$$x^2 - 8x + 16 = \frac{1}{2}x + 3$$

$$x_1 = 2,\ x_2 = 6{,}5$$

$$A = \int_2^{6,5} \left[\left(\frac{1}{2}x - 2 + 5\right) - \left(x^2 - 8x + 11 + 5\right)\right]dx$$

● Hier sind schon die Modellfunktionen eingesetzt: $f_{2neu}(x) - f_{1neu}(x)$.

$$A = \left[\left(\frac{1}{4}x^2 - 2x + 5x\right) - \left(\frac{1}{3}x^3 - 4x^2 + 11x + 5x\right)\right]_2^{6,5}$$

$$A = \left[\frac{1}{4}x^2 - 2x + \cancel{5x} - \frac{1}{3}x^3 + 4x^2 - 11x - \cancel{5x}\right]_2^{6,5}$$

● Die „Schiebekonstante" fällt weg!

$$A = \left[-\frac{1}{3}x^3 + \frac{17}{4}x^2 - 13x\right]_2^{6,5}$$

$$A = 15{,}188\ E^2$$

SbX
Ein dynamisches GeoGebra-Arbeitsblatt zu diesen Überlegungen finden Sie unter der ID: 1621.

Sie haben gesehen, dass die Konstante, um die Sie beide (!) Funktionen verschoben haben, wegfällt. Sie hätten daher das Verschieben gleich bleiben lassen können.

Ähnlich der Überlegung, dass man nicht über Nullstellen hinweg integrieren darf, gilt jedoch, dass man nicht über Schnittstellen zwischen zwei Kurven hinweg integrieren darf.

SbX
Berechnung von Rotationsvolumina ID: 1621

Ein weiteres Anwendungsgebiet für das bestimmte Integral ist die Berechnung des Volumens, das entsteht, wenn eine Kurve um die x-Achse oder die y-Achse rotiert. Diese Berechnung von Rotationsvolumina ist nicht Teil des BRP-Curriculums. Wenn Sie sich dafür interessieren, finden Sie einen Input dazu im SbX.

L 6.8: Modellieren mittels Integral A B C

Ermitteln Sie den Flächeninhalt des abgebildeten Dreiecks, indem Sie lineare Modellfunktionen aufstellen. Dokumentieren Sie Ihren Rechenweg.

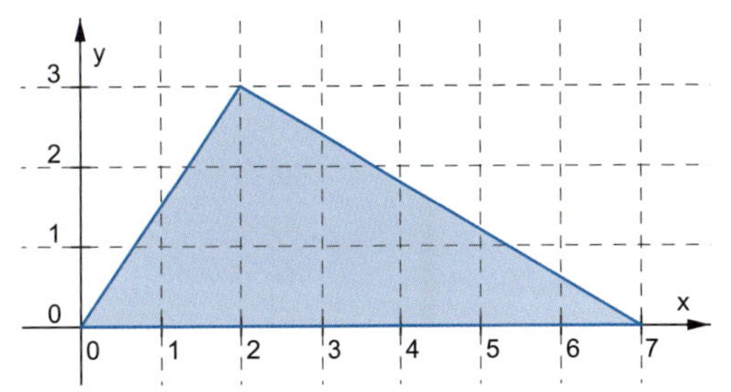

Abb. 6.2.12

1. Ablesen der Eckpunkte: A(0/0), B(7/0), C(2/3)
2. Aufstellen von zwei Geradengleichungen: g_{AC} und g_{BC}

$$g_{AC}: k = \frac{3-0}{2-0} = \frac{3}{2},\ d = 0$$

$$y = \frac{3}{2}x$$

$$g_{BC}: k = \frac{0-3}{7-2} = -\frac{3}{5},\ d = \frac{21}{5}$$

$$y = -\frac{3}{5}x + \frac{21}{5}$$

3. Integrieren der Geraden im passenden Intervall

$$A_1 = \int_0^2 y_{g_{AC}}\,dx$$

$$A_2 = \int_2^7 y_{g_{BC}}\,dx$$

$$A_1 = \int_0^2 \frac{3}{2}x\,dx = \left[\frac{3}{4}x^2\right]_0^2 = 3$$

$$A_2 = \int_2^7 \left(-\frac{3}{5}x + \frac{21}{5}\right)dx = \left[-\frac{3}{10}x^2 + \frac{21}{5}x\right]_2^7 = 7{,}5$$

$$A = 10{,}5\ E^2$$

Zur Kontrolle berechnen Sie den Flächeninhalt mit der Formel für das Dreieck:

$$A = \frac{c \cdot h_c}{2} = \frac{7 \cdot 3}{2} = 10{,}5\ E^2$$

2 Bestimmtes Integral in der Praxis
Sport, Wirtschaft und Natur

Lehrbeispiel

Lorbeer

L 6.9: Wasserverdunstung B C

Grüne Pflanzen geben über die Oberfläche ihrer Blätter Wasser ab. Das ist auch ein Grund, warum Pflanzen, die an heiße, trockene Standorte angepasst sind, feste, gummiartige Blätter haben.

Die folgenden Funktionsgleichungen beschreiben die Wasserverlustrate über die Blätter für eine Pflanze in Mitteleuropa an einem Sommertag:

$w_1(t) = 8{,}8 \cdot 10^{-4}t^4 - 4{,}78 \cdot 10^{-2}t^3 + 8{,}15t^2 - 3{,}55t + 4{,}88$ $\quad t \in [2; 20]$

$w_2(t) = -2{,}92 \cdot 10^{-1}t + 8{,}08$ $\quad$ restliche Stunden

(w(t) in g/h, t in h)

a) Stellen Sie die Verlustrate grafisch dar.

b) Beschreiben Sie, wie Sie nachweisen können, dass sich die Verlustrate u. a. um ca. 13:15 am höchsten ist.

c) Modellieren Sie eine Gleichung, mit der Sie den gesamtem Wasserverlust während der Sonnenstunden eines Tages (Sonnenaufgang t_A, Sonnenuntergang t_U) berechnen können. $t_U \leq 20$.

a)

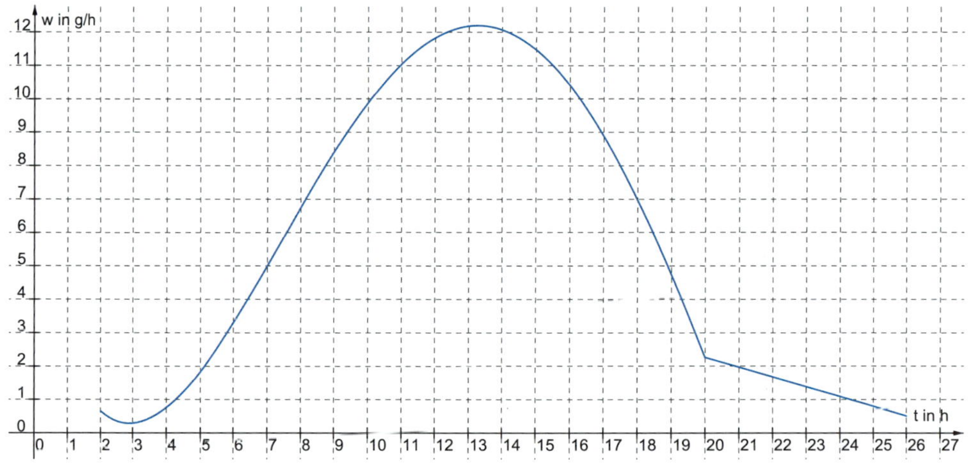

Abb. 6.2.13

b) Man bildet die erste Ableitung der Funktionsgleichung $w_1(t)$, da die erste Ableitung die Veränderung des Wasserverlustes angibt. Die Uhrzeit 13:15, also der t-Wert 13,25 muss eingesetzt in diese Ableitung den Wert 0 ergeben.

c) $w_1(t) = 8{,}8 \cdot 10^{-4}t^4 - 4{,}78 \cdot 10^{-2}t^3 + 8{,}15t^2 - 3{,}55t + 4{,}88$

Für den gesamten Wasserverlust im angegebenen Zeitraum müssen Sie integrieren.

$$W_1(t) = \int_{t_A}^{t_U} (8{,}8 \cdot 10^{-4}t^4 - 4{,}78 \cdot 10^{-2}t^3 + 8{,}15t^2 - 3{,}55t + 4{,}88)\,dt$$

$$W_1(t) = \left[1{,}76 \cdot 10^{-4}t^5 - 1{,}195 \cdot 10^{-2}t^4 + 271\dot{6}t^3 - 1{,}775t^2 + 4{,}88t\right]_{t_A}^{t_U}$$

$$W_1(t) = \left[1{,}76 \cdot 10^{-4} \cdot (t_U^5 - t_A^5) - 1{,}195 \cdot 10^{-2} \cdot (t_U^4 - t_A^4) + 2716 \cdot (t_U^3 - t_A^3) - 1{,}775 \cdot (t_U^2 - t_A^2) + 4{,}88 \cdot (t_U - t_A)\right]$$

Lehrbeispiel

L 6.10: Tunnelbau A B D

Ein Fußgängertunnel mit einer Länge von 20 m hat den folgenden Querschnitt. Er ist aus Beton angefertigt mit einer Dichte von 2,4 t/m³. Die Tunnelöffnung wird durch folgende Funktionsgleichung beschrieben:

$$f(x) = -\frac{2}{125} \cdot (x - 350)^2 + 450$$

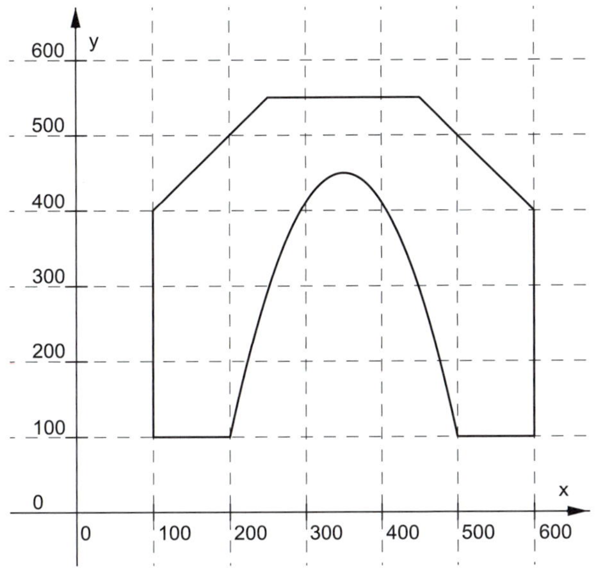

Abb. 6.2.14

a) Modellieren Sie eine Funktionsgleichung, welche die linke schräge Tunnelwand beschreibt.

b) Zeigen Sie, dass der Abstand zwischen Tunnelöffnung und Außenwand am höchsten Punkt genau 100 m beträgt.

c) Berechnen Sie die betonierte Querschnittsfläche.

a) Ablesen der beiden Punkte A(100/400) und B(250/550)

$g: y = kx + d$

I: $400 = k \cdot 100 + d$

II: $550 = k \cdot 250 + d$

$y = x + 300$

● Einsetzen der Koordinaten und Lösen des Gleichungssystems

b) Den höchsten Punkt der Tunnelöffnung aus der Gleichung ablesen:

$$f(x) = -\frac{2}{125} \cdot (x - 350)^2 + 450$$

Die Parabel ist eine um 350 nach rechts und 450 nach oben verschobene Standardparabel (breiter und nach unten geöffnet).

$P_{max}(350/450)$

Die waagrechte Tunnelaußenwand oberhalb von P_{max} liegt bei y = 550.

Daher beträgt der Abstand 100 m.

Der Hochpunkt kann auch mittels Differenzialrechnung ermittelt werden:

$$f(x) = -\frac{2}{125}x^2 + \frac{56}{5}x - 1510$$

$$f'(x) = -\frac{4}{125}x + \frac{56}{5}$$

$$f'(x) = 0 \quad \Rightarrow x = 350,\ y = f(350) = 450$$

c)

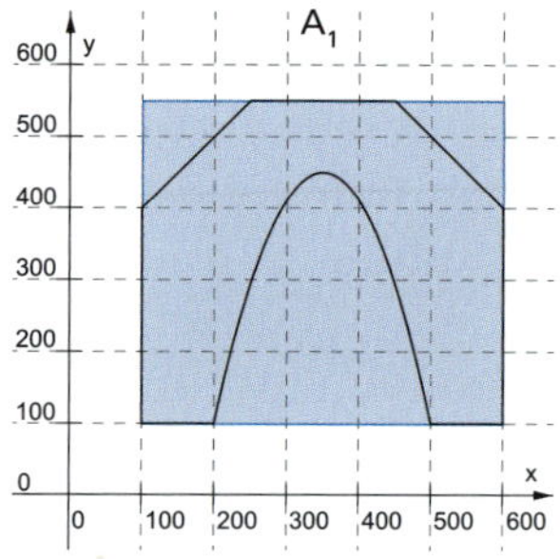
Abb. 6.2.15-1

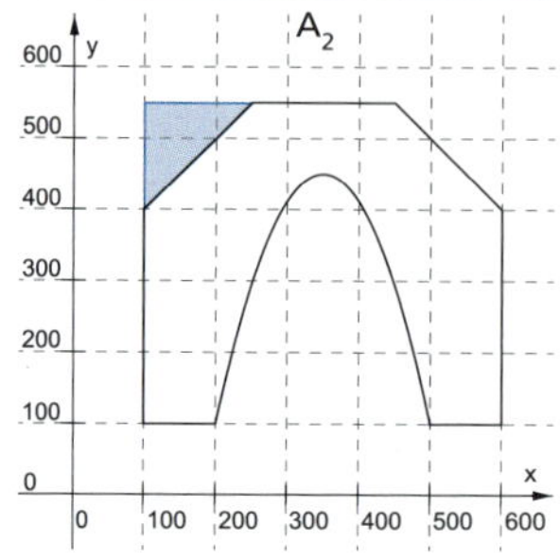
Abb. 6.2.15-2

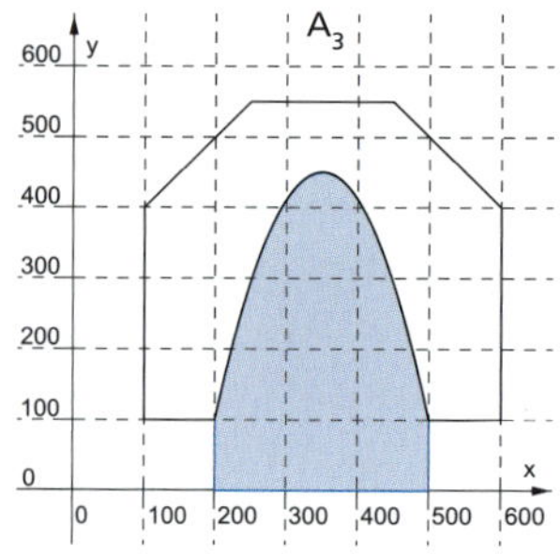
Abb. 6.2.15-3

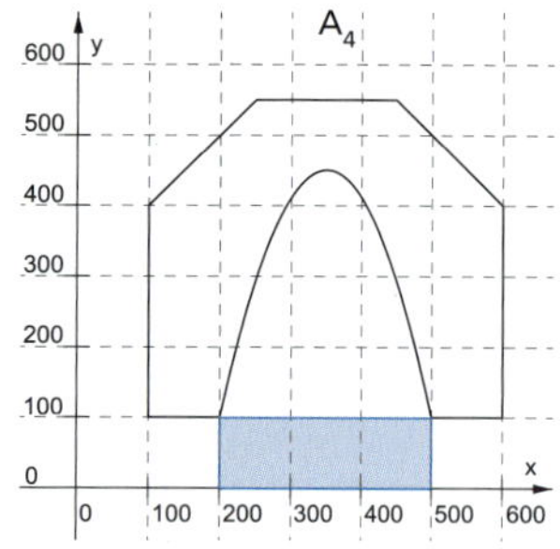
Abb. 6.2.15-4

$$A = A_1 - 2A_1 - (A_3 - A_4)$$

$$A = 450 \cdot 500 - 2 \cdot \left(\frac{1}{2} \cdot 150 \cdot 150\right) - \left(\int_{200}^{500} f(x)dx - 100 \cdot 300\right)$$

$$A_3 = \int_{200}^{500} \left(-\frac{2}{125} \cdot (x-350)^2 + 450\right) dx$$ ● Integral der Parabel

$$A_3 = \int_{200}^{500} \left(-\frac{2}{125}x^2 + \frac{56}{5}x - 1510\right) dx$$

$$A_3 = \left[-\frac{2}{375}x^3 + \frac{56}{10}x^2 - 1510x\right]_{200}^{500} = 99000\,m^2$$

$$A = 225000 - 22500 - (99000 - 30000)$$

$$A = 133500\,m^2$$

Lehrbeispiel

L 6.11: Ernteertrag B C D

Der Ernteertrag einer Apfelplantage hängt unter anderem vom Alter der Bäume ab. Mit der Funktion $E(t) = -0{,}08t^2 + 5{,}5t - 15{,}3$ (E(t) in Tonnen, t in Jahren) lässt sich dieser Zusammenhang gut modellieren.

a) Fertigen Sie eine grafische Darstellung an und interpretieren Sie die Bedeutung der Nullstelle in diesem Zusammenhang.

b) Geben Sie jenen Ertrag an, den Sie über die gesamte Lebensdauer der Anlage erwarten können.

a)

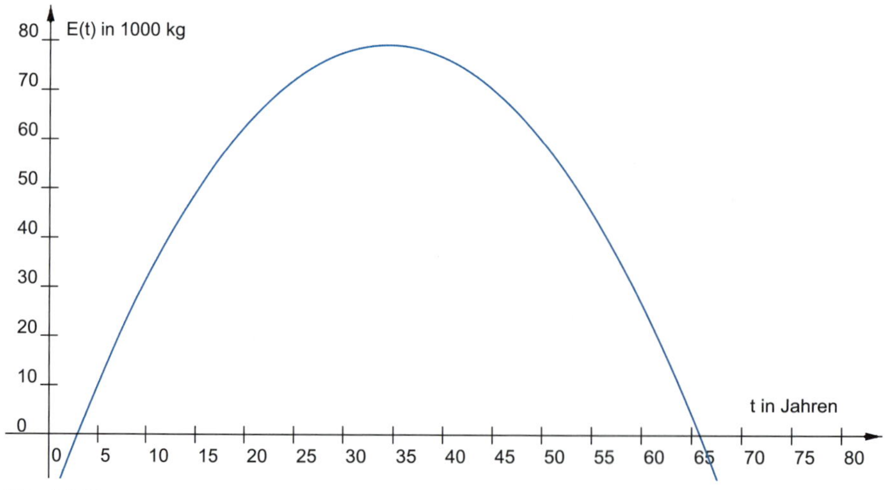

Abb. 6.2.16

Die erste Nullstelle (2,905/0) bedeutet, dass die Bäume erst nach ca. drei Jahren Früchte tragen. Die zweite Nullstelle (65,845/0) weist darauf hin, dass die Bäume mit ca. 65 Jahren absterben (keine Früchte mehr tragen).

b) Für den Ertrag müssen Sie das Integral vom Anfang bis zum Ende berechnen.

$$E = \int_{2,905}^{65,845} (-0{,}08t^2 + 5{,}5t - 15{,}3)\,dt$$

$$E = \left[\frac{-0{,}08}{3}t^3 + \frac{5{,}5}{2}t^2 - 15{,}3t\right]_{2,905}^{65,845}$$

$$E = 3293{,}12$$

Der Ertrag wird 3293,12 t betragen.

Üben

A B C D

Ü 6.19 ★: Flächenberechnungen B

Berechnen Sie den Inhalt der Fläche zwischen Kurve und x-Achse und fertigen Sie eine Skizze an.

a) $f(x) = 4 - x^2$
b) $f(x) = x^2 - x - 2$
c) $f(x) = 4x^2 - x^3$
d) $f(x) = x^3 - 6x^2 + 9x$
e) $f(x) = x^3 - 6x^2 + 8x$
f) $f(x) = x^3 - 8x^2 + 15x$
g) $f(x) = \frac{x^3}{3} - 3x$
h) $f(x) = x^4 - 5x^2 + 4$

Ü 6.20 ★–★★: Flächenberechnungen im gegebenen Intervall A B

Berechnen Sie die Integrale der folgenden Funktionen im angegebenen Intervall und veranschaulichen Sie diese mittels grafischer Darstellung.

a) $f(x) = 2x$ [1; 3]
b) $f(x) = \frac{x}{2} + 1$ [-2; 2]
c) $f(x) = 5 - x$ [1; 4]
d) $f(x) = x^2$ [1; 3]
e) $f(x) = \frac{x^2}{4} + 2$ [0; 4]
f) $f(x) = 4 - \frac{x^2}{3}$ [-3; 3]
g) $f(x) = 4x - x^2$ [0; 4]
h) $f(x) = x^3 + 1$ [-1; 1]
i) $f(x) = \frac{x^3}{4} - x + 1$ [-2; 2]
j) $f(x) = \frac{x^3}{4} - \frac{3x^2}{2} + \frac{7x}{2}$ [0; 3]
k) $f(x) = \frac{x^4}{4} - 2x^2 + 4$ [-2; 2]
l) $f(x) = 4 - \frac{1}{x^2}$ [0,5; 2]
m) $f(x) = x + \frac{1}{x}$ [1; 2]
n) $f(x) = \sqrt{x}$ [0; 9]

Ü 6.21 ★: Inhalt zwischen zwei Kurven berechnen A B

Berechnen Sie den Inhalt der Fläche zwischen den beiden Kurven und veranschaulichen Sie diese mittels grafischer Darstellung.

a) $f(x) = x^2$ $g(x) = x + 6$
b) $f(x) = 4x - x^2$ $g(x) = x$
c) $f(x) = x^2$ $g(x) = 4x - x^2$

d) $f(x) = x^2$ $\quad g(x) = 5 - \frac{x^2}{4}$

e) $f(x) = x^2$ $\quad g(x) = x^3$

f) $f(x) = x^2$ $\quad g(x) = x^4$

g) $f(x) = x^3 + 1$ $\quad g(x) = 4x + 1$

h) $f(x) = x^3 - 6x^2 + 9x$ $\quad g(x) = 3x - x^2$

Ü 6.22 ★★: Flächeninhalt B C

Berechnen Sie den Flächeninhalt, den die Kurve mit der x-Achse einschließt. Skizzieren Sie Funktionsgraphen ohne Wertetabelle und ohne Grafikprogramm. Dokumentieren Sie den Lösungsweg.

$f(x) = \frac{1}{9}(-x^4 - 4x^3)$

Ü 6.23 ★★★: Fläche zwischen Funktion und Tangente berechnen A B

Berechnen Sie die Fläche, die vom Graphen der Funktion $f(x) = \frac{x^2}{4} + 2$, der Tangente im Punkt $P(4/y_P)$ und den Koordinatenachsen begrenzt wird. Veranschaulichen Sie diese mittels grafischer Darstellung.

Ü 6.24 ★★★: Fläche zwischen Funktion und Wendetangente berechnen A B

Berechnen Sie die Fläche, die vom Graphen der Funktion $f(x) = \frac{x^3}{16} - \frac{3x^2}{8} + 4$, der Wendetangente und den Koordinatenachsen begrenzt wird. Veranschaulichen Sie diese mittels grafischer Darstellung.

Ü 6.25 ★★★: Verhältnis von Flächeninhalten zueinander A B

Der Punkt $P(6/y_P)$ liegt auf der Kurve $y = \frac{x^3}{24}$. Die x-Achse, die Ordinate von P und die Gerade durch P und den Koordinatenursprung bilden ein Dreieck. Dieses Dreieck wird durch die Kurve und die Tangente in P in drei Teile geteilt. Berechnen Sie, in welchem Verhältnis die Flächeninhalte der drei Teilflächen zueinander stehen. Veranschaulichen Sie dies mittels grafischer Darstellung.

Ü 6.26 ★★: Flächeninhalt zwischen Kurven berechnen B

Berechnen Sie den Flächeninhalt jenes Flächenstückes, das links vom Ursprung liegt und von den Kurven $f(x) = 0{,}1x^3 + 0{,}2x^2 - 1{,}5x$ und $g(x) = \frac{2}{15}x^2 + \frac{2}{3}x$ begrenzt wird.

Ü 6.27 ★★: Flächeninhalt zwischen Kurven berechnen B C

Berechnen Sie den Inhalt jener Fläche, die von den beiden Kurven begrenzt wird. Dokumentieren Sie Ihren Lösungsweg genau.

$f(x) = x^3 - 3x + 1$ $\quad g(x) = -1{,}5x^2 - 3x + 1$

Ü 6.28 ★★★: Flächeninhalt zwischen Kurve und Tangente berechnen B

Es ist jener Flächeninhalt zu ermitteln, der von der Kurve, der Tangente im Punkt P (2/y) und der y-Achse eingeschlossen wird.

$f(x) = x^3 - 6x^2 + 8x$

Ü 6.29 ★★★: Mehrstündige Schularbeit B C

Bei einer zweistündigen Schularbeit arbeiten nicht alle Schüler/innen wirklich die volle Zeit. Die Funktion $f(t) = 4 \cdot 10^{-8} \cdot t^3$ gibt jenen Anteil der Schüler/innen an, die nach t Minuten die Arbeit abgeben – denken Sie daran, dass 2 Schulstunden nicht 2 x 60 Minuten umfassen.

a) Berechnen Sie den Anteil der Schüler/innen, die zwischen 80 und 100 Minuten arbeiten.

b) Geben Sie **ohne Berechnung** den Wert für g an, wenn gilt:

$$\int_0^g f(t) = 1$$

Interpretieren Sie die Bedeutung des Integrals.

Ü 6.30 ★★★: Kanalquerschnitt A B D

Ein Regenwasserkanal hat den folgenden Querschnitt (Maße in cm).

a) Modellieren Sie eine quadratische Funktion, die die Kanalausnehmung abbildet.
b) Berechnen Sie den Flächeninhalt der Querschnittsfläche mittels Integral.
c) Erklären Sie, warum ein Absenken der Kanalhöhe um 10 % nicht eine Verringerung der Wasserdurchflussmenge um 10 % zur Folge hat.

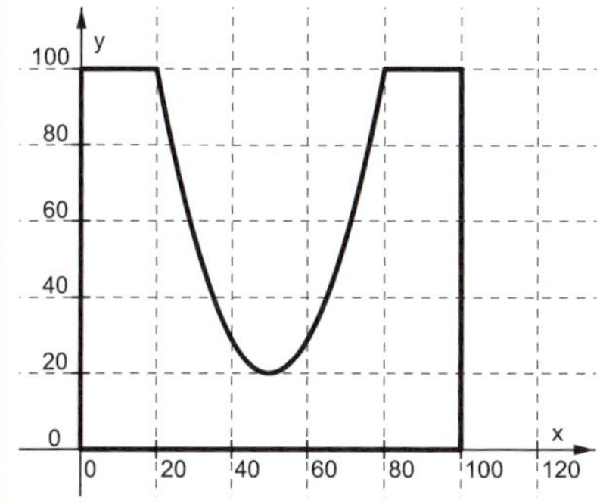

Abb. 6.2.17

Ü 6.31 ★★: Die Atmung A B

Eine Frau atmet alle 5 Sekunden ein und aus. Das in der Lunge vorhandene Luftvolumen beschreibt die Funktion:

$$V(t) = \frac{1}{1000} \cdot (-37t^3 + 152t^2 + 173t).$$

a) Veranschaulichen Sie das Volumen mittels grafischer Darstellung.
b) Ermitteln Sie, welches Volumen sich im Mittel in der Lunge befindet (während eines Atemzyklus).

Ü 6.32 ★★: Geschwindigkeit eines Pkw B D

Ein Auto fährt mit einer Geschwindigkeit von $v(t) = 0{,}028t^3 + 1$. v(t) in m/sec, t in sec.

a) Geben Sie die durchschnittliche Geschwindigkeit innerhalb der ersten 10 Sekunden an.
b) Ermitteln Sie die momentane Änderungsrate der Geschwindigkeit und interpretieren Sie diese im gegebenen Zusammenhang.
c) Argumentieren Sie, warum die gegebene Geschwindigkeit erkennen lässt, dass der Pkw nicht schon aus dem Stand beschleunigt hat.

Sichern

Hauptsatz der Integralrechnung

$$A = \int_a^b f(x)\,dx = F(b) - F(a)$$

(b: obere Grenze; a: untere Grenze)

A beschreibt den Flächeninhalt zwischen der Kurve und der x-Achse in den Grenzen a und b („obere minus untere Grenze").

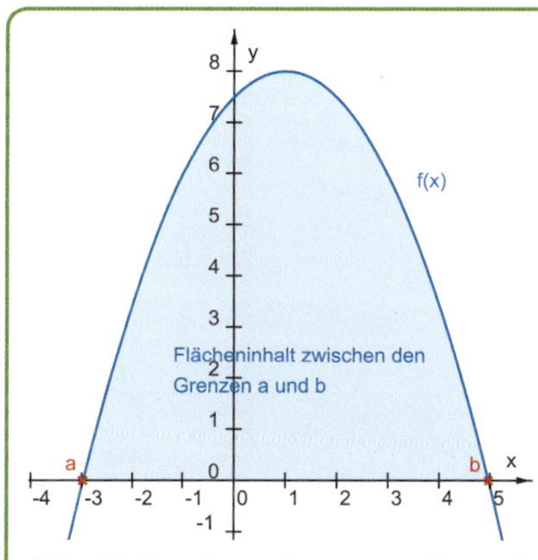

Abb. 6.2.18: „obere minus untere Grenze"

„negativer Flächeninhalt"

Bei der Berechnung von Flächeninhalten darf nicht über Nullstellen hinweg integriert werden.

Ein Flächeninhalt unterhalb der x-Achse hat einen negativen Rechenwert.

Wissen

A B C D

W 6.7: Fläche zwischen zwei Kurven B C D

Die beiden Kurven begrenzen ein Flächenstück, dessen Inhalt ermittelt werden soll.

k_1: $y^2 = 3x$ k_2: $y^2 = 40 - 5x$

a) Erklären Sie, warum die beiden Kurven keine Funktionen sind.

b) Berechnen Sie den von beiden Kurven eingeschlossenen Flächeninhalt. Dokumentieren und begründen Sie Ihren Lösungsweg.

W 6.8: Flächenberechnung A B C

a) Ermitteln Sie näherungsweise den abgebildeten Flächeninhalt – dokumentieren Sie dabei genau Ihre Vorgangsweise.

b) Stellen Sie die für eine Flächenberechnung mittels Integral nötige(n) Funktionsgleichung(en) auf.

c) Berechnen Sie den Inhalt der eingefärbten Fläche.

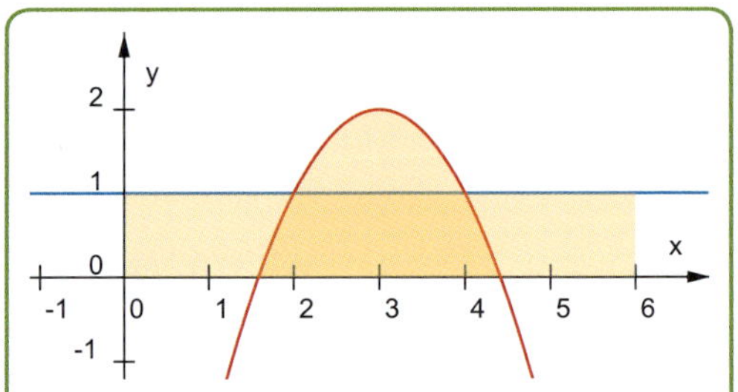

Abb. 6.2.19

W 6.9: Kanalabfluss A B

Ein 5 km langer Kanalabfluss hat die Querschnittsform einer Parabel mit einer Tiefe von 2 m und einer Breite von $4 \cdot \sqrt{5}$ m.

a) Stellen Sie eine Gleichung auf, die den Kanalquerschnitt beschreibt.

b) Berechnen Sie die Querschnittsfläche des Kanals.

c) Ermitteln Sie die Wassermenge, die dieser Abfluss enthält, wenn er bis 10 cm unter den Rand gefüllt ist.

W 6.10: Funktionsgleichung aufstellen B D

Die zweite Ableitung einer Funktion lautet: $f''(x) = 6x - 6$. Der Graph der ersten Ableitung enthält den Punkt (3/9). Die Funktion f(x) schneidet die y-Achse bei +4.

a) Ermitteln Sie die Funktionsgleichung und zeigen Sie die Übereinstimmung mit der Gleichung $f(x) = x^3 - 3x^2 + 4$.

b) Berechnen Sie den Inhalt jener Fläche, die von der Kurve und der Tangente im Punkt (2/y) eingeschlossen wird. Fertigen Sie eine Skizze an. Begründen Sie, welche Besonderheit für die Berechnung dieses Flächeninhalts vorliegt und erklären Sie, welcher Rechenweg der einfachste ist.

W 6.11: Argumentieren mit bestimmten Integralen A D

a) Argumentieren Sie ohne Berechnung, warum $\int_{-3}^{3}(x^3 - 9x)\,dx$ den Wert 0 annimmt.

b) Stellen Sie die Gleichung einer Funktion f 3. Grades, die eine Nullstelle im Ursprung hat, so auf, dass

$$\int_{x_1}^{x_3} f(x)\,dx > 0,$$

wenn $N_1(x_1/0)$ und $N_3(x_3/0)$ ist.

W 6.12: Geschwindigkeitsverzögerung A D

Ein Pkw hat zu Beginn einer Messung eine Geschwindigkeit von 40 m/s und ab dem Messzeitpunkt eine Verzögerung a_0 von 4,5 m/s². Die Verzögerung nimmt linear ab und endet nach 15 Sekunden.

a) Geben Sie die Geschwindigkeitsfunktion an.

b) Erklären Sie, was das folgende Integral berechnet: $\int_0^{10} a(t)\,dt$

W 6.13: Schadstoffe A C D

Sobald geheizt werden muss, stoßen Kamine Schadstoffe aus. Dieser Schadstoffausstoß wurde für einen Kaminbefund im 10-min-Takt eine Stunde lang gemessen. Die Messdaten ergeben folgende grafische Darstellung.

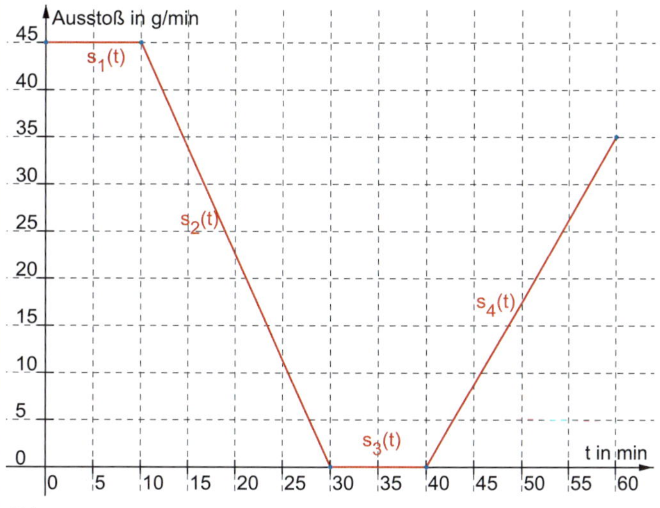

Abb. 6.2.20

a) Lesen Sie die einzelnen Messwerte ab.

b) Modellieren Sie für jedes Zeitintervall eine Funktionsgleichung.

c) Erklären Sie, was Sie mit dem folgenden Ausdruck berechnen.

$$\int_0^{10} s_1(t)dt + \int_{10}^{30} s_2(t)dt + \int_{40}^{60} s_4(t)dt$$

W 6.14: Pflanzenwachstum B D

Pflanzen wachsen unterschiedlich schnell. Für eine spezielle Pflanzenart wurde eine vereinfachte Modellannahme für die Wachstumsgeschwindigkeit entwickelt. Zu Beginn hat die Pflanze eine Geschwindigkeit von 0 cm/Tag, nach 50 Tagen bereits 20 cm/Tag, wobei die Zunahme linear erfolgt. Danach nimmt die Geschwindigkeit wieder ab und ist nach insgesamt 70 Tagen wieder bei 0 cm/Tag, lineare Abnahme vorausgesetzt.

a) Begründen Sie, warum die Veränderung der Wachstumsgeschwindigkeit konstant ist.

b) Berechnen das gesamte Höhenwachstum.

W 6.15: Die Kugel rollt A C D

Die Funktionsgrafik beschreibt die momentane Geschwindigkeit einer rollenden Kugel.

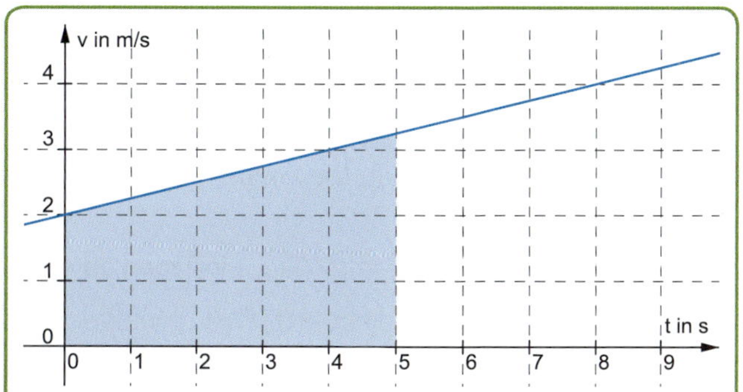

Abb. 6.2.21

a) Begründen Sie, warum es sich um eine gleichmäßig beschleunigte Bewegung handelt.

b) Beschreiben Sie die Bedeutung des abgebildeten Flächeninhalts.

c) Modellieren Sie eine Funktionsgleichung für den zurückgelegten Weg in den ersten zehn Sekunden.

W 6.16: Flugzeug B C

Nach dem Start steigt ein Flugzeug in die Luft. Die momentane Steiggeschwindigkeit beträgt dabei in den ersten 20 Sekunden: $v(t) = -0{,}99t^2 + 24{,}8t$ (t in s, v(t) in m/s).

a) Berechnen Sie die Höhe, welche das Flugzeug nach 20 s erreicht.

b) ● Stellen Sie die Geschwindigkeit grafisch dar.
● Beschreiben Sie den Verlauf der Geschwindigkeit innerhalb der ersten 20 Sekunden.

W 6.17: „Weil Schifoan is …" B D

Das Längsschnittsprofil eines Indoor-Schihanges in Dubai soll wie unten abgebildet aussehen. An den Seitenflächen muss jeweils eine zusätzliche Flächenkühlung angebracht werden.

$h(x) = 4{,}8 \cdot 10^{-6}x^3 - 3{,}6 \cdot 10^{-3}x^2 + 3 \cdot 10^2$

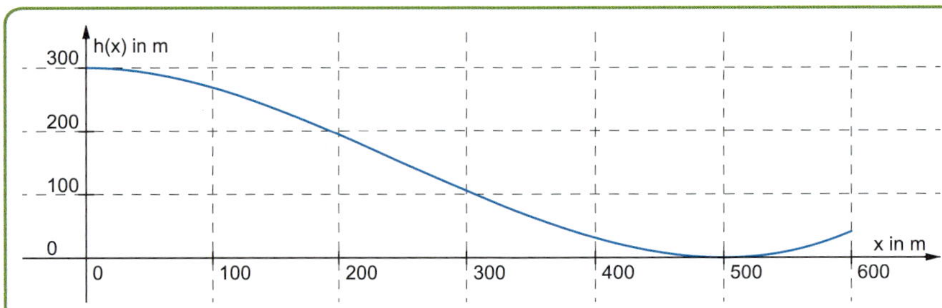

Abb. 6.2.22

a) Berechnen Sie den Flächeninhalt der Flächenkühlung.

b) Erklären Sie Bedeutung der folgenden Aussage: h''(250) = 0

W 6.18: Modellieren einer Formel A

Modellieren Sie mittels Integralrechnung eine Formel, mit der Sie den abgebildeten Flächeninhalt berechnen können.

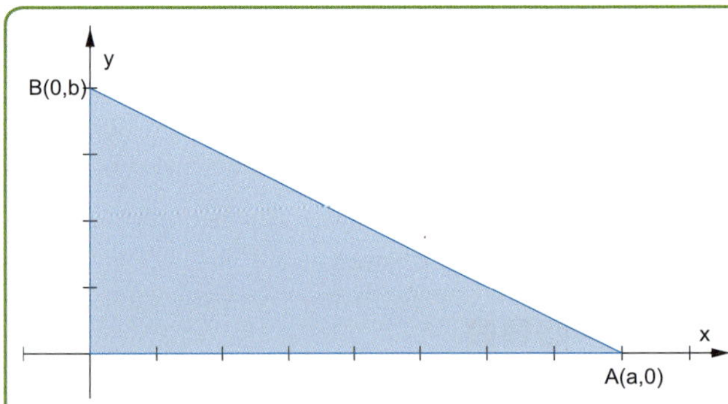

Abb. 6.2.23

W 6.19: Wasserbecken B C D

Staubecken sind nicht immer mit derselben Wassermenge gefüllt. Zu Beginn einer Messung ist ein Staubecken mit $4 \cdot 10^6$ l Wasser gefüllt. Die Zuflussrate des Wassers w(t) wird durch folgende Funktionsgleichung beschrieben:

$w(t) = -(t^2 - 40t - 225)$ w(t) in m³/Tag, t in Tagen ab dem 1. 1.

a) Erklären Sie die Bedeutung der Koordinaten $(t_1/w(t_1))$ in diesem Kontext.

b) Beschreiben Sie die Bedeutung des folgenden Ausdrucks.

$$4000 + \int_0^{10} w(t)\,dt$$

c) Berechnen Sie die Zuflussrate nach 20 Tagen.

W 6.20: Rampe für Skater A B

In einem Skater-Park steht eine Rampe mit dem unten abgebildeten Querschnitt, der sich durch eine Funktionsgleichung 3. Grades beschreiben lässt. Im Punkt D verändert der Funktionsgraph seine Krümmungsrichtung.

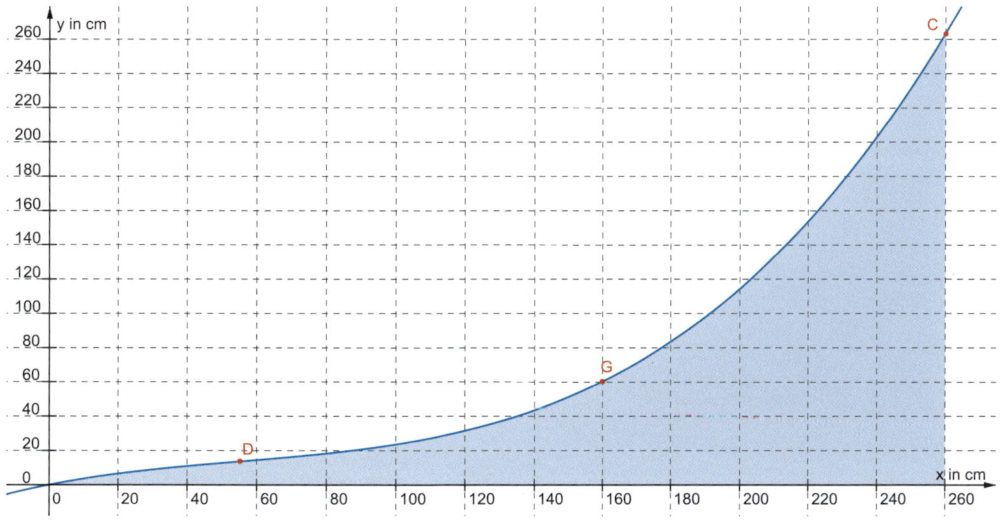

Abb. 6.2.24

a) Stellen Sie für eine Querschnittsbreite von 260 cm und eine Höhe von 264 cm und den Punkt D(55,2/13,6) ein Gleichungssystem auf, mit dem Sie die Funktionsgleichung 3. Grades berechnen können.

b) Eine sehr ähnliche, ebenfalls 260 m breite Rampe wird durch die folgende Funktionsgleichung beschrieben:

$$f(x) = 2{,}4 \cdot 10^{-5}x^3 - 4{,}14 \cdot 10^{-3}x^2 + 3{,}9936 \cdot 10^{-1}x$$

Berechnen Sie den Flächeninhalt der Querschnittsfläche.

c) Erklären Sie die Bedeutung der folgenden Ungleichung im Kontext, wenn r(x) die Gleichung des gekrümmten Teils der Rampe ist.

$$r'(160) < r'(260)$$

Kompetenz-Check

	☺	😐	☹
Ich kenne den Unterschied zwischen unbestimmtem und bestimmtem Integral.			
Ich kann Flächenberechnungen mittels Integralen lösen.			
Ich kenne Anwendungsgebiete für bestimmte Integrale in der Praxis und kann diese lösen.			

7 STATISTIK UND WAHRSCHEINLICHKEITSRECHNUNG

Worum geht's in diesem Kapitel?

Im täglichen Leben müssen wir laufend Entscheidungen in unsicheren Situationen treffen – wir müssen also Chancen abschätzen. Dabei haben wir es mit ganz verschiedenen Arten von Wahrscheinlichkeiten zu tun – mit der Wahrscheinlichkeit, dass bei der nächsten Lottoziehung eine 17 gezogen wird, dass es morgen regnet, dass eine bestimmte Partei die nächste Wahl gewinnt – oder der Wahrscheinlichkeit, dass der Mensch, der mir gegenübersitzt, die große Liebe meines Lebens ist ... Im ersten Beispiel ist die Wahrscheinlichkeit sehr leicht zu berechnen. Beim Wetter und bei der Wahl ist es schon schwieriger. Immerhin kann man hier wissenschaftlich begründete Prognosen treffen (anhand von meteorologischen Daten bzw. Umfragen). Bei der großen Liebe ist eine mathematische Berechnung der Wahrscheinlichkeit wohl unmöglich.

Wenn Sie dieses Kapitel bearbeitet haben, können Sie

- Statistiken interpretieren und Daten statistisch aufbereiten
- Mittelwerte und Streuungsmaße verwenden
- Wahrscheinlichkeiten berechnen und interpretieren
- Binomial- und Normalverteilung im Kontext nutzen

In diesem Kapitel erwerben Sie Kompetenzen zu folgenden Deskriptoren:

„Ich kann Daten statistisch aufbereiten, Häufigkeitsverteilungen (absolute und relative Häufigkeiten) grafisch darstellen und interpretieren sowie die Auswahl einer bestimmten Darstellungsweise anwendungsbezogen argumentieren."

„Ich kann Mittelwerte und Streuungsmaße empirischer Daten berechnen, interpretieren und argumentieren."

„Ich kann die Wahrscheinlichkeit als intuitiven Grenzwert relativer Häufigkeit interpretieren."

„Ich kann die Additionsregel auf einander ausschließende Ereignisse und die Multiplikationsregel auf unabhängige Ereignisse anwenden; Zufallsexperimente als Baumdiagramm darstellen."

„Ich kann mit der Binomialverteilung modellieren, ihre Anwendung begründen, Wahrscheinlichkeiten berechnen und die Ergebnisse kontextbezogen interpretieren."

„Ich kann mit der Wahrscheinlichkeitsdichte und der Verteilungsfunktion der Normalverteilung modellieren, Wahrscheinlichkeiten berechnen und die Ergebnisse kontextbezogen interpretieren, Erwartungswert μ und Standardabweichung σ interpretieren und Auswirkungen auf die Wahrscheinlichkeitsdichte argumentieren."

A B C D

In diesem Kapitel finden Sie Lehrbeispiele, Übungsaufgaben und Aufgaben zur Lernkontrolle zur Überprüfung Ihrer Kompetenzen auf den Handlungsebenen A Modellieren und Transferieren B Operieren und Technologieeinsatz C Interpretieren und Dokumentieren und D Argumentieren und Kommunizieren.

Dieses Kapitel umfasst folgende Lerneinheiten:

Lerneinheit 1

Von der Urliste zur Grafik

SbX
Alle SbX-Inhalte zu dieser Lerneinheit finden Sie unter der ID: 1710.

In Österreich wird alle 10 Jahre eine Volkszählung durchgeführt. Dabei werden zahlreiche Daten über alle Einwohner gesammelt. Bei normalen statistischen Untersuchungen wie Meinungsumfragen oder Marktforschung begnügt man sich mit einer Stichprobe, aber auch diese darf nicht zu klein sein, damit sie aussagekräftig ist. Die gesammelten Datenmengen sollten nach Möglichkeit so dargestellt werden, dass man mit einem Blick das Wesentliche erkennen kann.

Sie lernen hier:

- welche Arten von statistischen Daten es gibt
- wie Sie Daten grafisch darstellen können
- woran Sie Manipulationen erkennen

Lernen

SbX ID: 1711

A B C D

1 Verschiedene Arten von Daten

Man kann nicht mit allem rechnen.

Lehrbeispiel

L 7.1: Mitarbeiterstatistik A B C

In einem kleinen Unternehmen wurden einige Daten aller Mitarbeiterinnen und Mitarbeiter erhoben:

Erklärung der Abkürzungen:
Geschlecht: m: männlich, w: weiblich
Wohnort: W: Wien, N: Niederösterreich, B: Burgenland
Bildungsstand: 1: Pflichtschule, 2: Mittlere Schule oder Lehre, 3: Höhere Schule, 4: Universität oder Fachhochschule

Nummer	Geschlecht	Alter	Wohnort	Bildungsstand	Jahreseinkommen
1	m	45 J.	W	4	42.000 €
2	m	42 J.	W	4	39.000 €
3	w	39 J.	N	4	38.000 €
4	w	33 J.	W	3	23.000 €
5	m	25 J.	N	3	22.000 €
6	m	52 J.	W	3	36.000 €
7	m	54 J.	W	3	33.000 €
8	w	47 J.	N	3	31.000 €
9	m	45 J.	B	2	28.000 €
10	m	33 J.	W	2	26.000 €
11	w	36 J.	N	2	25.000 €
12	m	28 J.	N	2	21.000 €
13	m	25 J.	W	2	20.000 €
14	m	38 J.	W	2	19.000 €
15	w	40 J.	B	2	20.000 €
16	w	34 J.	W	2	21.000 €
17	m	48 J.	B	1	15.000 €
18	m	24 J.	N	1	10.000 €
19	w	55 J.	W	1	7.000 €
20	w	23 J.	W	1	7.000 €

Eine solche Liste bezeichnet man als **Urliste.** Wir wollen jetzt diese Daten möglichst übersichtlich darstellen.

Zunächst stellen wir fest, dass ganz verschiedene Arten von Daten erhoben wurden:

nominale Daten

Eigenschaften wie „Geschlecht" oder „Wohnort" können nicht durch eine Zahl beschrieben werden. Es gibt auch keine bestimmte Reihenfolge. Solche Daten bezeichnet man als **Nominaldaten** (lat. *nomen* = Name, Bezeichnung). Weitere Beispiele: Augenfarbe, Automarke …

ordinale Daten

Die verschiedenen Schulabschlüsse in der Spalte „Bildungsstand" können geordnet werden – Matura ist ein höherer Abschluss als Pflichtschule. Man kann die Rangplätze aber nicht sinnvoll addieren oder subtrahieren. Solche Daten heißen **Ordinaldaten** (lat. *ordo* = Ordnung, Reihenfolge). Weitere Beispiele: Schulnoten, Rangplätze bei einem Schirennen ...

metrische Daten

Alter und Jahreseinkommen können durch eine Zahl gemessen werden. Mit diesen Zahlen kann man rechnen. So ist es auch sinnvoll, das Gesamteinkommen aller Mitarbeiter/innen oder die Einkommensdifferenz zweier Personen zu berechnen. Hier handelt es sich um metrische Daten (griech. metron = Maß). Weitere Beispiele: Größe, Gewicht, Temperatur ...

2 Häufigkeit
Wie oft kommt ein Wert vor?

n: Umfang der Stichprobe

In der Statistik hat man es normalerweise mit Stichproben zu tun (hier: Mitarbeiterinnen und Mitarbeiter des Unternehmens). Den Umfang der Stichprobe bezeichnen wir mit n. In unserem Beispiel ist n = 20.

H_i: absolute Häufigkeit
h_i: relative Häufigkeit

Eine erste Information besteht darin, wie oft die einzelnen Eigenschaften auftreten **(absolute Häufigkeit)** und welchen Anteil an der ganzen Stichprobe sie darstellen **(relative Häufigkeit).**

Lehrbeispiel

L 7.1 (Fortsetzung): Mitarbeiterstatistik – Information aus einer Tabelle ablesen B

Aus der Spalte „Geschlecht" entnehmen wir: Im Unternehmen arbeiten 12 Männer und 8 Frauen. Die Eigenschaft „männlich" tritt also mit der absoluten Häufigkeit 12 auf, die Eigenschaft „weiblich" mit der absoluten Häufigkeit 8. Die Aussage „Im Unternehmen arbeiten 8 Männer." ist aber nicht sehr aufschlussreich, wenn man die Gesamtzahl nicht kennt. Daher gibt man meist auch die relative Häufigkeit an, also den Anteil an der Gesamtheit:

$\frac{12}{20} = 0{,}6 = 60\,\%$ aller Mitarbeiter sind männlich, $\frac{8}{20} = 0{,}4 = 40\,\%$ sind weiblich.

Es gilt also:

Relative Häufigkeit

$h_i = \frac{H_i}{n}$ (Das i steht für den Index, h_i kann also h_1, h_2, h_3 usw. bedeuten.)

Übungsbeispiel

Ü 7.1 ★: Mitarbeiterstatistik – absolute und relative Häufigkeit B

Ermitteln Sie die absoluten und relativen Häufigkeiten für die Wohnorte „Wien", „Niederösterreich" und „Burgenland" sowie für die verschiedenen Bildungsstände.

Lehrbeispiel

L 7.1 (Fortsetzung): Mitarbeiterstatistik – Klassen erstellen und Werte zuordnen C

Wenn ein Merkmal viele verschiedene Werte annehmen kann, wie z. B. das Alter, teilt man diese am besten in Klassen ein: 20–30 Jahre, 30–40 Jahre, 40–50 Jahre und 50–60 Jahre. Wir müssen nur festlegen, was mit Werten passiert, die genau auf der Klassengrenze liegen. Wir entscheiden uns dafür, sie zur unteren Klasse zu rechnen (30 Jahre zählt also zur Klasse 20–30).

Wir erhalten:

	H_i	h_i
$20 < x \leqslant 30$	5	0,25 = 25 %
$30 < x \leqslant 40$	7	0,35 = 35 %
$40 < x \leqslant 50$	5	0,25 = 25 %
$50 < x \leqslant 60$	3	0,15 = 15 %

Übungsbeispiel

5.000–10.000 bedeutet $5.000 < EK \leqslant 10.000$.

Ü 7.2 ★: Klassenhäufigkeit B

Ermitteln Sie die absoluten und relativen Häufigkeiten für die Einkommensklassen 0–5.000 €, 5.000–10.000 €, 10.000–15.000 €, ..., 40.000–45.000 €.

3 Grafische Darstellungen

Ein Bild sagt mehr als 1000 Worte.

SbX

Eine Anleitung zur Erstellung grafischer Darstellungen in Excel finden Sie unter der ID: 1711.

Sie haben sicher schon oft in Zeitungen oder im Internet grafische Darstellungen von Statistiken gesehen. Auf einem Bild kann man Zusammenhänge mit einem Blick erkennen, die man aus einer Tabelle mühsam herauslesen müsste. Daher bieten Tabellenkalkulationsprogramme wie Excel verschiedene Möglichkeiten für Grafiken an.

Die Häufigkeiten der einzelnen Merkmale kann man am besten mit einem Kreisdiagramm (Tortendiagramm) oder Histogramm (Streifendiagramm) darstellen. Das Kreisdiagramm eignet sich dabei besser für nominale Daten, weil es keine Reihenfolge anzeigt. Für ordinale und metrische Daten verwendet man ein Histogramm.

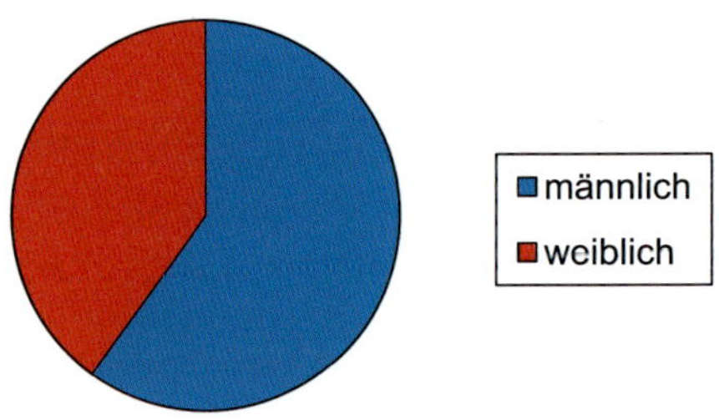

Abb. 7.1.1

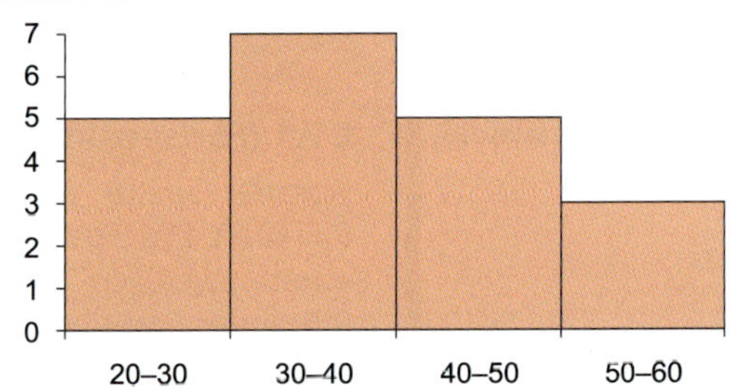

Abb. 7.1.2

Grafische Darstellung der Häufigkeitsverteilung von „Geschlecht" und „Alter"

Wie Sie selbst unterschiedliche Diagramme erzeugen können, werden Sie anhand eines einfachen Beispiels im Folgenden sehen.

Die Körpergröße von 25 Personen dient als Ausgangsbasis.

Körpergröße in cm	Anzahl
167	1
168	2
169	1
170	0
171	2
172	2
173	1
174	0
175	2
176	3
177	1

Körpergröße in cm	Anzahl
178	3
179	2
180	0
181	0
182	5

Um einen besseren Überblick zu haben, fassen Sie die unterschiedlichen Körpergrößen zu Gruppen zusammen. Es ergibt sich dann folgende Übersichtstabelle 1:

Körpergröße in cm	Anzahl
165–169	4
170–174	5
175–179	11
180–185	5

Kreisdiagramm

Wenn man nun die Werte aus der Übersichtstabelle als Kreisdiagramm darstellen will, so muss man zuerst die relative Häufigkeit bestimmen.

Da ein Kreis einen 360°-Winkel beschreibt, müssen Sie diesen Winkel entsprechend den relativen Häufigkeiten aufteilen.

Körpergröße in cm	Anzahl	rel. Häufigkeit
165–169	4	0,16
170–174	5	0,20
175–179	11	0,44
180–185	5	0,20

Lehrbeispiel

L 7.2: Körpergröße als Kreisdiagramm A

Veranschaulichen Sie die Daten der Körpergröße aus der Tabelle mittels Kreisdiagramm.

Körpergröße: 165–169, h_i=0,16

$360 \cdot 0{,}16 = 57{,}6°$ Winkel für die Körpergröße: 165–169

$360 \cdot 0{,}2 = 72°$ Winkel für die Körpergröße: 170–174, 180–185

$360 \cdot 0{,}44 = 158{,}4°$ Winkel für die Körpergröße: 175–179

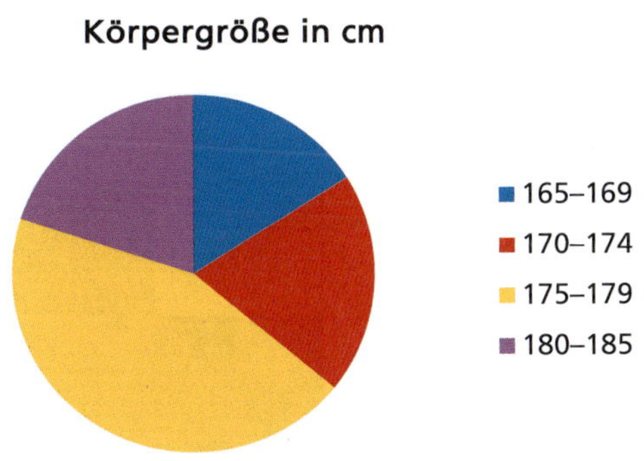

Abb. 7.1.3: Kreisdiagramm

Die Zusammenfassung in einzelne Klassen sollte so erfolgen, dass die Klassen gleich breit sind. In diesem Beispiel umfassen sie immer einen Bereich von 5 cm (165, 166, 167, 168, 169).

Auch wenn Sie die gleiche Klassenbreite beachten, kann es sein, dass Sie unterschiedliche Ergebnisse erhalten. Sehen wir uns zum Vergleich die gleichen Originaldaten (Körpergröße), aber zu anderen (gleich breiten) Klassen zusammengefasst an.

Übersichtstabelle 2:

Körpergröße in cm	Anzahl
166–170	4
171–175	7
176–180	9
181–185	5

Daraus ergibt sich folgendes Kreisdiagramm:

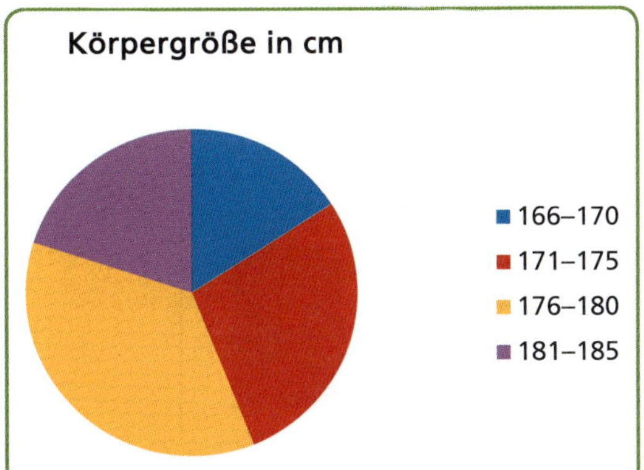

Abb. 7.1.4

Sie bemerken sicherlich, dass die rote Fläche größer und die orange Fläche kleiner geworden ist.

Übungsbeispiel

Ü 7.3 ★: Vergleich von Kreisdiagrammen B D

Berechnen Sie die relativen Häufigkeiten der Übersichtstabelle 2.

Körpergröße in cm	Anzahl	rel. Häufigkeit
165–169	4	0,16
170–174	5	0,20
175–179	11	0,44
180–185	5	0,20

Prüfen Sie Ihre Vermutung, dass die orange Fläche kleiner und die rote größer geworden ist.

Balkendiagramm: Datenreihen werden in **waagrechten** Balken dargestellt.

Säulendiagramm: Datenreihen werden in **senkrecht** stehenden Säulen dargestellt.

Balkendiagramm, Säulendiagramm, Histogramm

Wenn man nun die Werte aus der Übersichtstabelle als Balken- oder Säulendiagramm darstellen will, so sollten die Klassenbreiten gleich groß sein, da in der grafischen Darstellung dann alle entstehenden Rechtecke die gleiche Breite haben. Ein Histogramm ist ein Säulendiagramm, bei dem die Werte in Klassen eingeteilt sind.

Lehrbeispiel

L 7.3: Körpergröße als Säulendiagramm A

Veranschaulichen Sie die Daten der Körpergröße aus der Übersichtstabelle 1 und 2 mittels Histogramm. Die Breite wird beliebig gewählt. Die Höhe entspricht der absoluten Zahl (in cm, mm, beliebiger Einheit).

SbX

Ein Histogramm mit relativen Häufigkeiten finden Sie unter der ID: 1711.

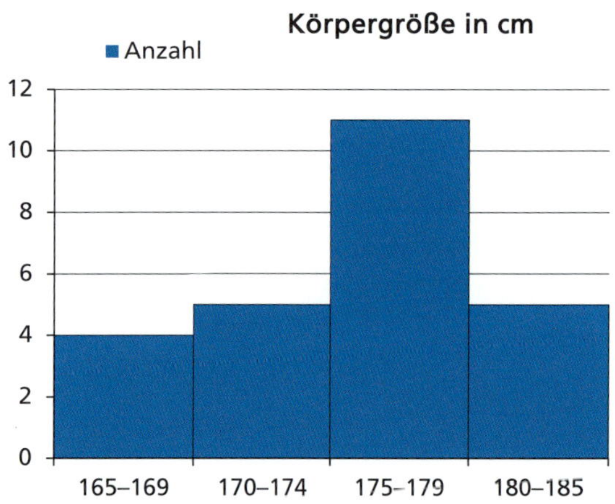

Abb. 7.1.5

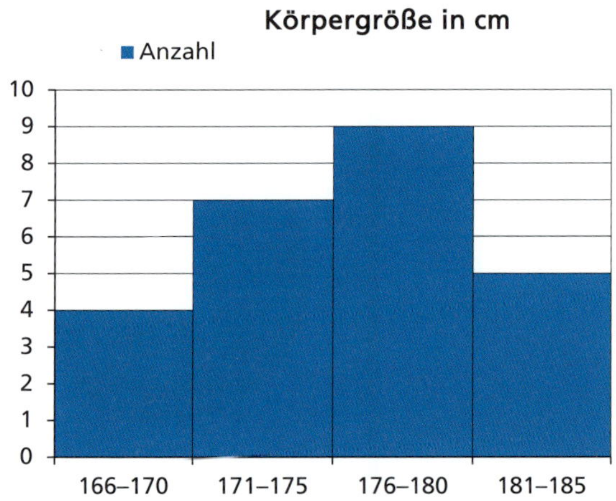

Abb. 7.1.6

Übungsbeispiel

Ü 7.4 ★: Vergleich von Säulendiagrammen C

Vergleichen Sie die beiden Diagramme in Abb. 7.1.5 und Abb. 7.1.6. Beachten Sie dabei die Höhe der Säulen.

Manchmal werden die Balken eines Diagramms aber auch mit einigem Abstand abgebildet.

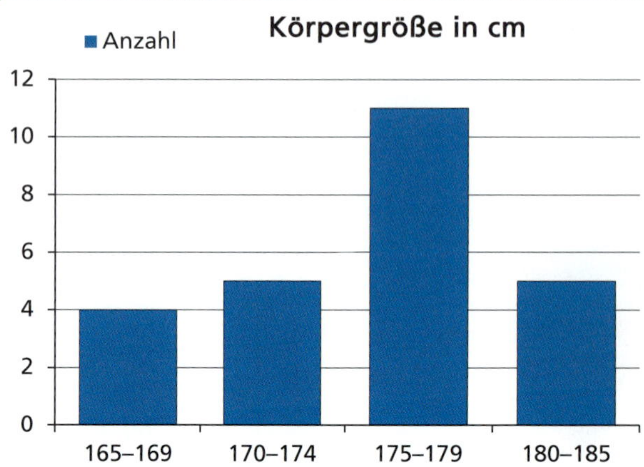

Abb. 7.1.7

Liniendiagramm

Bei einem Liniendiagramm werden die einzelnen Werte mithilfe von Strecken verbunden. Man kann so leichter eine Tendenz erkennen.

Lehrbeispiel

L 7.4: Körpergröße als Liniendiagramm A

Veranschaulichen Sie die Originaldaten der Körpergröße mittels Liniendiagramm.

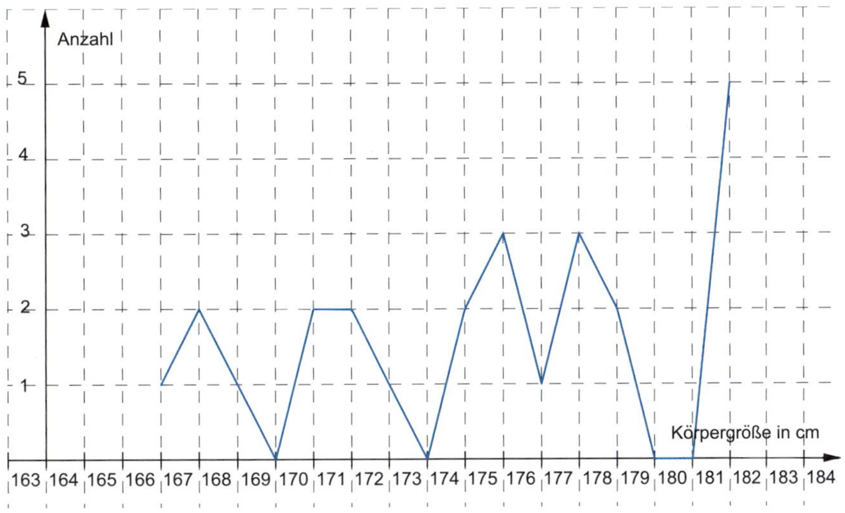

Abb. 7.1.8

Grafische Darstellungen mit dem TI-8x

Am Beispiel der Werte für „Bildungsstand" soll hier gezeigt werden, wie Sie Histogramme zeichnen können.

- Drücken Sie [STAT] → `Edit`. Tragen Sie die einzelnen Werte in die Liste L1 und die entsprechenden Häufigkeiten in L2 ein.
- Drücken Sie [2nd] [STAT PLOT], wählen Sie einen Plot und folgende Einstellungen: `On, Histogramm` (3. Bild), `Xlist: L1, Freq` (Häufigkeit): `L2`
- Mit [GRAPH] lassen Sie sich das Histogramm anzeigen. Eventuell müssen Sie vorher die Window-Einstellungen anpassen (der Menüpunkt `Xmin` im Menü [WINDOW] bestimmt den linken Rand des ersten Streifens, der Punkt `Xscl` die Breite der Streifen).

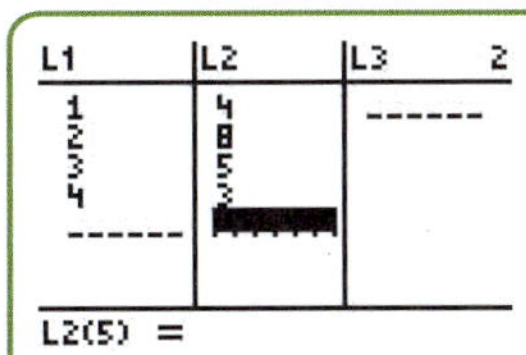

Abb. 7.1.9

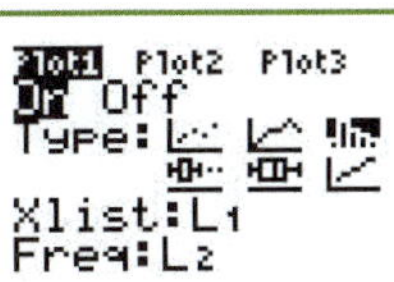

Abb. 7.1.10

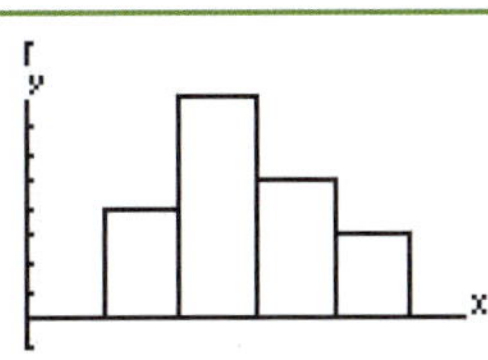

Abb. 7.1.11

4 Manipulation mit Statistik

„Mit Statistik kann man alles beweisen, auch das Gegenteil davon."

Dieses Zitat stammt von James Callaghan (1912–2005, ehemaliger britischer Premierminister).

Eine korrekt dargestellte Statistik und eine gute Grafik liefern wichtige Informationen. Leider gibt es viele Möglichkeiten, die Interpretation bewusst oder unbewusst zu verfälschen. Sie kennen sicher selbst einige Beispiele.

Abschneiden der Skala

Die folgenden Grafiken zeigen die Entwicklung des Dollar-Euro-Kurses im September 2009.

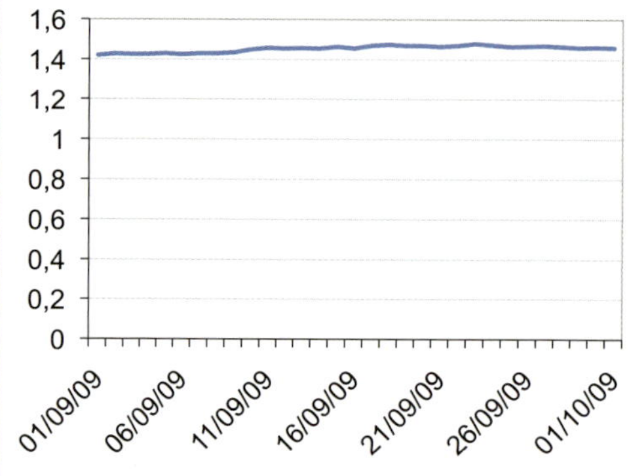

Abb. 7.1.12

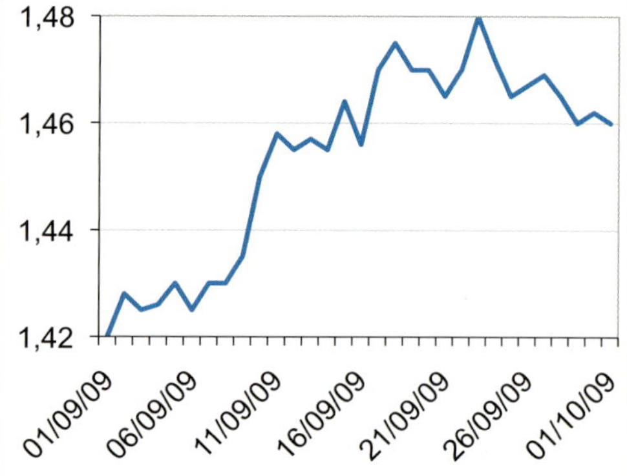

Abb. 7.1.13

Hier ist fast keine Veränderung sichtbar.

Wenn man die y-Achse nicht bei 0, sondern erst bei 1,42 beginnen lässt, wirken die Kursschwankungen viel dramatischer.

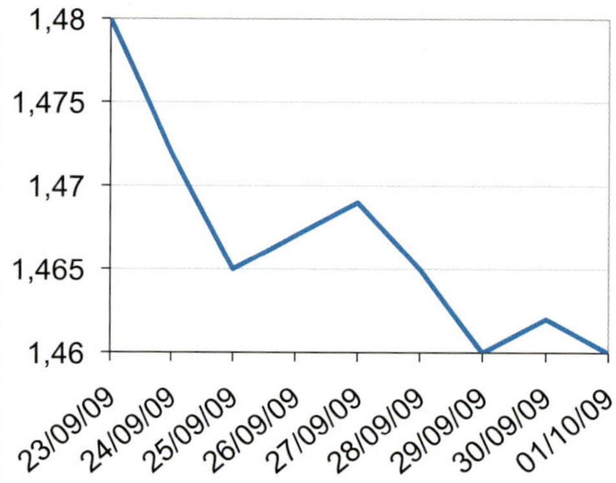

Abb. 7.1.14

Wählt man nur einen kleinen Ausschnitt, wird aus einem steigenden ein fallender Trend.

Irreführende 3-D-Darstellungen

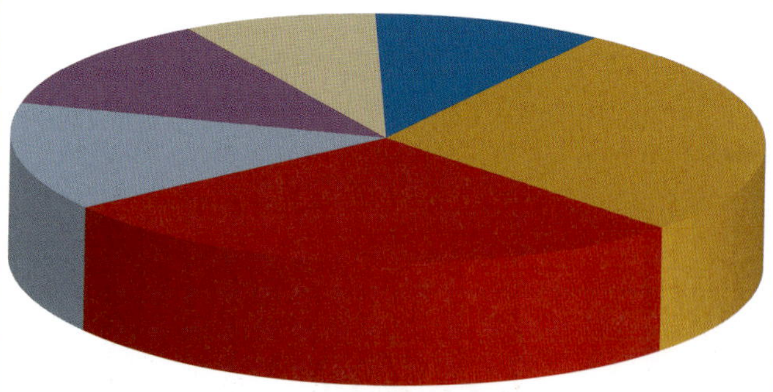

Abb. 7.1.15

Solche Tortendiagramme sind sehr beliebt. Aber die 3-D-Darstellung verschleiert, dass die rote und die gelbe Fläche in Wirklichkeit gleich groß sind.

Vergleich von Flächen statt von Längen

Abb. 7.1.16

Die Grafik soll veranschaulichen, dass sich die Preise für Nachhilfeunterricht in den letzten 20 Jahren verdoppelt haben. Der rechte Geldschein ist zwar doppelt so lang wie der linke, hat aber die vierfache Fläche. Weil wir eher die Flächeninhalte vergleichen, entsteht so ein falscher Eindruck.

Man kann diesen Effekt noch steigern, indem man dreidimensionale Körper (Kisten, Ölfässer ...) verwendet. Dann vergleichen wir nämlich das Volumen, und das wird bei doppelter Seitenlänge achtmal so groß!

Verwirrende Prozentsätze

Nicht nur mit Bildern kann man manipulieren. Wenn man einen bestimmten Eindruck verstärken möchte, werden Ergebnisse oft in Prozentsätzen angegeben. Aber ein Prozentsatz sagt für sich allein genommen gar nichts aus, solange man die Basis nicht kennt.

„Im Alter werden wir glücklicher.", schrieb eine deutsche Zeitung. Man hatte herausgefunden, dass der Anteil der Selbstmorde an allen Todesfällen bei Jugendlichen unter 20 Jahren 25 % beträgt, verglichen mit weniger als 2 % bei den über 70-Jährigen. Daraus schloss der Autor des Artikels: Jugendliche begehen öfter Selbstmord.

In Wahrheit sterben pro Jahr ca. 20 von 100 000 Jugendlichen, davon 5 durch Suizid. Bei der älteren Generation kommen auf ca. 3000 Todesfälle pro 100 000 Personen ca. 50 Suizide. Der Anteil der Selbstmörder ist also bei den Jugendlichen nur deshalb so hoch, weil die meisten anderen Todesursachen wegfallen – nicht, weil sie so unglücklich sind.

(Walter Krämer: So lügt man mit Statistik)

In einer Wiener Volkshochschule stiegen die Teilnehmerzahlen in den ersten 20 Jahren um 1800 %, in den nächsten 20 Jahren um 82 % und in den darauffolgenden 20 Jahren nur mehr um 27 % – „im Vergleich zur Gesamtentwicklung eher gering". Wenn man die absoluten Zahlen betrachtet, ergibt sich folgendes Bild: Die Volkshochschule nahm im Schuljahr 1946/47 mit 311 Teilnehmern und Teilnehmerinnen den Betrieb auf. 1965/66 hatte sie schon 5912 Teilnehmer/innen, 1984/85 waren es 10 771 und 2004/05 besuchten 13 634 Personen einen Kurs. Die absolute Steigerung ist also ziemlich konstant geblieben, aber von einem niedrigen Anfangswert aus kann man natürlich höhere Steigerungsraten verzeichnen.

(Zahlen aus: 60 Jahre Volkshochschule Floridsdorf, Mitteilungen Nr. 2, 2006)

Prozent – Prozentpunkte

In diesem Zusammenhang ist auch die Unterscheidung von Prozent und Prozentpunkten wichtig. Wenn eine Partei ihren Stimmenanteil von 20 % auf 30 % steigern konnte, dann hat sie 50 **Prozent,** aber 10 **Prozentpunkte** dazugewonnen.

SbX
ID: 1711

Ein Übungsbeispiel zur „optischen Manipulation" von Daten finden Sie im SbX.

Üben

SbX ID: 1712

A B C D

Ü 7.5 ★: Sonntagsfrage A B

500 Personen wurden befragt, für welche Partei sie sich bei der nächsten Wahl entscheiden würden. 120 antworteten „A“, 180 „B“, 140 „C“ und 60 „D“. Ermitteln Sie die relativen Häufigkeiten für die einzelnen Parteien. Veranschaulichen Sie die Daten in geeigneter Form grafisch.

Die Sonntagsfrage – ein Fall für die beschreibende Statistik

Ü 7.6 ★: Mittagspause B

In einem Buffet stehen drei Menüs zur Auswahl. 23 Gäste wählen das Putenschnitzel, 15 die Gemüsepfanne und 10 die Germknödel. Ermitteln Sie die relativen Häufigkeiten.

Ü 7.7 ★: Kundenzufriedenheit B

Die Betreiberin des Buffets führt eine Umfrage zur Kundenzufriedenheit durch. Die Gäste können einen Wert von 1 (sehr zufrieden) bis 5 (sehr unzufrieden) angeben. Die Ergebnisse lauten:

1	2	3	4	5
18	34	15	10	3

Berechnen Sie die relativen Häufigkeiten der einzelnen Antworten und zeichnen Sie ein Säulendiagramm.

Ü 7.8 ★: Toto A B

Beim Fußballtoto sollen die Ergebnisse von 12 Spielen erraten werden. Dabei gibt es drei Möglichkeiten: 1 (Sieg der Heimmannschaft), 2 (Sieg der Gastmannschaft) und X (Unentschieden).

In 10 aufeinanderfolgenden Runden gab es 52-mal das Ergebnis „1“, 39-mal „2“ und 29-mal „X“. Ermitteln Sie die relativen Häufigkeiten und zeichnen Sie ein Kreisdiagramm.

Ü 7.9 ★: Umfrage in der Schule A B

525 Schülerinnen und Schüler wurden gefragt: „Wenn es an deiner Schule mehr Sportangebote gäbe, würdest du sie nutzen?“ 45,1 % antworteten „Ja“, 27,2 % „Vielleicht“ und 21,9 % „Nein“; der Rest gab keine Antwort.

Wie viele Schüler/innen entscheiden sich für „Ja“, „Vielleicht“ bzw. „Nein“, wie viele gaben keine Antwort? Übertragen Sie die Daten in eine Grafik.

Ü 7.10 ★★: Gewichtsgruppen von Eiern A B

In Österreich werden Eier nach Qualitätsklassen und Gewichtsgruppen sortiert. Die Gewichtsgruppen werden wie folgt eingeteilt:

Gruppe 1: 70 g und darüber
Gruppe 2: 65 bis unter 70 g
Gruppe 3: 60 bis unter 65 g
Gruppe 4: 55 bis unter 60 g
Gruppe 5: 50 bis unter 55 g
Gruppe 6: 45 bis unter 50 g
Gruppe 7: unter 45 g

Auf einem Bauernhof wurde eine Stichprobe von 20 Eiern abgewogen. Die Ergebnisse lauten (in Gramm): 53, 56, 58, 64, 61, 48, 62, 54, 57, 68, 63, 47, 58, 62, 60, 57, 58, 69, 61, 66

a) Ordnen Sie die Werte den einzelnen Gruppen zu und ermitteln Sie die absoluten und relativen Häufigkeiten.

b) Übertragen Sie die Verteilung der Gewichtsgruppen der Eier in ein Kreisdiagramm.

Auf www.statistik.at finden Sie viele statistische Daten über Österreich.

Ü 7.11 ★: Altersverteilung A B

Die österreichische Bevölkerung betrug im Jahr 2008, nach Altersgruppen aufgegliedert (in Tausend):

Alter	H_i
bis 4 Jahre	396
5 bis 9 Jahre	410
10 bis 14 Jahre	463
15 bis 19 Jahre	501
20 bis 24 Jahre	520
25 bis 29 Jahre	549
30 bis 34 Jahre	539
35 bis 39 Jahre	641
40 bis 44 Jahre	715
45 bis 49 Jahre	672

Alter	H_i
50 bis 54 Jahre	562
55 bis 59 Jahre	492
60 bis 64 Jahre	443
65 bis 69 Jahre	476
70 bis 74 Jahre	299
75 bis 79 Jahre	276
80 bis 84 Jahre	218
85 bis 89 Jahre	125
90 bis 94 Jahre	32
95 Jahre und älter	11

Berechnen Sie die relativen Häufigkeiten für die einzelnen Altersgruppen und erstellen Sie ein Histogramm.

Ü 7.12 ★: Geburtsgewicht A B

In einem Spital wurden die Geburtsgewichte der Neugeborenen statistisch erfasst:

Gewicht	H_i
1000–1499 g	8
1500–1999 g	11
2000–2499 g	13
2500–2999 g	46
3000–3499 g	87
3500–3999 g	65
4000–4500 g	20

Ermitteln Sie die relativen Häufigkeiten für die einzelnen Gewichtsklassen und erstellen Sie mit den Daten ein Histogramm.

Ü 7.13 ★★: Bevölkerung Österreichs C D (Quelle: Statistik Austria)

Die folgenden beiden Diagramme stellen den Bevölkerungszuwachs in Österreich von 2008–2012 dar. Vergleichen Sie – welche Darstellung finden Sie aussagekräftiger? Erklären Sie, warum!

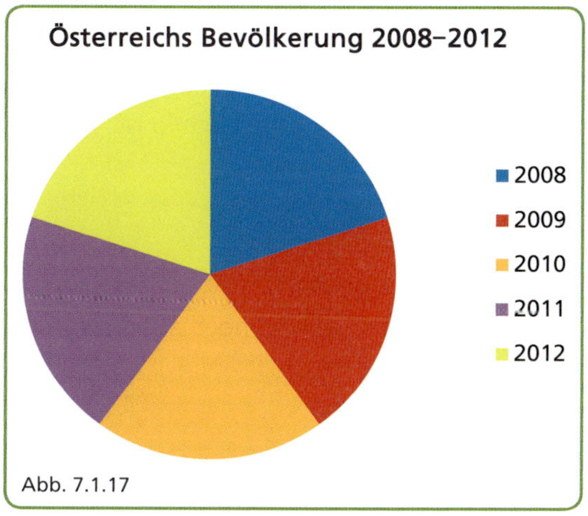

Abb. 7.1.17

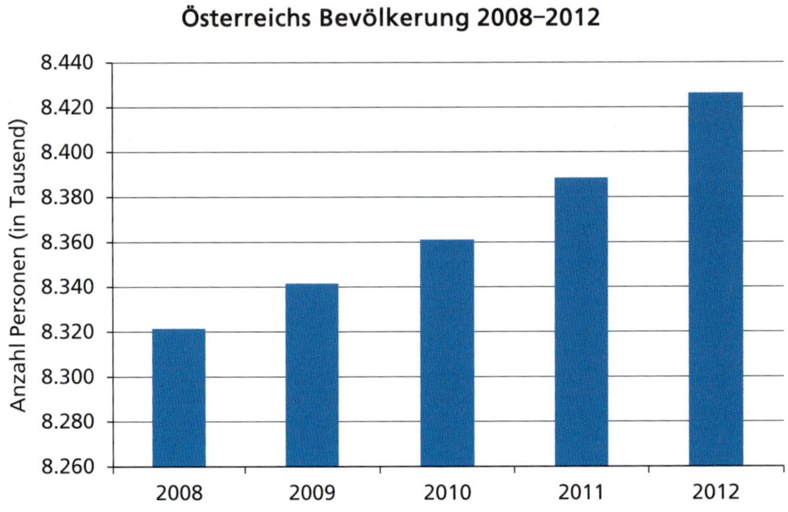

Abb. 7.1.18

Ü 7.14 ★: Viehbestand in Österreich C D (Quelle: Statistik Austria)

Das folgende Diagramm stellt den Viehbestand in Österreich von 2005 bis 2013 dar.

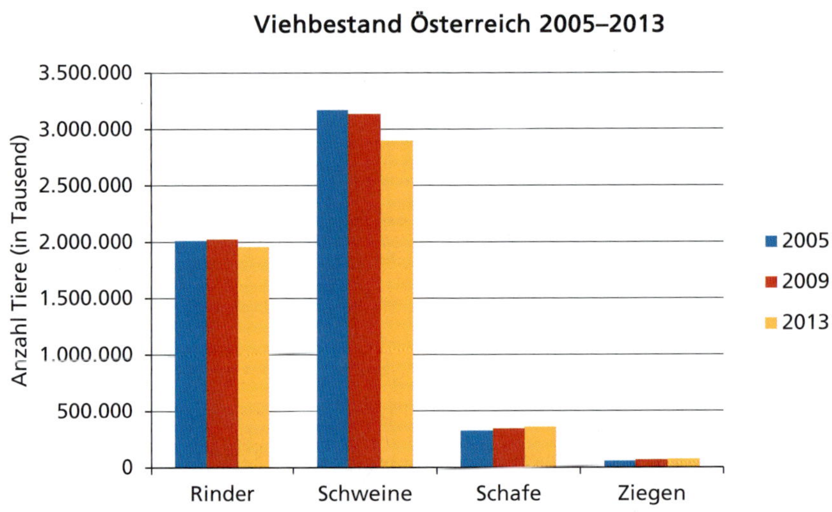

Abb. 7.1.19

a) Geben Sie an, welcher Diagrammtyp hier verwendet wurde.

b) Beschreiben Sie, was Ihnen das Untersuchungsergebnis zeigt.

c) Beschreiben Sie, was Sie aus den Zahlen der Grafik ablesen können.

d) Bestimmen Sie, welche der folgenden Aussagen richtig ist.
- Es gibt dreimal so viele Ziegen wie Schweine.
- Die Hälfte aller Tiere sind Rinder.
- Es gibt doppelt so viele Schweine wie Rinder.
- Schafe und Ziegen werden kaum gehalten.

e) Beschreiben Sie in drei bis vier Sätzen, was Sie noch aus dieser Grafik ablesen können.

Ü 7.15 ★★★: Lehrlingsstatistik A

Die Tabelle zeigt eine Lehrlingsstatistik für Wien (Quelle: AK Wien 2010):

Sparte	2005	2006	2007	2008
Gewerbe und Handwerk	6264	6302	6277	6360
Industrie	1397	1355	1298	1320
Handel	2586	2688	2903	3016
Banken und Versicherungen	281	313	315	326
Transport und Verkehr	761	784	878	924
Tourismus und Freizeitwirtschaft	1738	1813	1878	929
Information und Consulting	603	707	823	929
Gewerbliche Wirtschaft insgesamt	**13630**	**13962**	**14372**	**14806**
Nicht der Wirtschaftskammer zugehörig	1896	2015	2156	2080
Anstalten bzw. selbständige Ausbildungseinrichtungen	676	986	898	1407
Wien insgesamt	**16202**	**16963**	**17426**	**18293**

a) Erstellen Sie für jede Sparte ein Säulendiagramm, das die Anzahl der Lehrlinge wiedergibt.

b) Erstellen Sie je ein Kreisdiagramm für die Jahre 2005–2008, welches den Anteil der einzelnen Sparten an allen Wiener Lehrlingen darstellt.

SbX
ID: 1712

Weitere Übungsbeispiele zu dieser Lerneinheit finden Sie im SbX.

Sichern

Datenniveaus

In der Statistik unterscheidet man verschiedene Arten von Daten:

- **nominale Daten:** verschiedene Bezeichnungen, keine Reihenfolge
- **ordinale Daten:** Werte sind in einer bestimmten Reihenfolge angeordnet.
- **metrische Daten:** Werte können durch eine Zahl gemessen werden, man kann mit ihnen rechnen.

absolute/relative Häufigkeit

Die **absolute Häufigkeit H_i** gibt an, wie oft eine Eigenschaft in einer Stichprobe auftritt. Die **relative Häufigkeit h_i** ist der Anteil an der gesamten Stichprobe:

$$h_i = \frac{H_i}{n}$$

(n ist der Umfang der Stichprobe.)

Arten von Diagrammen

Säulendiagramm:

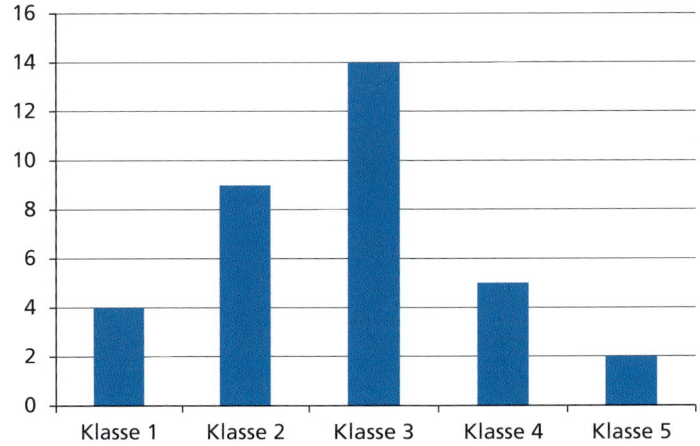

Abb. 7.1.20

Kreisdiagramm:

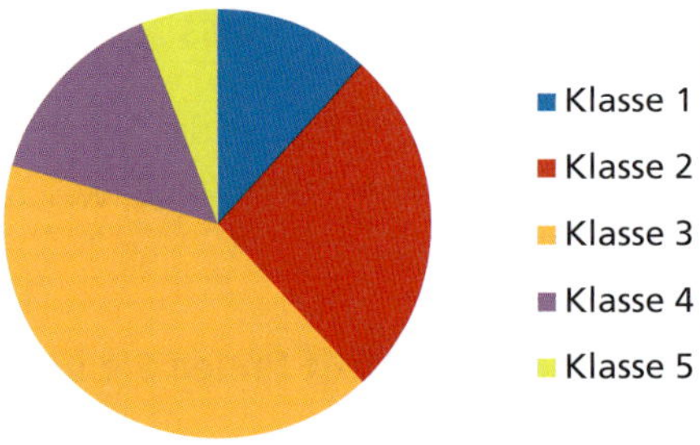

Abb. 7.1.21

Liniendiagramm:

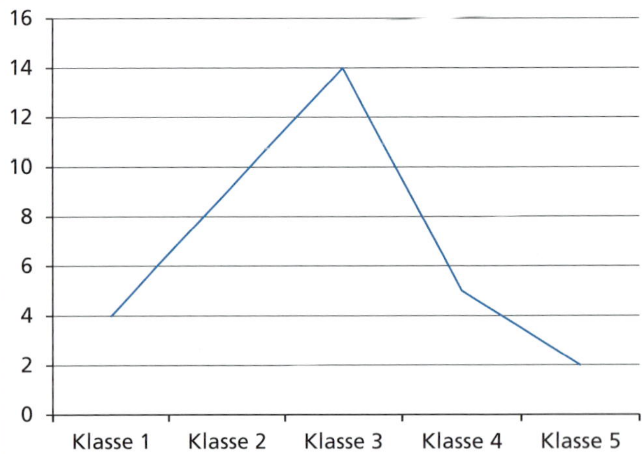

Abb. 7.1.22

Interpretieren von Diagrammen

Statistiken und Diagramme sollte man sich immer genau ansehen, bevor man sich ein Bild macht – denn oft wird eine bestimmte Darstellung eingesetzt, um eine bestimmte Aussage zu unterstützen. Zum Beispiel:

- **Veränderung der Achsen** durch Abschneiden, Vergrößern, Verkleinern: So kann man Unangenehmes verschleiern oder steigende oder fallende Werte überbetonen.
- **Verwendung von Flächen statt Linien:** So werden größere Unterschiede vorgegaukelt, als tatsächlich vorhanden sind.

Wissen

SbX ID: 1714

A B C D

W 7.1: Unterschiedliche Arten von Daten C

Markieren Sie, um welche Art von Daten es sich handelt.

	nominal	ordinal	metrisch
Gewicht von Schweinen			
Zustimmung auf einer Skala von 1 bis 5			
Leistung eines Motors in kW			
Lebensdauer einer Glühbirne			
Telefonnummer			
Platz im Schi-Weltcup			
Nationalität			
Anzahl der Mitarbeiter in einem Betrieb			

W 7.2: Dieselben Daten, unterschiedliche Grafiken C D

Im „Standard“ vom 18. 11. 2005 wurden die folgenden beiden Grafiken zum Hochschulbudget veröffentlicht:

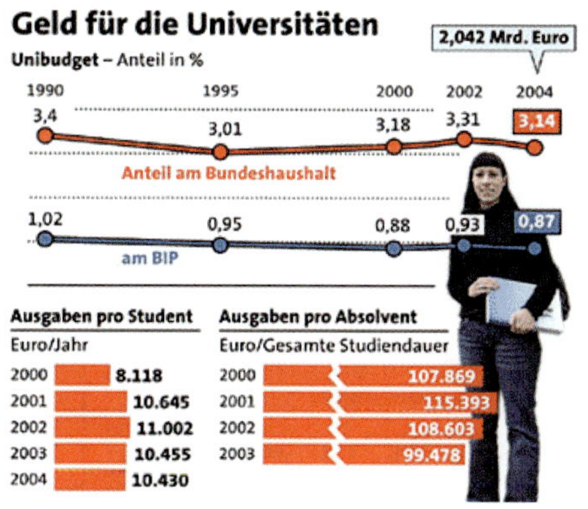

Abb. 7.1.23 (Quelle: APA)

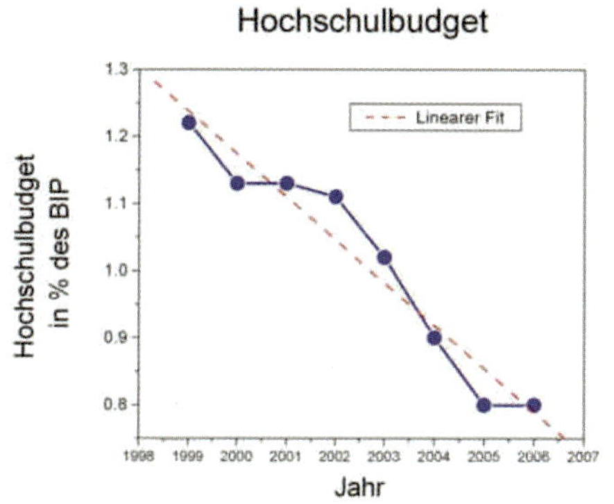

Abb. 7.1.24 (Quelle: www.kriwi.at)

Interpretieren Sie: Welche Darstellung stammt Ihrer Meinung nach von der „Aktion kritischer Wissenschafter“, die mehr Geld für die Universitäten fordert, und welche vom Wissenschaftsministerium? Erklären Sie, was mit der Art der Darstellung erreicht werden soll.

Die Wachstumsrate ist nicht immer gleich hoch.

W 7.3: Wachstum im ersten Lebensjahr A B

Die folgende Tabelle enthält die durchschnittliche Größe von Babys während der ersten 12 Lebensmonate (Quelle: Kinderarzt Dr. Maiwald).

Alter in Monaten	0	2	4	6	9	12
Größe in cm	50	59	64	67	72	77

a) Veranschaulichen Sie die Größe mittels eines geeigneten Diagramms.

b) Wann wächst ein Baby am schnellsten? Schätzen Sie mithilfe eines Diagramms ab, wie groß ein Kind mit 30 Monaten wäre, und recherchieren Sie zur Kontrolle im Internet.

W 7.4: Steht ein Börsencrash bevor? C D

„Eine Grafik mit manipulierten Daten, die im Internet kursiert, beunruhigt Anleger.

Die Grafik verbreitet sich im Internet wie ein Lauffeuer. Sie bildet die Entwicklung des US Börsenindex Dow Jones 1928 bis 1930 und jene von 2012 bis 2014 ab. Und siehe da: Die Kurven sind nahezu identisch. Fazit: Wir stehen vor einem Börsencrash wie am 25. Oktober 1929, der als "Schwarzer Freitag" in die Börsengeschichte einging. Der Chart, der von der US Firma McClellan Financial Publications ausging und in Online Medien als "Chart Doom" weitergereicht wird, trifft den Nerv vieler Anleger. Nachdem große Börsen wie Frankfurt oder die Wall Street neue Rekordstände erreicht haben, wächst die Angst vor einem Absturz. Und da kommt so ein Chart gerade recht, um die Ängste weiter zu schüren." (Quelle: kurier.at, 22.02.2014)

a) Erklären Sie anhand der Abb. 7.1.24, wieso die Darstellung falsch ist. Beachten Sie dabei besonders die Skalierungen.

Abb. 7.1.25

b) Im Folgenden sehen Sie, wie aus demselben Datenmaterial ein Katastrophenszenario – „Chart of doom" –, ein glorifiziertes Szenario – „Chart of Glory" – und ein der Realität entsprechendes Szenario erstellt wurden.

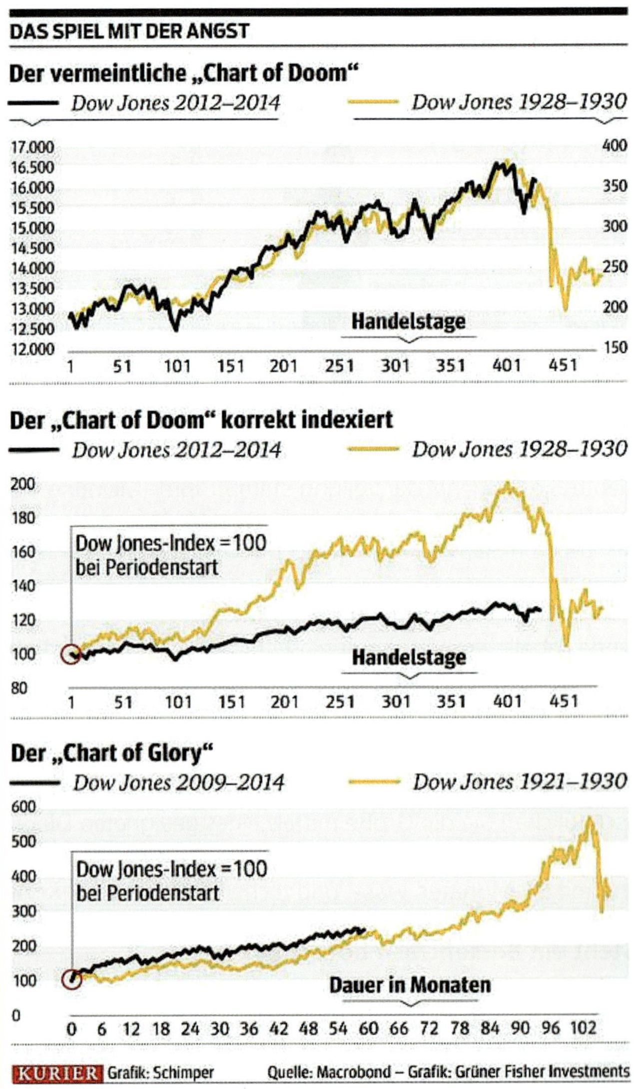

Abb. 7.1.26

Vergleichen Sie die drei Szenarien, legen Sie dabei besonderes Augenmerk auf die Skalierungen.

SbX
Die Daten zu W 7.5 finden Sie unter der ID: 1714.

W 7.5: Internetzugang A B C

Im SbX finden Sie die Daten über die Anzahl von Haushalten mit Internetzugang im Zeitraum von 2002 bis 2010 sowie über die Nutzung von Online-Shopping.

a) Erstellen Sie anhand der gegebenen Tabelle mittels Excel ein Säulen-, ein Kreis- und ein Liniendiagramm.

b) Vergleichen Sie den prozentuellen Anstieg der Haushalte mit Internetzugang zwischen 2004 und 2007 mit dem Anstieg zwischen 2007 und 2010.

c) Erstellen Sie zwei Liniendiagramme – eines für 2004 bis 2007, das andere für 2007 bis 2010 – so, dass die Aussage aus b) auf den ersten Blick „scheinbar" widerlegt wird.

d) Berechnen Sie, um wie viel Prozent der Anteil der Online-Shopper von 2005 bis 2010 gestiegen ist. Das entspricht einer Steigerung um das Wievielfache des Wertes von 2005?

Kompetenz-Check

	☺	😐	☹
Ich erkenne, welche Art von Daten ich vor mir habe.			
Ich kann die relative Häufigkeit berechnen.			
Ich kenne die wichtigsten Möglichkeiten zur grafischen Darstellung von Daten.			
Ich kenne die Probleme bei grafischen Darstellungen.			

Lerneinheit 2
Statistische Maßzahlen

SbX
Alle SbX-Inhalte zu dieser Lerneinheit finden Sie unter der ID: 1720.

Am einfachsten wäre es, wenn man eine Liste von Daten durch eine einzige Zahl charakterisieren könnte, einen Durchschnittswert. Doch auch bei der Bildung von Durchschnittswerten gibt es verschiedene Möglichkeiten, die ihre Vor- und Nachteile haben. Außerdem ist es wichtig für die Beurteilung, ob es zwischen den einzelnen Werten große Unterschiede gibt. Zentral- und Streuungsmaße sind die wichtigsten Zahlen, um eine Verteilung zu charakterisieren.

Sie lernen hier:

- dass Mittelwert nicht gleich Mittelwert ist
- was man unter der Streuung versteht

Lernen

SbX ID: 1721

A B C D

1 Zentralmaße
Einer für alle

Wenn Sie eine Reihe von Daten ermittelt haben, können Sie sich folgende Fragen stellen:

- Wie hoch ist der Durchschnitt aller Werte?
- Wie stark weichen die einzelnen Werte vom Durchschnitt ab?

Von einem Durchschnittswert erwartet man, dass er eine Liste von Werten durch eine einzige Zahl „in der Mitte" möglichst gut charakterisiert. Sie werden aber sehen, dass es den optimalen Durchschnittswert nicht gibt.

arithmetisches Mittel

Der bekannteste Zentralwert ist das **arithmetische Mittel** (oft einfach als Mittelwert bezeichnet): Man dividiert die Summe aller Werte durch ihre Anzahl.

Arithmetisches Mittel

$$\bar{x} = \frac{1}{n}(x_1 + x_2 + \ldots + x_n)$$

L 7.1 (Fortsetzung des Lehrbeispiels aus Lerneinheit 1): Mitarbeiterstatistik – Durchschnittsalter berechnen B

Querverweis
Siehe ab Seite 280.

Das Durchschnittsalter aller Mitarbeiter/innen in unserem Beispiel beträgt

$$\frac{1}{20} \cdot (45 + 42 + 39 + \ldots + 23) = 38{,}3 \text{ Jahre.}$$

Übungsbeispiel

Ü 7.16 ★: Das arithmetische Mittel berechnen B

Berechnen Sie das arithmetische Mittel der Jahreseinkommen. Verwenden Sie dazu die Werte aus **L 7.1** auf Seite 280.

Wenn Werte mehrmals vorkommen, kann man zur Berechnung des Mittelwerts auch die absoluten oder relativen Häufigkeiten verwenden – man nennt diesen Wert dann **gewichtetes arithmetisches Mittel**.

Gewichtetes arithmetisches Mittel

$\bar{x} = \frac{1}{n}(x_1 \cdot H_1 + x_2 \cdot H_2 + \ldots)$ oder, weil $\frac{H_i}{n} = h_i$:

$\bar{x} = x_1 \cdot h_1 + x_2 \cdot h_2 + \ldots$

Manchmal sind die Daten schon in klassierter Form (d.h. in Klassen eingeteilt) gegeben. Man kann dann den Mittelwert näherungsweise berechnen, indem man als Werte die Klassenmitten verwendet.

L 7.1 (Fortsetzung): Mitarbeiterstatistik – gewichtetes arithmetisches Mittel berechnen B

Wir nehmen in unserem Beispiel an, dass 5 Mitarbeiter 25 Jahre alt sind, 7 sind 35 Jahre, 5 sind 45 Jahre und 3 sind 55 Jahre. Dann erhalten wir

$\bar{x} = \frac{1}{20}(25 \cdot 5 + 35 \cdot 7 + 45 \cdot 5 + 55 \cdot 3) = 38$ bzw.

$\bar{x} = 25 \cdot 0{,}25 + 35 \cdot 0{,}35 + 45 \cdot 0{,}25 + 55 \cdot 0{,}15 = 38$

also einen Wert, der ziemlich nahe beim genauen Mittelwert 38,3 liegt.

7 Statistik & Wahrscheinlichkeit

Den Mittelwert kann man nur bei metrischen Daten berechnen. Es wäre z.B. nicht sinnvoll, die verschiedenen Bildungsabschlüsse zu addieren und daraus einen Mittelwert zu bilden. Außerdem ist das arithmetische Mittel nicht immer aussagekräftig. Wenn eine 46-jährige Lehrerin mit neun 6-jährigen Schülerinnen unterwegs ist, beträgt das „Durchschnittsalter" der Gruppe $\frac{1}{10} \cdot (46 + 9 \cdot 6) = 10$ Jahre. Der Mittelwert ist also sehr empfindlich gegenüber Ausreißern, das heißt, er kann durch sehr große oder kleine Werte stark verzerrt werden.

Der Median ist genau in der Mitte.

Median

In solchen Fällen benutzt man ein anderes Zentralmaß, den sogenannten **Median** (Zentralwert).

L 7.1 (Fortsetzung): Mitarbeiterstatistik – Median berechnen B

Stellen Sie sich vor, alle Mitarbeiter/innen stellen sich, nach ihrem Alter geordnet, in einer Reihe auf. Wie alt ist die Person, die in der Mitte steht? Die geordnete Liste lautet:

23 24 25 25 28 33 33 34 36 38 39 40 42 45 45 47 48 52 54 55

Das sind insgesamt 20 Werte, also eine gerade Anzahl. In der Mitte stehen also der 10. und 11. Wert. Das arithmetische Mittel dieser beiden Werte bezeichnet man als **Median:**

$\tilde{x} = \frac{1}{2}(38 + 39) = 38{,}5$

Dieser Wert teilt die Liste in zwei gleich große Teile: Die Hälfte aller Mitarbeiter/innen ist jünger als 38,5 Jahre, die Hälfte ist älter.

Wenn die Liste eine ungerade Anzahl von Werten enthält, ist der Median der mittlere Wert. Bei den Werten 3, 7, 9, 12, 14 wäre der Median 9.

$\tilde{x}$ sprich: „x Tilde"

Der Median $\tilde{x}$ ist also der Wert, der die geordnete Liste $x_1, x_2 \ldots x_n$ in zwei gleiche Teile teilt: (mindestens) die Hälfte aller Werte ist kleiner oder gleich $\tilde{x}$, (mindestens) die Hälfte ist größer oder gleich $\tilde{x}$. Die allgemeine Formel zur Berechnung des Medians lautet:

Median

$\tilde{x} = \frac{1}{2}\left(x_{\frac{n}{2}} + x_{\frac{n}{2}+1}\right)$ für gerade n

$\tilde{x} = x_{\frac{n+1}{2}}$ für ungerade n

Dieses Zentralmaß ist leichter zu berechnen und robuster als das arithmetische Mittel. Wenn z. B. das Durchschnittseinkommen der Bevölkerung eines Landes angegeben wird, ist damit normalerweise das Medianeinkommen gemeint. Der Median kann auch bei ordinalen Daten angewendet werden.

Übungsbeispiel

Ü 7.17 ★: Den Median berechnen B

Ermitteln Sie für die Daten aus **L 7.1** auf Seite 280 den Median von Bildungsstand und Jahreseinkommen.

(Wie Sie arithmetisches Mittel und Median mit dem Taschenrechner berechnen, wird im nächsten Abschnitt erklärt.)

Modus

Bei Nominaldaten ist auch die Angabe eines Medians sinnlos. Hier kann man nur angeben, welche Eigenschaft am häufigsten vorkommt. Diesen Wert nennt man **Modus** bzw. Modalwert.

Lehrbeispiel

SbX

Informationen über weitere Mittelwerte finden Sie unter der ID: 1721.

L 7.1 (Fortsetzung): Mitarbeiterstatistik – Modus bestimmen B

Der Modus des Merkmals „Geschlecht" in unserem Beispiel ist „männlich", der von „Wohnort" ist „Wien".

Mittelwert ist also nicht gleich Mittelwert! Dass die drei Mittelwerte durchaus unterschiedliche Ergebnisse liefern können, werden Sie anhand des folgenden Lehrbeispiels erkennen.

Manchmal helfen die verschiedenen Mittelwerte auch bei unterschiedlichen Interpretationen.

Lehrbeispiel

Wer hat den „richtigen" Wert ermittelt?

L 7.5: Wie steht es um die Finanzen? B

In eine Schulklasse gehen 15 Schüler/innen. Im Mathematikunterricht ermitteln sie mit einer anonymen Erhebung, wie viel Taschengeld ihnen pro Monat zur Verfügung steht. Die Ergebnisse (in €) sind schon der Größe nach geordnet:
10, 10, 10, 12, 12, 12, 14, 14, 14, 15, 15,15, 15, 20, 100

Auf die Frage, wie viel Taschengeld eine Schülerin/ein Schüler im Schnitt bekommt, geben drei Schüler/innen drei unterschiedliche Antworten:

Katharina: im Schnitt 14 €
Florian: im Schnitt 15 €
Fabian: im Schnitt 19,20 €

Welcher dieser drei Mittelwerte gibt Ihrer Meinung nach das durchschnittliche Taschengeld am besten wieder?

Wie Sie zu diesen drei Ergebnissen kommen, können Sie gleich nachrechnen:

Lehrbeispiel

L 7.5 (Fortsetzung): Zentralmaße berechnen B

L 7.6: Katharina hat den **Median** verwendet.
Sie streicht also von beiden Seiten so lange Zahlen weg, bis sie in der Mitte ist.
~~10, 10, 10, 12, 12, 12, 14,~~ 14, ~~14, 15, 15, 15, 15, 20, 100~~

Florian hat den **Modus** verwendet.
Er sucht also jenen Wert, der am häufigsten vorkommt.
10, 10, 10, 12, 12, 12, 14, 14, 14, 15, 15 ,15, 15, 20, 100

Fabian hat das **arithmetische Mittel** berechnet:
$(3 \cdot 10 + 3 \cdot 12 + 3 \cdot 14 + 4 \cdot 15 + 20 + 100) : 15 = 19{,}2$

Das Beispiel zeigt, wie unterschiedlich „der Mittelwert" je nach Berechnung ausfallen kann. Eine Aussage, dass etwas „durchschnittlich" so oder so groß ist, ist also immer mit Vorsicht zu betrachten. Derjenige, der eine solche Zahl veröffentlicht, rechnet vielleicht bewusst mit jenem Mittelwert, der seine Botschaft am besten unterstreicht.

2 Streuungsmaße
Wie sehr sind die Daten verstreut?

Ein beliebter Witz besagt: Wenn Sie eine Hand in die Kühltruhe und die andere auf die heiße Herdplatte legen, ergibt sich im Durchschnitt eine angenehme Temperatur. Dieses Beispiel zeigt, dass der Mittelwert nicht genügt, um eine statistische Verteilung zu charakterisieren. Man will auch wissen, wie stark die einzelnen Werte im Durchschnitt vom Mittelwert abweichen (im Statistikerjargon: wie stark sie um den Mittelwert streuen). Auch dafür gibt es verschiedene Kennzahlen.

Varianz und Standardabweichung

Eine erste Idee: Wir berechnen den Durchschnitt der (absolut genommenen) Abweichungen vom arithmetischen Mittel, also von $|x_i - \overline{x}|$. Mit dem Absolutbetrag werden die Rechnungen aber sehr umständlich. Man berechnet daher stattdessen den Mittelwert der quadrierten Abweichungen $(x_i - \overline{x})^2$, die sogenannte **Varianz,** und zieht daraus die Quadratwurzel. Das Ergebnis bezeichnet man als **Standardabweichung** σ:

σ: griechischer Buchstabe sigma

Standardabweichung σ

$$\sigma = \sqrt{\frac{1}{n} \cdot \left[(x_1 - \overline{x})^2 + (x_2 - \overline{x})^2 + \ldots + (x_n - \overline{x})^2\right]}$$

Lehrbeispiel

SbX

Wenn Sie Mittelwert und Standardabweichung mit der Hand berechnen wollen, finden Sie dazu Tipps unter der ID: 1721.

L 7.1 (Fortsetzung): Mitarbeiterstatistik – Berechnen der Standardabweichung B

In unserem Beispiel erhalten wir für die Standardabweichung des Alters

$$\sigma = \sqrt{\frac{1}{20}\left[(45 - 38{,}3)^2 + (42 - 38{,}3)^2 + \ldots + (23 - 38{,}3)^2\right]} \approx 9{,}9.$$

Das heißt, das Alter der Mitarbeiter weicht durchschnittlich um 9,9 Jahre vom mittleren Alter (38,3 Jahre) ab.

Bei vielen Werten, die in der Praxis vorkommen, gilt die Faustregel:

- ca. $\frac{2}{3}$ aller Werte liegen zwischen $\overline{x} - \sigma$ und $\overline{x} + \sigma$;
- ca. 95 % aller Werte liegen zwischen $\overline{x} - 2\sigma$ und $\overline{x} + 2\sigma$;
- mehr als 99 % aller Werte liegen zwischen $\overline{x} - 3\sigma$ und $\overline{x} + 3\sigma$.

In unserem Beispiel liegt das Alter von 12 Mitarbeitern, also 60 %, im σ-Streubereich 28,4 bis 48,2 Jahre. Im 2σ-Streubereich liegen bereits alle Werte. Das ist bei einer so kleinen Stichprobe nicht ungewöhnlich.

Bei der Massenproduktion oder bei der Abfüllung von Produkten kommt es immer wieder zu kleinen Abweichungen vom Sollwert (Größe, Gewicht). Eine wichtige Aufgabe in produzierenden Unternehmen ist daher die Qualitätskontrolle. Es muss sichergestellt werden, dass nicht zu viel Ausschuss produziert wird. Die Standardabweichung sollte so klein sein, dass eine Abweichung vom Sollwert um 3σ noch im zulässigen Toleranzbereich liegt.

Qualitätskontrolle in der Massenproduktion

Stichprobenstandardabweichung

Statistiker/innen stehen oft vor der Aufgabe, aus einer Stichprobe die Varianz bzw. Standardabweichung der Grundgesamtheit (also z. B. der ganzen Bevölkerung) zu schätzen. Mit der Formel für σ würde man einen etwas zu kleinen Wert erhalten. Man dividiert daher in diesem Fall nicht durch n, sondern durch (n – 1), und erhält so die **Stichprobenstandardabweichung s:**

$$s = \sqrt{\frac{1}{n-1} \cdot \left[(x_1 - \overline{x})^2 + (x_2 - \overline{x})^2 + \ldots + (x_n - \overline{x})^2\right]}$$

Achtung: Die Bezeichnungen sind hier leider nicht einheitlich geregelt. In manchen Büchern werden die Buchstaben σ und s anders verwendet. Achten Sie also immer darauf, welche Definition der Standardabweichung benutzt wird.

Quartile

Zur Ermittlung des Medians wurde wir die geordnete Liste in zwei gleiche Teile geteilt. Genauso kann sie in Viertel geteilt werden und man erhält die sogenannten **Quartile** Q_1 (erstes bzw. unteres Quartil) und Q_3 (drittes bzw. oberes Quartil).

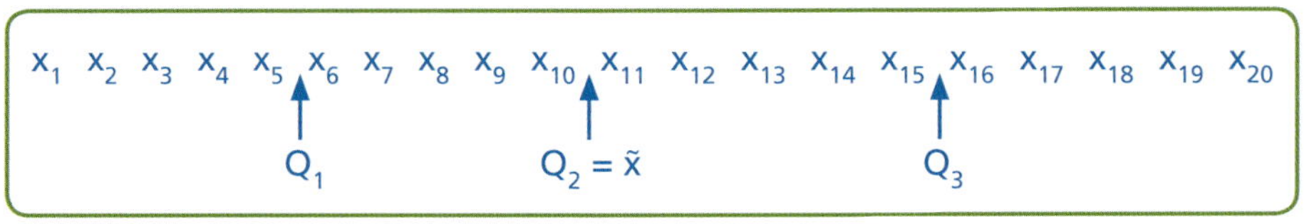

Zum Vergleich, wenn die Anzahl der Messwerte ungerade ist:

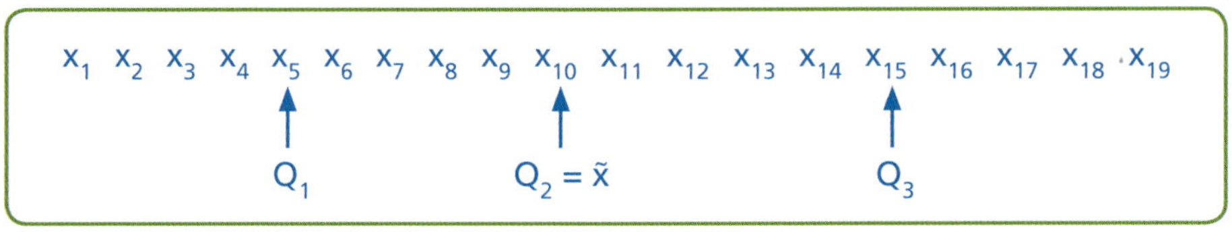

Es gilt also:

Quartile Q_1 und Q_3

Ein Viertel aller Werte ist kleiner als Q_1, drei Viertel sind größer.

Drei Viertel aller Werte sind kleiner als Q_3, ein Viertel ist größer.

Das zweite Quartil Q_2 ist also der Median.

Lehrbeispiel

L 7.1 (Fortsetzung): Mitarbeiterstatistik – Bestimmen der Quartile B

Die Quartile findet man (analog zum Median) als mittleren Wert bzw. als Mittelwert der beiden mittleren Zahlen in der oberen bzw. unteren Hälfte der geordneten Liste:

23 24 25 25 [28 33] 33 34 36 38 | 39 40 42 45 [45 47] 48 52 54 55

Demnach gilt $Q_1 = \frac{1}{2}(28 + 33) = 30{,}5$, $Q_3 = \frac{1}{2}(45 + 47) = 46$.

Das bedeutet: Ein Viertel aller Mitarbeiter/innen ist jünger als 30,5 Jahre, ein Viertel ist älter als 46 Jahre, und die Hälfte liegt zwischen diesen beiden Werten.

Leider ist die Vorschrift zur Berechnung der Quartile für den Fall, dass n ungerade ist, nicht ganz einheitlich. Manche Autoren zählen den Median zur oberen und zur unteren Hälfte, andere zu keiner von beiden. Wir halten uns an die zweite Methode, die auch vom TI-8x verwendet wird. Weil man es in der Praxis meist mit sehr vielen Werten zu tun hat, fällt dieser Unterschied nicht sehr ins Gewicht.

Quartilsabstand

Der **Quartilsabstand** ist die Differenz $Q_3 - Q_1$ zwischen oberem und unterem Quartil, in unserem Beispiel: 46 – 30,5 = 15,5 Jahre.

Spannweite

Die Differenz zwischen dem größten und kleinsten Wert ist die **Spannweite** (engl. *range*), in unserem Beispiel 55 – 23 = 32 Jahre. Dieser Wert ist besonders einfach zu berechnen, er ist allerdings auch extrem empfindlich gegenüber Ausreißern.

Das **Boxplot-Diagramm** ist eine grafische Darstellung, aus der man die Kennzahlen Median, Quartile und Spannweite mit einem Blick ablesen kann: Zeichnen Sie (auf einer Skala in passendem Maßstab) ein Rechteck, das vom unteren bis zum oberen Quartil reicht. Eine senkrechte Linie zeigt den Median an. Schließlich ziehen Sie noch Strecken vom linken Rand des Rechtecks bis zum kleinsten Wert und vom rechten Rand zum größten Wert.

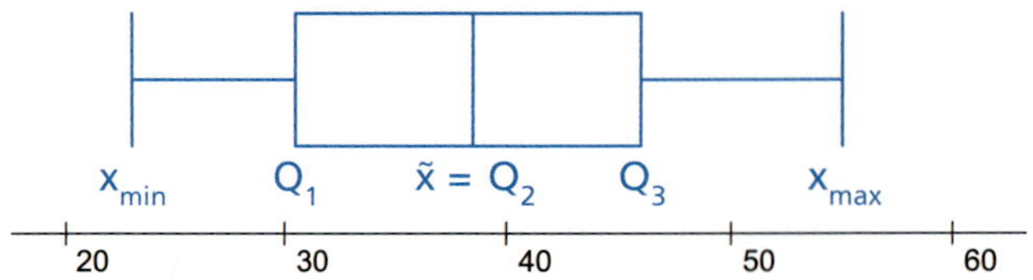

Abb. 7.2.1: Boxplot-Diagramm der Altersverteilung

Übungsbeispiel

Ü 7.18 ★: Quartile berechnen B

Ermitteln Sie mit den Daten aus **L 7.1,** Seite 280, die Quartile von Bildungsstand und Jahreseinkommen.

Übungsbeispiel

Ü 7.19 ★: Ein Boxplot-Diagramm erstellen (Daten siehe L 7.1, Seite 280) B C

Listen Sie das Einkommen der männlichen und weiblichen Mitarbeiter getrennt auf. Ermitteln Sie Median und Quartile und zeichnen Sie je ein Boxplot-Diagramm in einer gemeinsamen Zeichnung. Was fällt Ihnen auf?

Übungsbeispiel

Ü 7.20 ★: Körpergröße Boxplot B

Zeichnen Sie die fehlenden statistischen Kennzahlen in den abgebildeten Boxplot ein.

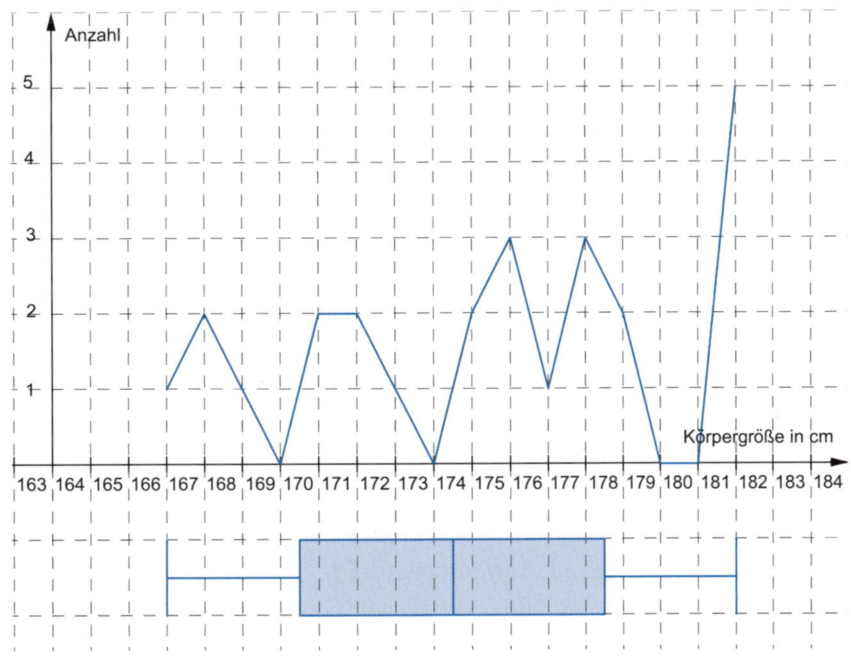

Abb. 7.2.2

Statistische Maßzahlen mit dem TI-8x berechnen

- Drücken Sie [STAT] → `1:Edit` und schreiben Sie die einzelnen Werte in die Liste L1. Wenn Werte mehrmals vorkommen, tragen Sie die entsprechenden Häufigkeiten in L2 ein.
- Drücken Sie nochmals [STAT] und wählen Sie `CALC` → `1:1-Var Stats`, geben Sie [2nd] [L1] ein (bzw. [2nd] [L1] [,] [2nd] [L2], wenn die Häufigkeiten in L2 stehen).
- Der Rechner zeigt an: arithmetisches Mittel ($\overline{x}$), Summe aller Werte (Σx), Summe aller quadrierten Werte (Σx^2), Stichprobenstandardabweichung (Sx), Standardabweichung (σx), Anzahl der Werte (n) sowie – wenn Sie mit den Cursortasten nach unten scrollen – Minimum (minX), unteres Quartil (Q_1), Median (Med), oberes Quartil (Q_3) und Maximum (maxX).

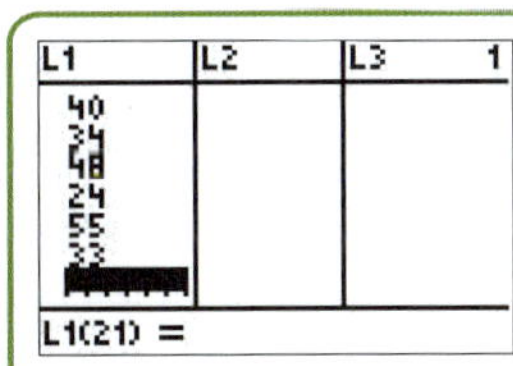

Abb. 7.2.3

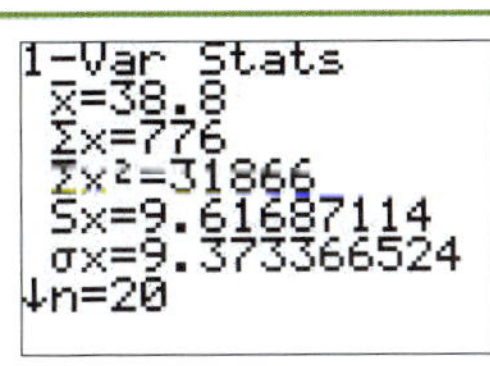

Abb. 7.2.4

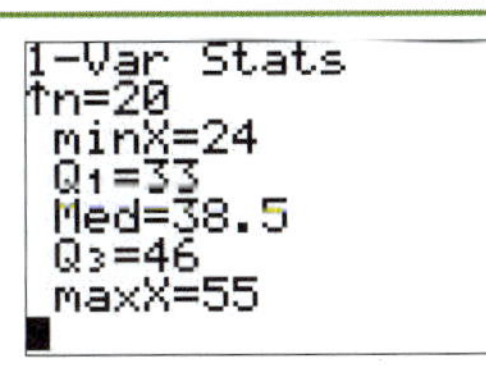

Abb. 7.2.5

Boxplot-Diagramm mit dem TI-8x

- Drücken Sie [STAT] → `Edit`. Tragen Sie die einzelnen Werte in die Liste L1 (und eventuell die entsprechenden Häufigkeiten in L2) ein. Hier wurden die Jahreseinkommen aus L1 verwendet.

- Drücken Sie [2nd] [STAT PLOT], wählen Sie einen Plot und folgende Einstellungen: `On`, `Boxplot` (5. Bild), `Xlist: L1`, `Freq` (Häufigkeit): `1` (bzw. `L2`).
(Das 4. Bild liefert eine Variante des Boxplot-Diagramms, bei der Ausreißer als Punkte dargestellt werden.)
- Mit der Option `9:ZoomStat` im Menü [ZOOM] können Sie die Window-Einstellungen anpassen. Wenn Sie [GRAPH] drücken, wird das Diagramm angezeigt.

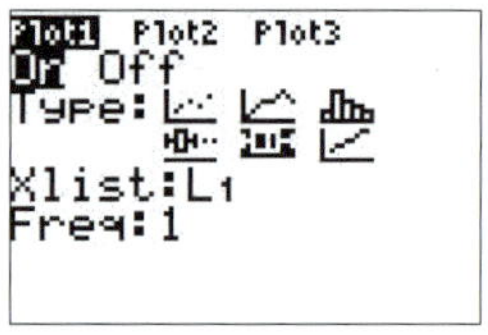

Abb. 7.2.6

Abb. 7.2.7

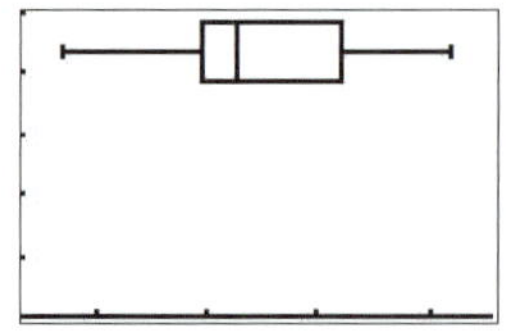
Abb. 7.2.8

Üben

SbX ID: 1722

Ü 7.21 ★: Kundenzufriedenheit – welcher Mittelwert ist sinnvoll? B D

Querverweis Ü 7.7 siehe Seite 288.

Ermitteln Sie den Median der Werte aus **Ü 7.7,** Lerneinheit 1. Beurteilen Sie, ob es hier sinnvoll ist, das arithmetische Mittel anzugeben.

Ü 7.22 ★★: Eier-Sortierung A B C

Querverweis Ü 7.10 siehe Seite 288.

a) Berechnen Sie arithmetisches Mittel, Standardabweichung, Median und Quartile des Gewichts der Eier aus **Ü 7.10,** Lerneinheit 1. Zeichnen Sie ein Boxplot-Diagramm.

b) Berechnen Sie auch arithmetisches Mittel und Standardabweichung der klassierten Daten und vergleichen Sie sie mit dem Ergebnis aus a). (Verwenden Sie als Werte die Klassenmitten.)

Ü 7.23 ★★: Bevölkerungsstatistik B

Querverweis Siehe Seite 289.

Berechnen Sie das Durchschnittsalter der österreichischen Bevölkerung im Jahr 2008 und die Standardabweichung (Daten siehe **Ü 7.11,** Lerneinheit 1).

Ü 7.24 ★★: Neugeborene B

Querverweis Siehe Seite 289.

Berechnen Sie das Durchschnittsgewicht der Neugeborenen (Daten siehe **Ü 7.12,** Lerneinheit 1) und die Standardabweichung.

Ü 7.25 ★: Demografie A B

39,2 % aller österreichischen Familien haben keine Kinder, 30,4 % haben ein Kind, 22,4 % zwei Kinder, 6,1 % drei Kinder und 1,9 % vier und mehr Kinder (Zahlen von 2010). Stellen Sie die Daten grafisch dar. Berechnen Sie die durchschnittliche Kinderzahl pro Familie. Ermitteln Sie auch den Median. (Familien mit fünf oder mehr Kindern fallen statistisch nicht ins Gewicht.)

Ü 7.26 ★: Beim Schularzt A B C

10 Buben und 8 Mädchen aus einer 3. Klasse Volksschule wurden gemessen.

Größe der Buben (in cm): 137; 131,5; 136,5; 131,5; 141,5; 130,5; 130; 139; 138; 134

Größe der Mädchen (in cm): 132,5; 135; 145; 131; 127,5; 126,5; 125,5; 135,5

Ermitteln Sie jeweils Median, Quartile und Spannweite. Zeichnen Sie in einer gemeinsamen Zeichnung je ein Boxplot-Diagramm für Buben und Mädchen. Was fällt Ihnen auf?

Ü 7.27 ★★: Statistische Maßzahlen erklären D

Was ist der Unterschied zwischen arithmetischem Mittel und Median? Erklären Sie die Vor- und Nachteile von beiden Werten.

Ü 7.28 ★★: Bedeutung einer statistischen Maßzahl D

Erklären Sie, was die Standardabweichung angibt.

SbX
Die Daten zu Seite 303 finden Sie unter der ID: 1712.

Ü 7.29 ★★: Haushalte mit Internet und Breitband B C D

Für diese Aufgabe dienen die Daten im SbX zu Haushalten mit Internetzugang als Grundlage.

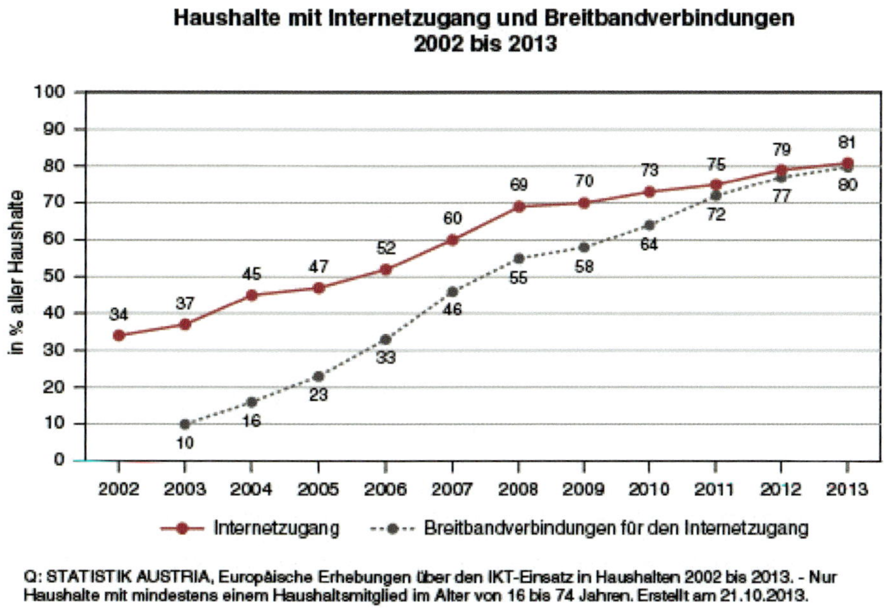

Abb. 7.2.9

a) Ermitteln Sie, in welchem Jahr der Anstieg der Internetanschlüsse am größten ist.

b) Bestimmen Sie, wie groß der prozentuelle Unterschied zwischen den Haushalten mit Internet und jenen mit Breitband im Mittel ist. Geben Sie an, welchen Mittelwert Sie hier verwenden, und begründen Sie Ihre Wahl.

Ü 7.30 ★★: Wege zur Arbeit A C

In Rahmen einer Erhebung wurden Ihre Kolleginnen und Kollegen nach der zeitlichen Länge ihres Arbeitsweges befragt. Daraus ergibt sich folgende Übersicht, in der die Zeitdauer in Minuten eingetragen ist

35	7	11	17	23	16	18	10	6	28	16	13	20	29	31	22	22	36	8	12	12	15

a) Vergleichen Sie die Ihnen bekannten Mittelwerte auf die Sinnhaftigkeit in diesem Zusammenhang.

b) Veranschaulichen Sie die Daten mittels Boxplot.

c) Überprüfen Sie die Daten auf mögliche Ausreißer.

Ü 7.31 ★★: Sprachdiplom C

Für das Sprachdiplom Englisch auf der Stufe B1 sind die Ergebnisse mathematisch ausgewertet worden. Im Durchschnitt haben die Kandidatinnen und Kandidaten 35 Punkte erreicht, aber nur ein Viertel der Kandidatinnen und Kandidaten konnte mehr als 40 Punkte erreichen.

a) Kennzeichnen Sie im angegebenen Boxplot die fehlenden Zahlenwerte.

Abb. 7.2.10

b) Beschreiben Sie, wie sich der Boxplot verändern würde, wenn im Bereich der schlechtesten 25 % der Kandidatinnen und Kandidaten der schlechteste Kandidat kaum weniger Punkte hat als die schlechteste der mittleren 50 %.

Ü 7.32 ★★: Tempo 30 oder 40 D

Vor einer Volksschule wurde zur Probe eine Tempo-30-Zone eingerichtet, wo zuvor Tempo 40 erlaubt war. Nach 2 Monaten wird Bilanz gezogen.

Zum Vergleich werden die zwei Probemonate zwei regulären Monaten gegenübergestellt.

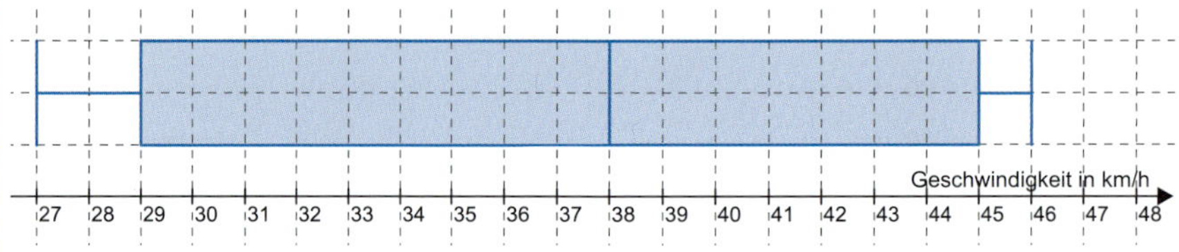

Abb. 7.2.11: Tempo-30-Zone

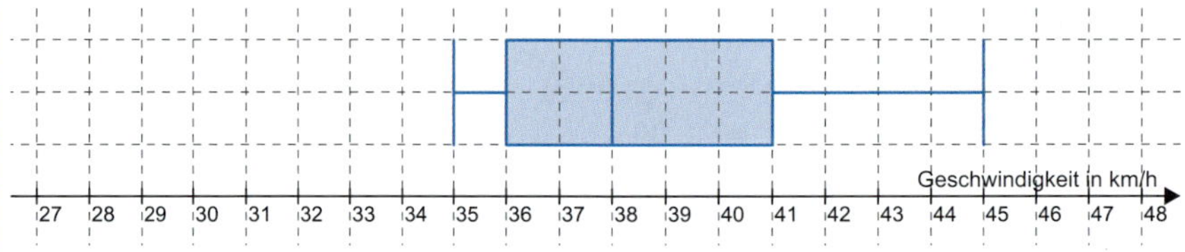

Abb. 7.2.12: Tempo-40-Zone

Prüfen Sie, ob anhand dieser Messdaten eine Tempo-30-Zone sinnvoll ist.

Ü 7.33 ★★★: Kompetenzmessung

Im Rahmen einer Kompetenzmessung haben drei Schüler/innengruppen folgende Ergebnisse gebracht.

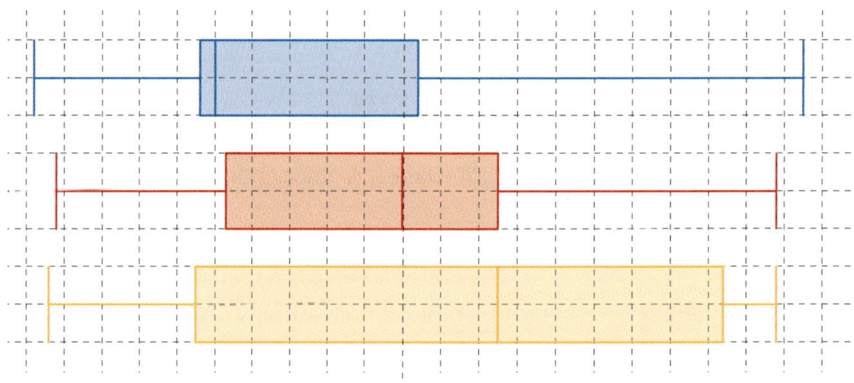

Abb. 7.2.13

Den Eltern werden die Informationen verbalisiert.

a) Kennzeichnen Sie, welche der verbalen Beschreibungen zu welchem Boxplot passt.

Beschreibung Klasse 1:
Es handelt sich im Durchschnitt um ein leistungsstarke Klasse. Es fehlen aber die mittelstarken Schüler/innen. Es gibt viele sehr leistungsstarke, aber auch viele schwache Schüler/innen.

Beschreibung Klasse 2:
Diese Klasse hat wenig leistungsstarke Schüler/innen, diese zeigen aber äußerst gute Leistungen und unterscheiden sich stark vom Rest der Klasse. Der größte Teil der Schüler/innen hat aber schwache Leistungen geliefert.

Beschreibung Klasse 3:
Die Klasse ist leistungsmäßig sehr homogen. Die meisten Schüler/innen erbringen mittlere Leistungen, wobei es einige stärkere, aber nicht übermäßig gute Schüler/innen gibt. Es gibt allerdings auch kaum sehr schwache Schüler/innen.

b) Finden Sie selbst mindestens drei weitere Aufgabestellungen, die mithilfe der Boxplot-Darstellungen beantwortet werden können.

SbX ID: 1722

Ü 7.34 mit automatischer Aufgabenkontrolle.

Weitere Übungsbeispiele zu dieser Lerneinheit finden Sie im SbX.

Sichern

Zentralmaße/ Streuungsmaße

Eine Reihe von Werten wird charakterisiert durch ein **Zentralmaß** (durchschnittlicher Wert) und durch ein **Streuungsmaß,** das angibt, wie stark die einzelnen Werte vom Durchschnitt abweichen.

arithmetisches Mittel/Standardabweichung

$$\bar{x} = \frac{1}{n}(x_1 + x_2 + \ldots + x_n)$$

$$\sigma = \sqrt{\frac{1}{n} \cdot [(x_1 - \bar{x})^2 + (x_2 - \bar{x})^2 + \ldots + (x_n - \bar{x})^2]}$$

Arithmetisches Mittel und Standardabweichung können **nur bei metrischen Daten** angewendet werden. Diese Werte enthalten viel Information, sie sind aber ziemlich empfindlich gegenüber statistischen Ausreißern.

Median/Quartile

Der **Median** ist der Wert, der die geordnete Urliste in zwei gleiche Hälften teilt.

Die **Quartile** teilen die geordnete Liste in Viertel. Diese Werte können bei ordinalen und metrischen Daten angewendet werden. Sie sind einfach zu bestimmen und robust (unempfindlich) gegenüber Ausreißern.

Modus

Der **Modus** ist der Wert, der am häufigsten vorkommt. Er kann auf jedem Skalenniveau angegeben werden.

Wissen

A B C D

W 7.6: Würfel-Statistik B C

Würfeln Sie 30-mal mit zwei Würfeln und notieren Sie die Augensummen. Ermitteln Sie die absoluten und relativen Häufigkeiten für die einzelnen Summen und zeichnen Sie ein Boxplot-Diagramm. Berechnen Sie Mittelwert, Standardabweichung, Median und Quartile.

W 7.7: Einkommensstatistik C D

Die Statistik Austria gibt für das Nettoeinkommen der unselbständig Erwerbstätigen (Arbeiter und Angestellte) im Jahr 2009 folgende Werte an:

1. Quartil: 9.209 €, Median: 18.333 €, 3. Quartil: 26.181 €, arithmetisches Mittel: 20.025 €

Erklären Sie, was diese Werte bedeuten. Warum ist das arithmetische Mittel höher als der Median?

W 7.8: Temperaturentwicklung B D

Die folgende Grafik zeigt die mittlere jährliche Temperaturentwicklung von 1750 bis 2010.

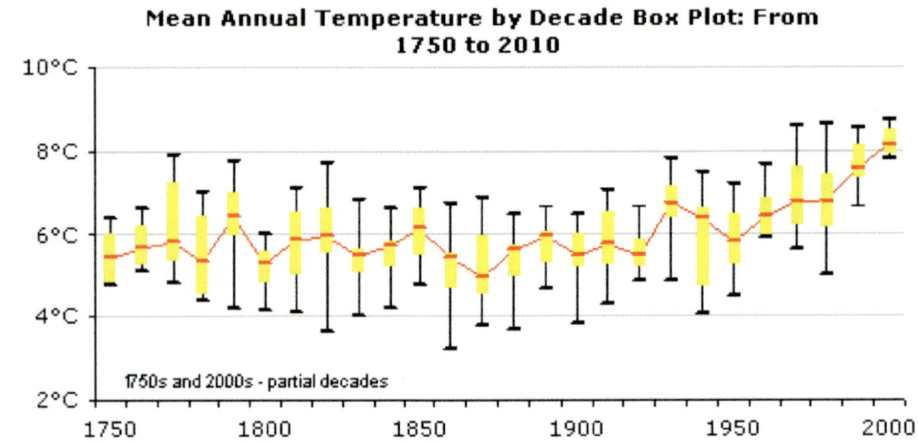

Abb. 7.2.14: Quelle: http://awesomemaps.blogspot.co.at/2011_04_01_archive.html

a) Prüfen Sie anhand des Boxplot-Diagramms folgende Aussage:
„Früher (1970) war es im Durchschnitt nicht so warm, vor allem hatten wir keine solchen Extreme wie heute."

b) Berechnen Sie die prozentuelle Zunahme der mittleren Temperatur von 1800 bis ins Jahr 2000.

W 7.9: Kundenbefragung in der Kantine B C D

Die Kantine in einem Betrieb führte im ersten halben Jahr ihres Bestehens monatlich eine Befragung durch. Die Fragestellung lautete: „Wie gut war das Essen im letzten Monat?" Ziel ist es, zu erkennen, welche Art von Essen bei den Gästen gut ankommt.

Die Bewertung erfolgte nach einem Punktesystem: von 5 Punkten = „ausgezeichnetes Essen" bis 1 Punkt = „ungenießbar". Die folgende Tabelle zeigt, wie viele Personen im jeweiligen Monat die Bewertungen 1, 2, 3, 4 oder 5 vergaben.

Bewertung	1	2	3	4	5
August	3	5	22	9	3
September	0	7	24	6	7
Oktober	1	4	29	17	2
November	2	4	12	17	13
Dezember	0	4	17	12	16
Jänner	18	6	6	7	18

a) Ermitteln Sie, wie gut das Essen im Durchschnitt jeden Monat war. (Verwenden Sie das arithmetische Mittel!)

b) Vergleichen Sie: Ist das Essen besser/schlechter geworden oder ist es gleich geblieben?

c) Beurteilen Sie die Daten für den Monat Jänner.

W 7.10: Im Mittel … D

Begründen Sie, welcher der angegebenen Mittelwerte (arithmetisches Mittel, Modus, Median) bei den folgenden Problemstellungen am sinnvollsten ist:

a) Preise von einem Mittagsmenü in unterschiedlichen Gasthäusern

b) die Geburtsmonate (1 = Jänner …) einer Schulklasse

c) angekreuzte Wertung in einem Fragebogen (0 = stimme gar nicht überein, …, 5 = stimme vollkommen überein)

d) Einkommenstabelle eines Betriebes

W 7.11: Aufnahmetest einer bestimmten Universität C D

Um auf einer bestimmten Fakultät aufgenommen zu werden, muss man zuerst einen 2-teiligen Aufnahmetest absolvieren. Die Aufnahmekriterien sind folgende:

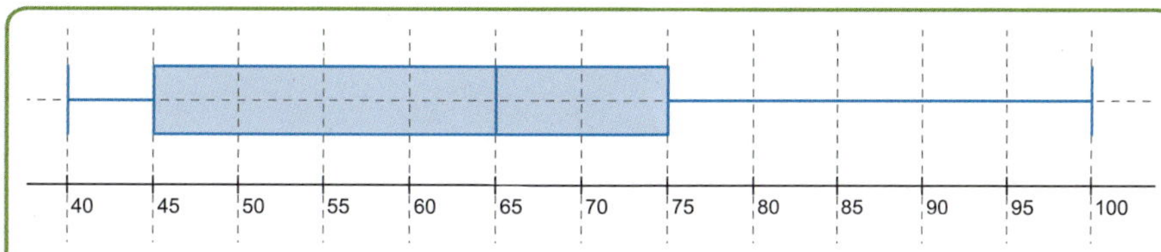

Abb. 7.2.15

a) Beim ersten Test müssen mindestens 70 von 100 Punkten erreicht werden. Lesen Sie anhand der Grafik ab, ob mehr oder weniger als ein Viertel aller Prüflinge diesen Test bestanden hat.

b) Bei einem weiteren Test werden die Punkte in Klassen zusammengefasst (0–9 P., 10–19 P. ...) Dabei soll erhoben werden, in welchem Punktebereich die Studentinnen und Studenten im Durchschnitt liegen.

Erklären Sie, welchen der Ihnen bekannten Mittelwerte Sie hier sinnvollerweise anwenden werden.

W 7.12: Bodenfeuchte C D

In der folgenden Abbildung ist die Bodenfeuchte in der Umgebung eines Baches dargestellt.

a) Prüfen Sie die folgende Annahme:

Ganz nah am Bach ist der Boden am feuchtesten.

b) Lesen Sie anhand des Diagramms ab, in welchem Bereich (a–h) die Schwankungsbreite der Feuchtigkeit am kleinsten ist.

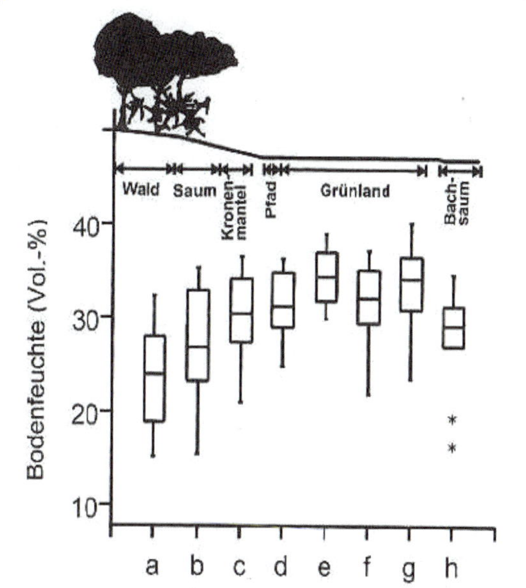

Abb. 7.2.16: Quelle: Übung VEGEDAZ, Züricher Hochschule

W 7.13: Entlohnung B D

In einem kleinen Unternehmen mit 9 Mitarbeitern/Mitarbeiterinnen erhalten diese folgende Bruttolöhne in Euro: 2.200, 2.600, 2.500, 2.600, 2.750, 2.550, 2.650, 2.400, 2.250.

a) Ermitteln Sie den Median der Löhne.

b) Erläutern Sie, wie sich der Median, der Modus und das arithmetische Mittel ändern, wenn es für alle eine Bruttolohnerhöhung von 50 € gibt.

Kompetenz-Check

	☺	😐	☹
Ich kann arithmetisches Mittel und Standardabweichung einer Datenreihe berechnen und weiß, was diese Werte bedeuten.			
Ich kann Median und Quartile einer Datenreihe bestimmen und diese Werte interpretieren.			
Ich kenne den Unterschied zwischen arithmetischem Mittel und Median.			

Lerneinheit 3

Elementare Wahrscheinlichkeitsrechnung

SbX
Alle SbX-Inhalte zu dieser Lerneinheit finden Sie unter der ID: 1730.

Obwohl wir gefühlsmäßig einen Begriff davon haben, was Wahrscheinlichkeit ist, ist eine exakte Definition nicht ganz so leicht zu finden. In dieser Lerneinheit lernen Sie die wichtigsten Versuche kennen, Wahrscheinlichkeit zu definieren, und schließen Bekanntschaft mit den wichtigsten Rechenregeln.

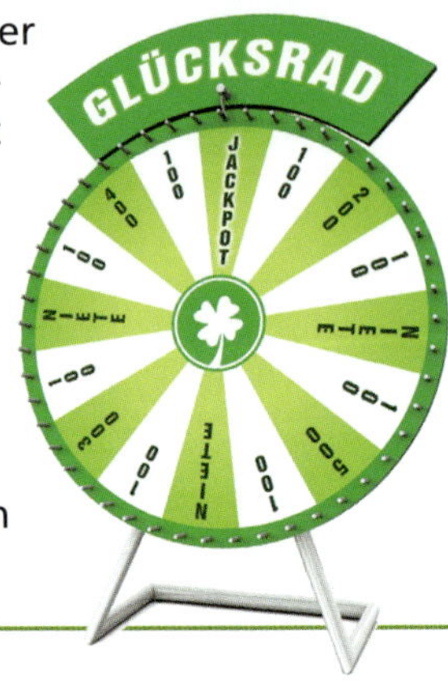

Sie lernen hier:

- unter welchen Bedingungen man Wahrscheinlichkeiten berechnen kann
- wann man Wahrscheinlichkeiten addieren und multiplizieren kann
- dass ein positiver Test zur Feststellung einer Krankheit noch lange nicht bedeuten muss, dass Sie krank sind

Lernen

A B C D

Was ist Wahrscheinlichkeit?

Ein Versuch, den Zufall mathematisch zu fassen

In der Wahrscheinlichkeitsrechnung haben wir es immer mit Zufallsexperimenten zu tun – das heißt mit Experimenten, deren Ausgang nicht bekannt ist. Das kann ein Münzwurf sein, das Ziehen einer Kugel aus einer Urne, aber auch die zufällige Auswahl einer Person aus einer Gruppe (z. B. durch Los) oder das Steigen und Fallen einer Aktie. Bei allen diesen Experimenten sind unterschiedliche Ausgänge möglich, die jeweils mit einer bestimmten Wahrscheinlichkeit eintreten. Diese Wahrscheinlichkeit wollen wir durch eine Zahl ausdrücken.

Lehrbeispiel

L 7.7: Fremdsprachenkenntnisse A B

Von den 50 Mitarbeitern/Mitarbeiterinnen eines Betriebs sprechen 10 keine Fremdsprache, 25 nur Englisch, 10 nur Spanisch und 5 Englisch und Spanisch. Berechnen Sie die Wahrscheinlichkeit, dass eine zufällig ausgewählte Mitarbeiterin/ein zufällig ausgewählter Mitarbeiter Englisch spricht.

Veranschaulichen Sie die Situation zuerst mit einem Mengendiagramm:

Insgesamt sprechen also 30 Mitarbeiter/innen Englisch. Die relative Häufigkeit der Eigenschaft „spricht Englisch" beträgt also $\frac{30}{50} = 0{,}6$.

Das kann man auch anders formulieren: Wenn zufällig eine Mitarbeiterin/ein Mitarbeiter der Firma ausgewählt wird, beträgt die Wahrscheinlichkeit, dass er oder sie Englisch spricht, 0,6 bzw. 60 %.

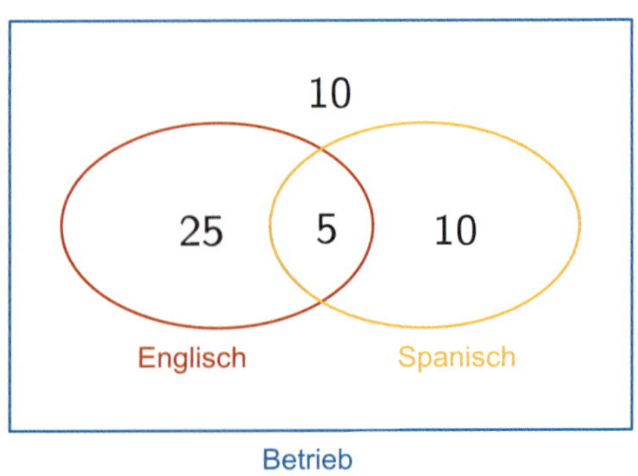

Abb. 7.3.1

Mathematisch formuliert bedeutet das also:

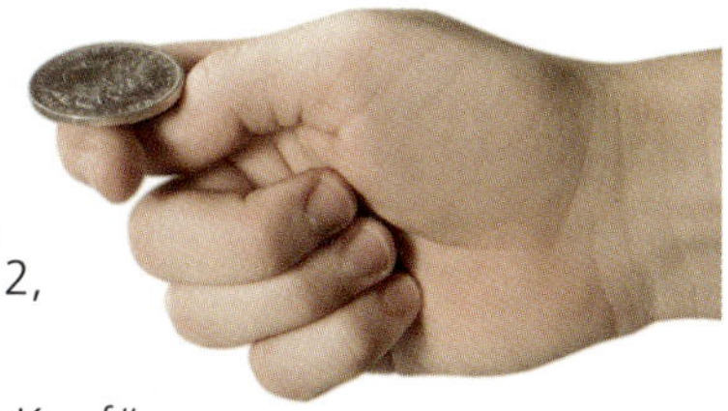

Die Menge aller möglichen Ausgänge eines Experiments (die sogenannten **Elementarereignisse**) bezeichnet man als **Ereignismenge** Ω (Omega). Beim Münzwurf ist $\Omega = \{K, Z\}$, beim Würfeln mit einem sechsseitigen Würfel ist $\Omega = \{1, 2, 3, 4, 5, 6\}$.

Ein **Ereignis** ist eine Teilmenge von Ω, z. B. „die Münze zeigt Kopf" = {K} oder „es wird eine durch 3 teilbare Zahl gewürfelt" = {3, 6}.

engl. **probability** = Wahrscheinlichkeit

Ereignisse werden meist mit A, B … abgekürzt; die Wahrscheinlichkeit für das Ereignis A bezeichnet man mit P(A) (von engl. *probability*: Wahrscheinlichkeit).

Auch die Verknüpfung von mehreren Ereignissen kann in der Mengenschreibweise dargestellt werden: $A \cap B$ bedeutet, „sowohl A als auch B ist eingetroffen", $A \cup B$ heißt „A oder B oder beide".

Wenn nun alle Elementarereignisse gleich wahrscheinlich sind, gilt:

Definition der Wahrscheinlichkeit nach Laplace

$$P(A) = \frac{\text{Anzahl der für A günstigen Ausgänge}}{\text{Anzahl aller möglichen Ausgänge}}$$

Pierre-Simon Laplace (1749–1827)

Ein solches Experiment, bei dem alle Ausgänge die gleiche Chance haben, heißt **Laplace-Experiment**, nach dem französischen Mathematiker und Astronomen **Pierre-Simon Laplace**, von dem diese Definition stammt. Beim Münzwurf ist z. B. P(„Kopf") = $\frac{1}{2}$ = 0,5 bzw. 50 %, beim Würfeln P(„durch 3 teilbare Zahl") = $\frac{2}{6} = \frac{1}{3} \approx 0{,}333$, also ca. 33,3 %.

Wie Sie sehen, liegt die Wahrscheinlichkeit immer zwischen 0 % und 100 % – also zwischen 0 und 1. Wenn ein Ereignis mit Wahrscheinlichkeit 1 eintritt (also immer), bezeichnet man es als **sicheres Ereignis** (z. B.: Es wird eine der Zahlen 1 bis 6 gewürfelt.); hat es die Wahrscheinlichkeit 0 (es kann also nie eintreten), heißt es **unmögliches Ereignis** (z. B.: Es wird 7 gewürfelt.).

Übungsbeispiel

Ü 7.35 ★: Würfeln B

Ein sechsseitiger Würfel wird einmal geworfen. Ermitteln Sie die Wahrscheinlichkeiten für folgende Ereignisse:

- 5 oder 6
- keine 6
- eine gerade Zahl
- eine Zahl ≤ 3

Übungsbeispiel

Ü 7.36 ★: Karten ziehen B

Ein Kartenspiel besteht aus 52 Karten. Es gibt vier Farben (Herz, Karo, Pik, Kreuz) und in jeder Farbe 13 verschiedene Werte (Ass, König, Dame, Bube, 10, 9, 8, 7, 6, 5, 4, 3, 2). Es wird eine Karte gezogen. Ermitteln Sie die Wahrscheinlichkeit (als Bruch und in Prozent) für

- eine Herzkarte
- keine Herzkarte
- einen König
- einen König oder eine Dame
- einen König oder eine Herzkarte (oder beides)
- den Herzkönig

Die Definition der Wahrscheinlichkeit von Laplace hat allerdings einen Schönheitsfehler: Es wird vorausgesetzt, dass die möglichen Ausgänge, also die Elementarereignisse, alle gleich wahrscheinlich sind. Man muss also schon wissen, was „Wahrscheinlichkeit" bedeutet.

statistische Wahrscheinlichkeit

Wir erwarten intuitiv, dass sich die relativen Häufigkeiten eines Ereignisses bei sehr vielen Versuchen auf einen bestimmten Wert einpendeln. So ist es zum Beispiel nicht ungewöhnlich, wenn bei 10 Münzwürfen 7-mal „Kopf" geworfen wird. Bei 1000 Münzwürfen wird man aber damit rechnen (wenn die Münze fair ist, also wirklich beide Seiten die gleiche Chance haben), dass ziemlich genau die Hälfte aller Versuche „Kopf" ergeben wird. Wir versuchen daher folgende Definition: „Die Wahrscheinlichkeit eines Ereignisses ist der Grenzwert der relativen Häufigkeit, wenn die Anzahl der Versuche gegen unendlich geht."

Leider ist diese Definition in der Praxis nicht brauchbar, denn wir können einen Versuch nicht unendlich oft wiederholen. Manche „Experimente" können gar nicht wiederholt werden – für die Wahrscheinlichkeit, dass Deutschland die nächste Weltmeisterschaft im Fußball gewinnt, ergibt diese Definition zum Beispiel keinen Sinn.

subjektivistische Wahrscheinlichkeit

In so einem Fall kann man die Wahrscheinlichkeit nur subjektiv schätzen – aufgrund von Erfahrung und Intuition. Sie können sich zum Beispiel fragen: Wie viel wäre ich bereit, auf dieses Ergebnis zu wetten? Bei Sportwetten (Totalisatorwette) hängt die Gewinnquote davon ab, wie viele Einsätze auf den Sieger gesetzt wurden – das kann man also als Maß für die Wahrscheinlichkeit betrachten. Offensichtlich ist diese Definition für mathematische Berechnungen auch nicht sehr geeignet, da jede Person die Chancen subjektiv verschieden einschätzt. (Außerdem sind Wetten schon oft manipuliert worden.)

Definition der Wahrscheinlichkeit nach Kolmogorow

Der russische Mathematiker Andrei N. Kolmogorow (1903–1987) fand in den 1930er-Jahren einen Ausweg aus diesem Dilemma. Er beschloss, die Wahrscheinlichkeit rein axiomatisch, das heißt aus ein paar Grundregeln, aufzubauen. Jeder Teilmenge des Ereignisraums Ω wird eine reelle Zahl, ihre Wahrscheinlichkeit, zugeordnet. Dabei müssen nur die folgenden Bedingungen gelten:

Grundregeln der Wahrscheinlichkeit von Kolmogorow

Mögliche Werte

Die Wahrscheinlichkeit eines Ereignisses liegt immer zwischen 0 und 1: $0 \leqslant P(A) \leqslant 1$

Sicheres Ereignis

Das sichere Ereignis hat die Wahrscheinlichkeit 1: $P(\Omega) = 1$

Additionsregel für einander ausschließende Ereignisse

Additionsregel

Wenn zwei Ereignisse einander ausschließen, ist die Wahrscheinlichkeit, dass entweder das eine oder das andere eintritt, gleich der Summe der beiden Wahrscheinlichkeiten:

$P(A \cup B) = P(A) + P(B)$, wenn $A \cap B = \{\}$.

P(A) + P(B) „entweder A oder B"

Aus diesen Grundregeln kann man einige weitere Regeln ableiten. Die wichtigste ist die vom Gegenereignis:

Gegenereignis

Die Wahrscheinlichkeit des Gegenereignisses $\neg A$ = „nicht A" beträgt $1 - P(A)$: $P(\neg A) = 1 - P(A)$

Logischerweise gilt $P(A) + P(\neg A) = 1$, die Wahrscheinlichkeit für einen Erfolg und die für einen Nichterfolg müssen zusammen 100 %, also 1 ergeben.

Übungsbeispiel

Ü 7.37 ★★: Regeln beweisen D

Überprüfen Sie die folgenden Rechenregeln:

unmögliches Ereignis

a) unmögliches Ereignis: $P(\{\}) = 0$

Additionsregel für beliebige Ereignisse

b) verallgemeinerte Additionsregel: $P(A \cup B) = P(A) + P(B) - P(A \cap B)$

Jetzt brauchen wir uns nicht mehr darum zu kümmern, ob wirklich jede Seite der Münze gleich oft nach oben fällt (und ob die Münze nicht vielleicht auch auf der Kante stehenbleiben kann): Wir ordnen einfach jedem Elementarereignis „Kopf" und „Zahl" dieselbe Wahrscheinlichkeit $\frac{1}{2}$ zu. Genauso können wir beim Würfeln jeder Seite die Wahrscheinlichkeit $\frac{1}{6}$ zuordnen, bei Beispiel **L 7.7** jedem Mitarbeiter die Wahrscheinlichkeit $\frac{1}{50}$ und allgemein jedem von n Elementarereignissen die Wahrscheinlichkeit $\frac{1}{n}$. In diesem Fall können wir auch die Definition von Laplace bedenkenlos anwenden.

Die bedingte Wahrscheinlichkeit ist nicht im Curriculum der BRP enthalten, sie ist aber für das Verständnis der folgenden Themen hilfreich.

Bedingte Wahrscheinlichkeit

Lehrbeispiel

L 7.8: Mehrere Fremdsprachen B

Berechnen Sie die Wahrscheinlichkeit, dass eine Mitarbeiterin/ein Mitarbeiter der Firma aus **L 7.7** Englisch spricht, wenn schon bekannt ist, dass er Spanisch spricht.

Auch hier können wir die Regel „günstige Fälle durch mögliche Fälle" anwenden. Die möglichen Fälle bestehen jetzt aber nur aus den 15 Spanisch sprechenden Mitarbeitern, die günstigen aus den 5, die beide Fremdsprachen sprechen. Wir erhalten daher für die gesuchte Wahrscheinlichkeit $\frac{5}{15} = \frac{1}{3} = 33{,}3\%$.

Diesen Wert bezeichnet man als **bedingte Wahrscheinlichkeit** und schreibt ihn als P(B|A): „Wahrscheinlichkeit von B unter der Bedingung A" oder kürzer: „Wahrscheinlichkeit von B, wenn A".

Bedingte Wahrscheinlichkeit

$$P(B\,|\,A) = \frac{P(A \cap B)}{P(A)}$$

P(B|A) „wenn A dann B"

Übungsbeispiel

Ü 7.38 ★: Bedingte Wahrscheinlichkeit B

Berechnen Sie mit den Angaben aus **L 7.7** die Wahrscheinlichkeit, dass eine Mitarbeiterin/ein Mitarbeiter Spanisch spricht, unter der Bedingung, dass sie/er Englisch spricht.

Oft kann man die Situation in Form einer Tabelle (Vierfeldertafel) übersichtlich darstellen. Betrachten wir zum Beispiel noch einmal das Personal unseres Betriebs, diesmal aufgeschlüsselt nach Geschlecht und Rauchverhalten.

Lehrbeispiel

L 7.9: Rauchen Männer mehr? B

Die Tabelle zeigt die Anzahl der Raucher/innen und Nichtraucher/innen, nach Geschlechtern getrennt:

	Raucher(R)	Nichtraucher(N)	Summe
männlich(M)	10	20	30
weiblich(W)	5	15	20
Summe	15	35	50

Berechnen Sie die Wahrscheinlichkeit,

a) dass ein zufällig ausgewählter Mann raucht

b) dass eine zufällig ausgewählte rauchende Person männlich ist.

a) Insgesamt gibt es 30 Männer, davon rauchen 10:

$$P(R\,|\,M) = \frac{10}{30} = \frac{1}{3} = 33{,}3\%$$

b) Insgesamt gibt es 15 Raucher/innen, davon sind 10 männlich:

$$P(M\,|\,R) = \frac{10}{15} = \frac{2}{3} = 66{,}7\%$$

Wenn wir die Definition der bedingten Wahrscheinlichkeit umformen, erhalten wir die allgemeine Form der **Multiplikationsregel:**

Multiplikationsregel für beliebige Ereignisse

$P(A \cap B) = P(A) \cdot P(B \mid A)$

Die Wahrscheinlichkeit, dass sowohl das Ereignis A als auch das Ereignis B eintritt, ist also gleich der Wahrscheinlichkeit von A multipliziert mit der Wahrscheinlichkeit von B unter der Bedingung A.

Übungsbeispiel

Ü 7.39 ★: Bildungschancen A B

Angenommen, 40 % eines Altersjahrgangs machen Matura, 80 % aller Maturanten beginnen ein Studium und 50 % aller Studenten schließen ihr Studium ab.

Übertragen Sie diesen Sachverhalt in einen mathematischen Ausdruck.

Berechnen Sie die Wahrscheinlichkeit, dass ein Jugendlicher ein Studium abschließt.

In der Praxis tritt oft folgende Fragestellung auf: Gegeben ist die Wahrscheinlichkeit von B unter der Bedingung A und wir wollen die Wahrscheinlichkeit von A unter der Bedingung B wissen. Dabei hilft uns folgende Regel.

Satz von Bayes (Thomas Bayes, 1701–1761, englischer Mathematiker und Pfarrer)

Satz von Bayes

$$P(A \mid B) = \frac{P(A) \cdot P(B \mid A)}{P(B \mid A) \cdot P(A) + P(B \mid \neg A) \cdot P(\neg A)}$$

Die Berechnung von bedingten Wahrscheinlichkeiten liefert oft überraschende Ergebnisse. Die Anwendung des Satzes von Bayes wird durch das folgende Beispiel klar.

Lehrbeispiel

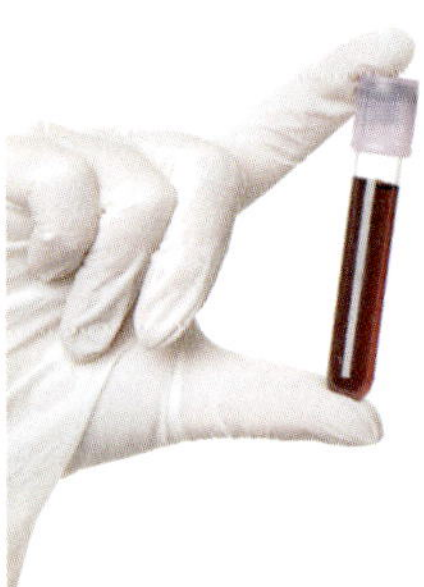

L 7.10: Krank oder gesund? A B C

Ein Test zur Feststellung einer Krankheit liefert mit 99 % Wahrscheinlichkeit das richtige Ergebnis (d. h., bei 99 % der Erkrankten ist er positiv, bei 99 % der Gesunden negativ). Angenommen, jeder 1000. Einwohner eines Landes ist erkrankt. Berechnen Sie die Wahrscheinlichkeit, die Krankheit zu haben, wenn der Test positiv ist.

Wir verwenden folgende Abkürzungen: K: krank, ¬K: nicht krank (gesund), T^+: Test positiv, $\neg T^+$: Test nicht positiv (negativ).

Ein positives Testergebnis kann auf zwei Arten zustande kommen:

- Entweder die Person ist krank und der Test zeigt das richtig an: $P(K \cap T^+) = P(K) \cdot P(T^+ \mid K) = 0{,}001 \cdot 0{,}99 = 0{,}00099$
- oder die Person ist gesund, aber der Test liefert ein falsch-positives Ergebnis: $P(\neg K \cap T^+) = P(\neg K) \cdot P(T^+ \mid \neg K) = 0{,}999 \cdot 0{,}01 = 0{,}00999$.

Insgesamt beträgt die Wahrscheinlichkeit, dass der Test positiv ist, also 0,00099 + 0,00999 = 0,01098. Von 10 000 getesteten Personen werden also ca. 110 ein positives Testergebnis haben. Von diesen sind aber nur 99 wirklich krank. Die Wahrscheinlichkeit, krank zu sein, wenn der Test ein positives Ergebnis liefert, beträgt daher

$$P(K \mid T^+) = \frac{0{,}00099}{0{,}01098} \approx 0{,}09.$$

Es besteht also kein Grund zur Panik – auch wenn der Test positiv ist, ist man nur mit 9 % Wahrscheinlichkeit wirklich krank. Die anderen 91 % sind falsch-positive Ergebnisse.

(Das gilt allerdings nur, wenn die Krankheit relativ selten ist und die ganze Bevölkerung in einem Screening erfasst wird. Wenn von Anfang an nur eine Risikogruppe untersucht wird, ergeben sich viel höhere Werte.)

Übungsbeispiel

Ü 7.40 ★★: Negativer Vorhersagewert A B

Berechnen Sie mit den Angaben aus dem vorigen Beispiel die Wahrscheinlichkeit, gesund zu sein, wenn der Test negativ ausfällt.

Erstellen Sie zuvor eine Übersicht über die Wahrscheinlichkeiten aus der Sicht „gesund sein".

Unabhängige Ereignisse

In **Ü 7.36** haben Sie die Wahrscheinlichkeit berechnet, aus einem Kartenspiel mit 52 Karten einen König zu ziehen. Sie haben dabei das Ergebnis $\frac{4}{52} = \frac{1}{13}$ erhalten. Wenn nun schon bekannt ist, dass es sich um eine Herzkarte handelt, ergibt sich für die bedingte Wahrscheinlichkeit P(König I Herz) = $\frac{1}{13}$, also derselbe Wert. Die Tatsache, dass die Kartenfarbe bekannt ist, hat also auf die Wahrscheinlichkeit keinen Einfluss – man sagt, die Ereignisse „König" und „Herz" sind voneinander **unabhängig.**

Definition: unabhängige Ereignisse

Stochastische Unabhängigkeit

Zwei Ereignisse A und B sind voneinander unabhängig, wenn gilt: $P(B|A) = P(B)$

Oft ist aus dem Zusammenhang klar, ob zwei Ereignisse voneinander unabhängig sind oder nicht. Beim Würfeln hängt zum Beispiel das Ergebnis eines Wurfs nicht vom vorigen ab – „Der Würfel hat kein Gedächtnis". Dasselbe gilt für das Roulettespiel: Auch wenn schon sechsmal hintereinander „Rot" gekommen ist, sind beim siebenten Mal die Chancen für „Rot" und „Schwarz" wieder gleich hoch, auch wenn das Bauchgefühl etwas anderes suggeriert.

In einem solchen Fall können wir aus der Definition eine Rechenregel machen:

Multiplikationsregel für unabhängige Ereignisse

Multiplikationsregel

Wenn zwei Ereignisse voneinander unabhängig sind, ist die Wahrscheinlichkeit, dass sowohl das eine als auch das andere Ereignis eintritt, gleich dem Produkt der beiden Wahrscheinlichkeiten:

$P(A \cap B) = P(A) \cdot P(B)$

Übungsbeispiel

Ü 7.41 ★: Unabhängig oder nicht? C

Interpretieren Sie die folgenden Ereignisse hinsichtlich ihrer Unabhängigkeit.

a) die Ergebnisse von zwei aufeinanderfolgenden Münzwürfen
b) die erste und zweite gezogene Zahl beim Lotto „6 aus 45"
c) die erste und zweite Stelle der Jokerzahl
d) das Geschlecht einer Person und der Wochentag, an dem sie geboren ist
e) das Geschlecht einer Person und die Tatsache, dass sie über 70 Jahre alt wird

Lehrbeispiel

L 7.11: Zweimal würfeln B

Berechnen Sie die Wahrscheinlichkeit, dass bei zweimaligem Würfeln
a) „zwei Sechser"
b) „kein Sechser"
c) „mindestens ein Sechser"
gewürfelt wird.

a) Wenn man zweimal würfelt, gibt es 36 mögliche Ausgänge („erster Wurf 1, zweiter Wurf 1", „erster Wurf 1, zweiter Wurf 2" … „erster Wurf 6, zweiter Wurf 6"), von denen nur einer günstig ist. Die Wahrscheinlichkeit für „erster Wurf 6, zweiter Wurf 6" beträgt also $\frac{1}{36}$. Das gleiche Ergebnis erhalten wir mit folgender Überlegung: Die beiden Würfe sind voneinander unabhängig (der Würfel hat kein Gedächtnis). Daher ist P(zweimal „6") = $\frac{1}{6} \cdot \frac{1}{6} = \frac{1}{36}$.

b) Genauso erhalten wir: P(zweimal „nicht 6") = $\frac{5}{6} \cdot \frac{5}{6} = \frac{25}{36}$.

c) Das Ereignis „mindestens ein Sechser" ist das Gegenereignis zu „kein Sechser". Also ist P(mindestens einmal „6") $= 1 - \frac{25}{36} = \frac{11}{36}$.

Bei dreimaligem Würfeln erhalten wir:

P(dreimal „6") $= \left(\frac{1}{6}\right)^3 = \frac{1}{216}$

P(dreimal „nicht 6") $= \left(\frac{5}{6}\right)^3 = \frac{125}{216}$ und

P(mindestens einmal „6") $= 1 - \frac{125}{216} = \frac{91}{216}$.

P(A) · P(B) „sowohl A als auch B"

Die Wahrscheinlichkeit für „nur Sechser" wird also immer kleiner, je öfter man würfelt, aber die Wahrscheinlichkeit für „mindestens ein Sechser" wird immer größer. Als kleine Herausforderung eine etwas anspruchsvollere Aufgabe:

Lehrbeispiel
„Wie oft mindestens"

L 7.12: Die „Wie oft mindestens"-Aufgabe B

Berechnen Sie die Anzahl der Versuche, die Sie brauchen, um mit mindestens 90 % Wahrscheinlichkeit mindestens einen Sechser zu erhalten.

Bei n-maligem Würfeln erhalten wir analog zu den vorigen Beispielen:

P (n-mal „nicht 6") $= \left(\frac{5}{6}\right)^n$, P(mindestens einmal „6") $= 1 - \left(\frac{5}{6}\right)^n$. Das sollen 90 % sein:

$$1 - \left(\frac{5}{6}\right)^n = 0{,}9$$

$$\left(\frac{5}{6}\right)^n = 0{,}1$$

● Da die Unbekannte im Exponenten steht, müssen wir logarithmieren:

$$n \cdot \ln\left(\frac{5}{6}\right) = \ln 0{,}1$$

$$n = \frac{\ln 0{,}1}{\ln \frac{5}{6}} = 12{,}52$$

Die Wahrscheinlichkeit soll mindestens 90 % betragen, daher müssen wir das Ergebnis immer aufrunden. Man muss also mindestens 13-mal würfeln.

Baumdiagramm

Bei den beiden letzten Beispielen handelt es sich um ein mehrstufiges Experiment (es wird mehrmals gewürfelt). Solche Experimente kann man mit einem Baumdiagramm veranschaulichen: Jeder Weg entspricht einer möglichen Abfolge von Ereignissen. Neben den Weg wird die Wahrscheinlichkeit geschrieben. Ein sehr beliebtes (weil einfaches) Modell ist das Ziehen von Kugeln aus einem Gefäß (in den Lehrbüchern ist es immer eine Urne). Dabei muss man unterscheiden, ob die Kugel nach dem Ziehen wieder zurückgelegt wird (ähnlich wie beim Joker) oder nicht (wie beim Lotto „6 aus 45").

Lehrbeispiel

L 7.13: Ziehen mit Zurücklegen A B

In einer Urne befinden sich 2 weiße und 3 schwarze Kugeln. Es wird zweimal je eine Kugel gezogen, wobei die Kugel nach dem ersten Zug wieder zurückgelegt wird („Ziehen mit Zurücklegen").

Veranschaulichen Sie den Text mittels eines Baumdiagramms.

Berechnen Sie die Wahrscheinlichkeit, dass

a) zwei weiße Kugeln gezogen werden.

b) genau eine weiße Kugel gezogen wird.

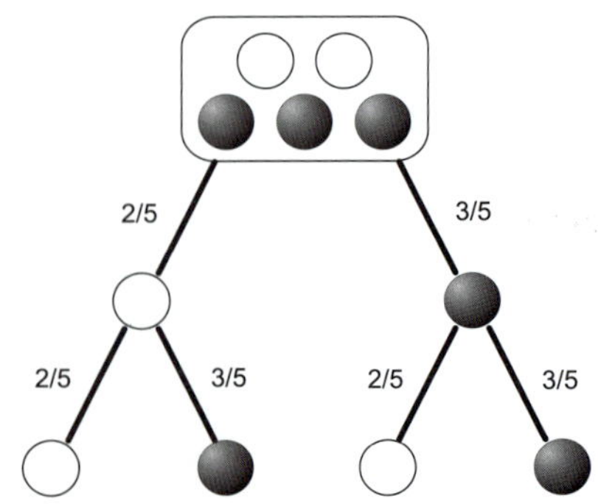

Abb. 7.3.2

a) Die Wahrscheinlichkeit, dass sowohl im ersten als auch im zweiten Zug eine weiße Kugel gezogen wird, beträgt nach der Multiplikationsregel:
$P(\text{2-mal W}) = \frac{2}{5} \cdot \frac{2}{5} = \frac{4}{25} = 0{,}16$

b) Das Ergebnis „genau eine weiße Kugel" kann auf zwei Wegen erreicht werden: entweder „Weiß, Schwarz" oder „Schwarz, Weiß". Wir müssen daher die Wahrscheinlichkeiten für die beiden Wege addieren:
$P(\text{1-mal W}) = P(W, S) + P(S, W) = \frac{2}{5} \cdot \frac{3}{5} + \frac{3}{5} \cdot \frac{2}{5} = \frac{12}{25} = 0{,}48$

Beim Arbeiten mit Baumdiagrammen gilt also:

- Die Wahrscheinlichkeiten entlang eines Weges werden multipliziert.
- Wenn das gesuchte Ergebnis auf mehreren Wegen erreicht wird, werden die Wahrscheinlichkeiten für die einzelnen Wege addiert.

Lehrbeispiel

L 7.14: Ziehen ohne Zurücklegen A B

Wir betrachten die gleiche Situation wie vorhin, aber diesmal wird die Kugel nach dem ersten Zug nicht zurückgelegt („Ziehen ohne Zurücklegen"). Dadurch ändern sich beim zweiten Zug die Wahrscheinlichkeiten. Wenn z. B. zuerst eine weiße Kugel gezogen wurde, ist von den übrigen vier Kugeln nur mehr eine weiß; die Wahrscheinlichkeit, dass die zweite Kugel auch weiß ist, beträgt also nur mehr $\frac{1}{4}$. Das Baumdiagramm sieht jetzt so aus:

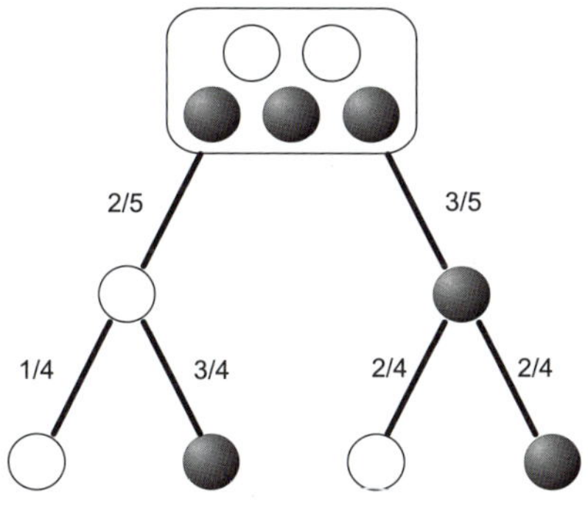

Abb. 7.3.3

Es gilt also:

$P(\text{2-mal W}) = \frac{2}{5} \cdot \frac{1}{4} = \frac{1}{10} = 0{,}1$

$P(\text{1-mal W}) = P(W, S) + P(S, W) = \frac{2}{5} \cdot \frac{3}{4} + \frac{3}{5} \cdot \frac{2}{4} = \frac{6}{10} = 0{,}6$

Das Ziehen von Kugeln aus einer Urne ist in der Wahrscheinlichkeitsrechnung ein beliebtes Modell, mit dem viele verschiedene Zufallsexperimente dargestellt werden können. Natürlich können auch andere Gegenstände gezogen werden:

Lehrbeispiel

L 7.15: Das Sockenproblem B

Sie stehen in der Früh unausgeschlafen vor ihrer Sockenlade, in der sich 10 schwarze, 6 blaue und 5 graue (einer ging verloren) Socken befinden. Sie greifen schlaftrunken hinein und ziehen zuerst einen Socken rechts, dann einen links an. Berechnen Sie die Wahrscheinlichkeit, mit der Sie zwei gleiche Socken tragen. (Anmerkung: Die Socken liegen einzeln in der Lade.)

Bei Tageslicht betrachtet ist das Gegenereignis eingetreten.

Wir betrachten nun den genauen „Tathergang“:

Wahrscheinlichkeit, dass man zwei gleiche Socken trägt =				
entweder	sowohl	der rechte Socken schwarz	als auch	der linke Socken schwarz
=		$P(S_{re})$	·	$P(S_{li})$
=		$\frac{10}{21}$	·	$\frac{9}{20}$
oder	sowohl	der rechte Socken blau	als auch	der linke Socken blau
+		$P(b_{re})$	·	$P(b_{li})$
+		$\frac{6}{21}$	·	$\frac{5}{20}$
oder	sowohl	der rechte Socken grau	als auch	der linke Socken grau
+		$P(g_{re})$	·	$P(g_{li})$
+		$\frac{5}{20}$	·	$\frac{4}{20}$
$= \frac{1}{3} \approx 0{,}333 = 33{,}3\ \%$				

Lehrbeispiel

L 7.16: Stifte mit verschiedenen Farben B D

In einer Schachtel liegen ein roter und vier schwarze Filzstifte, in einer anderen, gleich aussehenden Schachtel sind neun rote und sechs schwarze Stifte. Sie wählen eine Schachtel und nehmen, ohne hinzusehen, einen Stift heraus.

a) Berechnen Sie die Wahrscheinlichkeit, dass es sich um einen roten Stift handelt.

b) Sie haben einen roten Stift gezogen. Berechnen Sie die Wahrscheinlichkeit, dass er aus der ersten Schachtel stammt.

c) Alle Stifte werden in eine Schachtel zusammengeworfen. Prüfen Sie, ob die Wahrscheinlichkeit, einen roten Stift herauszuziehen, der aus a) entspricht. Erklären Sie ggf., wie Sie die Stifte auf 2 Schachteln aufteilen müssen, damit das Ergebnis von c) dem von a) entspricht.

a) Wahrscheinlichkeit, sowohl die erste Schachtel zu wählen als auch aus dieser Schachtel einen roten Stift zu ziehen:

$\frac{1}{2} \cdot \frac{1}{5} = \frac{1}{10} = 0{,}1$

Wahrscheinlichkeit, sowohl die zweite Schachtel zu wählen als auch aus dieser Schachtel einen roten Stift zu ziehen:

$\frac{1}{2} \cdot \frac{9}{15} = \frac{3}{10} = 0{,}3$

Wahrscheinlichkeit, entweder aus der ersten oder aus der zweiten Schachtel einen roten Stift zu ziehen:

$0{,}1 + 0{,}3 = 0{,}4 = 40\ \%$

b) Jetzt ist die bedingte Wahrscheinlichkeit (Schachtel 1 | roter Stift) gesucht. Die „möglichen Fälle“ sind jetzt nur mehr die 40 % aller Versuche, bei denen ein roter Stift gezogen wurde. Die „günstigen Fälle“ sind die 10 %, in denen der rote Stift aus der ersten Schachtel gezogen wurde. Die gesuchte Wahrscheinlichkeit ist daher:

$\frac{0{,}1}{0{,}4} = \frac{1}{4} = 0{,}25$ bzw. 25 %

(Die Überlegung „Von insgesamt 10 roten Stiften liegt einer in der ersten Schachtel“ hilft hier nicht weiter, weil nicht jeder Stift die gleiche Chance hat, gezogen zu werden.)

c) Zum Vergleich: $\frac{10}{20} = \frac{1}{2} = 0{,}5$ bzw. 50 %.

Ergebnisse sind ungleich. Die Stifte müssen gleichmäßig auf beide Schachteln aufgeteilt werden. In beiden Schachteln müssen je 5 rote bzw. schwarze Stifte liegen.

Üben

A B C D

Ü 7.42 ★: Whiteboard-Stifte B

In einer Schachtel liegen 10 schwarze, 6 rote und 4 grüne Whiteboard-Stifte. Die Kursleiterin nimmt, ohne hinzusehen, einen Stift heraus. Ermitteln Sie die Wahrscheinlichkeit, dass er schwarz, rot bzw. grün ist.

Ü 7.43 ★: Schnapskarten B

Aus einem Spiel Schnapskarten (20 Karten, alle Bilder, Asse und die Zehner) wird eine Karte gezogen. Berechnen Sie die Wahrscheinlichkeit für

a) ein Ass,

b) eine Bildkarte (Bube, Dame oder König),

c) eine Karokarte,

d) Karo-Ass oder Karo-Zehner,

e) eine Herzkarte, aber kein Ass.

Ü 7.44 ★: Sport B

Von den 25 Schülerinnen und Schülern einer Klasse spielen 7 nur Fußball, 10 gehen nur laufen und 3 üben beide Sportarten aus. Der Rest betreibt keinen Sport. Berechnen Sie die Wahrscheinlichkeit, dass eine zufällig ausgewählte Schülerin/ein zufällig ausgewählter Schüler

a) Fußball spielt.

b) keinen Sport betreibt.

c) mindestens einen Sport betreibt.

d) läuft, wenn schon bekannt ist, dass er/sie Fußball spielt.

e) nicht Fußball spielt, wenn bekannt ist, dass er/sie läuft.

Ü 7.45 ★★: Münze werfen A B

Eine Münze wird dreimal geworfen. Stellen Sie alle möglichen Folgen von „Kopf" und „Zahl" auf. Berechnen Sie die Wahrscheinlichkeit für folgende Ereignisse:

a) „Kopf" beim ersten Wurf

b) genau einmal „Kopf"

c) mindestens einmal „Kopf"

d) dreimal „Kopf" oder dreimal „Zahl"

Ü 7.46 ★★: Vierseitiger Würfel A B

Max würfelt zweimal mit einem vierseitigen (!) Würfel. Veranschaulichen Sie alle möglichen Ergebnisse in einer Tabelle. Ermitteln Sie durch Abzählen die Wahrscheinlichkeit für folgende Ereignisse:

a) mindestens einmal „Vier"

b) zweimal dieselbe Zahl

c) Augensumme ist ungerade.

d) Augensumme beträgt mindestens 6.

Ü 7.47 ★★: Whiteboard-Stifte ziehen B

Aus der Schachtel aus **Ü 7.42** werden zwei Stifte entnommen. Berechnen Sie die Wahrscheinlichkeit, dass

a) beide schwarz sind.

b) beide nicht rot sind.

c) der erste rot, der zweite grün ist.

d) einer rot, einer grün ist.

e) genau einer grün ist.

Ü 7.48 ★★: Wer zahlt die Rechnung? D

Anton, Branka, Christine, Dieter, Emine und Fritz losen aus, wer die Rechnung zahlen muss. Sie legen 6 Lose in einen Hut, von denen eines markiert ist. Nacheinander ziehen sie je ein Los. Wer das markierte Los zieht, hat verloren. Argumentieren Sie, ob es günstiger ist, als Erste/r oder als Letzte/r zu ziehen.

Ü 7.49 ★★: Prüfung B

Eine Studentin muss bei einer Prüfung 3 aus 30 Fragen ziehen. Sie hat nur 25 Fragen gelernt. Berechnen Sie die Wahrscheinlichkeit, dass Sie

a) alle drei Fragen,

b) mindestens zwei Fragen

beantworten kann.

Ü 7.50 ★★: Jokerzahl B

Beim Lotto oder Toto gibt es das Zusatzspiel „Joker". Auf dem Wettschein ist eine 6-stellige Zahl abgedruckt.

> „Schon wenn die letzte Stelle Ihrer Joker Nummer mit der letzten Stelle der gezogenen Joker Zahl übereinstimmt, gewinnen Sie 1,50 €. Bei den letzten beiden Stellen 7 €, den drei letzten Stellen 77 €, bei vier Stellen 770 €, und bei fünf Richtigen sind Sie sogar um 7.700 € reicher. Wenn alle sechs Ziffern übereinstimmen, haben Sie den Joker, der Millionen bringen kann."
>
> (Quelle: www.win2day.at)

Berechnen Sie für alle Möglichkeiten die Wahrscheinlichkeit, zu gewinnen, und für die ersten fünf Gewinnklassen auch den erwarteten Gewinn. (Ein Tipp kostet 1,30 €.)

Ü 7.51 ★★: Recycling B C

$H_2Ö$ Trink.Wasser.

Die H2Ö GmbH liefert Trinkwasser in Mehrwegflaschen aus. 97 % aller verkauften Flaschen werden zurückgebracht oder wiederverwertet. Der Rest zerbricht oder kann nicht weiterverwendet werden.

Berechnen Sie die Wahrscheinlichkeit, dass eine Flasche

a) genau 5-mal,

b) mindestens 5-mal

zurückgebracht wird.

Dokumentieren Sie Ihren Rechenweg.

Ü 7.52 ★–★★: Flaschen B

Ein Lieferant der H2Ö GmbH erzeugt Glasflaschen für Fruchtsirupe. 40 % der Produktion kommen von Maschine A, je 30 % von Maschine B und C. 2 % der von Maschine A erzeugten Flaschen sind fehlerhaft, 3 % von Maschine B und 5 % von Maschine C.

a) Berechnen Sie, welcher Prozentsatz der gesamten Produktion fehlerhaft ist.

b) Ermitteln Sie die Wahrscheinlichkeit, dass eine fehlerhafte Flasche von Maschine A stammt.

c) Bestimmen Sie, wie viele Flaschen aus der gesamten Produktion kontrolliert werden müssen, damit mit mindestens 90 % Wahrscheinlichkeit mindestens eine fehlerhafte darunter ist.

Ü 7.53 ★★★: Rätsel A B C

Von drei gleich aussehenden Schachteln enthält die erste zwei Goldmünzen, die zweite zwei Silbermünzen und die dritte eine Gold- und eine Silbermünze. Jemand greift in eine zufällig ausgewählte Schachtel und zieht, ohne hinzusehen, eine Goldmünze heraus. Wie hoch ist die Wahrscheinlichkeit, dass die zweite Münze in der Schachtel ebenfalls aus Gold ist (d. h., dass die Münze aus der ersten Schachtel stammt)?

Ü 7.54 ★★★: Zéro im Roulette A B

Für Zéro gibt es im Roulette eine Sonderregel: Wenn die Kugel auf Null fällt, werden alle Einsätze, die auf einfachen Chancen liegen, gesperrt. Wenn der Spieler beim nächsten Wurf gewinnen würde – er hat zum Beispiel auf Schwarz gesetzt und es fällt Schwarz –, erhält er seinen Einsatz zurück, gewinnt aber nichts dazu. Wenn Rot kommt, ist der Einsatz verloren. Wenn wieder Null kommt, ist der Einsatz für zwei Runden gesperrt, es muss also zweimal hintereinander Schwarz kommen. Sollte die Kugel dreimal hintereinander auf Null fallen, ist der Einsatz auf jeden Fall verloren.

a) Veranschaulichen Sie mittels Baumdiagramm diesen Sachverhalt.

b) Berechnen Sie die Wahrscheinlichkeit, beim Setzen auf eine einfache Chance seinen Einsatz nicht zu verlieren, unter Berücksichtigung dieser Sonderregel.

Ü 7.55 ★★: Brieflos A B D

In jedem 5. Brieflos ist ein Anmeldecoupon zur Sendung „Brieflos Show" im ORF. Jede Woche werden aus n eingesandten Coupons zwei gezogen. Die Kandidaten dürfen ein Glücksrad mit 80 Feldern drehen, von denen drei zum Hauptgewinn führen.

a) Stellen Sie eine Formel für die Wahrscheinlichkeit auf, ins Fernsehen zu kommen und den Hauptpreis zu gewinnen, wenn Sie ein Brieflos kaufen.

b) Berechnen Sie diese Wahrscheinlichkeit unter der Annahme, dass $n = 70\,000$ ist.

c) Erklären Sie, was mit der folgenden Ungleichung in diesem Zusammenhang berechnet wird:

$$1-\left(\frac{4}{5}\right)^n \geqslant 0{,}97$$

Ü 7.56 ★: Toi Toi Toi B D

Beim Spiel „ToiToiToi" können Sie auf eine selbstgewählte fünfstellige Zahl setzen, dazu wird per Zufallsgenerator eines von sieben Glückssymbolen vergeben. Erklären Sie, wie Sie die Wahrscheinlichkeit berechnen können, dass

a) die letzte Ziffer übereinstimmt (und die vorletzte nicht),

b) die letzten zwei (drei, vier) Ziffern übereinstimmen (und die jeweils nächste nicht),

c) alle fünf Ziffern und das Symbol mit dem abgegebenen Tipp übereinstimmen.

Ü 7.57 ★★: Überraschungseier B

In jedem 7. Überraschungsei ist eine Sammelfigur. Ermitteln Sie, wie viele Eier man kaufen muss, um mit mindestens 95 % Wahrscheinlichkeit mindestens eine Figur zu bekommen.

Ü 7.58 ★: Vergleich von Wahrscheinlichkeiten C

Sie würfeln mit zwei Würfeln. Vergleichen Sie die Wahrscheinlichkeiten für die Ereignisse.

- Die Augensumme beträgt 7.
- Die Augensumme beträgt mindestens 10.

Ü 7.59 ★★: Lotterie B D

Bei der Lotterie „Sonnenschein" gewinnt jedes fünfte Los, bei der „Glückskäfer"-Lotterie nur jedes zehnte. Dafür kostet ein „Sonnenschein"-Los doppelt so viel wie ein „Glückskäfer"-Los. Argumentieren Sie, wann Ihre Chance, mindestens einen Preis zu gewinnen, höher ist: Wenn Sie ein „Sonnenschein"-Los oder zwei „Glückskäfer"-Lose kaufen?

Ü 7.60 ★: Manipulierte Münze B

Eine Münze wird zweimal geworfen. Berechnen Sie die Wahrscheinlichkeit, dass sie beide Male auf die gleiche Seite fällt,

a) wenn es sich um eine faire Münze handelt,

b) wenn die Münze manipuliert ist, sodass sie bei drei von vier Versuchen „Kopf" zeigt.

Ü 7.61 ★★: Begründen D

Begründen Sie, mit welcher der folgenden Formeln die Wahrscheinlichkeit berechnet wird, bei 4-maligem Würfeln mit einem Würfel mindestens einmal eine Sechs zu werfen:

- $P(A) = 4 \cdot \frac{1}{6}$
- $P(A) = \left(\frac{1}{6}\right)^4$
- $P(A) = 1 - \left(\frac{5}{6}\right)^4$
- $P(A) = 4 \cdot \frac{1}{6} \cdot \left(\frac{5}{6}\right)^3$

Ü 7.62 ★★: Bedingte Wahrscheinlichkeit B

Von zwei gleich aussehenden Urnen enthält eine 6 weiße und 4 schwarze, die andere 2 weiße und 3 schwarze Kugeln. Es wird eine Kugel gezogen.

a) Ermitteln Sie die Wahrscheinlichkeit, eine weiße Kugel zu ziehen.

b) Es wurde eine weiße Kugel gezogen. Berechnen Sie, mit welcher Wahrscheinlichkeit sie aus der ersten Urne stammt.

Ü 7.63 ★★: Blutgruppen B D

a) Die Blutgruppe wird von drei verschiedenen Erbfaktoren bestimmt: A, B und 0. Blutgruppe A tritt auf, wenn die Person zwei A-Gene oder ein A- und ein 0-Gen besitzt. Entsprechendes gilt für Blutgruppe B. Bei einem A- und einem B-Gen hat der Betreffende Blutgruppe AB. Blutgruppe 0 tritt nur bei zwei 0-Genen auf.

Angenommen, die entsprechenden Gene treten mit folgenden Wahrscheinlichkeiten auf: p(A) = 0,3, p(B) = 0,1 und p(0) = 0,6. Ermitteln Sie die Verteilung der Blutgruppen in der Bevölkerung.

b) Die Grafik zeigt die Verteilung der Blutgruppen in der österreichischen Bevölkerung (in Prozent). Beurteilen Sie, ob die Merkmale „Blutgruppe" und „Rhesusfaktor" (+ oder –) voneinander unabhängig sind.

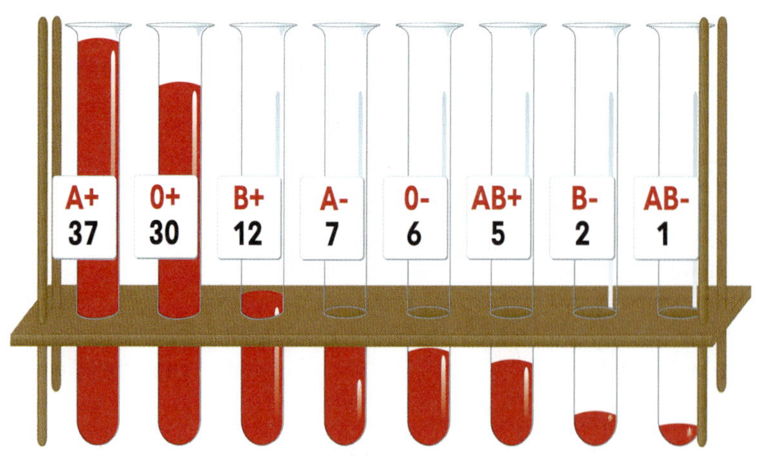

Abb. 7.3.4 (Quelle: Rotes Kreuz)

Ü 7.64 ★★★: Gezinkte Münze B

Sie wissen, dass Ihr Freund zwei Münzen in der Tasche hat: eine normale und eine, die auf beiden Seiten „Kopf" zeigt. Er nimmt eine Münze heraus und wirft sie – sie zeigt „Kopf". Berechnen Sie die Wahrscheinlichkeit, dass es sich um die gezinkte Münze handelt.

Ü 7.65 ★★: Golfbälle B

Erfahrungsgemäß sind 8 % der Golfbälle eines bestimmten Herstellers unbrauchbar. Vor einem Turnier werden die gelieferten Bälle kontrolliert. Dabei werden 97 % der unbrauchbaren Bälle ausgesondert, aber auch 4 % der brauchbaren Bälle.

a) Berechnen Sie, mit welcher Wahrscheinlichkeit bei dieser Kontrolle ein Ball richtig beurteilt wird.

b) Ermitteln Sie die Wahrscheinlichkeit, dass ein ausgesonderter Ball unbrauchbar ist.

Ü 7.66 ★★: Erbkrankheit A B

Jeder Mensch besitzt zwei Gene von jeder Sorte, die er unabhängig voneinander von beiden Eltern erbt. Bei der Erbkrankheit Phenylketonurie fehlt dem Körper das Enzym PAH, das für den Abbau von Eiweiß nötig isst. Sie wird rezessiv vererbt, d. h., sie bricht nur dann aus, wenn beide für dieses Enzym zuständigen Gene defekt sind. 0,01 % der Bevölkerung leiden an dieser Krankheit.

a) Ermitteln Sie, wie viel Prozent der für PAH zuständigen Gene defekt sind.

b) Erstellen Sie eine Formel, mit der Sie berechnen können, ob ein Gesunder ein defektes Gen besitzt.

Sichern

Definition der Wahrscheinlichkeit nach Laplace

$$P(A) = \frac{\text{Anzahl der für A günstigen Ausgänge}}{\text{Anzahl aller möglichen Ausgänge}}$$

(Alle Elementarereignisse müssen gleich wahrscheinlich sein.)

Additionsregel für einander ausschließende Ereignisse

$P(A \cup B) = P(A) + P(B)$

Gegenereignis

$P(\neg A) = 1 - P(A)$

bedingte Wahrscheinlichkeit

$$P(B|A) = \frac{P(A \cap B)}{P(A)}$$

Satz von Bayes

$$P(A|B) = \frac{P(A) \cdot P(B|A)}{P(B|A) \cdot P(A) + P(B|\neg A) \cdot P(\neg A)}$$

Multiplikationsregel für unabhängige Ereignisse

$P(A \cap B) = P(A) \cdot P(B)$

Multiplikationsregel für beliebige Ereignisse

$P(A \cap B) = P(A) \cdot P(B|A)$

Wissen

SbX ID: 1734

W 7.14: Lottostrategie C

Christoph spielt im Lotto „6 aus 45" immer die Zahlen 1, 2, 3, 4, 5 und 6. Was würden Sie ihm raten? Vergleichen Sie die Vorschläge aus a) bis c).

a) Das ist sinnlos, denn es ist so gut wie ausgeschlossen, dass eine so regelmäßige Folge gezogen wird.

b) Die Kombination 1, 2, 3, 4, 5, 6 ist genauso wahrscheinlich wie jede andere. Christoph sollte daher bei seiner Strategie bleiben.

c) So wie Christoph denken auch viele andere Spielerinnen und Spieler. Wenn daher wirklich diese Zahlen gezogen werden, muss er seinen Gewinn mit vielen anderen teilen. Er sollte also lieber doch eine „zufälligere" Kombination spielen.

W 7.15: Klassenlotterie A B D

In einer Werbezusendung der Klassenlotterie heißt es: „Schauen Sie gleich nach ...! Wie hoch sind Ihre Gewinn-Chancen: 63,20 % oder 86,46 %? Oder gehören Sie sogar zu den wenigen Auserwählten in Wien, die mit dem GOLDENEN LOS und einer TOP-GEWINN-CHANCE von 95,02 % (...) ins Rennen gehen? Wenn ja, sind Sie ein Glückspilz!"

Laut Website der Klassenlotterie beträgt die Gewinnwahrscheinlichkeit für ein Los 63,2 %.

- Berechnen Sie die Wahrscheinlichkeit, mit zwei bzw. drei Losen mindestens einmal zu gewinnen.
- Beurteilen Sie, was daher von der Aussage in der Werbung zu halten ist.

W 7.16: Pechsträhne B D

Frau Wagner spielt im Casino Roulette. Sie meint: „Jetzt ist schon neunmal hintereinander Rot gekommen, als nächstes kommt sicher Schwarz!"

Erklären Sie, warum Frau Wagner unrecht hat, indem Sie die Wahrscheinlichkeit berechnen.

W 7.17: Das Ziegenproblem D

Folgendes Problem sorgte vor einigen Jahren in den USA für heftige Diskussionen:

Sie haben es in einer Gameshow bis in die letzte Runde geschafft und haben die Chance, den Hauptpreis – ein Auto – zu gewinnen. Sie müssen zwischen drei Türen wählen und entscheiden sich für die erste. Die Spielleiterin weiß, hinter welcher Tür sich das Auto befindet; sie sagt: „Ich zeige Ihnen mal was!" und öffnet die zweite Tür. Dahinter steht eine Ziege. Danach gibt sie Ihnen die Möglichkeit, die gewählte Tür zu wechseln. Argumentieren Sie, ob Sie bei der ursprünglichen Wahl bleiben oder wechseln sollten.

W 7.18: Geschwisterpärchen D

Beurteilen Sie die folgende Argumentation: „Bei einer Familie mit zwei Kindern gibt es drei Möglichkeiten: zwei Jungen, zwei Mädchen oder ein Junge und ein Mädchen. Die Wahrscheinlichkeit, einen Jungen und ein Mädchen zu bekommen, ist daher $\frac{1}{3}$." (Nehmen Sie an, dass Jungen- und Mädchengeburten gleich oft vorkommen.)

W 7.19: Rinderwahnsinn B D

In den 1990er- und Anfang der 2000er-Jahre herrschte große Angst vor der Rinderseuche BSE (Bovine spongiforme Enzephalopathie, besser bekannt als Rinderwahnsinn), als sich herausstellte, dass diese beim Menschen die tödliche Creutzfeldt-Jakob-Krankheit hervorrufen kann. Es wurden BSE-Schnelltests eingeführt und tausende Rinder notgeschlachtet.

Angenommen, ein solcher Test hat eine Sensitivität von 99,9 % (d. h., bei 99,9 % der erkrankten Rinder wird die Krankheit erkannt) und eine Spezifität von 99,5 % (d. h., bei 0,5 % der gesunden Rinder gibt es ein falsch-positives Testergebnis). BSE ist eine sehr seltene Krankheit, nur etwa jedes 4000. Rind ist krank.

a) Ermitteln Sie die Wahrscheinlichkeit, dass ein Tier erkrankt ist, wenn der Test positiv ausfällt.

b) Erklären Sie die Problematik von flächendeckenden BSE-Tests (Screening).

W 7.20: Roulette B

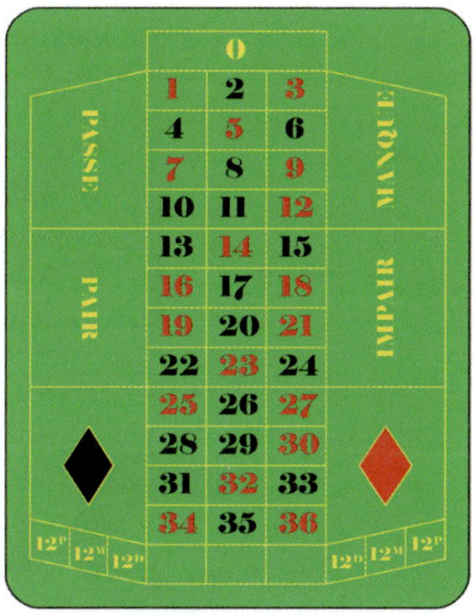

Beim französischen Roulette gibt es 37 Zahlen. Davon sind 18 rot, 18 schwarz und die Null (Zéro) ist grün. Je nachdem, wohin der Spieler seine Jetons legt, gibt es verschiedene Spiel- und Gewinnmöglichkeiten:

Gewinnt man, erhält man grundsätzlich seinen Einsatz zurück plus den Gewinn.

Ermitteln Sie die jeweiligen Gewinnchancen.

a) einfache Chancen: Rot, Schwarz, Gerade, Ungerade, Manque (1–18), Passe (19–36); die Null wird dabei nie mitgerechnet; Gewinn: 1 x Einsatz

b) Plein: eine Zahl (die Jetons werden auf das Feld mit der Zahl gelegt); Gewinn: 36 x Einsatz

c) Cheval: zwei benachbarte Zahlen (die Jetons werden auf die Grenze zwischen zwei Feldern gelegt); Gewinn: 18 x Einsatz

d) Transversale pleine: eine Querreihe; Gewinn: 12 x Einsatz

e) Carré: vier Zahlen im Quadrat; Gewinn: 9 x Einsatz

f) Transversale simple: zwei benachbarte Querreihen; Gewinn: 6 x Einsatz

g) Colonne: eine Längsreihe; Gewinn: 3 x Einsatz

h) Begründen Sie, warum auf lange Sicht immer die Bank gewinnt.

SbX
ID: 1734

Eine zusätzliche Wissensaufgabe finden Sie im SbX.

Kompetenz-Check

	☺	😐	☹
Ich weiß, was man unter Wahrscheinlichkeit versteht.			
Ich weiß, was die Gegenwahrscheinlichkeit ist, und kann sie berechnen.			
Ich weiß, wie ich die Additionsregel und die Multiplikationsregel anwenden kann.			
Ich kann die bedingte Wahrscheinlichkeit bestimmen.			

Lerneinheit 4

Zufallsvariable

SbX
Alle SbX-Inhalte zu dieser Lerneinheit finden Sie unter der ID: 1740.

Genauso wie wir in der Statistik nicht nur Häufigkeiten betrachtet, sondern auch Mittelwerte und Streuungsmaße berechnet haben, will man auch in der Wahrscheinlichkeitsrechnung untersuchen, welchen Wert man als Ergebnis eines Experiments im Durchschnitt erwarten darf und wie groß die Abweichungen sein werden. Das geht allerdings nur, wenn das Ergebnis durch eine Zahl ausgedrückt werden kann. Wir werden daher ab jetzt nicht mehr Ereignisse wie „Kopf" oder „rote Kugel" betrachten, sondern die Anzahl von „Kopf" in einer Wurfserie oder die Anzahl der roten Kugeln, die bei einem Experiment gezogen werden.

Sie lernen hier:

- was man unter einer Zufallsvariablen versteht
- wie man Mittel- oder Erwartungswert und Standardabweichung einer Zufallsvariablen berechnet
- wie Sie beurteilen können, ob ein Glücksspiel fair ist

Lernen

A B C D

1 Was ist eine Zufallsvariable?

Damit kann man rechnen

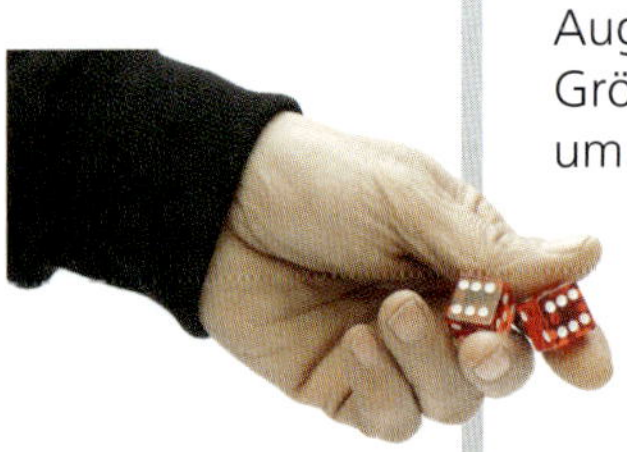

Im Folgenden geht es um Ereignisse, die durch eine Zahl dargestellt werden können, z. B. die Augensumme beim Würfeln, die Anzahl von „Kopf" bei mehrmaligem Münzwurf oder die Größe eines zufällig ausgewählten Menschen. Mathematisch gesprochen handelt es sich hier um eine Funktion, die jedem Ergebnis eines Zufallsexperiments eine Zahl zuordnet. Eine solche Funktion bzw. die zufällige Zahl heißt **Zufallsvariable.** Man bezeichnet sie meist mit Großbuchstaben (X, Y …) zum Unterschied von den konkreten Werten x_1, x_2… oder y_1, y_2 …, die sie annehmen kann. Die **Wahrscheinlichkeitsfunktion** gibt dann zu jedem Wert, den X annehmen kann, die dazugehörige Wahrscheinlichkeit an.

Lehrbeispiel

L 7.16: Würfeln A

Sie würfeln zweimal mit einem sechsseitigen Würfel. X soll die Anzahl der Sechser sein. Erstellen Sie eine Tabelle der Wahrscheinlichkeitsfunktion!

X kann die Werte $x_1 = 0$, $x_2 = 1$ oder $x_3 = 2$ annehmen.

Wir könnten zu jedem der 36 möglichen Ergebnisse des Wurfes den Wert von X angeben:

$(1, 1) \rightarrow 0, (1, 2) \rightarrow 0 \ldots (1, 6) \rightarrow 1 \ldots (6, 6) \rightarrow 2$

Weil das sehr langwierig wäre, geben wir gleich die entsprechenden Wahrscheinlichkeiten an:

x_i	$P(X = x_i)$
0	$\frac{25}{36}$
1	$\frac{10}{36}$
2	$\frac{1}{36}$

Aber nicht nur die Anzahl der Sechser, sondern auch die Augensumme ist eine Zufallsvariable.

Lehrbeispiel

L 7.17: Augensumme A

Wir würfeln wieder zweimal mit einem sechsseitigen Würfel. Diesmal interessieren wir uns nicht für die Ergebnisse der einzelnen Würfe, sondern nur für die Summe der Augenzahlen (wir bezeichnen sie mit X). Sie kann die Werte 2, 3 … 12 annehmen. Wie wir schon in Beispiel **L 7.16** überlegt haben, gibt es 36 verschiedene Ausgänge (Elementarereignisse). Die Augensumme 2 ist nur auf eine Art möglich, nämlich „erster Wurf 1, zweiter Wurf 1"; sie hat daher die Wahrscheinlichkeit $\frac{1}{36}$. Für die Augensumme 3 gibt es schon 2 Möglichkeiten, nämlich „erster Wurf 1, zweiter Wurf 2" oder „erster Wurf 2, zweiter Wurf 1"; die Wahrscheinlichkeit dafür beträgt daher $\frac{2}{36}$ usw.

Übertragen Sie die Wahrscheinlichkeiten in eine Tabelle und in ein Histogramm.

Augensumme x_i	Wahrscheinlichkeit $P(X = x_i)$	Augensumme x_i	Wahrscheinlichkeit $P(X = x_i)$
2	$\frac{1}{36}$	7	$\frac{6}{36}$
3	$\frac{2}{36}$	8	$\frac{5}{36}$
4	$\frac{3}{36}$	9	$\frac{4}{36}$
5	$\frac{4}{36}$	10	$\frac{3}{36}$
6	$\frac{5}{36}$	11	$\frac{2}{36}$
		12	$\frac{1}{36}$

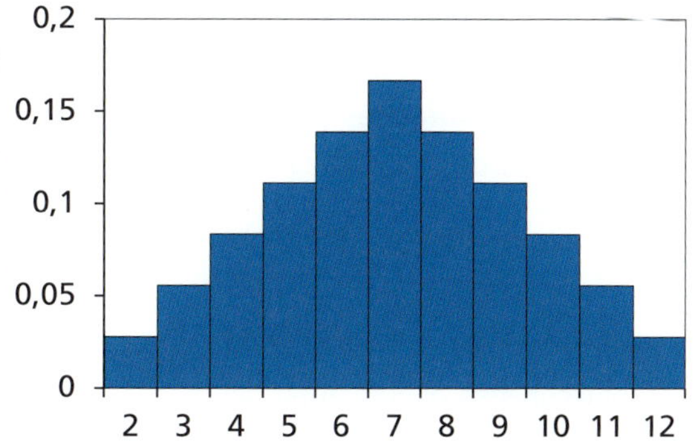

Abb. 7.4.1

Wir können jetzt folgende Fragen stellen:

- Welchen Wert kann man im Mittel erwarten?
- Wie stark werden die einzelnen Werte vom Durchschnitt abweichen?

In der Statistik hatten wir ähnliche Fragestellungen; die Antworten darauf gaben unter anderem der Mittelwert und die Standardabweichung.

2 Kennzahlen von Zufallsvariablen

Erwartungen in der Mathematik

Mittelwert bzw. Erwartungswert

μ: griechischer Buchstabe my

Wie viele Sechser kann man im Durchschnitt erwarten, wenn man das Experiment (zweimal würfeln) sehr oft durchführt? Das kann man genauso berechnen wie das arithmetische Mittel in der Statistik. Den relativen Häufigkeiten entsprechen hier die Wahrscheinlichkeiten. Das Ergebnis bezeichnet man als **Mittelwert** oder auch **Erwartungswert** der Zufallsvariablen, abgekürzt μ_x oder E(X).

Erwartungswert

$$E(X) = \mu = x_1 \cdot P(X = x_1) + x_2 \cdot P(X = x_2) + \ldots + x_n \cdot P(X = x_n)$$

Lehrbeispiel

L 7.16 (Fortsetzung): Würfeln B

Berechnen Sie den Erwartungswert für die Anzahl der Sechser bei zweimaligem Würfeln.

$$E(X) = 0 \cdot \frac{25}{36} + 1 \cdot \frac{10}{36} + 2 \cdot \frac{1}{36} = \frac{1}{3}$$

(Wie Sie schon aus der Statistik wissen, sind Durchschnittswerte im Allgemeinen keine ganzen Zahlen.)

Mithilfe des Erwartungswertes können Sie auch den zu erwartenden Gewinn bei Glücksspielen, Aktienspekulationen und anderen Aktionen mit unsicherem Ausgang berechnen.

Lehrbeispiel

L 7.16 (Fortsetzung): Würfeln – einfaches Glücksspiel A B D

Jemand bietet Ihnen folgendes Spiel an: Sie zahlen 2 € Einsatz und dürfen zweimal würfeln. Wenn Sie zwei Sechser würfeln, gewinnen Sie 10 €, bei einem Sechser beträgt Ihr Gewinn 5 €. Prüfen Sie, ob Sie sich auf das Spiel einlassen sollen.

Die Zufallsvariable – nennen wir sie Y – ist diesmal die Auszahlung, die Sie erhalten.

Die Tabelle der Wahrscheinlichkeitsfunktion lautet diesmal:

y_i	$P(Y = y_i)$
0	$\frac{25}{36}$
5	$\frac{10}{36}$
10	$\frac{1}{36}$

Die erwartete Auszahlung beträgt daher

$$E(Y) = 0 \cdot \frac{25}{36} + 5 \cdot \frac{10}{36} + 10 \cdot \frac{1}{36} = \frac{5}{3} = 1{,}67\,€.$$

Weil der Einsatz 2 € beträgt, ist das Spiel nicht fair. Sie würden bei jedem Versuch im Durchschnitt 0,33 € verlieren. (Wir hätten auch den Einsatz gleich von der ausgezahlten Summe abziehen und mit den Werten $y_1 = -2$, $y_2 = 3$ und $y_3 = 8$ rechnen können.)

Natürlich werden die tatsächlichen Ergebnisse mehr oder weniger stark vom Erwartungswert abweichen – der Reiz eines Glücksspiels besteht ja darin, dass man auch sehr hohe Gewinne machen kann. Wir brauchen daher auch ein Maß für diese Abweichung.

Standardabweichung

Auch die Standardabweichung einer Zufallsvariablen wird analog zur Statistik definiert:

Standardabweichung

$$\sigma = \sqrt{(x_1 - \mu)^2 \cdot P(X = x_1) + (x_2 - \mu)^2 \cdot P(X = x_2) + \ldots + (x_n - \mu)^2 \cdot P(X = x_n)}$$

Der Ausdruck unter der Wurzel ist die **Varianz** V(X).

Lehrbeispiel

L 7.16 (Fortsetzung): Würfeln B

Wir suchen auch die Standardabweichung der Zufallsvariablen X (Anzahl der Sechser bei zweimaligem Würfeln).

$$V(X) = \left(0 - \frac{1}{3}\right)^2 \cdot \frac{25}{36} + \left(1 - \frac{1}{3}\right)^2 \cdot \frac{10}{36} + \left(2 - \frac{1}{3}\right)^2 \cdot \frac{1}{36} = \frac{5}{18}$$

$$\sigma = \sqrt{\frac{5}{18}} = 0{,}527$$

Die Anzahl der Sechser wird also im Durchschnitt um 0,527 vom Erwartungswert $\frac{1}{3}$ abweichen.

Übungsbeispiel

Ü 7.67 ★: Zweimal würfeln B

Berechnen Sie Erwartungswert und Standardabweichung der Zufallsvariablen Y aus **L 7.17** (Augensumme bei zweimaligem Würfeln).

Mittel- bzw. Erwartungswert und Standardabweichung mit dem TI-8x

Erwartungswert und Standardabweichung einer Zufallsvariablen werden genauso berechnet wie das arithmetische Mittel und die Standardabweichung einer statistischen Verteilung (s. Seite 301). In die erste Liste werden dabei die Werte der Zufallsvariablen, in die zweite Liste die dazugehörigen Wahrscheinlichkeiten eingegeben.

Manche Taschenrechner akzeptieren als Häufigkeiten nur ganze Zahlen. In diesem Fall müssen Sie die Wahrscheinlichkeiten mit einem gemeinsamen Faktor multiplizieren, z. B. Brüche auf gemeinsamen Nenner bringen oder Prozentsätze als ganze Zahlen schreiben.

Üben

A B C D

Ü 7.68 ★: Glücksrad A B

Die Punktezahl, die man mit dem abgebildeten Glücksrad erreicht, ist eine Zufallsvariable.

a) Veranschaulichen Sie die Wahrscheinlichkeiten in einer Tabelle.

b) Berechnen Sie den Erwartungswert und die Standardabweichung.

Abb. 7.4.2

Ü 7.69 ★: Gezinkter Würfel A B

Ein Würfel ist so manipuliert, dass die Augenzahlen 5 und 6 mit der Wahrscheinlichkeit $\frac{1}{4}$ und alle anderen Seiten mit der Wahrscheinlichkeit $\frac{1}{8}$ geworfen werden.

a) Veranschaulichen Sie die Wahrscheinlichkeitsfunktion in einem Histogramm.

b) Ermitteln Sie auch die Verteilungsfunktion und stellen Sie sie grafisch dar.

c) Berechnen Sie Erwartungswert und Standardabweichung.

Ü 7.70 ★–★★: Würfelspiele im alten Rom A B

In der Antike verwendete man Tierknochen, sogenannte Astragali, als Spielwürfel. Ein solcher Knochen kann auf eine von vier Seiten fallen; dafür erhielt man 1, 3, 4 oder 6 Punkte mit ungefähr folgenden Wahrscheinlichkeiten:

x_i	$P(X = x_i)$
1	0,2
3	0,3
4	0,4
6	0,1

a) ★ Erstellen Sie für die Wahrscheinlichkeitsverteilung ein Histogramm. Berechnen Sie den Erwartungswert und die Standardabweichung der erhaltenen Punkte.

b) ★★ Beim Würfeln mit vier Astragali war der schlechteste Wurf der „Hund" (1111), der beste Wurf die „Aphrodite" (alle vier Seiten). Berechnen Sie die Wahrscheinlichkeiten für „Hund" und „Aphrodite".

Ü 7.71 ★–★★★: Lotterie B D

Bei einer Wohltätigkeitslotterie werden 1000 Lose zu 10 € verkauft. Es gibt folgende Preise:

- 1 Mal 1.000 €
- 4 Mal 250 €
- 20 Mal 50 €
- 100 Mal 20 €

a) ★ Berechnen Sie den zu erwartenden Gewinn (Gewinnsumme minus Lospreis) und die Standardabweichung.

b) ★★★ Erklären Sie, warum Sie für die Standardabweichung dasselbe Ergebnis erhalten, wenn Sie den Preis eines Loses nicht abziehen.

Ü 7.72 ★: Brieflos B

Ein Brieflos kostet 1 €. In einer Serie von 6,6 Millionen Losen gibt es folgende Sofortgewinne:

Gewinn in €	Anzahl
100.000	3
10.000	10
1.000	50
500	100
100	2 000
10	21 700
2	400 000
1	1 400 000

Berechnen Sie den Erwartungswert für den Gewinn.

Ü 7.73 ★★: Bernoulli-Verteilung A C

Eine Zufallsvariable heißt Bernoulli-verteilt, wenn Sie nur die Werte 1 und 0 annehmen kann. Die Wahrscheinlichkeit für das Ergebnis 1 wird mit p bezeichnet.

a) Beschreiben Sie einige Beispiele für Bernoulli-Verteilungen.

b) Erstellen Sie Formeln für Erwartungswert und Standardabweichung einer Bernoulli-Verteilung.

Sichern

Zufallsvariable

Eine **Zufallsvariable** X ist eine Funktion, die jedem Ergebnis eines Zufallsexperiments eine Zahl zuordnet.

Wahrscheinlichkeitsfunktion

Die **Wahrscheinlichkeitsfunktion** gibt zu jedem Wert x_i, den X annehmen kann, die Wahrscheinlichkeit $\mathbf{P(X = x_i)}$ an.

Verteilungsfunktion

Die **Verteilungsfunktion** gibt zu jedem Wert x_i, den X annehmen kann, die Wahrscheinlichkeit $\mathbf{P(X \le x_i)}$ an (analog zur Summenhäufigkeit).

Erwartungswert

$$E(X) = \mu = x_1 \cdot P(X = x_1) + x_2 \cdot P(X = x_2) + \ldots + x_n \cdot P(X = x_n)$$

Standardabweichung

$$\sigma = \sqrt{(x_1 - \mu)^2 \cdot P(X = x_1) + (x_2 - \mu)^2 \cdot P(X = x_2) + \ldots + (x_n - \mu)^2 \cdot P(X = x_n)}$$

Wissen

⊕ A B C D

W 7.21: Zahlenlotto (5 aus 90) A B D

Beim Zahlenlotto („Kleines Lotto") werden aus 90 Zahlen fünf gezogen. Es gibt verschiedene Spielmöglichkeiten mit fixen Gewinnquoten, zum Beispiel:

- **Extrakt**
  Sie kreuzen eine Zahl an. Ist sie unter den fünf Gezogenen, haben Sie das 5-Fache Ihres Einsatzes gewonnen.
- **Ruf**
  Sie vertrauen abermals auf eine Zahl. Wird sie als erste gezogen, haben Sie 25-mal Ihren Einsatz gewonnen.
- **Ambo**
  Das Spiel mit dem Zahlenpaar. Sie kreuzen zwei Zahlen an. Sie gewinnen den 125-fachen Einsatz, wenn sie unter den fünf Gezogenen sind.
- **Terno**
  Sie kreuzen drei Zahlen an. Werden sie gezogen, beträgt Ihr Gewinn das 3000-Fache Ihres Einsatzes.

a) Berechnen Sie jeweils den erwarteten Gewinn, wenn Sie 10 € setzen.

b) Erklären Sie, warum bei diesem Spiel die Zahlen in der Reihenfolge der Ziehung angegeben werden (und nicht – wie beim Lotto „6 aus 45" – der Größe nach geordnet).

W 7.22: Wahrscheinlichkeit als Funktion D

Erklären Sie, warum die Wahrscheinlichkeitsfunktion die Werte null und eins annehmen kann.

W 7.23: Sankt-Petersburg-Paradoxon B C

Ein (fiktives) Glücksspiel hat folgende Regeln: Der Spieler wirft eine Münze so oft, bis zum ersten Mal „Kopf" fällt. Wenn das beim ersten Wurf geschieht, erhält er 1 Rubel, beim zweiten Wurf 2, beim dritten 4 usw. (das heißt, wenn beim n-ten Wurf zum ersten Mal „Kopf" kommt, beträgt der Gewinn 2^{n-1} Rubel). Dokumentieren Sie, dass das Spiel keinen endlichen Erwartungswert besitzt.

W 7.24: Millionenshow B D

Bei der ORF-Quizsendung „Millionenshow" müssen die Kandidaten 15 Fragen mit zunehmendem Schwierigkeitsgrad beantworten, um eine Million Euro zu gewinnen. Bei jeder Frage stehen 4 Antworten zur Auswahl.

Stellen Sie sich vor, Sie sind Kandidat und haben es schon bis zur 12. Frage geschafft. Jetzt wissen Sie aber die richtige Antwort nicht (und haben auch keinen Joker mehr übrig). Sie haben folgende Möglichkeiten:

- Sie können aussteigen und mit den bereits erspielten 30.000 € nach Hause gehen.
- Sie können versuchen, die richtige Antwort zu erraten und 75.000 € zu gewinnen.
- Wenn Sie falsch raten, scheiden Sie aus und erhalten 15.000 €.

a) Argumentieren Sie, ob es vom Standpunkt der Wahrscheinlichkeitsrechnung günstiger ist zu zocken oder auszusteigen, indem Sie die jeweiligen Erwartungswerte berechnen.

b) Erklären Sie, was sich ändert, wenn Sie die Risikovariante gewählt haben und bei einer falschen Antwort auf 500 € zurückfallen würden.

W 7.25: Aktienspekulation B D

Sie haben um 1.000 € ein sehr riskantes Wertpapier gekauft, dessen Kurs jedes Jahr mit jeweils 50 % Wahrscheinlichkeit um 50 % steigt oder sinkt.

a) Berechnen Sie die Wahrscheinlichkeit, dass das Wertpapier nach 2 Jahren mehr als 1.000 € wert ist.

b) Ermitteln Sie den Erwartungswert für den Kurs nach 2 Jahren.

c) Erklären Sie den scheinbaren Widerspruch zwischen den Ergebnissen von a) und b).

W 7.26: Gleicher Erwartungswert, verschiedene Standardabweichungen A B C

Stellen Sie für die folgenden Zufallsvariablen die Wahrscheinlichkeitsfunktion auf, stellen Sie sie grafisch dar und berechnen Sie Erwartungswert und Standardabweichung. Beschreiben Sie die Gemeinsamkeiten und Unterschiede.

a) Sie spielen ein faires Glücksspiel (zum Beispiel Werfen einer Münze). Wenn Sie gewinnen, erhalten Sie 4 €, bei Verlust bekommen Sie nichts. X_1 ist Ihr Gewinn.

b) In einem Beutel liegen fünf Münzen, auf die die Zahlen 0 bis 4 geschrieben sind. Sie ziehen eine Kugel, X_2 ist die Zahl, die darauf steht.

c) Sie werfen 4-mal hintereinander eine Münze. X_3 ist die Anzahl der Würfe, bei denen „Kopf" fällt.

d) Aus einem Beutel mit 4 weißen und 4 schwarzen Kugeln werden ohne Zurücklegen 4 Kugeln gezogen. X_4 ist die Anzahl der gezogenen weißen Kugeln.

e) Zwei Spieler spielen gegeneinander 4 Runden eines fairen Glücksspiels. X_5 ist die Anzahl der Runden, nach denen Spieler A in Führung liegt. Bei Gleichstand bleibt die Führung bei dem Spieler, der vorher geführt hat. Wenn der Spielverlauf z.B. A, B, B, B lautet, liegt Spieler A zwei Runden lang in Führung. (**Tipp:** Schreiben Sie alle möglichen Spielverläufe auf.)

Kompetenz-Check

	☺	😐	☹
Ich kann zu einer Zufallsvariablen eine Wahrscheinlichkeitsfunktion aufstellen.			
Ich kann den Erwartungswert einer Zufallsvariablen berechnen und interpretieren.			
Ich kann die Standardabweichung einer Zufallsvariablen berechnen und interpretieren.			

SbX
Alle SbX-Inhalte zu dieser Lerneinheit finden Sie unter der ID: 1750.

Lerneinheit 5
Binomialverteilung

Mit den Regeln aus der vorigen Lerneinheit können im Prinzip alle Fragestellungen der Wahrscheinlichkeitsrechnung behandelt werden. Wenn wir bei einer Problemstellung die möglichen Ergebnisse nur in Erfolg und Misserfolg zusammenfassen, so erhalten wir die Binomialverteilung. Für die Ermittlung dieser Verteilung stehen Computer oder Taschenrechner zur Verfügung, man kann ihre Werte auch in eigenen Tabellen nachschlagen. Auch Erwartungswert und Standardabweichung dieser Verteilung lassen sich leicht ermitteln.

Sie lernen hier:

- wie man die Anzahl der Erfolge abschätzen kann, wenn man ein Experiment oft wiederholt
- warum Erfolg aber nicht gleich Erfolg ist
- wie man die Wahrscheinlichkeit für einen Sechser im Lotto berechnet

Lernen

SbX ID: 1751

A B C D

diskret (von lat. discerno: trennen, unterscheiden): im mathematischen Sinn „abgegrenzt", „getrennt", „unterscheidbar"

Man unterscheidet bei einer Zufallsvariablen, ob sie nur bestimmte, meist ganzzahlige Werte annehmen kann (Augenzahl eines Würfels, Anzahl der Sechser ...) oder ob sie eine beliebige reelle Zahl in einem bestimmten Bereich sein kann (Größe eines Menschen, Wartezeit ...). Im ersten Fall handelt es sich um eine **diskrete** Verteilung, im zweiten Fall um eine **stetige**. In dieser Lerneinheit werden Sie die wichtigste diskrete Verteilung kennenlernen.

Binomialverteilung
Ziehen mit Zurücklegen

„Sein oder nicht sein?"

Damit man die Wahrscheinlichkeit für das Eintreten eines Ereignisses mittels Binomialverteilung berechnen kann, müssen folgende Bedingungen erfüllt sein.

- Das Experiment hat nur zwei Ausgänge („Erfolg" und „nicht Erfolg" bzw. „Misserfolg").
- Die Wahrscheinlichkeit für einen Erfolg bleibt bei jeder Wiederholung gleich (z. B. Ziehen mit Zurücklegen).
- Die Ergebnisse der einzelnen Versuche sind voneinander unabhängig.

Wenn das Experiment mehrere mögliche Ausgänge hat, betrachten wir einfach nur den, der uns interessiert, und fassen alle anderen Möglichkeiten zu „nicht Erfolg" zusammen. Nehmen Sie als einfaches Beispiel einen Wurf mit einem Würfel. Dabei gibt es grundsätzlich sechs mögliche Ausgänge. Wenn wir uns aber dafür interessieren, eine Sechs zu würfeln, dann machen Sie zum Beispiel folgende Vereinfachung:

¬ bedeutet „nicht".

1	2	3	4	5	6
¬Erfolg					Erfolg

Die Wahrscheinlichkeit, bei einem Wurf „Erfolg" zu haben, ist $\frac{1}{6}$.

Wenn Sie nun aber eine gerade Zahl würfeln wollen, entsteht folgende Vereinfachung:

1	2	3	4	5	6
¬Erfolg	Erfolg	¬Erfolg	Erfolg	¬Erfolg	Erfolg

Die Wahrscheinlichkeit, bei einem Wurf „Erfolg" zu haben, ist nun also $\frac{3}{6} = \frac{1}{2}$.

Lehrbeispiel

L 7.18: Wie viele Sechser? B

Sie würfeln 10-mal mit einem sechsseitigen Würfel. Berechnen Sie die Wahrscheinlichkeit, dass Sie genau zweimal eine Sechs werfen!

P(¬S) … die Wahrscheinlichkeit, eine „nicht Sechs" zu würfeln

Wir bezeichnen „Sechs" (Erfolg) mit S und „nicht Sechs" (Misserfolg) mit ¬S. Bei einem Wurf ist $P(S) = \frac{1}{6}$ und $P(\neg S) = \frac{5}{6}$.

Das Ergebnis „genau zweimal Sechs" kann zum Beispiel mit der Folge S S ¬S ¬S ¬S ¬S ¬S ¬S ¬S ¬S erreicht werden. Die Wahrscheinlichkeit für diese Folge beträgt nach der Multiplikationsregel $\frac{1}{6} \cdot \frac{1}{6} \cdot \frac{5}{6} \cdot \frac{5}{6} \cdot \frac{5}{6} \cdot \frac{5}{6} \cdot \frac{5}{6} \cdot \frac{5}{6} \cdot \frac{5}{6} \cdot \frac{5}{6}$ oder kürzer geschrieben: $\left(\frac{1}{6}\right)^2 \cdot \left(\frac{5}{6}\right)^8$.

Es sind aber noch viele andere Reihenfolgen möglich, nämlich alle Anordnungen von 2 S und 8 ¬S, das heißt $\binom{10}{2}$. Insgesamt erhalten wir also, wenn wir mit X die Anzahl der Sechser bezeichnen:

$$P(X = 2) = \binom{10}{2} \cdot \left(\frac{1}{6}\right)^2 \cdot \left(\frac{5}{6}\right)^8 = 0{,}2907 = 29{,}07\,\%.$$

Wenn wir diese Überlegung verallgemeinern, erhalten wir folgende Formel:

Formel für Binomialverteilung

Die Wahrscheinlichkeit, dass bei n Versuchen k Erfolge auftreten, beträgt

$$P(X = k) = \binom{n}{k} \cdot p^k \cdot (1-p)^{n-k} \qquad k = 0, 1, \ldots, n \qquad \text{oder}$$

$$P(X = k) = \binom{n}{k} \cdot p^k \cdot q^{n-k}.$$

Dabei ist

n	Anzahl der Versuche
k	Anzahl der Erfolge
$\binom{n}{k}$	Anzahl der Möglichkeiten aus n Versuchen, genau k Erfolge zu haben
p	Wahrscheinlichkeit für einen Erfolg
$1 - p = q$	Wahrscheinlichkeit für einen Nichterfolg

SbX

Eine genaue Erklärung für $\binom{n}{k}$ und andere Abzählmöglichkeiten finden Sie unter der ID: 1751.

Die Wahrscheinlichkeit für einen Erfolg bzw. Misserfolg muss bei jeder Wiederholung gleich bleiben! (Eine kleine Hilfe zur Kontrolle: Die Summe der Hochzahlen muss immer die Anzahl der Versuche ergeben.)

Weil in der Formel der Binomialkoeffizient vorkommt, heißt diese Verteilung **Binomialverteilung**. n und p müssen angegeben (bzw. aus der Angabe herausgelesen) werden.

Mithilfe von zwei zusätzlichen Kennzahlen lässt sich die Wahrscheinlichkeit einigermaßen gut abschätzen. Der **Erwartungswert** gibt jene Anzahl an Erfolgen an, die man im Mittel erwarten kann. Die **Standardabweichung** berechnet, wie stark dieser Erwartungswert nach oben und unten schwanken kann.

Erwartungswert und Standardabweichung der Binomialverteilung

$$\mu = n \cdot p \qquad \sigma = \sqrt{n \cdot p \cdot (1-p)}$$

Oft will man auch die Wahrscheinlichkeit wissen, höchstens oder mindestens eine gegebene Anzahl an Erfolgen zu erreichen oder weniger oder mehr als eine gewisse Anzahl zu haben.

Lehrbeispiel

L 7.18 (Fortsetzung): Wie viele Sechser? B

Berechnen Sie die Wahrscheinlichkeit, bei 10-maligem Würfeln

a) höchstens zweimal „Sechs" zu werfen.
b) weniger als zweimal „Sechs" zu werfen.
c) mindestens zweimal „Sechs" zu werfen.
d) mehr als zweimal „Sechs" zu werfen.
e) Berechnen Sie, wie viele „Sechser" und wie viele „Nicht-Sechser" Sie im Mittel erwarten können.

Zur Erinnerung: „entweder ... oder" entspricht einem +.

a) „Höchstens zweimal Sechs" bedeutet: Es wurde entweder nullmal oder einmal oder zweimal „Sechs" geworfen. Wir müssen daher die einzelnen Wahrscheinlichkeiten zusammenzählen (Additionsregel):

$p = P(6) = \frac{1}{6} \qquad q = P(\neg 6) = \frac{5}{6}$

$P(X \leqslant 2) = P(X = 0) + P(X = 1) + P(X = 2)$

$$P(X = 0) = \binom{10}{0} \cdot \left(\frac{1}{6}\right)^0 \cdot \left(\frac{5}{6}\right)^{10} = 0{,}1615$$

$$P(X = 1) = \binom{10}{1} \cdot \left(\frac{1}{6}\right)^1 \cdot \left(\frac{5}{6}\right)^{9} = 0{,}3230$$

$$P(X = 2) = \binom{10}{2} \cdot \left(\frac{1}{6}\right)^2 \cdot \left(\frac{5}{6}\right)^{8} = 0{,}2907$$

$P(X \leqslant 2) = P(X = 0) + P(X = 1) + P(X = 2) = 0{,}7752$,

also ca. 77,52 %.

b) „Weniger als zweimal Sechs" bedeutet: Es wurde entweder nullmal oder einmal „Sechs" geworfen. Wir müssen daher die einzelnen Wahrscheinlichkeiten zusammenzählen (Additionsregel):

$P(X < 2) = P(X = 0) + P(X = 1)$

$P(X < 2) = 0{,}1615 + 0{,}3230$

also rund 48,45 %.

c) Um die Wahrscheinlichkeit für „mindestens zweimal" direkt zu berechnen, müssten wir alle Wahrscheinlichkeiten von $P(X = 2)$ bis $P(X = 10)$ addieren, d. h.:

$P(X \geqslant 2) = P(X = 2) + P(X = 3) + P(X = 4) + P(X = 5) + P(X = 6) + P(X = 7) + P(X = 8) + P(X = 9) + P(X = 10)$

Einfacher geht es mit der Gegenwahrscheinlichkeit: Das Gegenereignis zu „mindestens zweimal Sechs" ist „nullmal oder einmal Sechs", also ist

$P(X \geqslant 2) = 1 - [P(X = 0) + P(X = 1)] = 0{,}5155$

also rund 51,55 %.

d) Um die Wahrscheinlichkeit für „mehr als zweimal" direkt zu berechnen, müssten wir alle Wahrscheinlichkeiten von $P(X = 3)$ bis $P(X = 10)$ addieren, d. h.:

$P(X > 2) = P(X = 3) + P(X = 4) + P(X = 5) + P(X = 6) + P(X = 7) + P(X = 8) + P(X = 9) + P(X = 10)$.

Einfacher geht es mit der Gegenwahrscheinlichkeit: Das Gegenereignis zu „mehr als zweimal Sechs" ist „nullmal oder einmal oder zweimal Sechs", also ist

$P(X \geqslant 2) = 1 - [P(X = 0) + P(X = 1) + P(x = 2)] = 0{,}2248$,

also rund 22,48 %.

e) $\mu_6 = \frac{1}{6} \cdot 10$ Man erwartet ca. 2,6 „Sechser".

$\mu_{\neg 6} = \frac{5}{6} \cdot 10$ Man erwartet ca. 8,3 „Nicht-Sechser".

7 Statistik & Wahrscheinlichkeit

Die Binomialverteilung kann auch immer dann angewendet werden, wenn aus einer großen Grundgesamtheit eine verhältnismäßig kleine Stichprobe gezogen wird, weil dann die Wahrscheinlichkeit für einen Erfolg bei jedem Zug praktisch gleich bleibt.

Übungsbeispiel

Ü 7.74 ★★: Flaschen B C D

Eine Glasmanufaktur erzeugt Flaschen, von denen im Durchschnitt 5 % nicht in Ordnung sind. Die H2Ö GmbH hat eine Lieferung 0,5-l-Flaschen für Fruchtsirupe bekommen und überprüft 20 Flaschen. Berechnen Sie die Wahrscheinlichkeit, dass darunter

a) höchstens 2 defekte sind. Dokumentieren Sie Ihren Lösungsweg.

b) mindestens eine defekte ist. Dokumentieren Sie Ihren Lösungsweg.

c) Beurteilen Sie, ob es einen Zusammenhang zwischen der Anzahl jener Flaschen gibt, die im Mittel in Ordnung sind, und der Anzahl der Flaschen, die im Mittel nicht in Ordnung sind.

Zusammengefasst gibt es also folgende Anwendungen der Binomialverteilung:

Bei *einem* Versuch tritt ein **Erfolg E** mit der **Wahrscheinlichkeit p** und ein **Misserfolg** mit der **Wahrscheinlichkeit 1 – p** ein. Der **Versuch** wird **n-mal** durchgeführt (unter gleichen Bedingungen).

(1) Berechnen Sie die Wahrscheinlichkeit, dass **E** unter n Versuchen **genau k-mal** eintritt.

$P(X = k) = \binom{n}{k} \cdot p^k \cdot (1 - p)^{n-k}$

(2) Berechnen Sie die Wahrscheinlichkeit, dass **E** unter n Versuchen **mindestens 1-mal** eintritt.

$P(X \geqslant 1) = P(X = 1) + P(X = 2) + \ldots + P(X = n)$

$P(X \geqslant 1) = 1 - P(X = 0)$ „besser"

(3.1) Berechnen Sie die Wahrscheinlichkeit, dass **E** unter n Versuchen **mindestens k-mal** eintritt.

$P(X \geqslant k) = P(X = k) + P(X = k + 1) + \ldots + P(X = n)$

(3.2) Berechnen Sie die Wahrscheinlichkeit, dass **E** unter n Versuchen **mehr als k-mal** eintritt.

$P(X > k) = P(X = k + 1) + P(X = k + 2) + \ldots + P(X = n)$

(3.3) Berechnen Sie die Wahrscheinlichkeit, dass **E** unter n Versuchen **höchstens k-mal** eintritt.

$P(X \leqslant k) = P(X = 0) + P(X = 1) + P(X = 2) + \ldots + P(X = k)$

(3.4) Berechnen Sie die Wahrscheinlichkeit, dass **E** unter n Versuchen **weniger als k-mal** eintritt.

$P(X < k) = P(X = 0) + P(X = 1) + P(X = 2) + \ldots + P(X = k - 1)$

Überlegen Sie bei **mindestens, mehr als, höchstens, weniger als** immer, ob die Gegenwahrscheinlichkeit leichter zu berechnen ist.

Sie haben in **Ü 7.74** sicher bemerkt, dass die Summe der beiden Mittelwerte die Gesamtanzahl ergibt.

Lehrbeispiel

L 7.19: Erfolg – Misserfolg D

Für ein Experiment mit n Versuchen gilt, dass es binomialverteilt ist, wobei X die Zufallsvariable für „Erfolg" und Y die für „Misserfolg" ist. Außerdem gilt Folgendes:

Die Wahrscheinlichkeit, Erfolg zu haben, ist p, jene, Misserfolg zu haben, 1 – p.

Zeigen Sie, dass folgender Zusammenhang gilt: E(X) + E(Y) = n, wobei E dem Erwartungswert entspricht.

Es ergeben sich die folgenden Mittelwerte:

$E(X) = n \cdot p$ und $E(Y) = n \cdot (1 - p)$

$E(X) + E(Y) = n \cdot p + n \cdot (1 - p)$

$E(X) + E(Y) = n \cdot p + n - n \cdot p$

$E(X) + E(Y) = n$

Binomialverteilung mit dem TI-8x

Auf dem TI-8x finden Sie die Binomialverteilung im Menü 2nd [DISTR] → `0:binompdf` ((*binomial probability density function*). Sie müssen jeweils n, p und k eingeben. Wenn Sie keinen Wert für k eingeben, gibt der Rechner eine Liste aller Werte für k = 0 bis k = n aus. Mit dem Befehl 2nd [DISTR] → `A:binomcdf` ((*binomial cumulative distribution function*) erhalten Sie die Verteilungsfunktion der Binomialverteilung, d. h. die Wahrscheinlichkeit für **höchstens** k Erfolge.

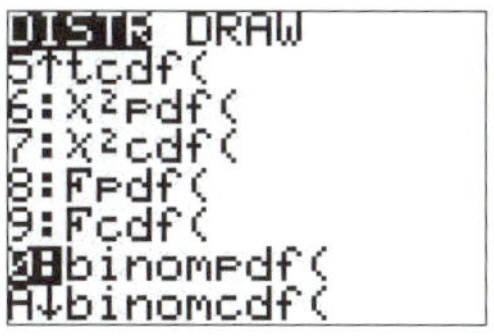

Abb. 7.5.1

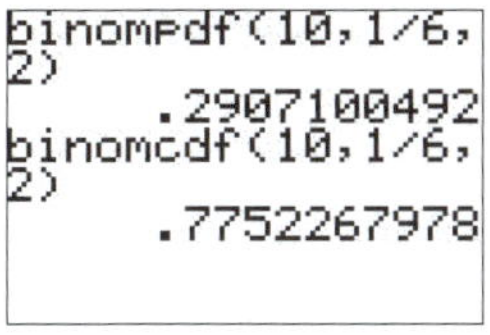

Abb. 7.5.2

Wenn Sie die Wahrscheinlichkeit berechnen wollen, dass X **mindestens** einen bestimmten Wert annimmt, müssen Sie mit der Gegenwahrscheinlichkeit rechnen. Zum Beispiel:

$P(X \geqslant 3) = 1 - P(X \leqslant 2) =$ (1 – `binomcdf`(10, 1/6, 2) (für $n = 10$, $p = \frac{1}{6}$).

Die folgenden Bilder zeigen das Histogramm der Binomialverteilung für $p = \frac{1}{2}$ und verschiedene n. Wie Sie sehen, wird der treppenförmige Graph immer mehr zu einer Kurve, die einer Glocke ähnlich sieht. Das gilt auch für andere Werte von p: Wenn die Anzahl der Versuche zunimmt, nähert sich die Verteilung der sogenannten **Normalverteilung**. Mit ihr werden wir uns in der nächsten Lerneinheit beschäftigen.

Abb. 7.5.3: $n = 4, p = \frac{1}{2}$

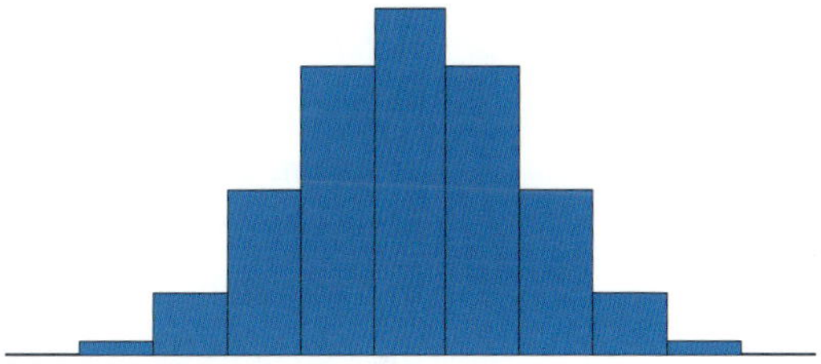
Abb. 7.5.4: $n = 10, p = \frac{1}{2}$

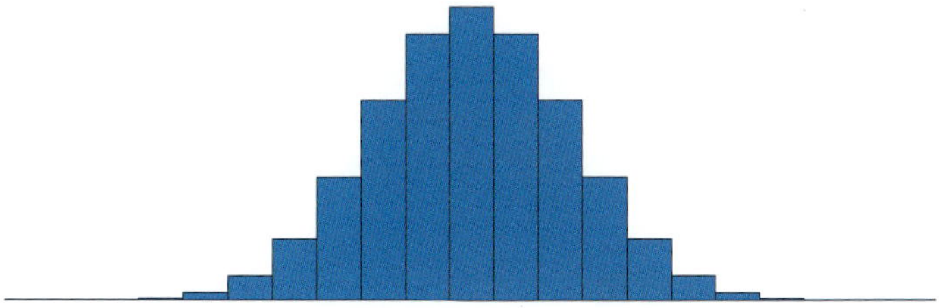
Abb. 7.5.5: $n = 20, p = \frac{1}{2}$

Üben

A B C D

Ü 7.75 ★★: Formeln interpretieren C

30 % aller Österreicher/innen im Alter von 25 bis 64 Jahren haben die Matura. Interpretieren Sie, welche Wahrscheinlichkeiten in diesem Zusammenhang mit folgenden Formeln berechnet werden:

a) $P(E) = 0{,}3^{10}$

b) $P(E) = 1 - 0{,}7^{10}$

c) $P(E) = \binom{10}{3} \cdot 0{,}3^{3} \cdot 0{,}7^{7}$

Ü 7.76 ★★: Münze A B

Eine „faire“ Münze wird fünfmal geworfen. Berechnen Sie die Wahrscheinlichkeit für

a) genau einmal „Zahl“.

b) genau zweimal „Zahl“.

Modellieren Sie eine Formel, mit der Sie die Wahrscheinlichkeit für

c) höchstens zweimal „Zahl“,

d) mindestens einmal „Zahl“

berechnen können.

Ü 7.77 ★★: Anzahl der Sechser B

Berechnen Sie die Wahrscheinlichkeit, bei 12-maligem Würfeln mit einem sechsseitigen Würfel

a) genau zweimal „Sechs“,

b) genau dreimal „Sechs“,

c) mindestens zweimal „Sechs“,

d) höchstens dreimal „Sechs“

zu werfen.

e) Bestimmen Sie den Erwartungswert für die Anzahl der Sechser.

Ü 7.78 ★★: Tischtennis A B

Teresa und Sabine spielen gegeneinander Tischtennis. Teresa ist die bessere Spielerin, sie gewinnt im Durchschnitt 60 % aller Spiele. Berechnen Sie die Wahrscheinlichkeit, dass bei sechs Spielen beide gleich oft gewinnen. Modellieren Sie je eine Formel für die Gewinnchancen der beiden Spielerinnen.

Ü 7.79 ★★: Tombola B D

Bei einer Tombola gewinnt jedes vierte Los. Herr Huber kauft 10 Lose. Berechnen Sie die Wahrscheinlichkeit, dass er

a) genau zwei Preise,

b) höchstens drei Preise,

c) mindestens einen Preis

gewinnt.

d) Ermitteln Sie, wie viele Preise er im Durchschnitt erwarten kann.

e) Bestimmen Sie, wie viele Lose er kaufen müsste, damit die Wahrscheinlichkeit, mindestens einen Preis zu gewinnen, 99 % beträgt.

f) Erklären Sie, warum Sie hier mit Binomialverteilung rechnen dürfen, obwohl es sich eigentlich um Ziehen ohne Zurücklegen handelt.

Ü 7.80 ★★: Wahr oder falsch? D

Sie würfeln 10-mal mit einem Würfel. Argumentieren Sie, welche der folgenden Aussagen wahr sind:

a) Die Wahrscheinlichkeit, mindestens zwei Sechser zu würfeln, beträgt 1 minus der Wahrscheinlichkeit, höchstens zwei Sechser zu würfeln.

b) Wenn die Anzahl der Würfe verzehnfacht wird (d. h., Sie würfeln 100-mal), verzehnfacht sich auch der Erwartungswert für die Anzahl der Sechser.

c) Es ist genauso wahrscheinlich, bei 10 Versuchen höchstens einen Sechser zu erhalten wie bei 100 Versuchen höchstens 10 Sechser.

Ü 7.81 ★★: Schachspieler B

2 Schachspieler spielen 7 Partien gegeneinander. A ist der schwächere Spieler, seine Gewinnwahrscheinlichkeit beträgt 0,4. Berechnen Sie die Wahrscheinlichkeit, dass A

a) genau 3-mal,

b) höchstens 3-mal,

c) mindestens 2-mal

gewinnt.

Ü 7.82 ★★: Scheibenschießen B D

Ein Schütze trifft mit einer Wahrscheinlichkeit von 0,8. Er schießt 10-mal auf eine Scheibe. Berechnen Sie die Wahrscheinlichkeit, dass er

a) jedes Mal,

b) mindestens 8-mal

trifft.

c) Erklären Sie, ob es besser ist, Beispiel b) mit der Gegenwahrscheinlichkeit zu rechnen, wenn Sie mit der Hand rechnen.

Ü 7.83 ★★: Sonntagskinder B D

Angenommen, alle Wochentage treten gleich oft als Geburtstage auf.

a) Berechnen Sie, welche Wahrscheinlichkeit größer ist: dass in einer Familie mit vier Kindern mindestens ein Sonntagskind ist oder dass in einer Klasse mit 24 Kindern mindestens sechs Sonntagskinder sind.

b) Erklären Sie das Ergebnis von a), indem Sie in beiden Fällen Erwartungswert und Standardabweichung berechnen.

Ü 7.84 ★★: Zwillinge B D

Bei ca. jeder 40. Geburt kommen Zwillinge zur Welt. Berechnen Sie die Wahrscheinlichkeit,

a) dass unter 100 Geburten höchstens zwei Zwillingsgeburten vorkommen,

b) dass unter 1000 Geburten höchstens 20 Zwillingsgeburten vorkommen.

c) Erklären Sie die unterschiedlichen Ergebnisse von a) und b).

Ü 7.85 ★★: Socken A B

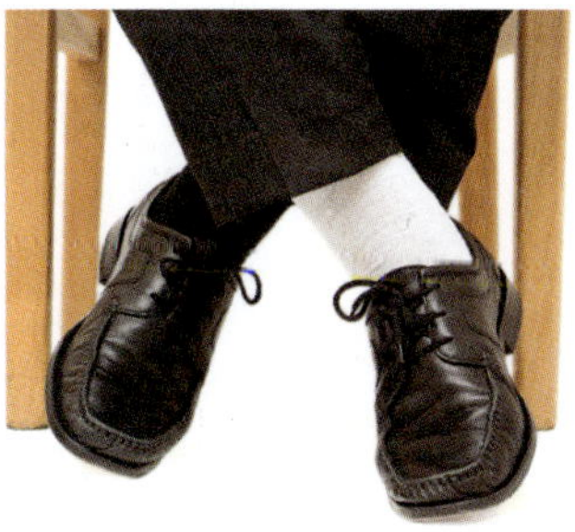

Herr Schussel ist sehr schlampig. Er hat in einer Lade sechs schwarze und vier graue Socken und nimmt jeden Tag aufs Geratewohl zwei Socken heraus.

a) Ermitteln Sie die Wahrscheinlichkeit, dass er zwei gleiche Socken anzieht. (Geben Sie das Ergebnis als Bruch an.)

b) Modellieren Sie jeweils eine Formel, mit der Sie folgende Wahrscheinlichen berechnen können: die Wahrscheinlichkeit, dass er in einer Woche
   - genau 3-mal,
   - mindestens 1-mal,
   - mindestens 6-mal

   zwei gleiche Socken anzieht.

Ü 7.86 ★★: Ratten B

Eine Forscherin macht Experimente mit Ratten. Sie will untersuchen, ob Ratten bestimmte Farben bevorzugen, und baut dafür ein Labyrinth mit einem blauen und einem roten Gang. Berechnen Sie die Wahrscheinlichkeit, dass sich von zehn Ratten mindestens sieben für den blauen Gang entscheiden,

a) wenn sie beide Gänge mit gleicher Wahrscheinlichkeit wählen,

b) wenn sie mit einer Wahrscheinlichkeit von 0,75 den blauen Gang bevorzugen.

Ü 7.87 ★★: Eier B

$\frac{2}{3}$ aller Hühnereier sind braun. Berechnen Sie die Wahrscheinlichkeit, dass unter 12 Eiern

a) genau acht braune,

b) mindestens zehn braune

sind.

Ü 7.88 ★★: Kopfhörer B D

a) Ein Geschäft erhält eine Lieferung von 60 Kopfhörern, von denen drei defekt sind. Es werden 10 Kopfhörer kontrolliert. Berechnen Sie die Wahrscheinlichkeit, dass
- höchstens einer,
- mindestens einer

defekt ist.

b) Erklären Sie, warum die folgende Gleichung gilt, wenn die Wahrscheinlichkeit, einen defekten Kopfhörer zu erhalten, bei 15 % liegt.

$$\binom{10}{2} \cdot 0{,}15^{2} \cdot 0{,}85^{8} = \binom{10}{8} \cdot 0{,}15^{2} \cdot 0{,}85^{8}$$

Ü 7.89 ★★: Rosen A B

Eine Blumenhandlung weiß aus Erfahrung, dass beim Transport ca. 10 % der transportierten Rosen beschädigt werden. Ein Kunde wählt 30 Rosen beliebig aus. Berechnen Sie die Wahrscheinlichkeit, dass davon

a) keine Rose beschädigt ist,

b) genau 2 Rosen beschädigt sind,

c) mindestens 2 Rosen beschädigt sind.

d) Ermitteln Sie, wie viele Rosen man testen muss, damit mit einer Wahrscheinlichkeit von 95 % mindestens eine defekte darunter ist.

Ü 7.90 ★★: Mehrwegflaschen A B D

$H_2Ö$ Trink.Wasser.

Die H2Ö GmbH liefert Trinkwasser in Mehrwegflaschen aus. Da nicht alle Flaschen zurückgegeben werden, müssen 3 % des abgefüllten Wassers in neu erzeugten Flaschen ausgeliefert werden, die jedoch zufällig unter die alten gemischt werden. Berechnen Sie die Wahrscheinlichkeit, dass sich in einer Kiste mit 12 Flaschen

a) genau eine neue Flasche,

b) mindestens eine neue Flasche,

c) höchstens eine neue Flasche

befindet.

d) Ermitteln Sie, wie viele Flaschen man kaufen muss, um mit 90 % Wahrscheinlichkeit mindestens eine neue darunter zu haben.

e) Stellen Sie eine Formel auf, mit der Sie die Anzahl der Flaschen bestimmen können, die Sie kaufen müssen, um mit einer Wahrscheinlichkeit von w % mindestens eine neue zu erhalten.

Sichern

Binomialverteilung

Modell: **Ziehen mit Zurücklegen**

$P(X = k) = \binom{n}{k} \cdot p^k \cdot q^{n-k}$ $\qquad k \in \{0, 1, 2, ..., n\}$

n	Anzahl der Versuche
p	Wahrscheinlichkeit für einen Erfolg
$1 - p = q$	Wahrscheinlichkeit für einen Misserfolg
$\mu = n \cdot p$	$\mu = \sqrt{n \cdot p \cdot q}$

Wissen

W 7.27: USB-Stick A D

Mit dem Firmenlogo bedruckte USB-Sticks sind beliebte Werbemittel, die an Kunden verteilt werden. 3 % solcher Sticks eines Herstellers haben einen Defekt und können vom Computer nicht gelesen werden.

a) Veranschaulichen Sie die folgende Berechnung durch ein Baumdiagramm: $\binom{4}{2} \cdot 0{,}03^2 \cdot 0{,}97^2$.

b) Der Anteil der defekten Sticks schwankt um d %, er also ist (3 ± d) %.
Modellieren Sie eine Gleichung, mit der Sie die größtmögliche Anzahl an im Mittel defekten Sticks berechnen können.

c) Erklären Sie, warum es gleichgültig ist, ob $p = 0{,}03$ und $1 - p = 0{,}97$ ist oder $p = 0{,}97$ und $1 - p = 0{,}03$, wenn man ausrechnen möchte, mit welcher Wahrscheinlichkeit von 1000 verteilten Sticks genau 20 Stück defekt sind.

W 7.28: Meinungsumfrage B

Von 5000 Einwohnern einer Stadt können sich 180 vorstellen, eine neue Partei zu wählen. Ein Meinungsforschungsinstitut befragt 100 Personen. Berechnen Sie die Wahrscheinlichkeit, dass unter den Befragten genau drei angeben, die neue Partei zu wählen.

W 7.29: Nichtraucher B D

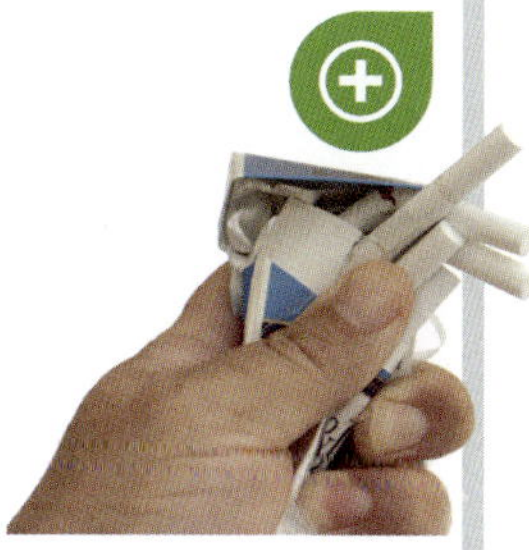

Immer mehr Rauchende wollen sich das Rauchen abgewöhnen. Im Rahmen einer Feldstudie wird ein neues Medikament im Eins-zu-eins-Vergleich mit einem Placebo getestet. Das Ergebnis der Studie lautet, dass 86 % aller medikamentös behandelten Rauchenden sich das Rauchen abgewöhnen und drei von vier Placebo-Therapierten.

a) Ermitteln Sie die Wahrscheinlichkeit, dass in einer Therapiegruppe mit 28 Teilnehmenden mindestens 25 sich das Rauchen abgewöhnen.

b) Begründen Sie ohne Berechnung, warum die Medikamententherapie im Mittel erfolgreicher ist als die Placebotherapie.

W 7.30: Bub oder Mädchen D

Die Geburt eines Mädchens ist das Ereignis M, die Geburt eines Knaben das Ereignis K.
Begründen Sie warum folgender Zusammenhang gilt: $P(K; M; K) < P(2K \wedge 1M)$

W 7.31: Leuchtdioden C

Bei der Erzeugung von Leuchtdioden haben erfahrungsgemäss 10 % eine verkürtze Lebendauer. In einer Packung sind 100 Stück enthalten.

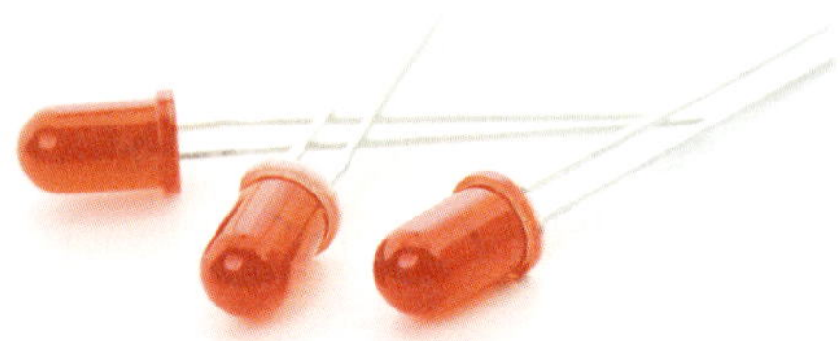

Interpretieren Sie die Bedeutung der folgenden Ansätze in diesem Kontext.

a $P = \binom{100}{3} \cdot 0{,}1^3 \cdot 0{,}9^{97}$

b) $P = 0{,}9^{100}$

c) $E = \frac{90}{100} \cdot 100$

W 7.32: Befüllen einer Getränkeflasche D

Bei der Abfüllung von Getränkeflaschen haben durchschnittlich 2 % eine zu geringeFüllmenge. In einer Packung sind 12 Stück enthalten.

Erklären Sie, was mit den folgenden Ansätzen berechnet werden kann.

a) $P = \binom{12}{2} \cdot 0{,}98^{10} \cdot 0{,}02^2$

b) $P = 0{,}98^{12}$

c) $P = 1 - \binom{12}{0} \cdot 0{,}02^0 \cdot 0{,}98^{12}$

d) $E = \frac{2}{100} \cdot 12$

W 7.33: Welcher Erwartungswert? D

Die Käfer einer bestimmten Art sind mit 70 % Wahrscheinlichkeit grün und mit 30 % blau. Ein Biologe untersucht 50 Käfer. Er meint: „Der Erwartungswert beträgt 35." Seine Kollegin behauptet: „Der Erwartungswert ist 15."

a) Klären Sie den scheinbaren Widerspruch auf.

b) Erklären Sie, warum es bei jeder Binomialverteilung zwei mögliche Erwartungswerte gibt, wenn $p \neq 0{,}5$ ist.

W 7.34: Porzellan D

Bei einer Porzellanfabrik sind 3 % aller Waren nur 2. Wahl, sind also nicht ganz einwandfrei. Prüfen Sie die folgende Aussage:

„Man prüft 100 Stück. Die Wahrscheinlichkeit, dass davon 3 Stück nur 2. Wahl sind, ist 100 %."

W 7.35: Medizinaufnahmetest D

Um die vielen Aufnahmetest für unterschiedliche Studien effizient auswerten zu können, gibt es einen Multiple Choice Test. Dabei werden immer wieder unterschiedliche Modelle überlegt. Die Zulassung zum Studium erhält man, wenn man mehr als 70 % aller Punkte hat, wobei der Test 50 MC-Fragen enthält.

Modell 1: Man kann aus den Antworten A, B, C, D, E wählen. Nur eine Antwort ist richtig, und die zählt einen Punkt.

Modell 2: Man kann aus den Antworten A, B, C, D, E, F wählen. Immer 2 Antworten sind richtig, wobei jede Antwort einen Punkt zählt.

Modell 3: Man kann aus den Antworten A, B, C, D wählen. Immer zwei Antworten sind richtig. Es gibt aber nur die Möglichkeit, 2 Punkte zu bekommen (beide richtig) oder 0 Punkte (beide falsch).

Prüfen Sie, welches Modell aus Sicht der Universität gewählt werden soll, wenn man die Anzahl der „nur-eine-Antwort-Ratendenden", die zugelassen werden, möglichst gering halten will.

Kompetenz-Check

	☺	😐	☹
Ich weiß, wann ich die Binomialverteilung anwenden kann, und kann ihre Werte berechnen.			
Ich kann die Wahrscheinlichkeiten für „höchstens k Erfolge" und „mindestens k Erfolge" berechnen.			
Ich kann die Wahrscheinlichkeiten für „mehr als k Erfolge" und „weniger als k Erfolge" berechnen.			

Lerneinheit 6

Normalverteilung

SbX
Alle SbX-Inhalte zu dieser Lerneinheit finden Sie unter der ID: 1760.

In der vorigen Lerneinheit haben Sie Zufallsvariablen betrachtet, die nur bestimmte Werte annehmen können. In der Praxis gibt es aber viele Größen, die beliebige Werte haben können, wie Körpergröße, Gewicht oder Lebensdauer. Wie genau sie angegeben werden, hängt nur von der Messgenauigkeit ab. Natürlich könnten Sie solche Daten künstlich zusammenfassen, indem Sie sie in Klassen einteilen (z. B. 170 bis 171 cm). Mit der Integralrechnung kann man aber auch stetige Zufallsvariablen mathematisch behandeln.

Sie lernen hier:

- warum man bei stetigen Zufallsvariablen keine Wahrscheinlichkeit für einen bestimmten Wert angeben kann
- was die Dichtefunktion und die Verteilungsfunktion sind
- welche Bedeutung die Normalverteilung hat
- wie man Erwartungswert und Standardabweichung berechnet

Lernen

SbX ID: 1761

A B C D

1 Stetige Zufallsvariablen
Unendlich viele Möglichkeiten

Eine stetige Zufallsvariable kann (in einem bestimmten Bereich) jeden Wert annehmen – also nicht nur ganze Zahlen, sondern auch alle Zwischenwerte. In einem solchen Fall ist es nur sinnvoll, die Wahrscheinlichkeit anzugeben, mit der der Wert in einem bestimmten Intervall liegt.

Lehrbeispiel

L 7.20: Wartezeit auf den Bus A

Sie fahren jeden Tag mit dem Bus zur Arbeit und haben über einen längeren Zeitraum regelmäßig notiert, wie lange Sie an der Haltestelle warten mussten. Veranschaulichen Sie folgende Häufigkeiten in einem Histogramm:

Wartezeit in Minuten	Häufigkeit
0–4	22 %
4–8	40 %
8–12	24 %
12–16	10 %
16–20	4 %

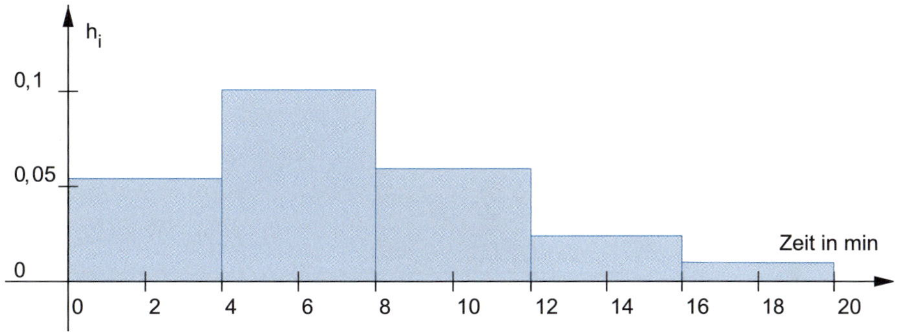

Abb. 7.6.1

Die Höhen sind hier so skaliert, dass die Flächen der Streifen den Häufigkeiten entsprechen. Die Wahrscheinlichkeit, zwischen 4 und 8 Minuten zu warten, wird also durch die Fläche des entsprechenden Streifens dargestellt. (Es ist übrigens egal, welcher Klasse man die Klassengrenzen zuordnet, denn es ist praktisch ausgeschlossen, dass Sie ganz genau 8 Minuten warten.)

Wenn Sie die Zeiten in 2-Minuten-Intervalle oder in Minuten-Intervalle eingeteilt hätten, hätten Sie vielleicht folgende Histogramme erhalten:

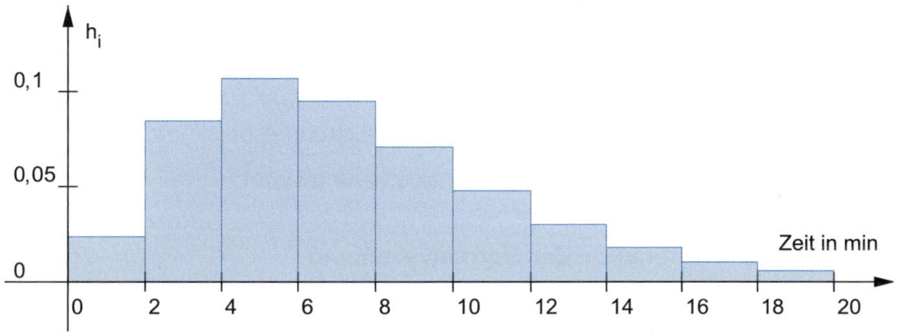

Abb. 7.6.2

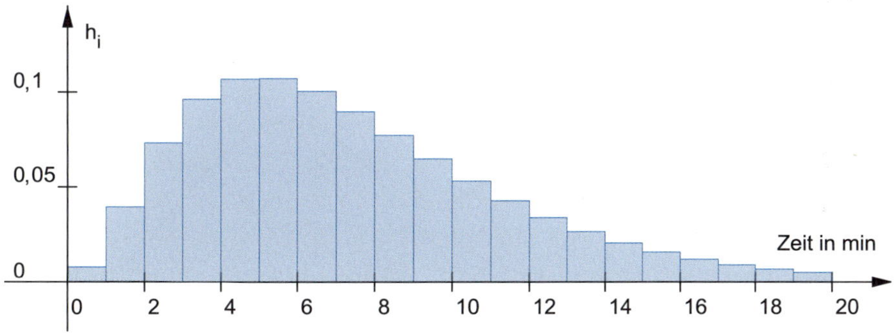

Abb. 7.6.3

Dichtefunktion der Zufallsvariablen

Auch hier entspricht die Wahrscheinlichkeit, dass die Wartezeit in einem bestimmten Intervall liegt, der Fläche der entsprechenden Streifen. Das erinnert Sie vielleicht an das bestimmte Integral – zu Recht, denn wenn Sie die Einteilung immer feiner machen, nähert sich die Treppe einer glatten Kurve, der sogenannten **Dichtefunktion** der Zufallsvariablen „Wartezeit". Die Wahrscheinlichkeit, dass Sie zwischen 4 und 8 Minuten warten müssen, ist das Integral dieser Dichtefunktion zwischen den Grenzen 4 und 8.

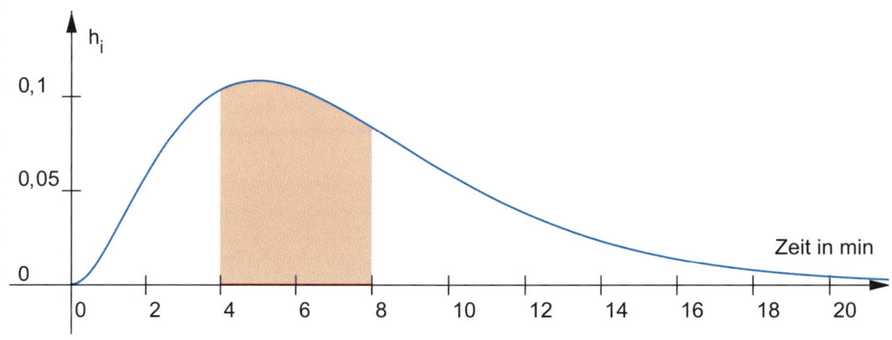

Abb. 7.6.4

Bei einer stetigen Zufallsvariablen kann man also keine Wahrscheinlichkeit für einen bestimmten Wert angeben – diese ist immer null –, aber die Wahrscheinlichkeit für ein bestimmtes Intervall. Diese Wahrscheinlichkeit kann aus der Dichtefunktion berechnet werden.

2 Normalverteilung

Die Gauß'sche Glockenkurve

Die wichtigste stetige Verteilung ist die Normalverteilung. Sie eignet sich als Näherung für viele Größen, die in der Praxis auftreten: Größe oder Gewicht von Individuen, Abweichungen vom Sollwert bei Industrieprodukten, Messfehler … Eine Normalverteilung wird durch ihren Erwartungswert μ und ihre Standardabweichung σ bestimmt.

Die Dichtefunktion der Normalverteilung lautet:

Dichtefunktion der Normalverteilung

$$f(x) = \frac{1}{\sigma\sqrt{2\pi}} \cdot e^{-\frac{1}{2}\left(\frac{x-\mu}{\sigma}\right)^2}$$

Carl Friedrich Gauß (1777–1855), deutscher Mathematiker, Physiker, Astronom und Geodät.

Ihr Graph ist die charakteristische Gauß'sche Glockenkurve (nach **C. F. Gauß**, der diese Funktion untersucht hat). Sie liegt symmetrisch zu μ, hat dort einen Hochpunkt und bei $\mu \pm \sigma$ Wendepunkte.

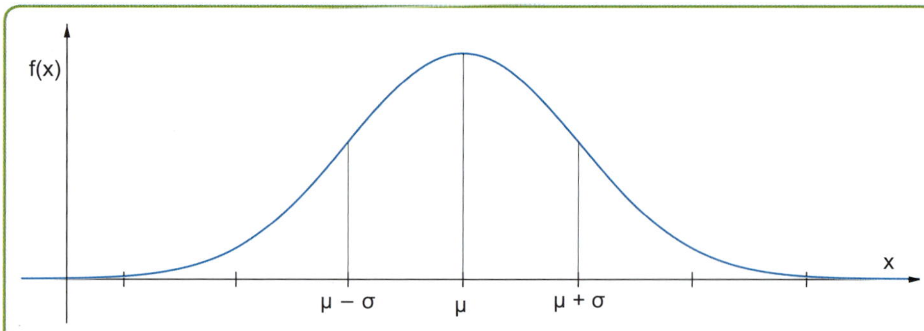

Abb. 7.6.5

Querverweis
Integralrechnung siehe Kapitel 6.

Die Wahrscheinlichkeit, dass ein Wert in einem bestimmten Intervall liegt, entspricht der Fläche unter der Kurve, also dem Integral in diesem Intervall. Die Fläche unter der ganzen Kurve entspricht einer Wahrscheinlichkeit von 100 %, sie ist also (wie bei jeder Dichtefunktion) gleich 1.

Als Faustregel zur Abschätzung können Sie sich merken: Die Wahrscheinlichkeit, dass eine normalverteilte Zufallsvariable

zwischen $\mu - \sigma$ und $\mu + \sigma$ liegt, beträgt ca. 68 % oder $\frac{2}{3}$.
(also einmal die Standardabweichung vom Mittelwert entfernt)

$\mu - 2\sigma$ $\mu + 2\sigma$ 95 %.
(also zweimal die Standardabweichung vom Mittelwert entfernt)

$\mu + 3\sigma$ $\mu - 3\sigma$ 99,7 %.
(also dreimal die Standardabweichung vom Mittelwert entfernt)

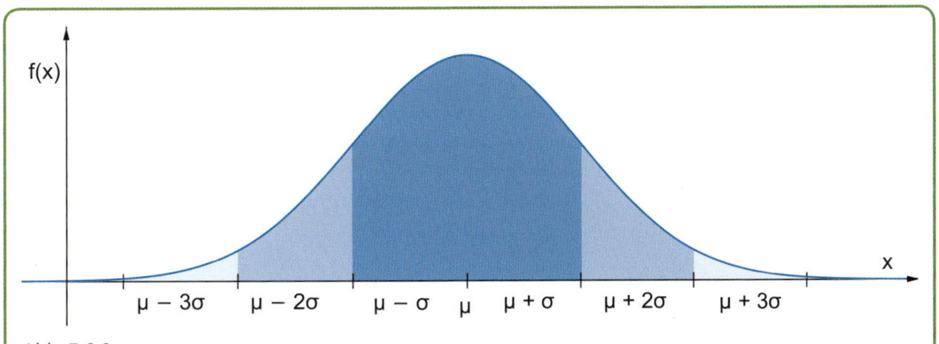

Abb. 7.6.6

Lehrbeispiel

L 7.21: Größe von Burschen A B

Die Größe von 18-jährigen Burschen ist annähernd normalverteilt mit dem Erwartungswert 180 cm und der Standardabweichung 6 cm. Bestimmen Sie die Größenintervalle, sodass 68 %, 95 % bzw. 99,7 % der 18-jährigen Burschen in die jeweiligen Intervalle „hineinfallen".

Das heißt:

- ca. 68 % aller Burschen sind 174 cm bis 186 cm groß,
- ca. 95 % sind 168 cm und 192 cm groß,
- und ca. 99,7 % (also fast alle) sind 162 cm und 198 cm groß.

Um die Wahrscheinlichkeiten für andere Werte zu finden, braucht man Tabellen oder einen geeigneten Taschenrechner oder Computer (Das Integral kann nur näherungsweise berechnet werden.). In den Tabellen ist die Verteilungsfunktion der Standardnormalverteilung mit Erwartungswert $\mu = 0$ und Standardabweichung $\sigma = 1$ angegeben; sie wird meist mit Φ bezeichnet. Sie werden in den unterschiedlichen Problemstellungen wahrscheinlich nicht den Erwartungswert 0 und die Standardabweichung 1 haben. Daher muss Ihre Problemstellung erst mithilfe der folgenden Formel standardisiert werden:

$N(\mu, \sigma^2)$: Normalverteilung mit dem Erwartungswert μ und der Varianz σ^2

Normalverteilung	Standardnormalverteilung
$N(\mu, \sigma^2)$ Extremwert (μ/y_E) Wendepunkte $(\mu \pm \sigma/y_W)$	$N(0,1)$ Extremwert $(0/y_E)$ Wendepunkt $(\pm 1/y_W)$

$$z = \frac{x - \mu}{\sigma}$$

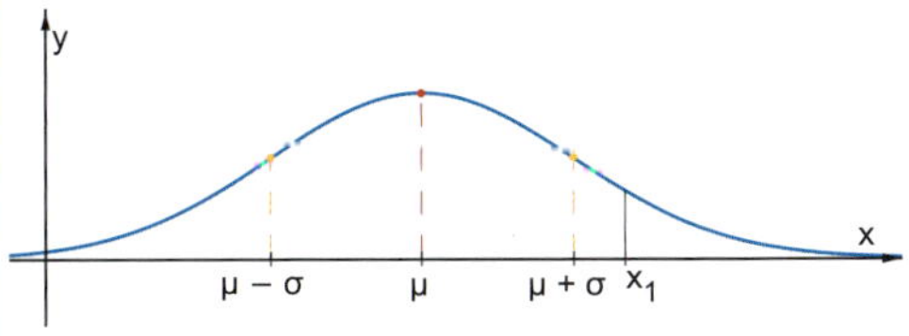

Abb. 7.6.7

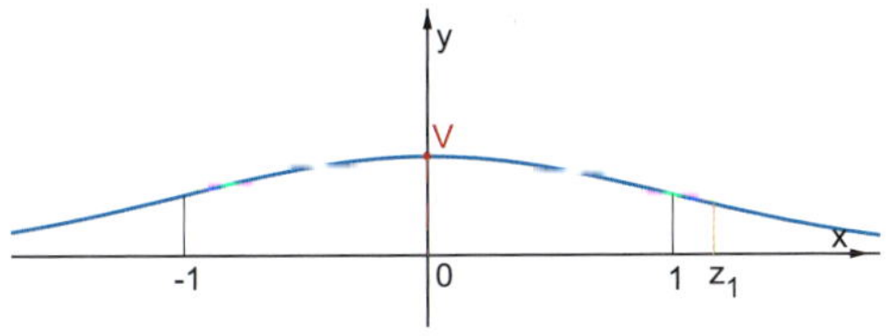

Abb. 7.6.8

$N(\mu, \sigma^2)$ ⟶ $N(0, 1)$

Standardisierungsformel

$$z = \frac{x-\mu}{\sigma}$$

Bei dieser Formel steht das „$-\mu$" für die waagrechte Verschiebung zum Mittelwert 0 und das „$\frac{}{\sigma}$" steht für die Anpassung der Form an die Standardnormalverteilung.

SbX
Eine Tabelle zur Normalverteilung finden Sie unter der ID: 1761.

Berechnung der Normalverteilung mit Tabelle

Der Wert $\Phi(z)$, der in der Tabelle verzeichnet ist, gibt die Wahrscheinlichkeit an, dass die normierte Zufallsvariable Z kleiner als z ist.

$P(Z \leqslant z) = \Phi(z)$

(Fläche links von z)

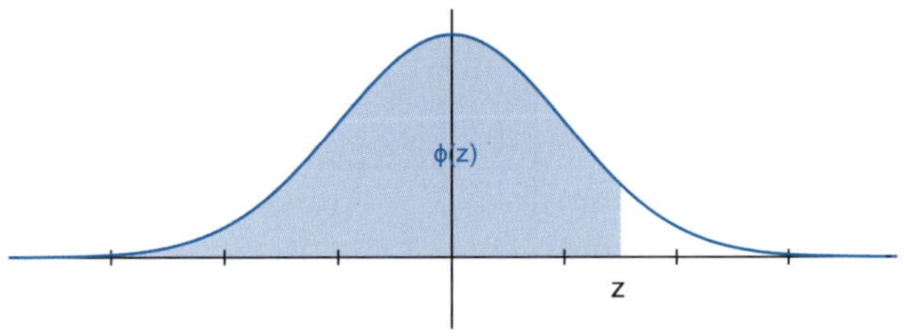

Abb. 7.6.9

Man kann < oder ⩽ schreiben, weil die Wahrscheinlichkeit für einen bestimmten Wert 0 beträgt.

Damit haben Sie das Wichtigste der Normalverteilung schon gelernt, denn für alle anderen Möglichkeiten müssen Sie all Ihr Wissen einfach anwenden. Sie wissen bereits:

- Die Glockenkurve liegt symmetrisch um die senkrechte Achse (symmetrisch bezüglich $x = \mu$).
- Die gesamte Fläche unter der Kurve hat den Wert 1. (Die gesamte Wahrscheinlichkeit beträgt 100 %.)

Die Wahrscheinlichkeit, dass Z **größer** als z ist, erhält man mit der Regel für die Gegenwahrscheinlichkeit:

$P(Z \geqslant z) = 1 - \Phi(z)$

(Fläche rechts von z)

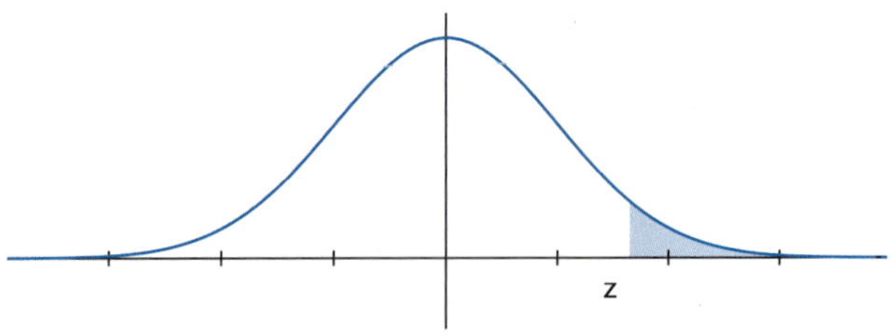

Abb. 7.6.10

Übungsbeispiel

Ü 7.91: Gegenwahrscheinlichkeit D

Begründen Sie mit eigenen Worten, warum der folgende Zusammenhang gilt:

$P(Z \geqslant z) = 1 - \Phi(z)$

Wahrscheinlichkeit bei negativem z-Wert

Der Wert für **z** kann auch **negativ** sein, nämlich dann, wenn die in der Angabe vorgegebene Grenze kleiner als der angegebene Mittelwert liegt.

$P(Z \leqslant -z) = \Phi(-z) = 1 - \Phi(z)$

Daher sind in vielen Tabellen, um Platz zu sparen, nur die Funktionswerte für positive z abgedruckt.

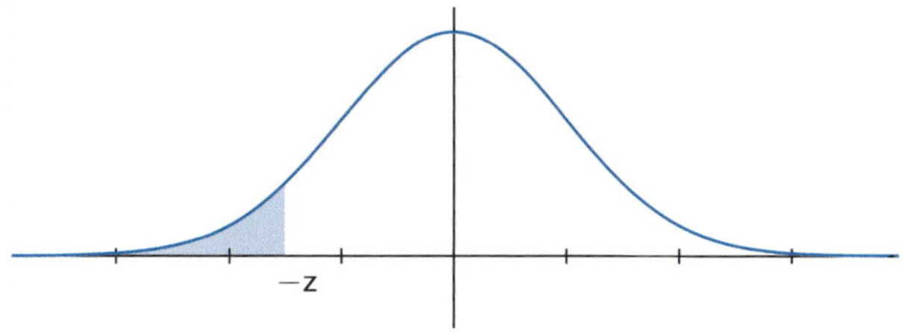

Abb. 7.6.11

$$P(Z \geqslant -z) = 1 - \Phi(-z)$$
$$= 1 - [1 - \Phi\ (z)]$$
$$= \Phi(z)$$

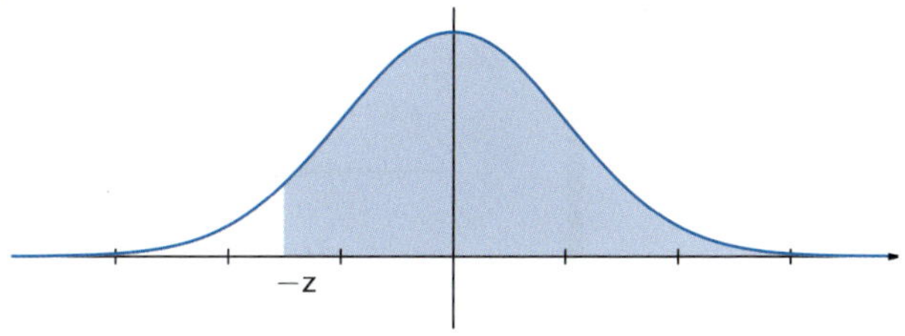

Abb. 7.6.12

Wahrscheinlichkeit zwischen zwei z-Werten

Die Wahrscheinlichkeit, dass Z zwischen zwei gegebenen Werten liegt, beträgt wie beim bestimmten Integral:

$P(z_1 \leqslant Z \leqslant z_2) = \Phi(z_2) - \Phi(z_1)$

(Fläche zwischen z_1 und z_2)

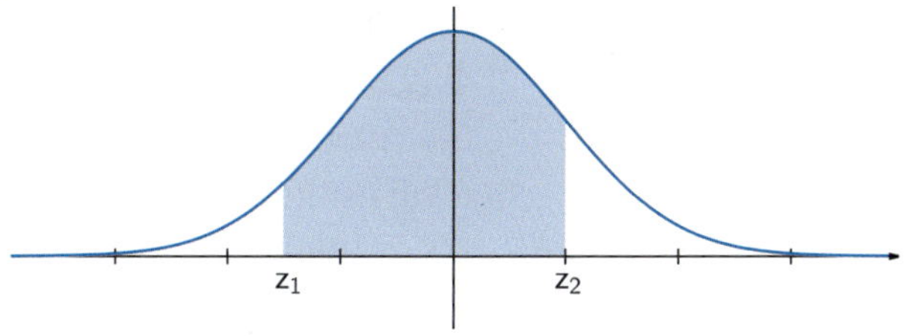

Abb. 7.6.13

$\Phi(z)$ ist die Fläche links von z.

Auf den ersten Blick scheinen das sehr viele Formeln zu sein, aber die einzige, die Sie wirklich merken müssen, ist jene, die aussagt, dass $\Phi(z)$ die Fläche links von einem positiven z-Wert ist. Alle anderen lassen sich aus dieser sehr leicht „ableiten".

Das Wichtigste dabei ist, dass Sie sich zu jeder Aufgabenstellung eine Glockenkurve skizzieren, um damit ein mögliches Ergebnis abzuschätzen.

Lehrbeispiel

L 7.21 (Fortsetzung): Größe von Burschen B C

Berechnen Sie die Wahrscheinlichkeit, dass ein 18-jähriger Bursch

a) kleiner als 185 cm,

b) größer als 185 cm,

c) kleiner als 170 cm,

d) zwischen 170 und 185 cm,

groß ist.

a) Sie müssen zuerst normieren: $z = \frac{185 - 180}{6} = 0,83$.

(**Kontrolle:** 185 ist rechts vom Mittelwert 180, aber kleiner als Mittelwert + Standardabweichung, also kleiner als 186. ⇒ z muss zwischen 0 und 1 liegen.)

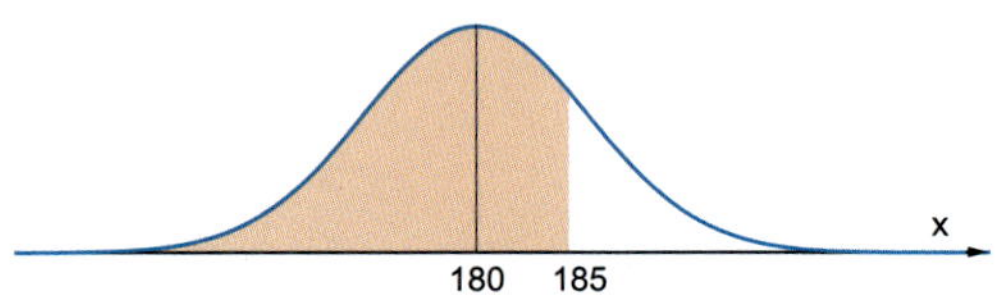

Abb. 7.6.14

Es ist also $P(X < 185) = P(Z < 0,83) = \Phi(0,83)$.

Aus der Tabelle lesen wir ab:

Die Einerstelle und die erste Nachkommastelle von z finden Sie in der linken Spalte, die zweite Nachkommastelle in der obersten Zeile. (0,… müssen Sie selbst ergänzen.)

z	0	1	2	3	…
…	…	…	…	…	…
0,80	…	…	…	79673	…
…	…	…	…	…	…

$\Phi(0,83) = 0,79673$

Die Wahrscheinlichkeit beträgt daher 0,79673 bzw. ≈ 79,7 %.

b) Nach der Regel für die Gegenwahrscheinlichkeit ist

$P(X > 185) = P(Z > 0,83) = 1 - \Phi(0,83)$

$= 1 - 0,79673 = 0,20327 \approx 20,3\,\%$.

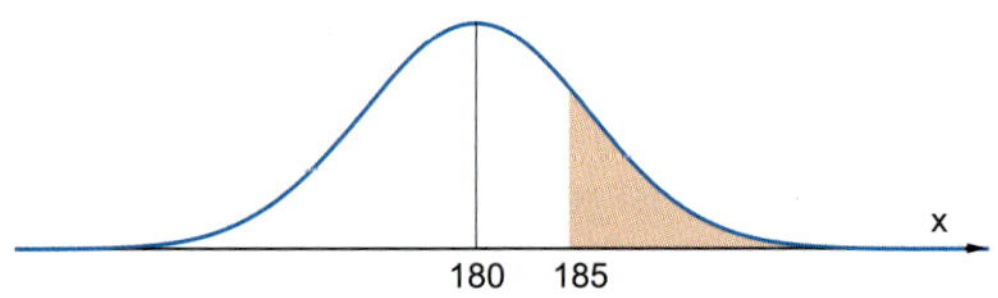

Abb. 7.6.15

c) Normieren ergibt: $z_u = \frac{170 - 180}{6} = -1,67$.

Da die Tabelle nur positive Werte enthält, lesen wir ab:

$\Phi(1,67) = 0,95254$.

$P(X < 170) = P(Z < -1,67) = \Phi(-1,67)$

$= 1 - \Phi(1,67) = 0,04746 \approx 4,7\,\%$

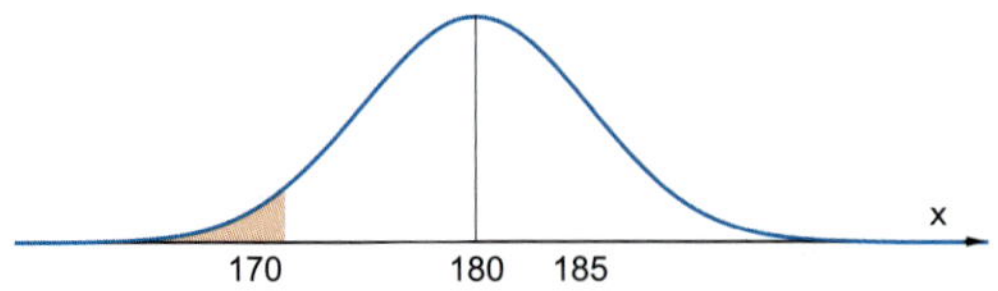

Abb. 7.6.16

d) Wenn man zwei Grenzen hat, so ist es sinnvoll, die untere mit z_u und die obere mit z_o zu benennen.

untere Grenze: $z_u = -1{,}67$

obere Grenze: $z_o = 0{,}83$

Die Wahrscheinlichkeit, dass ein Bursch zwischen 170 cm und 185 cm groß ist, beträgt

$$P(170 < X < 185) = P(-1{,}67 < z < 0{,}83)$$
$$= \Phi(0{,}83) - \Phi(-1{,}67) = 0{,}79673 - 0{,}04746$$
$$= 0{,}74927 \approx 74{,}9\,\%.$$

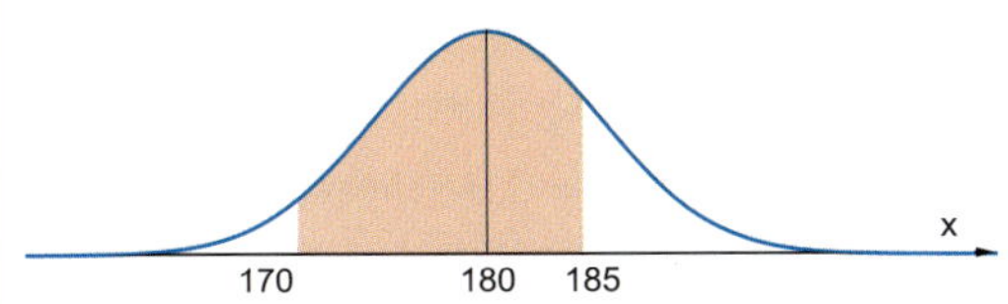

Abb. 7.6.17

Berechnung der Normalverteilung mit TI-82 STATS

- Drücken Sie [2nd] [DISTR]→ `2:Normalcdf(` (*normal cumulative distribution function*).
- Geben Sie ein: untere Grenze, obere Grenze, μ, σ. (Sie brauchen die Werte nicht zu normieren. Wenn Sie μ und σ nicht eingeben, wird die Standardnormalverteilung berechnet.)
- Wenn die untere Grenze minus unendlich bzw. die obere Grenze unendlich sein soll, geben Sie −1E99 bzw. 1E99 ein.
- Sie können auch den gewünschten Bereich unter der Glockenkurve schraffieren lassen. Stellen Sie zuerst die Fenstervariablen passend ein. Geben Sie dann ein: [2nd] [DISTR] → `DRAW` → `1:ShadeNorm(`, untere Grenze, obere Grenze, μ, σ.

Abb. 7.6.18

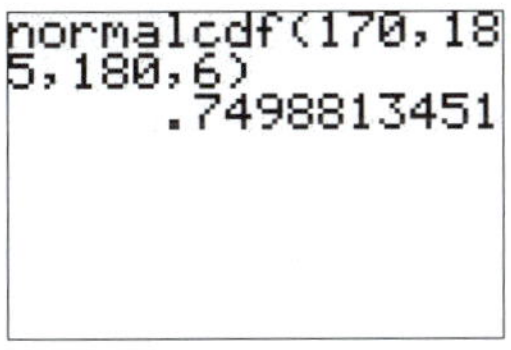

Abb. 7.6.19

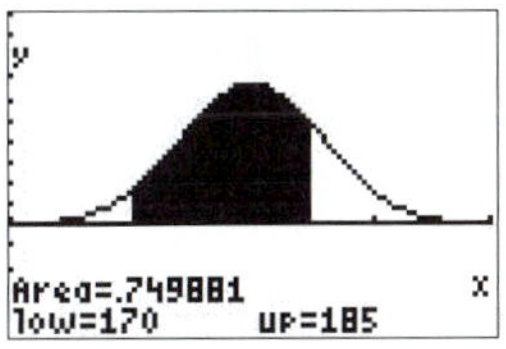

Abb. 7.6.20

Übungsbeispiel

Ü 7.92 ★★: Größe von Mädchen B D

Die Größe von 18-jährigen Mädchen ist annähernd normalverteilt mit μ =168 cm, σ = 5 cm. Berechnen Sie den Prozentanteil aller Mädchen, die

a) kleiner als 170 cm sind.

b) kleiner als 160 cm sind.

c) größer als 172 cm sind.

d) größer als 166 cm sind.

e) zwischen 170 cm und 180 cm groß sind.

f) zwischen 160 cm und 175 cm groß sind.

g) Begründen Sie, warum die Ergebnisse von a) und d) gleich sind.

Ermitteln und Abschätzen von Grenzen – Umkehraufgaben

In der Praxis stellt sich manchmal die Aufgabe, zu einer vorgegebenen Wahrscheinlichkeit den x- bzw. z-Wert zu finden.

Lehrbeispiel

L 7.21 (Fortsetzung): Größe von Burschen B C

Ermitteln Sie die Größe eines 18-jährigen Burschen, der zu den 10 % größten seines Jahrgangs gehört (d. h., 90 % aller Burschen müssen kleiner sein), wenn Burschen seines Alters im Mittel 180 ± 6 cm groß sind.

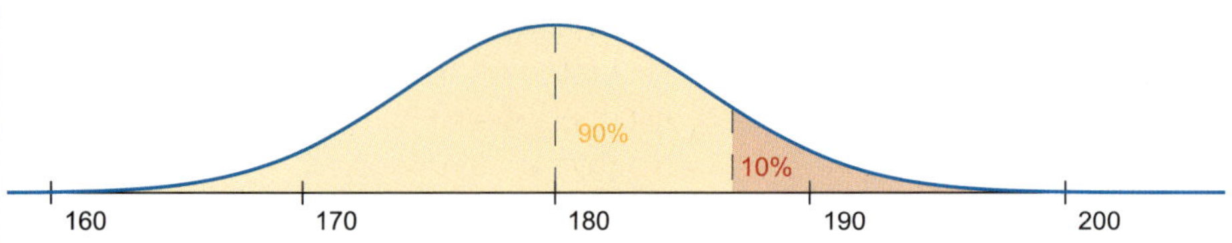

Abb. 7.6.21

Sie suchen den z-Wert, für den gilt: $\Phi(z) = 0{,}9$. (Dieser Wert wird auch mit $z_{0,9}$ bezeichnet.) Der nächstliegende $\Phi(z)$-Wert in der Tabelle ist 0,89973; er gehört zu z = 1,28:
(**Kontrolle:** Anhand der Skizze erkennt man, dass z positiv sein muss.)

z	...	...	8	...
...	...	...	...	...
1,20	...	...	89 973	...
...	...	...	...	...

Es muss also gelten:

$$\frac{x-180}{6} = 1{,}28 \quad | \cdot 6$$

$$x - 180 = 7{,}68 \quad | + 180$$

$$x = 187{,}68$$

Der Bursch muss also mindestens ca. 187,7 cm groß sein.
(**Kontrolle:** 187,7 ist größer als der Mittelwert 180.)

Man kann auch gleich mit der umgeformten Standardisierungsformel rechnen:

$$z = \frac{x-\mu}{\sigma} \Longleftrightarrow x = \mu + z \cdot \sigma$$

Besonders oft wird ein Bereich gesucht, in dem die Werte einer Variablen mit einer gewissen Wahrscheinlichkeit liegen, ein sogenannter **Streubereich**. Meist wird dabei verlangt, dass der Erwartungswert in der Mitte dieses Bereichs liegt.

Lehrbeispiel

L 7.21 (Fortsetzung): Größe von Burschen B C

Ermitteln Sie den um den Erwartungswert symmetrischen Bereich, in dem die Größe von 90 % aller 18-jährigen Burschen liegt.

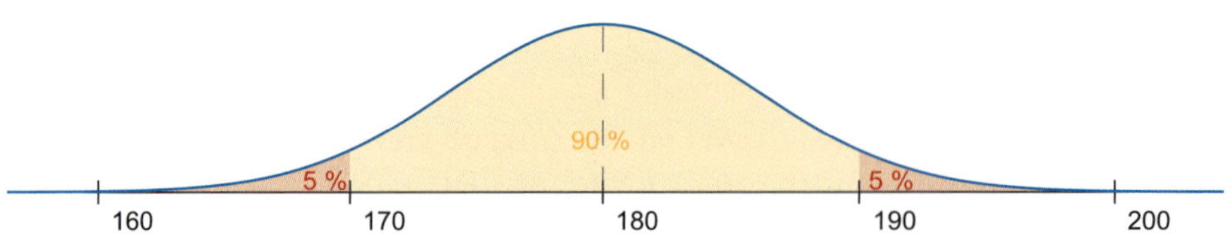

Abb. 7.6.22

Wenn 90 % aller Werte innerhalb des Bereichs liegen sollen, müssen je 5 % darüber und darunter liegen. Es ist daher $\Phi(z) = 0{,}95$ (bzw. $\Phi(-z) = 0{,}05$). Sie suchen in der Tabelle die Zahl, die am nächsten bei 0,95 liegt:

z	...	...	4	5	...
...	...	...	...	...	...
1,60	...	...	94 950	95 053	...
...	...	...	...	...	...

Der gesuchte Wert für z liegt fast genau zwischen 1,64 und 1,65, wir rechnen daher mit z = 1,645. Durch Umformen der Standardisierungsformel erhalten wir:

$x_1 = \mu - z \cdot \sigma = 180 - 1{,}645 \cdot 6 = 170{,}13$

$x_2 = \mu + z \cdot \sigma = 180 + 1{,}645 \cdot 6 = 189{,}87$

Es sind also 90 % aller Burschen zwischen ca. 170 cm und 190 cm groß.

T **Umkehraufgaben mit TI-82 STATS**

Die Umkehrung der Normalverteilungsfunktion erhalten Sie mit der Eingabe [2nd] [DISTR] → `3:invNorm(`, Wahrscheinlichkeit, μ, σ. Wenn Sie z. B. einen 90-%-Streubereich suchen, geben Sie für die untere Grenze die Wahrscheinlichkeit 0,05, für die obere Grenze 0,95 ein.

```
invNorm(.05,180,
6)
         170.1308782
invNorm(.95,180,
6)
         189.8691218
```

Abb. 7.6.23

Ü 7.92 ★★ (Fortsetzung): Größe von Mädchen B C

Ermitteln Sie jenes symmetrische Größenintervall, in dem 95 % aller 18-jährigen Mädchen liegen. Dokumentieren Sie Ihren Lösungsweg.

Veränderung von Erwartungswert/Standardabweichung

SbX
Wie Sie Erwartungswert und Standardabweichung ermitteln, finden Sie unter der ID: 1761.

Sie wissen bereits, dass die Fläche unter der Dichtefunktion der Normalverteilung für die Berechnung der Wahrscheinlichkeit genutzt wird. Daher muss die gesamte Fläche unter der Funktion den Wert 1, also 100 % ergeben. Für die Normalverteilungs(dichte-)funktion kennen Sie bereits folgendes Bild.

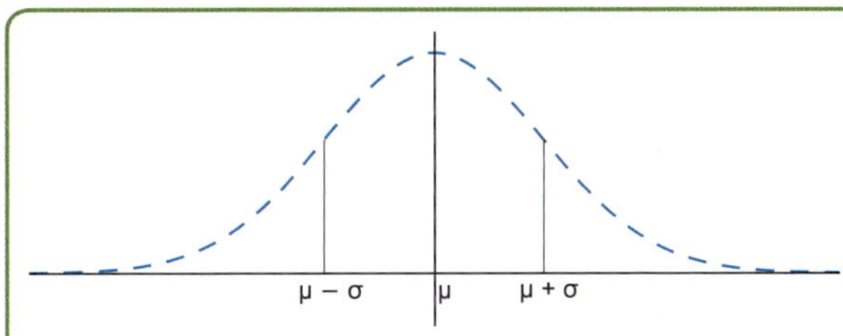

Abb. 7.6.24

Größerer Erwartungswert

Wenn sich nun der Erwartungswert ändert, z. B. größer wird, so bedeutet das nur, dass sich die „Mitte der Funktion" an eine Stelle mit einem größeren Wert verschiebt, sie wandert also nach rechts.

μ wird größer. σ bleibt gleich.

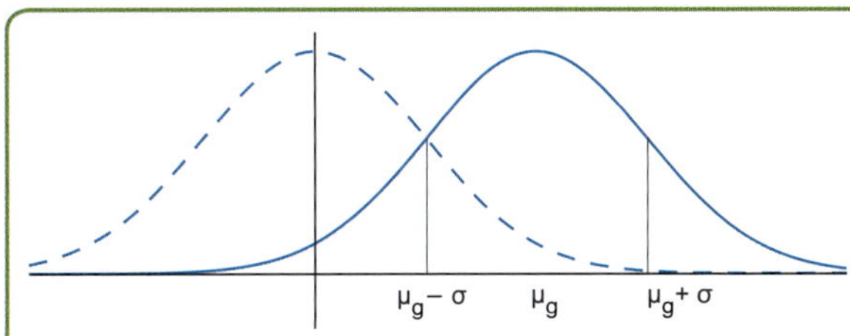

Abb. 7.6.25

Kleinerer Erwartungswert

Wenn sich nun der Erwartungswert ändert, z. B. kleiner wird, so bedeutet das nur, dass sich die „Mitte der Funktion" an eine Stelle mit einem kleineren Wert verschiebt, sie wandert also nach links.

μ wird kleiner. σ bleibt gleich.

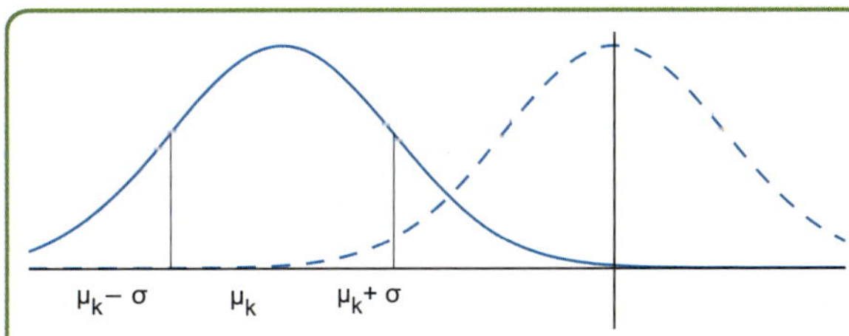

Abb. 7.6.26

Größere Standardabweichung

Wenn sich nun die Standardabweichung ändert, z. B. größer wird, so bedeutet das, dass es eine breitere Streuung um den Erwartungswert gibt, die Funktion wird „breiter". Da die Gesamtfläche unter der Kurve aber 1 ergeben muss, wird sie damit auch „weniger hoch".

σ wird größer. μ bleibt gleich.

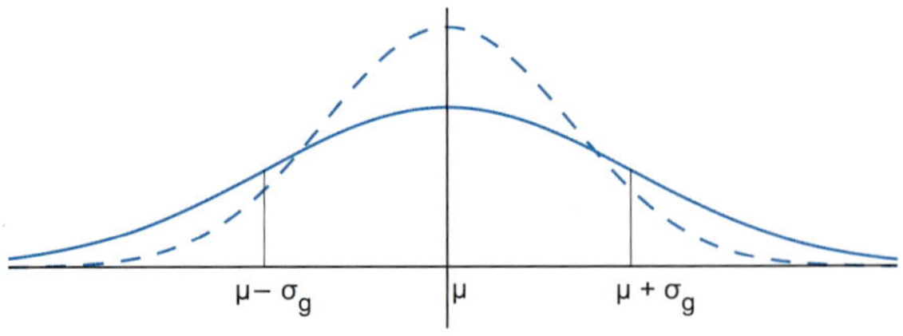

Abb. 7.6.27

Kleinere Standardabweichung

Wenn sich nun die Standardabweichung ändert, z. B kleiner wird, so bedeutet das, dass es eine kleinere Streuung um den Erwartungswert gibt, die Funktion wird „schmäler". Da die Gesamtfläche unter der Kurve aber 1 ergeben muss, wird sie damit auch „höher".

σ wird kleiner. μ bleibt gleich.

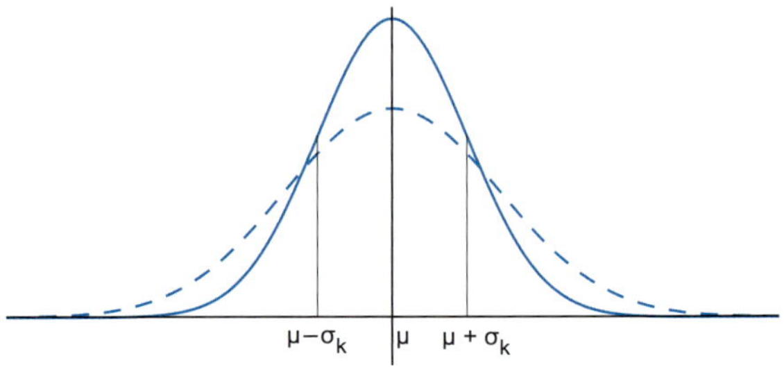

Abb. 7.6.28

Übungsbeispiel

Ü 7.93 ★★: Körpergröße im Mittel A

Die Größe von 18-jährigen Mädchen ist annähernd normalverteilt mit μ =168 cm, σ = 5 cm. Veranschaulichen Sie mit einer Grafik folgende Sachverhalte im Vergleich zum gegebenen:

a) Die Körpergröße einer Mädchengruppe streut stärker als die angegebene.

b) Die Körpergröße in einer Basketballmannschaft ist im Mittel weit größer als der angegebene Durchschnitt.

Wir haben gesehen, dass sich die Binomialverteilung immer mehr der Normalverteilung annähert, wenn n größer wird. Das kann man ausnutzen, um sich die Rechenarbeit zu erleichtern. Statt viele Einzelwahrscheinlichkeiten mit der Formel für die Binomialverteilung zu berechnen und zu addieren, benutzt man die Normalverteilung mit demselben Erwartungswert und derselben Standardabweichung.

Annäherung der Binomialverteilung durch die Normalverteilung

Für große n darf man die Binomialverteilung durch die Normalverteilung mit

$\mu = n \cdot p$ und $\sigma = \sqrt{n \cdot p \cdot (1 - p)}$

annähern (approximieren). Faustregel: Die Näherung ist erlaubt, wenn $\sigma > 3$ oder wenn

$n \cdot p > 4$ und $n \cdot (1 - p) > 4$.

SbX Ein dynamisches GeoGebra-Arbeitsblatt zum standardisierten Histogramm der Binomialverteilung finden Sie unter der ID: 1761.

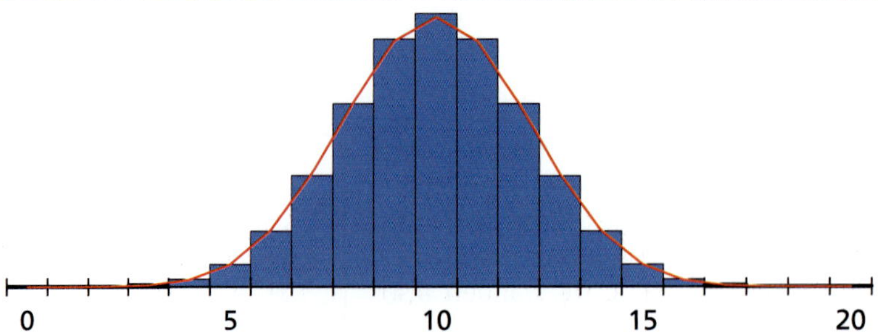

Abb. 7.6.29

Üben

A B C D

Ü 7.94 ★★: Graph der Normalverteilung B C

Der Graph zeigt die Dichtefunktion einer Normalverteilung mit dem Erwartungswert $\mu = 180$ cm und der Standardabweichung $\sigma = 6$ cm.

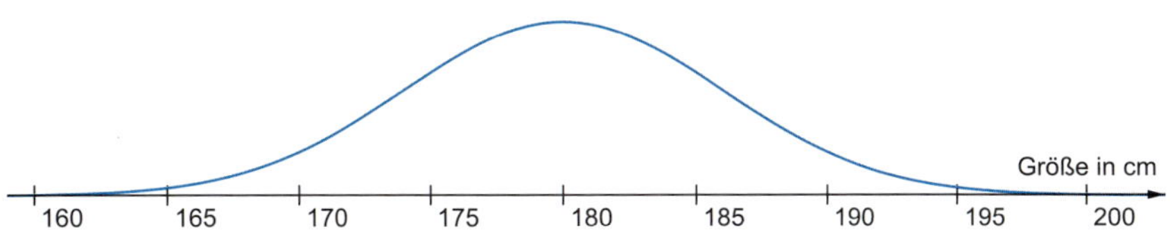

Abb. 7.6.30

Skizzieren Sie eine Normalverteilung

a) mit einem niedrigeren Erwartungswert und derselben Standardabweichung,

b) mit demselben Erwartungswert und einer höheren Standardabweichung,

c) mit einem höheren Erwartungswert und einer niedrigeren Standardabweichung.

d) Vergleichen Sie die grafische Darstellung einer Dichtefunktion mit gleichem Erwartungswert und einer höheren Standardabweichung mit der grafischen Darstellung der Angabe.

Ü 7.95 ★★: Größe von Burschen B C

Die Größe von 18-jährigen Burschen ist normalverteilt mit dem Erwartungswert $\mu = 180$ cm und der Standardabweichung $\sigma = 6$ cm. Lesen Sie aus den grafischen Darstellungen der Normalverteilung ab, welche Wahrscheinlichkeiten in den folgenden Graphen dargestellt sind. Berechnen Sie diese Wahrscheinlichkeiten.

a)

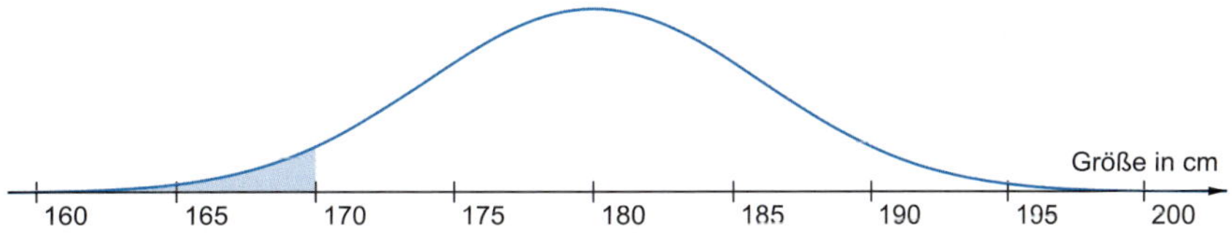

Abb. 7.6.31

b)

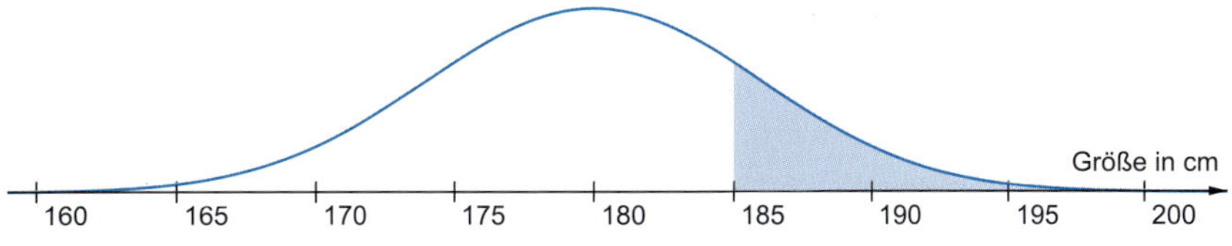

Abb. 7.6.32

c)

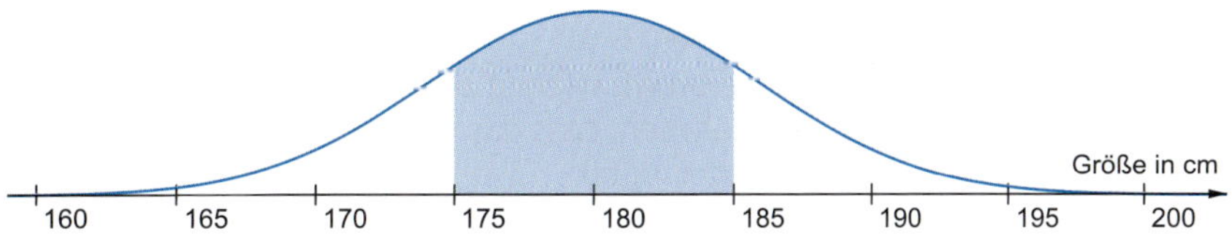

Abb. 7.6.33

Ü 7.96 ★★: Größe von Mädchen B C

Die Größe von 18-jährigen Mädchen ist normalverteilt mit dem Erwartungswert $\mu = 168$ cm und der Standardabweichung $\sigma = 5$ cm. Kennzeichnen Sie die Flächen, die den folgenden Wahrscheinlichkeiten entsprechen:

a) Ein Mädchen ist größer als 175 cm:

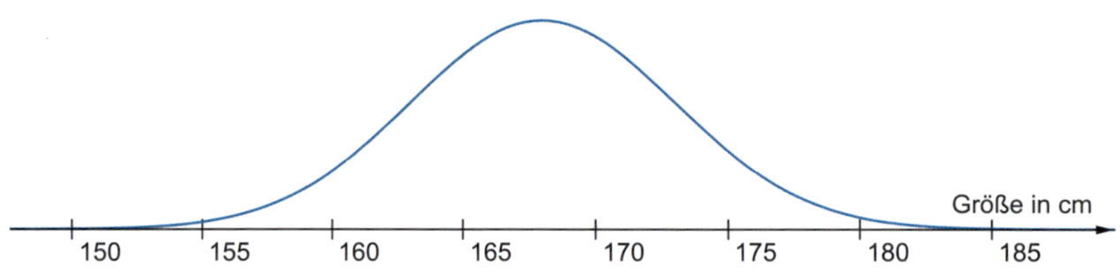

Abb. 7.6.34

b) Ein Mädchen ist zwischen 160 cm und 170 cm groß:

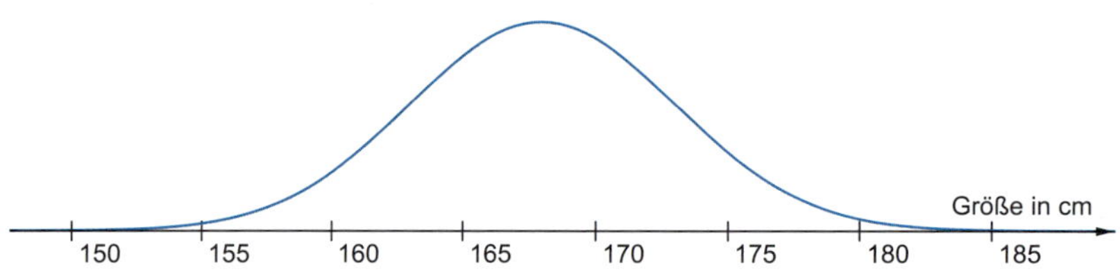

Abb. 7.6.35

c) Die Größe eines Mädchens weicht um mehr als 8 cm vom Erwartungswert ab:

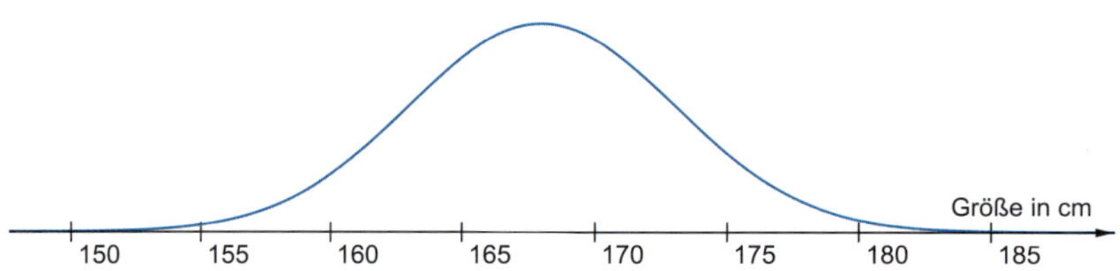

Abb. 7.6.36

Berechnen Sie auch die angegebenen Wahrscheinlichkeiten.

Ü 7.97 ★★: Geburtsgewicht A B

Das Gewicht von neugeborenen Kindern sei normalverteilt mit $\mu = 3200$ g und $\sigma = 800$ g.

Berechnen Sie die Wahrscheinlichkeit, dass ein Neugeborenes

a) mehr als 3000 g,

b) weniger als 2500 g,

c) zwischen 4000 und 5000 g wiegt.

Veranschaulichen Sie die gesuchten Wahrscheinlichkeiten mithilfe einer grafischen Darstellung.

Ü 7.98 ★★: Äpfel A B

Die Äpfel in einer Lieferung wiegen durchschnittlich 180 g, mit einer Standardabweichung von 50 g. Man kann annehmen, dass das Gewicht eine normalverteilte Zufallsvariable ist. Berechnen Sie, wie viel Prozent der Äpfel

a) weniger als 150 g,

b) mehr als 175 g,

c) zwischen 200 und 250 g wiegen.

Veranschaulichen Sie die gesuchten Wahrscheinlichkeiten mithilfe einer graphischen Darstellung.

Ü 7.99 ★★: Ersatzteil B

Die Lebensdauer eines Ersatzteils ist normalverteilt mit μ = 180 Tage und σ = 40 Tage.

a) Berechnen Sie die Wahrscheinlichkeit, dass die Lebensdauer weniger als 3 Monate beträgt. (1 Monat = 30 Tage)

b) Ermitteln Sie, bei wie viel Prozent aller Teile die Lebensdauer um weniger als 1 Monat vom Erwartungswert abweicht.

Ü 7.100 ★★: Geburtsgewicht 2 A B

Berechnen Sie, wie schwer ein Neugeborenes sein muss (s. **Ü 7.97**), damit es

a) zu den 15 % schwersten,

b) zu den 25 % leichtesten gehört.

c) Geben Sie einen symmetrischen Bereich um den Erwartungswert an, in dem die Gewichte von 90 % aller Neugeborenen liegen. (Runden Sie auf dag.)

Veranschaulichen Sie die Aufgabe durch eine Skizze.

Ü 7.101 ★★: Äpfel 2 B

a) 10 % der Äpfel aus **Ü 7.98** werden aussortiert, weil sie zu leicht sind. Berechnen Sie, wie schwer ein Apfel höchstens sein kann, wenn er aussortiert wird.

b) Geben Sie einen 50-%-Streubereich für das Gewicht der Äpfel an (Quartile).

Ü 7.102 ★★: Intelligenzquotient B D

Der Intelligenzquotient (IQ) ist eine normalverteilte Zufallsvariable mit μ =100 und σ =15.

a) Berechnen Sie die Wahrscheinlichkeit,
- dass jemand einen IQ von unter 90 hat.
- dass jemand einen IQ über 120 hat.

b) Bestimmen Sie einen symmetrischen Bereich, in dem der IQ von 90 % der Bevölkerung liegt.

c) Ermitteln Sie den IQ eines Menschen, der zu den intelligentesten 2 % gehört.

d) Erklären Sie, wie sich die Dichtefunktion der Normalverteilung verändert, wenn der mittlere Intelligenzquotient um 2 % fallen würde.

Ü 7.103 ★★: Eier B

In Österreich werden Hühnereier in Gewichtsgruppen eingeteilt. Angenommen, das Gewicht der Eier ist normalverteilt mit dem Erwartungswert 57 g und der Standardabweichung 8 g. Berechnen Sie, wie viel Prozent aller Eier auf die einzelnen Gewichtsgruppen entfallen.

S:	unter 53 g
M:	53 bis unter 63 g
L:	63 bis unter 73 g
XL:	73 g und mehr

Ü 7.104 ★★: Abfüllmaschine B

Eine Maschine füllt Kaffee in 500-g-Packungen ab. Sie ist auf eine Füllmenge von 510 g eingestellt. Die Füllmenge unterliegt leichten Schwankungen; sie ist normalverteilt, die Standardabweichung beträgt 7 g.

a) Berechnen Sie, wie viel Prozent der Packungen untergewichtig sind.

b) Ermitteln Sie einen symmetrischen Bereich, in dem die Füllmenge von 95 % aller Packungen liegt.

Ü 7.105 ★★: Bretter A B

In einer Tischlerei werden 80 cm lange Regalbretter zugeschnitten. Die Länge der Bretter ist normalverteilt mit $\sigma = 0{,}2$ cm.

Berechnen Sie,

a) wie viel Prozent aller Bretter länger als 80,3 cm sind,

b) bei wie viel Prozent die Länge zwischen 79,8 und 80,3 cm liegt.

c) Ein Brett zählt als Ausschuss, wenn die Länge um mehr als 0,5 cm vom Sollwert abweicht. Bei wie viel Prozent aller Bretter ist das der Fall?

d) Veranschaulichen Sie mittels grafischer Darstellung, wie sich die Dichtefunktion der Normalverteilung verändert, wenn die mittlere Länge um 1 cm größer würde.

Ü 7.106 ★★★: Tachometer B

Der Tachometer eines Autos ist so konstruiert, dass er um 10 % mehr als die tatsächlich gefahrene Geschwindigkeit anzeigt. Allerdings sind Messfehler nie ganz zu vermeiden. Die Standardabweichung der Anzeige beträgt 3 km/h. Berechnen Sie die Wahrscheinlichkeit, dass der Tacho bei einer Fahrgeschwindigkeit von 70 km/h weniger als 70 km/h anzeigt.

Ü 7.107 ★★★: LED-Leuchten A B

Die Lebensdauer einer LED-Leuchte ist mit durchschnittlich 40 000 Stunden angegeben. Bei einem Test wurde festgestellt, dass 15 % eine Lebensdauer von über 50 000 Stunden haben.

a) Berechnen Sie die Standardabweichung unter der Annahme, dass die Lebensdauer normalverteilt ist.

b) Veranschaulichen Sie mittels grafischer Darstellung, wie sich die Dichtefunktion der Normalverteilung verändert, wenn die mittlere Lebensdauer weniger stark schwankt.

Ü 7.108 ★★★: Katzen A B

Eine Untersuchung ergab, dass das Gewicht von Katzen normalverteilt ist. 5 % aller Katzen wiegen weniger als 3 kg, 25 % sind schwerer als 5 kg. Ermitteln Sie den Erwartungswert und die Standardabweichung.

Modellieren Sie bei den folgenden Beispielen die Binomialverteilung durch eine passende Normalverteilung. Übertragen Sie die Aufgabenstellung zuerst in eine grafische Darstellung.

Ü 7.109 ★★: Kopf oder Zahl A B

Eine Münze wird 100-mal geworfen. Berechnen Sie die Wahrscheinlichkeit für

a) höchstens 46-mal „Kopf",

b) mindestens 60-mal „Kopf",

c) 45- bis 55-mal „Kopf.

d) Berechnen Sie jenen symmetrischen Bereich um den Erwartungswert, in dem mit 95 % Wahrscheinlichkeit die Anzahl der „Kopf"-Würfe liegt.

Ü 7.110 ★★: Würfeln A B

Ermitteln Sie die Wahrscheinlichkeit, bei 150-maligem Würfeln mit einem sechsseitigen Würfel

a) höchstens 30-mal „Sechs",

b) 20- bis 27-mal „Sechs",

c) mindestens 23-mal „Sechs"

zu erhalten.

Ü 7.111 ★★: Glühbirnen A B

Ein Händler erhält eine Lieferung von 1000 Glühbirnen, von denen erfahrungsgemäß 3 % beschädigt sind.

a) Ermitteln Sie die Wahrscheinlichkeit, dass mehr als 40 Glühbirnen (also mindestens 41) beschädigt sind.

b) Berechnen Sie jenen symmetrischen Bereich um den Mittelwert, in dem mit 90 % Wahrscheinlichkeit die Anzahl der defekten Birnen liegt.

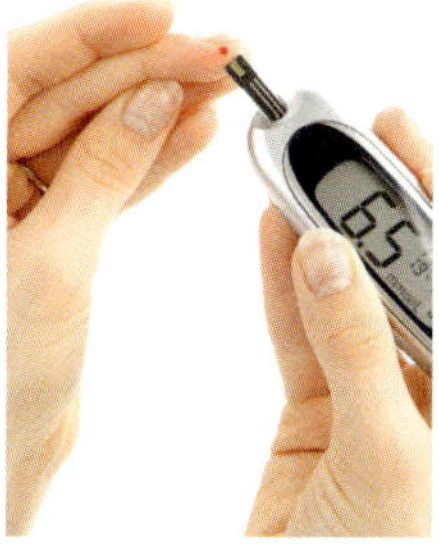

Ü 7.112 ★★: Diabetes A B

7 % aller Erwachsenen sind zuckerkrank.

a) Berechnen Sie die Wahrscheinlichkeit, dass in einer Stichprobe von 500 Personen höchstens 30 zuckerkrank sind.

b) Geben Sie einen 99-%-Streubereich für die Anzahl der Zuckerkranken in der Stichprobe an.

c) Man nimmt an, dass der Anteil der Diabetiker in den kommenden Jahren zunimmt. Stellen Sie diese Veränderung zum „Ist-Zustand" grafisch dar.

Ü 7.113 ★★: Marktforschung A B

In einem Unternehmen schätzt man, dass 40 % der Bevölkerung dessen Produkt kennen. Bei einer Umfrage wurden 300 Personen befragt.

a) Berechnen Sie die Wahrscheinlichkeit, dass weniger als 100 Personen angeben, das Produkt zu kennen.

b) Ermitteln Sie, mit welcher Wahrscheinlichkeit die Anzahl der Befragten, die das Produkt kennen, um höchstens 10 vom Erwartungswert abweicht.

Ü 7.114 ★★: Medikament B

Ein Medikament hat eine Erfolgswahrscheinlichkeit von 80 %. Berechnen Sie die Wahrscheinlichkeit, dass von 200 Patienten, die das Medikament einnehmen, höchstens 150 gesund werden.

Ü 7.115 ★★: Geburtsmonat B

Angenommen, jeder Monat kommt gleich oft als Geburtsmonat vor. Berechnen Sie unter dieser Voraussetzung die Wahrscheinlichkeit, dass von den 2250 Einwohnern eines Ortes mindestens 200 im Mai Geburtstag haben.

Ü 7.116 ★★: Telefonmarketing B

Ein Weinhändler will seine Produkte per Telefonmarketing verkaufen. Es wird angenommen, dass jeder 10. Angerufene etwas bestellt. Ermitteln Sie die Wahrscheinlichkeit, dass bei 250 Anrufen mindestens 20 Bestellungen eingehen.

Ü 7.117 ★★: Eierbruch B

4 % aller Eier werden beim Transport beschädigt. Ein Geschäft bekommt eine Lieferung von 1500 Eiern.

a) Berechnen Sie die Wahrscheinlichkeit, dass 120 oder mehr Eier beschädigt sind.

b) Bestimmen Sie einen 95-%-Streubereich für die Anzahl der beschädigten Eier.

Sichern

Dichtefunktion der Standard-Normalverteilung grafisch

N(0, 1)

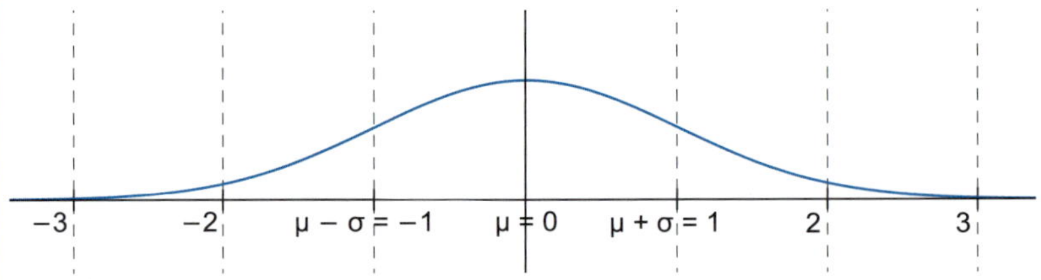

Abb. 7.6.37

Dichtefunktion einer Normalverteilung grafisch

$N(\mu, \sigma^2)$

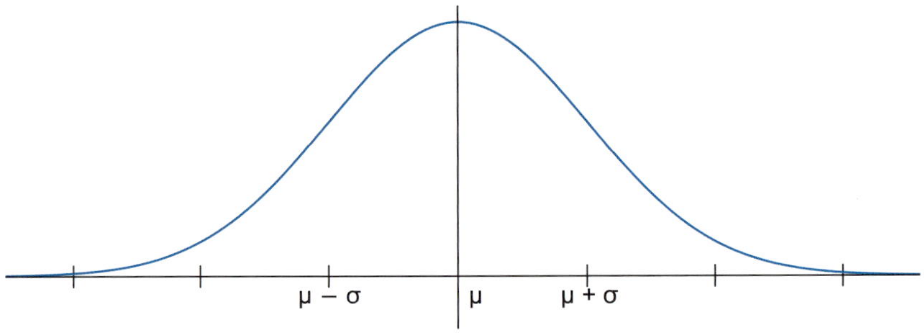

Abb. 7.6.38

Standardisierungsformel

$$z = \frac{x - \mu}{\sigma}$$

Die Werte der Verteilungsfunktion der Standardnormalverteilung ($\mu = 0$, $\sigma = 1$) können aus einer Tabelle abgelesen werden.

Φ(z) in der Tabelle

$P(Z \leqslant z) = \Phi(z)$

(Fläche links von z)

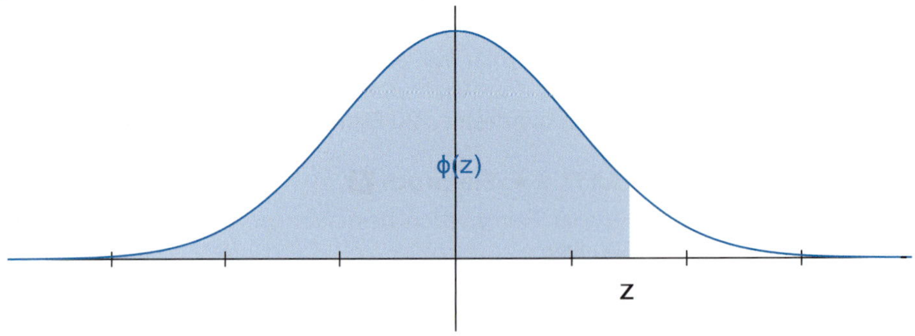

Abb. 7.6.39

Approximation der Binomialverteilung durch die Normalverteilung

Für große n darf man die Binomialverteilung durch die Normalverteilung mit $\mu = n \cdot p$ und $\sigma = \sqrt{n \cdot p \cdot (1 - p)}$ annähern (approximieren). Faustregel: Die Näherung ist erlaubt, wenn $\sigma > 3$ oder wenn $n \cdot p > 4$ und $n \cdot (1 - p) > 4$.

Wissen

A B C D

W 7.36: Schokolade A B C

Eine Maschine erzeugt Schokoladefiguren mit dem Sollgewicht 100 g. Bei einer Qualitätskontrolle wurden 30 Figuren gewogen. Die Ergebnisse lauteten (in g, geordnet):

92, 94, 96, 97, 97, 98, 100, 100, 100, 102,
102, 103, 104, 105, 105, 106, 106, 107, 108, 108,
109, 110, 110, 111, 112, 113, 114, 116, 118, 119

a) ● Vergleichen Sie das arithmetische Mittel mit dem Median.
   ● Berechnen Sie die Stichprobenstandardabweichung.

b) Teilen Sie die Werte in Klassen (90 bis unter 95 g, 95 bis unter 100 g ...) und veranschaulichen Sie die Daten in einem Histogramm. Beurteilen Sie anhand des Histogramms, ob man annehmen kann, dass das Gewicht normalverteilt ist.

c) Gehen Sie nun von einer Normalverteilung aus, wobei Sie die Ergebnisse aus Aufgabe a) als Schätzwerte verwenden. (Runden Sie auf eine Dezimale.)
   ● Berechnen Sie, wie viel Prozent der Schokoladefiguren untergewichtig sind, d.h. leichter als 100 g.
   ● Geben Sie einen symmetrischen Bereich um den Erwartungswert an, in dem das Gewicht von 95 % aller Figuren liegt.

W 7.37: Mineralwasser mit dem Extra A D

Ein Betrieb erzeugt „Wellness-Mineral", welches aus einem kohlensäurehaltigen Quellwasser mit einem Geschmackszusatz und Vitaminen angereichert ist. Es wird in Flaschen zu 1 l verkauft. Die Abfüllanlage ist auf einen Mittelwert von 1,01 l mit einer Abweichung von $\sigma \pm$ 0,02 l eingestellt.

a) Veranschaulichen Sie anhand einer grafischen Darstellung, warum die Wahrscheinlichkeit, eine Flasche mit einer Füllmenge zu kaufen, die unter der angegebenen Verkaufsmenge liegt, weniger als 50 % beträgt.

b) Vergleichen Sie die angegebene Abfüllanlage mit einer anderen, deren Standardabweichung nur die Hälfte beträgt aus der Sicht des Konsumenten – „lieber zu viel als zu wenig Wasser".

c) Um die Kundenzufriedenheit zu erhöhen, schlagen Techniker zwei Möglichkeiten vor:
   ● den Mittelwert bei gleicher Standardabweichung um 0,01 zu erhöhen
   ● die Standardabweichung bei gleichem Mittelwert um 0,01 zu verkleinern

Beschreiben Sie die Auswirkungen auf den Konsumenten anhand einer grafischen Darstellung ohne Berechnung.

7 Statistik & Wahrscheinlichkeit

W 7.38: Niederschlag A B

Langzeitbeobachtungen der Niederschlagsmenge an einem bestimmten Ort A ergaben, dass diese annähernd normalverteilt ist mit dem Erwartungswert 55 mm und der Standardabweichung 3 mm.

Berechnen Sie die Wahrscheinlichkeit,

a) dass die Niederschlagsmenge zwischen 52 mm und 61 mm beträgt.

b) dass die Niederschlagsmenge um mehr als 4 mm vom Erwartungswert abweicht.

c) Veranschaulichen Sie mit einer grafischen Darstellung, wie sich die Dichtefunktion der Normalverteilung verändert, wenn die Niederschlagsmenge eines sehr regenreichen Jahres bei gleicher Abweichung größer ist.

d) Klimaforscher behaupten, dass Wetterextreme zunehmen werden. Das würde in diesem Fall bedeuten, dass die durchschnittliche Niederschlagsmenge gleich bliebe, aber die Schwankungen viel größer würden. Übertragen Sie diese Behauptung in eine passende Grafik.

Kompetenz-Check

	☺	😐	☹
Ich verstehe den Zusammenhang zwischen stetigen Verteilungen und Integral.			
Ich weiß, wie sich die Dichtefunktion einer Normalverteilung verändert, wenn sich der Erwartungswert bzw. die Standardabweichung ändert.			
Ich kann die grafische Darstellung der Normalverteilung interpretieren.			
Ich kann die Werte der Normalverteilung bestimmen.			
Ich kann die Intervallgrenzen zu einer gegebenen Wahrscheinlichkeit bestimmen.			
Ich kann aus gegebenen Werten der Normalverteilung den Erwartungswert und die Standardabweichung berechnen.			
Ich weiß, wann und wie ich eine Binomialverteilung durch die Normalverteilung annähern kann.			

8 BASISWISSEN

Worum geht's in diesem Kapitel?

Das Kapitel Basiswissen bildet das Fundament, auf dem Sie Ihre weiteren mathematischen Strukturen errichten können. Es gibt Ihnen die Möglichkeit, bereits bestehendes Wissen zu wiederholen, und dient zum schnellen Nachschlagen.

Wenn Sie dieses Kapitel bearbeitet haben, können Sie:

- mit Variablen und Termen arbeiten
- Prozentwerte, Prozentanteile, Rabatte und Skonti berechnen
- sehr große und sehr kleine Zahlen effizient ausdrücken
- Zusammenhänge in mathematische Geheimschrift fassen
- erklären, warum eine Pyramide fast ein Kegel ist und warum man einen Mantel nicht nur anziehen kann
- mit Funktionen die „Wirklichkeit" verändern

In diesem Kapitel erwerben Sie Kompetenzen zu folgenden Deskriptoren:

„Ich kann mit Termen rechnen."

„Ich kann Zahlenangaben in Prozent im Kontext anwenden und mit Prozentsätzen rechnen."

„Ich kann Zahlen in Fest- und Gleitkommadarstellung darstellen."

„Ich kann Vielfache und Teile von Einheiten mit den entsprechenden Zehnerpotenzen darstellen"

„Ich kann mit natürlichen, ganzen, rationalen und reellen Zahlen rechnen, ihre Beziehungen argumentieren und auf der Zahlengeraden veranschaulichen."

„Ich kann eine Funktion als eindeutige Zuordnung erklären und als Modell zur Beschreibung der Abhängigkeit zwischen Größen interpretieren."

„Ich kann den Graphen einer gegebenen Funktion mit Technologie darstellen, Funktionswerte ermitteln und den Verlauf des Graphen im Kontext interpretieren."

A B C D

In diesem Kapitel finden Sie Lehrbeispiele, Übungsaufgaben und Aufgaben zur Lernkontrolle zur Überprüfung Ihrer Kompetenzen auf den Handlungsebenen A Modellieren und Transferieren B Operieren und Technologieeinsatz C Interpretieren und Dokumentieren und D Argumentieren und Kommunizieren.

SbX **Ergänzung:**
Lerneinheit 6: Planimetrie – Stereometrie, ID: 1865

Dieses Kapitel umfasst folgende Lerneinheiten:

Lerneinheit 1
Variablen und Terme

SbX
Alle SbX-Inhalte zu dieser Lerneinheit finden Sie unter der ID: 1810.

Mathematik ohne Variablen wäre wie ein Fisch ohne Wasser. Schon in der Antike wurde mit Variablen gerechnet, doch erst der US-amerikanische Mathematiker und Philosoph Charles Sanders Peirce (1839–1914) erkannte die Wichtigkeit der Variablen für die wissenschaftliche Sprache.

Sie lernen hier:

- wozu Variablen gebraucht werden
- wie man mit Variablen rechnet
- warum auch Terme eine wichtige Rolle für die Mathematik spielen

Lernen

SbX ID: 1811

A B C D

1 Variablen und Terme
Die Begriffe

Zwei Beispiele:

Dominik und Alvaro verbringen ein Wochenende auf einem großen Musikfestival. Das Zelt ist aufgestellt, die Sonne brennt vom Himmel … Zeit für eine Abkühlung – aber woher? Da kommen zwei Mädchen vorbei, jedes mit einem großen Getränkebecher in der Hand. Die beiden unterhalten sich angeregt in einer Sprache, die Dominik und Alvaro nicht verstehen – was tun? Dominik versucht sich in Pantomime. Alvaro schnappt einen Zweig und zeichnet einen Becher und ein großes Fragezeichen in den Sandboden. Die zwei Mädchen lachen und zeigen auf einen Kiosk hinter den Zelten.

Denken Sie sich eine Zahl. Vervierfachen Sie diese Zahl und addieren Sie 6. Multiplizieren Sie das Ergebnis mit 3 und subtrahieren Sie das Dreifache der gedachten Zahl. Dividieren Sie dann durch 9 und ziehen Sie noch 1 ab. Wenn Sie mir nun Ihr Ergebnis sagen, dann sage ich Ihnen Ihre gedachte Zahl (indem ich von Ihrer Lösung noch 1 subtrahiere)!

Variable

Eine Variable ist im Allgemeinen ein Buchstabe, der stellvertretend für eine Zahl, einen Begriff o. Ä. geschrieben wird. So wie in vielen anderen Bereichen der Mathematik ist diese abgekürzte Schreibweise sowohl im Aufschreiben als auch in der Berechnung von Vorteil. Nehmen wir an, dass die beiden Burschen nun wirklich zum Kiosk gehen, um sich Getränke zu kaufen. Sie zahlen für zwei (gleichartige) Becher kühler Limonade 3,60 €.

Die Kreativen unter uns könnten das natürlich anders schreiben:

2  = 3,60

Nun könnte man Folgendes schreiben:

umgangssprachlich	mathematisch
Zwei Becher Limonade kosten 3,60 €.	$2b = 3{,}60$
Daher kostet ein Becher 1,80 €.	$b = 1{,}80$

Damit ist auch schon eine der Verwendungsmöglichkeiten von Variablen, nämlich das Lösen von Gleichungen vorgestellt.

Oft ist es sinnvoll, „sprechende" Variablen zu verwenden, so zum Beispiel: b für „Preis pro Becher", a für „Anzahl der Äpfel" usw.

Term

Wenn man nun Variablen, Zahlen und Rechenzeichen so miteinander verbindet, dass ein mathematisch sinnvoller Ausdruck entsteht, so nennt man diesen Ausdruck Term.

Term: mathematisch sinnvoller Ausdruck, der aus Variablen, Zahlen und Rechenzeichen besteht

Ausdrücke, die Terme sind: $4x$; $4x + 5$; $2 \cdot (4x + 5)$

Ausdrücke, die keine Terme sind: $4x +$; $5 \cdot 3x -$; $2 \cdot ( )$

umgangssprachlich	Beispiel	mathematisch
eingliedriger Term	$5a$	Monom
zweigliedriger Term	$5a - 7$	Binom
mehrgliedriger Term	$5a - 7 + 6v + 9c$	Polynom

2 Rechnen mit Variablen

Regeln zum Rechnen ohne Zahlen

Addition und Subtraktion

Stellen wir uns folgende Frage: „Was sind drei Äpfel?" Zu dieser Frage gibt es ganz unterschiedliche Antworten: zum Beispiel „sehr gesund, gut …". Nun ist aber „drei Äpfel" auch die Abkürzung für: „ein Apfel plus ein Apfel plus ein Apfel".

Abkürzungen werden in der Mathematik sehr oft verwendet, da sie das Aufschreiben von mathematischen Ideen, Rechnungen etc. sehr erleichtern.

umgangssprachlich	mathematisch
 = 3	$a + a + a = 3a$
 = 2	$b + b = 2b$

Hier wird auch sehr offensichtlich, dass man einen Apfel und einen Becher nicht zusammenrechnen kann.

Mathematisch gesprochen:

Variablen addieren/subtrahieren

Man kann nur **gleiche Variablen addieren/subtrahieren.**

Lehrbeispiel

3a ist die Abkürzung für $3 \cdot a$. Man kann den Malpunkt bei der Multiplikation also weglassen.

L 8.1: Addieren und Subtrahieren von Variablen B

$4a + 6b - 2a - 19b + 5b + 3a = 4a - 2a + 3a + 6b - 19b + 5b$
$= 5a - 8b$

● Nach gleichen Variablen ordnen!

Multiplikation und Division

Wenn nun 2 Personen je 3 Äpfel essen, so wären das 6 gegessene Äpfel.

Mathematisch aufgeschrieben: $2 \cdot 3a = 6a$

Lehrbeispiel

L 8.2: Variablen multiplizieren B

$2a \cdot 3b \cdot 4c = 2 \cdot 3 \cdot 4 \cdot a \cdot b \cdot c$
$= 24abc$

● Die Zahlen werden multipliziert. (Es können nur Zahlen bzw. Variablen multipliziert werden.)

8 Basiswissen

Übungsbeispiel

Ü 8.1 ★: Rechnen mit Variablen B

Berechnen Sie:

$2a \cdot 5c + 7c \cdot 4a =$

Wenn nun 6 Äpfel von zwei Personen gegessen werden (jede bekommt gleich viel), so isst jede Person drei Äpfel.

Mathematisch aufgeschrieben: $6a : 2 = 3a$

Lehrbeispiel

L 8.3: Variablen dividieren B

$12a : 3 = 4a$

- Die Zahlen werden dividiert. (Es können nur Zahlen bzw. Variablen dividiert werden.)

Brüche kürzen: Zähler (oben) und Nenner (unten) durch dieselbe Zahl/Variable dividieren

Man kann $6a : 2 = 3a$ auch in Form eines Bruches aufschreiben:

$\frac{6a}{2} = 3a$

(weil $\frac{6}{2}$ durch 2 gekürzt genau 3 ergibt).

Lehrbeispiel

L 8.4: Variablen dividieren B

$12a : 3a = 4$

- Die Zahlen werden dividiert. Die Variablen werden dividiert. (Es können nur dieselben Variablen dividiert werden.)

Übungsbeispiel

Ü 8.2 ★: Rechnen mit Variablen B

Berechnen Sie:

$35f : 7 + 18f : 3 =$

Multiplikation eingliedriger und mehrgliedriger Ausdrücke

In der Volksschule lernt man, im Kopf zu multiplizieren.

Die Aufgabe $14 \cdot 3$ wird oft in der Form $10 \cdot 3$ plus $4 \cdot 3$ gerechnet.

Mathematisch aufgeschrieben wäre das also Folgendes:

Version 1	Version 2
Man addiert zuerst 10 und 4 (ergibt eben 14) und multipliziert das Ergebnis mit 3.	Man multipliziert zuerst sowohl 10 als auch 4 mit 3 und addiert dann die Ergebnisse.
$(10 + 4) \cdot 3 = 14 \cdot 3 = 42$	$10 \cdot 3 + 4 \cdot 3 = 30 + 12 = 42$

Mathematisch aufgeschrieben bedeutet dieser Gedankengang Folgendes:

SbX

Eine geometrische Deutung dieser Rechenregel und ein weiteres Lehrbeispiel finden Sie unter der ID: 1811.

„Jedes mit jedem"

$(a \pm b) \cdot c = a \cdot c \pm b \cdot c$

in Worten:

Eine Summe/Differenz wird mit einem (eingliedrigen) Term multipliziert, indem man jedes Glied der Summe/Differenz mit dem Term multipliziert.

Lehrbeispiel

Achtung auf das Vorzeichen!

L 8.5: Multiplikation einer Differenz mit einem eingliedrigem Term B

$-4a \cdot (2 - 5b) = -4a \cdot 2 - (-4a) \cdot 5b$

$= -8a + 20ab$

- Man multipliziert zuerst sowohl 2 als auch 5b mit −4a.
- Diese Ergebnisse kann man aber nicht mehr weiter zusammenfassen, daher ist das schon die Lösung.

Lehrbeispiel

Ein **Minus** vor einer Klammer **ändert** beim Auflösen alle Vorzeichen in der Klammer.

L 8.6: Das Minus vor der Klammer B

$5a - (3 - 4a) = 5a - 1 \cdot (3 - 4a)$

- Das Minus vor der Klammer könnte man auch „umständlich" als „-1" schreiben.

$= 5a - 1 \cdot 3 - 1 \cdot (-4a)$

- Man multipliziert zuerst sowohl 3 als auch 4a mit -1.

$= 5a - 3 + 4a$

$= 9a - 3$

Beim Multiplizieren von Termen kann es vorkommen, dass eine Variable mit sich selbst multipliziert wird. Dann sollte diese Variable in Potenzschreibweise geschrieben werden.

Lehrbeispiel

Querverweis

Rechnen mit Potenzen siehe Kapitel 2, Lerneinheit1.

L 8.7: Multiplikation von Termen B

$5a \cdot (3 - 4a) = 5a \cdot 3 - 5a \cdot 4a$

$= 15a - 20a^2$

- $a \cdot a = a^2$

Nun gibt es auch noch den Fall, dass mehrgliedrige Terme miteinander multipliziert werden.

Achtung auf die Vorzeichen und Rechenzeichen!

„Jedes mit jedem"

$(a + b) \cdot (c + d) = a \cdot c + a \cdot d + b \cdot c + b \cdot d$

in Worten:

Summen/Differenzen werden miteinander multipliziert, indem man jedes Glied des ersten Terms mit jedem Glied des zweiten Terms multipliziert.

Achtung auf die Reihenfolge!

( )

vor

· :

vor

\+ −

Herausheben – Ausklammern

In **L 8.5** wurde das Multiplizieren einer Zahl/Variablen mit einem Ausdruck in einer Klammer erklärt.

In Deutschland sagt man auch Ausklammern.

Manchmal will man aber auch das Gegenteil tun, nämlich etwas in ein oder mehrere Produkte zerlegen. Das kann man unter anderem durch das Herausheben:

Ausmultiplizieren ↓	$4a \cdot (2 + 5b) = 4a \cdot 2 + 4a \cdot 5b$ $= 8a + 20ab$	↑ Herausheben

$8a + 20ab = 4a \cdot 2 + 4a \cdot 5b$

- Man sucht jene Zahl/Variable, die in beiden Summanden enthalten ist; hier: 4a.

$= 4a \cdot (2 + 5b)$

- Man schreibt diese vor die Klammer und fragt sich: 4a mal „was" ergibt 8 bzw. 20ab? „Was" muss daher 2 bzw. 5b sein!
- Kontrolle durch Ausmultiplizieren

Übungsbeispiel

Ü 8.3 ★★: Terme herausheben B

Heben Sie heraus und kontrollieren Sie durch Ausmultiplizieren:

$4x - 10xy =$

8 Basiswissen

Lehrbeispiel

Achtung: Wenn man „alles" heraushebt, muss noch immer der Faktor 1 bleiben.

L 8.8: Herausheben von Termen B

Heben Sie heraus:

$40ab + 10b = 10b \cdot (4a + 1)$

- Vielleicht haben Sie 10b herausgehoben und dann Folgendes geschrieben: $10b \cdot (4a)$.
- Die Kontrolle durch Ausmultiplizieren ergibt Folgendes: 40ab stimmt, der Ausdruck **+10b** ist **verschwunden!** Wenn man sich die Frage nach dem 10b mal „was" ergibt 10b stellt, so kommt man auf die Zahl +1.

Üben

SbX ID: 1812

A B C D

Ü 8.4 ★★★: Rechnen mit Termen B

Ordnen Sie jeder Angabe eine der möglichen Lösungen zu.

☐ a) $a + 6a - 4a =$ ☐ d) $3a - (a - 5a) =$ ☐ f) $15a - 3a - 4a =$

☐ b) $-20a + (4a + 5a) =$ ☐ e) $4a - 10a + 3a =$ ☐ g) $8a - (3a + 4a + 9a) + 2a =$

☐ c) $-15a - (15a + 5a) =$

Mögliche Lösungen:

1. 8a	4. −11a	7. a	10. 11a
2. −12a	5. 3a	8. −8a	11. 7a
3. −35a	6. −6a	9. −3a	

Ü 8.5 ★★: Rechnen mit Termen B

Vereinfachen Sie:

a) $2 \cdot (d + e) =$ d) $12d \cdot (g - 3h) =$ f) $(7k - 5v - 3z) \cdot 9 =$

b) $(k + v) \cdot 3d =$ e) $-5 \cdot (2d + 3e - 4c) =$ g) $3de \cdot (5 - 2k + z) =$

c) $9d \cdot (e + 2c - 1) =$

Ü 8.6 ★★: Terme herausheben B

Heben Sie heraus:

a) $5a - 15ax =$ d) $6abx - 3axy =$ g) $12e + 15v =$

b) $9ax - 12bx =$ e) $10ab + 5bc =$ h) $6x - 3xy =$

c) $9y + 12z =$ f) $12ab - 3b =$ i) $8x - 8 =$

Querverweis

Rechnen mit Potenzen siehe Kapitel 2, Lerneinheit 1.

Ü 8.7 ★★★: Rechnen mit Termen B

Vereinfachen Sie so weit wie möglich:

a) $5bx \cdot (2ab + 3x) =$ d) $4a^2 \cdot (2b + 5c) =$ g) $-4a^2 \cdot (5ab - 7) =$

b) $5ab \cdot (3a^2 + 2b) =$ e) $-5ab^2 \cdot (-3a + 2) =$ h) $2x^2 \cdot (3a + x) =$

c) $2ax \cdot (x^2 - 3a + a^2) =$ f) $3ab \cdot (4a + ab - b) =$ i) $4x^2 \cdot (2a^2 - 5x + y^2) =$

Ü 8.8 ★★★: Rechnen mit Termen B

Vereinfachen Sie so weit wie möglich:

a) $(2y + 1) \cdot (y + 3) =$ c) $(2c - 1) \cdot (3c - 2) =$

b) $(d - 3) \cdot (d - 2) =$ d) $(2e + 3) \cdot (e + 5) =$

SbX ID: 1812

Weitere Übungsbeispiele zu dieser Lerneinheit finden Sie im SbX.

Sichern

Terme addieren/subtrahieren
Man kann **nur gleiche Variablen addieren/subtrahieren.**

Terme multiplizieren/dividieren
Beim **Multiplizieren/Dividieren** werden die Zahlen multipliziert/dividiert und die Variablen multipliziert/dividiert.

Multiplikation eingliedriger Terme
$(a \pm b) \cdot c = a \cdot c \pm b \cdot c$

Multiplikation mehrgliedriger Terme
$(a + b) \cdot (c + d) = a \cdot c + a \cdot d + b \cdot c + b \cdot d$
in Worten: „jedes mit jedem".

– ( )
Ein **Minus vor der Klammer ändert** beim Klammerauflösen die **Vorzeichen.**

Wissen

A B C D

W 8.1: Mathematische Ausdrücke vereinfachen B
Vereinfachen Sie so weit wie möglich:
a) $2x \cdot (3a + 2b) =$ b) $5r \cdot (7s - 4t) =$ c) $4c \cdot (0{,}5a - 2b - 0{,}25d) =$

W 8.2: Mathematische Ausdrücke vereinfachen B
Vereinfachen Sie so weit wie möglich:
a) $8 \cdot (a + b) - 4 \cdot (4a + 4 - 2b) =$ c) $5 \cdot (2x - y) + ((4x - 8y) \cdot 2) \cdot 0{,}5 =$
b) $(a + 4b) \cdot 3 - 10 \cdot (6a - b) \cdot 2 =$ d) $(4r - 3s) \cdot 4 - 5 \cdot (8 + 3s) \cdot 20 =$

W 8.3: Mathematische Ausdrücke vereinfachen B
Vereinfachen Sie so weit wie möglich:
a) $3ub \cdot (5 - 2x + z) =$ c) $3o \cdot (5x - 2y + 4z) =$ e) $5c \cdot (-2x - 3y + 2) =$
b) $-3ub \cdot (3 - 5x) =$ d) $5o \cdot (3o + 2v - 5w) =$ f) $-20 \cdot (b - 3c - 5) \cdot (2{,}5) =$

W 8.4: Terme herausheben B
Heben Sie heraus:
a) $6x - 4y + 8z =$ c) $24xy - 16ay + 12y =$ e) $12a - 15b + 9 =$
b) $8x - 12y + 16 =$ d) $10x - 8y - 4 =$

Kompetenz-Check

	☺	😐	☹
Ich kann erklären, was eine Variable bzw. was ein Term ist.			
Ich weiß, was beim Vereinfachen von Termen zuerst berechnet werden muss, und kann dies auch erklären.			
Ich weiß, wie man Zahlen/Variablen herausheben kann.			
Ich weiß, wann Variablen zusammengefasst werden können, und kann dies anhand eines Beispiels erklären.			

SbX
Alle SbX-Inhalte zu dieser Lerneinheit finden Sie unter der ID: 1820.

Lerneinheit 2
Prozentrechnung

Sie essen zum Frühstück ein Joghurt mit 3,6 % Fettgehalt, bezahlen eine Wurstsemmel inklusive 10 % Umsatzsteuer, kämpfen sich mit dem Mountainbike über eine Straße mit 15 % Steigung und stellen fest, dass Ihnen die Bank 25 % Kapitalertragsteuer von den Sparzinsen abgezogen hat … Prozente begegnen Ihnen auf Schritt und Tritt, privat wie auch beruflich.

Sie lernen hier:

- wie man Prozentangaben abschätzt und berechnet
- die unterschiedlichen Formen, prozentuelle Anteile anzugeben
- warum man manche Prozentangaben nicht so genau nehmen sollte und andere doch
- wie Sie Soll- und Habenzinsen berechnen
- die Umsatzsteuer, Brutto- und Nettopreise zu berechnen
- mit Rabatten und Skonti zu rechnen

Lernen

A B C D

1 Das Ganze und seine Teile

Oder: „Alles ist relativ." (frei nach Einstein)

100 Prozent

1 GANZES = 100 %

Eva kommt mit neun Freundinnen von einem Basketballturnier nach Hause. Da alle hungrig sind und außerdem ihren Sieg feiern wollen, bietet Evas Mutter an, für die Mädchen Pizza zu bestellen. Von einer Familien-Riesenpizza bekäme dann jede 10 %. Doch der Pizzabote bringt nur eine normale Single-Pizza. Evas kleiner Bruder kann nicht verstehen, warum Eva verärgert ist. „Jetzt bekommt doch trotzdem jede von euch 10 % Pizza", sagt er.

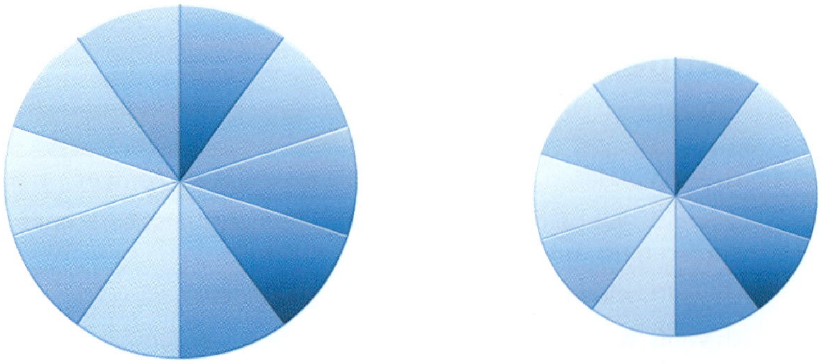

Abb. 8.2.1

Prozent: ital. *per cento* = „von Hundert"

Es ist ganz klar, dass die Pizza-Teile, die für jede vorhanden sind, unterschiedlich groß sind, weil **Prozentangaben relative Angaben** sind.

Wenn nun 100 % gleich einem Ganzen sind, dann muss Folgendes gelten:

100 %	1	: 100
1 %	$\frac{1}{100}$	
p %	$\frac{1}{100} \cdot p = \frac{p}{100}$	· p

Lehrbeispiel

L 8.9: Prozentwert berechnen B

Ein USB-Stick ist mit einem Preis von 29,80 € ausgezeichnet. Im Rahmen eines Sonderangebots wird der Preis um 50 % gesenkt. Berechnen Sie den neuen Preis.

Möglichkeit 1: 100 % .... 29,80 € 1 % .... 0,298 € 50 % .... 14,90 €	● Dieser Weg hat den Nachteil, dass man auf 1 % rechnen muss.
Möglichkeit 2: 29,80 : 100 · 50 = 14,90	● entspricht eigentlich Möglichkeit 1, aber ohne dazwischen explizit 1 % auszurechnen
Möglichkeit 3: 29,80 : 2 = 14,90	● mit dem Wissen, dass 50 % eigentlich die Hälfte sind

Prozentsatz

Der **Prozentsatz (p)** gibt an, **wie viele Hundertstelteile vom Grundwert** genommen werden. Ein „Hundertstelteil" entspricht einem Prozent.

Prozentanteil

Der **Prozentanteil (A) ist der Wert des Prozentsatzes in €, kg …**

Grundwert

Das **Ganze,** also die **100 %,** nennt man auch **Grundwert (G).**

Sie müssen also immer überlegen, ob die gegebenen Zahlen nun der Prozentsatz, der Prozentanteil oder der Grundwert sind. Wichtig ist aber vor allem das Verständnis eines Rechenweges.

Wenn Sie sich die 2. Möglichkeit noch einmal ansehen, so werden Sie feststellen, dass Sie diese auch mit einer beliebigen Prozentangabe rechnen können.

Das bedeutet aber auch, dass man diesen Rechenweg in einer allgemeingültigen Schreibweise notieren kann:

Formel für den Prozentwert

Grundwert : 100 · Prozentsatz = Prozentanteil

$G : 100 \cdot p = A$ oder $\frac{G}{100} \cdot p = A$

Eine zusätzliche Erleichterung bringt die Tatsache mit sich, dass man die „p Hundertstel" gleich in Form einer Dezimalzahl schreiben kann.

So sind z. B. $3\,\% = \frac{3}{100} = 0{,}03$

Formel für den Prozentwert

$G \cdot p_D = A$ p_D … Prozentsatz als Dezimalzahl

8 Basiswissen

p % von …

Als Hilfestellung kann man sich auch Folgendes merken:

z. B.: 35 % v●n 200 = 0,35 ● 200

v●n wird zu ●

Übungsbeispiel

Ü 8.9 ★: Verpackung B

Aufgrund der Ergebnisse einer Kundenumfrage wird ein Müsli nun in einer größeren Packung angeboten. Bisher enthielt eine Schachtel 250 g. Die neue Packung beinhaltet um 20 % mehr Müsli. Berechnen Sie das neue Gewicht.

Übungsbeispiel

Ü 8.10 ★★: Abverkaufspreise B D

In Ihrem Lieblingsgeschäft ist Lagerabverkauf. Bei den Hosen gibt es eine Preisreduktion um 20 %, bei Pullovern um 30 % und bei T-Shirts um 25 %. Sie wählen eine weiße Hose (Preisetikett: 49,90 €), zwei T-Shirts (Preisetikett jeweils 15,90 €) und einen Pullover (Preisetikett: 44,90 €). Berechnen Sie den Geldbetrag, den Sie bezahlen müssen. Zeigen Sie, dass die prozentuelle Ersparnis nicht die Summe der einzelnen Prozentangaben ist.

Lehrbeispiel

Berechnen des Prozentsatzes

L 8.10: Prozentsatz berechnen A B C

Ein Computerspiel war mit einem Preis von 29,80 € ausgeschildert. Im Abverkauf wird es um 20,80 € verkauft. **Berechnen** Sie, um welchen Prozentsatz das Computerspiel vergünstigt wurde. **Modellieren** Sie mehrere Lösungswege und **dokumentieren** Sie diese.

Möglichkeit 1a: 100 % .... 29,80 € 1 % .... 0,298 € p_1 % .... 20,80 € p_1 = 69,80 % p = 100 – 69,8 p = 30,2 %	● Dieser Weg hat den Nachteil, dass man nach der Berechnung des Prozentsatzes diesen noch von 100 abziehen muss, da ja die prozentuelle Reduktion gefragt ist.
Möglichkeit 1b: 100 % .... 29,80 € 1 % .... 0,298 € p % .... 9,00 € p = 30,2 %	● Bei diesem Weg muss man sich zuerst den Betrag ausrechnen, um den die Ware ermäßigt ist, dafür kann man dann schon die prozentuelle Reduktion errechnen.
Möglichkeit 2: 29,80 : 100 · p = 9,00 besser $\frac{29,80}{100} \cdot p = 9,00 \quad \vert \cdot 100 : 29,80$ p = 30,2 %	● Hier entsteht eine Art Formel, die sich durch Umformen lösen lässt.
Möglichkeit 3: $29,80 \cdot p_D = 9,00 \quad \vert : 29,80$ $p_D = 0,302 \rightarrow$ p = 30,2 %	● vielleicht die leichteste Möglichkeit von allen

Bei allen Berechnungsmethoden ergibt sich eine Reduktion um 30,2 %. In der Realität wird es wahrscheinlich ein Rabatt um 30 % gewesen sein, der aber als neuen Preis 20,86 € ergeben hätte. Kundenfreundlich (unmathematisch) gerundet ergibt das nun 20,80 €.

Nachdem der Prozentanteil und der Prozentsatz jetzt schon berechnet wurden, fehlt nur noch die Berechnung des (ursprünglichen) Grundwertes.

Lehrbeispiel

Berechnung des Grundwertes

L 8.11: Grundwert ermitteln A B

Auf einem Pulloveretikett war der reduzierte Preis von 20,80 € ausgeschildert. Im Rahmen des Schlussverkaufes gab es eine 30 %ige Preisreduktion. Ermitteln Sie den regulären Preis.

Möglichkeit 1: 100 % .... G € 1 % .... $\frac{G}{100}$ € 70 % .... $\frac{G}{100} \cdot 70$ € $\frac{G}{100} \cdot 70 = 20{,}8$ $\quad$ $\mid \cdot 100 : 70$ G = 29,71 €, daher wahrscheinlich G = 29,70 €	● Dieser Weg hat den Nachteil, dass man sehr kompliziert beginnt. ACHTUNG: Da es eine 30 %ige Preisreduktion gegeben hat, beträgt der jetzige „Verkaufspreis" 70 % vom regulären Preis.
Möglichkeit 2: G : 100 · 70 = 20,80 besser $\frac{G}{100} \cdot 70 = 20{,}80$ $\quad$ $\mid \cdot 100 : 70$ G = 29,71 €, daher wahrscheinlich G = 29,70 €	ACHTUNG: Da es eine 30 %ige Preisreduktion gegeben hat, beträgt der jetzige „Verkaufspreis" 70 %.
Möglichkeit 3: G · 0,7 = 20,80 $\quad$ $\mid : 0{,}7$ G = 29,71 €, daher wahrscheinlich G = 29,70 €	ACHTUNG: Da es eine 30 %ige Preisreduktion gegeben hat, ist der jetzige „Verkaufspreis" 70 %, das ist als Dezimalzahl 0,7.

Betrachtet man den Sprachgebrauch im Alltag, sieht man, dass da noch einige „Fallen" bzw. „Unwahrheiten" zur Prozentrechnung lauern.

In einer Zeitung lesen Sie die kritisch zu hinterfragende Aussage (vgl. **Ü 8.12**):

„In Großstädten trennt jede fünfte Familie Papier von Restmüll. In den ländlichen Gebieten führt hingegen nur jede vierte Familie Mülltrennung durch."

Was genau bedeuten nun die Bezeichnungen „jede Fünfte, jede Vierte"?

Gehen wir von 100 %, also einem Ganzen aus. Dann sind 50 % die Hälfte, mathematisch geschrieben $\frac{1}{2}$, in Worten: jeder Zweite.

Das bedeutet aber dann, dass jeder Vierte genau $\frac{1}{4}$ ist und daher 25 %.

Jeder Fünfte ist $\frac{1}{5} = 20\%$, also weniger als jeder Vierte.

Übungsbeispiele

Prozentsatz – gesprochene Bezeichnung

Ü 8.11 ★★: Anders ausgedrückt ist das … A B

Übertragen Sie in eine andere Schreibweise und vervollständigen Sie so die Tabelle:

Prozent	Bruch	Dezimalzahl	Bezeichnung in Worten
10 %	$\frac{1}{10}$	0,1	jeder Zehnte
20 %			
	$\frac{2}{5}$	0,4	zwei von fünf
	$\frac{1}{11}$	$0,\overline{09}$	
		$0,1\dot{6}$	jeder Sechste
	$\frac{1}{9}$		

Übungsbeispiele

Ü 8.12 ★★: Begriffsverwirrung C D

Vergleichen Sie die folgende Zeitungsmeldung mit der weiter oben zitierten. Beurteilen Sie die Meldung.

„Vor fünf Jahren ist jeder zehnte Autofahrer zu schnell gefahren, heute ist es nur noch jeder fünfte. Aber auch diese fünf Prozent sind zu viel …“

2 Rechnen mit Zinsen

Heute kaufen, morgen zahlen …

Achtung – Kontoüberziehung kann teuer werden!

Ihr Arbeitgeber überweist Ihnen das Gehalt auf ein Konto bei der Bank. Wenn Sie nicht sofort den gesamten Betrag abheben, sondern einen Teil auf diesem Konto belassen, dann erhalten Sie dafür **Habenzinsen.** Von diesen Habenzinsen werden Ihnen aber noch 25 % **Kapitalertragsteuer** (KESt) abgezogen. Die KESt wird so wie alle Steuern an den Staat abgegeben. Die eingenommenen Steuern sind die Einnahmen des Staates, der damit seine Ausgaben, wie Straßenbau, Schulen etc., bezahlt. Die Habenzinsen sind sehr gering, daher ist es besser, größere Beträge nicht am Girokonto zu belassen.

Nun kann es auch vorkommen, dass die Kosten einer Anschaffung größer sind als der Betrag, den Sie am Konto haben. In diesem Fall könnten Sie das Konto überziehen, sich also von der Bank Geld leihen und dafür **Sollzinsen** zahlen. Diese sind um ein Vielfaches höher als die Habenzinsen.

Geld leihen ist teuer: Sollzinsen > Habenzinsen

Meist sind die Zinssätze p. a., also pro anno, angegeben. Es ist demnach ein Jahreszinssatz festgelegt. Wenn die Zeit, für die Zinsen anfallen, geringer ist, müssen Sie das beim Berechnen berücksichtigen. Wie viele (Zins-)Tage ein Monat und wie viele (Zins-)Tage ein Jahr – aus Sicht der Banken – hat, ist nicht immer gleich!

	Spareinlagen	Girokonten, Kredite
1 Jahr	360 Tage	365 Tage
1 Monat	30 Tage = $\frac{1}{12}$ Jahr	kalendermäßig
1 Tag	$\frac{1}{360}$ Jahr	

Lehrbeispiel

L 8.12: Soll- und Habenzinsen A B C

Auf Ihrem Konto befinden sich am 1. November noch 228 Euro, der Habenzinssatz beträgt 0,25 %. Sie möchten sich ein Soundsystem um 499 Euro kaufen. Sie haben nun zwei Möglichkeiten: Entweder Sie überziehen das Konto zu einem Zinssatz von 9,3 % p. a. oder Sie warten genau einen Monat, bis das Weihnachtsgeld am Konto ist. **Stellen** Sie eine Gleichung **auf**, mit der Sie die Haben- und Sollzinsen für n Tage berechnen können. **Berechnen** Sie jene Zinsen, die Sie für die Kontoüberziehung für einen Monat bezahlen müssen, und **vergleichen** Sie diese mit jenen Zinsen, die Sie für Ihre 228 Euro während dieses Monats erhalten hätten.

$Z_{Haben} = 228 \cdot 0{,}0025 \cdot \frac{1}{360} \cdot n \cdot 0{,}75$

- Da 25 % KESt von den Zinsen abgezogen werden, bleiben nur noch 75 % übrig.

$Z_{Haben} = 228 \cdot 0{,}0025 \cdot \frac{1}{12} \cdot 0{,}75$

$Z_{Haben} \approx 0{,}04$

Habenzinsen: 0,04 €

$Z_{Soll} = 271 \cdot 0{,}093 \cdot \frac{30}{365}$

- Konto wird um 271 € für genau 30 Tage überzogen.

$Z_{Soll} = 2{,}07$

Sollzinsen: 2,07 €

2,07 : 0,04 = 51,75 → Die Sollzinsen betragen ca. das 52-Fache der Habenzinsen.

Übungsbeispiel

Ü 8.13 ★★: Sparbuchzinsen berechnen B

Berechnen Sie die Zinsen auf einem Sparbuch, das zu 1,2 % p.a. verzinst wird, wenn Sie 500 Euro für 10 Monate am Sparbuch belassen.

Übungsbeispiel

Ü 8.14 ★★: Kosten der Kontoüberziehung B

Sie überziehen Ihr Konto für 3 Wochen um 1.260 Euro. Ermitteln Sie die Sollzinsen bei einem Zinssatz von 10,2 %.

3 Um ist nicht gleich auf.

Das Um und Auf bei Prozenten ...

Im City Outlet Cheapero gibt es einen Shop, der Ihre Lieblingssportschuhe anbietet. Auf der Auslagenscheibe steht in großen Buchstaben: „Alles um 45 %!" Sie sind begeistert und betreten das Geschäft, finden Ihre Lieblingssportschuhe (regulärer Preis 129,80 €) und rechnen sich auf dem Weg zur Kassa den zu bezahlenden Betrag aus, nämlich 58,41 €. Beim Bezahlen will der Verkäufer von Ihnen aber 71,39 €. Sie meinen, draußen sei doch angeschrieben, dass es alles um 45 % gäbe; der Verkäufer entgegnet: „Sie haben es gerade gesagt, alles ist um 45 % reduziert!" Sie aber hatten gemeint, alles sei auf 45 % vergünstigt.

UM 45 % reduziert	AUF 45 % reduziert
Man muss 45 % weniger zahlen.	Man muss nur 45 % des ursprünglichen Preises zahlen.
Der Endpreis beträgt daher 100 % – 45 %, also 55 %.	Der Endpreis beträgt daher 45 %.
Mathematisch aufgeschrieben: Der Endpreis (E) beträgt:	
$E = G \cdot 0{,}55$	$E = G \cdot 0{,}45$

Unterscheidung um – auf

Außer bei 50 % ist es also wichtig, zu wissen, ob etwas **um** oder **auf p %** ermäßigt, verteuert, vergrößert ... wird.

Besonders ungenau ist der Umgang mit Prozentangaben, die größer als 100 sind.

„Das Produkt ist um 120 % teurer geworden ..." meint wahrscheinlich nicht, dass das Produkt (ursprünglicher Preis 100 %) nach der Teuerung nun 100 % + 120 % also 220 % kostet, sondern eher 120 %. Mathematisch gesehen ist diese Angabe völlig falsch.

Übungsbeispiel

Ü 8.15 ★★: Prozentangaben richtig interpretieren C

Vergleichen Sie die „Angabesätze" und die „Partnersätze". Finden Sie die Paare. (Achtung: Es gibt mehr „Partnersätze" als „Angabesätze".)

Angabesätze:

a) Der Preis für eine Herrenjean wird um 25 % reduziert.

b) Die Miete für ein Geschäftslokal wird anlässlich einer Neuübernahme um 12 % erhöht.

c) Das Auslaufmodell eines Snowboards wird heuer auf 40 % des Listenpreises reduziert.

d) Die durchschnittlichen Preise für Flatscreens sind in den letzten 3 Jahren um 15 % gefallen.

e) Die Preise für Handys sind im Laufe der letzten 5 Jahre im Durchschnitt um 54 % gefallen.

f) Kaffee der Marke „Kenia" kostet 7 € pro kg. Während einer Aktion wird der Kilopreis um 15 % reduziert.

g) Erdbeeren kosten während einer Aktion 4 € pro kg. Wenn keine Aktion ist, muss man um 30 % mehr zahlen.

8 Basiswissen

h) 2013 betrug die Miete für eine Wohnung 450 €. Sie wurde mit 1. 1. 2014 auf 112 % erhöht.

i) 2013 musste man für eine Wohnung 680 € Miete bezahlen. Mit 1. 1. 2014 wurde diese um 14 % erhöht.

j) Earl Grey Tee kostet 35 € pro kg. Aufgrund einer schlechten Ernte gibt es eine Preiserhöhung auf 115 %.

„Partnersätze":

1. Man muss nun 112 % des alten Preises zahlen.
2. Sie kostet nun $\frac{3}{4}$ des ursprünglichen Preises.
3. Man muss nun um 40 % weniger zahlen als im Vorjahr.
4. Er kostet nun $\frac{3}{5}$ des ursprünglichen Preises.
5. Man zahlt jetzt nur mehr 6,95 € für 1 kg.
6. Nun muss man nur mehr 85 % der alten Preise zahlen.
7. Man zahlt jetzt nur mehr das 0,4-Fache des Ursprungspreises.
8. Man muss nun 121 % des alten Preises zahlen.
9. Man zahlt dann 786,20 € dafür.
10. Nun muss man nur mehr 15 % der alten Preise zahlen.
11. Man zahlt jetzt nur mehr das 0,46-Fache des früheren Preises.
12. Man zahlt dann 775,20 € dafür.
13. Man zahlt jetzt nur mehr 5,95 € für 1 kg.
14. Man zahlt dann 5,60 € für 1 kg.
15. Man muss nun um 60 % weniger zahlen als im Vorjahr.
16. Man zahlt dann 40,25 €.
17. Man zahlt dann 5,20 € für 1 kg.
18. Man zahlt dann 514 € dafür.
19. Man zahlt dann 42,50 €.
20. Man zahlt dann 504 € dafür.

4 Umsatzsteuer (Mehrwertsteuer)

Brutto – Netto

Eine ganz grundlegende Anwendung der Prozentrechnung ist die **Umsatzsteuer (USt).** Für die meisten Konsumgüter beträgt der Mehrwertsteuersatz in Österreich derzeit **20 %.** Für manche Güter gibt es einen niedrigeren Steuersatz von 10 %, so zum Beispiel für Bücher.

In weiterer Folge gehen wir nun immer von 20 % USt aus.

Der Preis für die Wurstsemmel enthält den reduzierten Mehrwertsteuersatz von 10 %.

Netto – Brutto

Ist ein **Preis ohne USt** angegeben, so spricht man vom **Nettopreis.**

Ist ein **Preis mit USt** angegeben, so spricht man vom **Bruttopreis.**

Der Preis wird somit um 20 % höher und beträgt dann 120 % des angegebenen Preises.

Bruttopreis = 120 % vom Nettopreis

Lehrbeispiel

Preisangabe Großhandel

L 8.13: Preisangaben im Großhandel B

Im Großhandel werden Produkte meist exklusive/ohne USt ausgepreist, das bedeutet, dass der Nettopreis angegeben ist. Berechnen Sie den Bruttopreis B (inklusive USt), wenn der Nettopreis einer Lampe mit 85 € angegeben ist und Sie für Ihr Lokal 5 Lampen benötigen.

$B = 1{,}2 \cdot 85 \cdot 5$

$B = 510\ €$

Lehrbeispiel

Preisangabe Einzelhandel

L 8.14: Preisangaben im Einzelhandel B

Im Einzelhandel werden Produkte hingegen meist inklusive/mit USt ausgepreist, das bedeutet, dass der Bruttopreis angegeben ist. Ermitteln Sie den Nettopreis N (exklusive USt), wenn der Bruttopreis B einer Badehose 20,60 € beträgt.

$B = 1{,}2 \cdot N$

$20{,}60 = N \cdot 1{,}2 \quad |: 1{,}2$

$N = 17{,}17$ €

Die Umsatzsteuer muss auf einer Rechnung extra angegeben sein. Nur bei sogenannten Kleinbetragsrechnungen (bis 150 €) reicht es, wenn der Bruttobetrag angegeben ist. Es steht dann nur der Steuersatz dabei.

Lehrbeispiel

L 8.15: Rechnung mit Umsatzsteuer A B

Ein Hip-Hop-Workshop kostet 89 € pro Person (inkl. USt). Als Zahlungsbestätigung erhalten Sie einen handgeschriebenen Beleg, der nur den Bruttobetrag und den Steuersatz von 20 % enthält. Berechnen Sie die darin enthaltene USt.

(Bruttopreis = B, Nettopreis = N, USt = M)

Möglichkeit 1: $B = 1{,}2 \cdot N \quad |: 1{,}2$ $B : 1{,}2 = N$ $N = 74{,}17$ € $M = B - N$ $M = 14{,}83$ €	● Man berechnet zuerst den Nettobetrag durch Umformen der Gleichung. ● Die USt ist die Differenz zwischen Brutto- und Nettopreis.
Möglichkeit 2: $B = \frac{6}{5} \cdot N \quad |: 6$ $B : 6 = \frac{1}{5} \cdot N \rightarrow$ $\mathbf{B : 6 = M}$ $M = 14{,}83$ €	● Wenn die USt 20 % vom Nettopreis beträgt, so entspricht das in Brüchen dem Wert $\frac{1}{5}$ vom Nettopreis. Man schreibt die Gleichung aus Möglichkeit 1 in Brüchen an und berechnet dann direkt die USt. (In der Praxis wird diese **„Formel"** nicht jedes Mal hergeleitet, sondern als „gegeben" verwendet.)

Übungsbeispiel

Ü 8.16 ★★★: Ermäßigter Steuersatz A B

Bücher sind mit einem ermäßigten Steuersatz von 10 % belegt. Berechnen Sie die USt für einen Roman, der um 12,99 Euro verkauft wird. Stellen Sie eine Formel auf, mit der Sie die 10 % USt aus jedem Verkaufspreis sofort errechnen können.

Gleichgültig, ob Sie jetzt 20 % oder 10 % Mehrwertsteuer zahlen – dieser zusätzliche Geldbetrag, der aus der Sicht eines Betriebes Umsatzsteuer heißt, bleibt nicht im Betrieb, sondern geht wie alle anderen Steuern auch an den Staat.

8 Basiswissen

5 Mehrfach veränderter Grundwert – Skonto – Rabatt

Abzug vom Abzug

Im Alltag kommt es oft vor, dass der Preis einer Ware sich um p_1 % verändert und dann ein zusätzlicher Rabatt von p_2 % gewährt wird. Dabei verändert sich mit jeder Preisänderung auch automatisch der Grundwert mit, denn das ist jener Wert, von dem aus eine Preiserhöhung oder eine Preisverminderung stattfindet.

Mit jeder Preisänderung verändert sich der Grundwert zum Weiterrechnen!

Rabatt

Ein **Rabatt** ist ein Preisnachlass, der vom Nettopreis (Listenpreis) abgezogen wird (Abverkauf, Modelländerung, Kundentreue ...).

Skonto

Bei Barzahlung oder bei Bezahlung einer Rechnung innerhalb einer Frist wird ein Preisnachlass von 2 % bis zu 5 % gewährt (Kassaskonto).

Lehrbeispiel

L 8.16: Rabatt berechnen A B C

Im Drogeriemarkt wird die Hautcreme, die Sie gewöhnlich kaufen, jetzt in einer etwas größeren Dose angeboten als bisher. Dies liefert auch die Begründung für eine Preissteigerung von 8 % gegenüber dem bisherigen Preis von 17,90 €. Da Sie aber eine Stammkundenkarte für diesen Drogeriemarkt besitzen, wird Ihnen ein Rabatt von 5 % gewährt. Geben Sie den Preis für die Dose an. Interpretieren Sie die Grafik – richten Sie Ihr Augenmerk besonders auf die 100 % der linken Säule im Vergleich zu den 95 % der rechten Säule.

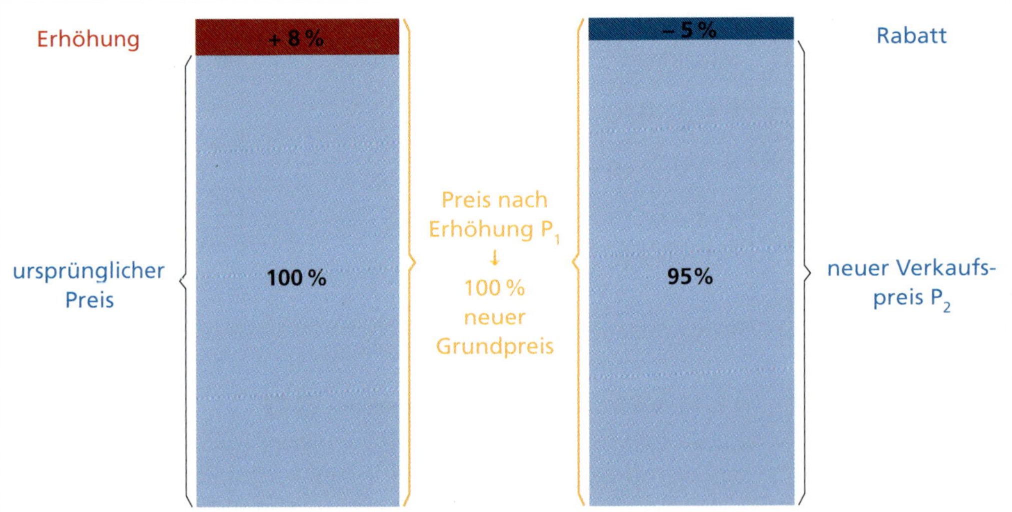

Abb. 8.2.2

Möglichkeit 1: $P_1 = 1{,}08 \cdot 17{,}90$ $P_1 = 19{,}33$ € $P_2 = 0{,}95 \cdot 19{,}33$ $P_2 = 18{,}37$ €	● Man berechnet zuerst den Betrag nach der Preiserhöhung P_1 (8 % teurer = 108 % vom Ursprungspreis) und danach den Preis nach der anschließenden Reduktion P_2 (5 % günstiger = 95 % vom erhöhten Preis).
Möglichkeit 2: $P_2 = (1{,}08 \cdot 17{,}90) \cdot 0{,}95$ $P_2 = 18{,}37$ €	● Man berechnet zuerst den Betrag nach der Preiserhöhung P_1 und in derselben Gleichung noch die anschließende Reduktion (die Klammern sind hier aber eigentlich unnötig).

Tipp: Bei den unterschiedlichen Preisveränderungen muss man darauf achten, ob es sich um eine Preiserhöhung handelt (100 % + ... %) oder um eine Preisreduktion (100 % – ... %).

Auch noch wichtig ist, zu beachten, welcher der aktuelle Grundwert ist.

Üben

SbX ID: 1822

A B C D

Ü 8.17 ★: Prozentwerte schätzen und berechnen B

Berechnen Sie die fehlenden Werte: (Schätzen Sie ab, ob Ihr Ergebnis stimmen kann!)

a) 5 % von 70 =
b) 50 % von 150 =
c) 5 % von 980 =
d) 75 % von 600 =
e) 9 % von 10 =
f) 50 % von 20 =

Ü 8.18 ★: Obstverarbeitung B

Von der Apfelernte im Umfang von 2750 kg wurden 80 % zu Saft, der Rest zu Apfelchips weiterverarbeitet. Stellen Sie eine Formel auf, mit der Sie die zu Apfelchips verarbeitete Menge berechnen können. Berechnen Sie die Menge an Äpfeln, die für Chips verwendet wird.

Ü 8.19 ★★: Unterhaltungselektronik B

Der Nettopreis eines Blu-ray-Players beträgt 259 €. Berechnen Sie den Bruttopreis bei 20 % USt.

Ü 8.20 ★★: Wertminderung B

Frau Knölls Cabrio hatte einen Anschaffungspreis von 24.860 €. Die Wertminderung beträgt 18 % pro Jahr. Erstellen Sie eine Formel für den Wertverlust nach n Jahren. Berechnen Sie, wie viel Frau Knöll für das Cabrio erhält, wenn sie es nach vier Jahren verkauft.

Ü 8.21 ★★: Kunsthandel B

Der Galerist Buberl hat vor etlichen Jahren eine Skulptur eines damals unbedeutenden Künstlers um 420 € erworben. Nun ist das Kunstwerk des mittlerweile bekannten Künstlers im Wert auf 350 % gestiegen.

a) Berechnen Sie, um wie viel Prozent das Kunstwerk nun mehr wert ist!
b) Welchen Betrag könnte der Galerist nun für das Kunstwerk verlangen?

Ü 8.22 ★★: Krankenstände B

Von den 20 Mitarbeiterinnen einer Firma sind 4 krank. Berechnen Sie, welcher Prozentanteil der Mitarbeiterinnen krank ist.

Ü 8.23 ★★: Rechnung vom Installateur B

Eine Installationsrechnung macht netto 470 € aus. Dazu kommen noch 20 % USt. Berechnen Sie den Betrag, den der Kunde bezahlen muss, wenn er bei Bezahlung binnen 5 Tagen 2 % Skonto erhält.

Ü 8.24 ★★: Immobilien B D

Ein Makler vermittelt den Kauf eines Grundstücks und erhält dafür eine Provision von 3 % des Kaufpreises. Diese Provision beträgt 5.700 €. Erklären Sie, wie Sie den Preis des Grundstücks ermitteln können.

Ü 8.25 ★: Verpflegungskosten A B

Es ist üblich, 10 % des Rechnungsbetrages als Trinkgeld zu geben. Die Rechnung besteht aus einer Hauptspeise zu 20,40 € und einem Mineralwasser für 2,40 €. Stellen Sie eine Gleichung auf, die das Trinkgeld bei einem Rechnungsbetrag R angibt. Ermitteln Sie das Trinkgeld für obige Rechnung.

Ü 8.26 ★★: Hi-Fi-Ausstattung B

Bei der Bestellung von Lautsprechern musste Frau Hofer eine Anzahlung von 35 % des Verkaufspreises leisten. Ermitteln Sie die Kosten für die Lautsprecher bei einer Anzahlung von 315 €.

8 Basiswissen

SbX
Sie finden Ü 8.27 und Ü 8.28 mit automatischer Aufgabenkontrolle unter der ID: 1822.

Ü 8.27 ★★★: Den richtigen Ausdruck finden A D

Erklären Sie, ob der „neue Preis" höher oder niedriger als der ursprüngliche Preis ist. Stellen Sie eine Formel für den neuen Preis auf.

a) Ein Preis wird verdoppelt.
b) Ein Preis ist auf das Dreifache gestiegen.
c) Ein Preis wird um die Hälfte höher.
d) Ein Preis viertelt sich.
e) Ein Preis wird um 30 % verringert.
f) Ein Preis wird um ein Zehntel vermindert.

Ü 8.28 ★★★: In Zahlen ausgedrückt A

Geben Sie an, um wie viel Prozent sich der Grundwert vermehrt/vermindert.

a) Ein Preis wird verdreifacht.
b) Ein Preis ist auf das Fünffache gestiegen.
c) Ein Preis wird um die Hälfte mehr.
d) Ein Preis drittelt sich.
e) Ein Preis wird auf 70 % verringert.
f) Ein Preis wird auf neun Zehntel vermindert.

Ü 8.29 ★★★: Haushaltsgeräte B D

Der Geschirrspüler bei Ihnen zu Hause ist kaputt! Sie beraten mit Ihrer Familie, welcher Geschirrspüler gekauft werden soll. (Der Geschirrspüler wird jeden zweiten Tag eingeschaltet.)

Geschirrspüler A: Preis: 299 €, Wasserverbrauch 19 l
Geschirrspüler B: Preis: 549 €, Wasserverbrauch 16 l

Erinnerung: 1 Liter = 1 dm^3

a) Berechnen Sie, um wie viel Prozent Geschirrspüler A billiger ist.
b) Schätzen Sie ab, um wie viel Prozent mehr Wasser Geschirrspüler A braucht.
c) Argumentieren Sie, für welches Gerät Sie sich am besten entscheiden, wenn die Lebensdauer beider Geräte ca. 11 Jahre beträgt und beide Geräte den gleichen Energieverbrauch haben. Dokumentieren Sie Ihre Überlegungen.

Ü 8.30 ★★: Mopedkauf B D

Serhat kauft sich ein Moped um 2.150 € und bekommt 3 % Skonto, weil er bar bezahlt. Seine Freundin Andrea kauft ebenfalls ein Moped um 2.150 €, entschließt sich aber für die folgende Zahlungsvariante: 1.000 € Anzahlung in bar und 12 Monatsraten zu je 105 €. Begründen Sie, welche Variante günstiger ist – zuerst ohne Berechnung!

Ü 8.31 ★★: Schnäppchenjagd B C

Konrad hat sich ein T-Shirt um 29 € im Sommerschlussverkauf gekauft. Es war um 30 % verbilligt. Aber am nächsten Tag wäre es 40 % billiger gewesen. Vergleichen Sie die beiden Preise miteinander – erstellen Sie eine Formel für den prozentuellen Unterschied.

Ü 8.32 ★★: Lesebudget B

Rudi erhält monatlich 50 € Taschengeld. Da er sehr gerne und viel liest, kauft er sich zweimal im Monat um 9,90 € ein Buch. Berechnen Sie, wie viel Prozent seines Taschengeldes Rudi für Bücher ausgibt.

Ü 8.33 ★: Gehaltserhöhung A B

Das Bruttogehalt eines Arbeiters beträgt nach einer Gehaltserhöhung von 2,5 % 1.740 €. Ermitteln Sie das ursprüngliche Gehalt. Modellieren Sie eine Gleichung, die das Ursprungsgehalt bei einem Gehalt von g darstellt.

Ü 8.34 ★★: Achtung Kredithai! B

Bei einem „Kredithai" lieh sich Herr Lacina 1.200 €. Nach einem Monat musste er 1.380 € zurückzahlen. Berechnen Sie den Zinssatz!

Ü 8.35 ★★★: Gemeinderatswahl A B

Bei der Gemeinderatswahl wurden 5848 gültige Stimmen abgegeben. Partei A erhielt 2488 der gültigen Stimmen, Partei B erhielt 37 %. Die restlichen gültigen Stimmen entfielen auf Partei C und D zu gleichen Teilen. Berechnen Sie für jede der vier Parteien die Anzahl und den Prozentsatz der gültigen Stimmen! Runden Sie auf Ganze.

Ü 8.36 ★★★: Fehlzeiten B

Im vorigen Schuljahr waren aufgrund einer Grippe-Epidemie 182 Schüler/innen einer Schule länger als eine Woche krank, das waren 62 % aller Schüler/innen. In diesem Schuljahr waren bei gleicher Gesamtschüler/innenzahl nur 82 Schüler/innen länger als eine Woche krank. Übertragen Sie den Text in eine Gleichung, die den Prozentsatz der kranken Schüler/innen darstellt. Untersuchen Sie, um wie viel Prozentpunkte der Anteil der länger erkrankten Schüler/innen gesunken ist.

SbX
ID: 1822

Weitere Übungsbeispiele finden Sie im SbX.

Sichern

100 Prozent
1 GANZES = 100 %

Prozentsatz
Der **Prozentsatz (p)** gibt an, den wievielten Teil eines Ganzen man nimmt.

Prozentanteil
Der **Prozentanteil (A)** ist der in Euro, Liter … errechnete Anteil.

Grundwert
Das **Ganze,** also die **100 %,** nennt man auch **Grundwert (G).**

Formel für Prozentanteil
Grundwert : 100 · Prozentsatz = Prozentanteil

$G : 100 \cdot p = A$ oder $\frac{G}{100} \cdot p = A$

oder mit „p Hundertstel" in Form einer Dezimalzahl: $G \cdot p_D = A$

p % von …
„Von" wird zu „mal".

netto – brutto
Ist ein **Preis ohne USt** angegeben, so spricht man vom **Nettopreis.**
Ist ein **Preis mit USt** angegeben, so spricht man vom **Bruttopreis.**

Rabatt – Skonto
Rabatt ist eine Preisreduktion, die aufgrund von Abverkauf, Modelländerung, Kundentreue … gewährt wird.

Skonto ist eine Preisreduktion auf eine Ware/ein Produkt …, die gewährt wird, wenn der Kunde sofort bar bezahlt; im Allgemeinen beträgt dieser auch Kassaskonto genannte Nachlass 2–5 %.

Habenzinsen – Sollzinsen
Für Geld, das auf Ihrem Konto liegt, bezahlt die Bank Habenzinsen. Für Geld, das Sie von der Bank leihen (Kontoüberziehung), bezahlen Sie Sollzinsen an die Bank.

Berechnung der Zinstage

	Spareinlagen	Girokonten, Kredite
1 Jahr	360 Tage	365 Tage
1 Monat	30 Tage = $\frac{1}{12}$ Jahr	kalendermäßig
1 Tag	$\frac{1}{360}$ Jahr	

8 Basiswissen

Wissen

SbX ID: 1824

A B C D

W 8.5: Autotest A B

Ein Autohersteller gibt im Datenblatt eines Fahrzeuges einen Verbrauch von 4,6 l Benzin auf 100 km an. Beim Test einer Autozeitschrift stellte sich heraus, dass dieses Fahrzeug 6,6 l verbraucht. Stellen Sie eine Gleichung auf, die die prozentuelle Abweichung p des realen Verbrauches v vom angegebenen Wert angibt. Ermitteln Sie, um wie viel Prozent der Testwert von der Angabe des Herstellers abweicht.

W 8.6: Hausbau A B

Für den Bau eines Wohnhauses werden Materialien im Wert von 202.500 € eingekauft. Berechnen Sie die Ersparnis für den Bauherrn bei Barzahlung und 3 % Skonto. Stellen Sie eine Formel auf, mit der Sie bei einem Materialwert von m € und einem 2 % Skonto den Preis ermitteln können.

W 8.7: Autokauf C D

Drei Autofirmen haben unterschiedliche Konditionen:

Firma A: 5 % Rabatt auf den Neupreis, 3 % Skonto
Firma B: 8 % Rabatt auf den Neupreis, kein Skonto
Firma C: 6 % Rabatt auf den Neupreis und 2 % Skonto

Interpretieren Sie diese Angebote hinsichtlich guter Konditionen. Erklären Sie Ihre Vorgangsweise.

W 8.8: Messfehler B D

Ein Behälter in Form eines Quaders weist folgende Abmessungen auf: Die Länge misst 10 m, die Breite 5,8 m und die Höhe 4,1 m. Jede dieser Abmessungen ist mit einem Messfehler von ± 1 % behaftet.

Berechnen Sie das minimale und das maximale Füllvermögen in Liter und den Unterschied in Prozent. Begründen Sie, warum Sie zur Beantwortung dieser Frage die Angabe von Länge, Breite und Höhe nicht benötigen.

W 8.9: Wertverlust B

Der Listenpreis für ein neues Auto beträgt 11.800 €. Im Laufe des ersten Jahres kommt es zu einem Wertverlust von 25 %.

a) Berechnen Sie, wie viel € man in einem Jahr verliert!

b) Versuchen Sie, den Listenpreis Ihres Traumautos herauszufinden, und berechnen Sie auch dafür den Wertverlust im ersten Jahr.

W 8.10: MP3-Player B

Der Preis für einen MP3-Player, der ursprünglich 109 € kostete, wird um 10 % gesenkt. Da er nach 4 Wochen noch immer nicht verkauft ist, gibt es eine weitere Preisreduktion von 5 %. Berechnen Sie, um wie viel Prozent der MP3-Player insgesamt günstiger geworden ist.

W 8.11: Preisschwankungen D

Der Preis eines Laptops wird zuerst um 11 % teurer. Später wird dieser Preis wieder um 11 % gesenkt. Erklären Sie, ob Sie nun den Originalpreis oder einen teureren/günstigeren zahlen. Überlegen Sie und begründen Sie dann allgemein.

W 8.12: Gehaltsverhandlung A C

Im Rahmen von Gehaltsverhandlungen werden folgende drei Modelle vorgestellt: (Als Basis gelten immer die Bruttogehälter.)

Modell 1: Gehaltserhöhung um 1,7 %
Modell 2: Gehaltserhöhung um 50 €/Monat
Modell 3: eine Einmalzahlung von 700 €

(Wichtig: Es gibt 14 Gehälter – 12 „normale" + je einmal Urlaubs- und Weihnachtsgeld.)

Frau A verdient 2.876 €/Monat. Frau B verdient 1.990 €/Monat. Frau C verdient 4.000 €/Monat.

Stellen Sie mathematische Modelle für jedes der drei Gehaltsmodelle auf. Vergleichen Sie die drei Modelle. Legen Sie dabei besonderes Augenmerk darauf, welches Modell für welche Arbeitnehmerin am besten wäre.

Zusatzaufgabe: Finden Sie heraus, wie viel Nettogehalt jeder der drei Arbeitnehmerinnen in etwa bleibt.

W 8.13: Handelsspanne B D

Ein Großhändler bezieht ein Netbook um 230 € und verkauft dieses um 290 € an den Einzelhändler weiter. Dieser verkauft das Netbook um 360 € exklusive USt. Ermitteln Sie die Spanne zwischen dem Einkaufs- und Verkaufspreis im Einzelhandel, beziehungsweise dem Einkaufspreis des Großhändlers und dem Verkaufspreis des Einzelhändlers in Prozent. Argumentieren Sie, wie es zu der eher großen Handelsspanne im Einzelhandel kommt.

W 8.14: Sicher mit Prozentangaben C

Beschreiben Sie für a)–d), wie sich der neue Preis im Vergleich zum alten verändert. Als Hilfestellung verwenden Sie die jeweiligen Fragestellungen.

a) Ein Preis steigt um 25 %. Das Wievielfache des ursprünglichen Preises ist der neue Preis?

b) Ein Preis fällt auf ein Drittel. Um wie viel Prozent ist er gefallen?

c) Ein Preis wird auf 130 % erhöht. Um wie viel Prozent ist er gestiegen?

d) Ein Preis wird um ein Viertel reduziert. Wie viel Prozent des Ursprungspreises sind das?

W 8.15: Umsatzentwicklung bei H2Ö A B

SbX

Lernen Sie das virtuelle Musterunternehmen H2Ö kennen. Nähere Informationen finden Sie online unter der ID: 1814.

a) Das Unternehmen H2Ö hatte vom Jahr 2007 auf das Jahr 2008 einen Rückgang an Umsatzerlösen von 6,6 %. Der (direkte) Umsatz im Jahr 2007 betrug 2.611.535,15 €. Berechnen Sie den Umsatz von 2008.

b) Für das Jahr 2009 ist eine Umsatzsteigerung von 5 % gegenüber dem Jahr 2008 geplant. Finden Sie einen Term, der die Umsatzveränderung von 2007 auf 2009 darstellt.

c) Infolge von Pensionierungen können jüngere und damit kostengünstigere Arbeitnehmer/innen aufgenommen werden. Die Aufwendungen für das Personal sollen im Vergleich zum Jahr 2008 gesenkt werden. 2009 können sie um 6 % gesenkt werden, im Jahr 2010 ist eine zusätzliche Senkung um 3 % gegenüber dem Jahr 2009 das Ziel. Die Personalausgaben betrugen im Jahr 2008 genau 798.487,20 €. Ermitteln Sie die Personalausgaben für 2010.

d) Der Bilanzgewinn ist von 107,8 Tausend Euro auf rund 61 Tausend Euro zurückgegangen. Berechnen Sie den Rückgang in Prozent.

W 8.16: Mehrwertsteuer A

Eine Mehrwertsteuer gibt es in sehr vielen Ländern. Ihre Höhe ist aber durchaus unterschiedlich. Modellieren Sie eine Formel, mit der Sie aus einem beliebigen Bruttopreis die Mehrwertsteuer berechnen können, wenn der Steuersatz m beträgt.

SbX
ID: 1824

Eine Rechercheaufgabenstellung zum Thema Konto und Zinsen sowie eine weitere Wissensaufgabe finden Sie im SbX.

Kompetenz-Check

	☺	😐	☹
Ich kann den Unterschied zwischen Prozentsatz, Grundwert und Prozentanteil erklären.			
Ich kann Prozentanteile auf unterschiedlichen Wegen berechnen.			
Ich kann den Grundwert rechnerisch ermitteln.			
Ich kenne den Zusammenhang zwischen prozentuellen Angaben, Dezimalzahlen und Bruchteilen.			
Ich weiß, was Soll- und Habenzinsen bei einem Konto sind.			
Ich kenne den Unterschied zwischen Netto- und Bruttopreis.			
Ich kann Rabatte und Skonti berechnen.			

SbX
Alle SbX-Inhalte zu dieser Lerneinheit finden Sie unter der ID: 1830.

Lerneinheit 3

Dezimal- und Gleitkommadarstellung

In den Naturwissenschaften und in der Technik kommen sehr oft sehr große oder sehr kleine Zahlen vor. Auch Rechenvorgänge müssen mit diesen Zahlen durchgeführt werden. Bereits vor ca. 2700 Jahren griffen die Sumerer auf eine Potenzschreibweise für große Zahlen zurück. Sie verwendeten dafür die Basis 60. Heute wird entsprechend unserem dekadischen Zahlensystem die Basis 10 verwendet.

Sie lernen hier:

- Dezimalzahlen als Hochzahlen darzustellen und umgekehrt
- große und kleine Zahlen zu vergleichen
- Umwandlungszahlen für Längen-, Flächen- und Raummaße

Lernen

A B C D

1 Potenzen

Praktische Kurzschrift

Sie haben gelesen, dass Sie jeden Tag mindestens 2 Liter Wasser trinken sollten, und wollen wissen, wie viel das in einer Woche ergibt. Natürlich könnten Sie addieren: $2 + 2 + 2 + 2 + 2 + 2 + 2 = 14$, aber wahrscheinlich werden Sie rechnen: $7 \cdot 2 = 14$.
Sie wissen, dass Sie die Addition von mehreren gleichen Zahlen als Multiplikation schreiben können.

Auch für die Multiplikation von mehreren gleichen Zahlen gibt es eine solche Kurzschreibweise: Statt $2 \cdot 2 \cdot 2 \cdot 2 \cdot 2 \cdot 2 \cdot 2$ schreibt man einfacher 2^7 (2 hoch 7). Dieser Ausdruck heißt 7. Potenz von 2.

Die zweite Potenz heißt auch „Quadrat", weil a^2 der Flächeninhalt eines Quadrats mit der Seitenlänge a ist. Für die dritte Potenz wird manchmal noch der Ausdruck „Kubik" (von lateinisch cubus = Würfel) verwendet, weil a^3 das Volumen eines Würfels mit der Seitenlänge a angibt.

Potenz

Eine Potenz ist das Produkt von mehreren gleichen Faktoren.

Potenz = Basis (Grundzahl)$^{\text{Exponent (Hochzahl)}}$

Die Hochzahl gibt an, wie oft die Basis mit sich selbst multipliziert wird:

$$a^n = \underbrace{a \cdot a \cdot \ldots \cdot a}_{n\ \text{Faktoren}}$$

Potenzrechnung vor Punktrechnung vor Strichrechnung

Potenzieren ist eine Rechenart dritter Stufe. Es wird vor allen anderen Rechnungen ausgeführt.

Lehrbeispiel

L 8.17: Rechnen mit Potenzen B

$3^4 = 3 \cdot 3 \cdot 3 \cdot 3 = 81$

$10^5 = 10 \cdot 10 \cdot 10 \cdot 10 \cdot 10 = 100000$

$3 \cdot 4^2 - 5 \cdot 2^3 = 3 \cdot (4 \cdot 4) - 5 \cdot (2 \cdot 2 \cdot 2) =$
$= 3 \cdot 16 - 5 \cdot 8 = 48 - 40 = 8$

- zuerst die Potenzrechnung, dann Punktrechnung, zuletzt Strichrechnung

T Auf dem Taschenrechner können Sie Potenzen mit der Taste [^] eingeben. Bei manchen älteren Modellen finden Sie [y^x].

Übungsbeispiel

Ü 8.37 ★: Einfache Potenzen B

Berechnen Sie (wenn möglich ohne Taschenrechner):

4^3, 5^3, 2^6, 10^4, 1^{99}, 1^{100}

Potenzen von negativen Zahlen

Lehrbeispiel

L 8.18: Potenzen von negativen Zahlen B C

Berechnen Sie und erklären Sie das Ergebnis:

$(-2)^2 = (-2) \cdot (-2) = \quad 4$

$(-2)^3 = (-2) \cdot (-2) \cdot (-2) = \quad -8$

$(-2)^4 = (-2) \cdot (-2) \cdot (-2) \cdot (-2) = \quad 16$

$(-2)^5 = (-2) \cdot (-2) \cdot (-2) \cdot (-2) \cdot (-2) = \quad -32$

Sie sehen: Wenn die Hochzahl gerade ist, ist das Ergebnis positiv, weil je zwei negative Zahlen beim Multiplizieren eine positive ergeben. Wenn die Hochzahl ungerade ist, bleibt sozusagen eine negative Zahl „übrig"; das Ergebnis ist also negativ.

Potenz einer negativen Zahl

Eine Potenz einer negativen Zahl ist

- positiv, wenn die Hochzahl gerade ist.
- negativ, wenn die Hochzahl ungerade ist.

Übungsbeispiel

Ü 8.38 ★: Potenzen von negativen Zahlen B

Berechnen Sie: $(-4)^3$, $(-5)^3$, $(-2)^6$, $(-10)^4$, $(-1)^{99}$, $(-1)^{100}$

Folgendes ist leicht zu verwechseln:

$(-2)^4 = (-2) \cdot (-2) \cdot (-2) \cdot (-2) = 16$
- Die Hochzahl bezieht sich auch auf das Minus.

$-2^4 = -2 \cdot 2 \cdot 2 \cdot 2 = -16$
- Die Hochzahl bezieht sich nur auf die 2, das Minus wird vor das Ergebnis gesetzt.

Achten Sie daher bei solchen Rechnungen genau auf die richtige Schreibweise!

T Auch auf dem Taschenrechner müssen Sie eine negative Zahl in Klammern eingeben, wenn Sie sie potenzieren wollen.

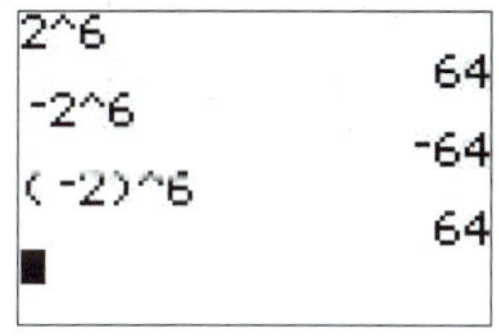

Abb. 8.3.1

Potenzen von Brüchen

Lehrbeispiel

L 8.19: Potenzen von Brüchen berechnen B C

Berechnen Sie $\left(\frac{2}{3}\right)^4$ und erklären Sie das Ergebnis.

$$\left(\frac{2}{3}\right)^4 = \left(\frac{2}{3}\right)\cdot\left(\frac{2}{3}\right)\cdot\left(\frac{2}{3}\right)\cdot\left(\frac{2}{3}\right) = \frac{2\cdot2\cdot2\cdot2}{3\cdot3\cdot3\cdot3} = \frac{2^4}{3^4} = \frac{16}{81}$$

Formulieren wir das als allgemeine Regel:

Potenz eines Bruches

Ein Bruch wird potenziert, indem man Zähler und Nenner potenziert.

$$\left(\frac{a}{b}\right)^n = \frac{a^n}{b^n}$$

$\left(\frac{1}{2}\right)^2 = \frac{1}{4}$

Viele Menschen finden es überraschend, dass eine Zahl kleiner werden kann, wenn man sie quadriert:

$$\left(\frac{1}{2}\right)^2 = \frac{1^2}{2^2} = \frac{1}{4}$$

Die Verwirrung klärt sich, wenn man sich überlegt, dass ein Quadrat mit $1/2$ m Seitenlänge den Flächeninhalt $1/4$ m^2 hat.

Übungsbeispiel

Ü 8.39 ★: Brüche potenzieren B

Berechnen Sie: $\left(\frac{1}{5}\right)^3, \left(\frac{4}{5}\right)^3, \left(-\frac{4}{5}\right)^3$

2 Gleitkommadarstellung von Zahlen

Wissenschaftliche Darstellung sehr großer und sehr kleiner Zahlen

Einige Beispiele für große/kleine Maßzahlen:

- Die Erde hat eine Masse von etwa 5 970 000 000 000 000 000 000 000 kg.
- Die Erde umläuft die Sonne in einem mittleren Abstand von etwa 150 000 000 000 m.
- Der Umfang der Erde ist 40 000 km.
- Die Masse des Mondes beträgt 73 Trillionen t.
- Die Masse eines Kohlenstoffatoms: ca. 0,00000000000000000000000000166 kg.
- Der Eiffelturm in Paris hat eine Masse von ca. 7 300 000 kg.
- Ein Virus hat einen Durchmesser von ca. 0,0000001 m.
- Ein Eisenatom hat einen Durchmesser von ungefähr 0,0000000002 m.
- Der Durchmesser eines Atoms ist 0,0000001 mm.
- Die Geschwindigkeit des Lichts beträgt ca. 300 000 000 m/s.
- Eine Maus wiegt ca. 20 g.

Darstellung von sehr großen und kleinen Zahlen

Sehen Sie auf http://www.weltbevoelkerung.de den aktuellen Stand nach und informieren Sie sich dort, wie diese Weltbevölkerungsuhr funktioniert!

Sehr große Zahlen sind allerdings auch in der Dezimalschreibweise nicht immer einfach zu lesen. Angenommen, Sie sehen, dass am 25. Februar 2014 um 12 h MESZ 7 216 128 972 Menschen auf der Erde lebten. Wahrscheinlich brauchen Sie einige Zeit, um diese Zahl als „sieben Milliarden, zweihundertsechzehn Millionen, einhundertachtundzwanzigtausend neunhundertzweiundsiebzig" zu lesen. (Die Unterteilung in Dreiergruppen erleichtert die Sache ein bisschen.) Es gibt verschiedene Möglichkeiten, große Zahlen übersichtlicher zu schreiben:

- Man gibt ihnen Namen (siehe Tabelle auf Seite 387). Wir könnten zum Beispiel schreiben: „Auf der Erde leben ca. 7,2 Milliarden Menschen." Aber oberhalb von 10^{21} gehen uns auch die Namen aus. (Beachten Sie auch, dass die Bezeichnungen nicht einheitlich sind. In Europa bedeutet eine Billion 10^{12}, in den USA ist eine *billion* 10^9.)
- Man bezeichnet sie mit eigenen Vorsilben: 1 Kilogramm (kg) = 1000 Gramm, 1 Megawatt (MW) = 1 000 000 Watt. Einige dieser international genormten Vorsilben (SI-Vorsilben) sind in der Tabelle auf Seite 387 zusammengestellt.
- Man schreibt sie als Produkt einer kleinen Zahl mit einer Zehnerpotenz: $7{,}2 \cdot 10^9$.

Diese Schreibweise, die sogenannte **Gleitkommadarstellung,** ist in der Wissenschaft allgemein üblich. Normalerweise formt man so um, dass die erste Zahl, die sogenannte **Mantisse,** eine Stelle vor dem Komma hat. Jede Zahl ist also durch Mantisse und Exponent (von 10) festgelegt. Die Gleitkommadarstellung wird auch als **Fließkommadarstellung** bezeichnet.

Gleitkommadarstellung (Fließkommadarstellung) einer Zahl

$z = m \cdot 10^e$ m: Mantisse, $1 \leqslant m < 10$ e: Exponent, $e \in \mathbb{Z}$

$z = m \cdot 10^e$

Lehrbeispiel

L 8.20: Zahlen als Potenz zur Basis 10 darstellen B

Stellen Sie die Zahlen 1; 10; 100; 1 000; 100 000; 1 000 000; 0,1; 0,01; 0,001; 0,0001; 0,00001; 0,000001; 0,0000001 als Potenz zur Basis 10 dar.

Positive Potenzen von 10: allgemein 10^n	Negative Potenzen von 10: allgemein 10^{-n}
$1 = 10^0$	$1 = 10^0$
$10 = 10^1$	$0{,}1 = \frac{1}{10} = 10^{-1}$
$100 = 10^2$	$0{,}01 = \frac{1}{100} = 10^{-2}$
$1\,000 = 10^3$	$0{,}001 = \frac{1}{1000} = 10^{-3}$
$10\,000 = 10^4$	$0{,}0001 = \frac{1}{10000} = 10^{-4}$
$100\,000 = 10^5$	$0{,}00001 = \frac{1}{100000} = 10^{-5}$
$1\,000\,000 = 10^6$	$0{,}000001 = \frac{1}{1000000} = 10^{-6}$
…	…

Lehrbeispiel

L 8.21: Zahlen als Potenz zur Basis 10 darstellen B

Querverweis

Siehe auch Kapitel 2, Lerneinheit 1: Rechnen mit Potenzen.

a) 3000

- Jede Zahl kann als ein Vielfaches einer dieser Potenzen aufgefasst werden. Spalten Sie diese Zahlen zuerst in ein Produkt auf.

$3000 = 3 \cdot 1000$

- Geben Sie nun 1 000 als Potenz von 10 an.

10^3

- Die Zahl heißt nun:

$3 \cdot 10^3$

b) $7625000 = 7625 \cdot 1000$

$= 7{,}625 \cdot 1000000$

$= 7{,}625 \cdot 10^6$

- Verschieben Sie das Komma so, dass vor dem Komma eine Ziffer steht.

8 Basiswissen

Lehrbeispiel

L 8.22: Gleitkommadarstellung B

Stellen Sie die folgenden Zahlen in Gleitkommadarstellung dar:

a) 2345, b) 17 250, c) 5 120 000

a) $2345 = 2{,}345 \cdot 1000 = 2{,}345 \cdot 10^3$

b) $17250 = 1{,}725 \cdot 10000 = 1{,}725 \cdot 10^4$

c) $5120000 = 5{,}12 \cdot 1000000 = 5{,}12 \cdot 10^6$

Sie sehen: Die Hochzahl gibt an, um wie viele Stellen Sie das Komma nach links verschoben haben.

Lehrbeispiel

L 8.23: Festkommadarstellung B

Stellen Sie die folgenden Zahlen in Festkommadarstellung dar:

a) $3{,}65 \cdot 10^2$, b) $7{,}03 \cdot 10^5$, c) $6{,}249 \cdot 10^7$

a) $3{,}65 \cdot 10^2 = 3{,}65 \cdot 100 = 365$

b) $7{,}03 \cdot 10^5 = 7{,}03 \cdot 100000 = 703000$

c) $6{,}249 \cdot 10^7 = 6{,}249 \cdot 10000000 = 62490000$

Hier müssen Sie also das Komma um so viele Stellen nach rechts verschieben, wie der Exponent angibt.

Querverweis
Warum ist $10^0 = 1$? Siehe Kapitel 2, Lerneinheit 1!

Die Schreibweise $1 \cdot 10^0$ bedeutet, dass das Komma gar nicht verschoben wird. Wir erhalten also: $\mathbf{10^0 = 1}$

Auch Zahlen, die kleiner als 1 sind, können mit der Gleitkommadarstellung übersichtlicher geschrieben werden. Dabei wird das Komma in die andere Richtung verschoben – das wird durch eine negative Hochzahl ausgedrückt:

Lehrbeispiel

L 8.24: Kleine Zahlen in Gleitkommadarstellung B

Stellen Sie die folgenden Zahlen in Gleitkommadarstellung dar:

a) 0,7, b) 0,0245, c) 0,00013

a) $0{,}7 = 7 \cdot 0{,}1 = 7 \cdot 10^{-1}$

b) $0{,}0245 = 2{,}45 \cdot 0{,}01 = 2{,}45 \cdot 10^{-2}$

c) $0{,}00013 = 1{,}3 \cdot 0{,}0001 = 1{,}3 \cdot 10^{-4}$

Ein negativer Exponent gibt also an, die wievielte Stelle nach dem Komma als erste von 0 verschieden ist.

Lehrbeispiel

L 8.25: Von der Gleitkommadarstellung zur Festkommadarstellung B

Stellen Sie die folgenden Zahlen in Festkommadarstellung dar:

a) $3{,}8 \cdot 10^{-2}$, b) $1{,}24 \cdot 10^{-3}$, c) $9{,}6 \cdot 10^{-5}$

a) $3{,}8 \cdot 10^{-2} = 3{,}8 \cdot 0{,}01 = 0{,}038$

b) $1{,}24 \cdot 10^{-3} = 1{,}24 \cdot 0{,}001 = 0{,}00124$

c) $9{,}6 \cdot 10^{-5} = 9{,}6 \cdot 0{,}00001 = 0{,}000096$

Wenn das Ergebnis einer Rechnung nur geschätzt werden soll, wie zum Beispiel das Verhältnis zweier großer Zahlen, ist die Gleitkommaschreibweise sehr hilfreich.

Ü 8.40 ★: Zehnerpotenzen und Dezimalzahlen B

Formen Sie in Gleitkommadarstellung um:

a) 366 c) 6,8 e) 0,000 007 49 g) 0,000 637

b) 0,58 d) 89 300 000 f) 1 680 000

Lehrbeispiel

L 8.26: Rechnen mit großen Zahlen B C

a) Berechnen Sie die Länge eines Lichtjahres, das heißt, die Strecke, die das Licht in einem Jahr zurücklegt.

Ein Jahr hat $365 \cdot 24 \cdot 60 \cdot 60$ Sekunden, das sind ca. $3 \cdot 10^7$. Die Lichtgeschwindigkeit beträgt $3 \cdot 10^5$ km/s. In einem Jahr legt ein Lichtstrahl daher ca. $9 \cdot 10^{12}$ km zurück.
(Zehnerpotenzen werden multipliziert, indem man die Hochzahlen addiert.)

Querverweis
Rechnen mit Potenzen siehe Kapitel 2, Lerneinheit 1.

b) Vergleichen Sie die Masse der Erde ($5{,}97 \cdot 10^{24}$ kg) mit der des Mondes ($7{,}35 \cdot 10^{22}$ kg).

$10^{24} : 10^{22} = 10^2$; die Erde hat daher ca. 100-mal so viel Masse wie der Mond.
(Zehnerpotenzen werden dividiert, indem man die Hochzahlen subtrahiert.)

Wie schnell reist das Licht?

Namen für Zehnerpotenzen und die entsprechenden Vorsilben für Maßeinheiten:

Potenz	Name	SI-Vorsilbe	Abkürzung
10^{18}	Trillion	Exa	E
10^{15}	Billiarde	Peta	P
10^{12}	Billion	Tera	T
10^{9}	Milliarde	Giga	G
10^{6}	Million	Mega	M
10^{3}	tausend	Kilo	k
10^{2}	hundert	Hekto	h
10^{1}	zehn	Deka	da
10^{-1}	Zehntel	Dezi	d
10^{-2}	Hundertstel	Centi	c
10^{-3}	Tausendstel	Milli	m
10^{-6}	Millionstel	Mikro	µ
10^{-9}	Milliardstel	Nano	n
10^{-12}	Billionstel	Piko	p
10^{-15}	Billiardstel	Femto	f
10^{-18}	Trillionstel	Atto	a

Die Nanotechnologie (nano: griech. für Zwerg) beschäftigt sich mit der Analyse und Bearbeitung von Materialien im Nanometer-Maßstab.

Übungsbeispiel

Joule (J): Einheit der Energie
Watt (W): Einheit der Leistung

Ü 8.41 ★★: Dieselbe Zahl – unterschiedliche Schreibweisen B

Formen Sie in die angegebenen Schreibweisen um:

Festkommazahl	Gleitkommazahl	SI-Vorsilben
85 000 m		
		350 MJ
	$2{,}7 \cdot 10^9$ W	
		60 mg
0,000 075 m		
0,000 000 003 s		

Lehrbeispiel

L 8.27: Sehr große und sehr kleine Zahlen im Taschenrechner B

Berechnen Sie mit dem Taschenrechner zuerst $2\,000\,000^2$ und dann den Kehrwert dieser Zahl!

Das Ergebnis der ersten Rechnung wäre 4 000 000 000 000 (vier Billionen). Weil so viele Stellen nicht angezeigt werden können, gibt der Rechner das Ergebnis 4E12 aus, das heißt $4 \cdot 10^{12}$.

Den Kehrwert können Sie mit der Taste $\boxed{x^{-1}}$ berechnen. Hier lautet das Ergebnis 2,5E–13, also $2{,}5 \cdot 10^{-13} = 0{,}000\,000\,000\,000\,25$.

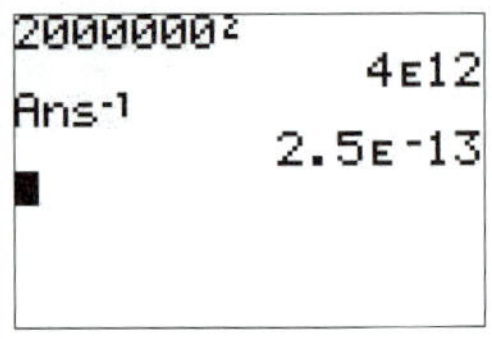

Abb. 8.3.2

Abb. 8.3.3

Wie Sie sehen, zeigt der Taschenrechner sehr große und kleine Zahlen automatisch als Gleitkommazahlen an. Wenn Sie wollen, dass alle Zahlen so dargestellt werden, müssen Sie im Menü [MODE] in der ersten Zeile `Sci` markieren (engl. *scientific* = wissenschaftlich) und mit [ENTER] bestätigen.

Um eine Gleitkommazahl einzugeben, verwenden Sie die Taste [2nd] [EE]. $3 \cdot 10^5$ geben Sie zum Beispiel mit der Tastenfolge [3] [2nd] [EE] [5] ein.

Umwandlungszahlen

Umwandlungszahl für Längenmaße: 10

1 km = 1 000 m

1 m = 10 dm = 100 cm = 1 000 mm = 1 000 000 μm = 1 000 000 000 nm

1 mm = 0,1 cm = 0,01 dm = 0,001 m = 0,000001 km

Umwandlungszahl für Flächenmaße: 100

1 km² = 100 ha = 10 000 a = 1 000 000 m²

1 ha = 0,01 km² = 100 a = 10 000 m²

1 a = 0,01 ha = 100 m² = 10 000 dm²

1 m² = 0,01 a = 100 dm² = 10 000 cm² = 1 000 000 mm²

1 dm² = 0,01 m² = 100 cm² = 10 000 mm²

Umwandlungszahl für Rauminhalte: 1000

1 m³ = 1 000 dm³ = 1 000 000 cm³

1 dm³ = 1 000 cm³ = 1 000 000 mm³

1 cm³ = 1 000 mm³

1 dm³ = 1 l

1 cm³ = 1 ml = 0,001 l = 0,001 dm³

1 hl = 100 l

1 l = 100 cl

1 l = 1 000 ml

3 Rechnen mit gerundeten Zahlen
„Pi mal Daumen"

Lehrbeispiel

L 8.28: Wie viel Genauigkeit ist sinnvoll? C

Interpretieren Sie die folgende Berechnung.

„Ein ICE (Intercity Express) fährt von Wien nach Linz (190 km) mit einer Durchschnittsgeschwindigkeit von 105 km/h. Die Fahrzeit beträgt daher

$t = \frac{190}{105} = 1{,}80952\ldots$ h, das sind

1 h 48 min 34,29 s."

Eine solche Antwort ist natürlich sinnlos. Niemand kann die Fahrzeit eines Zugs auf Hundertstelsekunden genau angeben. Die Entfernung ist auf km gerundet, sie kann in Wirklichkeit jeden Wert zwischen 189,5 km und 190,5 km haben. Auch die Geschwindigkeit ist gerundet – hier ist die Ungenauigkeit wahrscheinlich noch größer, weil sie von vielen Faktoren abhängt. Eine sinnvolle Antwort wäre daher bestenfalls 1,8 h = 1 h 48 min.

Der Mangel an mathematischer Bildung gibt sich durch nichts so auffallend zu erkennen wie durch maßlose Schärfe im Zahlenrechnen. (Carl Friedrich Gauß, 1777–1855)

Zur Erinnerung: Beim Runden geht es darum, den entstehenden Fehler möglichst klein zu halten.

Rundungsregel

- Wenn an der ersten Stelle, die weggelassen wird, höchstens 4 steht, wird abgerundet, das heißt, die Rundungsstelle bleibt gleich.
- Wenn an der ersten Stelle, die weggelassen wird, mindestens 5 steht, wird aufgerundet, das heißt, die Rundungsstelle wird um 1 erhöht.

Lehrbeispiel

L 8.29: Runden B

a) Runden Sie 463 und 468 auf Zehner!

$463 \approx 460$ (Rundungsfehler: 3)

$468 \approx 470$ (Rundungsfehler: 2)

Manchmal müssen auch die davorstehenden Stellen erhöht werden:

b) Runden Sie 2,396 auf Hundertstel!

$2{,}396 \approx 2{,}40$ (Rundungsfehler: 0,004; die 0 an der Hundertstelstelle wird angeschrieben, um anzudeuten, dass auf Hundertstel und nicht auf Zehntel gerundet wurde.)

Vermeiden Sie es, in mehreren Schritten zu runden!

c) Runden Sie 18,47 auf Ganze!

$18{,}47 \approx 18$ (Rundungsfehler: 0,47)

Wenn Sie rechnen: $18{,}47 \approx 18{,}5 \approx 19$, erhalten Sie einen größeren Rundungsfehler von 0,53.

Wenn also beispielsweise eine gemessene Länge mit 3,2 m angegeben ist, können wir davon ausgehen, dass der wahre Wert zwischen 3,15 und 3,25 m liegt. (Genauer gesagt: Wenn die Länge mit x bezeichnet wird, ist $3{,}15 \leqslant x < 3{,}25$. Bei einer Länge von 3,25 m würde man ja schon auf 3,3 aufrunden.) Bei der Angabe 3,20 m liegt er zwischen 3,195 m und 3,205 m, bei der Angabe 3,200 zwischen 3,1995 und 3,2005. An eine gerundete Zahl dürfen also nach dem Komma nicht beliebig viele Nullen angehängt werden, weil das eine höhere Genauigkeit vortäuschen würde!

Das Ergebnis einer Rechnung kann niemals genauer sein als die ungenaueste Angabe!

Das Ergebnis einer Rechnung kann höchstens so genau sein wie die ungenaueste Angabe – runden Sie Ihre Ergebnisse daher entsprechend. Zwischenergebnisse sollten Sie nicht runden, weil sich sonst die einzelnen Rundungsfehler verstärken. Wenn Sie nicht mit den genauen Werten rechnen (Speicher des Taschenrechners verwenden!), sollten Sie Zwischenergebnisse mindestens um eine Stelle genauer angeben als die gewünschte Genauigkeit beim Endergebnis.

Übungsbeispiel

obere/untere Schranke
hier: der größte/kleinste Wert, den die Fläche annehmen kann

Ü 8.42 ★: Genauigkeit eines Ergebnisses B

Die Seitenlängen eines rechteckigen Zimmers wurden mit 5,25 m und 3,62 m gemessen. Schätzen Sie die Größe des Flächeninhalts durch eine obere und eine untere Schranke ab.

Noch eine Bemerkung: Wenn in diesem Buch das Ergebnis einer Rechnung mit t = 1,80952... angegeben ist, wurden die restlichen Stellen einfach weggelassen (also nicht gerundet). Bei einer Angabe wie t = 1,8 ist meistens aus dem Zusammenhang klar, ob es sich um einen genauen oder gerundeten Wert handelt.

Üben

A B C D

Ü 8.43 ★: Die Welt in Zahlen B

Formen Sie folgenden Maßzahlen in Gleitkommadarstellung um:

a) Die Masse eines Wasserstoffatoms beträgt etwa 0,000 000 000 000 000 000 000 000 001 66 kg.
b) Der Eiffelturm in Paris hat eine Masse von ca. 7 300 000 kg.
c) Die Erde hat eine Masse von etwa 5 970 000 000 000 000 000 000 000 kg.
d) Ein Eisenatom hat einen Durchmesser von ungefähr 0,000 000 000 2 m.
e) Die Geschwindigkeit des Lichts beträgt ca. 300 000 000 m/s.
f) Die Erde umläuft die Sonne in einem mittleren Abstand von etwa 150 000 000 000 m.
g) Der Umfang der Erde ist 40 000 km.
h) Die Masse des Mondes beträgt 73 Trillionen t.
i) Ein Virus hat einen Durchmesser von ca. 0,000 000 1 m.
j) Der Durchmesser eines Atoms ist 0,000 000 1 mm.

Ü 8.44 ★: Zahlen in unterschiedlichen Darstellungsformen B

Bestimmen Sie die fehlenden Maßzahlen in der Tabelle:

Festkommazahl	Gleitkommazahl
5235,6	
798 400	
	$1{,}45 \cdot 10^{16}$
	$1{,}022 \cdot 10^{9}$
0,0000034	
	$1{,}1 \cdot 10^{-12}$
	$9{,}8 \cdot 10^{15}$

Ü 8.45 ★: Einheiten umwandeln B

Formen Sie in die angegebene Größe um.

a) 70 mm = ___ m
b) 45 cm = ___ km
c) 45,7 W = ___ kW
d) 570 m = ___ km
e) 7,025 m^3 = ___ km^3
f) 5 l = ___ cm^3
g) 20 g = ___ kg = ___ t

Ü 8.46 ★: Einheiten umwandeln B

Formen Sie in die angegebenen Einheiten um:

a) 12,5 m =		dm =		cm =		mm =		km
0,32 m =		dm =		cm =		mm =		km
27 cm =		mm =		m =		km		
6,6 cm =		mm =		m =		km		
485 mm =		cm =		dm =		m		
2160 mm =		cm =		dm =		m		
11 km =		m =		cm				
0,4 km =		m =		cm				
b) 14,5 m^2 =		dm^2 =		cm^2				
0,8 m^2 =		dm^2 =		cm^2				
170 cm^2 =		mm^2 =		dm^2 =		m^2		
5870 cm^2 =		mm^2 =		dm^2 =		m^2		
0,44 km^2 =		m^2						
17 400 m^2 =		km^2						
c) 12 m^3 =		dm^3 =		cm^3				
0,006 m^3 =		dm^3 =		cm^3				
54 cm^3 =		mm^3 =		dm^3 =		m^3		
23 000 cm^3 =		mm^3 =		dm^3 =		m^3		
d) 15 l =		ml =		dm^3 =		cm^3		
0,75 l =		ml =		dm^3 =		cm^3		
125 ml =		l =		dm^3 =		cm^3		
40 ml =		l =		dm^3 =		cm^3		
e) 4,25 kg =		dag =		g				
0,64 kg =		dag =		g				
520 g =		dag =		kg =		mg		
24 g =		dag =		kg =		mg		
3,5 t =		kg						
620 kg =		t						
f) 3 h =		min =		s				
1 h 40 min =		min =		s				
15 min =		s						
300 s =		min						
200 s =		min		s				
g) 15 m/s =		km/h						
343 m/s =		km/h						

(Dieser Wert, die Schallgeschwindigkeit in der Luft, wird auch als 1 Mach bezeichnet.)

72 km/h =		m/s
130 km/h =		m/s

Ein Seidel und ein Krügel Bier in cm^3 angeben – kein Problem!

Ü 8.47 ★: Maße für Flüssigkeiten B

Berechnen Sie, wie viel cm^3 Flüssigkeit in einer Flasche mit dem Inhalt 0,33 l enthalten sind.

Ü 8.48 ★: Radarsignal B C

Ein Radarsignal wird von einem Flugzeug reflektiert und kommt nach 90 μs zurück. Ermitteln Sie, wie weit das Flugzeug entfernt ist. Führen Sie die Rechnung in Gleitkommadarstellung aus und dokumentieren Sie alle Schritte, die zur Berechnung nötig sind.

8 Basiswissen

Ü 8.49 ★: Wellenlänge von sichtbarem Licht B

Die Wellenlänge von sichtbarem Licht hat einen Wert λ zwischen 0,000000380 m und 0,000000780 m. Schreiben Sie die Wellenlängen in Nanometer auf und berechnen Sie die dazu gehörenden Frequenzen f, wenn $f = \frac{c}{\lambda}$, wobei c = 300 000 km/s ist. Führen Sie die Rechnung in Gleitkommadarstellung aus.

Ü 8.50 ★★: Zahlen aus der Naturwissenschaft B C

Querverweis
Siehe **Ü 8.43.**

Schätzen Sie die Ergebnisse der folgenden Rechnungen zuerst ab und berechnen Sie sie dann mit dem Taschenrechner (benutzen Sie die Fließkommadarstellung). Beschreiben Sie Ihre Vorgangsweise.

a) Berechnen Sie, wie viele Atome in einem Gramm Wasserstoff enthalten sind.

b) Berechnen Sie, wie viele Minuten das Licht von der Sonne zur Erde braucht.

Meteorologischer Regenmesser

Ü 8.51 ★★: Niederschlagsmengen A B C

Im Wetterbericht wird die Niederschlagshöhe (Regenmenge) in mm angegeben. Das ist die Höhe des Wassers, das sich in einem offenen Gefäß sammelt. Manchmal gibt man auch die Wassermenge an, die auf einen m² gefallen ist.

Nach einem heftigen Unwetter lesen Sie in der Zeitung: „Binnen einer Stunde fielen bis zu 65 Liter pro Quadratmeter." Vergleichen Sie die angegebene Wassermenge mit der Niederschlagshöhe. Stellen Sie dazu eine Formel auf, mit der sich die Niederschlagshöhe aus der gegebenen Wassermenge ermitteln lässt. Berechnen Sie die Höhe des Niederschlags in mm.

Sichern

Umwandlungszahlen

… für metrische Längenmaße: 10

… für metrische Flächenmaße: 100

… für metrische Raummaße: 1000

2 unterschiedliche Darstellungen: Festkomma – Gleitkomma

456 000	= 4,56 · 100 000	$= 4{,}56 \cdot 10^{5}$	= 4,56 E5
4,56	= 4,56 · 1	$= 4{,}56 \cdot 10^{0}$	= 4,56 E0
0,00456	= 4,56 · 0,001	$= 4{,}56 \cdot 10^{-3}$	= 4,56 E-3
↓ Festkommadarstellung		↓ Mantisse · ↓ Zehnerpotenz	↓ Gleitkommadarstellung

Wissen

A B C D

W 8.17: Große und kleine Zahlen A

Geben Sie fünf große und fünf kleine Zahlen aus Ihrem beruflichen Umfeld an und stellen Sie diese als Gleitkommazahl dar.

W 8.18: Digitalfotografie B C

Die Speicherkapazität der Speicherkarten der Digitalkameras ist von im Durchschnitt 512 MB vor ein paar Jahren auf durchschnittlich 8 GB gewachsen. Schätzen Sie ab, auf das Wievielfache der Speicherplatz gestiegen ist. Beschreiben Sie Ihre Vorgangsweise.

W 8.19: Maßzahlen B

Suchen Sie 5 Maßzahlen aus dem Internet, fügen Sie die Zahl in die richtige Spalte der Tabelle ein und geben Sie entweder die Zahl oder die Gleitkommadarstellung an.

Zahl	Bedeutung der Zahl	Gleitkommadarstellung

Überprüfen Sie Ihre Angabe und Ihr Ergebnis mit dem Taschenrechner.

W 8.20: Ein historisches mathematisches Missverständnis C D

„$1 \cdot 1 = 1$, unzweifelhaft. Aber 1^2 ist nicht 1, weil das Quadrat einer gegebenen Zahl größer sein muss als die Zahl selbst. Die Wurzel aus 1 kann logischerweise nicht 1 sein, weil die Wurzel aus einer Zahl kleiner sein muss als die Zahl selbst. Aber mathematisch oder formal ist $\sqrt{1} = 1$. Die Mathematik widerspricht in diesem Falle der Logik oder der reinen Vernunft, und darum ist die Mathematik in diesem Kardinalfalle vernunftwidrig. Auf dieser Sinnlosigkeit, der 1, bauen sich dann alle Werte auf, und in diesen falschen Werten fußt die mathematische Wissenschaft, die ‚einzig exakte, unfehlbare'. Aber dies ist Mathematik! Ein artiges Spiel für Leute, die nichts zu tun haben." (August Strindberg, 1849–1912)

Strindberg war ein bedeutender schwedischer Schriftsteller, aber offensichtlich kein Mathematiker. Klären Sie das Missverständnis auf!

W 8.21: Das Oktalsystem A B C

Warum verwechseln Mathematiker manchmal Weihnachten mit Halloween? Weil 25 Dez. = 31 Okt.☺

Wenn die Menschen an jeder Hand vier Finger hätten, würden wir wahrscheinlich im Oktalsystem rechnen (Zahlensystem zur Basis 8, von lat. *octo* = acht). Die Zahl 31 würde dann $3 \cdot 8 + 1$ bedeuten, also 25 im Dezimalsystem. Die Oktalzahl 234 wäre $2 \cdot 8^2 + 3 \cdot 8 + 4 = 156$ im Dezimalsystem.

a) Stellen Sie die Oktalzahlen 53, 135 und 777 im Dezimalsystem dar.

b) Stellen Sie die Dezimalzahlen 10, 72 und 365 im Oktalsystem dar.

T **Anmerkung:** Der in Windows enthaltene Rechner kann Zahlen auch hexadezimal (im Sechzehnersystem), oktal und binär (im Zweiersystem) darstellen. Sie müssen dazu im Menü „Ansicht" auf „Wissenschaftlich" schalten.

W 8.22: Durchmesser vergleichen C

Vergleichen Sie den Durchmesser eines roten Blutkörperchens von 0,0007 cm mit dem Durchmesser eines Darmbakteriums von $1{,}5 \cdot 10^{-3}$ cm. Dokumentieren Sie Ihren Lösungsweg.

W 8.23: Blitz D

Erklären Sie, wie sich die Hochzahl verändert, wenn Sie die Dauer eines Blitzes mit 10^{-4} Sekunden in Stunden angeben.

Kompetenz-Check

	☺	😐	☹
Ich kann eine Zahl in Mantisse und Potenz zerlegen.			
Ich kann Potenzen zur Basis 10 aufschreiben und erklären.			
Ich kenne die Umwandlungszahlen für Längen- und Flächenmaße sowie für Rauminhalte.			
Ich kann die Rechenregeln für das Rechnen mit Potenzen anwenden.			
Ich kann runden und Rundungsfehler berechnen.			

Lerneinheit 4

Zahlenmengen und Symbole

SbX
Alle SbX-Inhalte zu dieser Lerneinheit finden Sie unter der ID: 1840.

Seit es Menschen gibt, haben sie gezählt und mit Zahlen gerechnet. Doch die Ansichten darüber, was eine Zahl ist, haben sich im Lauf der Zeit sehr stark geändert. Mit negativen Zahlen rechnet man erst seit dem Beginn der Neuzeit. Und über die Frage, ob Ausdrücke wie $\sqrt{2}$ oder gar $\sqrt{-1}$ auch als Zahlen anzusehen sind, gab es lange Zeit heftige Diskussionen.

Wie jedes Fachgebiet hat auch die Mathematik ihre eigenen Fachausdrücke und Symbole. Mathematische Texte können daher auf den ersten Blick wie eine Geheimschrift wirken. Wenn man sie aber versteht, kann man mit diesen Symbolen Sachverhalte kürzer und präziser ausdrücken als in der Alltagssprache.

Sie lernen hier:

- welche Arten von Zahlen es gibt und wie man mit ihnen rechnet
- die wichtigsten mathematischen Symbole (von denen Sie einige sicher schon kennen)
- was man unter einer Menge im mathematischen Sinn versteht

Lernen

SbX ID: 1841

A B C D

1 Natürliche Zahlen

„Zahl" kommt von „zählen".

Schon sehr früh haben die Menschen erkannt, dass Gruppen von drei Steinen, drei Bäumen, drei Vögeln usw. etwas gemeinsam haben: ihre Anzahl, die Zahl 3. Mit den Zahlen 1, 2, 3 ... kann man also Gegenstände zählen. Später wurde noch ein eigenes Zeichen für „Es ist kein Gegenstand da." eingeführt, die Null. Die Gesamtheit dieser Zahlen bezeichnet man in der Mathematik als **Menge der natürlichen Zahlen,** abgekürzt $\mathbb{N}$.

Menge der natürlichen Zahlen

$\mathbb{N} = \{0, 1, 2, 3, 4, 5, ...\}$

Achtung: Die Mathematiker sind sich in diesem Punkt nicht ganz einig. In manchen Büchern wird die Null nicht zu den natürlichen Zahlen gerechnet. Die Menge $\mathbb{N}$ beginnt dann bei 1, die Menge der natürlichen Zahlen einschließlich 0 wird mit $\mathbb{N}_0$ bezeichnet. Das ist aber reine Definitionssache und hat für uns weiter keine Bedeutung. Um Verwirrung zu vermeiden, einigt man sich in solchen Streitfällen oft auf eine der Möglichkeiten und hält diese in einer Norm fest. Dieses Schulbuch folgt der ÖNORM A 6406, die (ebenso wie die deutsche DIN 5473) festlegt, dass $\mathbb{N}$ für die Menge der natürlichen Zahlen einschließlich Null zu verwenden ist.

Axiome

Sie sind jetzt vielleicht überrascht, dass auch in der Mathematik nicht alles so eindeutig ist. Das ist aber typisch für die mathematische Methode: Am Anfang legt man Axiome fest, also Grundregeln, die nicht weiter begründet werden müssen bzw. können. Diese Axiome kann man beliebig festlegen, solange sie einander nicht widersprechen. „0 ist die kleinste natürliche Zahl." ist

„Die natürlichen Zahlen hat der liebe Gott gemacht, alles andere ist Menschenwerk." Leopold Kronecker (1823–1891) beschäftigte sich mit Algebra und Zahlentheorie.

ein solches Axiom. Wenn man sich aber einmal für ein Axiomensystem entschieden hat, muss man dabei bleiben. Man untersucht dann, welche Sätze logisch aus den Grundregeln hergeleitet werden können.

Eine größte natürliche Zahl kann es nicht geben, denn man kann zu jeder Zahl 1 addieren und erhält dadurch eine noch größere. Es gibt also **unendlich viele natürliche Zahlen.**

Man kann die natürlichen Zahlen noch weiter unterteilen, z. B. in $\mathbb{N}_g$ (gerade natürliche Zahlen) und $\mathbb{N}_u$ (ungerade natürliche Zahlen).

Mit einem Abakus kann man natürliche Zahlen darstellen.

Grundrechnungsarten

Mit natürlichen Zahlen kann man nicht nur zählen, sondern auch rechnen. Sie haben in der Volksschule die Grundrechnungsarten gelernt:

- **Addition**
- **Subtraktion** als Umkehrung der Addition (z. B.: 10 – 7 ist die Antwort auf die Frage: 7 plus wie viel ergibt 10?)
- **Multiplikation** als wiederholte Addition derselben Zahl (z. B.: $4 + 4 + 4 + 4 + 4 = 5 \cdot 4$)
- **Division** als Umkehrung der Multiplikation (z. B.: 20 : 4 ist die Antwort auf die Frage: 4 mal wie viel ergibt 20?)

Punktrechnung vor Strichrechnung

Rechenarten zweiter Stufe (Multiplikation und Division) werden vor den Rechenarten erster Stufe (Addition und Subtraktion) ausgeführt. Was in einer Klammer steht, wird auf jeden Fall zuerst berechnet.

Klammer vor Punktrechnung vor Strichrechnung!

Auch hier gibt es Axiome, also Rechenregeln, die unmittelbar einleuchten und nicht mehr weiter bewiesen werden. Die wichtigsten sind:

Kommutativgesetz der Addition

$a + b = b + a$ Bei der Addition darf man die Summanden vertauschen.

Assoziativgesetz der Addition

$a + (b + c) = (a + b) + c$ Bei der Addition darf man die Summanden beliebig zusammenfassen.

Kommutativgesetz der Multiplikation

$a \cdot b = b \cdot a$ Bei der Multiplikation darf man die Faktoren vertauschen.

Assoziativgesetz der Multiplikation

$a \cdot (b \cdot c) = (a \cdot b) \cdot c$ Bei der Multiplikation darf man die Faktoren beliebig zusammenfassen.

Distributivgesetz

$a \cdot (b + c) = a \cdot b + a \cdot c$
$a \cdot (b - c) = a \cdot b - a \cdot c$ Eine Summe/Differenz wird multipliziert, indem man die einzelnen Summanden multipliziert.

Übungsbeispiel

Ü 8.52 ★: Rechengesetze D

Erklären Sie jedes der Rechengesetze anhand eines Beispiels mit beliebigen natürlichen Zahlen.

Diese Axiome gelten nicht nur für die natürlichen Zahlen, sondern auch für alle folgenden Zahlenbereiche. Den Malpunkt kann man auch weglassen, das heißt, statt „a · b" schreibt man meistens einfach „ab".

Übungsbeispiel

Ü 8.53 ★: Rechnen mit natürlichen Zahlen D

Prüfen Sie, ob man eine natürliche Zahl erhält, wenn man zwei beliebige natürliche Zahlen

a) addiert.
b) subtrahiert.
c) multipliziert.
d) dividiert.

Begründen Sie jeweils Ihre Entscheidung!

8 Basiswissen

2 Ganze Zahlen
Guthaben und Schulden

Die Rechnung 3 – 5 kann man innerhalb der natürlichen Zahlen nicht durchführen. Aber was ist, wenn die Temperatur am Abend 3 °C beträgt und es in der Nacht um 5 °C kälter wird? Oder wenn Sie 30 € auf dem Konto haben und 50 € abheben? Um solche Aufgaben zu lösen, braucht man negative Zahlen – man zählt unterhalb von 0 weiter und setzt ein Minuszeichen vor die Zahlen: –1, –2, –3 ... Vor eine positive Zahl kann man ein Pluszeichen setzen, das wird aber meist weggelassen. Die Menge all dieser positiven und negativen ganzen Zahlen bezeichnet man mit $\mathbb{Z}$:

Menge der ganzen Zahlen

$\mathbb{Z} = \{... - 3, - 2, - 1, 0, + 1, + 2, + 3, ...\}$

Betrag einer Zahl

Der Betrag einer Zahl ist immer positiv.

Eine ganze Zahl ist also durch ihren Betrag (der immer positiv ist) und ihr Vorzeichen festgelegt. Für den Betrag schreibt man $|a|$:

$|+3| = |-3| = 3$

Die ganzen Zahlen kann man auf der Zahlengeraden anschaulich darstellen, entweder als Punkte oder als Pfeile: Ein nach rechts gerichteter Pfeil bedeutet eine positive Zahl, ein nach links gerichteter eine negative. (Die natürlichen Zahlen liegen auf dem positiven Zahlenstrahl, das heißt auf dem Teil der Zahlengeraden rechts von 0.)

Zwei Zahlen werden addiert, indem man die entsprechenden Pfeile aneinanderhängt.

Lehrbeispiel

L 8.30: Addition auf der Zahlengeraden B

Addieren Sie –3 und +5 grafisch!

Zeichnen Sie einen Pfeil von 0 bis –3. Von seiner Spitze aus zeichnen Sie einen Pfeil, der 5 Einheiten nach rechts geht. Er endet bei +2, das ist das Ergebnis der Addition:

$(-3) + (+5) = +2$

Meist lässt man die Klammern weg und schreibt:

$-3 + 5 = 2$

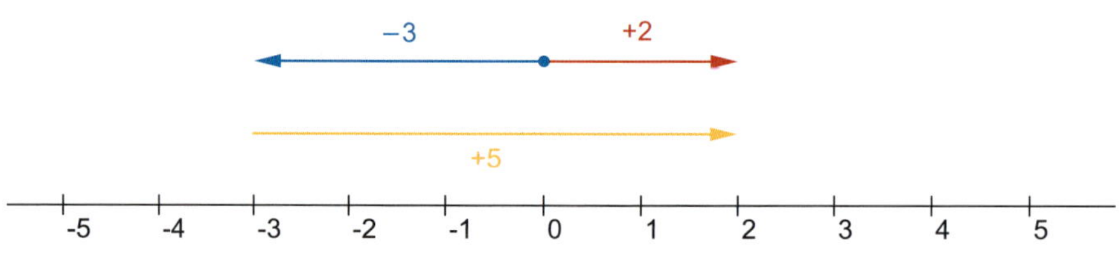

Abb. 8.4.1: Grafische Darstellung der Addition (–3) + (+5) = +2

Addition und Subtraktion von ganzen Zahlen

Wenn man eine positive Zahl addiert, geht man auf der Zahlengeraden nach rechts, wenn man eine negative Zahl addiert, nach links.

Wenn man eine Zahl subtrahiert, muss man ihr Vorzeichen ändern und dann addieren.

Meistens fasst man Vorzeichen und Rechenzeichen zusammen.

Zwei gleiche Zeichen werden plus, zwei ungleiche Zeichen werden minus.

Vorzeichen und Rechenzeichen

$+(+a) = +a$ $\quad +(-a) = -a$

$-(-a) = +a$ $\quad -(+a) = -a$

Lehrbeispiel

L 8.31: Vorzeichen und Rechenzeichen B

$(+5) + (+7) = 5 + 7 = 12$ $\quad (+5) - (+7) = 5 - 7 = -2$

$(-5) + (-7) = -5 - 7 = -12$ $\quad (-5) - (-7) = -5 + 7 = 2$

$(+5) + (-7) = 5 - 7 = -2$ $\quad (+5) - (-7) = 5 + 7 = 12$

$(-5) + (+7) = -5 + 7 = 2$ $\quad (-5) - (+7) = -5 - 7 = -12$

Stellen Sie diese Rechnungen auch grafisch dar!

Um ganze Zahlen zu multiplizieren, müssen Sie eigentlich nur Folgendes wissen: Die Multiplikation mit einer negativen Zahl kehrt das Vorzeichen um. Das ergibt folgende Rechenregeln:

Multiplikation von ganzen Zahlen

Das Produkt von zwei Zahlen mit gleichen Vorzeichen ist positiv, das Produkt von zwei Zahlen mit verschiedenen Vorzeichen ist negativ.

$(+a) \cdot (+b) = +ab$ $\quad (+a) \cdot (-b) = -ab$

$(-a) \cdot (-b) = +ab$ $\quad (-a) \cdot (+b) = -ab$

Genauso rechnet man auch bei der Division.

Lehrbeispiel

L 8.32: Multiplikation und Division mit positiven und negativen Zahlen B

$(+5) \cdot (+3) = 15$ $\quad (+12) : (+2) = 6$

$(-5) \cdot (-3) = 15$ $\quad (-12) : (-2) = 6$

$(+5) \cdot (-3) = -15$ $\quad (+12) : (-2) = -6$

$(-5) \cdot (+3) = -15$ $\quad (-12) : (+2) = -6$

Diese Regeln gelten auch für alle folgenden Zahlenbereiche.

Übungsbeispiel

Ü 8.54 ★: Rechnen mit ganzen Zahlen D

Prüfen Sie, ob man eine ganze Zahl erhält, wenn man zwei beliebige ganze Zahlen

a) addiert.

b) subtrahiert.

c) multipliziert.

d) dividiert.

Begründen Sie jeweils Ihre Entscheidung!

3 Rationale Zahlen

Keine Angst vor Brüchen!

Im amerikanischen Maßsystem wird ein Zoll in Halbe, Viertel, Achtel ... unterteilt.

Wenn zwei Brote gleichmäßig auf drei Personen aufgeteilt werden sollen, erhält jeder zwei Drittel eines Brotes. Eine solche Zahl schreibt man als Bruch:

$$\frac{\text{Zähler}}{\text{Nenner}} = \frac{2}{3}$$

Ein Bruch ist also das Ergebnis einer Division zweier ganzer Zahlen. Man nennt eine solche Zahl auch **rationale Zahl** (von lat. *ratio* = Verhältnis). Auch jede ganze Zahl kann man als rationale Zahl auffassen, vgl. z.B. $\frac{5}{1} = 5$. Die Menge aller rationalen Zahlen bezeichnet man mit $\mathbb{Q}$ (von Quotient).

Menge der rationalen Zahlen

Die Menge $\mathbb{Q}$ enthält alle Brüche, deren Zähler und Nenner ganze Zahlen sind, wobei im Nenner nicht 0 stehen darf.

Warum kann man nicht durch 0 dividieren? Angenommen, das Ergebnis der Rechnung 1 : 0 wäre eine Zahl, etwa x. Dann müsste gelten: $x \cdot 0 = 1$. Das ist aber unmöglich, weil jede Zahl mit 0 multipliziert 0 ergibt.

Eine Division durch 0 ist unmöglich.

Auf der Zahlengeraden liegen die Brüche zwischen den ganzen Zahlen. Auf jedem noch so kleinen Abschnitt gibt es unendlich viele rationale Zahlen.

periodische Dezimalzahl

Jeder Bruch kann in eine Dezimalzahl umgewandelt werden, indem man die Division ausführt. Dabei bleibt entweder kein Rest – dann hat die Dezimalzahl endlich viele Stellen – oder es tritt irgendwann ein Rest auf, der schon vorher vorgekommen ist – in diesem Fall wird die Dezimalzahl periodisch, das heißt, dieselben Dezimalstellen wiederholen sich unendlich oft.

Lehrbeispiel

L 8.33: Brüche in Dezimalzahlen umwandeln B

Formen Sie die Brüche in Dezimalzahlen um:

$\frac{3}{8} = 3 : 8 = 0{,}375$
- Die Division geht ohne Rest auf, die Dezimalzahl bricht nach drei Stellen ab.

$\frac{7}{12} = 7 : 12 = 0{,}58333... = 0{,}58\dot{3}$
- Hier bleibt immer wieder 4 als Rest, das Ergebnis ist eine periodische Dezimalzahl.

Rechenregeln für Brüche

$\frac{a}{b} = \frac{a \cdot n}{b \cdot n}, n \neq 0$	Der Wert eines Bruches ändert sich nicht, wenn man Zähler und Nenner mit derselben Zahl $\neq 0$ multipliziert **(Erweitern)** oder durch dieselbe Zahl $\neq 0$ dividiert **(Kürzen)**.
$\frac{a}{n} \pm \frac{b}{n} = \frac{a \pm b}{n}$	Brüche mit gleichem Nenner werden addiert (subtrahiert), indem man die Zähler addiert (subtrahiert) und den Nenner gleich lässt. Brüche mit unterschiedlichen Nennern muss man zuerst durch Erweitern auf einen gleichen Nenner bringen.
$\frac{a}{b} \cdot \frac{c}{d} = \frac{a \cdot c}{b \cdot d}$	Brüche werden multipliziert, indem man jeweils Zähler und Nenner miteinander multipliziert.
$\frac{a}{b} : \frac{c}{d} = \frac{a \cdot d}{b \cdot c}$	Man dividiert durch einen Bruch, indem man mit seinem Kehrwert multipliziert. Den Kehrwert erhält man, indem man Zähler und Nenner vertauscht.

Eine Primzahl ist eine von 1 verschiedene natürliche Zahl, die nur durch sich selbst und durch 1 teilbar ist. Jede ganze Zahl ist entweder eine Primzahl oder lässt sich durch die Primfaktorenzerlegung in ein Produkt von Primzahlen zerlegen.

Kleinstes gemeinsames Vielfaches (kgV)

Um das kleinste gemeinsame Vielfache von mehreren Zahlen zu finden, schreiben Sie zuerst die Primfaktorenzerlegung von allen Zahlen auf. Das kgV setzt sich dann aus allen vorkommenden Zahlen, und zwar aus der jeweils höchsten vorkommenden Potenz zusammen.

Lehrbeispiel

SbX

Sieb des Eratosthenes: Eine Methode zur Bestimmung von Primzahlen finden Sie unter der ID: 1841.

L 8.34: Das kgV ermitteln B

Berechnen Sie das kleinste gemeinsame Vielfache der Zahlen 14, 18 und 36.

kgV(14, 18, 36)

$14 = 2 \cdot 7$
$18 = 2 \cdot 3 \cdot 3$
$36 = 2 \cdot 2 \cdot 3 \cdot 3$
$\text{kgV}(14, 18, 36) = 2 \cdot 2 \cdot 3 \cdot 3 \cdot 7$

Das kleinste gemeinsame Vielfache ist 252.

Hauptnenner

Das kgV benötigt man, um beim Rechnen mit Brüchen zwei oder mehrere Brüche auf denselben Nenner zu bringen. Das kgV ist dann der sogenannte **Hauptnenner.** Mit den jeweils auf den Hauptnenner fehlenden Faktoren muss der Zähler erweitert (multipliziert) werden.

Größter gemeinsamer Teiler (ggT)

Um den größten gemeinsamen Teiler von mehreren Zahlen zu finden, schreiben Sie wieder zuerst die Primfaktorenzerlegung von allen Zahlen auf. Der ggT setzt sich dann aus allen Faktoren zusammen, die in sämtlichen zu zerlegenden Zahlen vorkommen.

Lehrbeispiel

L 8.35: Den ggT ermitteln B

Bestimmen Sie den größten gemeinsamen Teiler von 14, 18 und 36.

ggT(14, 18, 36)

$14 = 2 \cdot 7$
$18 = 2 \cdot 3 \cdot 3$
$36 = 2 \cdot 2 \cdot 3 \cdot 3$

ggT(14, 18, 36) = 2

Der größte gemeinsame Teiler ist 2.

SbX **Weitere Beispiele und Beispiele zur Teilbarkeit finden Sie unter der ID: 1841.**

Der ggT kann zum schnelleren Kürzen von Brüchen verwendet werden.

Lehrbeispiel

SbX **Weitere Musterbeispiele zum Bruchrechnen finden Sie unter der ID: 1841.**

L 8.36: Mit Brüchen rechnen B

a) Ermitteln Sie, womit Sie $\frac{3}{4}$ erweitern müssen, sodass im Nenner 100 steht!

4 ist in 100 genau 25-mal enthalten, wir müssen daher mit 25 erweitern: $\frac{3}{4} = \frac{3 \cdot 25}{4 \cdot 25} = \frac{75}{100}$

b) Berechnen Sie:

$\frac{1}{2} + \frac{2}{3} - \frac{3}{4} = \frac{6}{12} + \frac{8}{12} - \frac{9}{12} = \frac{6+8-9}{12} = \frac{5}{12}$

- Der gemeinsame Nenner ist das kleinste gemeinsame Vielfache von 2, 3 und 4, also 12.

$\frac{3}{4} \cdot \frac{7}{12} = \frac{\cancel{3}^{1}}{4} \cdot \frac{7}{\cancel{12}_{4}} = \frac{1 \cdot 7}{4 \cdot 4} = \frac{7}{16}$

- Am besten kürzen Sie vor dem Ausmultiplizieren.

$\frac{3}{4} : \frac{7}{12} = \frac{3}{\cancel{4}_{1}} \cdot \frac{\cancel{12}^{3}}{7} = \frac{3 \cdot 3}{1 \cdot 7} = \frac{9}{7}$

- Auch hier wurde vor dem Multiplizieren gekürzt.

T Auf dem TI-8x geben Sie einen Bruch einfach als Division ein. Mit dem Befehl `1:▸Frac` im Menü MATH können Sie das Ergebnis als Bruch anzeigen lassen (englisch *fraction* = Bruch). Mit dem Menüpunkt `2:▸Dec` kommen Sie zur Dezimalschreibweise zurück.

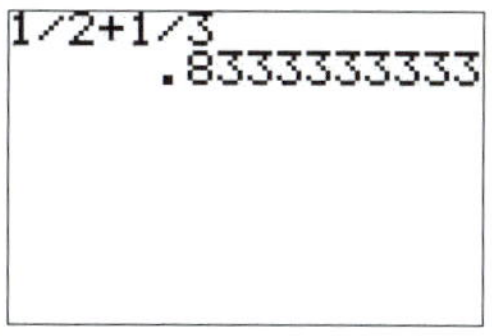

Abb. 8.4.2

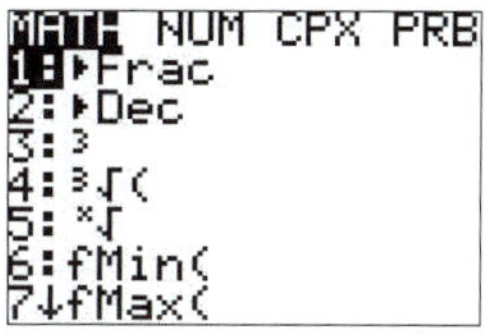

Abb. 8.4.3

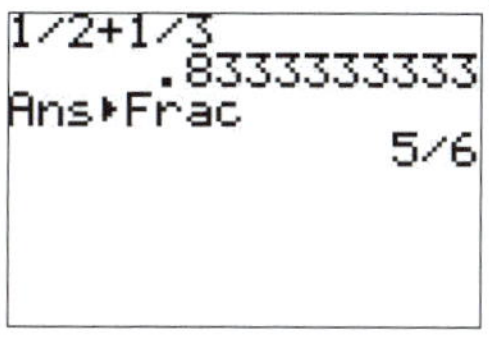

Abb. 8.4.4

SbX **Ein Übungsbeispiel zur Eingabe von Brüchen in den Taschenrechner finden Sie unter der ID: 1841.**

Achtung: Der Bruchstrich ersetzt eine Klammer. Auf dem Taschenrechner müssen Sie die Klammern aber eingeben. Wenn Sie zum Beispiel $\frac{7+5}{2 \cdot 4}$ berechnen wollen, lautet die Eingabe: `(7+5)/(2*4)`.

Übungsbeispiel

Ü 8.55 ★: Rechnen mit rationalen Zahlen D

Prüfen Sie, ob man eine rationale Zahl erhält, wenn man zwei beliebige rationale Zahlen

a) addiert.

b) subtrahiert.

c) multipliziert.

d) dividiert.

Begründen Sie Ihre Entscheidung.

4 Reelle Zahlen

Für jeden Punkt eine Zahl

SbX **Einen Beweis, dass $\sqrt{2}$ nicht rational ist, finden Sie unter der ID: 1841.**

Erinnern Sie sich an den Satz von Pythagoras!

Man könnte meinen, dass zwischen den rationalen Zahlen auf der Zahlengeraden kein Platz ist. Aber schon früh haben griechische Mathematiker herausgefunden, dass es Zahlen gibt, die nicht als Bruch dargestellt werden können – wie zum Beispiel $\sqrt{2}$, die man aber als Diagonale eines Quadrats mit der Seitenlänge 1 konstruieren kann. Solche Zahlen heißen **irrational.** Sie können als nicht periodische Dezimalzahlen mit unendlich vielen Dezimalstellen geschrieben werden.

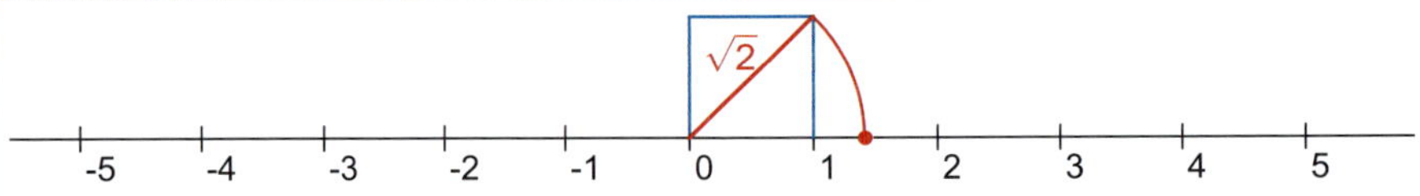

Abb. 8.4.5: Dem Wert $\sqrt{2}$ entspricht ein Punkt auf der Zahlengeraden.

Einige prominente irrationale Zahlen sind:

$\sqrt{2}$ = 1,41421356237309...

φ: griechischer Buchstabe phi

φ = 1,61803398874989..., die Maßzahl des Goldenen Schnitts (Eine Strecke wird so geteilt, dass sich der kleinere Teil zum größeren so verhält wie der größere Teil zur ganzen Strecke.)

π: griechischer Buchstabe pi

π = 3,14159265358979..., das Verhältnis zwischen Umfang und Durchmesser eines Kreises

Querverweis Über Exponentialfunktionen lernen Sie in Kapitel 3.

e = 2,71828182845904..., die Euler'sche Zahl (Sie ist wichtig zur Beschreibung von Wachstums- und Zerfallsprozessen.)

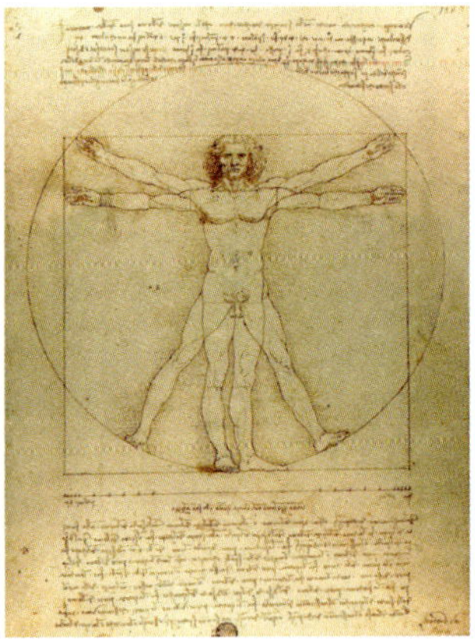

In dieser Proportionsstudie von Leonardo da Vinci (1452–1519) sehen manche Kunsthistoriker eine Darstellung des Goldenen Schnitts.

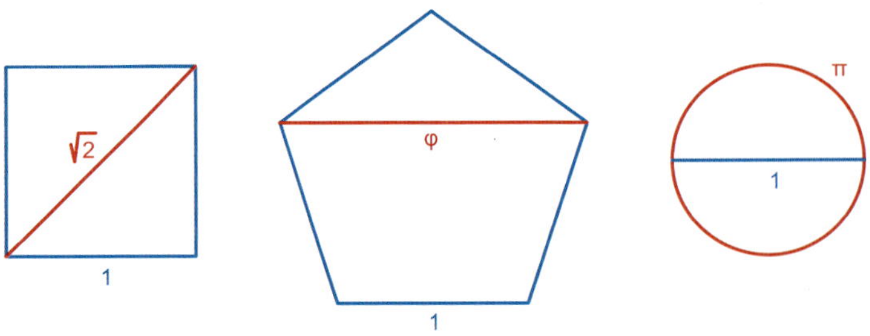

Abb. 8.4.6: Einige Irrationalzahlen

Auch wenn die irrationalen Zahlen schwer fassbar sind, so lassen sich einige durch eine grafische Darstellung „sichtbar" machen.

Wir müssen daher das Zahlensystem noch einmal erweitern und erhalten die Menge $\mathbb{R}$ der reellen Zahlen:

Menge der reellen Zahlen

Die Menge $\mathbb{R}$ enthält alle Punkte der Zahlengeraden, das heißt alle rationalen und irrationalen Zahlen.

Die Menge der positiven reellen Zahlen bezeichnet man mit $\mathbb{R}^+$, die Menge der negativen reellen Zahlen mit $\mathbb{R}^-$. (Analog gilt das auch für die anderen Zahlenmengen.)

Eine exakte theoretische Beschreibung der reellen Zahlen ist nicht ganz einfach. Für uns reicht es aber, zu wissen, dass man jede reelle Zahl mit beliebiger Genauigkeit angeben kann, auch wenn es nicht möglich ist, den exakten Wert anzuschreiben.

Intervalle

Bei Teilmengen von $\mathbb{R}$ in der Art von „alle reellen Zahlen zwischen 0,8 und 3,2" kann man nicht mehr alle Elemente aufzählen. Solche Mengen heißen Intervalle; man schreibt sie in eckigen Klammern:

Beachten Sie: Wenn Dezimalzahlen vorkommen, benutzt man einen Strichpunkt statt eines Kommas, um diese zu trennen.

Symbol	Bedeutung	Beispiel
$[a;b]$	abgeschlossenes Intervall (Die Endpunkte gehören dazu.)	$[0{,}8;\,3{,}2] = \{x \in \mathbb{R} \mid 0{,}8 \leqslant x \leqslant 3{,}2\}$
$]a;b[$	offenes Intervall (Die Endpunkte gehören nicht dazu.)	$]-2{,}8;\,-0{,}3[\; = \{x \in \mathbb{R} \mid -2{,}8 < x < -0{,}3\}$
$[a;\infty[$	unbeschränktes Intervall (Ist das Symbol für „unendlich", aber keine Zahl, daher ist das Intervall auf dieser Seite immer offen.)	$[2;\infty[\, = \{x \in \mathbb{R} \mid x \geqslant 2\}$

Intervalle kann man grafisch als Abschnitte der Zahlengeraden, das heißt als Strecken darstellen. (Bei abgeschlossenen Intervallen zeichnet man die Endpunkte als kleine, ausgefüllte Kreise, bei offenen Intervallen werden sie nicht ausgefüllt.)

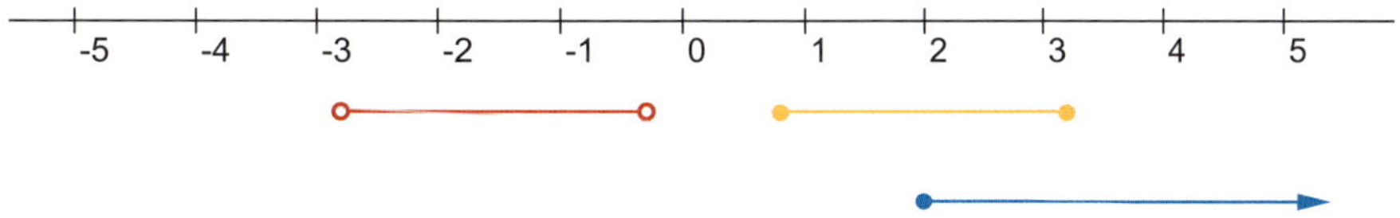

Abb. 8.4.7: Die Intervalle [0,8; 3,2],]–2,8; –0,3[und [2; ∞[

SbX
Andere Schreibweisen für Intervalle finden Sie unter der ID: 1841.

Übungsbeispiel

Ü 8.56 ★: Aussage beurteilen D

Beurteilen Sie folgende Aussage: „Das offene Intervall]3; 8[enthält alle Zahlen von 4 bis 7."

Querverweis
Potenzen siehe Kapitel 2, Lerneinheit 1.

Im Bereich der reellen Zahlen können wir unbeschränkt addieren, subtrahieren, multiplizieren und dividieren (außer durch 0) sowie Wurzeln ziehen. Eine letzte Einschränkung gibt es allerdings immer noch: Weil das Quadrat einer reellen Zahl immer positiv oder 0 ist, kann man aus negativen Zahlen keine Quadratwurzel ziehen.

Renaissance: Epoche der Kunst-, Kultur- und Wissenschaftsgeschichte, ca. 15.–16. Jh. n. Chr.

In der Renaissance stellten Mathematiker fest, dass bei manchen Berechnungen Wurzeln aus negativen Zahlen auftreten, obwohl das Endergebnis reell ist. Langsam setzte sich die Erkenntnis durch, dass man mit solchen Ausdrücken genauso rechnen kann wie mit reellen Zahlen. Man führte daher als neue Zahl die **imaginäre Einheit i** ein:

$i^2 = -1$

komplexe Zahlen

Vielfache von i bezeichnet man als **imaginäre** (vorgestellte) Zahlen. Kombinationen von reellen und imaginären Zahlen heißen **komplexe Zahlen.** Das ist die umfassendste Zahlenmenge:

Menge der komplexen Zahlen

Die Menge $\mathbb{C}$ besteht aus allen Zahlen der Form $a + bi$, wobei a und b reelle Zahlen sind und $i^2 = -1$.

Querverweis
Begriffe und Symbole der Mengenlehre siehe Input 5 dieser Lerneinheit.

SbX

Unter der ID: 1841 erfahren Sie, wie man mit komplexen Zahlen rechnet.

Wir werden allerdings im Mathematikunterricht im Bereich der reellen Zahlen bleiben.

Jede der angeführten Zahlenmengen ist in der darauffolgenden ganz enthalten – man sagt, sie sind **Teilmengen** voneinander:
$\mathbb{N} \subseteq \mathbb{Z} \subseteq \mathbb{Q} \subseteq \mathbb{R} \subseteq \mathbb{C}$

Abb. 8.4.8: Zahlenmengen

5 Mathematische Symbole
(K)eine Geheimschrift

Symbole aus der Mathematik und der Logik

wahre/falsche Aussage

Mathematische Sätze sind logische Aussagen. Eine Aussage kann wahr oder falsch sein. So sind z. B. „Der Jänner hat 31 Tage" oder „$3 < 5$" wahre Aussagen; „2009 ist ein Schaltjahr" oder „$1 = 2$" sind falsche Aussagen.

Aussageform

Die Aussageform „$a < 7$" ist weder wahr noch falsch. Sie kann zu einer wahren oder falschen Aussage werden, je nachdem, welche Zahl man für die Variable a einsetzt. Einige Symbole für Beziehungen zwischen Zahlen und Aussagen:

Symbol	Bedeutung	Beispiel
$=$	gleich	$2 + 2 = 4$
$\neq$	ungleich	$2 + 2 \neq 5$
$<$	kleiner als	$3 < 5$
$\leqslant$	kleiner oder gleich; höchstens	$5 \leqslant 7;\ 7 \leqslant 7$
$>$	größer als	$0 > -4$
$\geqslant$	größer oder gleich; mindestens	$-2 \geqslant -4;\ -4 \geqslant -4$
$\approx$	ungefähr; rund	$12{,}7 \approx 13$
$\neg$	(logisches) nicht	$\neg(17 < 12)$
$\wedge$	(logisches) und; sowohl … als auch …	$(3 < 5) \wedge (5 < 7)$ (kürzer: $3 < 5 < 7$)
$\vee$	(logisches) oder; … oder … oder beide	$(a \leqslant b) \vee (b \leqslant a)$
$\Rightarrow$	daraus folgt; wenn …, dann …	$y = 3 \Rightarrow y^2 = 9$
$\Leftrightarrow$	daraus folgt…und umgekehrt; genau dann, wenn…	$y = 3 \Leftrightarrow 2y = 6$
$\forall$	für alle	$\forall$ a, b: $a + b = b + a$
$\exists$	es gibt (mindestens) ein …	$\exists$ x: $x^2 = 25$
$\mid$	für die gilt	$L = \{x \mid x > 2\}$

Symbole aus der Mengenlehre

„Eine Menge ist eine Zusammenfassung wohlunterschiedener Objekte unserer Anschauung oder unseres Denkens (genannt die Elemente der Menge) zu einem Ganzen." **Georg Cantor** (1845–1918), Begründer der Mengenlehre

Wie Sie schon vorhin gesehen haben, fasst man mathematische Objekte (Zahlen, Punkte …) gerne zu **Mengen** zusammen. Man kann die Elemente einer Menge aufzählen – dann schreibt man sie in geschwungene Klammern – oder eine Eigenschaft angeben, die beschreibt, welche Elemente in der Menge enthalten sind, z. B.

- $A = \{0, 1, 2, 3, 4, 5, 6, 7\} = \{x \in \mathbb{N} \mid x \leqslant 7\}$
  Menge aller natürlichen Zahlen, die kleiner oder gleich 7 sind
- $B = \{-2, -1, 0, 1, 2, 3\} = \{x \in \mathbb{Z} \mid -2 \leqslant x \leqslant 3\}$
  Menge aller ganzen Zahlen zwischen –2 und 3 (einschließlich)
- $C = \{0, 2, 4, 6\} = \{x \in \mathbb{N}_g \mid x < 8\}$
  Menge aller geraden natürlichen Zahlen, die kleiner (!) als 8 sind

(Die Reihenfolge, in der die Elemente angeschrieben werden, ist egal. Wir hätten genauso gut schreiben können: $A = \{7, 6, 5, 4, 3, 2, 1, 0\}$.)

leere Menge

Eine Menge, die keine Elemente enthält, nennt man leere Menge: { }

Ebenso wie Zahlen kann man auch Mengen miteinander verknüpfen. Die wichtigsten Symbole:

Symbol	Bedeutung	Beispiel
$\in$	ist ein Element von	$3 \in A$
$\notin$	ist kein Element von	$3 \notin C$
$\subseteq$	ist Teilmenge von (eine Menge, die ganz in einer anderen Menge enthalten ist)	$C \subseteq A$
$A \cap B$	Durchschnittsmenge (alle Elemente, die sowohl A als auch in B enthalten sind)	$A \cap B = \{0, 1, 2, 3\}$
$A \cup B$	Vereinigungsmenge (alle Elemente, die in A oder B oder beiden enthalten sind)	$A \cup B = \{-2, -1, 0, 1, 2, 3, 4, 5, 6, 7\}$
$A \setminus B$	Differenzmenge (alle Elemente, die in A, aber nicht in B enthalten sind)	$A \setminus B = \{4, 5, 6, 7\}$
$A \times B$	Produktmenge (alle geordneten Paare, deren erstes Element in A und deren zweites Element in B enthalten ist)	$A \times B = \{(0 \mid -2), (0 \mid -1), (0 \mid 0) \ldots (7 \mid 3)\}$

Geordnetes Paar: Es kommt auf die Reihenfolge an, z. B. $(2 \mid 3) \neq (3 \mid 2)$.

Jeder Punkt der Ebene ist durch seine Koordinaten festgelegt, also durch ein geordnetes Zahlenpaar. Die Ebene ist daher die grafische Darstellung der Menge $\mathbb{R} \times \mathbb{R} = \mathbb{R}^2$.

Jeder Punkt des Raums ist durch drei Koordinaten, also durch ein geordnetes Zahlentripel (Dreiergruppe) festgelegt. Der Raum ist daher die grafische Darstellung der Menge $\mathbb{R} \times \mathbb{R} \times \mathbb{R} = \mathbb{R}^3$.

8 Basiswissen

Üben

SbX ID: 1842

A B C D

Ü 8.57 ★: Rechnen mit natürlichen Zahlen B

Berechnen Sie die angegebenen Terme. Achten Sie auf die richtige Reihenfolge der Rechenoperationen!

a) $5 \cdot 12 + 4 \cdot 25 =$
$(5 \cdot 12 + 4) \cdot 25 =$
$5 \cdot (12 + 4) \cdot 25 =$
$5 \cdot (12 + 4 \cdot 25) =$

b) $240 : 20 - 5 \cdot 2 =$
$240 : (20 - 5) \cdot 2 =$
$240 : (20 - 5 \cdot 2) =$
$(240 : 20 - 5) \cdot 2 =$

c) $20 \cdot 8 + 32 : 16 - 12 \cdot 5 =$
$20 \cdot (8 + 32) : (16 - 12) \cdot 5 =$
$20 \cdot (8 + 32 : 16) - 12 \cdot 5 =$
$(20 \cdot 8 + 32) : (16 - 12) \cdot 5 =$
$20 \cdot [8 + 32 : (16 - 12)] \cdot 5 =$
$[(20 \cdot 8 + 32) : 16 - 12] \cdot 5 =$

Ü 8.58 ★: Rechnen mit ganzen Zahlen B

Berechnen Sie die angegebenen Terme:

a) $(+10) + (-6) - (+7) =$
b) $(+15) - (-9) + (-12) =$
c) $(-21) - (+8) + (+11) =$
d) $(-9) + (+16) - (-10) =$
e) $(+48) - (+23) - (-52) - (+5) =$
f) $(-75) + (+15) - (-36) - (+6) =$
g) $(+91) + (-70) - (+14) + (-30) =$
h) $(-64) - (+12) - (-80) - (-18) =$
i) $(-6) + (-7) - [(+11) - (-5)] =$
j) $(+18) - [(+5) + (-29)] - (+9) =$
k) $[(-27) - (-12)] + [(+5) - (+14)] =$
l) $(+108) - [(-42) + (+16) - (-14)] =$

Ü 8.59 ★: Rechnen mit ganzen Zahlen B

Berechnen Sie die angegebenen Terme:

a) $(+6) \cdot (-4) + (+4) \cdot (+10) - (+2) \cdot (-5) =$
b) $(-6) \cdot (-4) - (+4) \cdot (-10) + (-2) \cdot (-5) =$
c) $[(+6) \cdot (-4) + (+4)] \cdot (+10) - (+2) \cdot (-5) =$
d) $(+6) \cdot [(+4) + (-4) \cdot (-10)] - (-2) \cdot (-5) =$
e) $(-6) \cdot (+4) + (-4) \cdot [(+10) + (+2) \cdot (-5)] =$
f) $[(-6) \cdot (-4) - (+4)] \cdot [(-10) + (+2)] \cdot (+5) =$

Ü 8.60 ★: Rechnen mit ganzen Zahlen B

Berechnen Sie die angegebenen Terme:

a) $(-36) : (+9) - (+21) : (-7) =$
b) $(+9) : (-12) + (-15) : (-6) =$
c) $[(-96) : (-8) + (+4)] \cdot (+6) =$
d) $(-96) : [(-8) + (+4) \cdot (+6)] =$
e) $(-96) : [(-8) + (+4)] \cdot (+6) =$
f) $[(+120) + (-43)] : [(-40) - (-18)] =$

Ü 8.61 ★: Primfaktorenzerlegung B

Bestimmen Sie die Primfaktoren, in die die Zahlen zerlegt werden können:

a) 48
b) 76
c) 28
d) 46
e) 125
f) 56
g) 100
h) 250
i) 136
j) 124
k) 540
l) 351
m) 175
n) 420
o) 1025

Ü 8.62 ★: Größter gemeinsamer Teiler B D

Ermitteln Sie den größten gemeinsamen Teiler. Begründen Sie, warum die unten angeführten Beispiele alle denselben kleinsten gemeinsamen Teiler haben.

a) ggT(12, 20)
b) ggT(30, 25)
c) ggT(48, 60)
d) ggT(40, 35)
e) ggT(15, 90)
f) ggT(90, 210)
g) ggT(10, 50)
h) ggT(140, 108)

Ü 8.63 ★: Kleinstes gemeinsames Vielfaches B

Berechnen Sie mittels Primfaktorzerlegung das kleinste gemeinsame Vielfache.

a) kgV(6, 9)
b) kgV(12, 4)
c) kgV(15, 20)
d) kgV(6, 15)
e) kgV(25, 40)
f) kgV(38, 57)
g) kgV(35, 45)
h) kgV(30, 60)

Ü 8.64 ★: Brüche kürzen B

Ermitteln Sie die gekürzte Form der folgenden Brüche:

a) $\frac{45}{75} =$ b) $\frac{88}{132} =$ c) $\frac{96}{168} =$ d) $\frac{130}{52} =$ e) $\frac{3420}{1440} =$

Ü 8.65 ★: Brüche erweitern B

Bestimmen Sie durch Erweitern den Zähler so, dass die Brüche den gegebenen Nenner haben:

a) $\frac{3}{4} = \frac{}{48}$ b) $\frac{7}{5} = \frac{}{40}$ c) $\frac{5}{12} = \frac{}{240}$ d) $\frac{3}{8} = \frac{}{1000}$ e) $\frac{16}{35} = \frac{}{770}$

Ü 8.66 ★: Addieren und Subtrahieren B

Berechnen Sie durch Zusammenfassen die gegebenen Terme. Denken Sie daran, dass Sie das Ergebnis vielleicht kürzen können.

a) $\frac{3}{4} + \frac{3}{4} =$
b) $1\frac{1}{3} + \frac{2}{3} =$
c) $1\frac{3}{4} + 1\frac{2}{4} =$
d) $\frac{5}{6} + \frac{3}{6} =$
e) $1\frac{1}{4} + 1\frac{2}{4} =$
f) $2\frac{5}{8} + 2\frac{3}{8} =$
g) $1\frac{7}{8} + \frac{5}{8} =$
h) $1\frac{7}{12} + 1\frac{9}{12} =$

Ü 8.67 ★: Addieren und Subtrahieren B

Berechnen Sie durch Zusammenfassen die gegebenen Terme. Denken Sie daran, dass Sie das Ergebnis vielleicht kürzen können.

a) $2\frac{3}{4} - 1\frac{1}{4} =$
b) $3\frac{9}{12} - 2\frac{5}{12} =$
c) $1\frac{7}{8} - 1\frac{3}{8} =$
d) $2\frac{1}{4} - 1\frac{3}{4} =$
e) $3\frac{1}{6} - 1\frac{5}{6} =$
f) $3\frac{5}{12} - 1\frac{8}{12} =$
g) $3\frac{1}{8} - 1\frac{5}{8} =$
h) $2\frac{5}{12} - \frac{11}{12} =$
i) $3\frac{4}{12} - 2\frac{10}{12} =$
j) $3\frac{3}{8} - 2\frac{7}{8} =$

Ü 8.68 ★: Addieren und Subtrahieren B

Berechnen Sie durch Zusammenfassen die gegebenen Terme. Denken Sie daran, dass Sie das Ergebnis vielleicht kürzen können.

a) $\frac{3}{8} + \frac{3}{4} =$
b) $\frac{7}{8} + \frac{1}{2} =$
c) $\frac{5}{6} + \frac{11}{12} =$
d) $1\frac{3}{4} + 2\frac{5}{8} =$
e) $2\frac{1}{4} + 1\frac{7}{12} =$
f) $3\frac{1}{2} + 1\frac{5}{8} =$
g) $1\frac{1}{4} + 2\frac{1}{6} =$
h) $1\frac{1}{2} + 2\frac{1}{3} =$
i) $3\frac{1}{3} + \frac{3}{4} =$
j) $2\frac{5}{6} + 1\frac{1}{4} =$
k) $3\frac{2}{3} + 2\frac{1}{2} =$
l) $1\frac{5}{6} + 2\frac{3}{4} =$

Ü 8.69 ★: Addieren und Subtrahieren B

Berechnen Sie durch Zusammenfassen die gegebenen Terme. Denken Sie daran, dass Sie das Ergebnis vielleicht kürzen können.

a) $\frac{7}{8} - \frac{4}{4} =$

b) $\frac{7}{12} - \frac{1}{4} =$

c) $3\frac{3}{4} - 2\frac{5}{8} =$

d) $4\frac{3}{4} - 2\frac{1}{2} =$

e) $2\frac{5}{8} - 2\frac{1}{4} =$

f) $3\frac{1}{2} - 2\frac{3}{4} =$

g) $4\frac{1}{8} - 2\frac{1}{2} =$

h) $3\frac{2}{3} - 1\frac{1}{2} =$

i) $2\frac{1}{2} - 1\frac{2}{3} =$

j) $2\frac{1}{4} - 1\frac{5}{6} =$

k) $3\frac{1}{3} - 1\frac{3}{4} =$

l) $4\frac{1}{6} - 3\frac{1}{4} =$

Berechnen Sie in den folgenden Übungsaufgaben die Ergebnisse der Bruchrechnungen mittels Kürzen soweit wie möglich und geben Sie sie, wenn möglich, als gemischte Zahl an.

Ü 8.70 ★: Mit Brüchen rechnen B

a) $\frac{1}{2} + \frac{1}{3} =$

b) $\frac{5}{6} + \frac{3}{8} =$

c) $\frac{3}{4} - \frac{1}{3} =$

d) $\frac{2}{5} - \frac{4}{15} =$

e) $1\frac{2}{5} + 2\frac{2}{3} =$

f) $3\frac{2}{3} + 4\frac{5}{6} =$

g) $8\frac{5}{9} - 3\frac{1}{6} =$

h) $5\frac{1}{12} - 3\frac{3}{4} =$

i) $\frac{3}{4} + \frac{1}{2} - \frac{5}{6} =$

j) $2\frac{3}{7} + 1\frac{1}{2} - \frac{5}{14} =$

k) $5\frac{1}{2} - 3\frac{2}{9} + 1\frac{1}{6} =$

l) $1\frac{4}{25} - \frac{1}{2} + 2\frac{3}{10} =$

Ü 8.71 ★: Mit Brüchen rechnen B

a) $1\frac{2}{3} \cdot 9 =$

b) $\frac{4}{5} \cdot \frac{3}{8} =$

c) $\frac{5}{6} \cdot \frac{9}{10} =$

d) $\frac{4}{9} \cdot 1\frac{7}{8} =$

e) $2\frac{2}{5} \cdot 3\frac{1}{3} =$

f) $2\frac{1}{12} \cdot 2\frac{7}{10} =$

g) $\frac{1}{4} : 3 =$

h) $\frac{4}{5} : 8 =$

i) $\frac{2}{5} : \frac{3}{10} =$

j) $\frac{7}{12} : \frac{5}{9} =$

k) $3\frac{3}{4} : \frac{5}{8} =$

l) $4\frac{1}{5} : 4\frac{2}{3} =$

Ü 8.72 ★★: Mit Brüchen rechnen B

a) $2\frac{3}{4} - 1\frac{2}{5} \cdot 1\frac{2}{3} + 2\frac{1}{6} =$

b) $\left(2\frac{3}{4} - 1\frac{2}{5}\right) \cdot 1\frac{2}{3} + 2\frac{1}{6} =$

c) $3\frac{1}{3} - 1\frac{1}{5} \cdot \left(1\frac{3}{8} + \frac{1}{2}\right) =$

d) $\left(3\frac{1}{3} - 1\frac{1}{5}\right) \cdot \left(1\frac{3}{8} + \frac{1}{2}\right) =$

e) $\left(2\frac{1}{3} + 3\frac{1}{2}\right) \cdot \left(1\frac{1}{7} - \frac{1}{2}\right) =$

f) $\left(2\frac{1}{3} + 3\frac{1}{2}\right) \cdot 1\frac{1}{7} - \frac{1}{2} =$

Ü 8.73 ★★: Mit Brüchen rechnen B

a) $\left(2\frac{2}{3}\cdot 1\frac{3}{5}+\frac{4}{5}\cdot\left(-1\frac{1}{3}\right)\right):3\frac{1}{5}=$

b) $\left(4\frac{2}{3}-1\frac{3}{4}\right)\cdot 1\frac{3}{7}-2\frac{1}{2}:\frac{3}{5}=$

c) $4\frac{1}{8}-\left(1\frac{5}{22}:3\frac{3}{11}-2\frac{1}{7}\cdot\frac{7}{12}\right)=$

d) $\left(1\frac{2}{7}-4\frac{1}{5}\right)\cdot\left(-1\frac{1}{6}\right)+\left(3\frac{1}{2}+1\frac{2}{9}\right):1\frac{8}{9}=$

e) $10\frac{2}{3}+\left(1\frac{7}{10}-4\frac{2}{5}\right):\left(2\frac{2}{5}-1\frac{1}{2}\right)=$

f) $7\frac{1}{2}-\left(3\frac{1}{5}:2\frac{2}{15}-\left(-1\frac{3}{4}\right)\cdot 1\frac{3}{7}\right)=$

g) $\left(4\frac{1}{5}-1\frac{2}{7}\right)\cdot\frac{5}{6}+\left(3\frac{1}{2}+1\frac{2}{9}\right):\frac{5}{18}=$

h) $4\frac{3}{8}-1\frac{5}{22}:3\frac{3}{11}+2\frac{1}{7}\cdot\frac{7}{12}=$

Ü 8.74 ★★: Mit Brüchen rechnen B

Kürzen Sie die Ergebnisse so weit wie möglich und geben Sie diese, wenn möglich, als gemischte Zahl an.

a) $3\frac{1}{3}:\left(2\frac{1}{2}\right)^2+6\frac{3}{10}:\left(5\frac{1}{2}-\frac{1}{10}\right)=$

b) $\left(2\frac{1}{4}\cdot\left(\frac{2}{3}\right)^3-\frac{3}{10}:1\frac{4}{5}\right)\cdot 4\frac{4}{5}=$

c) $\left(\frac{1}{6}-\left(\frac{1}{2}\right)^3\right)\cdot\left(2\frac{1}{2}+1\frac{2}{3}:\frac{2}{5}\right)=$

d) $\left(2\frac{1}{12}-1\frac{1}{3}\right)^2-\left(1\frac{1}{5}-10\frac{1}{2}:12\right)+\frac{1}{80}$

Ü 8.75 ★: Bruchteile B

Formen Sie in die angegebene Einheit um.

$\frac{1}{10}$ km = ___ m | $\frac{1}{4}$ km = ___ m | $\frac{1}{50}$ km = ___ m

$\frac{1}{3}$ h = ___ min | $\frac{1}{6}$ h = ___ min | $\frac{1}{30}$ h = ___ min

$\frac{1}{5}$ kg = ___ g | $\frac{1}{20}$ kg = ___ g | $\frac{1}{25}$ kg = ___ g

Ü 8.76 ★★: Bruchteile B

Berechnen Sie den Bruchteil der angegebenen Einheit.

15 min = ___ h

125 m = ___ km

500 kg = ___ t

10 ct = ___ €

Ü 8.77 ★★: Bruchteile berechnen B

Berechnen Sie „mit der Hand":

a) $\frac{3}{11}$ von 1221 g

b) $\frac{6}{15}$ von 4920 cm^2

c) $\frac{5}{18}$ von 7578 l

Ü 8.78 ★★: Gemischte Zahlen B

Formen Sie ohne technische Hilfsmittel in eine gemischte Zahl um.

a) $\frac{838}{18}=$

b) $\frac{1654}{19}=$

c) $\frac{1582}{28}=$

d) $\frac{7895}{98}=$

e) $\frac{41}{8}=$

f) $\frac{79}{9}=$

8 Basiswissen

Ü 8.79 ★★: Terme berechnen B

Berechnen Sie die folgenden Terme:

a) $10-(2\cdot 9-17\cdot 5)-(6-3^2)\cdot 4=$

b) $\frac{37}{7}-(-2{,}4)\cdot\frac{5}{3}=$

c) $\left(-2\cdot(6-9-3)\right)\cdot\frac{1}{4}=$

d) $-2\cdot 7\cdot 4-0{,}5:\left(-\frac{1}{32}\right)=$

e) $(-0{,}5)\cdot\left(-2-\frac{3}{2}\right)-\frac{1}{3}(2-5)=$

f) $\left(-3-2\frac{1}{3}\right)\cdot 3+2(0{,}125-0{,}5)=$

g) $-\frac{3}{14}\cdot(-42)\cdot\frac{5}{9}-\frac{1}{9}\cdot\left(-3+2:\frac{1}{3}\right)=$

h) $\left(\frac{4}{5}\cdot\frac{9}{2}+\frac{3}{8}:\frac{7}{2}\right):\left(\frac{5}{6}:\frac{2}{3}-\frac{3}{10}\cdot\frac{4}{7}\right)=$

Ü 8.80 ★★★: Klammern (un)nötig B D

Erklären Sie, welche der Klammer in den folgenden Beispielen unnötig sind. Berechnen Sie anschließend den Term.

a) $(-2)\left(\frac{16}{3}-\left(-2\frac{1}{3}\right)\cdot 2\right)+\left(-\frac{10}{9}\right)-\left(\frac{5}{2}\right)=$

b) $1-\left(-\frac{1}{6}:\left(\frac{2}{3}-\frac{1}{2}\right)\right)+\left(\frac{1}{6}\right)\cdot\left(\frac{1}{3}-\frac{3}{4}\right)=$

c) $\left(4\cdot(3^4)+(4^2-81):3\frac{1}{3}\right)-(-2)=$

Ü 8.81 ★★: Zahlen und Hochzahlen C

Vergleichen Sie die Terme der linken Spalte mit jenen der rechten Spalte und markieren Sie zusammenpassende Terme.

-4^2	$3-4$
$(-4)\cdot 3$	$-4\cdot 3$
$(-4)^2$	$\frac{1}{10}:2$
$-(-4)\cdot 3$	4^2
$(-4)+3$	$-(4)^2$
$-(-2)-(+1)$	$-3-4$
$-4+(-3)$	$2+1$
$\frac{1}{5}\cdot 5-(-2)$	12
$\frac{1}{10}\cdot(-2):(-4)$	$2-1$
$-(-0{,}1):2$	$-0{,}1:2$

SbX
Ü 8.82 und Ü 8.83 mit automatischer Aufgabenkontrolle ID: 1842

Ü 8.82, Ü 8.83: Zahlenmengen

Lösen Sie zwei Übungsbeispiele zu Zahlenmengen im SbX.

Weitere Übungsbeispiele finden Sie im SbX.

Sichern

Zahlenmengen

In der Mathematik unterscheidet man folgende Zahlenmengen:

$\mathbb{N}$ **(natürliche Zahlen):** $\{0, 1, 2, 3, 4, 5, ...\}$

$\mathbb{Z}$ **(ganze Zahlen):** $\{... -3, -2, -1, 0, +1, +2, +3, ...\}$

$\mathbb{Q}$ **(rationale Zahlen):** alle Brüche, deren Zähler und Nenner ganze Zahlen sind, wobei im Nenner nicht 0 stehen darf

$\mathbb{R}$ **(reelle Zahlen):** alle Punkte der Zahlengeraden (rationale und irrationale Zahlen)
$\mathbb{R}^+$: positive reelle Zahlen
$\mathbb{R}^-$: negative reelle Zahlen

$\mathbb{C}$ **(komplexe Zahlen)** werden hier nicht behandelt.

Jede dieser Mengen ist eine Teilmenge der folgenden.

Rechenregeln

Kommutativgesetz der Addition	$a + b = b + a$
Assoziativgesetz der Addition	$a + (b + c) = (a + b) + c$
Kommutativgesetz der Multiplikation	$a \cdot b = b \cdot a$
Assoziativgesetz der Multiplikation	$a \cdot (b \cdot c) = (a \cdot b) \cdot c$
Distributivgesetz	$a \cdot (b \pm c) = a \cdot b \pm a \cdot c$

Vorzeichen und Rechenzeichen

$+(+a) = +a$ $-(-a) = +a$	$+(-a) = -a$ $-(+a) = -a$
$(+a) \cdot (+b) = +ab$ $(-a) \cdot (-b) = +ab$	$(+a) \cdot (-b) = -ab$ $(-a) \cdot (+b) = -ab$

Rechenregeln für Brüche

$\frac{a}{b} = \frac{a \cdot n}{b \cdot n}, n \neq 0$
$\frac{a}{n} \pm \frac{b}{n} = \frac{a \pm b}{n}$
$\frac{a}{b} \cdot \frac{c}{d} = \frac{a \cdot c}{b \cdot d}$
$\frac{a}{b} : \frac{c}{d} = \frac{a \cdot d}{b \cdot c}$

Wissen

SbX ID: 1844

Ü

A B C D

W 8.24: Zahlenmengen A D

Erstellen Sie anhand der Tabelle eine Übersicht, in welchen Zahlenmengen die folgenden Zahlen enthalten sind. (Kreuzen Sie alle zutreffenden Felder an.) Begründen Sie Ihre Entscheidung.

	$\mathbb{N}$	$\mathbb{Z}$	$\mathbb{Q}$	$\mathbb{R}$
–7				
19				
2,25				
–0,04				
$\frac{7}{3}$				
$-\frac{20}{5}$				
$3,\dot{3}$				
$0,\dot{9}$				
$\sqrt{36}$				
$\sqrt{10}$				

W 8.25: Rationale Zahlen D

Zwischen zwei rationalen Zahlen liegt immer eine weitere rationale Zahl. Geben Sie für die folgenden Zahlenpaare jeweils eine rationale Zahl an, die dazwischen liegt. Erklären Sie, wie Sie daraus begründen können, dass in jedem Intervall unendlich viele rationale Zahlen liegen.

a) 6 und 8 b) $\frac{1}{3}$ und $\frac{1}{2}$ c) –12,5 und –12,49

W 8.26: Irrationale Zahlen B

Berechnen Sie mit dem Taschenrechner die Werte der folgenden irrationalen Zahlen und geben Sie jeweils zwei rationale Zahlen an, zwischen denen sie liegen:

a) $\sqrt{5}$ b) $\sqrt[3]{2}$ c) 2π

W 8.27: Behauptung C D

Beurteilen Sie die folgende Aussage: „Das offene Intervall]0; 10[enthält alle Zahlen von 0 bis 9.".

SbX ID: 1844

Weitere Wissensaufgaben finden Sie im SbX.

Kompetenz-Check

	☺	😐	☹
Ich kenne die Zahlenmengen $\mathbb{N}$, $\mathbb{Z}$, $\mathbb{Q}$ und $\mathbb{R}$ und weiß, welche Zahlen dazugehören.			
Ich weiß, welche Rechenoperationen in welchem Zahlenbereich möglich sind.			
Ich kann Zahlen und Intervalle auf der Zahlengeraden darstellen.			
Ich kann mit negativen Zahlen rechnen.			
Ich kann mit Brüchen rechnen und sie in Dezimalzahlen umwandeln.			

SbX
Alle SbX-Inhalte zu dieser Lerneinheit finden Sie unter der ID: 1850.

Lerneinheit 5
Funktionen

Wenn Sie den Mobilfunkanbieter wechseln, müssen Sie sich für ein Tarifmodell entscheiden: Nehmen Sie die Wertkarte ohne Grundgebühr oder wählen Sie einen Vertrag mit Grundgebühr, bei dem dafür die Gesprächsgebühren geringer sind? Bei einer hohen Fahrgeschwindigkeit steigt der Treibstoffverbrauch. Solche Zusammenhänge können als Funktionen dargestellt werden.

Sie lernen hier:

- was eine Funktion ist
- was man unter abhängigen und unabhängigen Variablen versteht
- wie man eine Funktion anschreiben und abbilden kann
- welche Eigenschaften Funktionen aufweisen
- wie man eine Funktion umkehrt

Lernen

SbX ID: 1851

A B C D

1 Definition und Darstellung
Keine zweideutige Angelegenheit

Definition

Sie haben die Preislisten von zwei Getränkeautomaten vor sich:

Automat 1		Automat 2	
1,40	Fruchtsaft	1,30	Fruchtsaft
1,20	Cola	1,20	Cola
0,90	Mineral	1,20	Mineral
1,50	Molke	1,30	Molke
1,30	Eiskaffee	1,30	Eiskaffee

Unter der Annahme, dass beide Automaten kein Wechselgeld geben, kann man sehen, dass bei Automat 1 zu jedem Preis nur genau ein Getränk möglich ist, aber bei Automat 2 zu einem Preis mehr als ein Getränk gehört. In der Mathematik sagt man: Dem Preis ist ein Getränk zugeordnet.

unabhängige – abhängige Variable

Man kann sich den Geldbetrag, den man einwirft, aussuchen: Dieser Geldbetrag heißt daher **unabhängige Variable;** vom eingeworfenen Geldbetrag hängt es dann ab, welches Getränk man erhält. Das Getränk ist daher die **abhängige Variable.**

Damit ist auch schon die genaue Definition einer Funktion beschrieben: Eine Funktion stellt eine Verbindung zwischen zwei Größen dar: Sie verbindet eine unabhängige Größe mit jeweils einer abhängigen Größe.

Für unser Beispiel bedeutet das Folgendes:

Automat 1	Automat 2
Jedem Geldbetrag ist genau ein Getränk zugeordnet. ⇒ Es handelt sich um eine Funktion.	Zumindest einem Geldbetrag ist mehr als ein Getränk zugeordnet. ⇒ Es handelt sich um keine Funktion.

Mathematisch ausgedrückt:
Man wählt eine x-Koordinate und setzt sie in die Funktion ein. ⇒ Man erhält die y-Koordinate.

Abb. 8.5.1: „Funktionsmaschine"

Wenn also einer x-Koordinate mehr als eine y-Koordinate zugeordnet ist, dann handelt es sich um keine Funktion.

Da die Funktionen aber nicht nur auf die x- und y-Werte beschränkt sind, sondern oft auch andere Variablen, wie zum Beispiel Zeit (t) und Weg (s), in einem funktionalen Zusammenhang stehen, verallgemeinern wir die obige Funktionsdefinition:

Eine Funktion ist eine eindeutige Zuordnung, die jedem x genau ein y zuordnet.

Funktion

Eine Funktion ist eine eindeutige Zuordnung, die **jedem Wert, den die unabhängige Variable annehmen kann, genau einen Wert, den die abhängige Variable annehmen kann,** zuordnet.

SbX
Ein Modell zu bilden, ist eine wichtige mathematische Kompetenz. Was damit genau gemeint ist, können Sie unter der ID: 1851 nachlesen.

Sehen wir uns nun ein Produkt aus dem Getränkeautomaten – das Mineralwasser mit einem Preis von 0,90 €/Stück – genauer an.

Wir bilden ein Modell.

Darstellung

Die Darstellung einer Funktion im Koordinatensystem mit (verbundenen) Punkten nennt man **Funktionsgraph**.

- **grafisch** als (verbundene) Punkte in einem kartesischen = rechtwinkeligen Koordinatensystem:
  - waagrechte Achse ... unabhängige Variable (x-Koordinate)
  - senkrechte Achse ... abhängige Variable (y-Koordinate)

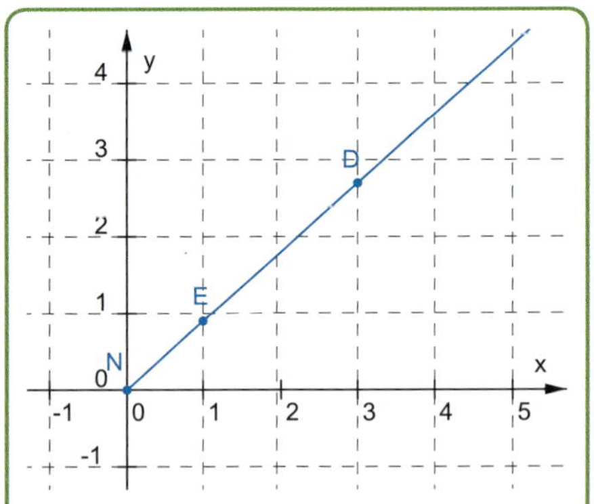

Abb. 8.5.2

N ... null Stück
E ... ein Stück
D ... drei Stück

- algebraisch
  - als Zahlenpaar: (0/0), (1/0,9), (3/2,7)
  - oder in Form einer Tabelle

x	y
0	0
1	0,9
3	2,7

- als **Funktionsterm** oder **Funktionsgleichung,** die man wieder auf unterschiedliche Art schreiben kann:
  - $f(x) = 0{,}9x$
  - $y = 0{,}9x$
  - $x \mapsto 0{,}9x$

Übungsbeispiel

Ü 8.84 ★: Eine Funktion beschreiben D

Erklären Sie anhand der Wertetabelle mit eigenen Worten, was die Funktion f(x) = 0,9x „tut".

Übungsbeispiel

Ü 8.85 ★: Eine Funktion beschreiben B D

Betimmen Sie die Wertetabelle für die Funktion f(x) = 0,5x und erklären Sie in eigenen Worten, was die Funktion „tut".

Schreibweisen für Funktionen

geschrieben	gesprochen
y = …	„y ist gleich"
f(x) = …	„f von x ist gleich" (f ist der Name der Funktion; von der x-Koordinate abhängig.)
x ↦ …	„x wird abgebildet auf" (Die x-Koordinate wird auf eine y-Koordinate abgebildet.)

Übungsbeispiel

Ü 8.86 ★: Funktion oder keine Funktion? C D

Prüfen Sie, welche der nachfolgenden Abbildungen Funktionen sind. Begründen Sie Ihre Überlegungen.

a)

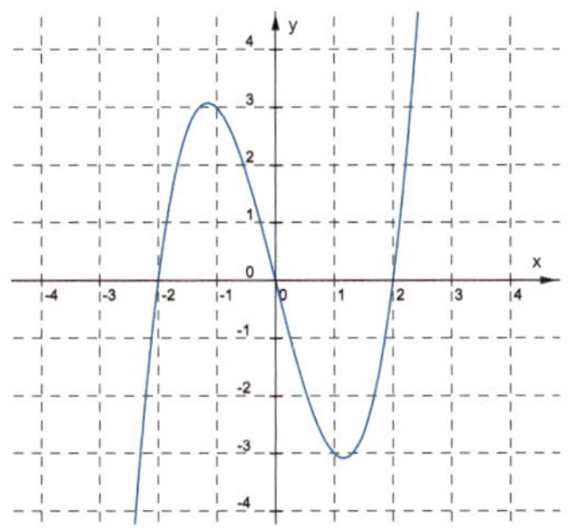

Abb. 8.5.3a

b)

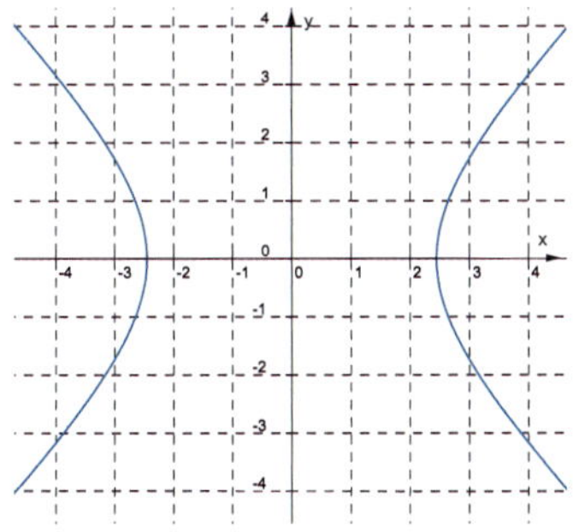

Abb. 8.5.3b

c)

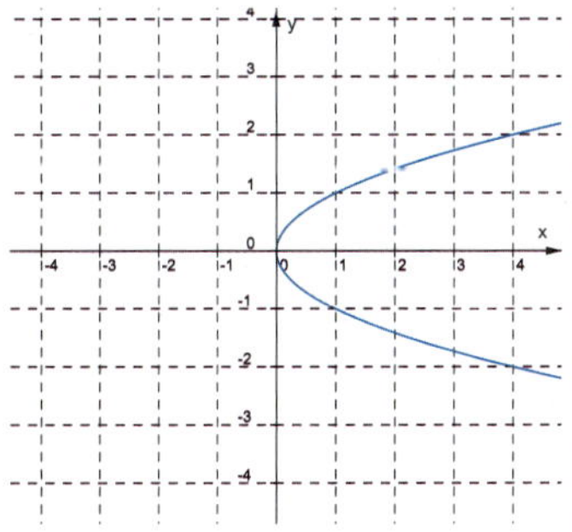

Abb. 8.5.3c

d)

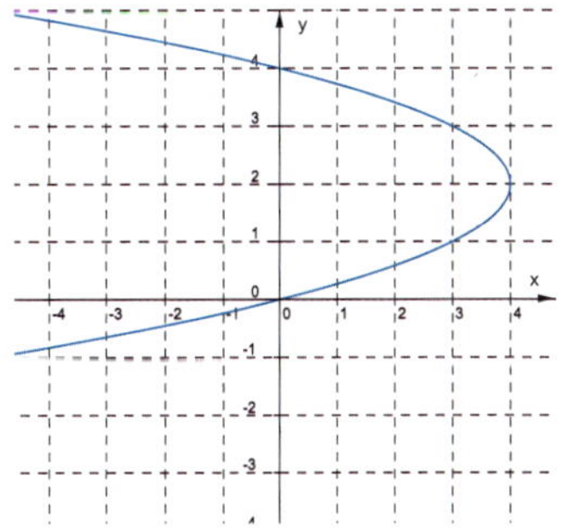

Abb. 8.5.3d

e)

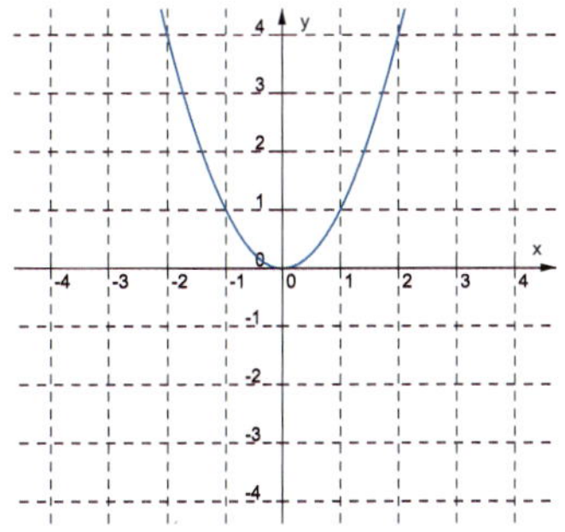

Abb. 8.5.3e

Lesen Sie einen ungefähren Wert der fehlenden Koordinate ab:

a) A(–1/y)

b) B(x/3)

c) C(x/2)

d) D(0/y)

e) E(x/3)

Lehrbeispiel

L 8.37: Welcher Zusammenhang ist dargestellt? C D

Die folgende Grafik stellt einen Zusammenhang zwischen der Zeit t und der Geschwindigkeit v her. Markieren Sie den passenden Zusammenhang. Begründen Sie Ihre Überlegungen.

a) Ein Fahrzeug steht.

b) Ein Fahrzeug fährt mit gleichbleibender Geschwindigkeit.

c) Ein Fahrzeug wird langsamer.

d) Ein Fahrzeug wird schneller.

e) Keine der Aussagen trifft zu.

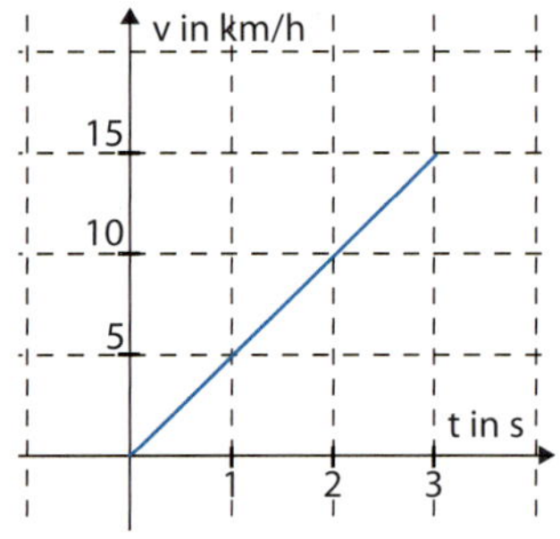

Abb.8.6.4

Wenn Sie die Geschwindigkeit zum Zeitpunkt 0 betrachten, so ist diese genau 0.

Die Geschwindigkeit nach 2 Sekunden beträgt 10 km/h.

Nach 3 Sekunden sind es 15 km/h.

⇒ Die Geschwindigkeit wird größer (Lösung d stimmt).

In **L 8.37** ist eindeutig die Zeit die unabhängige Variable und die Geschwindigkeit die davon abhängige Variable.

funktionale Zusammenhänge mit mehreren Unbekannten

Wenn Sie nun an den Flächeninhalt oder den Umfang eines Rechtecks denken, so hängt dieser sowohl von der Länge als auch von der Breite ab. Wollen wir nun einen funktionalen Zusammenhang erkennen, so werden wir eine Variable zur Konstanten machen – wir nehmen also an, dass sie sich „für den Moment" nicht verändert.

Lehrbeispiel

L 8.38: Der Umfang als Funktion von Länge und Breite A B

Erstellen Sie für die abgebildete Umrandung eine Funktionsgleichung (an einer Seite grenzt die Fläche an ein Stallgebäude). Einmal ist die Breite konstant, das andere Mal die Länge. Bestimmen Sie eine mögliche Definitionsmenge.

Querverweis

Was eine Definitionsmenge ist, wird auf Seite 415 erläutert.

Umzäunung = 2b + l

mathematisch: u(b,l) = 2b + l

u hängt also von b und l ab.

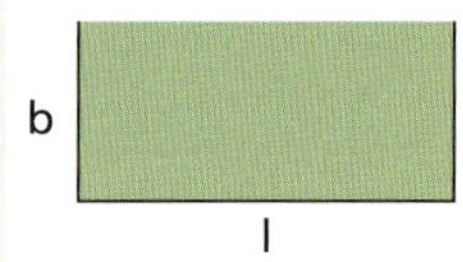

Abb. 8.5.5

Die Breite hat einen fixen Wert.	Die Länge hat einen fixen Wert.
b ist eine **Konstante.**	**l** ist eine **Konstante.**
mathematisch: u(l) = 2b + l	mathematisch: u(b) = 2b + l
u hängt also nur **von l ab.**	**u hängt** also nur **von b ab.**

Mögliche Definitionsmengen wären $\mathbb{N}$ oder auch $\mathbb{R}^+$, auf jeden Fall aber die positiven Zahlen.

Übungsbeispiel

Ü 8.87 ★★: Funktionen vergleichen A B C

Nehmen Sie die Abbildung aus **L 8.38.** Erstellen Sie eine Funktionsgleichung für den Umfang, wenn b konstant den Wert 1 annimmt. Berechnen Sie eine Wertetabelle für geeignete Werte.

Stellen Sie außerdem eine Funktionsgleichung für den Umfang auf, wenn l konstant den Wert 1 annimmt. Stellen Sie eine Wertetabelle für geeignete Werte auf und zeichnen Sie beide Funktionen in ein gemeinsames Koordinatensystem. Beschreiben Sie die Unterschiede zwischen den beiden Funktionen.

2 Eigenschaften
Steigungen, Hoch- und Tiefpunkte

Eine ganz klassische Funktion entsteht, wenn Sie zum Beispiel einen Schultag lang jede Stunde die Raumtemperatur messen. Das bedeutet, dass Sie um 8 Uhr, 9 Uhr … 16 Uhr messen. Weil Sie sich die Uhrzeit selbst aussuchen, ist diese hier die unabhängige Variable.

Funktionen: wichtige Begriffe 1

Die Menge aller Zahlen, die man für die **unabhängige(n) Variable(n)** einsetzen darf, nennt man **Definitionsmenge.**

Jedes Element der Definitionsmenge heißt **Stelle** oder **Argument.**

Die Definitionsmenge enthält alle möglichen Zahlen für die unabhängige Variable.

Alle möglichen Zahlen für die unabhängige Variable bedeutet in diesem Fall „alle möglichen Uhrzeiten" (um 2 Uhr morgens werden Sie hoffentlich nicht in der Schule sein).

Querverweis
Zahlenmengen siehe Kapitel 8, Lerneinheit 4.

Wenn sich aus der Angabe keine spezielle Definitionsmenge ergibt, so nehmen wir in Zukunft immer $D = \mathbb{R}$ an.

Unter der Annahme, dass der Klassenraum „normal temperiert" ist, wird die Temperatur zwischen 19 °C und 24 °C liegen. Die Genauigkeit der Zwischenwerte hängt nur von der Genauigkeit des Thermometers ab.

Funktionen: wichtige Begriffe 2

Die Menge aller Zahlen, die man für die **abhängige(n) Variable(n)** erhält, nennt man **Wertemenge.**

Jedes Element der Wertemenge heißt **Funktionswert.**

Alle möglichen Zahlen für die abhängige Variable bedeutet hier: alle möglichen Raumtemperaturen.

Die Eigenschaften von Funktionen im Koordinatensystem kann man mit den folgenden Begriffen beschreiben:

Funktionen: wichtige Begriffe 3

Eigenschaften von Funktionen	
mathematisch	**umgangssprachlich**
monoton steigend	bergauf (vielleicht mit einem ebenen Teil)
streng monoton steigend	bergauf (ohne ebenen Teil)
monoton fallend	bergab (vielleicht mit einem ebenen Teil)
streng monoton fallend	bergab (ohne ebenen Teil)
(relativer) Hochpunkt	der (relative) höchste Punkt
(relativer) Tiefpunkt	der (relative) tiefste Punkt
Nullstelle	Schnittpunkt der Kurve mit der x-Achse

Querverweis
Mathematische Symbole siehe Kapitel 8, Lerneinheit 4.

Wenn man die **Monotonie** beschreibt, so gibt man den Bereich, innerhalb dessen die Kurve z. B. steigt, **in Form eines Intervalls auf der x-Achse** an.

Übungsbeispiel

Ü 8.88 ★: Eigenschaften der Funktion benennen B C

Beschreiben Sie den Kurvenverlauf.

Stellen Sie sich die Schildkröte auf dem Skateboard vor, wie sie von links nach rechts die Kurve entlangfährt.

Markieren Sie die oben genannten Eigenschaften.

Bestimmen Sie die x-Intervalle, innerhalb derer die Kurve monoton steigt/fällt.

Das erste Intervall muss auf jeden Fall mit minus unendlich ($-\infty$) beginnen, da die Kurve „ganz links" beginnt.

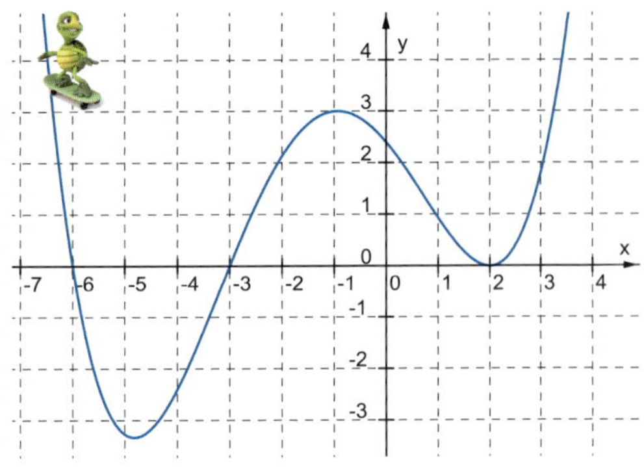

Abb. 8.5.6

Betrachten Sie nun noch einmal einen monoton fallenden Abschnitt der Kurve – je weiter Sie nach rechts gehen (je größer x wird), desto kleiner werden die y-Werte.

Mathematisch geschrieben:

„Monoton fallend" symbolisch ausgedrückt

$x_1 < x_2 \Rightarrow f(x_1) \geqslant f(x_2)$

Stellen Sie die gleiche Überlegung für einen monoton steigenden Abschnitt an.

„Monoton steigend" symbolisch ausgedrückt

$x_1 < x_2 \Rightarrow f(x_1) \leqslant f(x_2)$

Grafische Darstellungen – immer wahr?

Übungsbeispiel

Ü 8.89 ★★: Eine Darstellung kritisch interpretieren A C D

Veranschaulichen Sie die Entwicklung der Anzahl der Erwerbstätigen (insgesamt), die 15 Jahre und älter sind, im Zeitraum 1995 bis 2008 mittels grafischer Darstellung.

Erwerbstätige (15+ Jahre) und Erwerbstätigenquote (15-64 Jahre) nach Lebensunterhalts-Konzept bzw. nach internationaler Definition (Labour Force-Konzept) und Geschlecht seit 1995

Jahr, Quartal	Internationale Definition						Lebensunterhalts-Konzept		
	15 Jahre und älter in 1.000			15-64 Jahre in % 1)			in 1.000		
	Insgesamt	Männer	Frauen	Insgesamt	Männer	Frauen	Insgesamt	Männer	Frauen
1995	3.669,6	2.097,7	1.571,8	68,7	78,6	58,9	3.548,6	2.060,6	1.488,0
1996	3.617,1	2.061,1	1.556,0	67,8	77,4	58,3	3.531,1	2.035,2	1.495,9
1997	3.621,3	2.055,8	1.565,4	67,8	77,2	58,4	3.530,2	2.028,4	1.501,8
1998	3.627,0	2.054,7	1.572,3	67,8	77,0	58,5	3.527,2	2.029,1	1.498,1
1999	3.669,2	2.069,9	1.599,3	68,4	77,5	59,4	3.560,0	2.044,5	1.515,6
2000	3.685,7	2.077,6	1.608,1	68,3	77,3	59,4	3.583,4	2.053,5	1.529,9
2001	3.711,2	2.075,9	1.635,3	68,2	76,6	59,9	3.585,6	2.046,8	1.538,8
2002	3.762,1	2.084,8	1.677,4	68,8	76,4	61,2	3.627,8	2.054,8	1.573,0
2003	3.793,5	2.093,9	1.699,7	68,9	76,4	61,6	3.657,7	2.063,3	1.594,4
2004*)	3.744,0	2.061,5	1.682,5	67,8	74,9	60,7	3.665,4	2.027,2	1.638,2
2005	3.824,4	2.095,2	1.729,2	68,6	75,4	62,0	3.684,5	2.039,3	1.645,2
2006	3.928,3	2.147,5	1.780,7	70,2	76,9	63,5	3.801,4	2.087,5	1.713,9
2007	4.027,9	2.208,5	1.819,4	71,4	78,4	64,4	3.855,3	2.123,0	1.732,4
2008	4.090,0	2.222,1	1.867,9	72,1	78,5	65,8	3.896,7	2.127,2	1.769,5
1. Quartal 2008	4.016,0	2.172,8	1.843,2	71,0	77,0	65,0	3.847,8	2.090,4	1.757,3
2. Quartal 2008	4.108,1	2.240,8	1.867,3	72,3	79,0	65,7	3.912,3	2.141,0	1.771,2
3. Quartal 2008	4.138,4	2.254,6	1.883,8	72,8	79,5	66,3	3.926,0	2.152,4	1.773,5
4. Quartal 2008	4.097,0	2.220,0	1.877,0	72,2	78,4	66,1	3.900,4	2.124,7	1.775,7
1. Quartal 2009	4.021,7	2.140,0	1.881,7	70,8	75,4	66,3	3.832,1	2.055,4	1.776,7

Q: STATISTIK AUSTRIA, bis 2003 Mikrozensus (Durchschnitt der Monate März, Juni, September und Dezember); ab 2004 Mikrozensus-Arbeitskräfteerhebung (Durchschnitt aller Wochen eines Jahres bzw. Quartals). Erstellt am: 09.06.2009.
Bevölkerung in Privathaushalten ohne Präsenz- und Zivildiener, Erwerbstätige einschließlich Karenzgeldbeziehende mit aufrechtem Dienstverhältnis. - *) Zeitreihenbruch. - 1) Bezogen auf die Bevölkerung dieser Altersgruppe - Erwerbstätigenquote.

Abb. 8.5.7

- erste Darstellung: x-Achse: 1 cm = 1 Jahr
  y-Achse: 1 cm = 200 000
  (Da der niedrigste Wert bei 3 617 000 liegt, ist es sinnvoll, die y-Achse erst bei 3 500 000 zu beginnen.)
- zweite Darstellung: x-Achse: 0,5 cm = 1 Jahr
  y-Achse: 1 cm = 20 000
  (Da der niedrigste Wert bei 3 617 000 liegt, ist es sinnvoll, die y-Achse erst bei 3 500 000 zu beginnen.)

Vergleichen Sie die beiden Darstellungen und beschreiben Sie den „optischen" Unterschied. Überlegen Sie sich, für wen die erste Darstellung beziehungsweise die zweite Darstellung vorteilhaft sein könnte.

3 Umkehrfunktion

Die abhängige Variable wird zur unabhängigen Variablen und umgekehrt.

Wir wissen nun schon, dass eine Funktion eine eindeutige Zuordnung ist, die jeder unabhängigen Größe **genau eine** abhängige Größe zuordnet. Die unabhängigen Größen werden auf der waagrechten Achse eingezeichnet, die abhängigen auf der senkrechten.

Nehmen wir zum Beispiel die Funktion $y = 2x$. Diese Funktion ordnet jeder x-Koordinate eine y-Koordinate zu, die das Doppelte der x-Koordinate ist. Will man nun aus einer vorgegebenen y-Koordinate die x-Koordinate berechnen, so muss man die y-Koordinate einfach nur halbieren: $x = y : 2$.

Übungsbeispiel

T

Ü 8.90 ★★: Funktion und Umkehrfunktion vergleichen B C

Bestimmen Sie zu den folgenden Funktionen jeweils die Umkehrfunktion und zeichnen Sie diese paarweise in ein Koordinatensystem (mit dem Taschenrechner oder dem PC).

Beschreiben Sie, wie diese beiden Funktionen jeweils zusammenhängen. Beschreiben Sie in Worten, was jede der Funktionen „tut".

a) „Geldwechselfunktion": Für 1 EUR erhalten Sie 1,3 CHF.
   $y_{CHF} = 1{,}3 \cdot x_{EUR}$
b) „Preisfunktion": Für 1 kg einer bestimmten Ware zahlen Sie 2,4 €.
   $p(m) = 2{,}4 \cdot m$
c) „Vermehrungsfunktion"
   $y = 2x + 1$

Bilden der Umkehrfunktion

Wenn Sie eine Umkehrfunktion rechnerisch ermitteln sollen, so müssen Sie die Variablen vertauschen und dann y (die unabhängige Variable) wieder explizit ausdrücken.

Lehrbeispiel

L 8.39: Die Umkehrfunktion bilden B

Bilden Sie die Umkehrung der Funktion:

$y = 2x$

$x = 2y$ — Vertauschen Sie die Variablen.

$y = \frac{x}{2}$ — Drücken Sie y explizit aus.

1. Mediane: $y = x$

Um eine Umkehrfunktion grafisch zu ermitteln, spiegeln Sie den Funktionsgraphen an der ersten Mediane. (**Achtung:** Beide Achsen müssen dieselben Einheiten haben.)

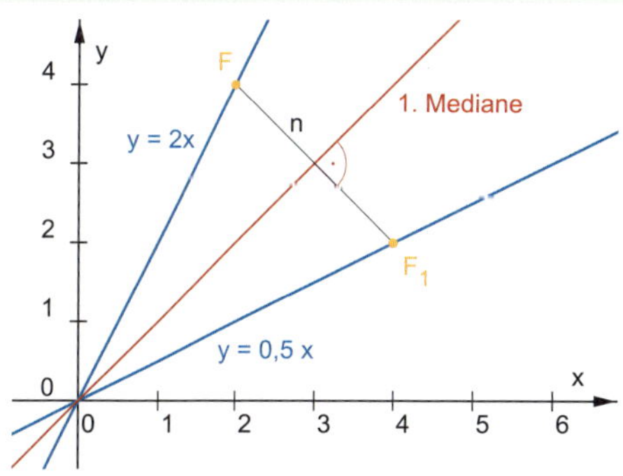

Abb. 8.5.8

8 Basiswissen

Übungsbeispiel

Ü 8.91 ★: An der Mediane gespiegelte Funktionen B D

Spiegeln Sie die Funktionsgraphen an der ersten Mediane und zeichnen Sie das „Spiegelbild" als Skizze in die Abbildungen ein.

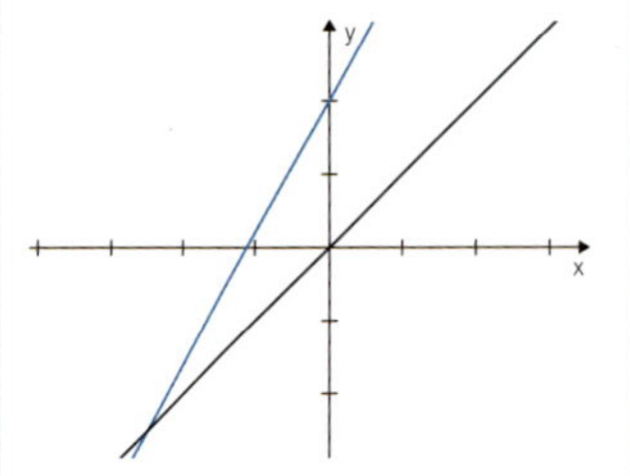

Abb. 8.5.9

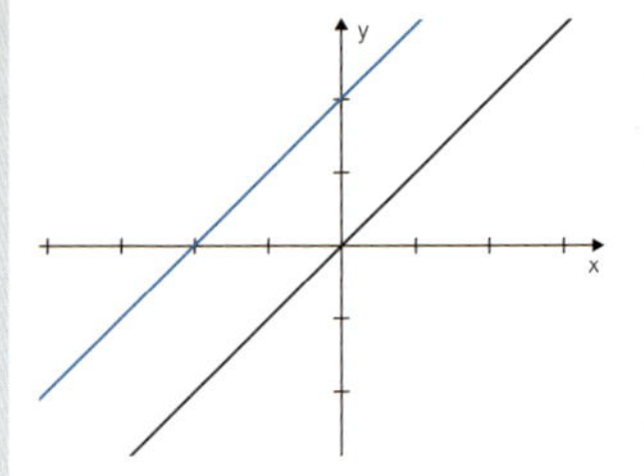

Abb. 8.5.10

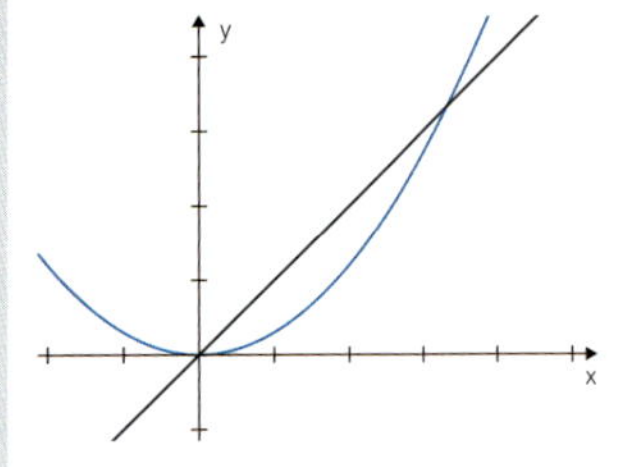

Abb. 8.5.11

Querverweis
Definition der Funktion siehe Seite 412.

Prüfen Sie, ob alle gespiegelten Funktionsgraphen wieder eine Funktion darstellen. Begründen Sie Ihre Antwort.

Üben

SbX ID: 1852

A B C D

Ü 8.92 ★: Erstellen einer Funktionsgleichung A

Modellieren Sie eine Funktionsgleichung einer Funktion, die jedes Argument um 3 vermehrt.

Ü 8.93 ★: Aufstellen einer Funktionsgleichung A B

Stellen Sie eine Funktionsgleichung für jene Funktion auf, die jede Stelle halbiert und dabei das Vorzeichen ändert. Zeichnen Sie diese Funktion!

Ü 8.94 ★★: Interpretieren von Funktionsgraphen C D

Die Grafik zeigt eine Temperaturübersicht über ein Jahr.

- Lesen Sie das Tagesmaximum (t_{max}) während der Wintermonate ab.
- Lesen Sie die maximale Monatstemperatur im Juni ab.
- Lesen Sie jenen Monat ab, in dem der kälteste Tag liegt. Geben Sie die Temperatur an.
- Lesen Sie jenen Monat ab, in dem der wärmste Tag liegt. Geben Sie die Temperatur an. Argumentieren Sie, warum die grüne Linie nie oberhalb der roten liegen kann.

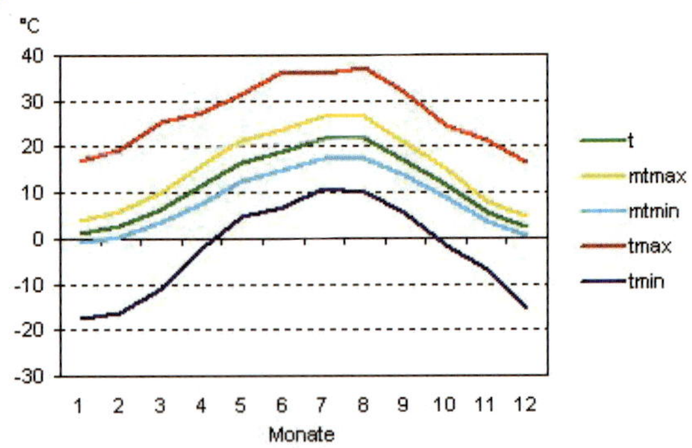

mtmax ... Monatstemperaturmaximum
mtmin ... Monatstemperaturminimum
tmax ... Tages-Temperaturmaximum
tmin ... Tages-Temperaturminimum
t ... durchschnittliche Tagestemperatur

Abb. 8.5.12

Ü 8.95 ★★: Abhängig oder unabhängig? D

Prüfen Sie, welche die unabhängige und welche die abhängige Variable ist:

- Tageszeit – Temperatur
- Zeit – Weg
- Körpergröße – Alter
- Menge – Preis

Ist die Bestimmung immer eindeutig? Wenn nein, begründen Sie.

Ü 8.96 ★: Darstellung einer Funktion B D

Die folgende Tabelle gibt die Preisentwicklung eines Fernsehers im Jahresverlauf wieder.

Monat	Preis in €
Jänner	996,00
Februar	967,00
März	943,00
April	931,00
Mai	928,00
Juni	890,00
Juli	874,00
August	830,00
September	850,00
Oktober	845,00
November	890,00
Dezember	953,00

- Stellen Sie diese Preisentwicklung durch Punkte im Koordinatensystem dar.
- Beurteilen Sie diese Art der Preisentwicklung.

Ü 8.97 ★★: Zuordnen von Aussagen C

SbX
Sie finden Ü 8.97 mit automatischer Aufgabenkontrolle unter der ID: 1852.

In der folgenden Abbildung ist der Zusammenhang zwischen der Zeit t und dem Weg s abgebildet. Kennzeichnen Sie die richtige(n) Aussage(n):

a) Sandra fährt vom Beobachter weg.
b) Sandra fährt zum Beobachter hin.
c) Sandra wird schneller.
d) Sandra wird langsamer.
e) Keine Aussage trifft zu.

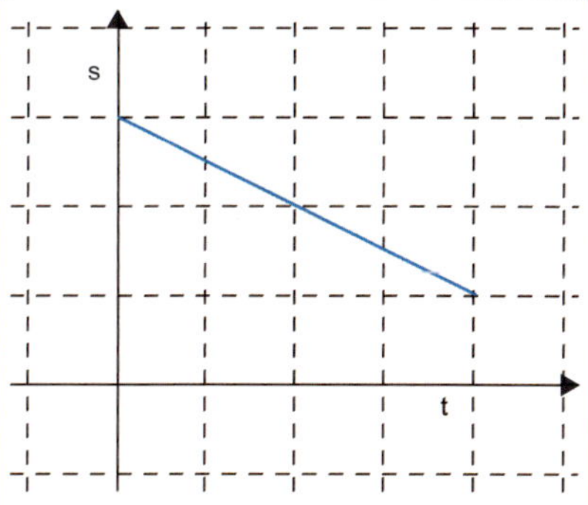

Abb. 8.5.13

Ü 8.98 ★★: Autoverleih A B

Sie leihen sich einen Pkw und zahlen dafür ein Fixum von 50 € und zusätzlich eine kilometerabhängige Gebühr von 0,50 € pro km.

a) Modellieren Sie eine Funktionsgleichung, die den Zusammenhang zwischen den gefahrenen Kilometern und den Kosten darstellt.
b) Zeichnen Sie diese Funktionsgleichung.
c) Berechnen Sie die Kosten für 76 gefahrene Kilometer.
d) Berechnen Sie, wie weit Sie um 200 € fahren können, wenn ein Tanken dazwischen nicht nötig ist.

Ü 8.99 ★★: Grafische Darstellung A B

Zeichnen Sie den Graphen der folgenden Funktionsgleichungen. Geben Sie an, in welchem Quadranten die Gerade ein rechtwinkeliges Dreieck „entstehen lässt". Stellen Sie eine Formel auf, mit der Sie den Flächeninhalt dieses rechtwinkeligen Dreiecks berechnen können.

a) $y = \frac{4}{3}x - 1$
b) $y = -\frac{3}{2}x + 2$
c) $y = -\frac{1}{2}x - 1$
d) $y = \frac{3}{2}x + 2$

8 Basiswissen

Querverweis
Für **Ü 8.100–Ü 8.102** siehe Kapitel 1, Lerneinheit 2.

Ü 8.100 ★: Lineare Funktion durch Punkte B D

Zeichnen Sie die Gerade durch die Punkte A(–1/–4) und B(0/–1). Bestimmen Sie die Gleichung der linearen Funktion, die durch diese beiden Punkte geht.

Erklären Sie, wie Sie feststellen können, ob die Punkte C(1/2) und D(2/4) auf der Geraden liegen, ohne die Punkte einzuzeichnen oder Sie in die Geradengleichung einzusetzen.

Ü 8.101 ★: Lineare Funktionen im Allgemeinen D

Begründen Sie, warum die folgenden Aussagen wahr oder falsch sind, wenn die Gleichung einer Geraden durch $y = kx+d$ gegeben ist.

a) Wenn $k = 0$ ist, dann ist die Gerade parallel zur x-Achse.

b) Wenn $k = -1$ ist, dann steigt die Gerade unter einem Winkel von 45°.

c) Wenn $d < 0$ ist, dann schneidet die Gerade die x-Achse im positiven Bereich.

Ü 8.102 ★: Lineare Funktionen angeben C

Beschreiben Sie, welche Angaben Sie benötigen, um eine lineare Funktion eindeutig bestimmen zu können. Denken Sie dabei an die unterschiedlichen Möglichkeiten.

Ü 8.103 ★★: Umkehrfunktion grafisch und rechnerisch ermitteln B D

T

Zeichnen Sie (zum Beispiel mit dem Taschenrechner) die Funktion $y = -2x + 3$. Bestimmen Sie die Umkehrung dieser Funktion und zeichnen Sie diese in dasselbe Koordinatensystem. Prüfen Sie, ob die Umkehrung wieder eine Funktion ist.

SbX
ID: 1852

Weitere Übungsbeispiele zu dieser Lerneinheit finden Sie im SbX.

Sichern

Funktionsdefinition

Eine Funktion ist eine Zuordnung, bei der jedem Wert, den die unabhängige Variable annehmen kann, **genau ein Wert,** den die abhängige Variable annehmen kann, zugeordnet wird.

Schreibweisen für Funktionen

geschrieben	gesprochen
y = …	„y ist gleich"
f(x) = …	„f von x ist gleich" (f ist der Name der Funktion; von der x-Koordinate abhängig.)
x ↦ …	„x wird abgebildet auf" (Die x-Koordinate wird auf eine y-Koordinate abgebildet.)

Definitionsmenge

Die Menge aller möglichen Werte, die die **unabhängige(n) Variable(n)** annehmen kann (können), nennt man **Definitionsmenge.**

Wertemenge

Die Menge aller möglichen Werte, die die **abhängige Variable** annehmen kann, nennt man **Wertemenge.**

Monotonie, Hoch-/Tiefpunkte, Nullstelle

mathematisch	umgangssprachlich
monoton steigend	bergauf (vielleicht mit einem ebenen Teil)
streng monoton steigend	bergauf (ohne ebenen Teil)
monoton fallend	bergab (vielleicht mit einem ebenen Teil)
streng monoton fallend	bergab (ohne ebenen Teil)
(relativer) Hochpunkt	der (relative) höchste Punkt
(relativer) Tiefpunkt	der (relative) tiefste Punkt
Nullstelle	Schnittpunkt der Kurve mit der x-Achse

Umkehrfunktion

- rechnerisch: Variablen x und y vertauschen – y explizit ausdrücken; allgemein: die unabhängige und die abhängige Variable vertauschen – die „alte" abhängige Variable explizit ausdrücken
- grafisch: Spiegeln des Funktionsgraphen an der ersten Mediane

Achtung: Die Umkehrung einer Funktion ist nicht automatisch wieder eine Funktion.

Wissen

SbX ID: 1854

A B C D

W 8.28: Interpretieren von Funktionsgraphen C

Lesen Sie ab, in welchem Zeitraum es mehr Jugendliche gab, die eine Lehrstelle suchten, als offene Stellen und wann es die meisten offenen Lehrstellen gab.

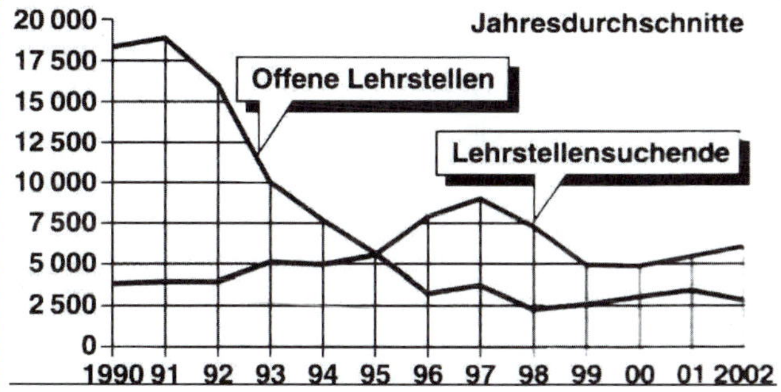

Abb. 8.5.14
Quelle: Standards für die mathematischen Fähigkeiten österreichischer SchülerInnen am Ende der 8. Schulstufe

W 8.29: Interpretation eines Funktionsgraphen C

- Lesen Sie ab, für welche x-Koordinaten die y-Koordinate zwischen –2 und 0 liegt.
- Wenn die x-Koordinate größer als null ist, dann ist die y-Koordinate ______.
- Die Funktion hat ______ Nullstelle(n) und ist von ______ bis ______ monoton ______.

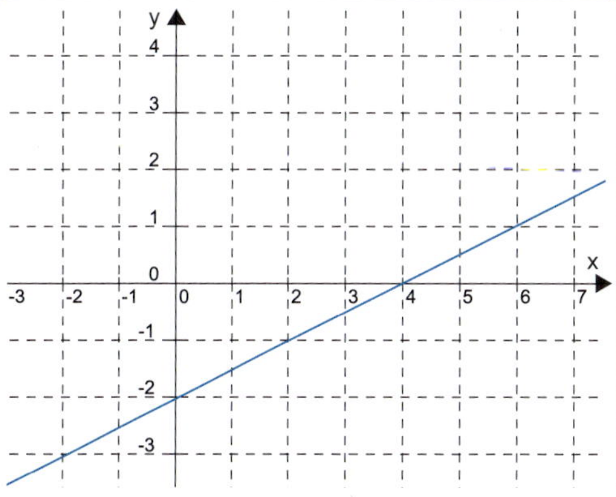

Abb. 8.5.15

W 8.30: Interpretieren einer Funktion B C

Tipps für eine spritsparende Fahrweise finden Sie unter: www.spritspar.at

In der Grafik sieht man den Zusammenhang zwischen der Geschwindigkeit und dem Dieselverbrauch.

- Lesen Sie ab, wie schnell man im Durchschnitt fährt, wenn man 6,6 Liter Diesel braucht.
- Ausgehend von einer Geschwindigkeit von 100 km/h: Berechnen Sie, um wie viel Prozent der Dieselverbrauch steigt, wenn man die Geschwindigkeit um 20 % erhöht.

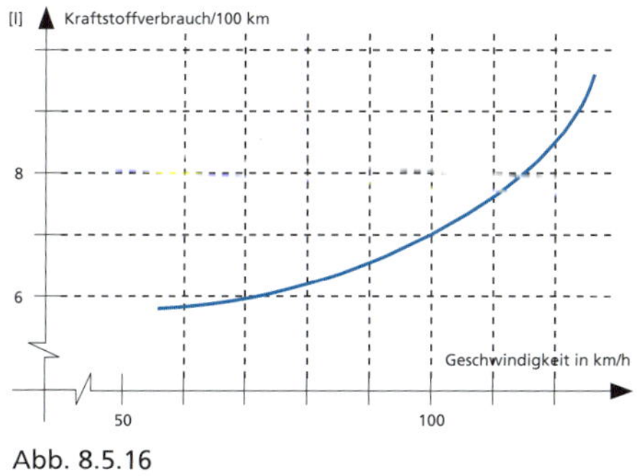

Abb. 8.5.16
Quelle: Projekt Bildungsstandards aus Mathematik für die Sekundarstufe II

W 8.31: Eine Funktion grafisch darstellen B

In der Tabelle befindet sich die Anzahl der Schüler/innen, die die Führerscheinprüfung nicht auf den ersten Anlauf schaffen (Wien). Stellen Sie die Wertetabelle grafisch in einem Koordinatensystem dar.

Jahr	Anzahl
2001	379
2002	375
2003	290
2004	285
2005	273
2006	280
2007	255
2008	253
2009	210

W 8.32: Interpretation von Funktionsgraphen und Zuordnen von Aussagen C D

Luke und Celine machen eine Wettfahrt mit dem Fahrrad. In der abgebildeten Grafik ist der Verlauf dieser Wettfahrt dargestellt.

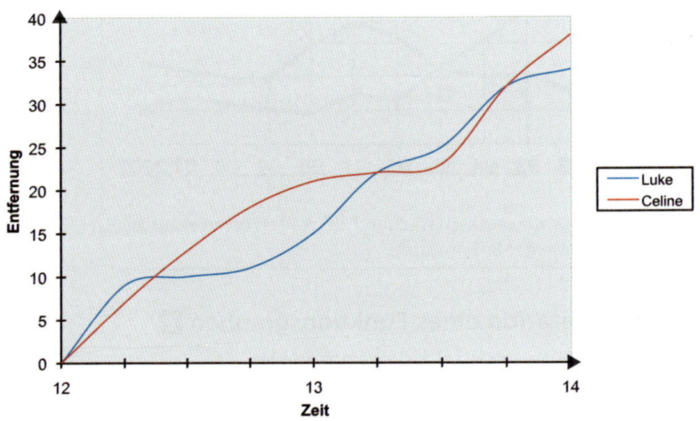

Abb. 8.5.17

a) Beschreiben Sie den Verlauf der Wettfahrt in eigenen Worten.

b) Prüfen Sie, welche der folgenden Aussagen auf diese Wettfahrt zutrifft.

- Celine überholt Luke mehr als einmal.
- Celine überholt Luke genau dreimal.
- Luke gewinnt dieses Rennen.
- Man kann über den Sieger keine Aussage treffen.
- Celine ist einmal stehengeblieben.
- Luke ist ohne Pause durchgefahren.

W 8.33: Funktionen grafisch darstellen B D

Zeichnen Sie die folgenden Funktionen:

a) $y = -1{,}5x + 6$

b) $y = x^2 - 2$

c) $y = \sqrt{x + 4}$

d) $y = (x + 2)^2$

Fertigen Sie eine Handskizze dieser Funktionen an und spiegeln Sie die Funktionen an der ersten Mediane. Erklären Sie, welche der obigen Funktionen als Umkehrung wieder eine Funktion hat.

SbX
Sie finden W 8.34 mit automatischer Aufgabenkontrolle unter der ID: 1854.

W 8.34: Welche Aussage passt zu welchen Graphen? C

In den folgenden Abbildungen sind Zusammenhänge zwischen der Zeit t, dem Weg s und der Geschwindigkeit v dargestellt. Kennzeichnen Sie, welche Abbildung welche der folgenden Aussagen grafisch wiedergibt.

- Das Motorrad steht.
- Das Motorrad beschleunigt.
- Das Motorrad bremst.
- Das Motorrad fährt mit konstanter Geschwindigkeit.

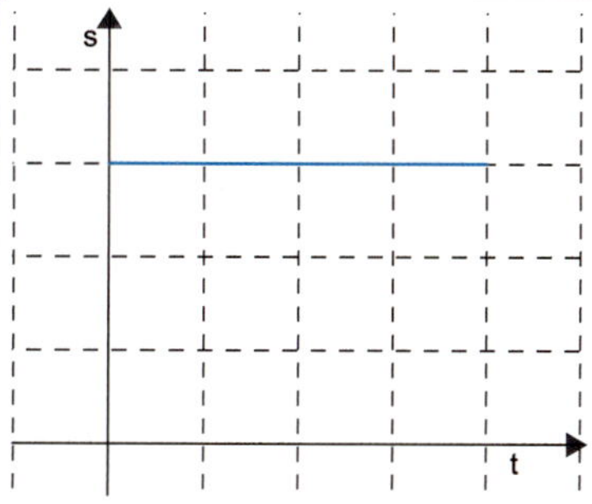

Abb. 8.5.18a

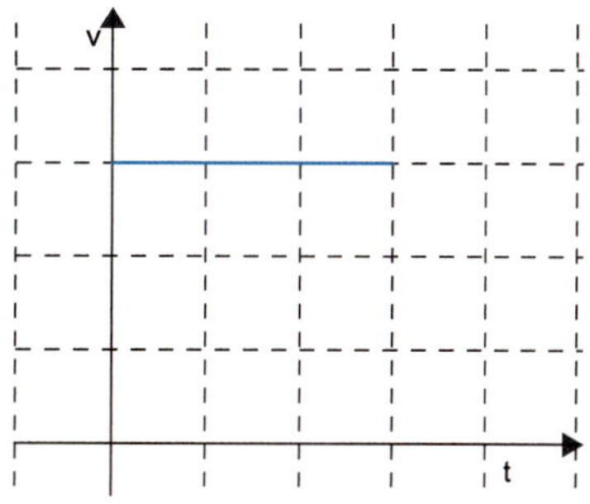

Abb. 8.5.18c

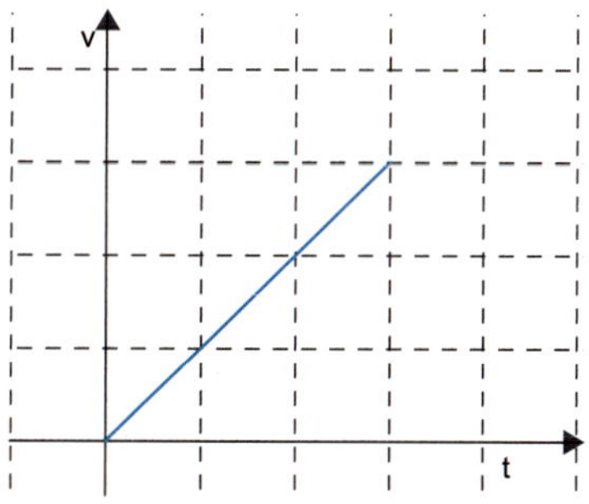

Abb. 8.5.18b

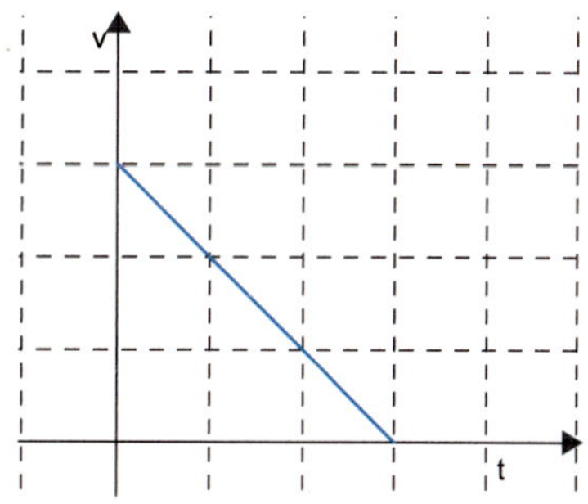

Abb. 8.5.18d

W 8.35: Zuordnung von Aussagen A B C D

Zwei Autos fahren aufeinander zu und begegnen einander. Vergleichen Sie die Abbildungen miteinander. Beachten Sie dabei den Unterschied der roten Linie. Begründen Sie, welcher der Graphen diesen Sachverhalt wiedergibt.

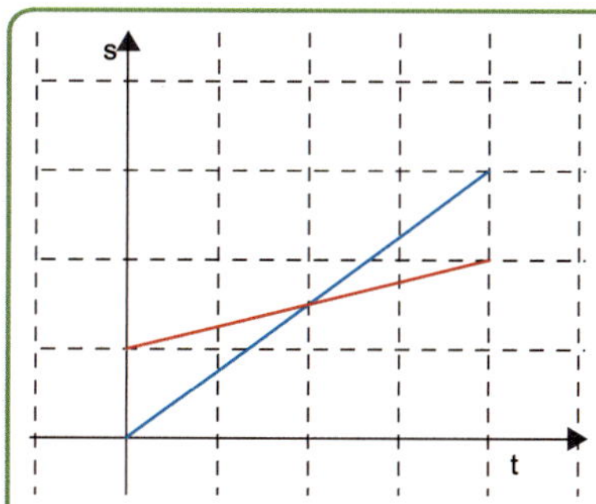

Abb. 8.5.19a

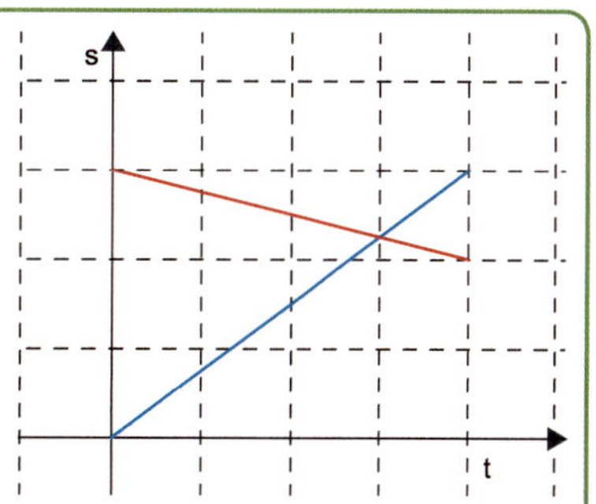

Abb. 8.5.19c

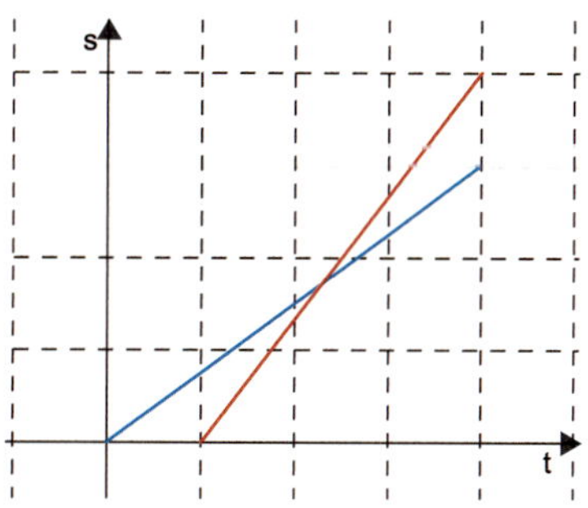

Abb. 8.5.19b

Diese Aufgabe entspricht in Inhalt, Aufbau und Aufgabenstellung den Aufgaben, die Sie bei der Reifeprüfung erwarten.

W 8.36: Basiswissen A B C D

Lösen sie die Aufgabenstellung mithilfe der abgebildeten Funktion:

a) Geben Sie die Koordinaten des höchsten Punktes an.

b) Berechnen Sie den Wert f(–4).

c) Markieren Sie jene Stelle, an der die Funktion den größten Funktionswert hat.

d) Veranschaulichen Sie mittels mathematischer Schreibweise: f: ____ $\mapsto -1$

e) Lesen Sie die Koordinaten der Nullstelle(n) dieser Funktion ab.

f) Geben Sie an, in wie vielen Punkten der Graph die y-Achse schneidet. Begründen Sie Ihre Überlegung.

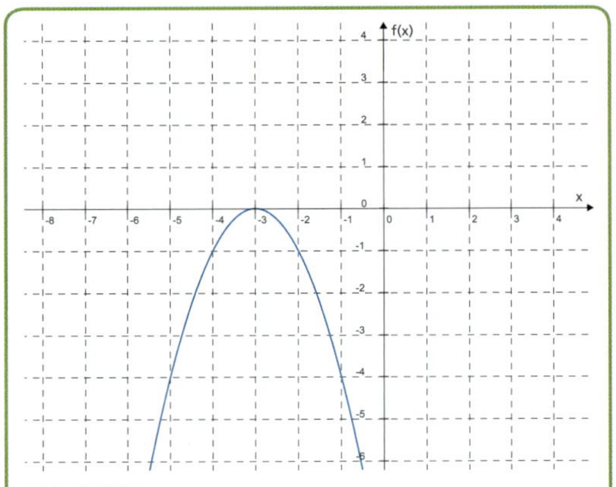

Abb. 8.5.20

g) Begründen Sie, wie viele Nullstellen es bei einer quadratischen Funktion geben kann.

W 8.37: Grundkompetenz zu Funktionen C

Lesen Sie ab,

a) an welcher Stelle die Funktion ihren kleinsten Funktionswert hat.

b) für welche Stelle f(x) = 1 gilt.

c) für welches Intervall ____ $< e <$ ____ die Funktionswerte negativ sind.

d) in welchem Punkt der Graph die y-Achse schneidet.

e) in welchen Punkten der Funktionswert 0 ist. Wie heißen diese Punkte?

f) wo die Funktion monoton steigend ist.

g) für welche positiven x Folgendes gilt: $f(x) > 1$.

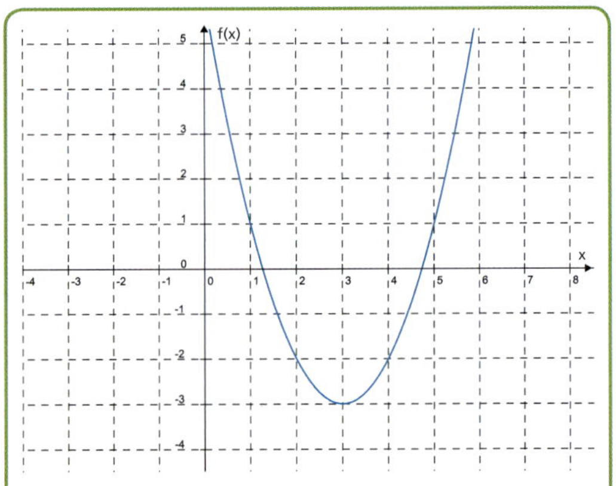

Abb. 8.5.21

Kompetenz-Check

	☺	😐	☹
Ich kann den Begriff Funktion erklären.			
Ich weiß, was eine abhängige und eine unabhängige Variable ist.			
Ich kenne die wichtigen Eigenschaften von Funktionen und kann sie mathematisch beschreiben.			
Ich kann aus einem Graphen wichtige Informationen ablesen.			
Ich kann aus einer gegebenen Funktion rechnerisch und grafisch die Umkehrfunktion bilden.			

9 REIFEPRÜFUNGSAUFGABEN

Worum geht's in diesem Kapitel?

Dieses Kapitel dient ausschließlich der gezielten Vorbereitung auf die zentrale schriftliche Reifeprüfung. Sie finden in diesem nur Aufgabenstellungen, die sowohl inhaltlich als auch in der Form jenen Beispielen entsprechen, die bei der Reifeprüfung erforderlich sind.

Wenn Sie dabei auf Fragen stoßen, so können Sie diese mithilfe der Lösungen klären oder in den entsprechenden Kapiteln des Buches nachschlagen.

Bei jeder Aufgabe ist extra ausgewiesen, um welche Handlungsdimension es sich handelt, auch wenn Sie diese anhand der bereits bekannten Signalwörter sicher selbst erkennen.

⊕ Wenn Sie dieses Kapitel bearbeitet haben, sind Sie fit für die Reifeprüfung.

⊕ A B C D In diesem Kapitel finden Sie Reifeprüfungsaufgaben zur Überprüfung Ihrer Kompetenzen auf den Handlungsebenen A Modellieren und Transferieren B Operieren und Technologieeinsatz C Interpretieren und Dokumentieren und D Argumentieren und Kommunizieren.

Reifeprüfungsaufgaben

SbX ID: 1911

A B C D

RPF 1: Länge eines Tages B C D

Während eines Jahres verändert sich die Länge eines Tages (d. h. die Zeitspanne, während der die Sonne über dem Horizont ist). Für Stockholm ergibt sich folgende Funktionsdarstellung der Tageslänge T(t) in Stunden, t in Monaten nach dem 21. 12.:

$$T(t) = 12 + 6{,}24 \cdot \left(\sin\left(\frac{\pi}{6}t - \frac{\pi}{2}\right)\right)$$

a) Berechnen Sie die Tageslänge am 21. Juni. B

b) Wird die Tageslänge grafisch dargestellt, wobei t in Monaten nach dem 21.3. gerechnet wird, ergibt sich folgende Abbildung. Lesen Sie anhand der Grafik den kürzesten Tag und seine Tageslänge ab. C

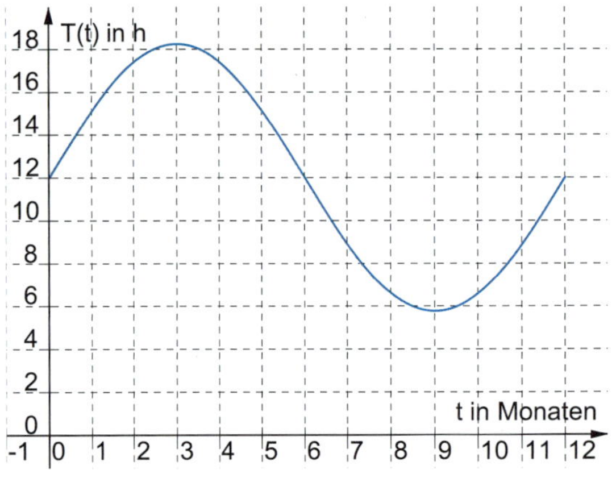

Abb. 9.1.1

c) Erklären Sie, was Sie mit dem folgenden Integral berechnen. D

$$\frac{1}{3}\int_6^9 T(t)\,dt$$

RPF 2: Shirts B C D

Ein Betrieb produziert Shirts. Bei n Shirts kann der Betrieb mit einem Erlös von $E(n) = \frac{1}{15} \cdot (-n^2 + 1300n)$ rechnen.

a) Berechnen Sie den Erlös für 700 Stück. B

b) Die grafische Darstellung der Erlös- und der Kostenfunktion ergibt folgende Abbildung:

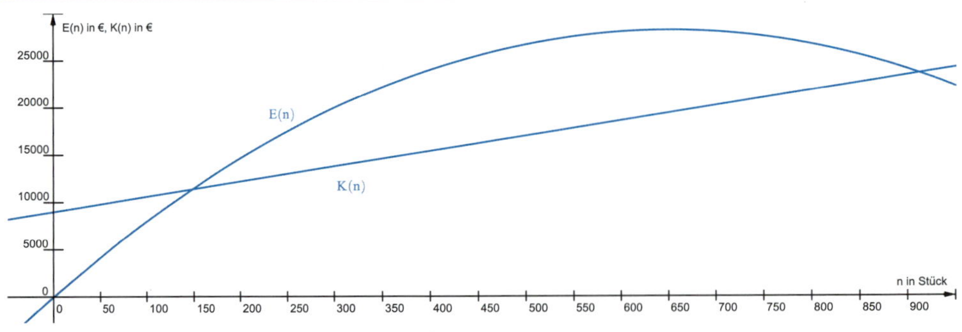

Abb. 9.1.2

- Interpretieren Sie die Bedeutung der Schnittpunkte der beiden Funktionen. C
- Beschreiben Sie, wie sich die Koordinaten der Schnittpunkte verändern, wenn die Fixkosten geringer werden. C

c) Die Kostenfunktion lässt sich durch $K(n) = 16n + 9000$ modellieren. Erklären Sie die Bedeutung des Zahlenwertes 16. D

RPF 3: Bakterien im Labor B C D

Um Medikamente gegen Bakterien zu entwickeln, werden Bakterienkulturen im Labor in einem Kulturgefäß gezüchtet. In diesen Gefäßen betrachtet man u.a., wie sich das Bakterium flächenmäßig ausbreitet. Die Funktion A(t), welche der Zeit die bedeckte Fläche zuordnet, hat folgende grafische Darstellung.

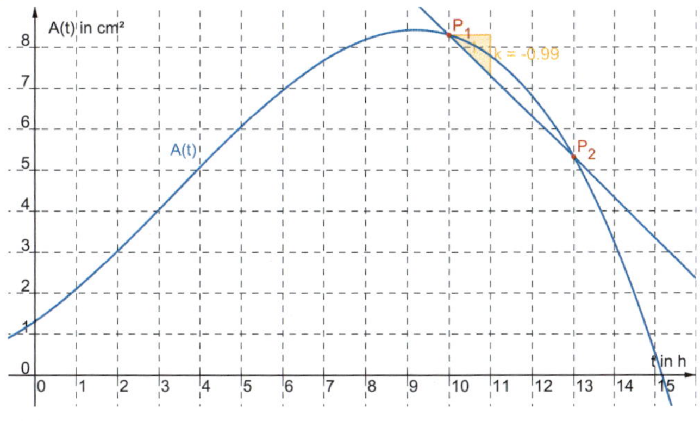

Abb. 9.1.3

a) Beschreiben Sie die Bedeutung des eingezeichneten Anstiegs. C

b) Erklären Sie, welche der drei folgenden Abbildungen die momentane Veränderung der Wachstumsgeschwindigkeit richtig abbildet. D

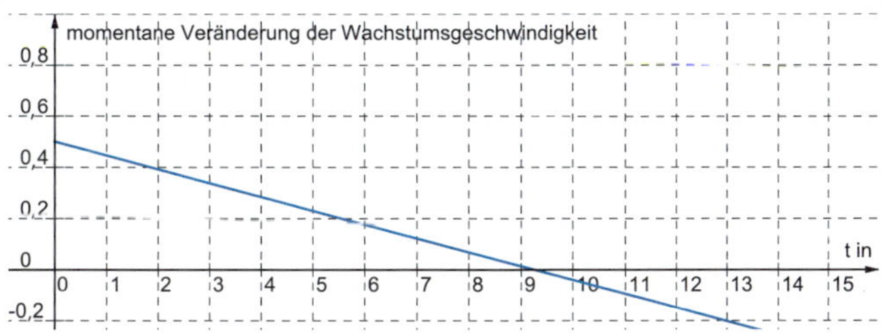

Abb. 9.1.4

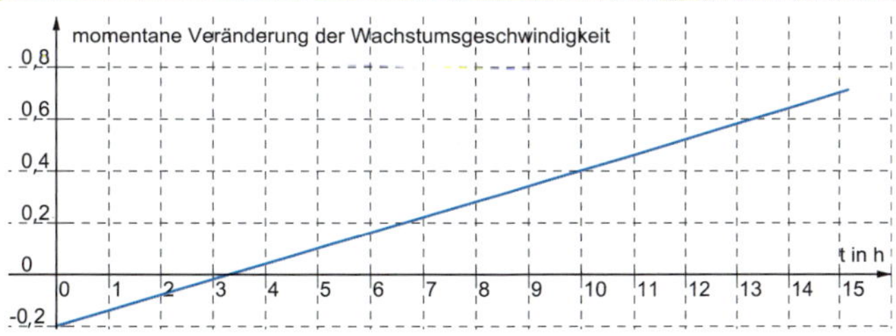

Abb. 9.1.5

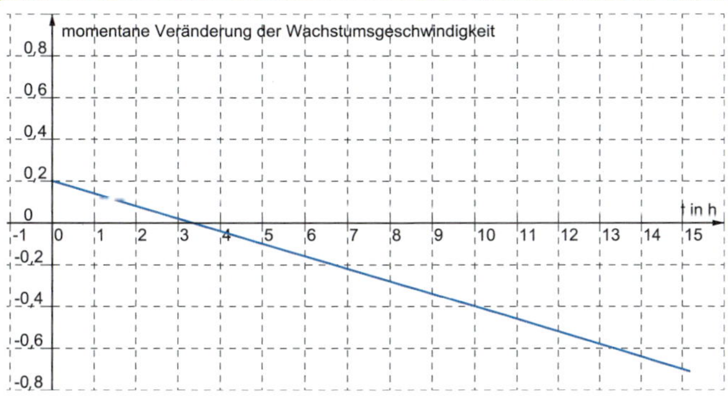

Abb. 9.1.6

c) Ein mit dem obigen Bakterium verwandtes Bakterium bedeckt die Fläche des Kulturgefäßes ein wenig anders. Die Fläche wird durch die Funktionsgleichung
$A(t) = -0{,}009t^3 + 0{,}08t^2 + t + 1{,}3$
beschrieben.
Berechnen Sie jenen Zeitpunkt, zu dem die Wachstumsgeschwindigkeit am größten war. B

RPF 4: Swimmingpool A B D

In einer Wellnessoase gibt es auch ein Becken, das für Kinder und Erwachsene zum gemeinsamen Spielen und Schwimmen einlädt.

Dieses Becken hat eine Länge von 40 Metern und eine Breite von 20 Metern. Das Becken ist bis zum obersten Rand gefüllt. Der Längsschnitt des Beckens hat folgende Form:

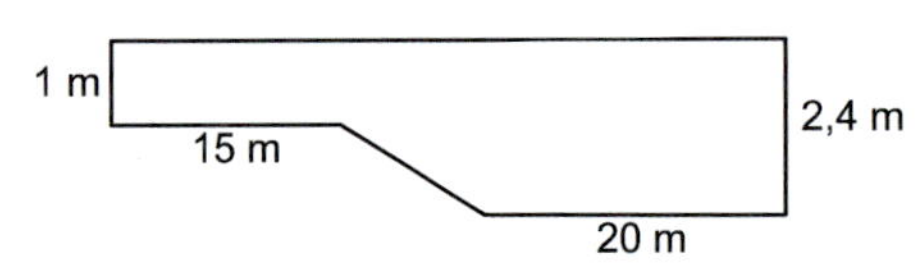

Abb. 9.1.7

a) Berechnen Sie das Wasservolumen des Beckens. B

b) Für eine Renovierung wurde das Becken komplett entleert und danach wieder befüllt. Veranschaulichen Sie mittels einer grafischen Darstellung den Wasserstand (Wasserhöhe) in Abhängigkeit von der Zeit, wenn ein gleichbleibender Zufluss am oberen Beckenrand vorausgesetzt wird. A

c) Auch für eine Komplettreinigung wird das Becken entleert und danach wieder mit Wasser gefüllt. Die folgenden beiden Funktionsgleichungen beschreiben die zugeflossene Wassermenge in Abhängigkeit von der Zeit. Erklären Sie die Bedeutung der beiden Zahlenwerte 130 und 150 der Funktionsgleichungen. D

$M_1(t) = 130t$ $\quad t \in [0;\, 5)$, t in Stunden

$M_2(t) = 150t + 650$ $\quad t \in [5;\, 9{,}53]$, t in Stunden

RPF 5: Leichtathletik A B D

Beim Kugelstoßen wird eine Metallkugel durch sehr rasches Strecken eines Armes möglichst weit geschleudert. Die Flugbahn der Kugel lässt sich durch eine Funktionsgleichung 2. Grades gut modellieren. Die Flugbahn der Kugel einer Sportlerin ist in der folgenden Abbildung dargestellt.

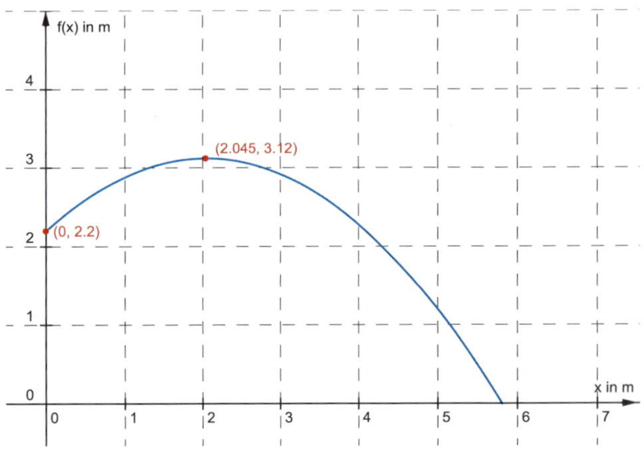

Abb. 9.1.8

a) Stellen Sie eine Funktionsgleichung für die angegebene Flugbahn auf. Verwenden Sie dazu die angegebenen Messpunkte, runden Sie auf 2 Nachkommastellen. A

b) Beurteilen Sie, inwieweit die Körpergröße der Kugelstoßerin (bei sonst gleichen Bedingungen) einen Einfluss auf die Wurfweite hat. D

c) Eine andere Sportlerin wirft ihre Kugel im Training entlang der Bahn $g(x) = -0{,}21x^2 + 0{,}9x + 2{,}3$, wobei x die Entfernung vom Abwurfpunkt (x = 0) beschreibt. g(x) in m, x in m. Der Trainingsplatz endet aber mit einer Böschung, die 4 Meter vom Abwurfpunkt beginnt und nach weiteren 4 Metern bei einer Höhe von 3 Metern endet.
   - Stellen Sie eine Funktionsgleichung für die Böschung auf. A
   - Berechnen Sie, in welcher Entfernung vom Abwurfpunkt die Kugel einschlägt. B

RPF 6: Medikamentengabe A B C D

Schmerzmittel werden bei akuten, sehr starken Schmerzen auch intravenös, also direkt über eine Injektion in eine Vene, verabreicht. Der Wirkstoff ist somit sofort im Körper vorhanden.

a) Eine Patientin erhält von diesem Schmerzmittel 250 mg verabreicht. Der Körper scheidet das Medikament z. B. durch die Nieren wieder aus, sodass pro Stunde 6 % des Wirkstoffes verloren gehen. Stellen Sie eine Funktionsgleichung m(t) in Abhängigkeit von der Zeit t auf, die diesen Sachverhalt beschreibt. A

b) Ein Patient erhält aufgrund seines Körpergewichtes eine stärkere Dosierung. Er baut das Medikament auch anders ab. Sein Medikamentenspiegel (Wirkstoffmenge im Körper) lässt sich durch folgende Funktionsgleichung beschreiben: $m(t) = 350 \cdot e^{-0{,}05129t}$
   - Berechnen Sie den Zeitpunkt, an dem der Medikamentenspiegel unter die Hälfte der verabreichten Menge fällt. B
   - Beurteilen Sie die scheinbar paradoxe Aussage, dass der Patient immer ein wenig des verabreichten Medikamentes im Körper hat. D

c) In der folgenden Abbildung sind zwei unterschiedliche Schmerzmittelverabreichungen dargestellt. Die intravenöse i(t) in mg und die orale o(t) in mg, wobei die Zeit in Stunden gemessen wurde. Vergleichen Sie die grafischen Darstellungen der beiden Verabreichungsformen in den ersten 50 Stunden.
   - Legen Sie besonderes Augenmerk auf die maximale Wirkstoffmenge und den dazugehörigen Zeitpunkt. C
   - Beschreiben Sie die momentane Wirkstoffmengenänderung nach 4 Stunden. C

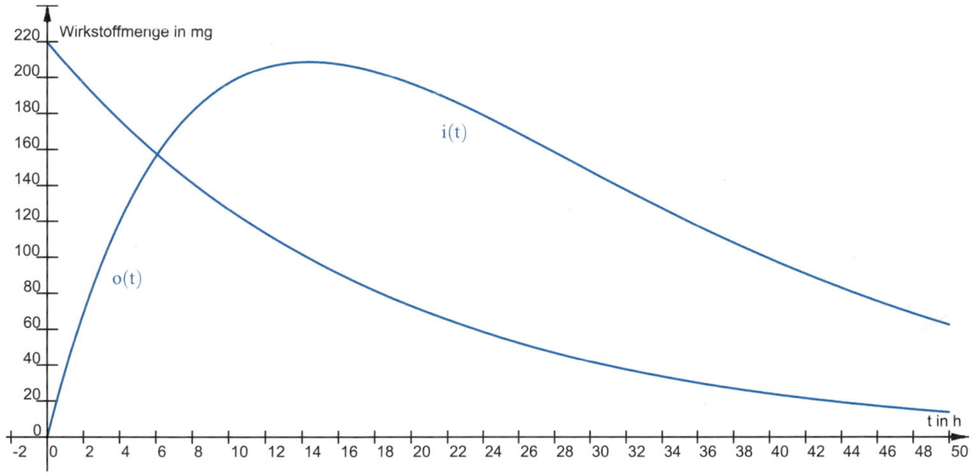

Abb. 9.1.9

9 Reifeprüfungsaufgaben

RPF 7: Motorrad und Auto A B C D

Motorradfahrer sind meist stolz darauf, dass ihre Maschinen viel besser beschleunigen als Autos. Im Rahmen eines Tests gibt es einen Vergleich.

Das Motorrad startet zum Zeitpunkt 0 bei der Startlinie. Seine Geschwindigkeit in den ersten 60 Sekunden lässt sich durch folgende Funktionsgleichung berechnen.

$v_m(t) = 39 - 39 \cdot e^{-\frac{1}{10}t}$ $\quad v_m(t)$ in m/sec, t in sec

a) ● Modellieren Sie eine Formel für die Geschwindigkeit nach einer halben Minute. A

● Stellen Sie eine Funktionsgleichung auf, mit der Sie den Weg berechnen können, den das Motorrad nach t Sekunden zurückgelegt hat. A

b) Der Pkw ist zu dem Zeitpunkt, zu dem das Motorrad losfährt, bereits unterwegs. Er durchfährt die Startlinie, von der das Motorrad startet. Seine Geschwindigkeit wird durch die folgende Funktionsgleichung beschrieben.

$v_p(t) = 26 \cdot (e^{-0{,}078t} + 1)$

● Berechnen Sie die Geschwindigkeit des Pkw, wenn er die Startlinie durchfährt. B

● Erklären Sie die Bedeutung der nachfolgenden Gleichung. $v_m(t) = v_p(t)$ D

c) In der folgenden Abbildung sehen Sie die Geschwindigkeitsdiagramme des Motorrads und des Autos. Kennzeichen Sie jenes Zeitintervall, in dem die Geschwindigkeit der beiden Fahrzeuge sich um höchstens 10 m/sec unterscheidet. C

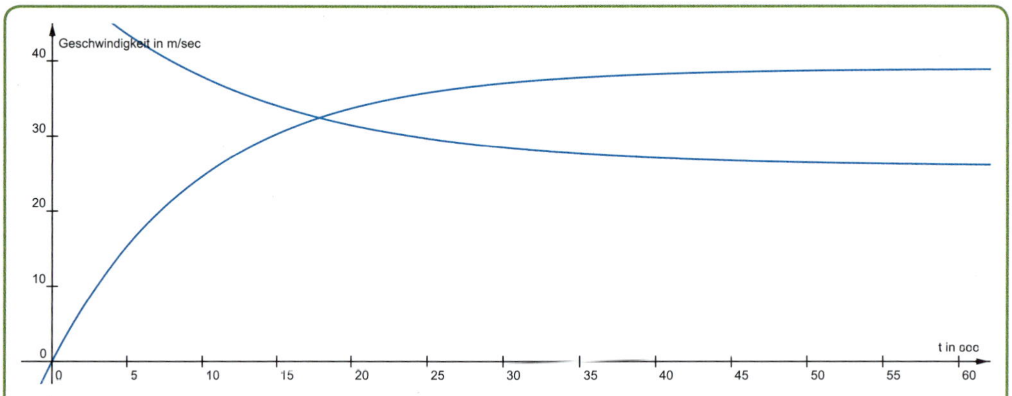

Abb. 9.1.10

RPF 8: Grippezeit B C D

Jeden Winter erkranken Tausende Österreicher an Grippe. Im Rahmen einer Studie über die Ansteckung und eventuelle Schutzmaßnahmen werden Messungen durchgeführt. Die Anzahl der kranken Personen kann durch $n(t) = 35000 - e^{-\frac{1}{5}t} \cdot (630t^2 + 6300t - 34300)$ berechnet werden, t in Wochen.

a) ● Berechnen Sie n'(t). B

● Erklären Sie die Bedeutung von n'(t). D

b) Beurteilen Sie die Entwicklung der Anzahl der kranken Personen auf lange Sicht, wenn eine weitere Studie die Neuerkrankungen pro Woche mit $n_{neu}(t) = e^{-\frac{1}{5}t} \cdot (250t + 120)$ angibt. D

c) Bei einer Parallelstudie sind zu Beginn der Studie bereits 200 Personen erkrankt. Die grafische Darstellung der Neuerkrankungen verläuft folgendermaßen. C

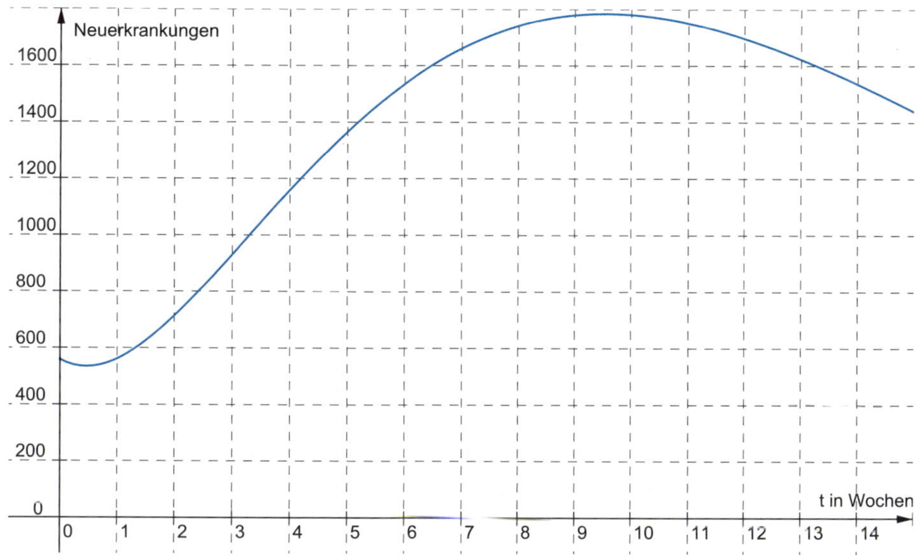

Abb. 9.1.11

Lesen Sie anhand der Grafik ungefähr ab, wann die Anzahl der Kranken die „1000-Kranke" Marke erstmals überschreitet

RPF 9: Bevölkerungsdilemma nach Malthus A B C D

„Der britische Nationalökonom Thomas Robert Malthus (1766–1834) schrieb vor 200 Jahren die erste sachliche Abhandlung über das Prinzip des Bevölkerungswachstums … Thomas Malthus hat sich 1798 mittelfristig geirrt, langfristig hat er prinzipiell recht behalten."
(Quelle: http://www.scientific.at/1998/roe_9805.htm)

Sein Modell des Bevölkerungswachstums lautet: $N_B(t) = 0{,}9 \cdot 10^9 \cdot e^{9{,}43 \cdot 10^{-3} \cdot t}$, wobei t in Jahren gemessen wird und $N_B(0)$ der Zahl der Bevölkerung am 01. 01. 1800 entspricht.

Sein Modell für die produzierten Nahrungsmittel lautet: $N_N(t) = 10^7 \cdot (2 \cdot 10^2 + 2{,}5 \cdot t)$, wobei die Einheiten mit denen des Bevölkerungswachstums übereinstimmen.

a) Berechnen Sie die Differenz zwischen der Bevölkerungszahl laut seiner Theorie im Jahre 2010 und den Realdaten für das Jahr 2010, die 6,9 Milliarden betrugen. B

b) Zeigen Sie, dass die Zeitspanne Δt, in der sich die Bevölkerung verdoppelt, unabhängig von der Wahl des Zeitpunktes ist. D

c) Die grafische Darstellung der beiden Funktionsgleichungen ist im Folgenden abgebildet. Lesen Sie aus der Abbildung jenen Zeitpunkt ab, an dem die Bevölkerungszahl die Nahrungsmittelressourcen übersteigt. C

9 Reifeprüfungsaufgaben

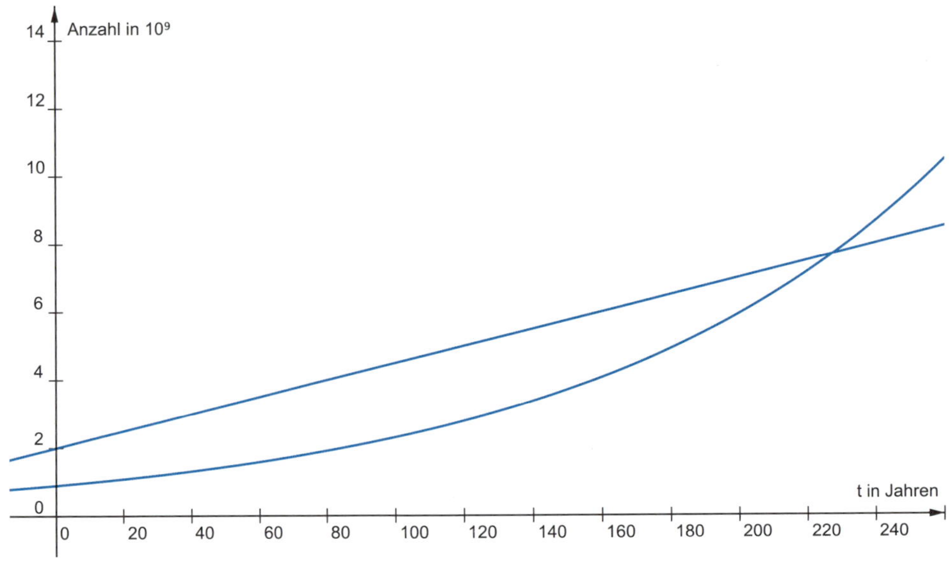

Abb. 9.1.12

d) Eine Statistik, welche die Weltbevölkerung von 1950 bis 2010 gemessen hat, scheint die Theorie von Malthus nicht zu bestätigen.

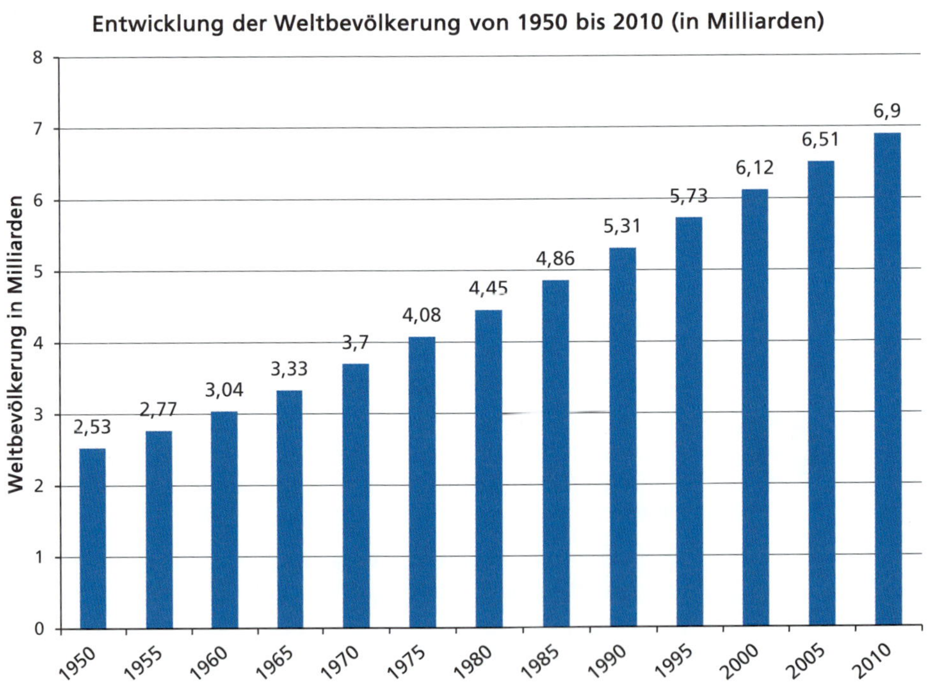

Abb. 9.1.13 (Quelle: http://de.statista.com/statistik/daten/studie/1716/umfrage/entwicklung-der-weltbevoelkerung/)

- Stellen Sie eine lineare Funktionsgleichung für die obigen statistischen Daten auf. Nehmen Sie die Jahre 1965 und 2000 als Messpunkte an. A
- Vergleichen Sie das Modell von Malthus mit den Daten der Statistik. Legen Sie dabei besonderes Augenmerk auf die strukturellen Unterschiede der beiden Modelle. C

RPF 10: Boote B C D

Auf dem Bodensee segelt ein 2-Mann-Segelboot mit gleichmäßiger Geschwindigkeit von $v_S = 2{,}5$ m/sec an einem Motorboot vorbei. Der Fahrer des Motorbootes möchte wissen, wie schnell er das Segelboot einholen kann, und nimmt Fahrt in die gleiche Richtung wie das Segelboot auf.

Der Weg, den er dabei zurücklegt, wird durch $s_M(t) = 470 + 940 \cdot \left(-e^{-\frac{t}{60}} + 0.5e^{-\frac{t}{30}}\right)$ beschrieben, wobei s in m und t in sec angegeben sind.

a) Berechnen Sie jenen Zeitpunkt, an dem das Motorboot das Segelboot eingeholt hat. t = 0 meint den Startzeitpunkt des Motorbootes. B

b) Die folgende Abbildung zeigt die Beschleunigung des Motorbootes.

- Argumentieren Sie anhand der Abbildung, warum das Boot zu Beginn an Geschwindigkeit zugenommen hat. D
- Kennzeichnen Sie jenen Punkt, an dem die Beschleunigung im Sinne des Schnellerwerdens beendet ist. C

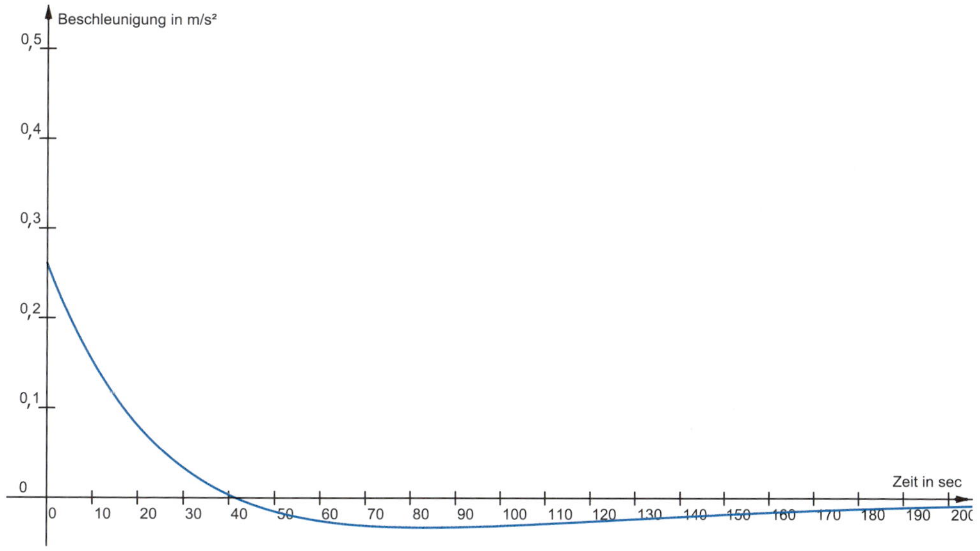

Abb. 9.1.14

c) In der angegebenen Abbildung sehen Sie die grafischen Darstellungen der Zeit-Weg-Funktionsgleichungen der beiden Boote.

Interpretieren Sie die Bedeutung der beiden Schnittpunkte der Graphen. C

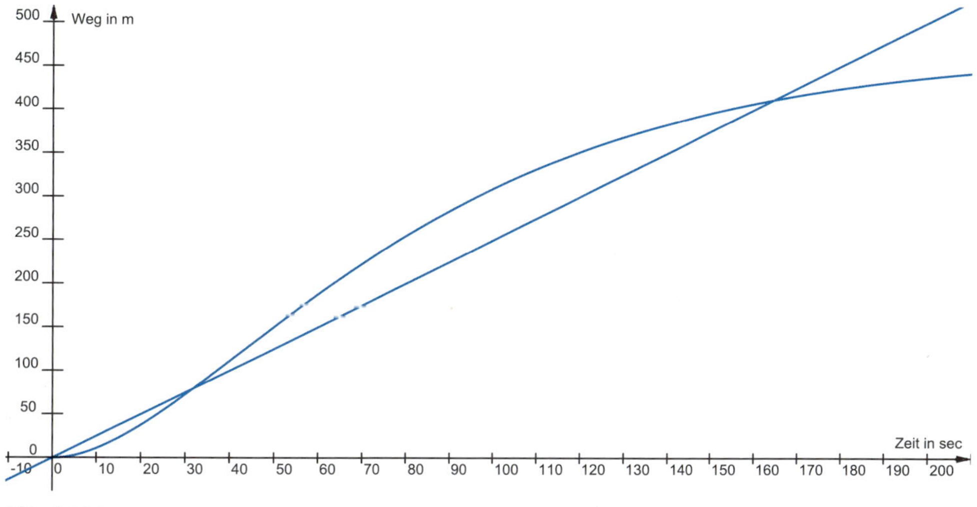

Abb. 9.1.15

RPF 11: Glimmlampe A B C

Eine Glimmlampe wird durch eine sogenannte Zündspannung mit $U_Z = 210$ V zum Leuchten gebracht und durch eine Löschspannung mit $U_L = 160$ V zum Erlischen.

Der Spannungsverlauf der Lampe wird durch $U(t) = 2\sqrt{2} \cdot 10^2 \cdot \sin(10^2 \pi t)$ beschrieben, wobei U(t) in V, t in sec gemessen wird.

a) ● Berechnen Sie, wie lange die Glimmlampe in der ersten Zehntelsekunde leuchtet. B

● Dokumentieren Sie, wie Sie die Leuchtdauer der Lampe im angegebenen Zeitintervall ermitteln. C

b) Stellen Sie eine Funktionsgleichung für eine andere Glimmlampe auf, deren maximale Spannung 300 V beträgt. A

RPF 12: Lampe A C

Eine Garageneinfahrt mit einer Breite von 10 Metern soll durch zwei an den Rändern befindlichen Lampen beleuchtet werden. Die Lampen werden dabei in gleicher Höhe angebracht, wie Sie in der Abbildung sehen, aber maximal in 5 m Höhe.

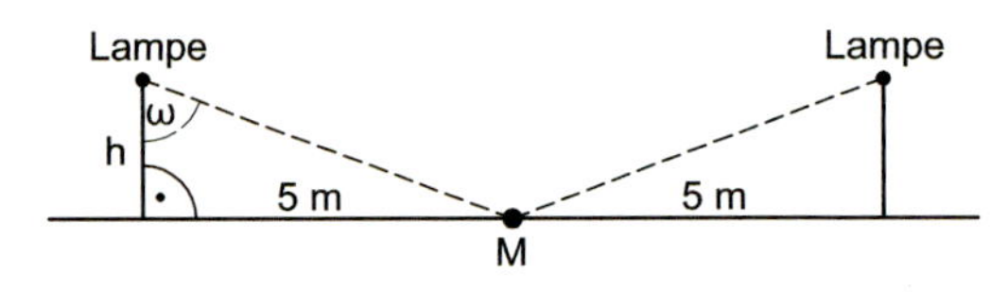

Abb. 9.1.16

Die Helligkeit, mit der die Mitte der Einfahrt beleuchtet wird, kann durch $H = \frac{100 \cdot \cos \omega}{d^2}$ berechnet werden, wobei d die Entfernung der Lampe von Mitte des Weges beschreibt.

a) Stellt man die Helligkeit als Funktion abhängig vom Winkel dar, so entsteht folgende grafische Darstellung:

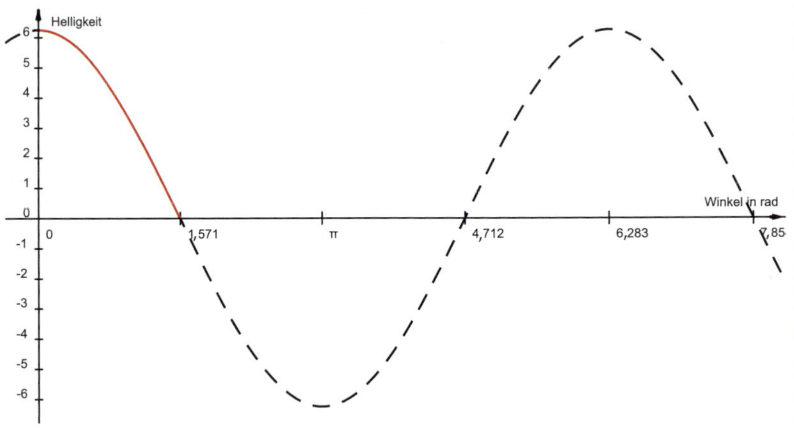

Abb. 9.1.17

Kennzeichnen Sie jenes Intervall, für den diese grafische Darstellung im Kontext definiert ist. C

b) Die Lampen sollen in einer Höhe von h Metern ($h \leqslant 4$) so montiert werden, dass die Mitte möglichst hell erleuchtet wird.

Modellieren Sie eine Funktionsgleichung, mit der Sie die Helligkeit in Abhängigkeit von der Höhe berechnen können. A

c) Für die Einfahrt in ein Parkhaus ist eine Breite von 12 m nötig. Die Helligkeit in der Mitte ist daher: $H(h) = \frac{100h}{(36 + h^2) \cdot \sqrt{36 + h^2}}$

Dokumentieren Sie, wie Sie von der zu Beginn angegebenen Helligkeitsformel auf die Funktionsgleichung H(h) kommen. C

RPF 13: Radfahren A C D

Ein Radfahrer umrundet aus Trainingszwecken den Neusiedlersee. Die Geschwindigkeit einiger seiner Etappen wird analysiert.

a) Die zweite Etappe fährt er mit einer Geschwindigkeit, die in folgender Grafik abgebildet ist.

- Markieren Sie den Wendepunkt und das (lokale) Maximum. C
- Interpretieren Sie die Bedeutung dieser beiden Punkte. C

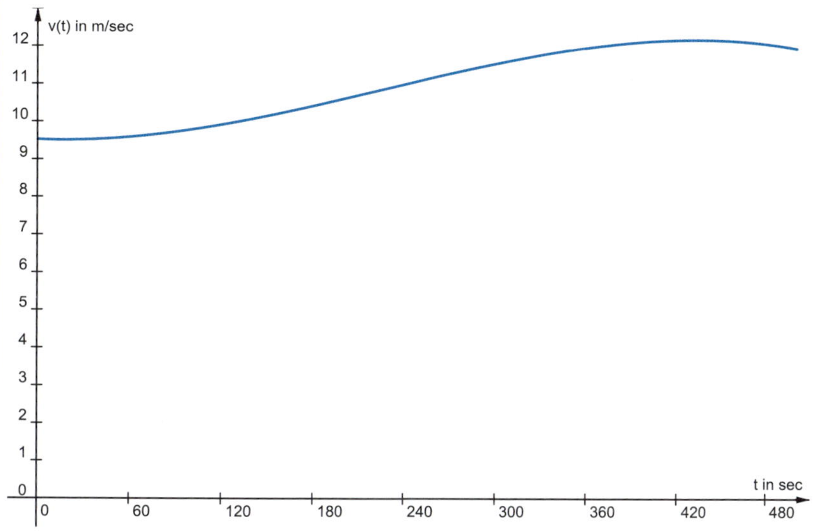

Abb. 9.1.18

b) Die dritte Etappe wird durch folgende Geschwindigkeit-Zeit Funktion beschrieben.

$$v(t) = -7{,}\overline{407} \cdot 10^{-8}t^3 + 5 \cdot 10^{-5}t^2 - 1{,}6129032 \cdot 10^{-3}t + 9{,}51\dot{6}$$

Stellen Sie eine Funktionsgleichung auf, mit der Sie den zurückgelegten Weg berechnen können, den der Radfahrer seit Beginn der dritten Etappe gefahren ist. A

c) Erklären Sie die Bedeutung des folgenden Ausdrucks. D

$$\frac{v(240) - v(0)}{240}$$

RPF 14: Widerstand eines elektrischen Leiters A C

Ein elektrischer Leiter besitzt einen Widerstand R, der von mehreren Paramatern abhängt. Die Formel für die Berechnung eines solchen Widerstandes in Ω lautet:

$$R = \frac{\rho \cdot l}{A}$$

ρ ist eine „Materialkonstante des Leiters".
l gibt die Länge des Leiters in m an.
A gibt die Querschnittsfläche des Leiters in mm^2 an.

a) Veranschaulichen Sie die funktionale Abhängigkeit des Widerstandes mittels grafischer Darstellung, nehmen Sie für ρ den Wert $0{,}018\ \Omega\frac{mm^2}{m}$ an: A

- der Widerstand in Abhängigkeit von der Länge des Leiters
- der Widerstand in Abhängigkeit von der Querschnittsfläche

b) Beschreiben Sie, wie sich der Widerstand eines Leiters mit kreisförmigem Querschnitt ändert, wenn sich der Radius verdoppelt. C

RPF 15: Reaktions- und Bremsweg A B C

Kommt es beim Autofahren zu einer unvorhergesehenen Situation, so ist manchmal eine Notbremsung nötig. Der Anhalteweg, den Sie zwischen dem Erkennen der Situation und dem Stillstand des Autos zurücklegen, ist in zwei Teile, nämlich einen Reaktionsweg und einen Bremsweg geteilt. Für beide Wege gibt es eine „Schätzregel", mit der man die Längen bei trockenen Straßenverhältnissen ungefähr abschätzen kann.

Reaktionsweg: $s_R(v) = 0{,}3 \cdot v$ v in km/h, s in m

Bremsweg: $s_B(v) = \frac{v^2}{100}$ v in km/h, s in m

a) Vergleichen Sie die beiden Zeit-Weg-Funktionen strukturell miteinander. Legen Sie dabei auch Augenmerk auf die Veränderung des Weges in Abhängigkeit von der Geschwindigkeit. C

b) Berechnen Sie, um wie viel Prozent der Bremsweg abnimmt, wenn man um 10 % langsamer fährt. B

c) Modellieren Sie eine Gleichung, aus der Sie die Geschwindigkeit eines Autos ermitteln können, wenn Sie den Anhalteweg kennen. A

RPF 16: Speerwurf A D

Auch die Flugbahn eines Speeres entspricht annähernd einer Wurfparabel. Unter der Flugbahn versteht man die Höhe h des Speeres in Abhängigkeit von der Entfernung e vom Abwurfsort. Ein Sportler wirft den Speer unter einem Abschusswinkel von w aus einer Höhe von h_1 ab. Nach einer Entfernung von e ist der Speer an seinem höchsten Punkt.

a) Stellen Sie eine Funktionsgleichung h(e) auf, die diesen Zusammenhang beschreibt, wenn die Höhe h_1=1,9 m beträgt, der Abschusswinkel 42° und e den Wert 29 m hat. Geben Sie Koeffizienten auf 4 Nachkommastellen gerundet an. A

b) Begründen Sie, dass der Winkel, unter dem der Speer auf den Boden auftrifft, nicht gleich dem Abschusswinkel ist, wenn man von einem waagrechten Untergrund ausgeht. D

RPF 17: Minigolf A B C

In einer 1,3 Meter breiten Minigolfbahn gibt es unterschiedliche Hindernisse. Eines davon ist eine Doppelwelle, die sich durch die Funktionsgleichung

$$m(x) = \frac{100}{3}x^4 - \frac{50}{3}x^3 - \frac{7}{3}x^2 + \frac{29}{30}x + 0{,}1$$

beschreiben lässt.

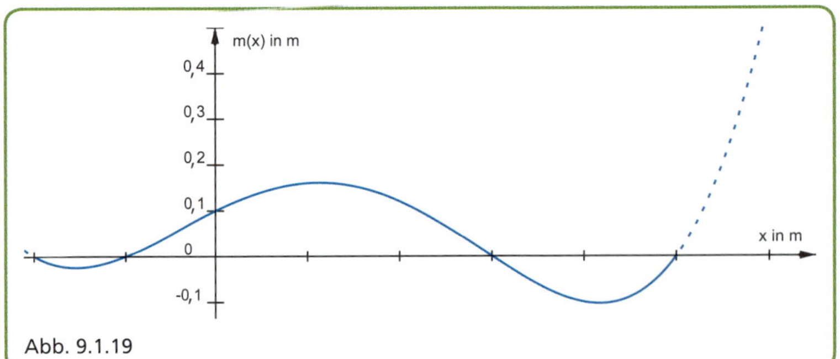

Abb. 9.1.19

a) Aufgrund eines starken Schlages und einer Bodenunebenheit fliegt der Minigolfball bei x = 0 tangential weg und trifft auf die waagrechte Minigolfbahn (x-Achse) nach 70 cm wieder auf. Modellieren Sie die Funktionsgleichung dieser Flugbahn. A

b) Nachdem einem Spieler eine Wasserflasche ausgeronnen ist, ist die rechte Vertiefung ein wenig mit Wasser gefüllt, sodass der Wasserspiegel 8 cm unter der waagrechten Spielbahn liegt. Berechnen Sie die Wassermenge. B

c) Die Funktionsgleichung der Minigolfbahn lässt sich auch durch die Gleichung $m(x) = 100 \cdot \frac{(x-0{,}5)(x-0{,}3)(x+0{,}1)(x+0{,}2)}{3}$ beschreiben. Dokumentieren Sie, wie Sie anhand dieser Funktionsgleichung die fehlende Beschriftung in der Abbildung ergänzen können. C

RPF 18: Anti-Stress-Pille A B C D

Eine Lifestyle Firma vertreibt Anti-Stress-Pillen. Damit Kunden mehr als eine Packung zu je 1000 Stück kaufen, hat die Firma einen abnahmeabhängigen Verkaufspreis. Dieser beträgt $p(x) = 25 - x$.

Die Kosten lassen sich durch die folgende Kostenfunktion ermitteln:
$K(x) = 0{,}21x^3 - 2{,}5x^2 + 12{,}3x + 50$

Die entstandenen Kosten und der Erlös sind in der folgenden Abbildung dargestellt.

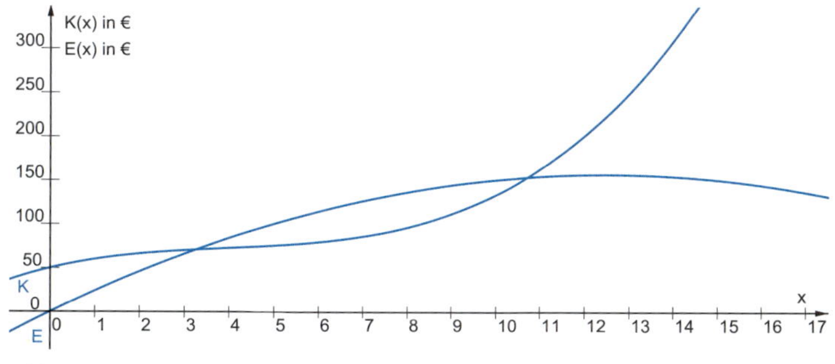

Abb. 9.1.20

a) Stellen Sie die Erlösfunktion auf. A

b) Vergleichen Sie die Bedeutung der beiden Terme und ihrer näherungsweisen Lösungen. C
$\frac{E(5) - E(1)}{4}$ und $\frac{E(17) - E(14)}{3}$.

c) Erklären Sie die Bedeutung der folgenden Gleichung: $K(x) = E(x)$. Legen Sie dabei besonderes Augenmerk auf die Möglichkeit, dass die Gleichung keine Lösung haben kann. D

d) Berechnen Sie die momentane Kostenzunahme pro Stück für die Stückzahl von 5 Stück. B

RPF 19: Infektionskrankheit B C D

Bekannte Infektionskrankheiten sind zum Beispiel der Schnupfen oder die Grippe. Meistens ist der Verlauf ohne Gefahren, da die eigene Immunabwehr die Infektion gut bekämpfen kann. Das Wachstum einer neuen Art grippeähnlicher Bakterien kann bei einer Testperson durch $N_1(t) = 70 \cdot e^{0{,}07t - 0{,}002t^2}$ berechnet werden.

a) - Begründen Sie, warum N(t) nie den Wert 0 erreichen wird. D
- Erklären Sie, dass N(t) langfristig aber gegen 0 geht. D

b) Berechnen Sie den Zeitpunkt, an dem die Bakterienzahl am stärksten abnimmt. B

c) In der folgenden Abbildung ist das Bakterienwachstum $N_1(t)$ der Testperson und das Bakterienwachstum $N_2(t) = 70 \cdot e^{0{,}07t - 0{,}003t^2}$ einer anderen Testperson zu sehen.

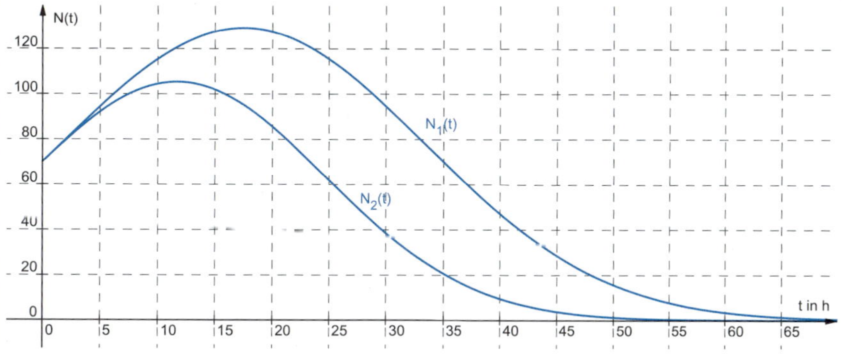

Abb. 9.1.21

- Vergleichen Sie die beiden Kurvenverläufe. C
- Erklären Sie, warum die Zahlenwerte 0,002 und 0,003 als Immunfaktor bezeichnet werden. D

RPF 20: Apfelplantage A B C D

Aufgrund von vielen Skandalen wollen immer mehr Konsumenten Bio-Produkte kaufen. Manche misstrauen aber auch den Supermärkten und kaufen sich das Obst bei einem Bauern ihres Vertrauens, zu dem sie aber auf eigene Kosten fahren müssen.

In der Abbildung sehen Sie die grafische Darstellung der beiden Kostenfunktionen K_1 und K_2.

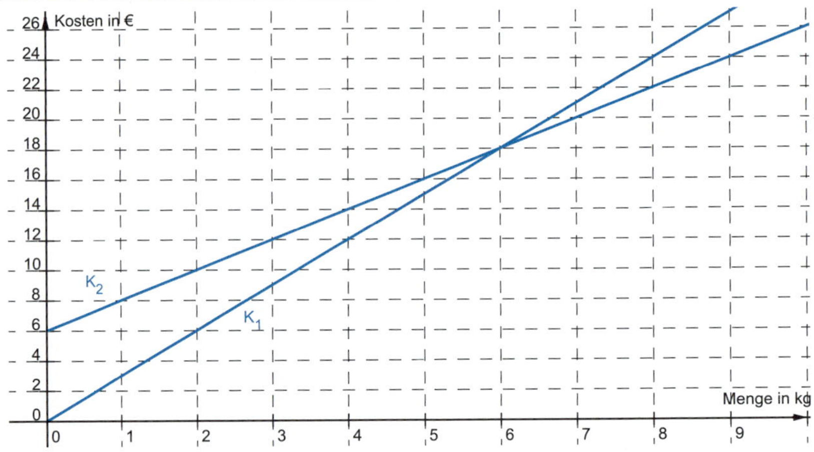

Abb. 9.1.22

a) Stellen Sie die Funktionsgleichung der Kostenfunktion K_2 auf. A

b) Lesen Sie aus der Grafik ab, welcher der Funktionsgrafen zu den Kosten des Supermarktes und welcher zu den Kosten beim Bauern gehört. C

c) ● Lesen Sie die Werte für $K_1(4)$ und $K_2(4)$ ab. C

● Ermitteln Sie, um wie viel Prozent $K_1(4)$ geringer als $K_2(4)$ ist. B

d) Begründen Sie, warum die grafische Darstellung von K'_1 parallel zur waagrechten Achse liegt. D

RPF 21: Balkontür A B D

Eine Balkontür wird, wie in der Zeichnung abgebildet, mit einem aufgesetzten Rundbogen konstruiert.

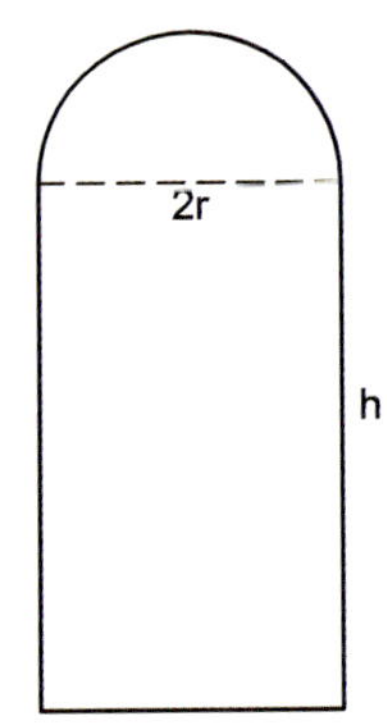

Abb. 9.1.23

a) Der Umfang der Tür soll 6,1 m betragen. Um die Sonnenwärme voll auszunutzen, soll die Fläche der Tür maximal werden.

Modellieren Sie eine Funktionsgleichung, welche die Türfläche in Abhängigkeit vom Radius des Rundbogens berechnet. A

b) Bei einer größeren Balkontür derselben Form wird der Flächeninhalt durch die Funktionsgleichung $A(d) = 5d - 0{,}5d^2 - 0{,}125d^2\pi$ beschrieben. A(d) Fläche in m^2, d Durchmesser des Rundbogens in m.

Berechnen Sie die Breite der Tür, wenn diese eine möglichst große Fläche haben soll. B

c) Überprüfen Sie, ob ein Verdoppeln des Radius und der Höhe zu einer Verdopplung des Flächeninhaltes führt. D

RPF 22: Bohrung B C D

Für eine spezielle Zierbohrung wird eine Schablone erzeugt. Die Abbildung zeigt das Aussehen der Schablone.

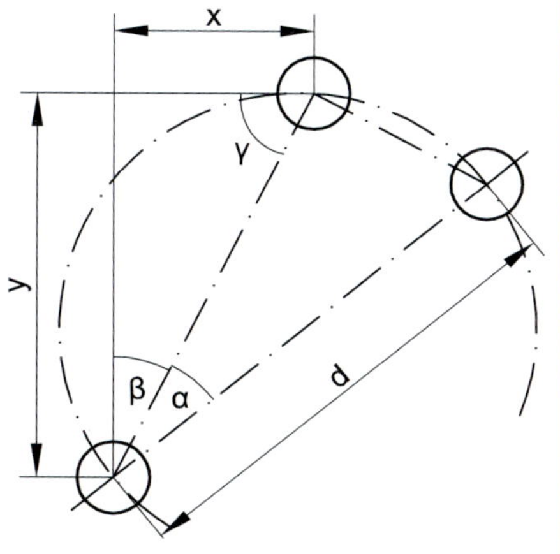

Abb. 9.1.24

a) Der Durchmesser d beträgt 90 mm. Die beiden Winkelmaße sind: $\alpha = 25°, \beta = 29°$.
Berechnen Sie die Länge der Abmessung x. B

b) Erklären Sie, wie sich die Größe des Winkels γ ändert, wenn x gleich groß wie y wird. D

c) In der folgenden Abbildung sind 2 Funktionen grafisch dargestellt.
$f_1(x) = \sin x$ und $f_2(x) = a \cdot \sin(x + w)$
Lesen Sie aus der Grafik die Werte für a und w ab. C

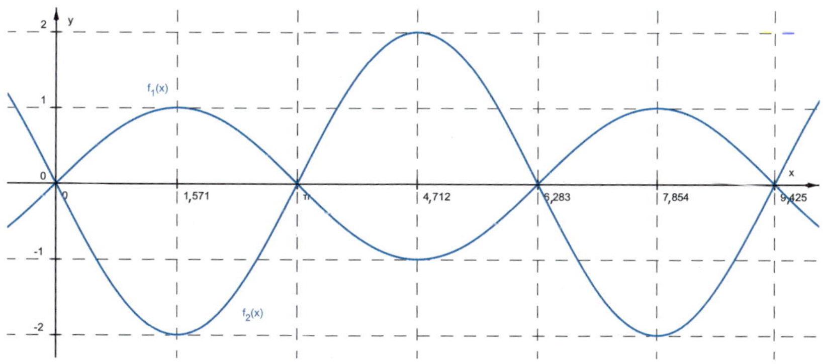

Abb. 9.1.25

RPF 23: Messbolzen A C D

Ein Messbolzen in V-Form soll nach einem vorgegebenen Durchmesser d angefertigt werden.

a) ● Erstellen Sie eine Formel, mit der Sie die sogenannte Messhöhe h ermitteln können, wenn Sie die Breite b, den Durchmesser d und den halben Öffnungswinkel ω gegeben haben. A

● Dokumentieren Sie den dazu nötigen Lösungsweg. C

b) Erklären Sie, warum $\tan\left(\frac{\pi}{2}\right)$ nicht definiert ist. D

c) Lesen Sie die Koordinaten des Tiefpunktes der abgebildeten Funktion ab. Gehen Sie dabei vom angegebenen Hochpunkt aus. C

$f(x) = a \cdot \cos(x + w)$

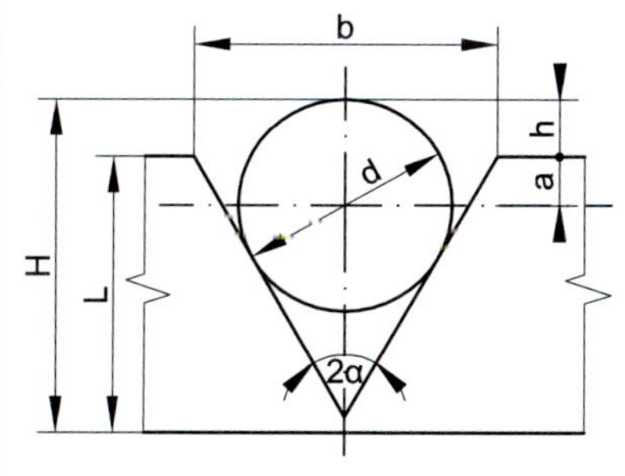

Abb. 9.1.26

9 Reifeprüfungsaufgaben

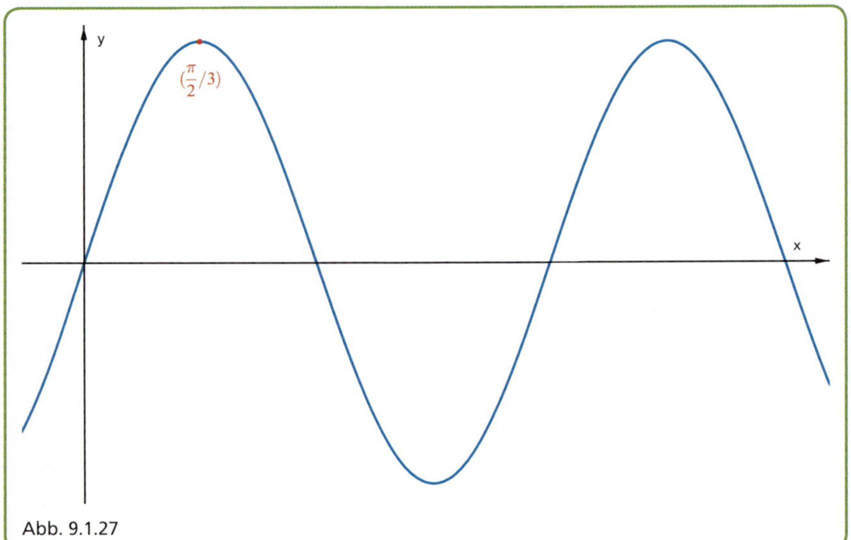

Abb. 9.1.27

RPF 24: Handy-Nutzer C D

Laut einer Meinungsumfrage hat sich die Nutzung des Handys stark vermehrt. Das Meinungsforschungsinstitut hat für die Entwicklung der Handyanschlüsse in den Jahren 2005 bis 2010 folgende Funktionsgleichung erstellt: $N(t) = 0{,}55t + 2{,}2$, wobei als Ausgangsjahr das Jahr 2005 festgesetzt wurde. N(t) in Mrd., t in Jahren.

Eine andere Quelle zeichnet die folgende Abbildung:

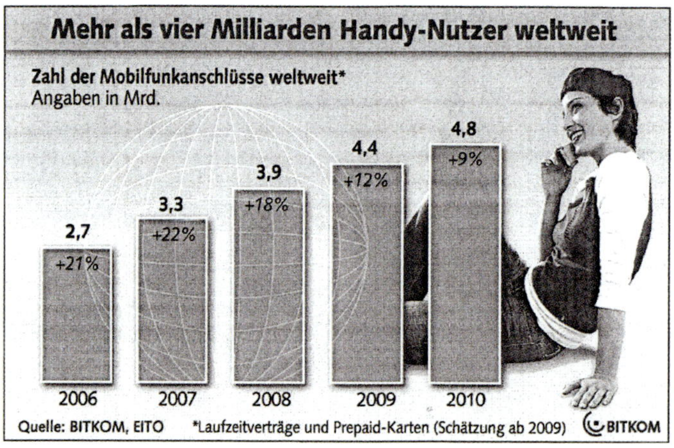

Abb. 9.1.28

a) Prüfen Sie, ob die Anzahl der Mobilfunkanschlüsse im Jahr 2009 des Meinungsforschungsinstituts mit den Daten der Bitkom übereinstimmt. D

b) Beurteilen Sie, ob sich für eine Modellbildung der Daten der Bitkom für die Jahre 2006 bis 2009 eine lineare oder eine exponentielle Funktion besser eignet. D

c) Interpretieren Sie die Bedeutung des Wertes 0,55 der obigen Modellfunktion. C

RPF 25: Westautobahn A B D

An einer Baustelle auf der Westautobahn kommt es zu einem Unfall und zu einem dadurch entstehenden Stau, der sich langsam wieder auflöst. Die in den Stau einfahrenden Fahrzeuge werden mit N_+ bezeichnet, die herausfahrenden mit N_-. Der Fahrzeugfluss $N = N_+ - N_-$ gibt an, wie sich der Stau entwickelt.

In der folgenden Tabelle ist der Fahrzeugfluss N(t) in Abhängigkeit von der Zeit aufgelistet.

t in min	N(t)
0	108
5	77
10	40
15	0
20	–40
25	–77
30	–108
35	–130
40	–140
45	–135
50	–112
55	–68
60	0

N(t) lässt sich durch eine Funktionsgleichung 3. Grades darstellen. Zu Beginn der Messung stehen bereits 380 Fahrzeuge im Stau.

N(t) … Zahl der einfahrenden zweispurigen Fahrzeuge
t … Zeit in Minuten

a) Veranschaulichen Sie den Fahrzeugfluss anhand eines Balkendiagramms. A

b) Der Fahrzeugfluss wird durch die folgende Funktion modelliert.

$$N(t) = \frac{1}{25000} \cdot (t - t_1) \cdot (t - t_2) \cdot (t + 28)$$

Ermitteln Sie die Werte für t_1, t_2. B

c) Erklären Sie, warum das Maximum der Funktion N(t) nicht der maximalen Staulänge entspricht. D

d) Eine andere Messstelle hat für den Fahrzeugfluss die folgende Funktionsgleichung ermittelt:

$$N_1(t) = \frac{t^3 - 40t^2 - 900t + 30000}{2500}$$

Geben Sie eine Funktionsgleichung L(t) an, welche die Länge dieses Staus für den angegebenen Zeitraum berechnet. A

RPF 26: Supermarkt A B C

Der französische Supermarkt Carrefour hat die Umsätze der ersten Juniwoche für eine Präsentation in Tabellenform dargestellt.

Wochentag	Umsatz in €
Mo	4.000
Di	5.200
Mi	5.800
Do	5.100
Fr	6.000
Sa	5.300
So	6.200

a) Berechnen Sie den prozentuellen Unterschied zwischen dem umsatzstärksten und dem umsatzschwächsten Tag. B

b) Veranschaulichen Sie die einzelnen Tagesumsätze als Anteil am Wochenumsatz mittels Kreisdiagramm. A

c) Im Jahresschnitt lässt sich der Umsatz für Sonntag durch das angegebene Boxplot darstellen. Vergleichen Sie die Daten aus der Tabelle mit jenen aus dem Boxplot. C

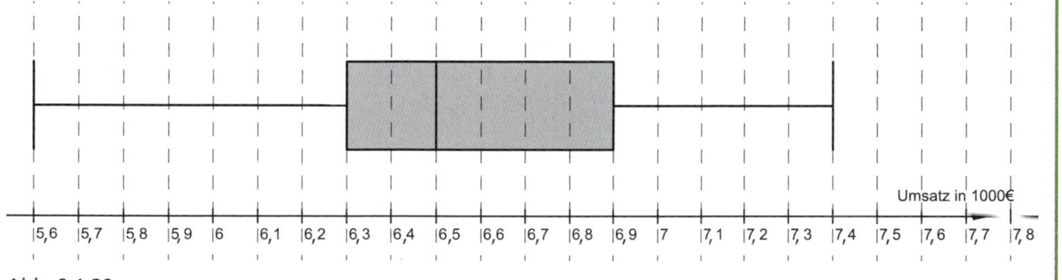

Abb. 9.1.29

RPF 27: Restmüll A B C D

Die Restmüllmenge, die in NÖ in den Jahren 2001 bis 2010 angefallen ist, lässt sich aus der Tabelle entnehmen.

Jahr	Menge/Person u. Jahr in kg
2001	315
2002	317
2003	320
2004	335
2005	341
2006	365
2007	357
2008	367
2009	359
2010	360

a) Veranschaulichen Sie die angegebenen Daten mittels eines Balkendiagramms. A

b) Vergleichen Sie die beiden grafischen Darstellungen der Restmüllmenge, auf anderen Daten basierend, hinsichtlich der Veränderung. C

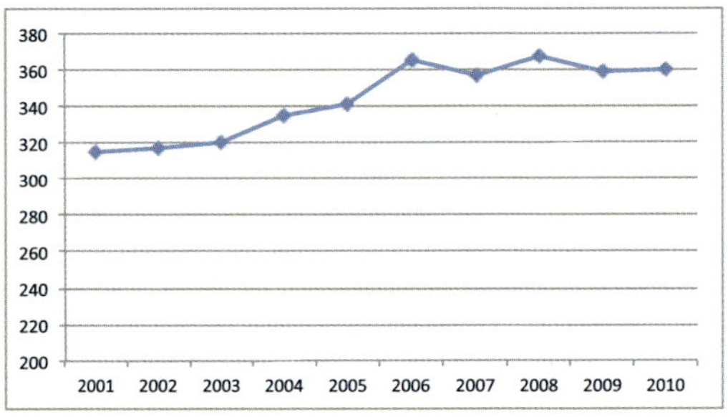

Abb. 9.1.30

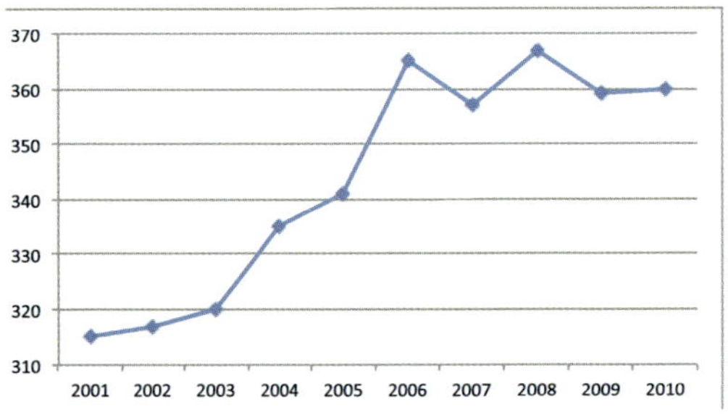

Abb. 9.1.31

c) Berechnen Sie den Median und das 1. und 3. Quartil der Daten aus der Tabelle. B

d) Erklären Sie, was Sie über die Restmüllmenge jenes Viertels der Bevölkerung aussagen können, deren Menge am geringsten war. D

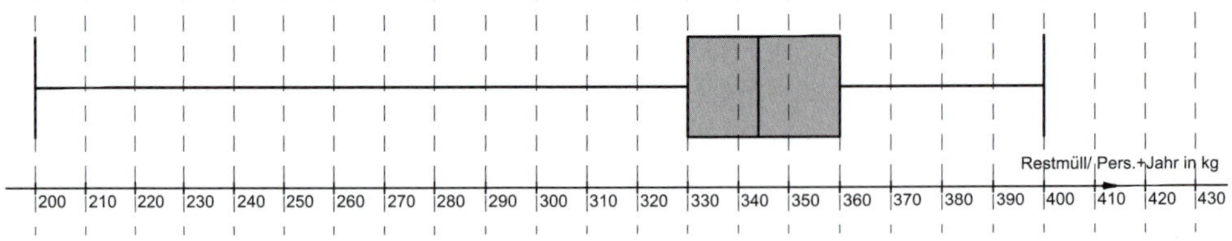

Abb. 9.1.32

RPF 28: Erdnussbutter A C

Erdnussbutter wird in 275 g-Gläsern verkauft. Im Rahmen einer Gewichtskontrolle werden bei einer Lieferung folgende Massen ermittelt.

Masse in g	Anzahl der Gläser
266	1
269	5
270	7
271	18
274	25
275	32
276	28
277	21
280	11
283	2

a) Veranschaulichen Sie die Daten aus der Tabelle mittels eines Säulendiagramms. Fassen Sie die Massen in folgende Klassen zusammen: 265–269, 270–274, 275–279, 280–285. A

b) Zur Kontrolle werden zusätzlich zwei Mal je einen Monat lang alle Gläser gewogen. Dabei entstehen zwei Normalverteilungen, deren grafische Darstellung abgebildet ist.

Vergleichen Sie die beiden Normalverteilungen hinsichtlich der erwarteten Werte und ihrer Abweichungen. C

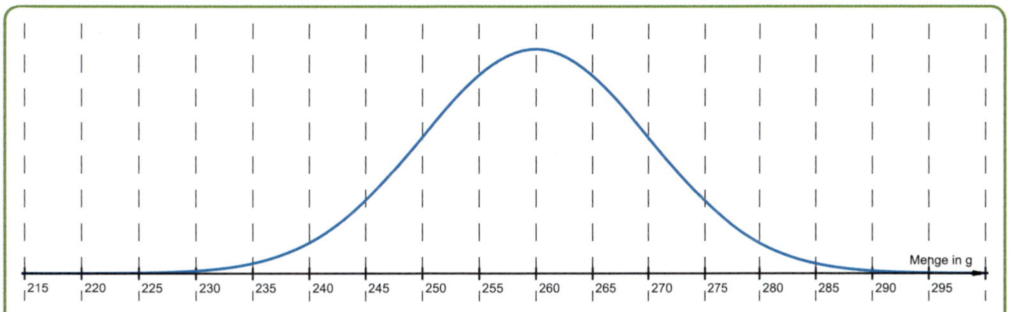

Abb. 9.1.33

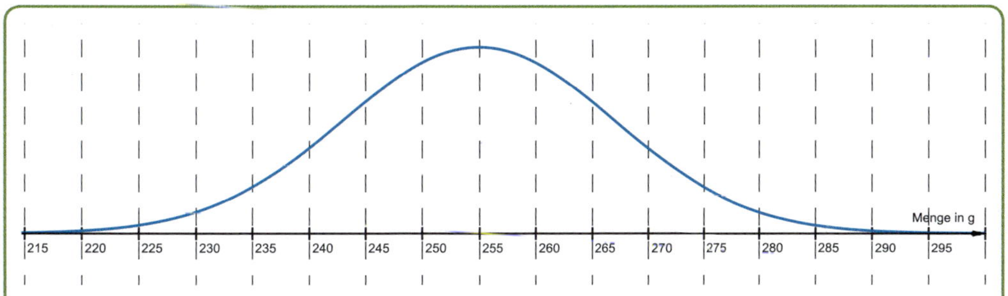

Abb. 9.1.34

c) Nach einem weiteren Jahr lässt sich sagen, dass 3 % aller Gläser weniger als die angegebene Füllmenge enthalten. Für eine Lieferung von 100 Gläsern wird folgende Berechnung aufgestellt:

$p = 1 - 0{,}97^{100}$

Interpretieren Sie die Bedeutung dieser Berechnung und ihrer Lösung. C

RPF 29: Walnussöl B C D

„Für den besonderen Geschmack im Salat" wird von einem Unternehmen für das Walnussöl geworben. Es wird in Flaschen zu 500 ml verkauft, wobei bei der Abfüllung ein Mittelwert von 504 ml und eine Standardabweichung von 4 ml bei der Abfüllanlage eingestellt sind.

a) Probeweise wird für einen Monat eine andere Einstellung versucht. Die neuen Einstellungswerte sind im Boxplot dargestellt.

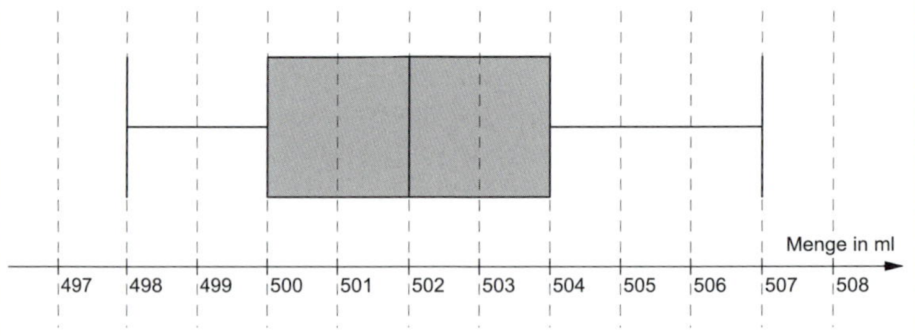

Abb. 9.1.35

Beurteilen Sie die Sinnhaftigkeit der veränderten Einstellung. D

b) Berechnen Sie den Anteil jener Flaschen, die unter der angegebenen Füllmenge liegen. B

c) Begründen Sie die Gültigkeit der folgenden Gleichung. D

$P(X \leqslant 500) = P(X \geqslant 508)$

d) Interpretieren Sie die Bedeutung des folgenden Ausdrucks. C

$P(X \leqslant 490) \approx 0$

RPF 30: Fernsehkonsum A B D

Die Zeit, die Menschen vor dem Fernseher verbringen, ist sehr unterschiedlich. Sie ist im Laufe der Jahre aber nicht nur gestiegen, sondern hat auch wieder abgenommen.

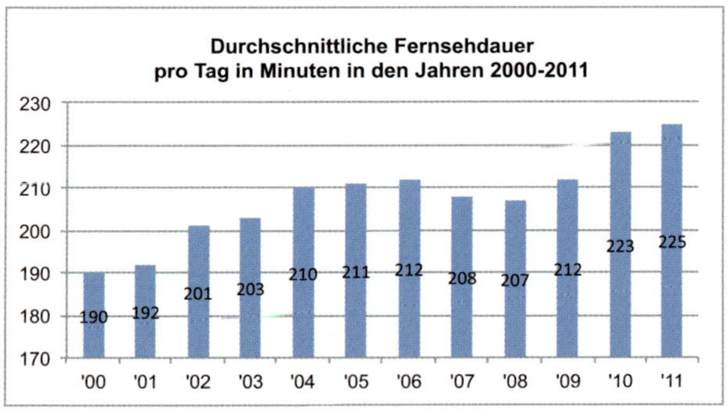

Abb. 9.1.36

a) Berechnen Sie die prozentuelle Veränderung der Fernsehdauer zwischen 2006 und 2008. B

b) Veranschaulichen Sie die durchschnittlichen Fernsehgewohnheiten anhand eines Boxplot-Diagramms. A

c) 100 Personen wurden gefragt, wie lange sie an einem Wochentag fernsehen. Die Ergebnisse sind in der Tabelle zusammengefasst.

- Berechnen Sie das arithmetische Mittel und den Median. B
- Erläutern Sie, welcher der beiden Mittelwerte diese Daten realistischer wiedergibt. D

Dauer in h	Anzahl der Personen
0	2
0,5	0
1	4
1,5	2
2	0
2,5	16
3	18
10	54

RPF 31: Stimmbruch B C D

Die folgende Tabelle gibt an, wie viele Buben in einem bestimmten Lebensjahr schon im Stimmbruch sind:

Lebensjahr	Anteil in %
10	0,2
11	7,8
12	20,2
13	54,4
14	78,5
15	93,6
16	97,4
17	98,6

(Quelle: KiGGS Studie des Robert-Koch-Instituts, 2003–2006)

a) Lesen Sie anhand der Tabelle ab, bis zu welchem Alter zumindest drei Viertel aller Knaben im Stimmbruch sind. C

b) Berechnen Sie, um wie viel Prozent sich der Anteil der „stimmbrüchigen" Buben vom 12. zum 13. Lebensjahr vermehrt. B

c) Erklären Sie, warum man bei diesen Daten für den Mittelwert eher den Median als das arithmetische Mittel angibt. D

RPF 32: Pkw A B D

Ein Pkw fährt aus dem Stillstand los, er muss also beschleunigen. Seine Anfangsgeschwindigkeit v_0 beträgt also 0 m/s. Der Weg lässt sich durch $s = \frac{a \cdot t^2}{2}$ berechnen, wenn die Beschleunigung konstant ist.

a) Zeigen Sie, dass sich bei vorgegebener Beschleunigung a der zurückgelegte Weg durch die angegebene Formel berechnen lässt. D

b) Von 0 auf 72 km/h in 10 Sekunden. Berechnen Sie den dabei zurückgelegten Weg. B

c) Veranschaulichen Sie anhand einer grafischen Darstellung, wie sich die Beschleunigung in Abhängigkeit von der Geschwindigkeit verändert, wenn folgender Zusammenhang besteht: $a = \frac{v^2}{2s}$ A

d) Begründen Sie, warum bei einer Wegangabe in m die Beschleunigung in m/s² und die Zeit in s angegeben sein muss. Verwenden Sie dazu die obige Formel. D

9 Reifeprüfungsaufgaben

RPF 33: Teleskop A B D

Um den Weltraum zu erforschen und Sterne o. ä. zu entdecken, sind Teleskope wichtige Instrumente. Teleskope haben die Form eines Parabolspiegels.

Der Parabolspiegel wird durch die Funktionsgleichung $y = 0{,}25x^2 + 2$ beschrieben, er sitzt in einem kegelförmigen Mantel, der mit Beton gefüllt wird. Die Gerade, auf welcher der rechte Teil des Kegelmantels liegt, hat die Gleichung: $y = \sqrt{2}x$ (alle Maße in m).

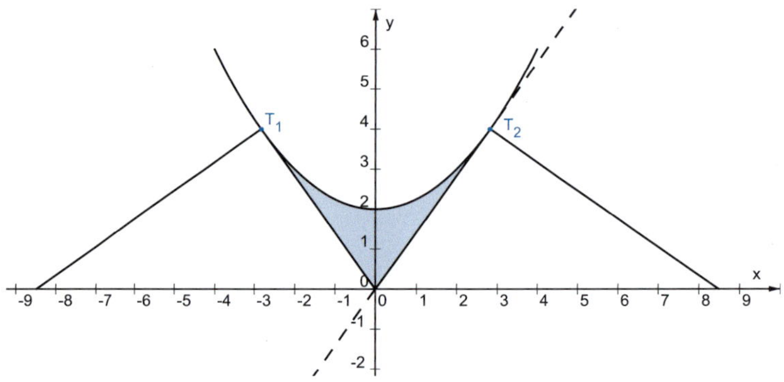

Abb. 9.1.37

a) Zeigen Sie, dass der Kegelmantel und das Teleskop einander berühren. D

b) Berechnen Sie die Querschnittsfläche des Betonmantels. B

c) Das Teleskop wird von Stahlträgern gehalten, die normal auf den Kegelmantel stehen. Stellen Sie die Gleichung des rechten Stahlträgers auf, der das Teleskop in einer Höhe von 4 m und einer Entfernung von $\sqrt{8}$ m vom Parabelscheitel stützt. A

RPF 34: Halfpipe A B D

Für die Snowboard-WM wird eine Halfpipe nach speziellen Kriterien aufgeschüttet.

Der Start liegt bei B und die steilste Stelle der Halfpipe ist bei A. Der Verlauf lässt sich durch eine Funktionsgleichung f der Art $y = f(x) = ax^3 + bx^2 + d$ beschreiben.

a) Stellen Sie ein lineares Gleichungssystem auf, das diesen Sachverhalt beschreibt, wenn die Punkte A(25/5) und B(0/10) gemessen werden. A

b) Ein Schihang mit einem ähnlichen Querschnittsprofil wird durch die Funktionsgleichung $s(x) = 4{,}8 \cdot 10^{-6}x^3 - 3{,}6 \cdot 10^{-3}x^2 + 300$ modelliert. s(x) in m, x in m.

Berechnen Sie den Neigungswinkel des Hanges in einer waagrechten Entfernung von 200 m nach dem Start. B

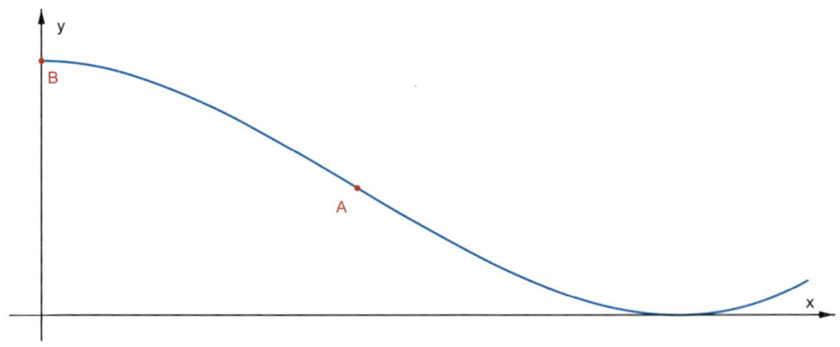

Abb. 9.1.38

c) Prüfen Sie, welche der drei folgenden Abbildungen die grafische Darstellung der Funktionsgleichung f(x) der Halfpipe und der momentanen Änderungsrate f'(x) wiedergibt. D

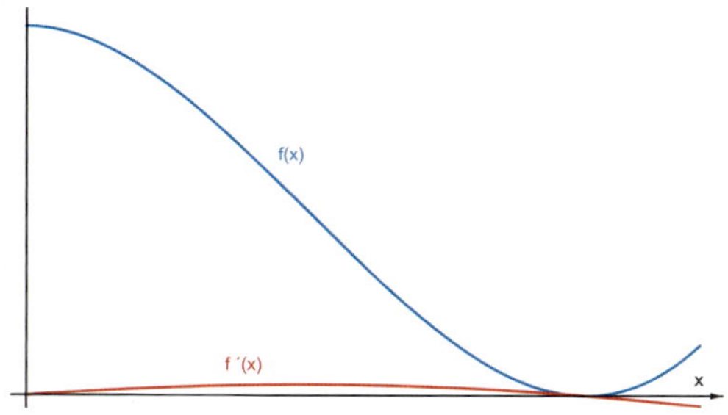

Abb. 9.1.39

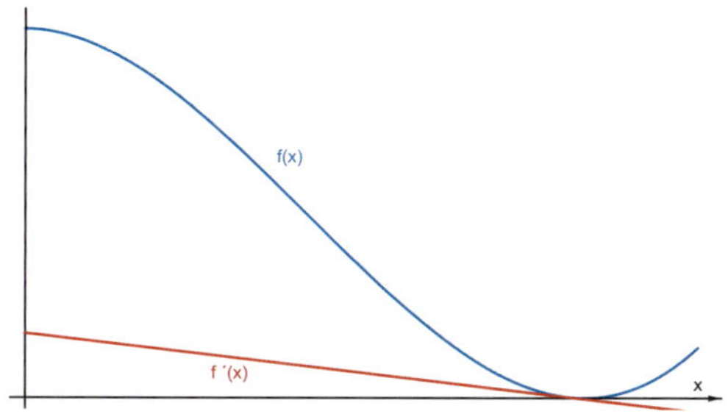

Abb. 9.1.40

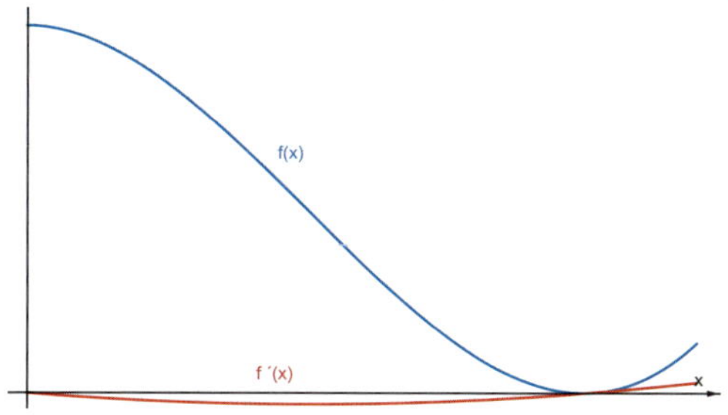

Abb. 9.1.41

RPF 35: Suppe B C D

Eine Grießnockerlsuppe wird zum Abkühlen vom Herd genommen. Die Temperatur entwickelt sich nach der Funktionsgleichung $T(t) = 21 + 60 \cdot e^{-0{,}8t}$.

T(t) in °C, t in Stunden

a) Berechnen Sie die Temperatur nach 20 Minuten. B

b) Um Energie zu sparen, soll man die Suppe nicht warm in den Kühlschrank stellen. Begründen Sie, warum es trotzdem nicht möglich ist zu warten, bis die Suppe nur mehr 15 °C hat. D

c) Der Temperaturverlauf der ersten zwei Stunden ist in der Abbildung ersichtlich.

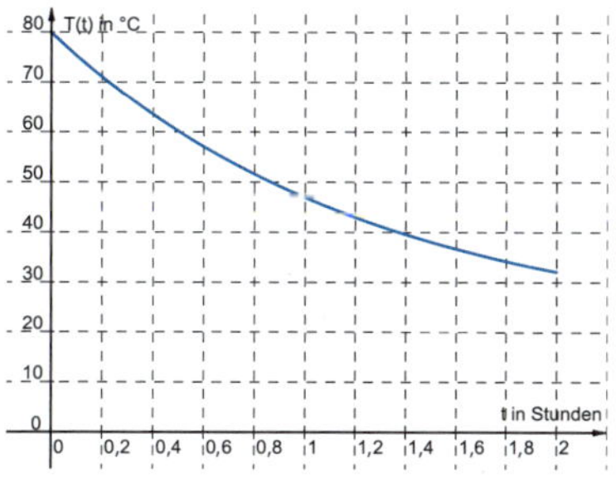

Abb. 9.1.42

Beschreiben Sie, wie Sie feststellen können, ob die dazu passende Funktionsgleichung eine lineare oder eine exponentielle Abnahme angibt. C

RPF 36: Wasserbecken A B C

In einem Wasserbecken, das als Vorrat für das Beschneien einer Schipiste dient, befinden sich am 1. Februar 3000 m³ Wasser. Durch ein Rohr fließt Wasser zu. Die Zuflussrate wird durch $z(t) = -t^2 + 38t + 220$ beschrieben. z(t) in m³/Tag, t in Tagen ab 1. Feb.

a) Berechnen Sie, nach wie vielen Tagen das Becken voll ist und kein Zufluss mehr möglich ist. B

b) Interpretieren Sie die Bedeutung der folgenden Berechnung. C

$$\frac{z(3) - z(0)}{3}$$

c) Erstellen Sie eine Gleichung, mit der Sie die Wassermenge nach 10 Tagen berechnen können. A

SbX
ID: 1911

Weitere Reifeprüfungsaufgaben finden Sie im SbX.

Stichwortverzeichnis

Bildnachweis

Fotolia LLC: 2 (Schweizer Messer), 6, 8, 10 (Linse Fotoapparat), 13 (Zuckerl), 14, 15, 16 (Blechdose), 18, 28 (Kaffeemaschine, Smartphone), 30 (Socken), 39 (Spargel), 40 (Fasan), 48, 56 (Schildkröte, Sportwagen), 59, 74, 81 (Geodreieck), 85 (Eisenbahnbrücke, Vulkan), 88 (grüner Würfel), 91, 93 (Glas von oben), 95, 97, 102, 103, 107, 108, 113, 117, 118, 122, 125, 127, 128 (Teegefäß), 132 (Vogelschatten), 147, 151, 158, 162, 166, 167, 171, 175 (Bleistift und Radiergummi), 177, 178, 181 (Baugrund), 186, 188 (Rennauto), 192, 197, 201, 202, 211 (karierte Hose), 212, 213, 217, 224, 225, 227 (Startsprint), 228, 231 (Cranberries, Vulkan), 233 (Fieberthermometer), 234 (Rettungshubschrauber, Infusionsflasche), 235, 238, 239, 242, 243 (Flasche), 251 (Pfeile), 252, 254 (Autobahn), 256, 258, 260 (Apfelkiste), 268, 272, 282, 287, 288 (Wahl), 299 (Schnee-Icon, Warnzeichen Entflammbar), 305, 308, 309 (Herzkönig), 313, 319 (Überraschungs-Ei), 321, 322, 324 (roter Würfel), 332, 336, 337 (Schachspiel), 338 (Rose), 340 (Porzellan), 342 (Bushaltestelle), 362 (Spielfiguren), 363 (Apfel), 368, 371, 372, 373, 378 (Sale-Preisschild), 382 (10 Cent-Münze), 384 (Erde, Maus, Virus), 393, 396, 402 (Matroschkas), 411 (Tachometer), 416, 418

iStockphoto LP: 2 (Plastikbecher), 3 (Klebestift, Superkleber), 21, 25, 29, 30 (Snowboard), 34 (Tropfsteinhöhle), 35 (Telefon), 36 (Glas, Abfüllanlage), 40 (Hase), 50, 56 (Rubikwürfel), 58, 65 (Satellitenschüssel), 68, 71, 75, 86 (Glasfaserkabel), 88 (Parabel aus Wassertropfen), 94, 99, 110, 112, 123, 128 (Kamel), 130 (Kaffeetasse, Gel-Pack), 132 (Glasfaserkabel, Gewächshaus), 144 (Tafel mit Sinusfunktion), 161 (Leiter), 165, 168, 169, 172, 173, 175 (Dynamometer), 176, 181 (Flugzeug, Straße in Toskana), 182, 187, 193, 199, 204, 207, 211 (Cornflakes), 214, 215, 218, 229, 231 (Holzkugel), 237, 240 (bunte Strickmütze, Kopfhörer), 246, 247 (Produktionsanlage), 250, 251 (Schalthebel), 254 (Motorrad-Tacho), 270, 275, 276, 277, 280, 288 (Eier, Fußball), 293, 296, 297, 299 (Qualitätskontrolle), 317 (bunte Stifte, Personenauswahl Lupe), 325, 331, 338 (Flaschen), 339, 345, 354, 362 (Junge, Plastikbecher), 363 (Plastikbecher), 374 (Wurstsemmel), 375, 377, 380, 381, 382 (Rubikwürfel), 387 (Erde-Sonne), 389, 390, 391, 392 (Pluviometer), 394, 395, 397 (Maßband Zoll), 411 (Münze einwerfen), 412, 415, 417, 422

Shutterstock, Inc.: 2 (Gleichung), 3 (Gleichung lösen), 4, 5, 9, 10 (Fotografin und Hund, parallele Widerstände), 11, 12, 13 (Sportshilouette, Partyzelt), 16 (Teemischung), 20, 28 (Profit-Pfeil, unterschiedliche Kosten), 33, 34 (Energiekosten), 35 (Zug und Passagier), 36 (Breakeven-Würfel), 38, 39 (Light-and-Sound-Anlage), 42, 47, 49 (Dürnstein), 52, 60, 69, 72, 78, 82, 85 (Bremsweg messen), 93 (quadratische Dose), 104, 109, 114, 115, 124, 128 (Nikotinabbau), 129 (Glas), 130 (Hefe), 134, 135, 137, 138, 139, 140, 161 (Sommerrodelbahn, Eiffelturm), 170, 188 (Rennstrecke), 210, 223, 227 (Stein), 230, 231 (Gasleitung), 233 (Tankanzeige), 234 (Atomexplosion), 236, 240 (Musiknoten, weiße Mütze), 243 (Sudoku), 247 (Fernseher), 248, 281, 298, 309 (Münze werfen), 310, 312, 317 (vierseitiger Würfel), 318, 319 (Roulette), 320, 324 (Würfeln), 326, 327, 328, 329, 333, 334, 337 (verschiedene Socken), 338 (Ratte), 340 (Flaschenabfüllung, Leuchtdioden), 342 (Eier), 349, 355, 356, 357, 359, 363 (Apfel plus Birne), 369, 370, 374 (Prozentwürfel), 378 (Prozentmännchen, Kredithai), 387 (Nano-Struktur), 392 (Speicherkarte), 397 (Brote), 402 (Logic-Stempel, Richtig/Falsch), 404, 405, 406, 408, 419

Jutta Gut: 65 (Kegelschnitt), 384 (Quadrate)

Sabine Karajan: 86 (Kind im Garten), 144 (Verkehrsschild Notwege, Verkehrsschild Steigung), 152 (EKG), 174 (Geländewagen), 315 (Socken)

Alfred Ritter GmbH & Co. KG: 56 (Schokoladentafel)

Texas Instruments, Inc.: 81 (TI-82 Stats)

James Gathany: 129 (Anopheles-Mücke)

Österreichische Lotterien GmbH: 319 (Toi toi toi)

Wikimedia Commons, gemeinfrei: 19 (René Descartes), 49 (Adam Ries, Holzschnitt aus 1550. Quelle: Adam Ries: Rechenung nach der lenge / auff den Linihen und Feder. Leipzig, 1550.), 189 (Gottfried Wilhelm Leibniz, Sir Isaac Newton), 260 (Amphore: Persephone beaufsichtigt Sisyphos mit seinem Stein in der Unterwelt; Seite A einer schwarzfigurigen Amphora, um 530 v. Chr. aus Vulci; Fotograf: Bibi Saint-Pol), 309 (Pierre-Simon Laplace), 323 (Roulette, Autor: Medvedev), 344 (Carl Friedrich Gauß), 400 (Goldener Schnitt)